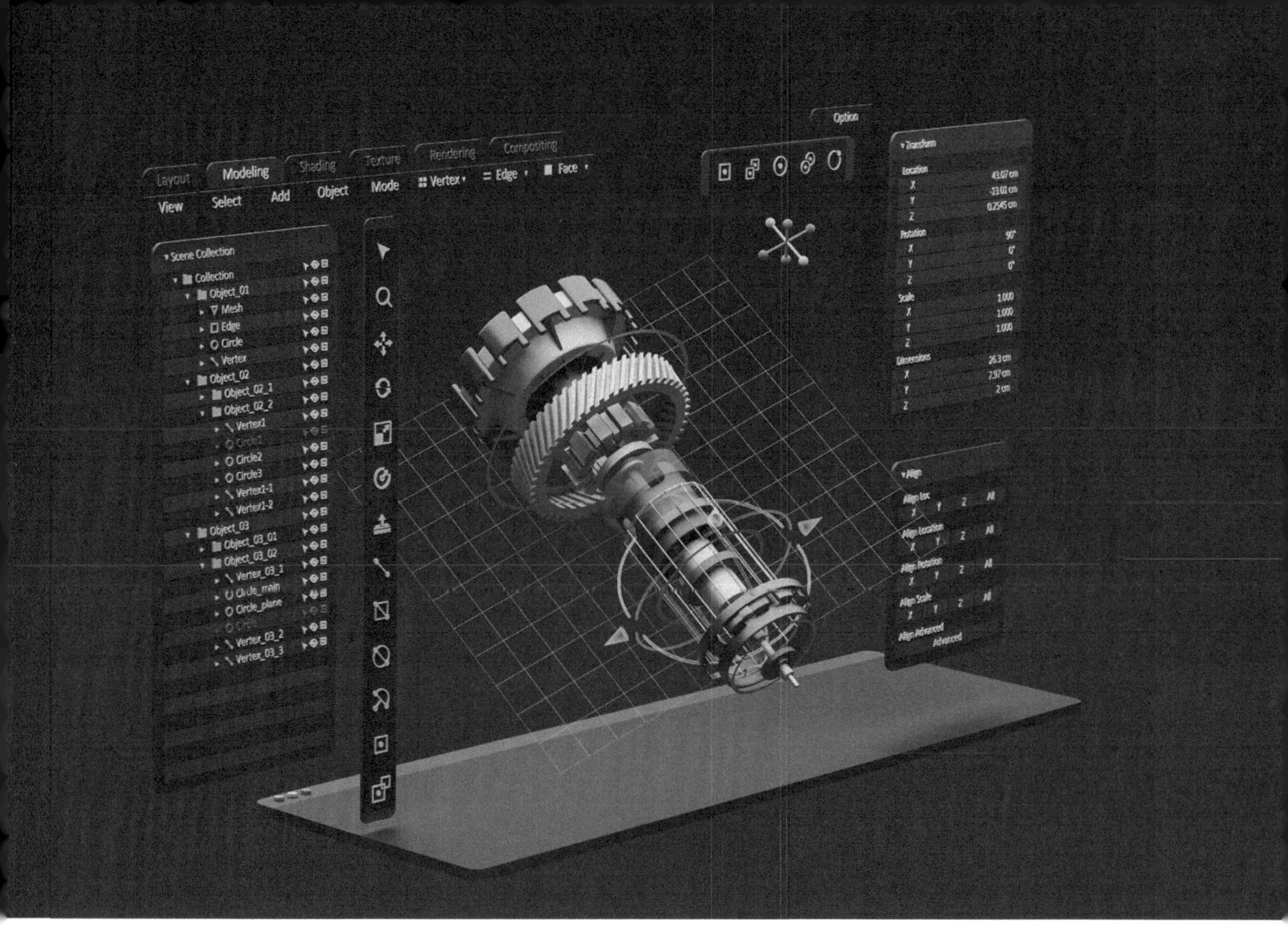

AutoCAD 2024

이국환 · 양해정 · 유대원 · 이　인 · 장원영 · 송기영 · 박경도 공저

이 책의 특징

- 저자들의 오랜 AutoCAD를 사용한 전문가적 실무 경험과 대학 등에서의 교육 경험을 기반으로 저술하였다.
- 저자들이 직접 그려 [illegible], 많은 실습 예제를 [illegible] 수록하고, 도면을 [illegible] 그리면서 AutoCAD에 대한 명령어(Command) 및 아이콘(Icon), 대화상자 등을 쉽게 터득하도록 하였다.
- 실제로 설계되어진 도면을 따라 그리면서 제3각법에 의한 도면을 그리는 제도기법과 도면 해독을 가능하게 하였다.

Introduce | 머리말

기계, 건축, 토목, 디자인, 인테리어, 메카트로닉스, 자동화 등 거의 모든 분야에서 설계도면 제작 및 디자인에 있어 컴퓨터를 이용하는 것은 이제 일반적인 업무가 되었다. 이에 따라 컴퓨터에 의한 설계 즉, CAD(Computer Aided Design)는 고등학교, 전문대학, 대학교 등에서 전공과목으로 채택되었으며, 모든 산업체 등에서 필수적으로 사용하는 설계 도구(Tool)가 되었다. 그러나 이런 양적인 확산 중에서도 실제적으로 교육현장 및 산업체 현장의 실정에 맞는 CAD 교재가 부족하다는 것이다. 저자들의 오랜 기업 연구소 실무경험과 대학 교단에서 학생들을 가르치고 있는 교육경험을 토대로 CAD를 효과적으로 배우고, 익혀서 실제 업무에 빠르고 효율적으로 적용할 수 있도록 본 저서를 집필하였다.

이 책은 우선 2차원 CAD를 처음 배우는 초보자들뿐만 아니라, 기존의 지식에 보다 전문적인 활용 능력을 습득코자 하는 독자들에게 전 세계적으로 가장 일반적이며, 광범위하게 사용되는 미국 Autodesk사의 AutoCAD 2024를 통하여 다음과 같은 특징을 갖춘 본 저서를 독자들에게 제공하고자 한다.

- 본 저서는 저자들의 오랜 AutoCAD를 사용한 전문가적 실무 경험과 대학 등에서의 교육경험을 기반으로 저술하였다.
- 저자들이 직접 그린 다양하고, 많은 실습 예제를 수준별로 수록하고, 도면을 반복하여 그리면서 AutoCAD에 대한 명령어(Command) 및 아이콘(Icon), 대화상자 등을 쉽게 터득하도록 하였다.
- 실제로 설계되어진 도면을 따라 그리면서 제3각법에 의한 도면을 그리는 제도기법과 도면 해독을 가능하게 하였다.

이상과 같이 본 저서의 특징을 최대한 활용하여서, 2차원 CAD 중 가장 기본적이며 필수적인 AutoCAD를 사용하여 도면의 설계를 배우려는 모든 분들에게 진심으로 유익한 저서가 되리라고 확신한다.

끝으로 본 저서를 출간하는 데 수고를 해주신 나영찬 사장님을 비롯한 편집부 직원들에게 진심으로 감사를 드린다.

2023년 11월

저자들

Contents | 차 례

PART 01 AutoCAD 2024 사용의 길잡이 … 015

PART 06 도면의 치수 기입 ··· 347

AutoCAD 2024

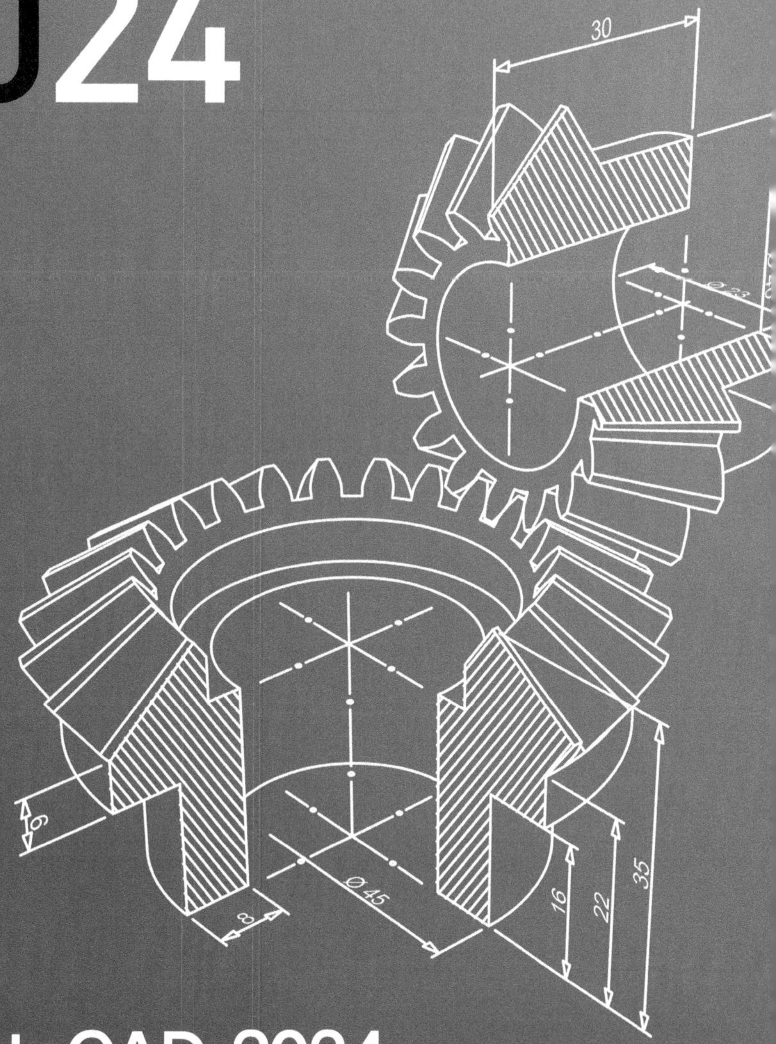

PART 01

AutoCAD 2024 사용의 길잡이

AutoCAD 사용의 기초

AutoCAD 2024의 구체적인 내용에 앞서 AutoCAD를 실행, 종료하는 방법과 화면 구성, 도움말의 사용 등 기초적인 내용에 대해 먼저 설명한다.

1.1 CAD란 무엇인가?

캐드(CAD)란 컴퓨터를 이용한 제도(Computer Aided Drafting) 또는 컴퓨터를 이용한 설계(Computer Aided Design)를 의미한다. 즉, 기존의 제도대 위에서 T자와 삼각자, 컴퍼스를 사용하여 제도 또는 설계하는 작업을 컴퓨터를 이용하여 작업하는 것을 말한다.

CAD 이용 효과

CAD 프로그램을 이용하면 도면의 설계나 수정, 분석, 모델링 등의 작업이 가능하다. 이러한 CAD의 기능을 이용할 때의 효과를 간단히 언급하면 다음과 같다.

- 생산성 향상 : 설계 도면의 수정, 변경이 자유롭고, 표준 도면이나 이전 도면을 다시 사용할 수 있기 때문에 생산성을 향상시킬 수 있다.
- 표준화 : 데이터베이스 구축으로 설계 도면의 표준화가 가능하다.
- 품질 향상 : 오류 검사가 쉽고, 수치 계산이 정확도와 정밀도가 높기 때문에 품질을 향상시킬 수 있다.

- 신뢰성 향상 : 정밀한 도면 작성과 표준화에 의해 제품의 신뢰성을 높일 수 있다.
- 원가 절감 : 설계 공정 및 시간을 단축시키고, 공장 자동화와 연관시킬 수 있어 제품 개발 시간과 경비를 절감할 수 있다.
- 경쟁력 강화 : 원가 절감, 품질 향상, 신뢰성 향상은 소비자의 다양한 요구를 충족시킬 수 있어 궁극적으로 경쟁력을 강화시킨다.

CAD 이용 분야

CAD는 기계 산업에서부터 군사·과학 분야까지 거의 모든 분야에서 이용할 수 있다. 그 중 몇 가지 예를 들면 다음과 같다.

- 항공기나 자동차 등의 기계 설계 분야
- 건축, 토목, 금형 설계 분야
- 반도체나 PCB의 회로도 등 전자 설계 분야
- 지도나 지형 등 지리 설계 분야
- 의류 디자인이나 홈 인테리어 분야
- 방송, 영화, 애니메이션, 광고 등 산업 예술 분야
- 군사, 과학 분야의 모의실험

1.2 AutoCAD의 새로운 기능

AutoCAD는 미국의 오토데스크(Autodesk)사에 의해 개발된 PC 전용 캐드 프로그램이다. AutoCAD는 1982년 처음 선보일 때만 해도 그리 주목받지 못하였으나, 여러 번의 기능 강화와 새로운 기능의 추가로 현재에 이르러서는 가장 많은 사용자가 캐드 전용 프로그램으로 AutoCAD를 사용하고 있다.

AutoCAD 2024는 이전 버전에 비해 더욱 편리한 설계 환경과 새로운 기능이 추가되었다. AutoCAD 2024의 새로운 기능을 몇 가지 살펴보면 다음과 같다.

- 활동 정보 : 자신의 도면과 관련하여 다른 사람이 수행한 이전 작업을 이해할 수 있도록 하였다.
- 스마트 블록(배치) : 새로운 스마트 블록 기능은 도면에서 블록 배치 위치를 기준으로 배

치 제안을 제공할 수 있다.

- 스마트 블록(교체) : 유사한 블록의 팔레트에서 선택하여 지정된 블록 참조를 대치할 수 있다.
- 표식 도우미 : 도면에 표식을 쉽게 가져올 수 있도록 표식 도우미가 개선되었다.
- 추적 업데이트 : 추적 환경은 계속해서 개선되어 새로운 copyfromtrace 명령과 도구 막대의 새 설정 컨트롤을 포함한다.
- Autodesk Docs에 대한 개선 사항 : Autodesk Docs에 저장된 도면의 시작 탭에서 성능 및 탐색 기능이 향상되었다.
- 시작 탭 업데이트 : 최근 도면을 정렬 및 검색하는 새로운 옵션을 포함하여 시작 탭이 계속해서 개선되었다.
- 배치 탭 메뉴 : 새 배치 탭 메뉴를 사용하여 배치 간에 전환하고, 탬플릿에서 배치를 작성하여, 배치를 게시하는 등의 작업을 수행할 수 있다.
- 웹용 시트 세트 관리자 개선 사항 : 웹용 시트 관리자에서 도면 패키지의 게시 및 전송(전자 전송)에 대한 여러 가지 향상 기능이 포함되어 있다.

1.3 AutoCAD 실행과 종료

AutoCAD 2024는 윈도우의 작업 표시줄의 메뉴를 선택하여 실행하거나 바탕 화면에 등록된 바로 가기 아이콘을 클릭하여 실행할 수 있다.

01 AutoCAD 실행

예를 들어, 새 도면을 작성하기 위해 AutoCAD 2024를 실행하려면 다음과 같이 한다.

1 윈도우 바탕 화면의 A AutoCAD 2024의 바로 가기 아이콘을 더블 클릭하거나 윈도우의 시작/프로그램/Autodesk/AutoCAD 2024/AutoCAD 2024 메뉴를 선택한다.

이 아이콘을 더블 클릭하거나 시작/프로그램/Autodesk/AutoCAD 2024/AutoCAD 2024 메뉴를 선택한다.

그러면 잠시 후 다음 그림과 같은 AutoCAD 실행 초기 화면이 표시된다. 이 화면에서 AutoCAD가 지원하는 명령을 사용하여 설계 도면을 작성하면 된다.

 AutoCAD 종료

도면 작성이나 편집을 끝내고 AutoCAD 사용을 종료하려면 다음과 같이 하면 된다.

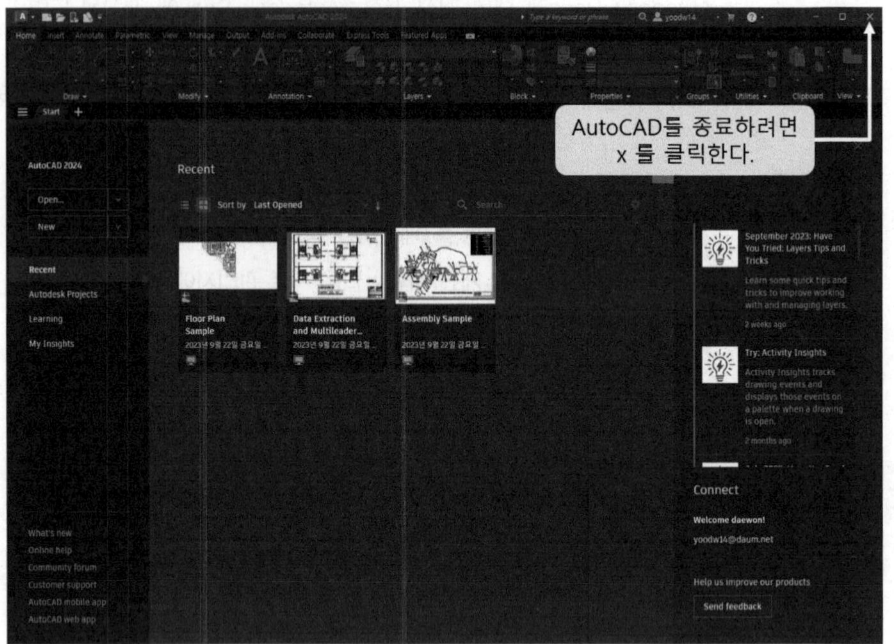

1 File/Exit 메뉴를 선택한다. 마우스 포인터로 제목 표시줄 오른쪽의 x 닫기 단추를 클릭해도 된다.

2 AutoCAD 화면에 새 도면을 작성했을 때에는 다음과 같은 대화상자가 표시된다.

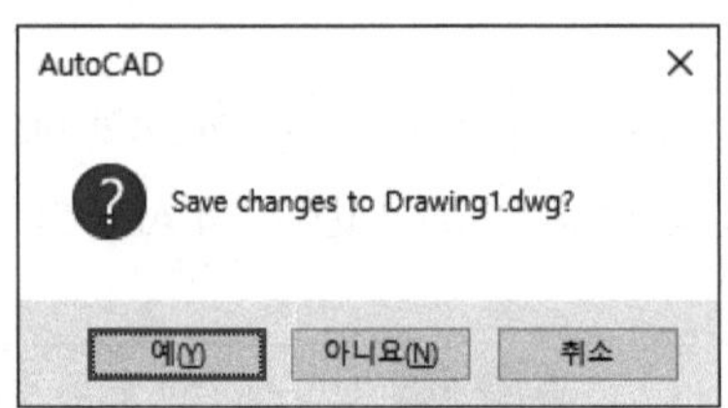

3 작성 도면을 저장하려면 예 단추를 클릭하고, 저장하지 않으려면 아니오 단추를 클릭한다.

위 대화상자에서 예 단추를 클릭하면 Save Drawing As 대화상자가 표시되는데, 파일 저장에 대한 자세한 내용은 "chapter 02의 2.1 QSAVE 명령"을 참조하기 바란다.

1.4 AutoCAD 화면 구성

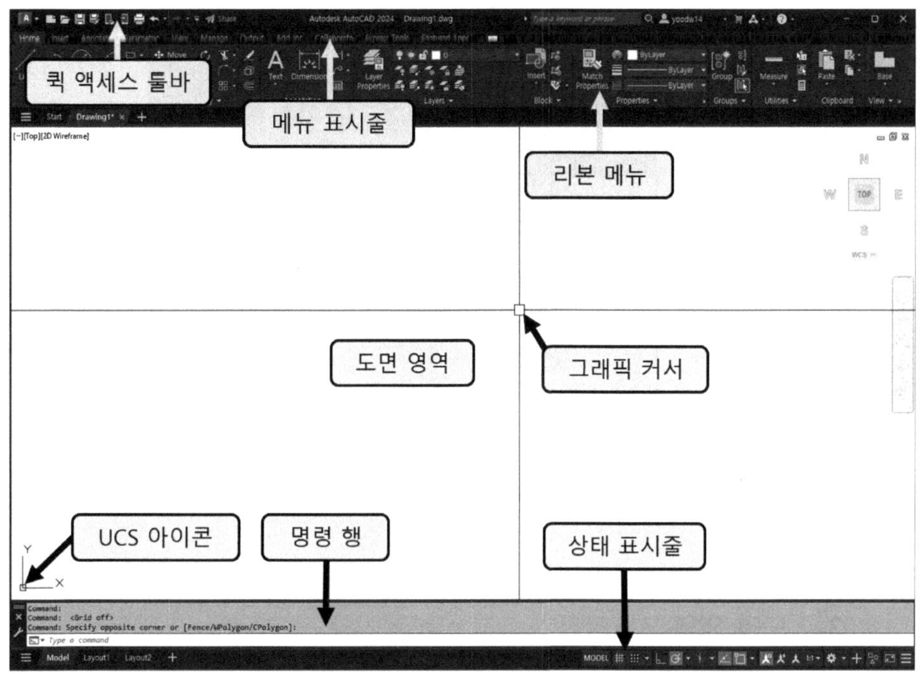

AutoCAD 2024의 작업 화면은 위 그림과 같이 메뉴 표시줄, 도구모음, 명령 행, 상태 표시줄 등으로 구성되어 있다.

01 메뉴 표시줄

AutoCAD에서 사용할 수 있는 기능을 유형별로 정리한 주메뉴가 표시되는 줄이다. AutoCAD의 메뉴는 다음과 같은 요소로 구성되어 있으며, 주메뉴를 선택하면 그에 따른 하위 메뉴가 표시된다.

02 도구모음

AutoCAD가 지원하는 기능을 빠르게 실행할 수 있는 아이콘 단추의 모음이다. 도구모음으로 AutoCAD 명령을 실행하려면 마우스 포인터로 실행할 명령이 할당된 아이콘 단추를 클릭하면 된다. 또한 아이콘 단추에 마우스 포인터를 위치시키면 아이콘 단추의 설명이 풍선 도움말로 표시되어, 초보자라도 쉽게 사용할 수 있다.

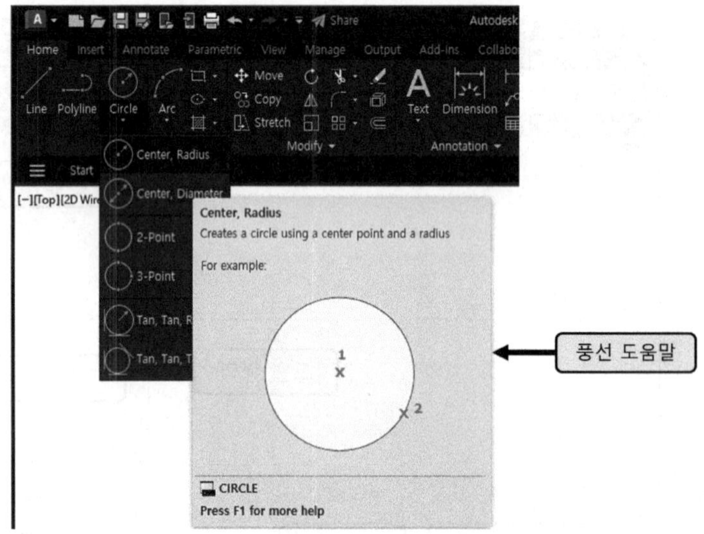

03 도면 영역

실행한 AutoCAD 명령에 따라 설계 도면이 작성되는 영역이다. 다음 그림과 같이 도면 영역은 메뉴 표시줄 오른쪽에 표시된 크기 조정 단추를 사용하여 도면 창(Drawing Window)이나 아이콘으로 표시할 수도 있다.

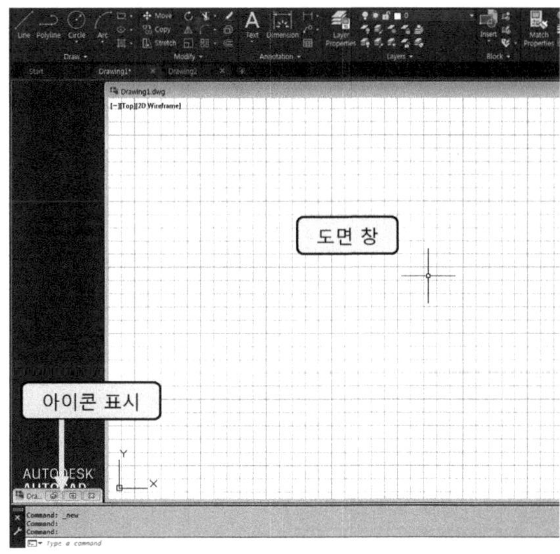

04 UCS 아이콘

도면 작성시 좌표 지정에 사용하는 좌표계의 X, Y, Z축의 방향을 나타내주는 아이콘이다. AutoCAD 실행은 기본적으로 실세계 좌표계(World Coordinate System)가 설정되나 다음 그림과 같이 필요에 따라 사용자가 변경할 수 있다.

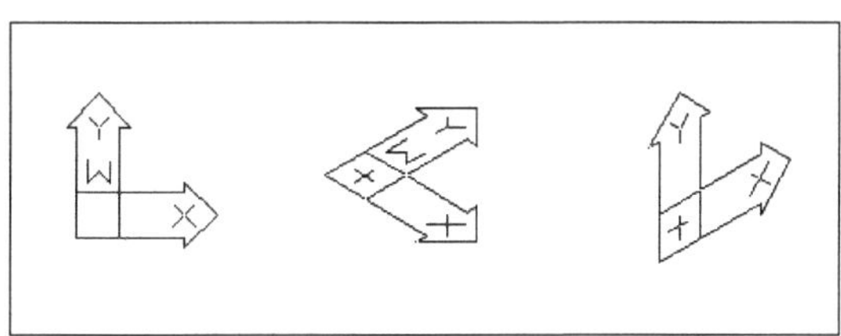

05 그래픽 커서

도면 작성에 필요한 좌표 지정이나 도면 요소 선택에 사용된다. 그래픽 커서(Graphic Cursor)의 모양은 UCS 좌표계의 X, Y, Z축의 방향에 따라 변경되며, 그래픽 커서의 현재 위치는 상태 표시줄에서 좌표 값으로 확인할 수 있다.

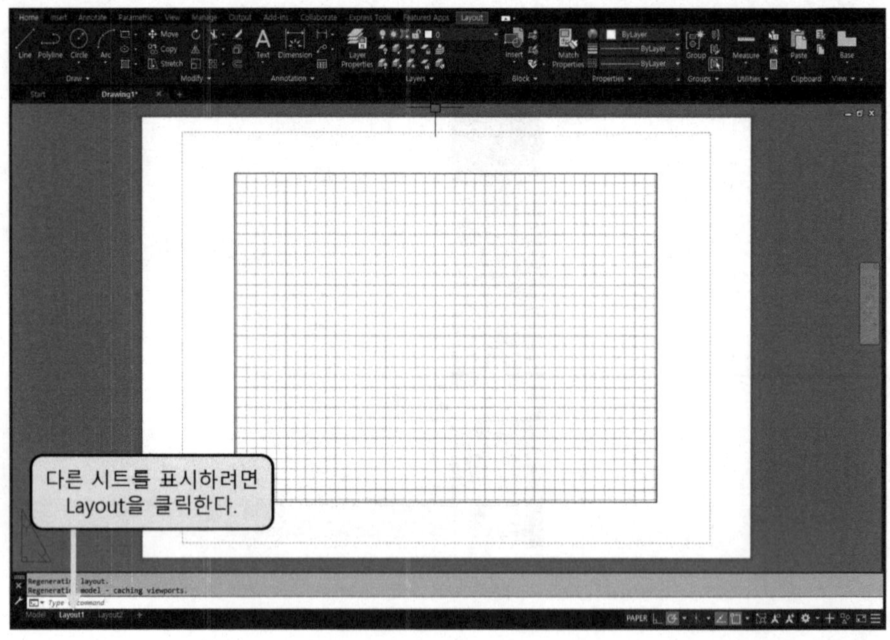

06 시트 탭

시트 탭(Sheet Tab)은 모델 시트에서 작성한 도면을 레이아웃 시트에 배치하거나 모델 시트의 도면을 출력하기 위해 사용된다. 일반적으로 3차원 도면인 경우 모델 시트에서 기본 도면을 작성한 후 이를 레이아웃 시트에 배치하여 도면을 완성한다.

07 명령 행

도면 작성 명령이나 편집 명령 등을 직접 입력하여 실행하거나 실행된 명령의 옵션 명령을 표시해준다. 명령 행(Command Line)은 다음과 같이 마우스 포인터로 드래그하여 화면의 임의 영역에 창 형태로 표시할 수도 있다.

```
Select objects:
Command: Z ZOOM
Specify corner of window, enter a scale factor (nX or nXP), or
[All/Center/Dynamic/Extents/Previous/Scale/Window/Object] <real time>: a Regenerating model.
```

08 상태 표시줄

현재 좌표 위치와 작업 상태에 관한 간략한 정보를 표시해준다. 또한 상태 표시줄을 이용하면 스냅(Snap)이나 격자(Grid) 등의 설정도 가능하다.

	Grid Mode (F7)		Object Snap (F3)
	Snap Mode (F9)		Workspace Switching
	Ortho Mode (F8)		Annotation Monitor
	Polar Tracking (F10)		Isolate Objects
	Isometric Drafting		Clean Screen
	Object Snap Tracking (F11)		Customization

1.5 AutoCAD 명령 실행

AutoCAD의 명령은 명령어 입력이나 메뉴 선택, 또는 도구모음 아이콘 단추를 선택하여 실행할 수 있다.

01 명령어 입력 방식

명령어 입력 방식은 사용자가 실행할 명령을 암기하고 있어야만 실행할 수 있다는 단점이 있다. 그러나 명령어 입력 방식은 원하는 명령을 메뉴 선택 방식보다 빠르게 실행할 수 있다. 예를 들어, 명령어 입력 방식으로 원을 그리는 CIRCLE 명령을 실행하려면 다음과 같이 한다.

1 명령 행에 CIRCLE 명령을 입력한다. CIRCLE 명령의 별명(Alias)인 C만 입력해도 된다.

Command : CIRCLE ↵

2 명령 행에 다음과 같은 하위 옵션이 표시된다. 여기서 하위 옵션을 선택하여 원을 그리면 된다.

Specify center point for circle or [3P/2P/Ttr (tan tan radius)] :

하위 옵션은 전체 옵션 이름을 입력하지 않고 표시된 대문자만 입력해도 된다. 만약 Ttr(tan tan radius) 옵션을 선택하려면 T만 입력한 후 엔터키를 누르면 된다.

Specify center point for circle or [3P/2P/Ttr (tan tan radius)] : T ↵

02 메뉴 선택 방식

AutoCAD 명령 실행의 가장 일반적인 방법은 메뉴 표시줄의 메뉴를 이용하는 것이다. 예를 들어, 메뉴 선택 방식으로 CIRCLE 명령을 실행하려면 다음과 같이 한다.

1 메뉴 표시줄에서 Draw/Circle 메뉴를 선택한다.

2 그러면 다음 그림과 같이 CIRCLE 명령의 하위 옵션이 메뉴로 표시된다. 표시된 메뉴에서 원하는 하위 옵션 메뉴를 선택하여 원을 그리면 된다.

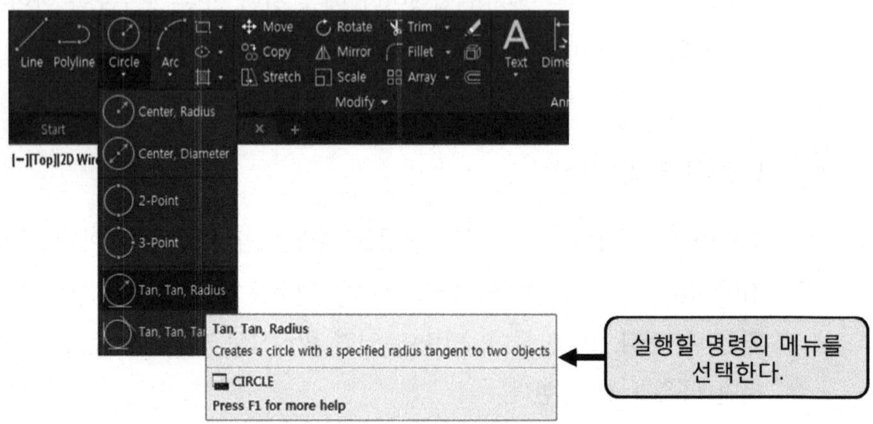

참고로 AutoCAD의 일부 명령은 다음 그림과 같이 단축 메뉴에서 선택할 수도 있다. 단축 메뉴는 작업 대상(도구모음, 상태 표시줄, 명령 행, 작업 도면에 그려진 도면 요

소 등)을 마우스 오른쪽 단추로 클릭하면 표시된다.

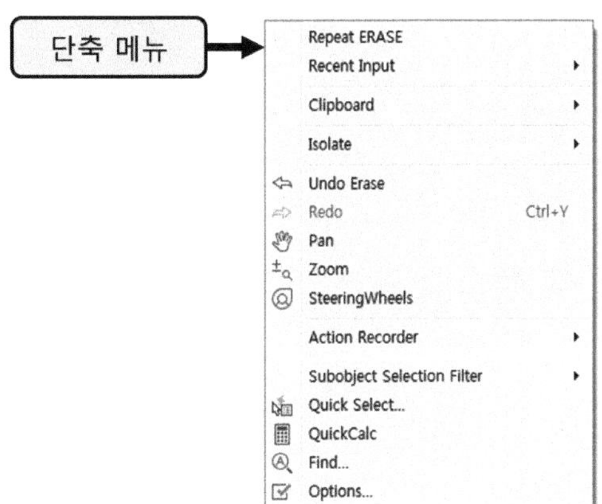

 이전 명령의 재실행

AutoCAD는 앞서 실행한 명령은 명령어 입력이나 메뉴를 선택하지 않아도 다시 실행할 수 있는 기능을 지원한다. 앞서 실행할 명령을 다시 실행할 때에는 엔터키나 스페이스 키를 누르면 된다.

도면 파일의 관리

여기서는 간단한 도면을 작성하여 디스크에 도면 파일로 저장하는 방법과 저장된 도면 파일을 다시 사용하는 방법에 대해 설명한다.

2.1 QSAVE 명령(도면의 빠른 저장)

QSAVE 명령은 작업 도면을 파일 저장 대화상자의 표시 없이 기존 파일 이름으로 바로 저장한다. 단, 처음 작성한 도면인 경우에는 SAVE나 SAVEAS 명령과 마찬가지로 작성 도면의 파일 이름 입력을 요구한다.

도구모음 : 퀵 액세스 툴바의 단추
메뉴 : A ⇨ Save 메뉴

Command : QSAVE

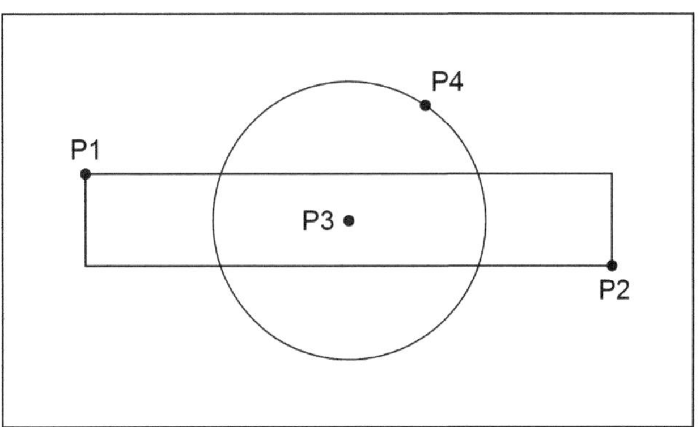

01 예제 도면 작성

위 그림과 같이 AutoCAD 도면 영역에 사각형과 원을 그려보자. 이 도면은 저장 명령 설명을 위한 예제 도면이므로 사용 명령에는 개의치 말고 그냥 따라해 보기만 바란다.

1 먼저 사각형을 그리기 위해 RECTANG 명령을 실행한다. 마우스 포인터로 Draw 도구모음의  단추를 클릭해도 된다.

```
Command : RECTANG ↵
```

2 마우스 포인터로 임의 위치의 점 P1을 클릭한다. 그러면 그 위치가 그릴 사각형의 첫 번째 모서리로 지정된다.

3 마우스 포인터로 다른 위치의 점 P2를 클릭한다. 그러면 점 P1과 P2를 마주보는 모서리로 하는 사각형이 그려진다.

4 다음으로 원을 그리기 위해 CIRCLE 명령을 실행한다. 마우스 포인터로 Draw 도구모음의 단추를 클릭해도 된다.

```
Command : CIRCLE ↵
```

5 임의 위치의 점 P3을 클릭하여 원의 중심점으로 지정한다.

6 임의 위치의 점 P4를 클릭한다. 그러면 중심점이 P3이고 점 P4를 지나는 원이 그려진다.

이와 같은 방법으로 도면을 구성하는 원이나 사각형, 직선 등을 그리면 된다. 그러나 위 예에서는 마우스를 이용하여 도면 요소를 그렸으나 실제 정확한 도면 작성을 위해서는 각 점의 위치를 좌표로 입력해야 한다. 이에 대한 자세한 내용은 "chapter 03의 3.1 좌표의 지정"에서 설명한다.

작업 도면의 저장

예를 들어, 앞서 그린 도면을 Sample.dwg라는 이름의 파일로 저장하여 보자.

1 명령 행에 QSAVE 명령을 입력하거나 퀵 액세스 툴바의 단추를 클릭한다.

```
Command : QSAVE ↵
```

2 다음과 같은 대화상자가 표시되면 위치 목록상자에서 저장할 곳을 선택한다. 단, 이 대화상자는 도면 파일을 처음 저장할 때만 표시된다.

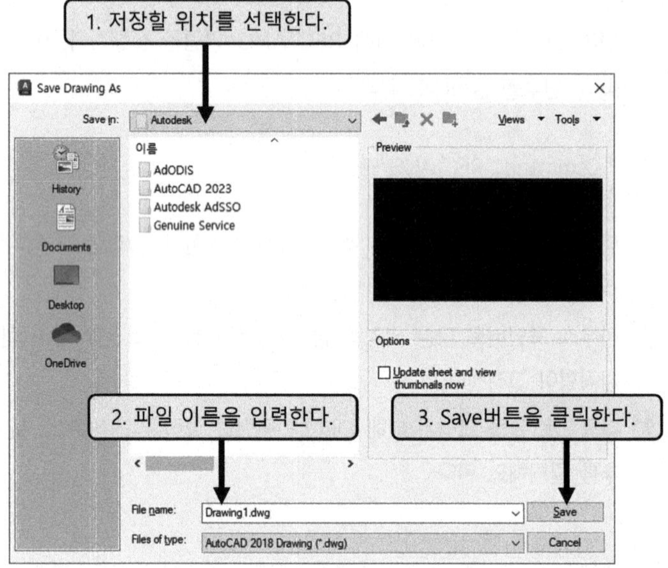

3 파일 이름 입력란에 저장할 파일 이름 Sample.dwg를 입력한다. 이때 확장자 dwg는 별도로 입력하지 않아도 된다.

4 저장(Save) 단추를 클릭한다.

2.2 SAVE, SAVEAS 명령(다른 이름으로 저장)

일반적으로 SAVE 명령이나 SAVEAS 명령은 작업 도면을 파일 이름이나 저장 경로를 달리하여 저장하거나 다른 형식의 파일로 저장할 때 사용한다.

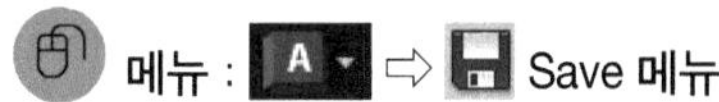

Command : SAVE 〈또는 SAVEAS〉

01 다른 경로에 저장

예를 들어, 앞서 컴퓨터에 저장한 Sample.dwg 파일을 AutoCAD가 설치된 "C:/Program Files/Autodesk/AutoCAD 2024" 폴더 아래의 Data 폴더에 저장해보자. 이때 Data 폴더는 대화상자에서 작성하여 보자.

1 명령 행에 SAVE 명령 또는 SAVEAS 명령을 입력한다.

Command : SAVE ⏎

2 위치 목록 상자에서 AutoCAD가 설치된 AutoCAD 2024 폴더를 선택한다.

3 마우스 포인터로 아이콘 단추를 클릭한다.

4 다음과 같이 "새 폴더"가 생성되면 폴더 이름으로 Data를 입력한다.

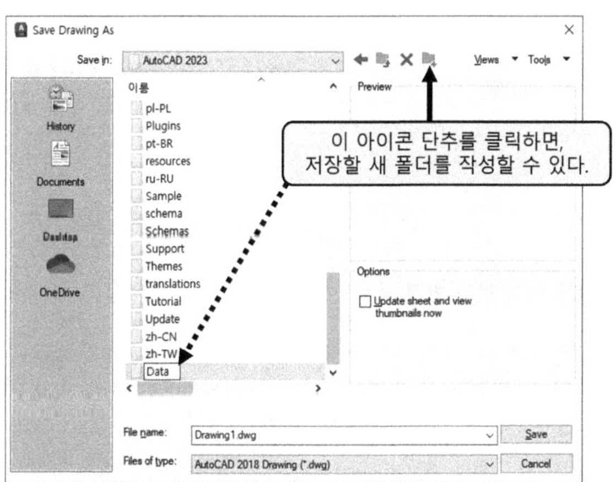

5 마우스 포인터로 새로 작성한 Data 폴더를 더블 클릭한다.

6 파일 이름 입력란에 저장할 파일 이름 Sample.dwg를 입력한다.

7 저장(Save) 단추를 클릭한다.

02 다른 형식으로 저장

AutoCAD 2024에서는 작성한 도면을 AutoCAD 도면 파일(*.dwg)이나 템플릿 파일(*.dwt) 등으로 저장할 수 있다. 저장 파일의 형식은 다음과 같이 파일 형식 목록상자에서 선택하면 된다.

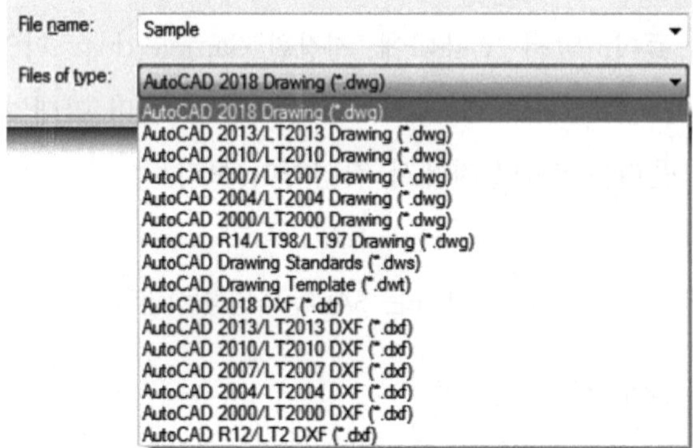

파일 형식	설 명
DWG	AutoCAD의 도면 파일 형식으로 저장한다. DWG 파일로 저장할 경우에는 이전 버전으로 저장할 수 있다.
DWT	AutoCAD의 템플릿 파일(Drawing Template File) 형식으로 저장한다.
DXF	작업 도면을 ASCII 또는 이진 파일로 저장한다. DXF 형식으로 저장된 파일은 다른 캐드 프로그램에서 불러 사용할 수 있다.

Tip

기본 파일 형식 변경

파일 저장이나 열기 대화상자에서 파일 형식으로 AutoCAD 2018 Drawing (*.dwg) 형식이 기본으로 설정되어 있다. 그러나 파일 저장 대화상자에서 Open and Save 단추를 클릭하면 다음과 같은 대화상자의 Save as 목록상자에서 기본 파일 형식을 변경할 수 있다.

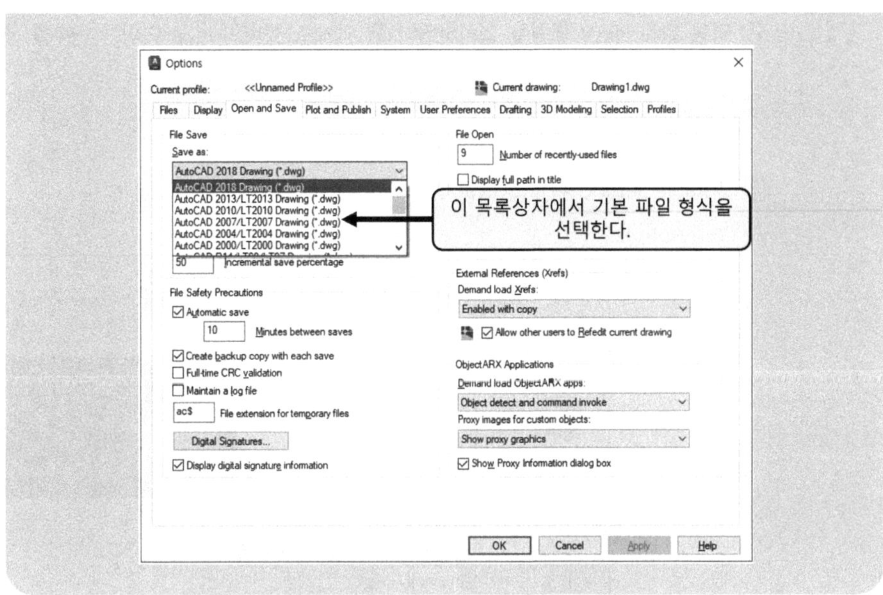

2.3 NEW 명령(새로운 도면의 작성)

새로운 도면을 작성하려면 NEW 명령을 사용하면 된다. 특히 AutoCAD에서는 디스크에 저장된 템플릿 파일(Template File)이나 마법사를 이용하여 새 도면을 작성할 수도 있다.

도구모음 : 퀵 액세스 툴바의 단추

메뉴 : A ⇨ New 메뉴

Command : NEW

01 새 도면 작성

예를 들어, 현재 작업 중인 도면 외에 새로운 도면을 작성하려면 다음과 같이 한다.

1 명령 행에 NEW 명령을 입력하거나 퀵 액세스 툴바의 [아이콘] 아이콘 단추를 클릭한다.

Command : NEW ↵

2 Default Setting 파일은 acadiso.dwt이다(탬플릿 파일).

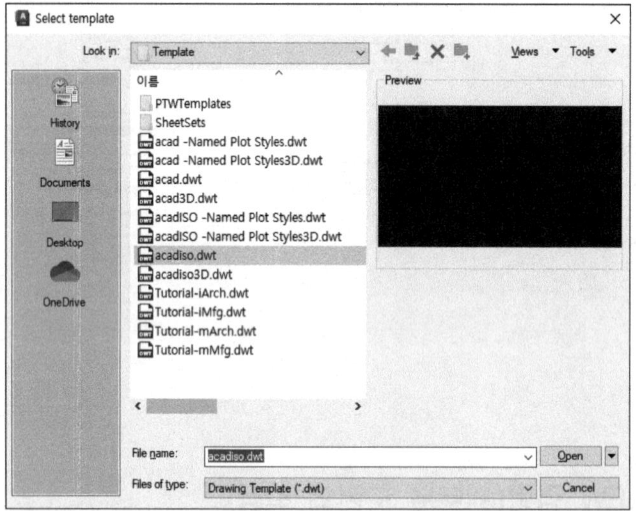

3 Open 단추를 클릭한다.

Tip

기본 설정에 따른 도면 크기

NEW 명령으로 새 도면을 작성할 때 도면에서 사용할 기본 단위는 Metric이며 A3(420mm×297mm) 크기의 도면이 설정된다(English 경우에는 12×9 인치 크기의 도면이 설정).
참고로 본 서의 대부분의 예는 도면의 기본 단위로 Metric과 A3 크기를 작성하는 것을 기본으로 한다.

그러면 AutoCAD 작업 화면에 새 도면을 작성할 수 있는 도면 창이 열리고, 이전 작업 도면 창은 새 도면 창 뒤에 숨겨진다. 숨겨진 이전 도면 창을 활성화하려면 Window 메뉴를 이용하면 된다.

Tip

템플릿 파일(Template File)이란?

템플릿 파일이란 도면 크기 및 치수 단위, 각도 단위 등의 도면 설계 환경이나 도면의 표제란 등과 같은 기본 도면 요소를 미리 정의해 둔 파일이다. 템플릿 파일을 이용하면 새 도면을 작성할 때마다 도면 환경 설정이나 표제란 그리기 등의 번거로운 작업을 하지 않아도 된다. 참고로 AutoCAD는 ANSI와 ISO, JIS 등의 규격에 맞는 템플릿 도면을 기본으로 제공한다.

2.4 OPEN 명령(저장 도면 열기)

저장된 도면 파일을 불러 다시 사용하려면 OPEN 명령을 사용하면 된다.

도구모음 : **퀵 액세스 툴바의 단추**

메뉴 : A ⇨ Open 메뉴

Command : OPEN

01 저장 도면 열기

예를 들어, "C : /Program Files/Autodesk/AutoCAD2024/Sample/VBA" 폴더에 저장한 Tower.dwg 파일을 AutoCAD 작업 창으로 열어보자.

1 퀵 액세스 툴바의 단추를 클릭하거나 명령 행에 OPEN 명령을 입력한다.

```
Command : OPEN ↵
```

2 다음과 같은 대화상자가 표시되면, Look in에서 AutoCAD 2024/Sample 폴더 아래의 VBA 폴더를 선택한다.

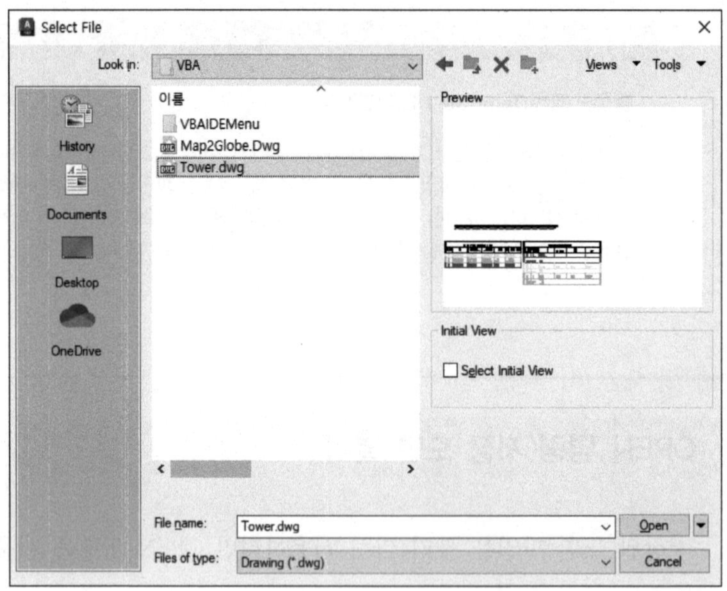

3 파일 목록에서 Tower.dwg를 선택한 후 Open 단추를 클릭한다. 마우스 포인터로 파일 목록의 Tower.dwg 파일을 더블 클릭해도 된다.

위 대화상자에서 ▾ 버튼을 눌러 Open Read-Only를 선택하면 읽기 전용으로 도면 파일을 연다. 읽기 전용으로 연 도면은 수정할 수는 있으나 원래 파일 이름과 동일한 이름으로 저장할 수 없다.

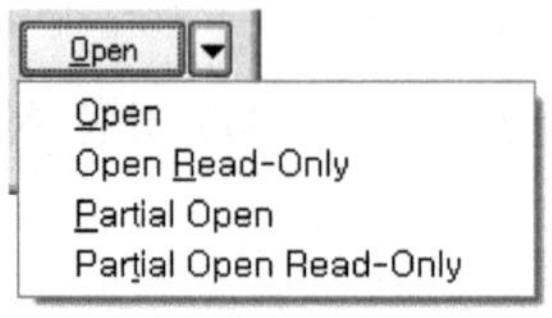

 02 파일 이름으로 찾기

저장된 도면 파일은 파일 이름이나 작성 날짜, 작성 시간 등으로 찾아 열 수 있다. 예를 들어, Tower.dwg 도면 파일을 파일 이름으로 찾아 열어 보자.

1 퀵 액세스 툴바의 단추를 클릭한다.

2 Select File 대화상자가 표시되면 Tools ⇨ Find... 를 선택한다.

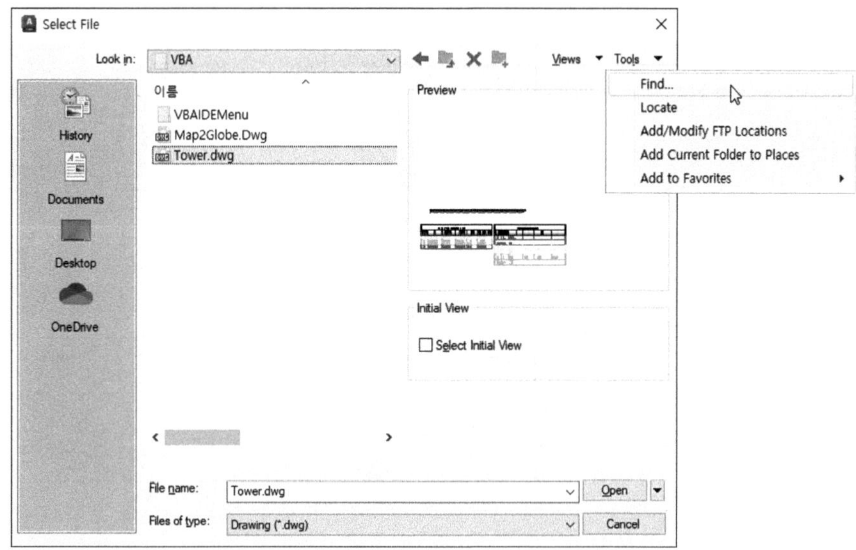

3 Find : Name & Location 대화상자에서 Named에 찾을 이름을 입력한 후 Find Now 단추를 클릭하게 되면 지정경로에서 파일을 찾아준다.

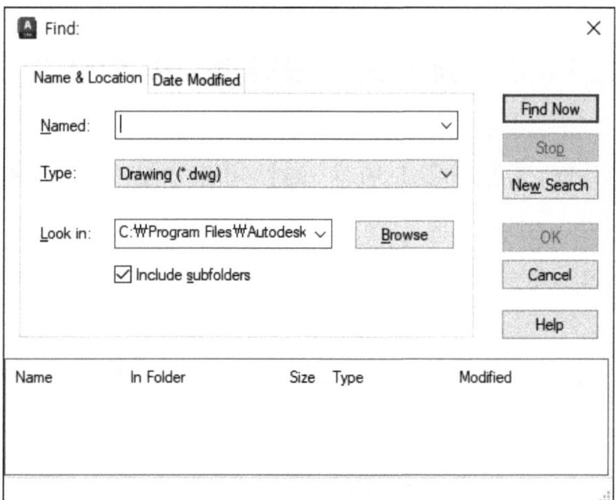

4 Find : Date Modified 대화상자에서 Find all files created or modified를 선택한 후 작업한 날짜를 지정해 주면 그 기간 안에서 작업한 파일들을 모두 찾아준다.

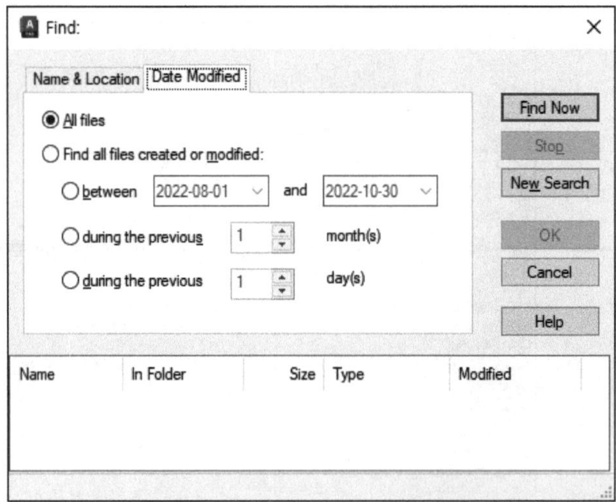

이와 같은 방법으로 파일을 찾아 열면 된다. 위 예의 3단계에서 파일 이름 지정에는 To*.dwg과 같이 와일드카드 문자(*, ?)를 사용할 수도 있다.

2.5 DWGPROPS 명령(도면 요약 정보의 입력 및 표시)

DWGPROPS 명령은 도면의 크기, 저장 경로, 작성 날짜, 수정 날짜 등의 정보를 표시해보거나 도면 제목, 작성자, 주석, 사용자 속성 등에 대한 요약 정보를 입력할 때 사용한다.

Command : DWGPROPS

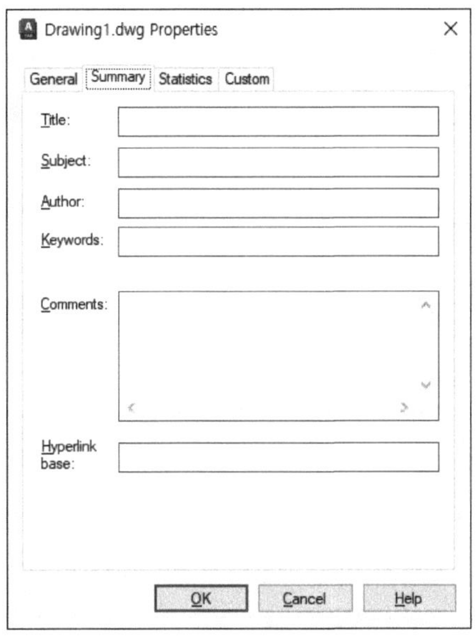

시트 탭	설 명
General	도면 파일의 이름 및 저장 경로, 파일 크기, 작성 날짜, 최종 수정 날짜, 파일 속성 등의 정보를 표시해준다.
Summary	도면 파일의 제목이나 부제목, 작성자, 핵심어, 주석 등의 정보를 입력한다.
Statistics	도면 작성 날짜, 수정 날짜, 최종 편집자 이름, 수정 횟수, 총 편집 시간 등의 정보를 표시해준다.
Custom	작업 도면에 사용된 사용자 정의 속성에 대한 설명을 입력한다.

2.6 RECOVER 명령(손상된 도면 파일의 복구)

RECOVER 명령은 디스크에 저장된 손상 도면 파일을 자동으로 복구시켜 주는 명령이다.

Command : RECOVER

01 손상 파일 복구

예를 들어, 손상된 도면 파일이 있을 경우 이를 원래대로 복구하려면 다음과 같이 한다.

1 RECOVER 명령을 실행한다.

Command : RECOVER ⏎

2 다음과 같은 대화상자가 표시되면 파일 목록 상자에서 복구할 도면 파일을 선택한다.

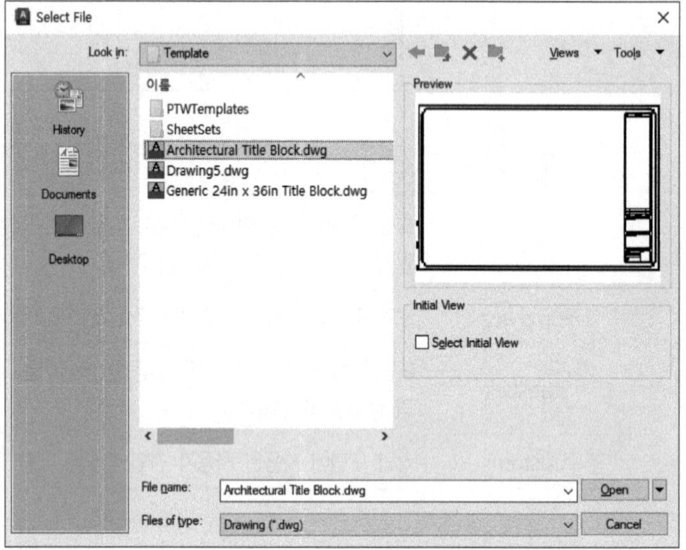

3 열기 단추를 클릭한다.

4 그러면 AutoCAD는 자동으로 손상된 도면 파일을 복구해준다. 복구 결과 메시지 대화상자가 표시되면 확인 단추를 클릭한다.

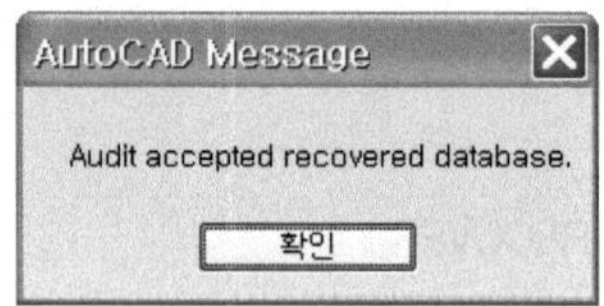

그러면 복구된 도면 파일이 작업 화면으로 열려진다. 이와 같은 방법으로 손상 도면 파일을 복구하면 된다. 단, 물리적으로 손상된 디스크 영역에 저장된 도면 파일과 같이 RECOVER 명령으로 복구할 수 없는 경우도 있다. 이때에는 다음과 같은 메시지가 표시된다.

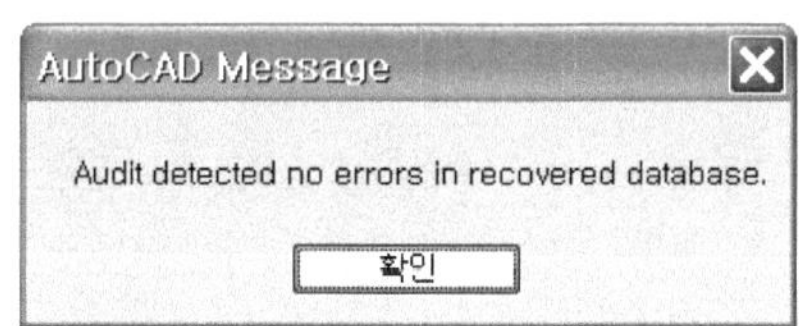

2.7 AUDIT 명령(작업 도면의 진단)

AUDIT 명령은 작업 중인 도면에 문제가 있는지 진단하거나 발견 오류를 복구시켜준다. 발견 오류를 복구하려면 복구 여부 확인 메시지 출력 시 〈Y〉키를 입력하면 된다.

Command : AUDIT

Fix any errors detected? [Yes/No] 〈N〉: ⇨ 발견 오류의 복구 확인

좌표 지정과 기본 명령

도면은 점, 선, 원, 호 등 여러 가지 도면 요소로 구성된다. 여기에서는 도면을 구성하는 기본도면 요소를 그리는 명령에 대해 설명한다.

3.1 좌표의 지정

AutoCAD를 사용하기 위해서는 좌표(Coordinate)에 대한 이해가 필요하다. 여기서는 XY 좌표 평면, 즉 2차원에서 사용하는 좌표에 대해 설명한다.

절대 좌표

절대 좌표(Absolute coordinate)는 다음 그림과 같이 원점(0,0)에서 X, Y축 방향의 거리로 임의 위치의 점 P1을 나타내는 방식이다.

x,y ⇨ x : **원점에서 X축 방향의 거리**, y : **원점에서 Y축 방향의 거리**

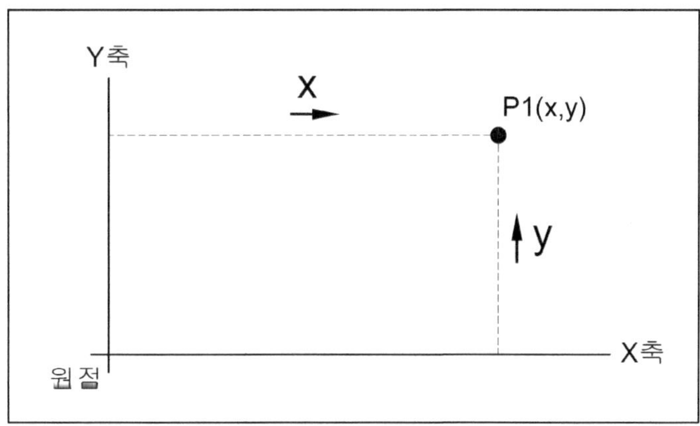

예를 들어, 다음 그림에서 세 점 P1, P2, P3의 위치를 절대 좌표로 표시하면 다음과 같다.

P1의 절대 좌표 : 2,4　　　P2의 절대 좌표 : 5,6　　　P3의 절대 좌표 : 7,2

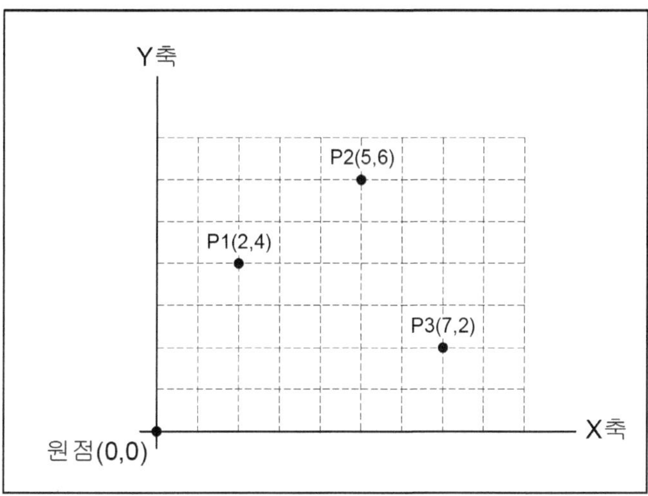

02 상대 좌표

상대 좌표(Relative coordinate)는 다음 그림과 같이 현재 위치를 기준으로 하여 X, Y 축 방향의 길이로 임의 위치의 점 P1을 나타내는 방식이다.

 @x,y ⇨ x : 현 위치에서 X축 방향의 거리, y : 현 위치에서 Y축 방향의 거리

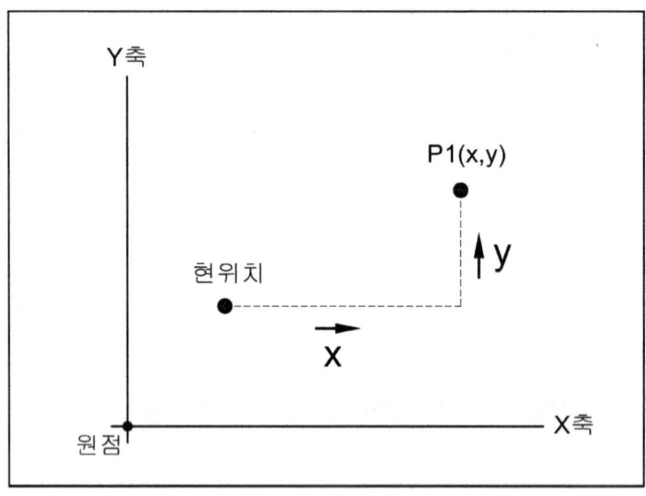

예를 들어, 절대 좌표에서 예로 든 그림에서 점 P2, P3의 위치를 점 P1을 기준으로 한 상대 좌표로 표시하면 다음과 같다.

점 P1을 기준으로 한 P2의 상대 좌표 : @3,2
점 P1을 기준으로 한 P3의 상대 좌표 : @5,−2

현재 위치 왼쪽이나 아래쪽의 좌표는 위 예의 두 번째 예와 같이 음수 기호를 붙여 표기하면 된다.

03 절대 극좌표

절대 극좌표(Polar coordinate)는 다음 그림과 같이 임의 위치의 점 P1을 원점부터의 거리와 X축과의 각도로 나타내는 방식이다. 방향각은 X축 양의 방향에서부터 반시계 방향으로 계산하며, 시계 방향으로 계산할 때는 음수 기호를 붙여 표기하면 된다.

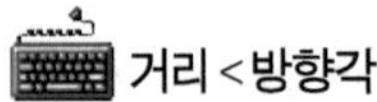 거리<방향각 ⇨ 거리 : 원점부터 거리, 방향각 : X축과 이루는 각도

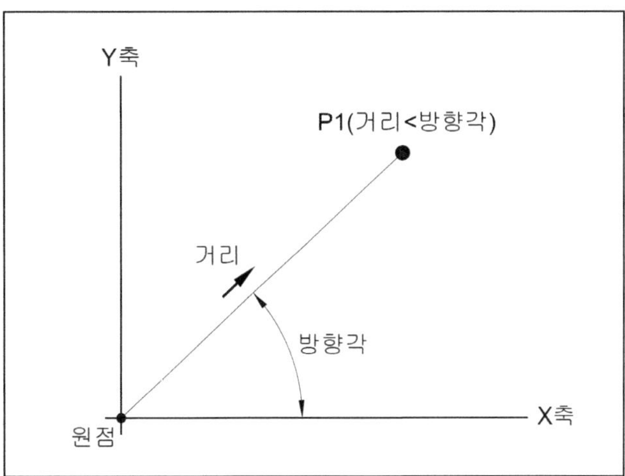

예를 들어, 다음 그림에서 X축과 30° 경사를 이루고, 원점(0,0)으로부터 거리가 10인 점 P1을 절대 극좌표로 나타내면 다음과 같다.

점 P1의 절대 극좌표 : 10<30

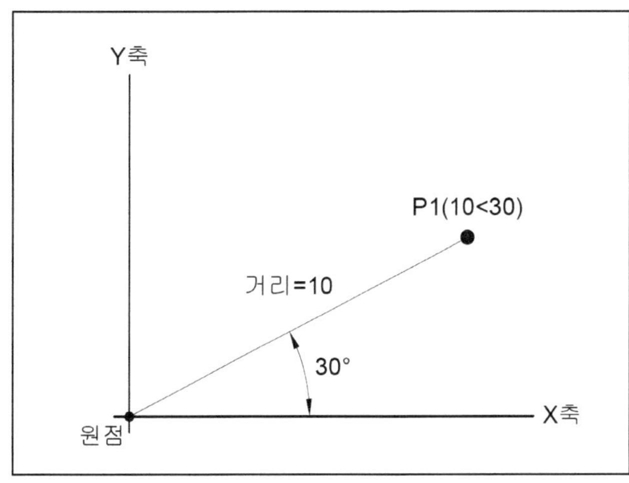

04 상대 극좌표

상대 극좌표도 절대 극좌표와 마찬가지로 거리와 방향각으로 임의 위치의 점 P1을 나타낸다. 단지 다음 그림과 같이 원점이 아닌 현재 위치를 기준으로 한다는 점만 다를 뿐이다.

@거리 < 방향각 ⇨ **거리 : 현 위치부터 거리, 방향각 : 현 위치와 X축 평행선과의 각도**

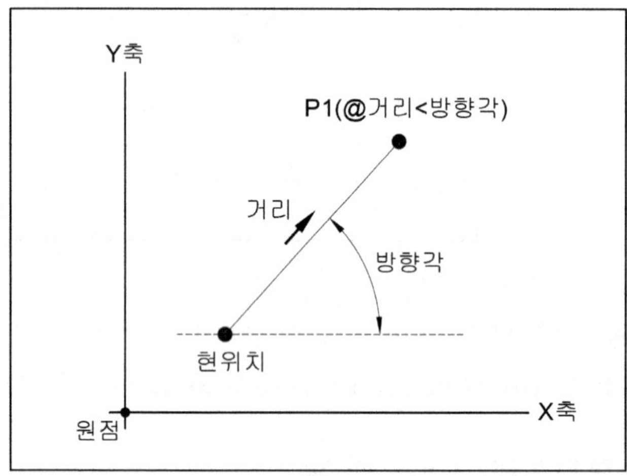

예를 들어, 다음 그림에서 점 P2의 위치를 점 P1을 기준으로 하여 상대 극좌표로 표시하면 다음과 같다.

점 P1을 기준으로 한 점 P2의 상대 극좌표 : @5<330 또는 @5<−30

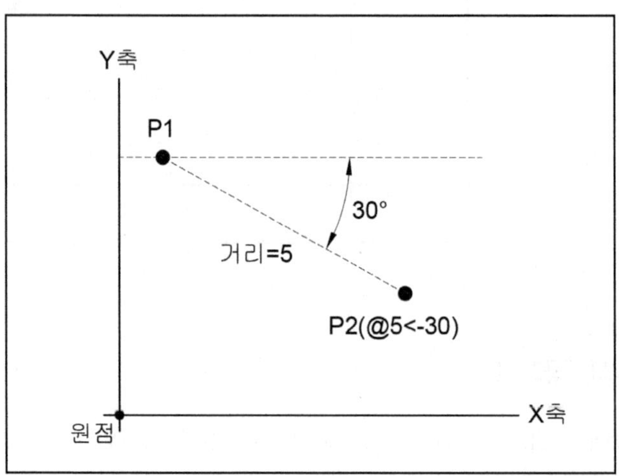

05 최종 좌표

최종 좌표(Last coordinate)는 가장 최근에 지정한 좌표를 의미한다. 최종 좌표는 좌표 입력 요구 시 좌표 값 대신 @기호를 입력한 후 엔터키나 스페이스 키를 누르면 지정된다.

 @

3.2 LINE 명령(직선 그리기)

LINE 명령은 사용자가 지정한 위치의 점을 잇는 직선을 그리는 명령이다. LINE 명령으로는 하나의 직선뿐만 아니라 그와 연결된 직선을 계속해서 그릴 수 있다. 이때 개개의 직선은 별도의 도면 요소(objects)로 취급된다.

 **도구모음** : Draw **도구모음의** ／ **단추**

 Command : LINE 〈또는 L〉

Specify first point :	⇨ 시작점 지정
Specify next point or [Undo] :	⇨ 다음 점 또는 옵션 지정
Specify next point or [Undo] :	⇨ 다음 점 또는 옵션 지정
Specify next point or [Close/Undo] :	⇨ 다음 점 또는 옵션 지정

옵 션	설 명
Continue	명령 실행을 종료한다. 명령 행에서는 바로 엔터키를 누르면 된다.
Undo	앞서 그린 선을 한 단계씩 취소한다.
Close	시작점과 마지막 점을 잇는 선을 그리고 명령 실행을 종료한다. 이 옵션은 폐각형을 그릴 때 마지막에 사용한다.
@	앞서 실행한 명령의 최종 좌표의 위치를 지정한다. 단, 이 옵션은 시작점을 지정할 때만 사용할 수 있다.

01 절대 좌표의 이용

다음 그림과 같은 도면을 임의의 점 P1부터 절대좌표를 이용하여 작성하여 보자.

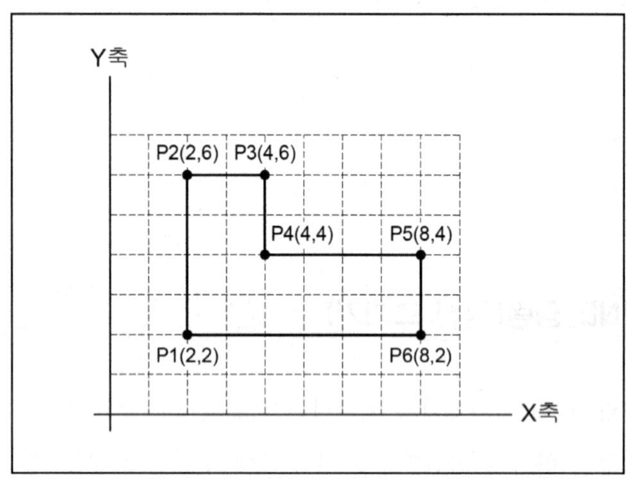

1 LINE 명령을 실행한 후 작성할 선의 시작점 P1과 다음 점의 좌표 값을 차례로 지정한다.

```
Command : LINE ↵
Specify first point : 2,2 ↵                              ⇨ 점 P1의 절대 좌표 지정
Specify next point or [Undo] : 2,6 ↵                     ⇨ 점 P2의 절대 좌표 지정
Specify next point or [Undo] : 4,6 ↵                     ⇨ 점 P3의 절대 좌표 지정
Specify next point or [Close/Undo] : 4,4 ↵               ⇨ 점 P4의 절대 좌표 지정
Specify next point or [Close/Undo] : 8,4 ↵               ⇨ 점 P5의 절대 좌표 지정
Specify next point or [Close/Undo] : 8,2 ↵               ⇨ 점 P6의 절대 좌표 지정
```

2 LINE 명령의 C(Close) 옵션을 지정하여 점 P6과 점 P1을 연결하는 직선을 그리고 명령 실행을 종료한다.

```
Specify next point or [Close/Undo] : C ↵                 ⇨ 점 P6과 점 P1을 연결
```

만약 위 예에서 도면의 좌표 지정이 잘못되었을 때에는 다음과 같이 Undo 옵션을 입력하여 바로 전의 좌표 지정 작업을 취소하면 된다.

```
Specify next point or [Close/Undo] : U ↵                 ⇨ 이전 좌표 지정을 취소
```

 상대 좌표의 이용

앞서 절대 좌표로 작성한 도면은 다음과 같이 상대 좌표를 지정하여 작성할 수도 있다.

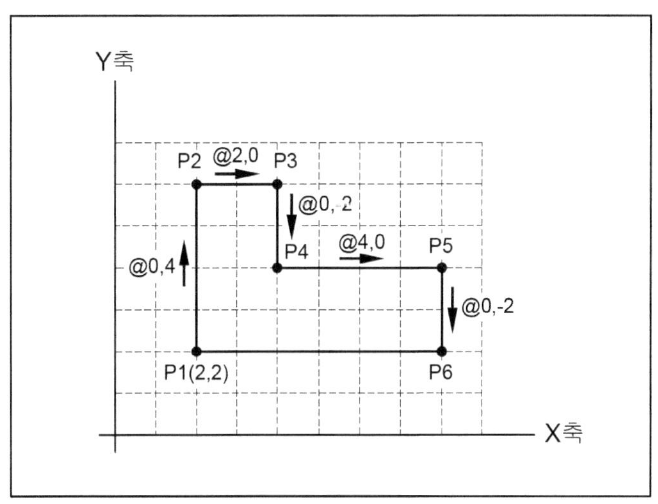

1 LINE 명령을 실행한 후 작성할 선의 시작점 P1과 다음 점의 좌표 값을 차례로 지정한다.

```
Command : LINE ↵
Specify first point : 2,2 ↵                                ⇨ 점 P1의 절대 좌표 지정
Specify next point or [Undo] : @0,4 ↵                      ⇨ 점 P2의 상대 좌표 지정
Specify next point or [Undo] : @2,0 ↵                      ⇨ 점 P3의 상대 좌표 지정
Specify next point or [Close/Undo] : @0,-2 ↵               ⇨ 점 P4의 상대 좌표 지정
Specify next point or [Close/Undo] : @4,0 ↵                ⇨ 점 P5의 상대 좌표 지정
Specify next point or [Close/Undo] : @0,-2 ↵               ⇨ 점 P6의 상대 좌표 지정
```

2 LINE 명령의 C(Close) 옵션을 지정하여 점 P6과 점 P1을 연결하는 직선을 그리고 명령 실행을 종료한다.

```
Specify next point or [Close/Undo] : C ↵                   ⇨ 점 P6과 점 P1을 연결
```

03 상대 극좌표의 이용

절대 좌표에서 작성한 도면을 상대 극좌표를 이용하여 작성하려면 다음과 같이 한다. AutoCAD에서는 이와 같이 동일한 도면이라도 여러 가지 좌표를 이용하여 작성할 수 있는데, 그 중 편리한 좌표를 이용하면 된다.

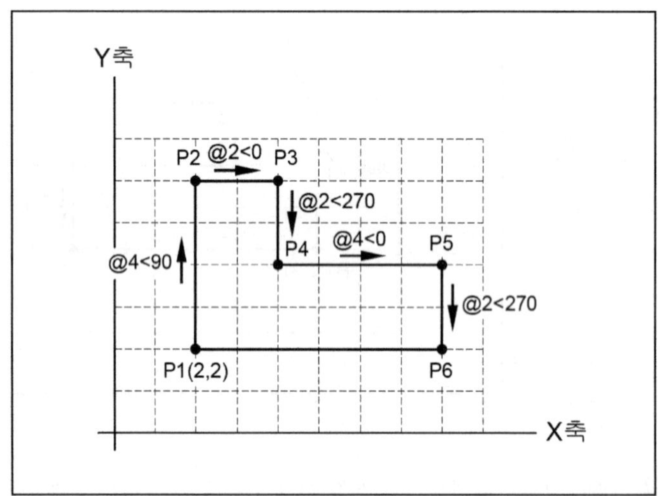

1 LINE 명령을 실행한 후 작성할 선의 시작점 P1과 다음 점의 좌표 값을 차례로 지정한다.

```
Command : LINE ↵
Specify first point : 2,2 ↵                             ⇨ 점 P1의 절대 좌표 지정
Specify next point or [Undo] : @4<90 ↵                  ⇨ 점 P2의 상대 극좌표 지정
Specify next point or [Undo] : @2<0 ↵                   ⇨ 점 P3의 상대 극좌표 지정
Specify next point or [Close/Undo] : @2<270 ↵           ⇨ 점 P4의 상대 극좌표 지정
Specify next point or [Close/Undo] : @4<0 ↵             ⇨ 점 P5의 상대 극좌표 지정
Specify next point or [Close/Undo] : @2<270 ↵           ⇨ 점 P6의 상대 극좌표 지정
```

2 LINE 명령의 C(Close) 옵션을 지정하여 점 P6과 점 P1을 연결하는 직선을 그리고 명령 실행을 종료한다.

```
Specify next point or [Close/Undo] : C ↵                ⇨ 점 P6과 점 P1을 연결
```

최종 좌표의 사용

다음 그림과 같이 새로운 도면 요소를 앞서 그린 도면의 최종 좌표인 P1부터 작성하여 보자.

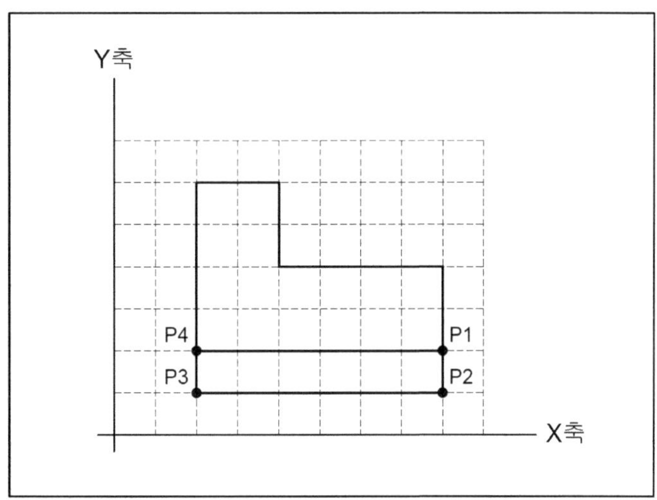

1 엔터키를 누르거나 마우스 오른쪽 단추를 클릭하여 이전 실행 명령인 LINE 명령을 다시 실행한다.

Command : ↵	⇨ 이전 명령의 재실행

2 다음과 같이 @ 옵션을 입력하여 이전 실행 명령에서 지정한 최종 좌표 P1을 시작점으로 지정한다.

Specify first point : @	⇨ 최종 좌표 P1 지정

3 다음과 같이 작성할 선의 좌표 값을 지정한다.

Specify next point or [Undo] : @0,-1 ↵	⇨ 점 P2의 상대 좌표 지정
Specify next point or [Undo] : @-6,0 ↵	⇨ 점 P3의 상대 좌표 지정
Specify next point or [Close/Undo] : @0,1 ↵	⇨ 점 P4의 상대 좌표 지정
Specify next point or [Close/Undo] : ↵	⇨ LINE 명령 실행 종료

3.3 ERASE 명령(도면 요소의 삭제)

잘못 그리거나 필요하지 않은 도면 요소는 ERASE 명령을 사용하면 삭제할 수 있다.

 도구모음 : Modify 도구모음의 단추

 Command : ERASE 〈또는 E〉

Select objects : ⇨ 삭제할 도면 요소의 선택

01 도면 요소의 삭제

예를 들어, LINE 명령의 사용 예에서 새로 추가한 도면 요소를 모두 삭제하여 보자.

따라하기

1 ERASE 명령을 실행하거나 Modify 도구모음의 단추를 클릭한다.

Command : ERASE ↵

2 다음 그림과 같이 작은 사각형 모양의 선택 상자(pick box)로 삭제할 도면 요소를 차례로 클릭하여 선택한다. 선택한 도면 요소는 다른 도면 요소와 달리 파선으로 표시된다.

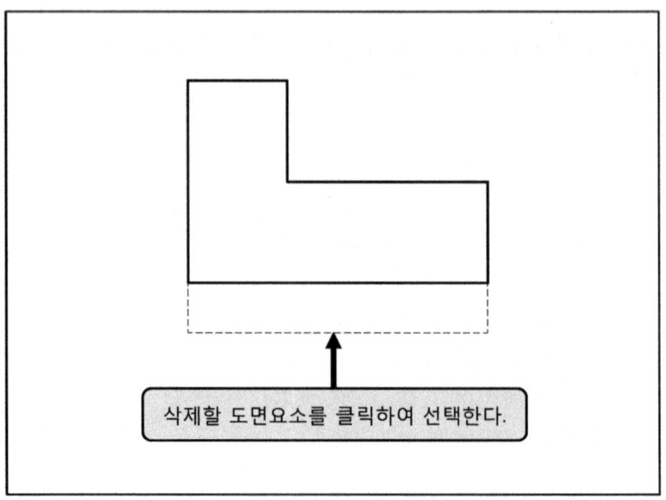

3 도면 선택 요구에 엔터키를 눌러 선택도면 요소를 삭제한다.

Select objects : ↵

참고로 도면 요소는 ERASE 명령 대신 삭제할 도면 요소를 먼저 선택한 후 〈Del〉 키를 눌러 삭제해도 된다.

도면 요소의 선택

위 예에서는 마우스 포인팅(pointing)에 의해 도면 요소를 선택했지만, 도면 요소를 선택하는 방법은 매우 다양하다. 그 중 일반적인 방법은 마우스를 이용하는 것으로 다음과 같은 방법이 있다.

선택 방법	설 명
포인팅	도면 요소 위의 한 점을 선택 상자로 클릭하여 선택한다.
Window	마우스를 이용하여 왼쪽에서 오른쪽 방향으로 두 점을 지정한다. 그러면 지정한 두 점을 마주보는 꼭지점으로 하는 영역 안에 완전히 포함된 도면 요소가 모두 선택된다.
Crossing	마우스를 이용하여 오른쪽에서 왼쪽 방향으로 두 점을 지정한다. 그러면 지정한 두 점을 마주보는 꼭지점으로 하는 영역 안에 일부만 포함된 도면 요소라면 모두 선택된다.

참고로 Window일 때에는 선택 영역이 실선으로 표시되고, Crossing일 때에는 파선으로 표시된다. 도면 요소 선택 방법에 대한 자세한 내용은 "PART 03 chapter 02의 2.1 도면 요소 선택"을 참조하기 바란다.

3.4 U, UNDO 명령(이전 실행 명령의 취소)

이전 실행 명령을 취소하려면 U 명령이나 UNDO 명령을 사용하면 된다. 이들 명령은 이전 실행 명령을 취소한다는 점에서는 동일하지만 서로 다른 명령이다.

01 U 명령

U 명령은 앞서 실행한 명령을 한 단계씩 취소한다. 단, HELP 명령이나 OPEN 명령, SAVE 명령 등 일부 명령은 취소할 수 없다.

도구모음 : **퀵 액세스 툴바의** **단추**

Command : U

02 UNDO 명령

UNDO 명령은 U 명령과 달리 여러 명령을 동시에 취소하거나, 특정 명령 실행 시 기억시킨 위치까지 한 번에 취소할 수 있다.

Command : UNDO

Current settings : Auto = On, Control = All, Combine = Yes, Layer = Yes

Enter the number of operations to undo or [Auto/Control/BEgin/End/Mark/Back] 〈1〉:

옵 션	설 명
Auto	메뉴 선택으로 실행한 명령을 그룹으로 묶는 기능을 온/오프 시킨다.
Control	UNDO 명령의 기능을 제어한다. All - 반복하여 도면 요소를 취소할 수 있도록 UNDO 명령과 U 명령의 기능을 활성화한다. One - 한 번만 도면 요소를 취소할 수 있도록 UNDO 명령과 U 명령의 기능을 활성화한다. None - UNDO 명령과 U 명령의 기능을 정지시킨다.
BEgin	취소 작업 그룹의 시작 위치를 지정한다. 이 옵션은 End 옵션 지정 전까지의 실행 명령을 하나의 그룹으로 묶는다.
End	그룹으로 묶어 취소할 명령의 끝 위치를 지정한다. 단, 먼저 BEgin 옵션으로 그룹의 시작 위치를 지정해야 한다.
Mark	실행을 취소할 위치를 지정한다. 이 옵션 지정 후 실행한 명령은 Back 옵션 지정으로 일괄 취소할 수 있다.

옵 션	설 명
Back	Mark 옵션 지정 이후부터 실행한 명령을 일괄 취소하고, 취소 위치 지정 전의 도면 상태로 복귀한다.
Number	지정 숫자만큼의 전 단계 작업을 취소한다.

03 예제 도면 작성

이전 실행 명령을 취소하기 위해 다음 그림과 같이 "UNDO"라는 글자 모양을 차례로 그려보자. 다음 그림은 도면 영역에 격자(grid)와 스냅(snap) 모드를 활성화한 후 그리면 편리하다. 이에 대한 자세한 내용은 "chapter 04의 4.3 GRID 명령"과 "chapter 04의 4.4 SNAP 명령"을 참조하기 바란다.

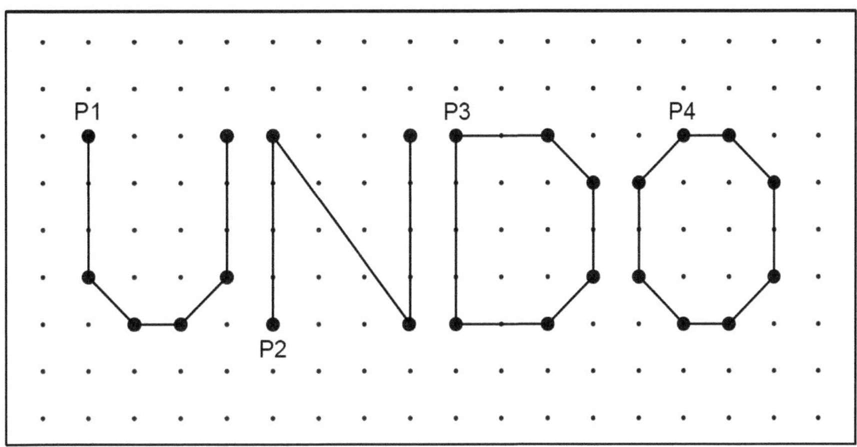

1 <F7>키와 <F9>키를 누른다. 그러면 도면 영역에 일정 간격만큼 격자(grid)가 표시되고, 그래픽 커서는 격자 위로만 이동한다.

2 LINE 명령을 실행한 후 마우스 포인터로 점 P1부터 U자 모양의 각 좌표를 차례로 클릭하여 그린다.

```
Command : LINE ↵
```

3 LINE 명령을 다시 실행하여 점 P2부터 N자 모양을 그린다.

4 LINE 명령을 다시 실행하여 점 P3부터 D자 모양을 그린다.

5 LINE 명령을 다시 실행하여 점 P4부터 O자 모양을 그린다.

04 단계 지정 작업 취소

예를 들어, 앞서 LINE 명령으로 그린 "UNDO"라는 글자 모양 중 "DO" 모양만 취소하려면 다음과 같이 한다.

1 UNDO 명령을 실행한다.

```
Command : UNDO ↵
```

2 취소할 이전 단계로 2를 입력한다.

```
Current settings : Auto = On, Control = All, Combine = Yes, Layer = Yes
Enter the number of operations to undo or [Auto/Control/BEgin/End/Mark/Back] <1> : 2 ↵
```

05 그룹 지정 작업 취소

이전 실행 명령을 취소할 때에는 일련의 실행 명령을 그룹으로 묶어 처리할 수도 있다. 예를 들어, 앞서 예로 든 "UNDO" 글자 모양을 그릴 때 "ND" 모양을 그룹으로 묶은 후 2단계 전의 작업까지 취소해 보자.

1 LINE 명령을 실행하여 점 P1부터 U자 모양의 선을 그린다.

2 다음과 같이 UNDO 명령을 실행한 후 BEgin 옵션을 지정한다.

```
Command : UNDO ↵
Current settings : Auto = On, Control = All, Combine = Yes, Layer = Yes
Enter the number of operations to undo or [Auto/Control/BEgin/End/Mark/Back] <1> : BE ↵
```

3 LINE 명령을 실행하여 점 P2부터 N자 모양을 그린다.

4 LINE 명령을 다시 실행하여 점 P3부터 D자 모양을 그린다.

5 다음과 같이 UNDO 명령을 실행한 후 End 옵션을 지정한다. 그러면 BEgin 옵션 지정부터 End 옵션 지정까지의 LINE 명령이 그룹으로 묶여진다.

```
Command : UNDO ↵
Current settings : Auto = On, Control = All, Combine = Yes, Layer = Yes
Enter the number of operations to undo or [Auto/Control/BEgin/End/Mark/Back] <1> : E ↵
```

6 LINE 명령을 실행하여 점 P4부터 O자 모양을 그린다.

7 다음과 같이 이전 실행 명령 중 2단계 작업을 취소한다.

```
Command : UNDO ↵
Current settings : Auto = On, Control = All, Combine = Yes, Layer = Yes
Enter the number of operations to undo or [Auto/Control/BEgin/End/Mark/Back] <1> : 2 ↵
```

이와 같이 하면 그룹으로 묶지 않았을 때와 달리 "UNDO" 그리기 작업 중 "NDO" 그리기 작업이 취소된다. 즉, 그룹으로 묶은 "ND" 작업이 하나의 명령 실행으로 취급된다.

06 취소 위치로 복귀

앞의 예에서 "U"자 모양의 선을 그린 후 취소 위치를 지정하여 보자. 그런 다음 나머지 선을 그린 후 이를 일괄 취소하고, 이전 도면 상태로 복귀하여 보자.

1 LINE 명령을 실행하여 U자 모양의 선을 그린다.

2 다음과 같이 UNDO 명령의 Mark 옵션을 입력하여 현재 도면 상태를 취소 위치로 지정한다.

```
Command : UNDO ↵
Current settings : Auto = On, Control = All, Combine = Yes, Layer = Yes
Enter the number of operations to undo or [Auto/Control/BEgin/End/Mark/Back] <1> : M ↵
```

3 LINE 명령을 실행하여 "NDO" 모양의 선을 차례로 그린다.

4 지정된 취소 위치까지의 실행 명령을 일괄 취소하려면 다음과 같이 UNDO 명령의 Back 옵션을 선택한다.

Command : UNDO ↵
Current settings : Auto = On, Control = All, Combine = Yes, Layer = Yes
Enter the number of operations to undo or [Auto/Control/BEgin/End/Mark/Back] 〈1〉 : B ↵

3.5 REDO 명령(취소 작업의 복구)

REDO 명령은 UNDO 명령이나 U 명령으로 취소한 작업을 다시 복구시킬 때 사용한다.

도구모음 : 퀵 액세스 툴바의 단추

Command : REDO

단, REDO 명령은 바로 전에 실행한 하나의 취소 작업만 복구시킬 수 있다. 따라서 2단계 이상 취소한 명령은 다시 복구할 수 없기 때문에 UNDO 명령 사용에 주의해야 한다.

3.6 REDRAW 명령(도면 영역의 블립 제거)

REDRAW 명령은 화면에 표시된 블립(Blip) 등을 제거하여 화면을 다시 그려주는 명령이다.

Command : REDRAW 〈또는 R〉

3.7 REGEN 명령(화면 다시 그리기)

REGEN 명령은 블립의 제거뿐만 아니라 화면 내의 모든 도면 요소를 다시 그려준다. 보통 REGEN 명령은 일부 명령 실행 시 결과를 확인할 때나 화면 내의 도면 요소가 깨져 표시될 때 사용한다.

Command : REGEN 〈또는 RE〉

참고로 화면에 표시된 블립만 제거하기 위해서는 REDRAW 명령을 이용하는 것이 바람직하다. 왜냐하면 REGEN 명령은 화면 내의 모든 도면 요소를 다시 그리기 위해 그만큼 많은 시간을 소요하기 때문이다. 특히 복잡한 도면일 경우 그 차이는 매우 크다.

연습문제 01 SQUARE 제도

(다음과 같은 SQUARE의 정면도와 우측면도를 1 : 1 현척으로 제도하여 보아라.)

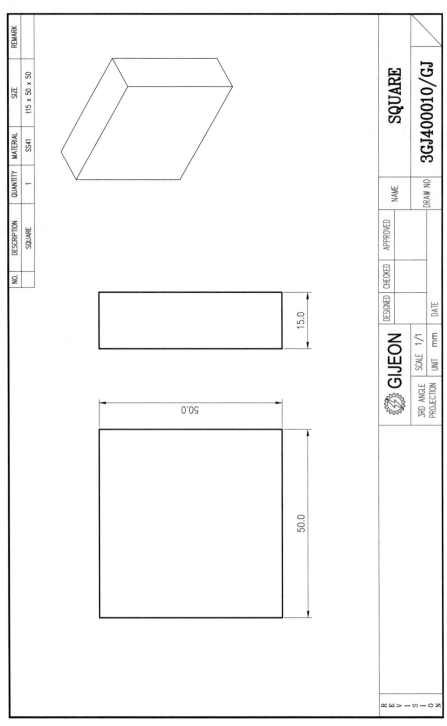

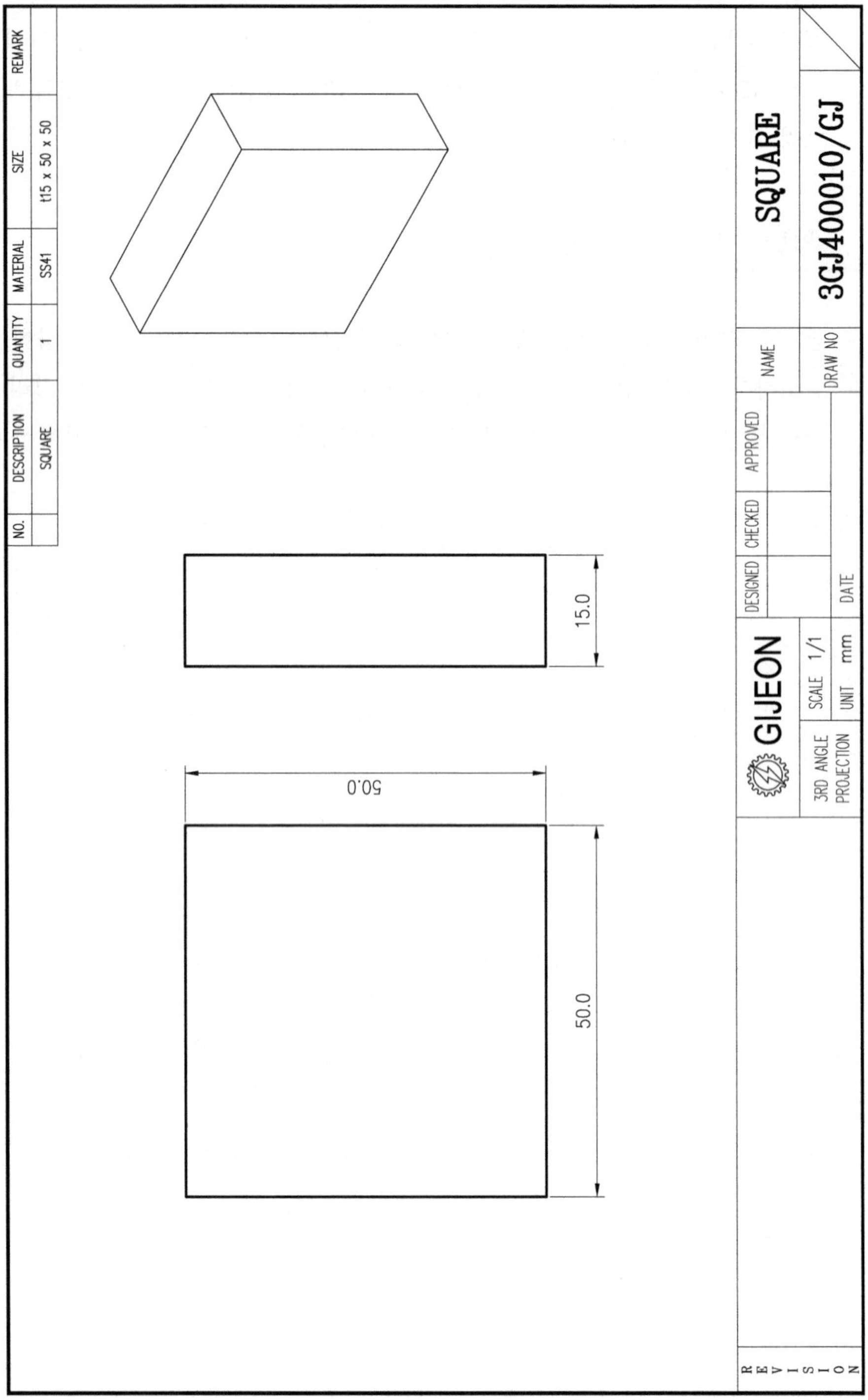

NO.	DESCRIPTION	QUANTITY	MATERIAL	SIZE	REMARK
	SQUARE	1	SS41	t15 x 50 x 50	

15.0

50.0

50.0

GIJEON	DESIGNED	CHECKED	APPROVED	NAME	SQUARE
3RD ANGLE PROJECTION	SCALE 1/1	UNIT mm	DATE	DRAW NO	3GJ400010/GJ

REVISION

연습문제 02 SPACER 제도

(다음과 같은 SPACER의 정면도와 우측면도를 1 : 1 현척으로 제도하여 보아라.)

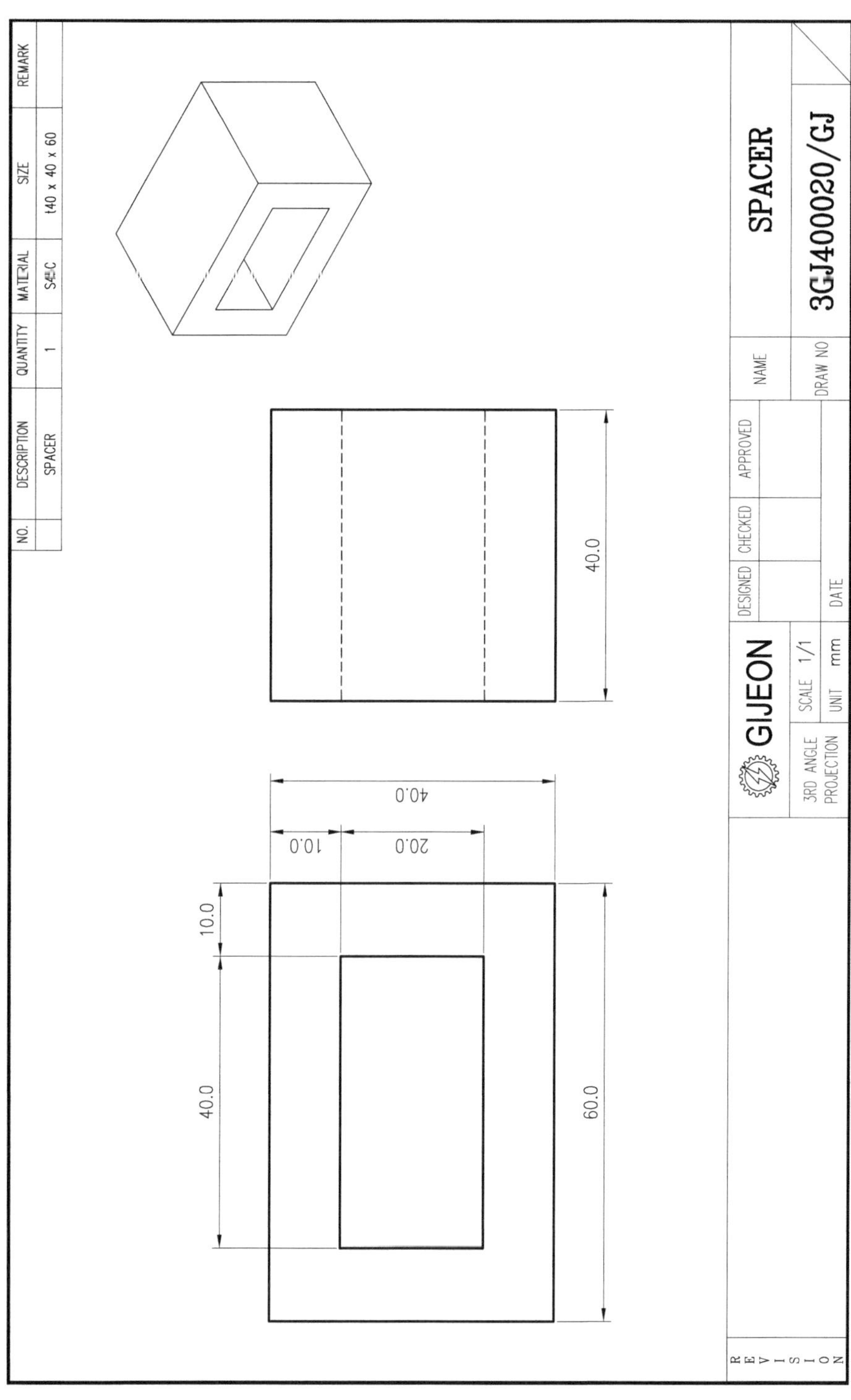

연습문제 03 BLOCK-Ⅰ 제도

(다음과 같은 BLOCK-Ⅰ의 정면도, 평면도, 우측면도를 1 : 1 현척으로 제도하여 보아라.)

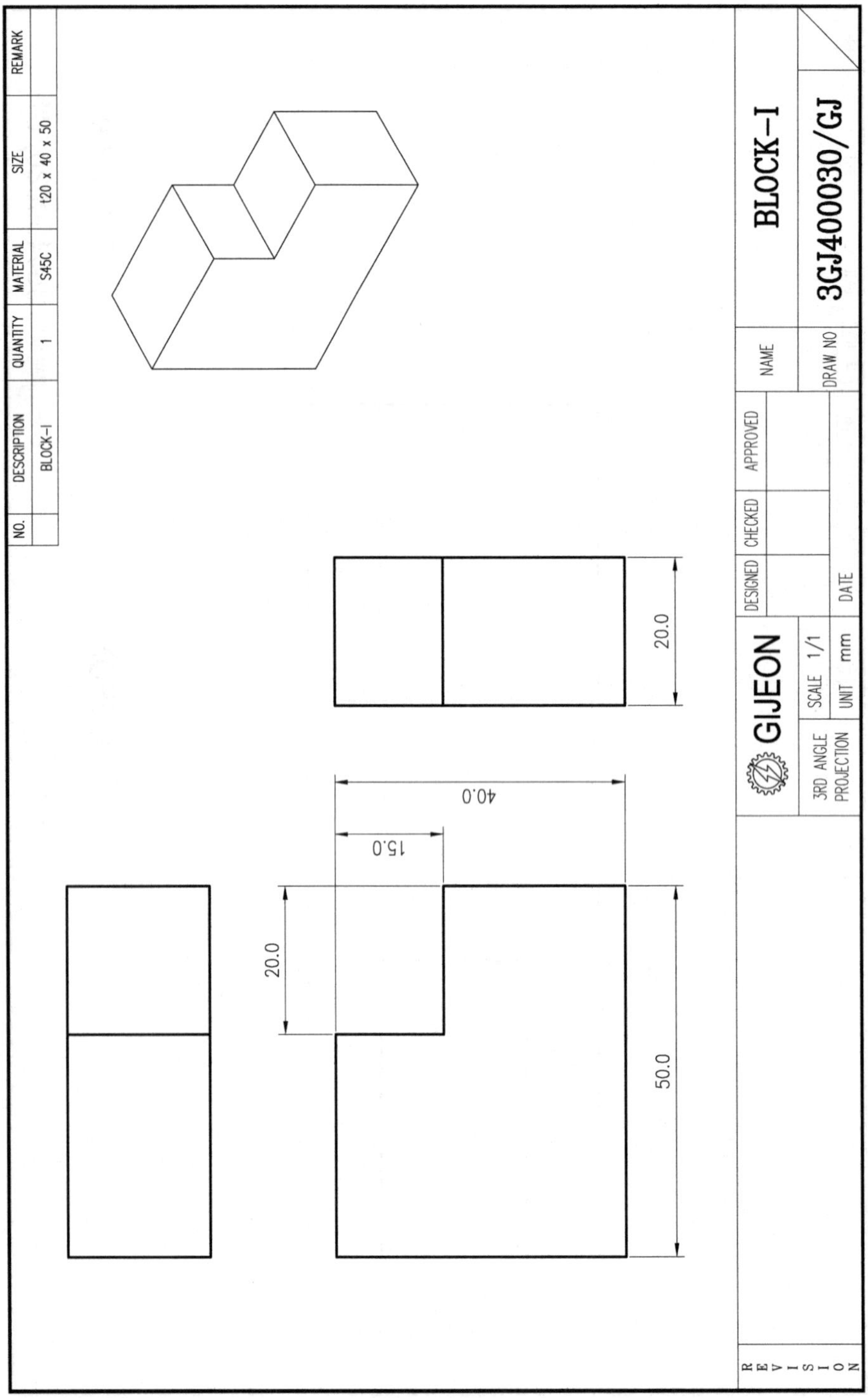

NO.	DESCRIPTION	QUANTITY	MATERIAL	SIZE	REMARK
	BLOCK-I	1	S45C	t20 x 40 x 50	

20.0
40.0
15.0
20.0
50.0

GIJEON	DESIGNED	CHECKED	APPROVED	NAME	BLOCK-I
3RD ANGLE PROJECTION	SCALE 1/1	UNIT mm	DATE	DRAW NO	3GJ400030/GJ

REVISION

연습문제 04 BLOCK-Ⅱ 제도

(다음과 같은 BLOCK-Ⅱ의 정면도, 평면도, 우측면도를 1 : 1 현척으로 제도하여 보아라.)

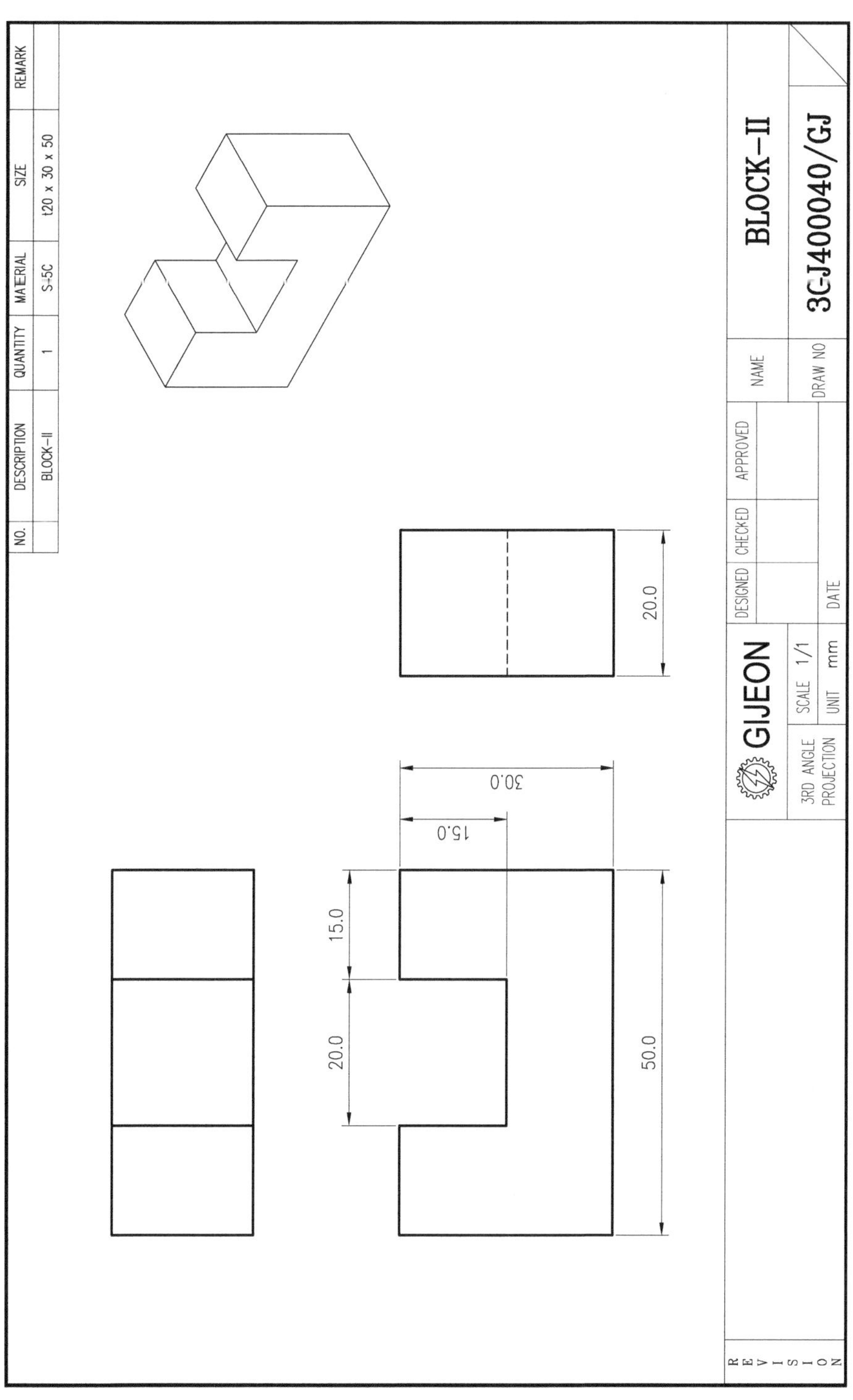

연습문제 05 BLOCK-Ⅲ 제도

(다음과 같은 BLOCK-Ⅲ의 정면도, 평면도, 우측면도를 1 : 1 현척으로 제도하여 보아라.)

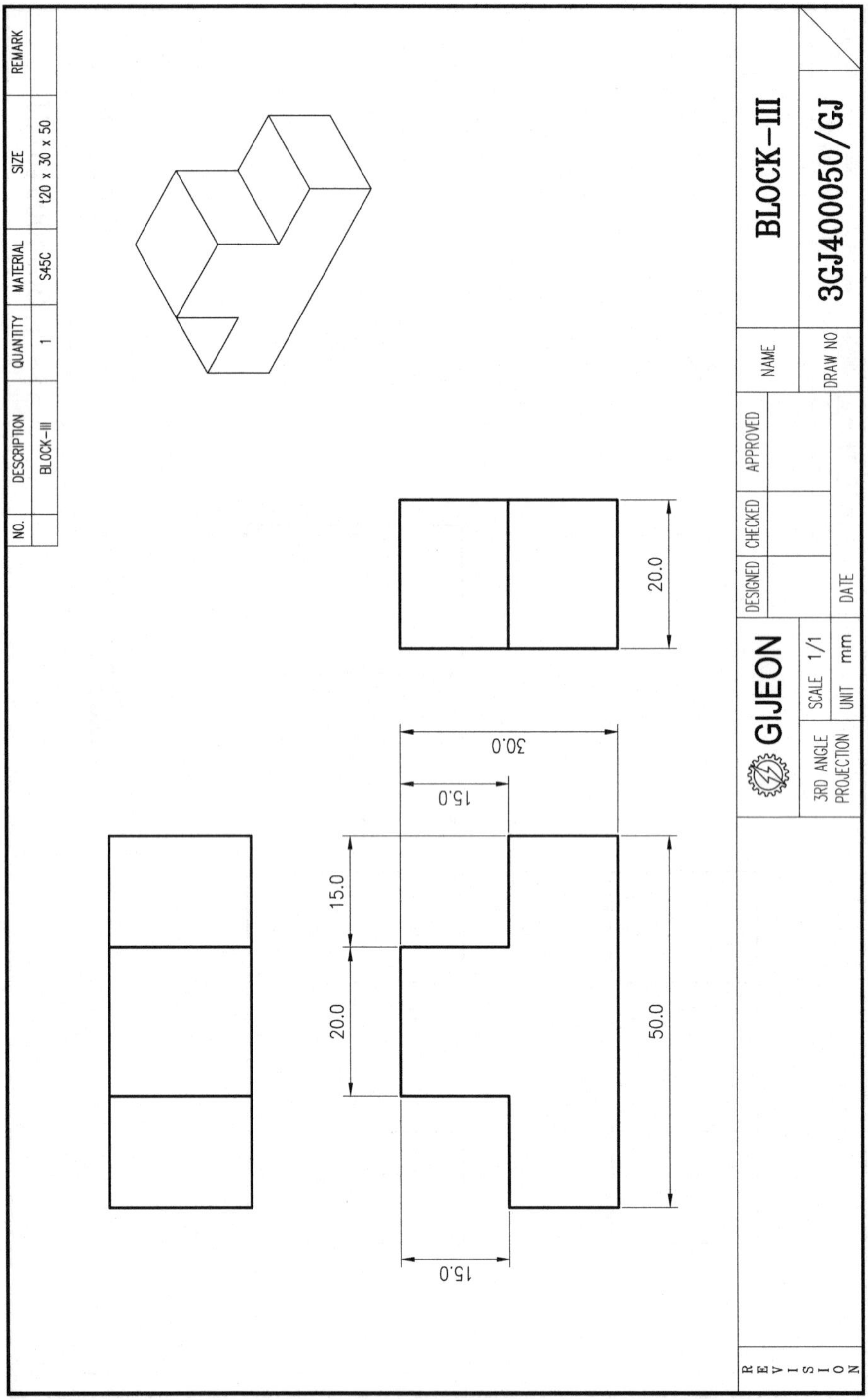

NO.	DESCRIPTION	QUANTITY	MATERIAL	SIZE	REMARK
	BLOCK-Ⅲ	1	S45C	t20 x 30 x 50	

20.0

30.0

15.0

15.0

20.0

50.0

15.0

BLOCK-Ⅲ

NAME

3GJ400050/GJ

DRAW NO

DESIGNED CHECKED APPROVED

DATE

GIJEON

SCALE 1/1

UNIT mm

3RD ANGLE PROJECTION

REVISION

연습문제 06 CROSS BLOCK 제도

(다음과 같은 CROSS BLOCK의 정면도와 우측면도를 1 : 1 현척으로 제도하여 보아라.)

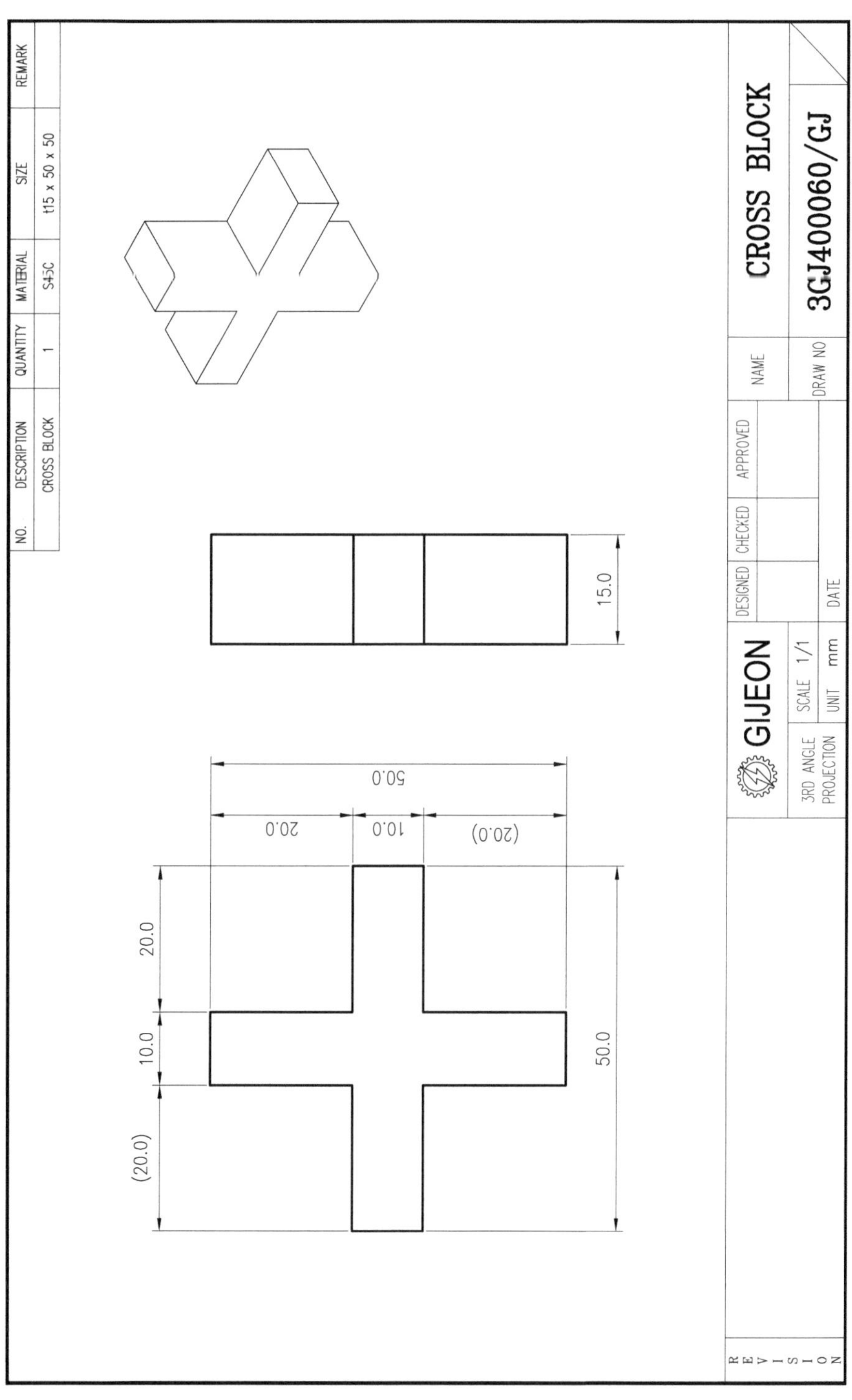

연습문제 07 STOPPER PLATE 제도

(다음과 같은 STOPPER PLATE의 정면도, 우측면도를 1 : 1 현척으로 제도하여 보아라.)

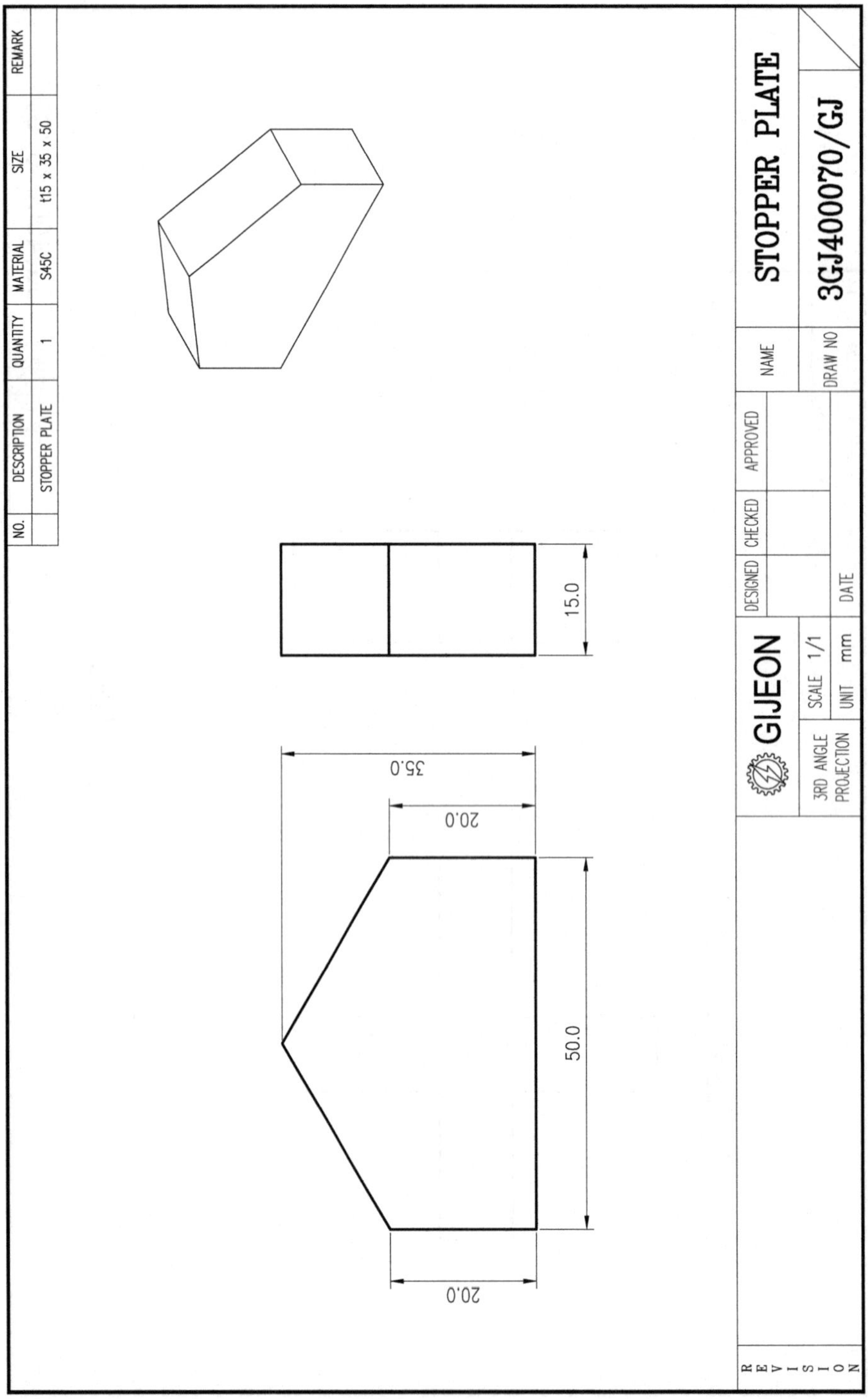

NO.	DESCRIPTION	QUANTITY	MATERIAL	SIZE	REMARK
	STOPPER PLATE	1	S45C	t15 x 35 x 50	

15.0
35.0
20.0
50.0
20.0

NAME	STOPPER PLATE
DRAW NO	3GJ400070/GJ

GIJEON

DESIGNED	CHECKED	APPROVED

3RD ANGLE PROJECTION
SCALE 1/1
UNIT mm
DATE

REVISION

연습문제 08 STOPPER PLATE 제도

(다음과 같은 STOPPER PLATE의 정면도, 평면도, 우측면도를 1 : 1 현척으로 제도하여 보아라.)

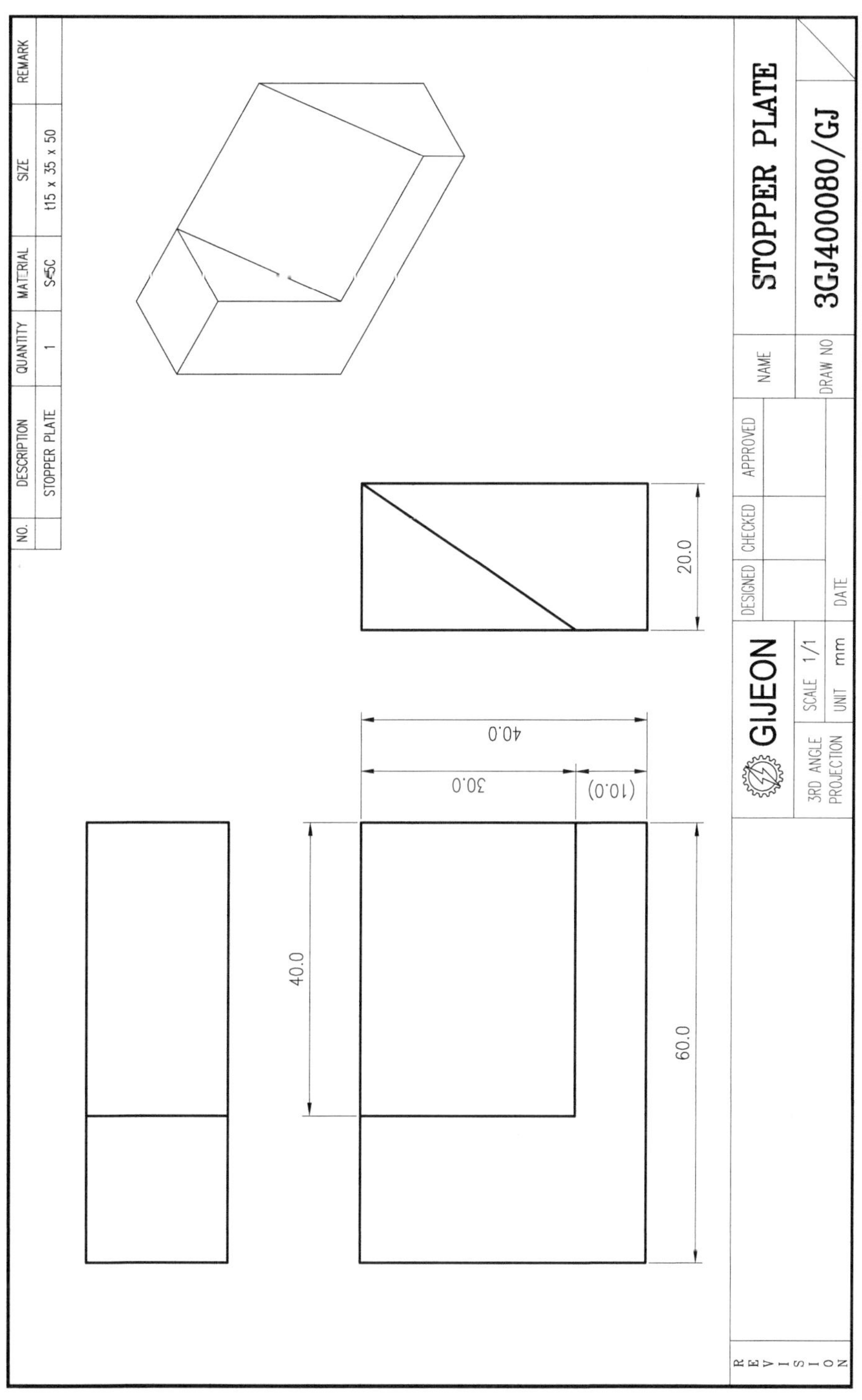

연습문제 09 V-BLOCK Ⅰ 제도

(다음과 같은 V-BLOCK Ⅰ의 정면도와 평면도를 1 : 1 현척으로 제도하여 보아라.)

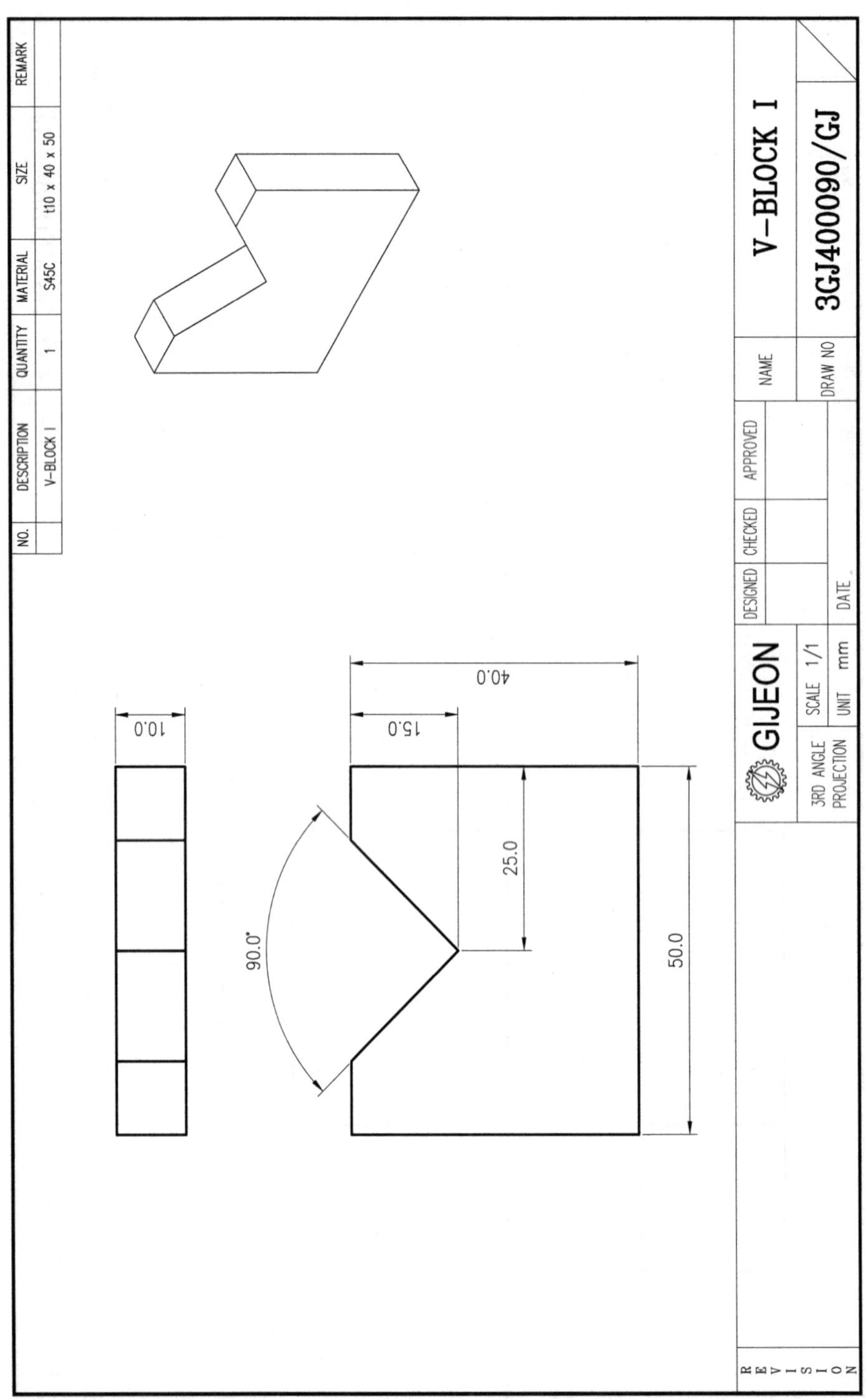

연습문제 10 V-BLOCK II 제도

(다음과 같은 V-BLOCK II의 정면도와 평면도를 1 : 1 현척으로 제도하여 보아라.)

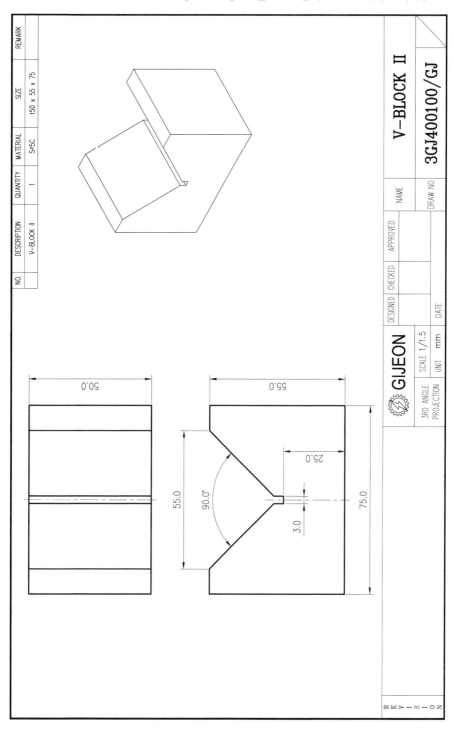

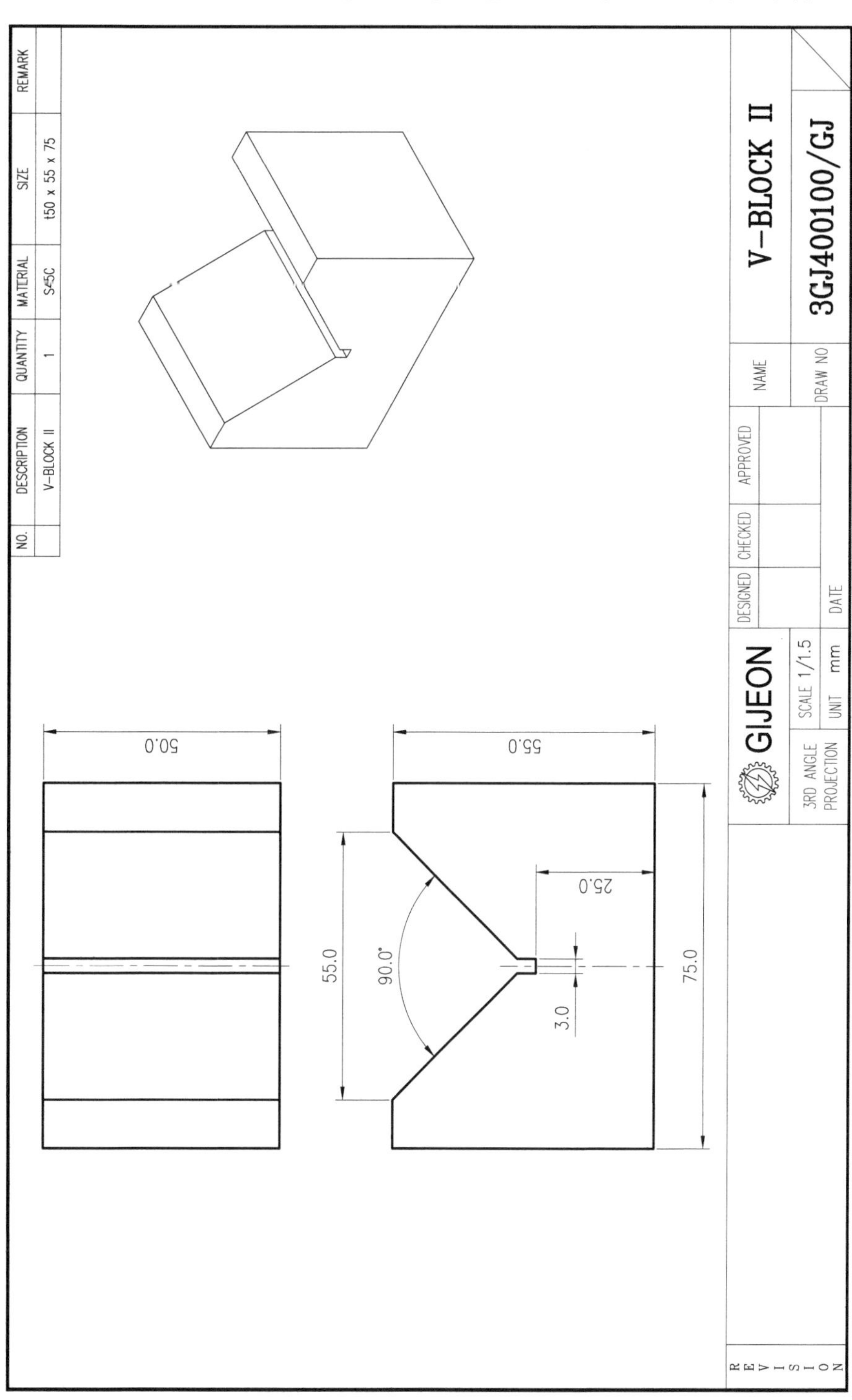

연습문제 11 GATE BLOCK 제도

(다음과 같은 GATE BLOCK의 정면도와 평면도, 우측면도를 1 : 1 현척으로 제도하여 보아라.)

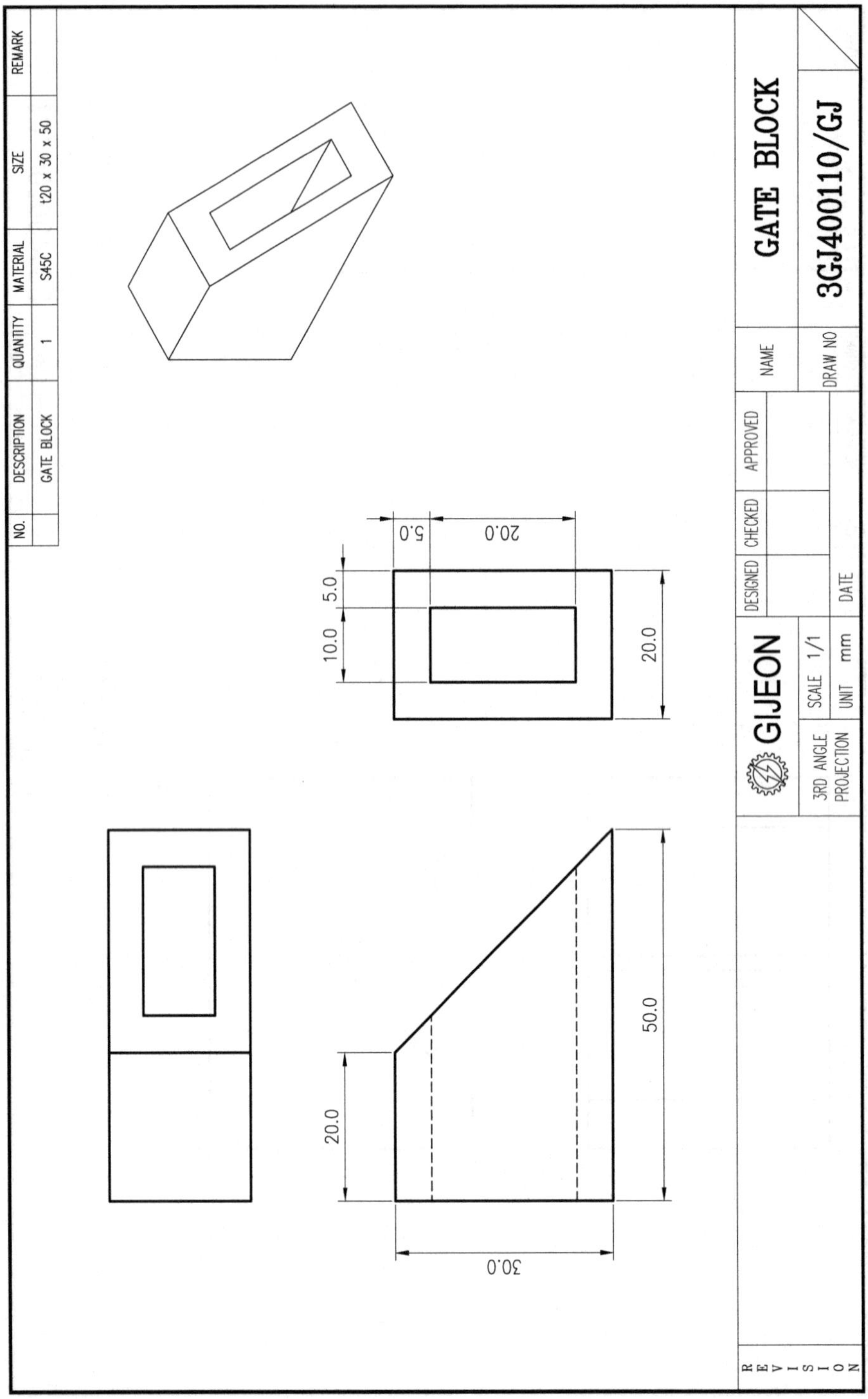

NO.	DESCRIPTION	QUANTITY	MATERIAL	SIZE	REMARK
	GATE BLOCK	1	S45C	t20 x 30 x 50	

5.0
20.0
5.0
10.0
20.0
50.0
20.0
30.0

NAME	GATE BLOCK
DRAW NO	3GJ400110/GJ

GIJEON
3RD ANGLE PROJECTION
SCALE 1/1
UNIT mm
DESIGNED
CHECKED
APPROVED
DATE
REVISION

연습문제 12 STOPPER PLATE-Ⅱ 제도

(다음과 같은 STOPPER PLATE-Ⅱ의 정면도와 우측면도를 1 : 1 현척으로 제도하여 보아라.)

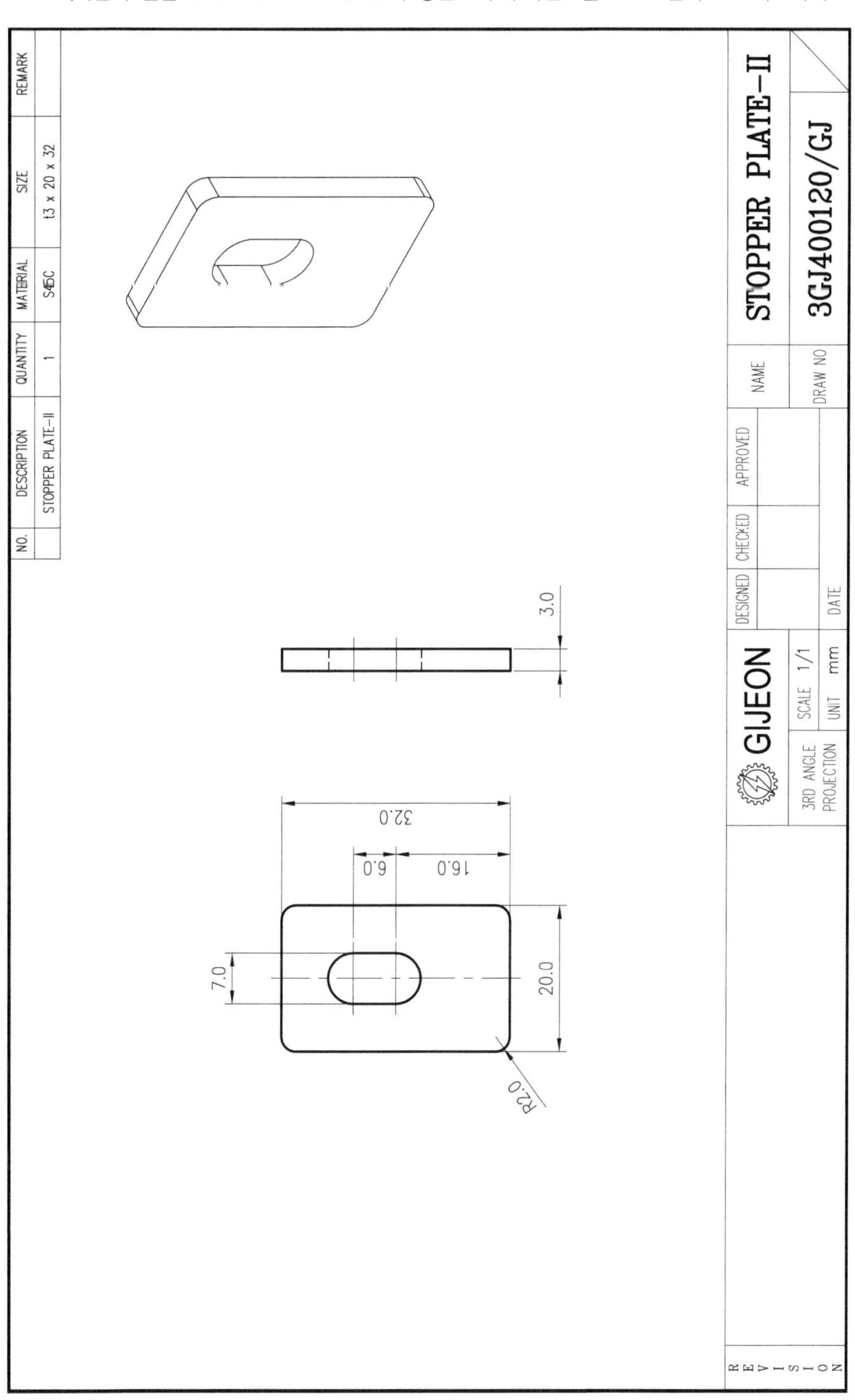

도면 작성 환경 설정

여기서는 치수 및 각도의 단위 설정과 도면 크기의 설정, 격자 및 스냅 설정 등 AutoCAD에서 도면을 작성하기 위해 필요한 기본적인 사용 환경 설정 명령에 대해 설명한다.

4.1 UNITS 명령(길이 및 각도 단위 설정)

UNITS 명령은 길이와 각도의 표시 및 입력 단위와 정밀도를 설정할 때 사용한다.

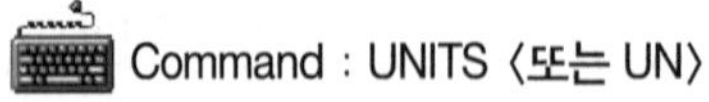

01 길이 단위 설정

길이(Length)의 단위는 다음 형식 중 하나를 선택한다. 이 중 지수 형식과 소수 형식, 공학 형식은 소수점 이하 8자리까지 정밀도를 지정할 수 있다. 그리고 건축 형식과 분수 형식은 분모의 크기를 입력하여 정밀도를 지정한다. 기본 설정된 형식은 소수점 4자리의 소수 형식(Decimal)이다.

단 위	설 명
Architectural	건축 형식으로 표시(정수의 피트와 분수의 인치로 표시)한다. (0'-0 1/16")
Decimal	소수 형식으로 표시한다. (0.0000)
Engineering	공학 형식으로 표시(정수의 피트와 소수의 인치로 표시)한다. (0'-0.0000")
Fractional	분수 형식으로 표시한다. (0 1/16)
Scientific	지수 형식으로 표시한다. (0.0000E+02)

02 각도 단위 설정

각도(Angle) 단위로는 다음과 같은 형식 중 하나를 사용할 수 있다. 이 중 기본 형식은 각도의 분/초를 소수 형식으로 표시하는 Decimal degrees 형식이다.

단 위	설 명
Decimal degrees	각도를 소수 형식으로 표시한다.
Deg/min/sec	각도를 도(d)/분(')/초(") 형식으로 표시한다.
Grads	각도를 등급으로 표시한다. 1°는 10/9g이다.
Radians	각도를 라디안 단위로 표시한다. 1°는 약 0.0174533r이다.
Surveyor's units	각도를 동서남북(E, W, S, N)의 방위와 함께 표시한다.

03 각도 방향 설정

각도의 방향은 다음 그림과 같이 기준 각도부터 반시계 방향으로 설정되어 있다. 그러나 Drawing Units 대화상자의 Clockwise 확인란을 선택하면 각도 방향은 시계 방향으로 설정된다.

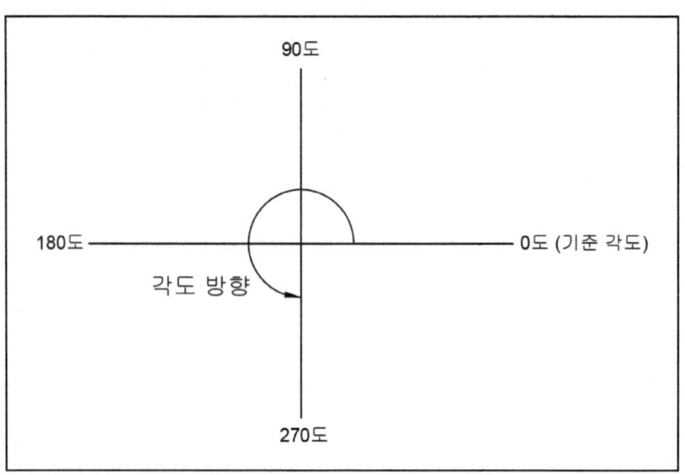

4.2 LIMITS 명령(도면 크기의 설정)

작성할 도면의 크기는 LIMITS 명령을 이용하여 설정하면 된다. 또한 LIMITS 명령은 도면 작성 시 도면 밖으로 도면 요소를 그리는 것을 제한하거나 가능하게 할 수도 있다.

Command : LIMITS

Reset Model space limits :

Specify lower left corner or [ON/OFF] 〈0.0000,0.0000〉: ⇨ 도면의 왼쪽 아래 끝 지정

Specify upper right corner 〈420.0000,297.0000〉: ⇨ 도면의 오른쪽 위 끝 지정

옵 션	설 명
ON	도면 크기 밖의 영역에는 도면 요소를 그릴 수 없도록 제한한다.
OFF	도면 크기 밖의 영역에도 도면 요소를 그릴 수 있도록 한다.
Lower left corner	설정할 도면의 왼쪽 아래 좌표를 지정한다.
Upper right corner	설정할 도면의 오른쪽 위 좌표를 지정한다.

 도면의 크기

도면은 일반적으로 다음 그림에서와 같은 크기(가로×세로)의 규격을 사용한다.

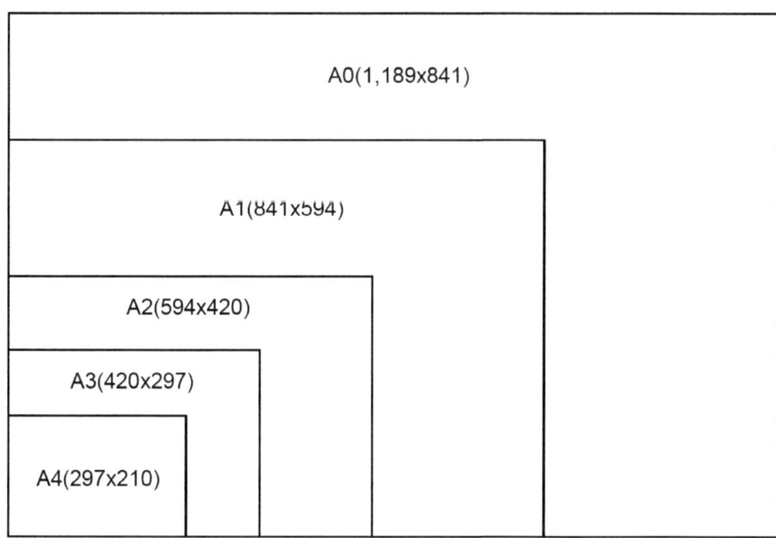

 도면 크기 설정

예를 들어, A3 용지 크기의 도면을 작성하려면 도면의 한계를 다음과 같이 설정하면 된다.

1 LIMITS 명령을 실행한다.

```
Command : LIMITS ↵
```

2 다음과 같이 설정할 도면의 왼쪽 아래의 모서리와 오른쪽 위 모서리의 좌표를 입력한다.

```
Reset Model space limits :
Specify lower left corner or [ON/OFF] <0.0000,0.0000> : ↵
Specify upper right corner <12.0000,9.0000> : 420,297 ↵
```

설정된 도면의 크기 전체를 도면 영역에 표시하려면 다음과 같이 ZOOM 명령을 실행한 후 All 옵션을 선택해야 한다. ZOOM 명령에 대한 자세한 내용은 "PART 03 chapter 01의 1.1 ZOOM 명령"을 참조하기 바란다.

```
Command : ZOOM ↵
Specify corner of window, enter a scale factor (nX or nXP), or
[All/Center/Dynamic/Extents/Previous/Scale/Window/Object] <real time> : A ↵
```

03 도면 한계 온/오프

설정한 도면 크기 밖으로 도면 요소를 그리지 못하도록 설정하려면 다음과 같이 LIMITS 명령을 실행한 후 ON 옵션을 지정하면 된다.

```
Command : LIMITS ↵
Reset Model space limits :
Specify lower left corner or [ON/OFF] <0.0000,0.0000> : ON ↵
```

이후 LINE 명령 등을 실행한 후 도면 요소 밖의 좌표를 지정하면, 도면 한계 밖의 좌표라는 메시지가 표시되고, 좌표 지정이 입력되지 않는다. 다시 도면 크기 밖으로 도면 요소를 그릴 수 있도록 설정하려면 LIMITS 명령을 실행한 후 OFF 옵션을 지정하면 된다.

4.3 GRID 명령(격자의 표시 및 설정)

GRID 명령은 다음 그림과 같이 도면 영역 내에 일정 간격의 격자(grid)를 표시하거나 표시를 취소한다. 특히 격자의 온/오프는 단축키 〈F7〉 키를 이용해도 된다.

상태 표시줄 : 단추

Command : GRID

Specify grid spacing(X) or [ON/OFF/Snap/Major/aDaptive/Limits/Follow/Aspect] 〈0.5000〉 :

⇨ 옵션 선택

옵 션	설 명
Grid spacing(x)	지정 크기만큼 격자의 수평/수직 간격을 동일하게 설정한다.
ON	도면 영역에 격자를 표시한다.
OFF	도면 영역의 격자 표시를 취소한다.
Snap	현재 설정된 격자의 간격을 무시하고 SNAP 명령으로 설정한 스냅 간격을 격자 간격으로 설정한다.
Major	보조격자와 비교한 주격자의 빈도를 지정한다. 2D 와이어프레임을 제외한 모든 뷰 스타일에 격자가 아닌 격자선이 표시된다.
aDaptive	줌 확대 또는 축소할 때 격자의 밀도를 조정한다.
Limits	Limits 명령이 지정한 영역을 초과하여 격자를 표시한다.
Follow	동적 UCS의 XY평면을 따르도록 격자평면을 변경한다. 이 설정 값은 Grid display 시스템 변수에 의해 영향을 받는다.
Aspect	격자의 수평/수직 간격을 서로 다른 크기로 설정한다.

01 격자 설정 및 표시

예를 들어, 다음 그림과 같이 앞서 A3 용지 크기로 설정한 도면에 10mm 간격의 격자를 설정한 후 이를 표시하여 보자.

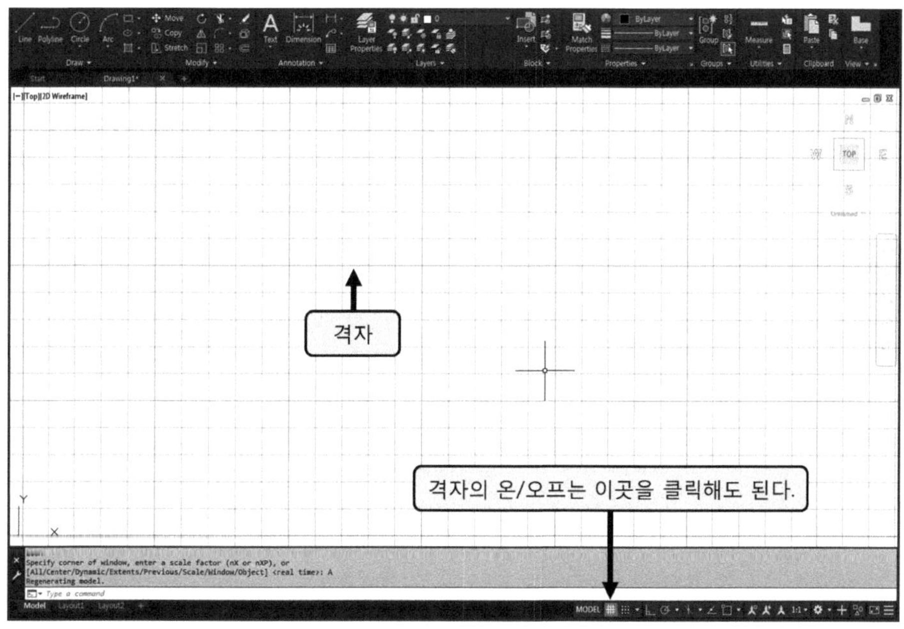

1 GRID 명령을 실행한다.

Command : GRID ↵

2 격자 간격으로 10을 입력한다.

Specify grid spacing(X) or [ON/OFF/Snap/Major/aDaptive/Limits/Follow/Aspect] 〈0.5000〉 : 10 ↵

Tip

설정 격자 간격이 너무 좁을 경우

격자의 간격이 도면 영역의 크기에 비해 매우 조밀할 때에는 격자가 화면에 표시되지 않고 명령 행에 다음과 같은 메시지가 표시된다.

Grid too dense to display

4.4 SNAP 명령(스냅의 설정)

SNAP 명령은 그래픽 커서를 스냅(가상의 격자)의 위치로만 움직이게끔 제어한다. 특히 스냅 기능의 온/오프는 단축키 〈F9〉 키를 이용해도 된다.

 Command : SNAP 〈또는 SN〉

Specify snap spacing or [ON/OFF/Aspect/Legacy/Style/Type] 〈0.5000〉 : ⇨ 옵션 선택

옵 션	설 명
Snap spacing	지정 숫자 크기만큼 스냅의 수평/수직 간격을 동일하게 설정한다.
ON	스냅 기능을 활성화한다.
OFF	스냅 기능을 해제한다.
Aspect	수평/수직 스냅 간격을 서로 다른 크기로 설정한다.

옵 션	설 명
Style	스냅의 유형을 지정한다. Standard - XY 좌표 평면에 90° 각도로 스냅을 설정한다. Isometric - 실제 XY 좌표 평면과는 달리 30° 방향부터 60° 간격으로 등각 투상형 스냅을 설정한다.
Type	스냅의 형태를 지정한다. Polar - 극좌표 추적 모드를 설정한다. Grid - 격자 스냅을 설정한다.

01 스냅 간격 설정

예를 들어, 앞서 A3 크기로 설정한 도면에 20mm 간격의 스냅을 설정한 후 이를 활성화하여 보자.

1 SNAP 명령을 실행한다.

```
Command : SNAP ↵
```

2 스냅 간격으로 20을 입력한다.

```
Specify snap spacing or [ON/OFF/Aspect/Legacy/Style/Type] <0.5000> : 20 ↵
```

그러면 스냅 모드가 활성화되고 그래픽 커서는 스냅이 설정된 위치로만 이동된다. 따라서 SNAP 명령으로 스냅을 설정하면 스냅이 위치한 점의 좌표를 마우스 포인팅(pointing)만으로 쉽게 지정할 수 있다.

02 스냅의 이용

앞서 설정한 20mm 스냅 간격으로 격자를 표시한 후 LINE 명령을 사용하여 다음 그림과 같은 도면을 작성하여 보자. 단, 도면 작성 시 점의 좌표는 마우스 포인팅으로 지정하여 보자

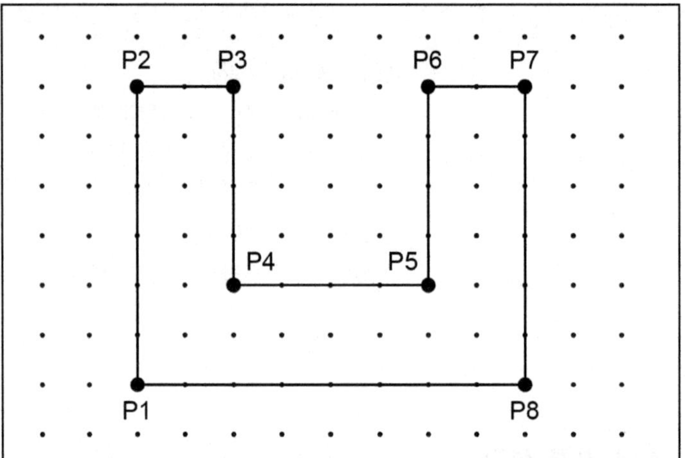

1 GRID 명령을 입력한 후 Snap 옵션을 선택하여 현재 스냅 간격과 동일하게 격자 간격을 설정한다.

```
Command : GRID ↵
Specify grid spacing(X) or [ON/OFF/Snap/Major/aDaptive/Limits/Follow/Aspect] <10.0000> : S ↵
```

2 LINE 명령을 실행한다.

```
Command : LINE ↵
```

3 그래픽 커서를 점 P1의 근처로 이동시킨 후 마우스 단추를 클릭한다. 그러면 그릴 선의 시작점으로 점 P1이 지정된다.

4 나머지 점 P2, P3, P4, P5, P6, P7, P8도 차례로 지정한다.

5 다음과 같이 LINE 명령의 Close 옵션을 입력하여, 첫 번째 점 P1과 마지막 끝점 P8을 연결한 선을 그리고 명령 실행을 종료한다.

```
Specify next point or [Close/Undo] : C ↵
```

스냅의 회전(Rotate)

스냅은 현재 설정된 상태에서 특정 각도만큼 회전시킬 수도 있다. 예를 들어, 현재 설정된 스냅을 원점(0,0)을 기준으로 45°만큼 회전시키려면 다음과 같이 한다.

1 SNAP 명령을 실행한 후 Rotate 옵션을 선택한다.

```
Command : SNAP ↵
Specify snap spacing or [ON/OFF/Aspect/Legacy/Style/Type] <20.0000> : R ↵
```

2 스냅의 기준 점으로 원점(0,0)을 지정하고, 회전 각도로 45를 지정한다.

```
Specify base point <0.0000,0.0000> : ↵          ⇨ 회전 기준 점 지정
Specify rotation angle <0> : 45 ↵               ⇨ 스냅 회전 각도 지정
```

스냅의 유형(Style)

스냅의 유형은 표준(Standard)형과 등각(Isometric)형이 있다. 이 중 등각형은 스냅을 30° 방향부터 60° 간격으로 설정하기 때문에 등각 투상도를 작성할 때 유용하게 사용된다. 예를 들어, 다음 그림과 같은 등각 투상도를 작성하기 위해 등각형 스냅 간격으로 10mm를 설정하여 보자.

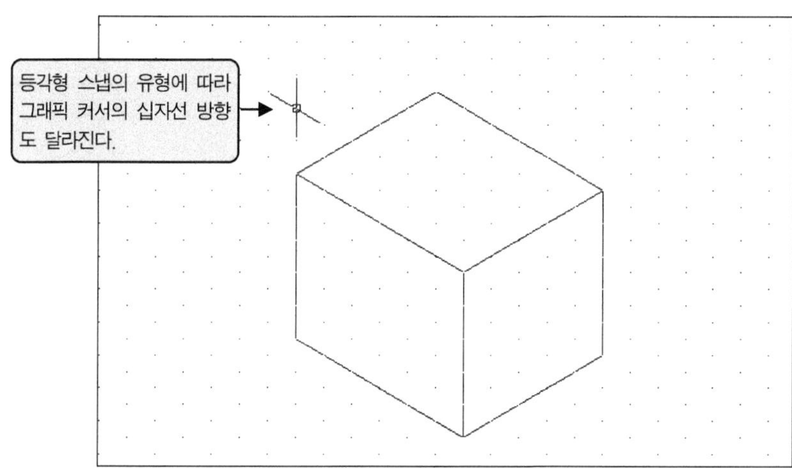

등각형 스냅의 유형에 따라
그래픽 커서의 십자선 방향
도 달라진다.

1 SNAP 명령을 실행한 후 Style 옵션을 선택한다.

```
Command : SNAP ↵
Specify snap spacing or [ON/OFF/Aspect/Legacy/Style/Type] <20.0000> : S ↵
```

2 스냅의 유형으로 Isometric 옵션을 선택한 후 등각형 스냅의 수직 간격을 입력한다.

Enter snap grid style [Standard/Isometric] 〈S〉: I ↵ ⇨ Isometric 옵션 선택
Specify vertical spacing 〈20.0000〉: 10 ↵ ⇨ 등각 스냅 간격 지정

이와 같이 하면 X축이 실제 좌표 평면의 X축에 비해 150° 방향으로 기울어진 등각 평면(Isometric plane)이 지정된다. 이는 위 그림에서와 같이 그래픽 커서의 십자선 모양을 보면 쉽게 알 수 있다. 참고로 사용 중인 등각 평면은 ISOPLANE 명령을 이용하여 다른 모양으로 변경할 수 있다.

4.5 ISOPLANE 명령(사용할 등각 평면 지정)

ISOPLANE 명령은 사용할 등각 평면을 지정한다. 등각 평면은 단축키 〈F5〉키를 눌러 지정해도 되는데, 이 키를 누를 때마다 다음과 같은 등각 평면이 차례로 지정된다. 단, ISOPLANE 명령은 스냅의 유형으로 등각(Isometric)형이 설정된 경우에만 동작한다.

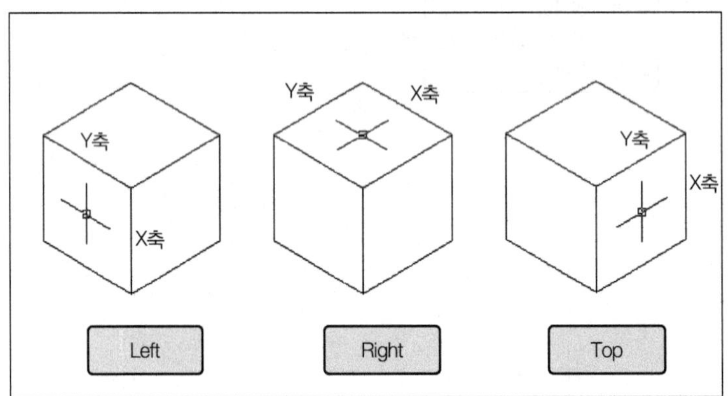

Command : ISOPLANE
Current isoplane : Left
Enter isometric plane setting [Left/Top/Right] 〈Top〉: ⇨ 옵션 선택

옵 션	설 명
Left	90°와 150° 방향을 두 축으로 한 등각 평면이 지정된다.
Top	30°와 150° 방향을 두 축으로 한 등각 평면이 지정된다.
Right	30°와 90° 방향을 두 축으로 한 등각 평면이 지정된다.
Enter	엔터키를 누르면 Left와 Top, Right가 차례로 선택된다.

4.6 ORTHO 명령(직교 좌표 설정)

ORTHO 명령은 그래픽 커서를 십자선의 수직 방향과 수평 방향으로만 이동하게끔 설정(On)하거나 설정을 취소(Off)한다. 직교 모드의 온/오프는 단축키 〈F8〉키를 이용해도 된다.

상태 표시줄 : 단추

Command : ORTHO
Enter mode [ON/OFF] 〈OFF〉:

옵 션	설 명
ON	그래픽 커서에 의한 좌표 지정을 수직이나 수평 방향으로만 가능하게 한다.
OFF	그래픽 커서에 의한 자유로운 좌표 지정을 가능하게 한다.

4.7 DSETTINGS 명령(대화상자를 이용한 격자, 스냅 설정)

작업 도면의 스냅이나 격자는 DSETTINGS 명령을 이용하여 설정할 수도 있다. 이 명령을 이용하면 아래 그림과 같은 대화상자를 통해 앞서 설명한 명령과 달리 이들 기능을 동시에 설정할 수 있다.

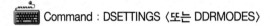

Command : DSETTINGS 〈또는 DDRMODES〉

01 스냅 설정

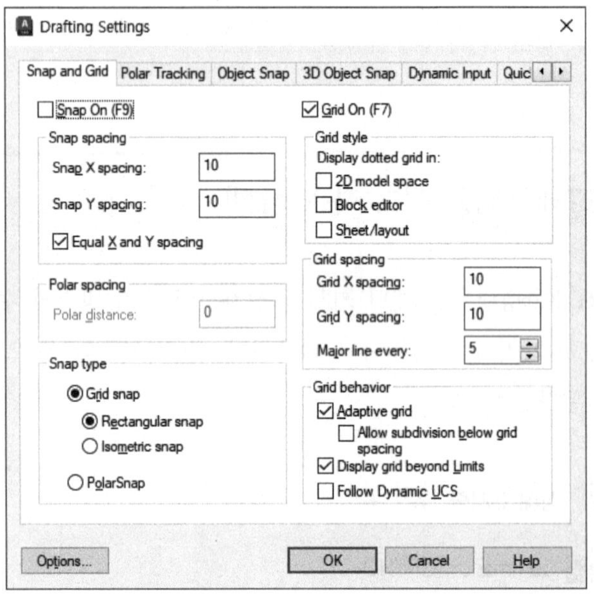

Drafting Settings 대화상자의 Snap 항목은 SNAP 명령과 마찬가지로 스냅 모드의 활성 여부와 스냅 간격 등을 설정한다.

항 목	설 명
Snap On	스냅 기능을 활성화하거나 취소한다.
Snap X spacing	스냅의 수평 간격을 지정한다.
Snap Y spacing	스냅의 수직 간격을 지정한다.

예를 들어, DSETTINGS 명령을 이용하여 수평/수직 스냅 간격을 5mm로 설정한 후 이를 활성화하려면 다음과 같이 한다.

1 DSETTINGS 명령을 실행한다.

```
Command : DSETTINGS ↵
```

2 Drafting Settings 대화상자가 표시되면, 마우스 포인터로 Snap On 확인란을 클릭하여 선택한다.

3 Snap X Spacing 입력란과 Snap Y Spacing 입력란에 각각 수평/수직 스냅 간격으로 5를 입력한다.

4 OK 단추를 클릭한다.

02 격자 설정

Drafting Settings 대화상자의 Grid spacing 항목은 GRID 명령과 마찬가지로 격자 표시 여부와 격자 간격을 설정한다.

항 목	설 명
Grid On	격자 표시를 활성화하거나 취소한다.
Grid X spacing	격자의 수평 간격을 지정한다.
Grid Y spacing	격자의 수직 간격을 지정한다.

03 스냅 유형 설정

Drafting Settings 대화상자의 Snap type 항목은 다음과 같은 스냅의 형태와 유형을 설정한다.

항 목	설 명
Grid snap	격자 스냅의 유형을 설정한다. Rectangular snap – 표준형 스냅을 설정한다. Isometric snap – 등각형 스냅을 설정한다.
PolarSnap	극좌표 스냅을 설정한다. Polar distance – 극좌표 스냅의 거리 값을 지정한다.

연습문제 01 **도면 표제란 그리기**(A3 도면 용지에 철할 수 있도록 상하우 10mm, 좌 25mm 여백을 두고 도면 테두리를 다음과 같은 치수의 표제란을 그려 보아라.)

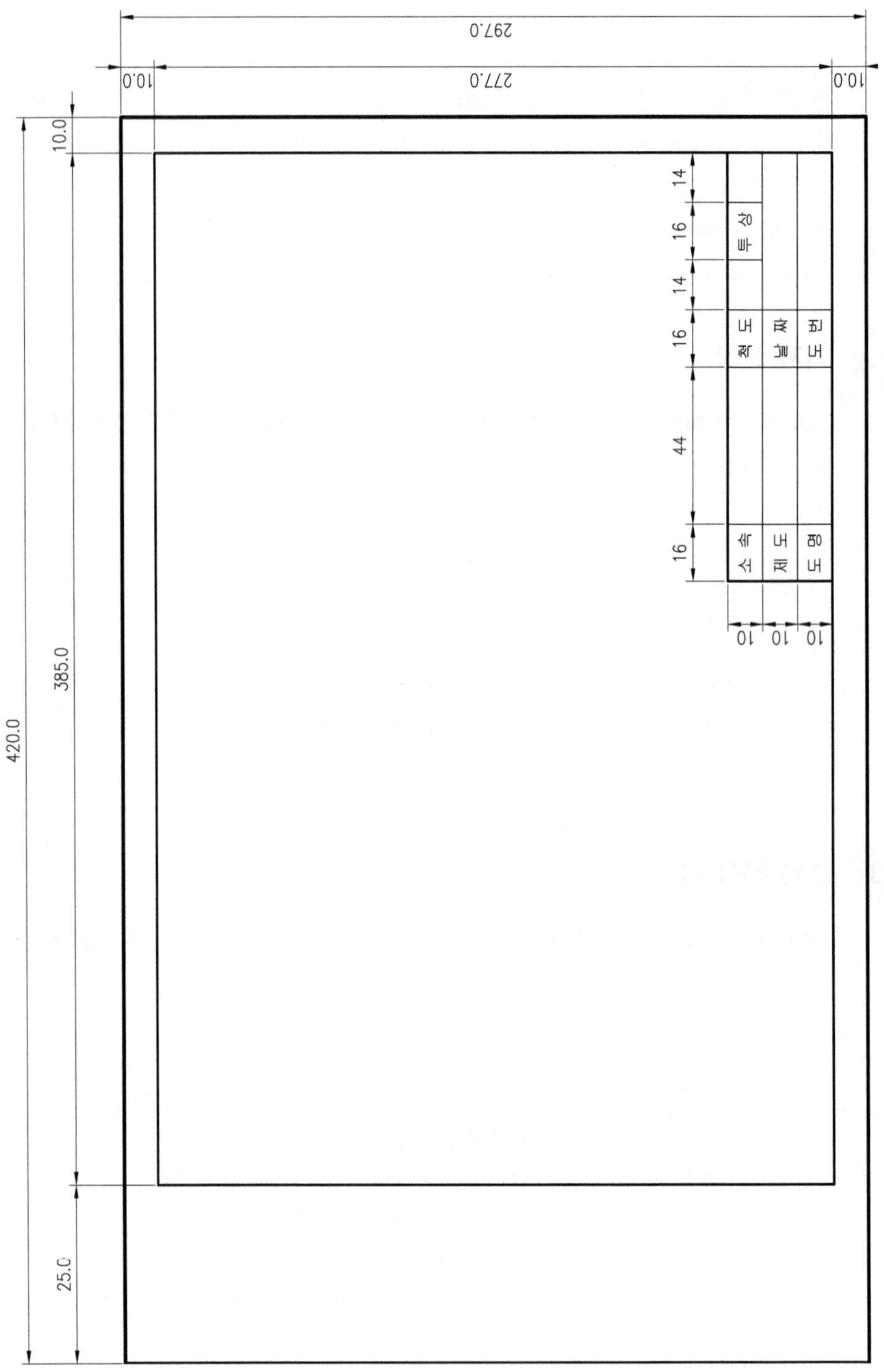

연습문제 02 **도면 표제란 그리기**(A4 도면 용지에 철할 수 있도록 상하우 10mm, 좌 25mm 여백을 두고 도면 테두리를 다음과 같은 치수의 표제란을 그려 보아라.)

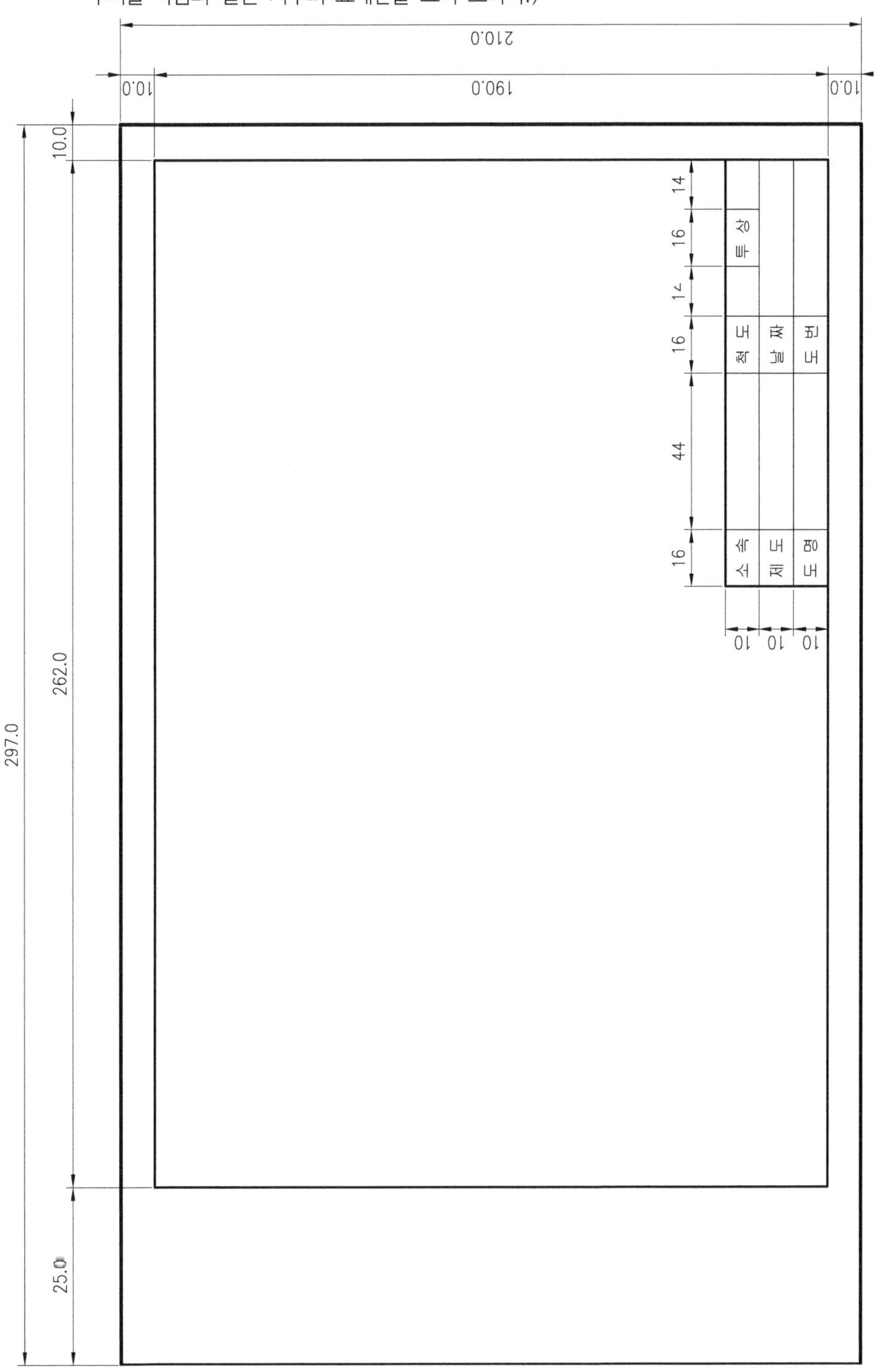

연습문제 03 도면 표제란 그리기

(A4 도면 용지에 맞게 표제란을 그려 보아라.)

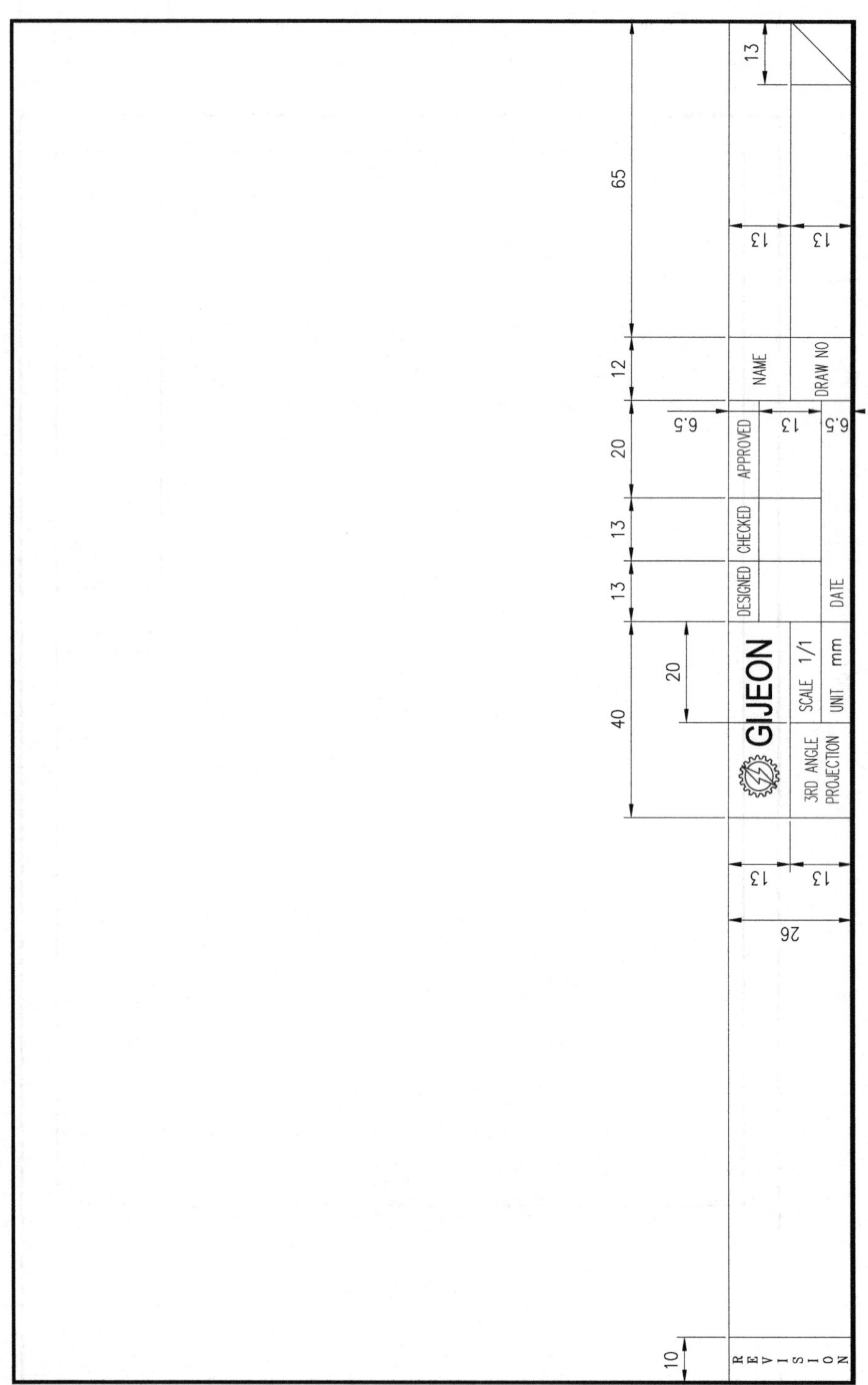

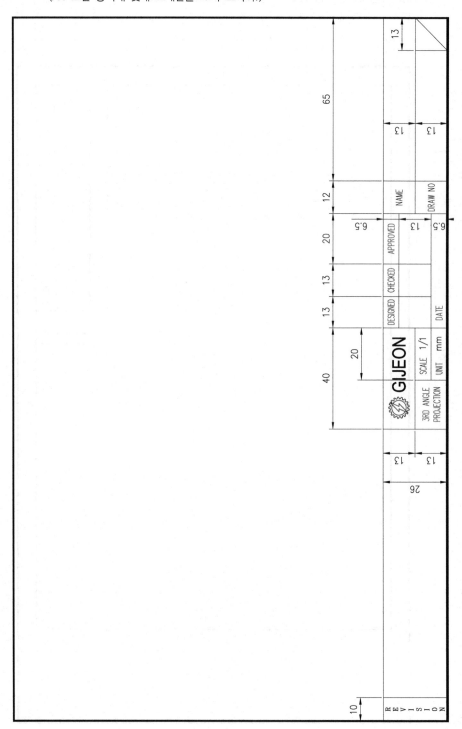

연습문제 04 **게이지 피스의 투상도**

(다음과 같은 게이지 피스의 평면도를 1 : 1 현척으로 제도하여 보아라.)

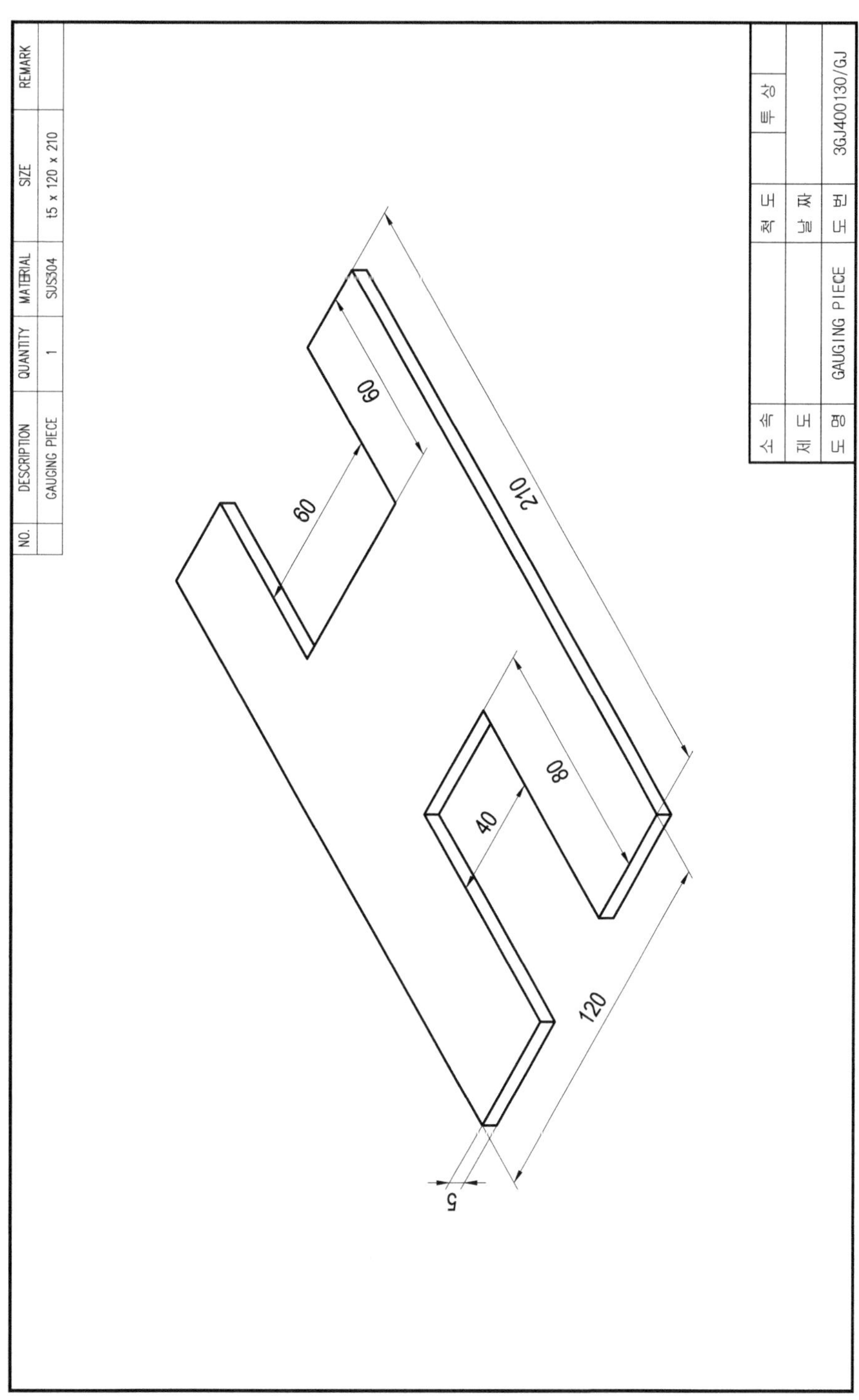

연습문제 05 SUPPORT 투상도 제도

(다음과 같은 SUPPORT의 정면도, 우측면도를 1 : 1 현척으로 제도하여 보아라.)

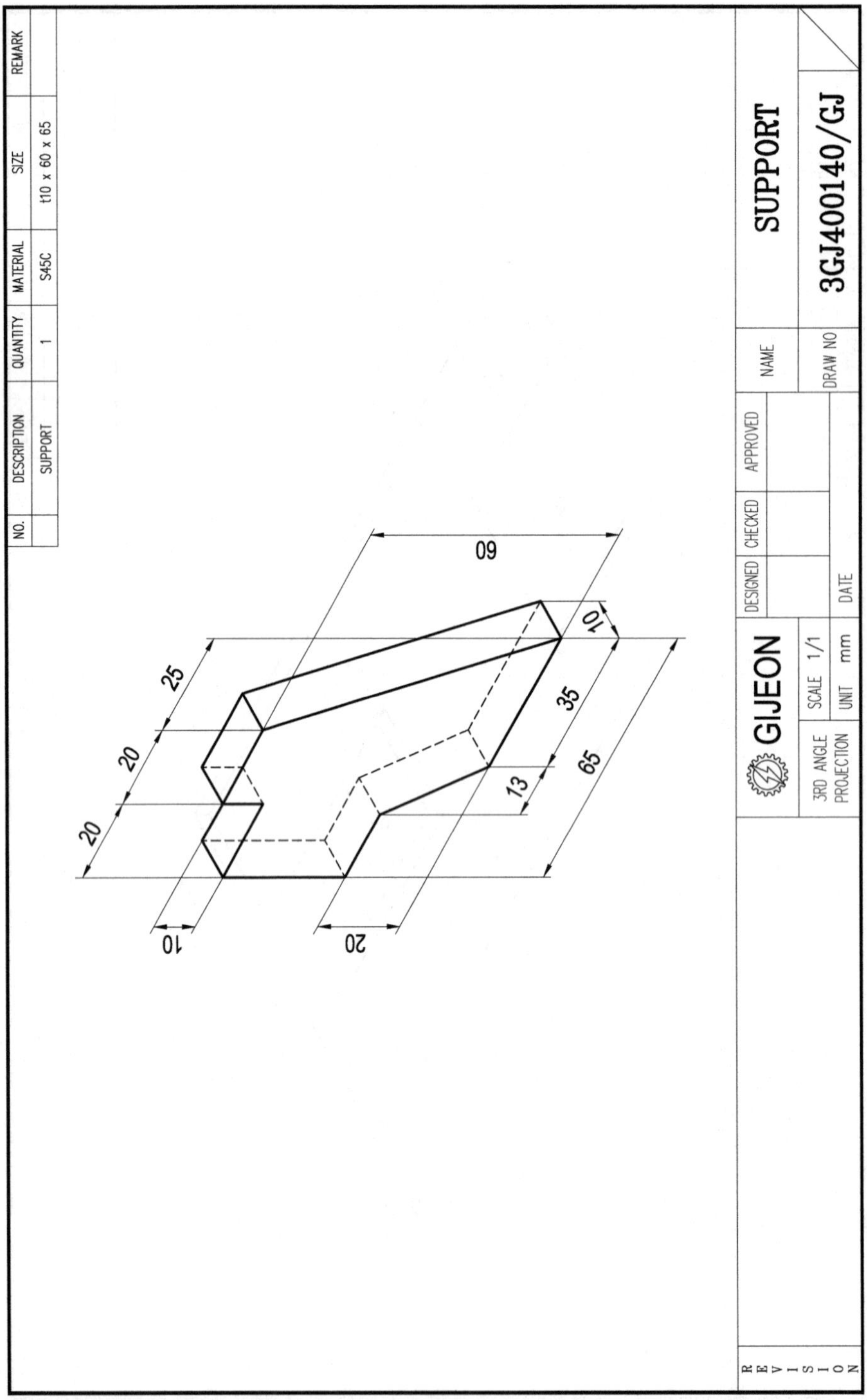

NO.	DESCRIPTION	QUANTITY	MATERIAL	SIZE	REMARK
	SUPPORT	1	S45C	t10 x 60 x 65	

60
10
25
35
20
13
65
20
10
20

GIJEON
3RD ANGLE PROJECTION
SCALE 1/1
UNIT mm
DESIGNED
CHECKED
APPROVED
DATE
NAME SUPPORT
DRAW NO 3GJ400140/GJ
REVISION

AutoCAD 2024

PART 02

기계 도면 요소 그리기와 선 유형 설정

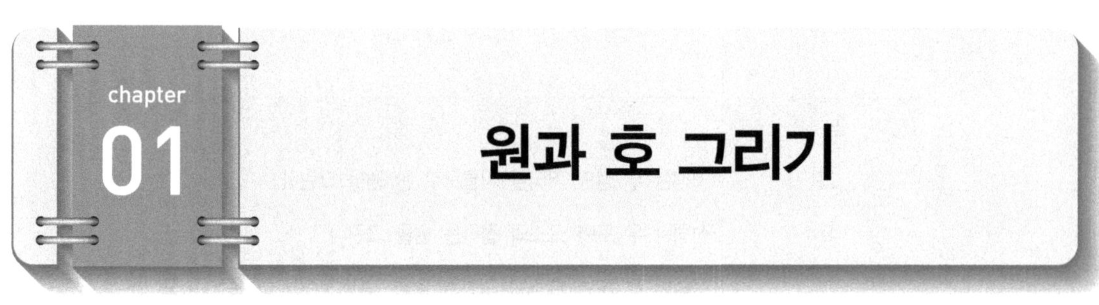

chapter 01 원과 호 그리기

여기서는 직선과 더불어 도면 설계에 있어 가장 기본적인 도면 요소인 원과 호를 그리는 CIRCLE 명령과 ARC 명령에 대해 설명한다.

1.1 CIRCLE 명령(원 그리기)

CIRCLE 명령은 원을 그리는 명령이다. 원을 그리는 방법으로는 원 위의 세 점을 이용하는 방법과 두 점을 이용하는 방법, 중심점과 반지름을 이용하는 방법, 접선을 이용하는 방법이 있다.

도구모음 : Draw 도구모음의 단추

Command : CIRCLE 〈또는 C〉

Specify center point for circle of [3P/2P/Ttr (tan tan radius)] : ⇨ 옵션 선택

옵 션	설 명
Center point	원의 중심점과 반지름(Radius) 또는 지름(Diameter)을 지정하여 원을 그린다.
3P	지정한 세 점을 지나는 원을 그린다.

옵 션	설 명
2P	지정한 두 점의 거리를 지름으로 한 원을 그린다.
Ttr	선택한 두 도면 요소와 접하는 원을 그린다.
Tan, Tan, Tan	선택한 세 도면 요소와 접하는 원을 그린다. 단, 이 옵션은 풀다운 메뉴에서만 선택할 수 있다.

1.2 중심점으로부터 원 그리기

중심점부터 원을 그리는 방법은 다음 그림과 같이 반지름(Radius)이나 지름(Diameter)을 지정하여야 한다.

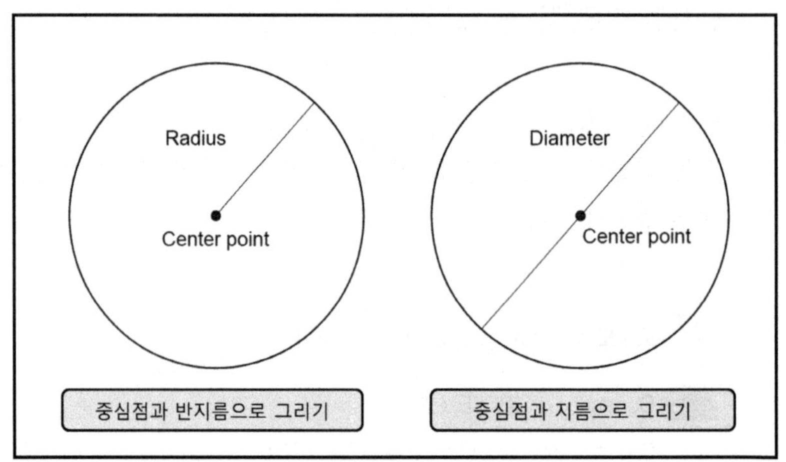

01 중심점과 반지름 이용

예를 들어, 다음 그림과 같이 중심점 P1(5,5)로부터 반지름이 4인 원 C1을 그려보자.

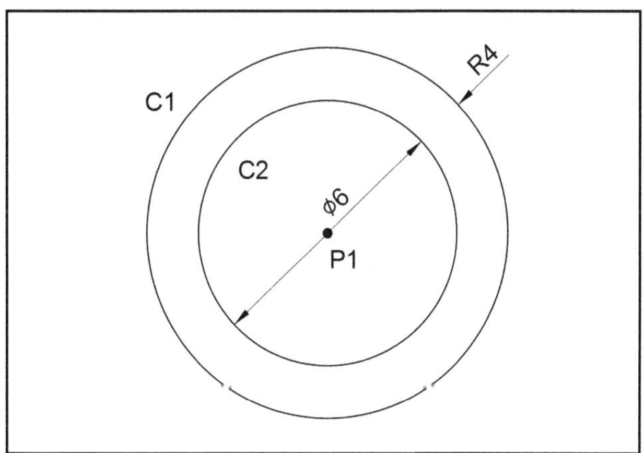

1 CIRCLE 명령을 실행한 후 중심점 P1의 좌표(5,5)를 입력한다.

Command : CIRCLE ↵
Specify center point for circle of [3P/2P/Ttr (tan tan radius)] : 5,5 ↵ ⇨ 중심점 P1 지정

2 그릴 원의 반지름으로 4를 입력한다.

Specify radius of circle or [Diameter] : 4 ↵ ⇨ 원의 반지름 지정

02 중심점과 지름 이용

예를 들어, 위 그림과 같이 원 C2를 중심점 P1과 지름 6을 지정하여 그리려면 다음과 같이 한다.

1 CIRCLE 명령을 실행한 후 중심점 P1의 좌표(5,5)를 입력한다.

Command : CIRCLE ↵
Specify center point for circle of [3P/2P/Ttr (tan tan radius)] : 5,5 ↵ ⇨ 중심점 P1 지정

2 다음과 같이 Diameter 옵션을 선택한 후 지름으로 6을 입력한다.

Specify radius of circle or [Diameter] : D ↵ ⇨ Diameter 옵션 선택
Specify diameter of circle 〈8.0000〉 : 6 ↵ ⇨ 원의 지름 입력

1.3 2점 또는 3점을 지정하여 원 그리기

원을 그리는 또 다른 방법으로 다음 그림과 같이 그릴 원 위의 3점 또는 2점을 지정하는 방법이 있다.

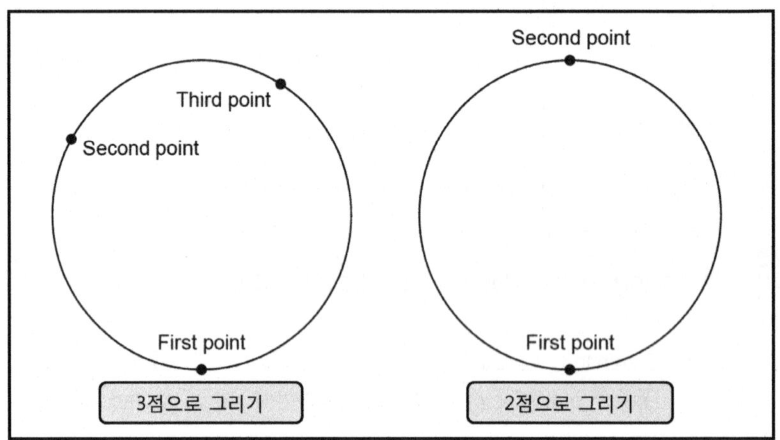

01 3점의 이용

다음과 같이 점 P1(4,3), P2(4,9), P3(10,9), P4(10,3)가 꼭지점인 사각형의 세 꼭지점 P1, P2, P3을 지나는 원을 그려보자.

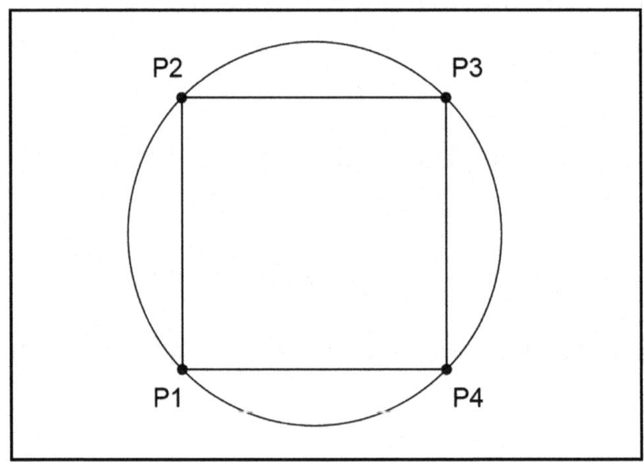

1 LINE 명령으로 점 P1, P2, P3, P4를 꼭지점으로 하는 사각형을 그린다.

```
Command : LINE ↵
Specify first point : 4,3 ↵                              ⇨ 점 P1의 좌표 지정
Specify next point or [Undo] : @0,6 ↵                    ⇨ 점 P2의 좌표 지정
Specify next point or [Undo] : @6,0 ↵                    ⇨ 점 P3의 좌표 지정
Specify next point or [Close/Undo] : @0,-6 ↵             ⇨ 점 P4의 좌표 지정
Specify next point or [Close/Undo] : C ↵                 ⇨ 점 P4와 P1을 연결
```

2 CIRCLE 명령을 실행한 후 3P 옵션을 선택한다.

```
Command : CIRCLE ↵
Specify center point for circle of [3P/2P/Ttr (tan tan radius)] : 3P ↵  ⇨ 3P 옵션 선택
```

3 다음과 같이 그리고자 하는 원 위의 3점을 지정한다.

```
Specify first point on circle : 4,3 ↵                    ⇨ 점 P1의 좌표 지정
Specify second point on circle : @0,6 ↵                  ⇨ 점 P2의 좌표 지정
Specify third point on circle : @6,0 ↵                   ⇨ 점 P3의 좌표 지정
```

02 2점의 이용

위 예에서 원의 지름은 사각형의 대각선과 같으므로 2P 옵션을 선택하여 사각형의 마주보는 두 점 P1, P3이나 P2, P4를 지정하여 그려도 된다.

1 CIRCLE 명령을 실행한 후 2P 옵션을 선택한다.

```
Command : ↵                                              ⇨ 이전 명령 재실행
Specify center point for circle of [3P/2P/Ttr (tan tan radius)] : 2P ↵  ⇨ 2P 옵션 선택
```

2 다음과 같이 지름의 양 끝점을 지정한다.

```
Specify first end point of circle's diameter : 4,3 ↵     ⇨ 점 P1의 좌표 지정
Specify second end point of circle's diameter : @6,6 ↵   ⇨ 점 P3의 좌표 지정
```

1.4 접선에 접한 원 그리기

CIRCLE 명령의 Ttr(Tan, Tan, Radius) 옵션이나 Tan, Tan, Tan 옵션을 이용하면 다음 그림과 같이 두 접선이나 세 접선에 내접 또는 외접한 원을 그릴 수 있다.

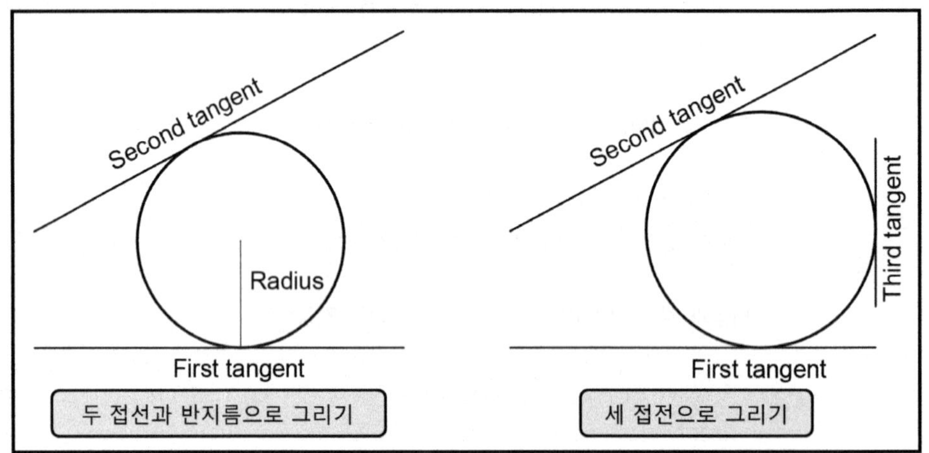

01 두 접선의 이용

다음 그림과 같이 사각형의 두 변 L1, L2와 내접하는 반지름 3인 원을 그려 보자.

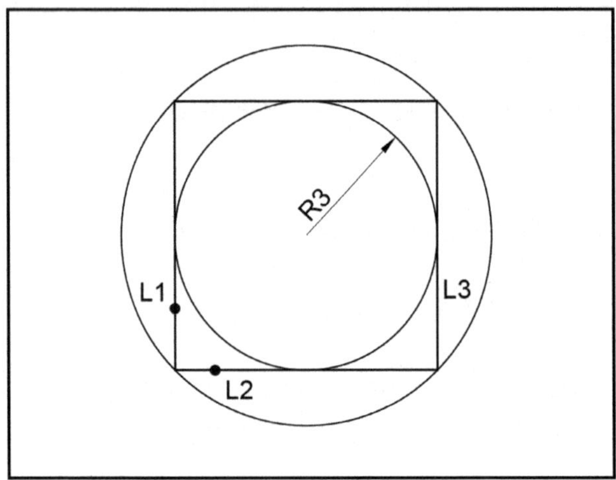

1 CIRCLE 명령을 실행한 후 Ttr 옵션을 선택한다.

Command : ↵ ⇨ 이전 명령 재실행
Specify center point for circle of [3P/2P/Ttr (tan tan radius)] : T ↵ ⇨ Ttr 옵션 선택

2 다음 그림과 같이 그릴 원의 두 접선 L1, L2를 그래픽 커서로 눌러 선택한다.

Specify point on object for first tangent of circle : ⇨ 접선 L1 선택
Specify point on object for second tangent of circle : ⇨ 접선 L2 선택

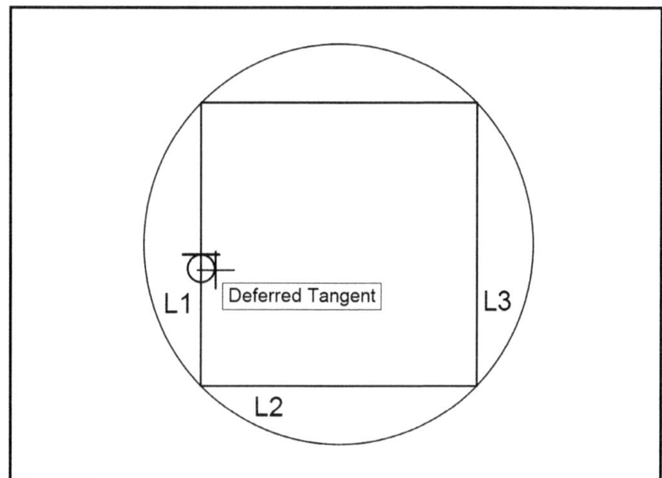

3 다음과 같이 그릴 원의 반지름을 입력한다.

Specify radius of circle <4.2426> : 3 ↵ ⇨ 원의 반지름 지정

02 세 접선의 이용

세 접선에 내접하는 원을 그리려면 메뉴를 이용해야 한다. 위 예에서 사각형에 내접한 원은 다음과 같이 원의 세 접선 L1과 L2, L3을 지정하여 그릴 수도 있다.

1 Draw/Circle/Tan, Tan, Tan 메뉴를 선택한다.

2 그래픽 커서로 그릴 원의 세 접선을 선택한다.

Specify first point on circle : _tan to ⇨ 접선 L1 선택
Specify second point on circle : _tan to ⇨ 접선 L2 선택
Specify third point on circle : _tan to ⇨ 접선 L3 선택

1.5 ARC 명령(호 그리기)

ARC 명령은 호를 그리는 명령이다. 호는 매우 다양한 방법으로 그릴 수 있는데, 여기서는 호의 구성 요소와 호를 그리는 방법에 대해서만 간략히 설명한다.

도구모음 : Draw 도구모음의  단추

Command : ARC 〈또는 A〉
Specify start point of arc or [Center] : ⇨ 시작점이나 옵션 선택

01 호 그리기 방법

호는 중심점(Center point), 시작점(Start point), 끝점(End point), 각도(Angle), 반지름(Radius), 현의 길이(Length of chord), 진행 방향(Direction)의 요소를 이용하여 그린다.

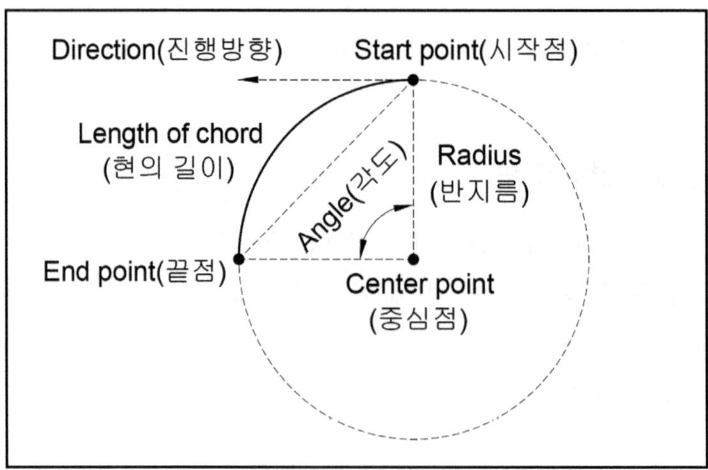

옵 션	설 명
3Points	지정한 3점을 지나는 호를 그린다.
Start, Center, End	시작점과 중심점, 끝점을 차례로 지정하여 호를 그린다.
Start, Center, Angle	시작점과 중심점, 각도를 차례로 지정하여 호를 그린다.
Start, Center, Length	시작점과 중심점, 현의 길이를 차례로 지정하여 호를 그린다.
Start, End, Angle	시작점과 끝점, 각도를 차례로 지정하여 호를 그린다.
Start, End, Direction	시작점과 끝점, 진행 방향을 차례로 지정하여 호를 그린다.
Start, End, Radius	시작점과 끝점, 반지름을 차례로 지정하여 호를 그린다.
Center, Start, End	중심점과 시작점, 끝점을 차례로 지정하여 호를 그린다.
Center, Start, Angle	중심점과 시작점, 각도를 차례로 지정하여 호를 그린다.
Center, Start, Length	중심점과 시작점, 현의 길이를 차례로 지정하여 호를 그린다.
Continue	앞서 그린 호의 끝점을 시작점으로 한 호를 그린다. 단, 이 옵션은 풀다운 메뉴에서만 선택할 수 있다.

1.6 3점을 지정한 호 그리기

ARC 명령의 3points 옵션을 선택하면 임의의 3점을 지나는 호를 그릴 수 있다. 이때에는 다음과 같은 형식을 사용한다.

Command : ARC

Specify start point of arc or [Center] :	⇨ 호의 시작점 지정
Specify second point of arc or [Center/End] :	⇨ 호의 다음 점 지정
Specify end point of arc :	⇨ 호의 끝점 지정

01 3점으로 그리기

다음과 같이 사각형의 꼭지점 P1, P2, P3을 지나는 호를 3점 지정 방식으로 그려보자.

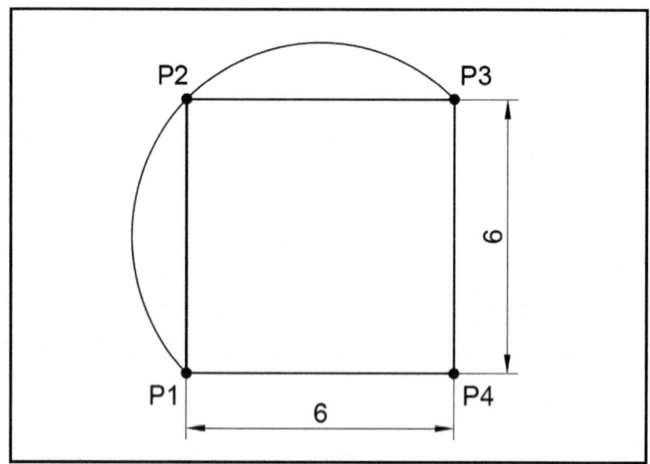

1 LINE 명령을 실행하여 점 P1(5,3)부터 가로, 세로 길이가 6인 정사각형을 그린다.

Command : LINE ↵	
Specify first point : 5,3 ↵	⇨ 점 P1 지정
Specify next point or [Undo] : @0,6 ↵	⇨ 점 P2 지정
Specify next point or [Undo] : @6,0, ↵	⇨ 점 P3 지정
Specify next point or [Close/Undo] : @0,-6 ↵	⇨ 점 P4 지정
Specify next point or [Close/Undo] : C ↵	⇨ 점 P4, P1 연결

2 ARC 명령을 실행한다.

Command : ARC ↵

3 다음과 같이 호의 시작점 P1과 둘째 점 P2, 끝점 P3의 좌표를 차례로 지정한다.

Specify start point of arc or [Center] : 5,3 ↵	⇨ 시작점 P1 지정
Specify second point of arc or [Center/End] : @0,6 ↵	⇨ 둘째 점 P2 지정
Specify end point of arc : @6,0 ↵	⇨ 끝점 P3 지정

1.7 시작점과 끝점을 지정한 호 그리기

시작점과 끝점부터 지정하여 호를 그릴 때에는 다음과 같은 형식을 사용하면 된다.

Command : ARC

Specify start point of arc or [Center] :	⇨ 호의 시작점 지정
Specify second point of arc or [Center/End] : E ↵	⇨ End 옵션 선택
Specify end point of arc :	⇨ 호의 끝점 지정
Specify center point of arc or [Angle/Direction/Radius] :	⇨ 옵션 선택

위 형식에서 End 옵션 대신 Center 옵션을 선택하면 시작점과 중심점을 지정하여 호를 그릴 수 있다. 이 방식은 시작점과 중심점 중 시작점을 먼저 지정한다는 점만 다를 뿐 중심점으로부터 호를 그리는 방법과 동일하다.

01 시작점, 끝점, 각도

다음 그림과 같이 정사각형의 꼭지점 P1(5,3)이 시작점이고, P2가 끝점인 1/4 호를 그려보자.

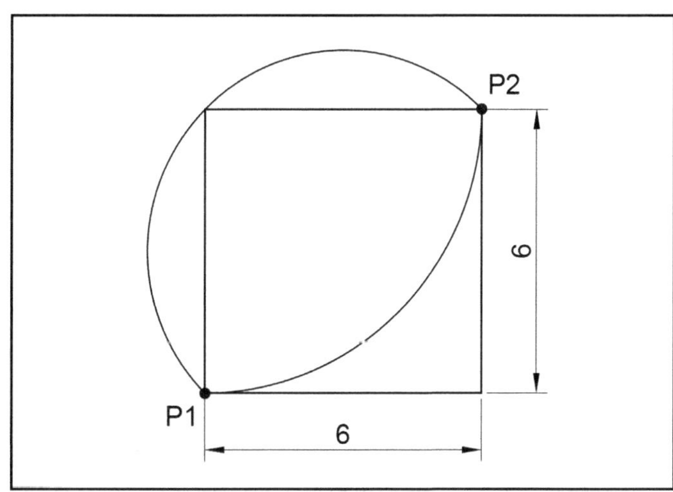

1 ARC 명령을 실행한 후 그릴 호의 시작점 P1(5,3)의 좌표를 지정한다.

```
Command : ARC ↵
Specify start point of arc or [Center] : 5,3 ↵                          ⇨ 시작점 P1 지정
```

2 End 옵션을 선택한 후 그릴 호의 끝점 P2의 좌표를 지정한다.

```
Specify second point of arc or [Center/End] : E ↵                       ⇨ End 옵션 선택
Specify end point of arc : @6,6 ↵                                       ⇨ 끝점 P2 지정
```

3 Angle 옵션을 선택한 후 호의 내각 90도를 입력한다.

```
Specify center point of arc or [Angle/Direction/Radius] : A ↵           ⇨ Angle 옵션 선택
Specify included angle : 90 ↵                                           ⇨ 호의 내각 입력
```

그러면 시작점 P1부터 반시계 방향으로 끝점 P2까지 아래로 볼록한 1/4 호가 그려진다. 만약 위로 볼록한 1/4 호와 같이 시계 방향으로 그리려면 호의 내각을 음수로 입력하면 된다.

02 시작점, 끝점, 방향

호는 시작점과 끝점, 그리고 시작점으로부터 접선의 방향을 지정하여 그릴 수도 있다. 예를 들어, 다음 그림에서 위로 볼록한 1/4 호를 사각형의 시작점 P1에서 90도 방향으로 그려보자.

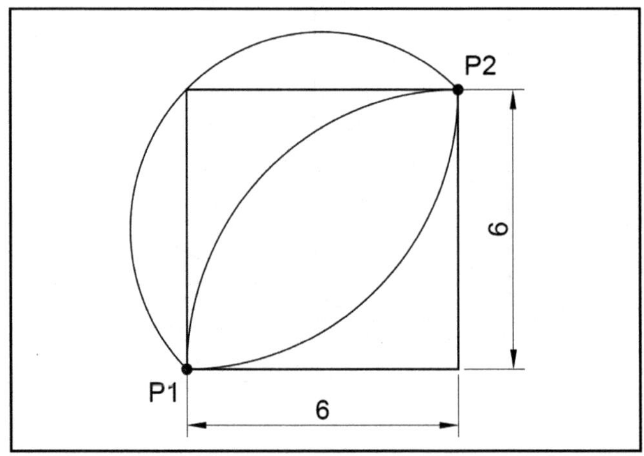

1 ARC 명령을 실행한 후 그릴 호의 시작점 P1(5,3)의 좌표와 끝점 P2의 좌표를 지정한다.

```
Command : ARC ↵
Specify start point of arc or [Center] : 5,3 ↵                ⇨ 시작점 P1 지정
Specify second point of arc or [Center/End] : E ↵             ⇨ End 옵션 선택
Specify end point of arc : @6,6 ↵                             ⇨ 끝점 P2 지정
```

2 Direction 옵션을 선택한 후 시작점 P1로부터 접선의 방향각을 입력한다.

```
Specify center point of arc or [Angle/Direction/Radius] : D ↵     ⇨ Direction 옵션 선택
Specify tangent direction for the start point of arc : 90 ↵       ⇨ 접선의 각도 입력
```

위 예의 2단계에서 접선의 방향각 대신 다음과 같이 접선 위의 한 점을 지정해도 된다.

```
Specify center point of arc or [Angle/Direction/Radius] : D ↵
Specify tangent direction for the start point of arc : 5,9 ↵      ⇨ 접선 위의 점 지정
```

03 시작점, 끝점, 반지름

호는 시작점과 끝점, 반지름을 지정하여 그릴 수도 있다. 예를 들어, 다음 그림과 같이 점 P1(5,9)을 시작점으로 하고, P2(11,3)를 끝점으로 하는 반지름 6인 호를 추가하여 보자.

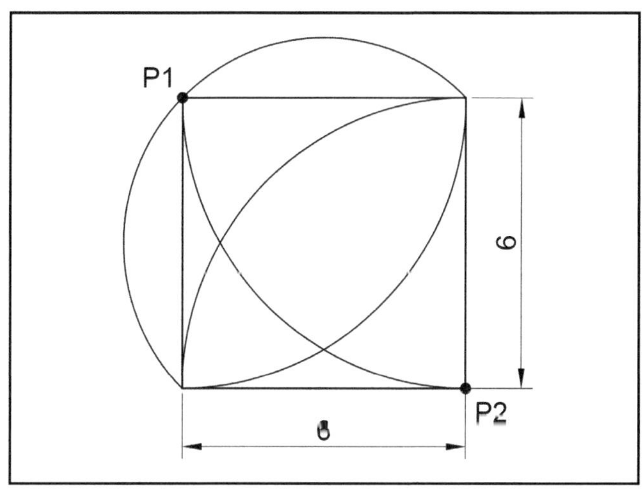

1 ARC 명령을 실행한 후 호의 시작점 P1과 끝점 P2를 지정한다.

```
Command : ARC ↵
Specify start point of arc or [Center] : 5,9 ↵                ⇨ 시작점 P1 지정
Specify second point of arc or [Center/End] : E ↵             ⇨ End 옵션 선택
Specify end point of arc : 11,3 ↵                             ⇨ 끝점 P2 지정
```

2 Radius 옵션을 선택한 후 호의 반지름을 입력한다.

```
Specify center point of arc or [Angle/Direction/Radius] : R ↵   ⇨ Radius 옵션 선택
Specify radius of arc : 6 ↵                                     ⇨ 호의 반지름 지정
```

1.8 중심점으로부터 호 그리기

호를 중심점부터 지정하여 그릴 때에는 다음과 같은 형식을 사용하면 된다.

```
Command : ARC
Specify start point of arc or [Center] : CE ↵              ⇨ Center 옵션 선택
Specify center point of arc :                              ⇨ 호의 중심점 지정
Specify start point of arc :                               ⇨ 호의 시작점 지정
Specify end point of arc or [Angle/chord Length] :         ⇨ 호의 끝점 또는 옵션 선택
```

01 중심점, 시작점, 끝점

CIRCLE 명령과 ARC 명령을 이용하여 다음 그림과 같은 태극 도형을 그려보자. 이때 원 안의 왼쪽 호는 중심점 P2(6,6), 시작점 P1(4,6), 끝점 P3(8,6)을 지정하여 그려보자.

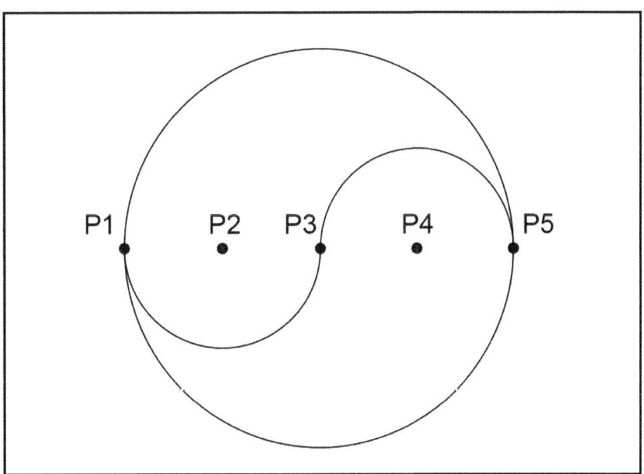

1 CIRCLE 명령을 실행하여 중심점 P3(8,6)부터 반지름 4인 원을 그린다.

```
Command : CIRCLE ↵
Specify center point for circle of [3P/2P/Ttr (tan tan radius)] : 8,6 ↵   ⇨ 중심점 P3 지정
Specify radius of circle or [Diameter] : 4 ↵                              ⇨ 원의 반지름 지정
```

2 ARC 명령을 실행한 후 Center 옵션을 선택한다.

```
Command : ARC ↵
Specify start point of arc or [Center] : CE ↵                             ⇨ Center 옵션 선택
```

3 다음과 같이 호의 중심점 P2와 시작점 P1, 끝점 P3을 차례로 지정한다.

```
Specify center point of arc : 6,6 ↵                                       ⇨ 호 중심점 P2 지정
Specify start point of arc : 4,6 ↵                                        ⇨ 호 시작점 P1 지정
Specify end point of arc or [Angle/chord Length] : 8,6 ↵                  ⇨ 호 끝점 P3 지정
```

위 예에서 호는 반시계 방향으로 그려지므로 어느 점을 시작점으로 지정하냐에 따라 다른 모양이 되므로 시작점 지정에 주의해야 한다.

02 중심적, 시작적, 각도

위 그림에서 원 안의 오른쪽 호는 중심점 P4(10,6), 시작점 P5(12,6), 각도(180°)를 지

정하여 그려보자.

1 ARC 명령을 실행한 후 Center 옵션을 선택한다.

```
Command : ⏎                                                 ⇨ 이전 명령 재실행
Specify start point of arc or [Center] : CE ⏎               ⇨ Center 옵션 선택
```

2 다음과 같이 호의 중심점 P4와 시작점 P5를 지정한다.

```
Specify center point of arc : 10,6 ⏎                        ⇨ 호 중심점 P4 지정
Specify start point of arc : 12,6 ⏎                         ⇨ 호 시작점 P5 지정
```

3 Angle 옵션을 선택한 후 그릴 호의 각도를 입력한다.

```
Specify end point of arc or [Angle/chord Length] : A ⏎      ⇨ Angle 옵션 선택
Specify included angle : 180 ⏎                              ⇨ 호의 각도 지정
```

03 중심점, 시작점, 현의 길이

위 예에서 호는 각도 대신 현의 길이를 지정하여 그릴 수도 있다. 예를 들어, 위 예의 2단계에서 다음과 같이 chord Length 옵션을 선택한 후 각도 대신 현의 길이를 입력하면 된다.

```
Specify end point of arc or [Angle/chord Length] : L ⏎      ⇨ Length 옵션 선택
Specify length of chord : 4 ⏎                               ⇨ 현의 길이 지정
```

1.9 호에 연속한 직선 또는 호 그리기

실제 도면에서 호는 다음 그림과 같이 직선에 연결된다. 이와 같이 직선이나 다른 호에 연결된 호를 그릴 때에는 Draw/Arc/Continue 메뉴를 이용하면 편리하다. 예를 들어, 다음 그림과 같이 점 P1부터 점 P4까지의 직선과 연결된 호를 그려보자.

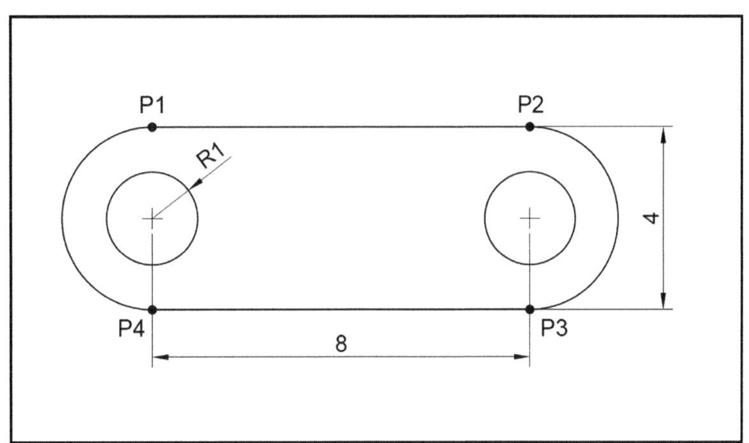

1 LINE 명령을 실행한 후 점 P1에서 P2까지의 직선을 그린다.

```
Command : LINE ↵
Specify first point : 4,8 ↵                          ⇨ 점 P1 지정
Specify next point or [Undo] : @8,0 ↵                ⇨ 점 P2 지정
```

2 Draw/Arc/Continue 메뉴를 선택한다. 그러면 ARC 명령이 실행되고 현재 점 P2가 호의 시작점으로 입력된다.

3 그릴 호의 끝점 P3을 지정한다.

```
Command : _arc Specify start point of arc or [Center] :
Specify end point of arc : @0,-4 ↵                   ⇨ 끝점 P3 지정
```

4 LINE 명령을 실행한 후 점 P3에서 P4까지의 직선을 그린다.

```
Command : LINE ↵
Specify first point : ↵                              ⇨ 점 P3 지정
Specify next point or [Undo] : @-8,0 ↵               ⇨ 점 P4 지정
```

5 Draw/Arc/Continue 메뉴를 선택한 후 그릴 호의 끝점 P1을 지정한다.

```
Command : _arc Specify start point of arc or [Center] :
Specify end point of arc : @0,4 ↵                    ⇨ 끝점 P1 지정
```

연습문제 01 CIRCLE BLOCK 제도

(다음과 같은 치수의 CIRCLE BLOCK 정면도와 우측면도를 1 : 1 현척으로 제도하여 보아라.)

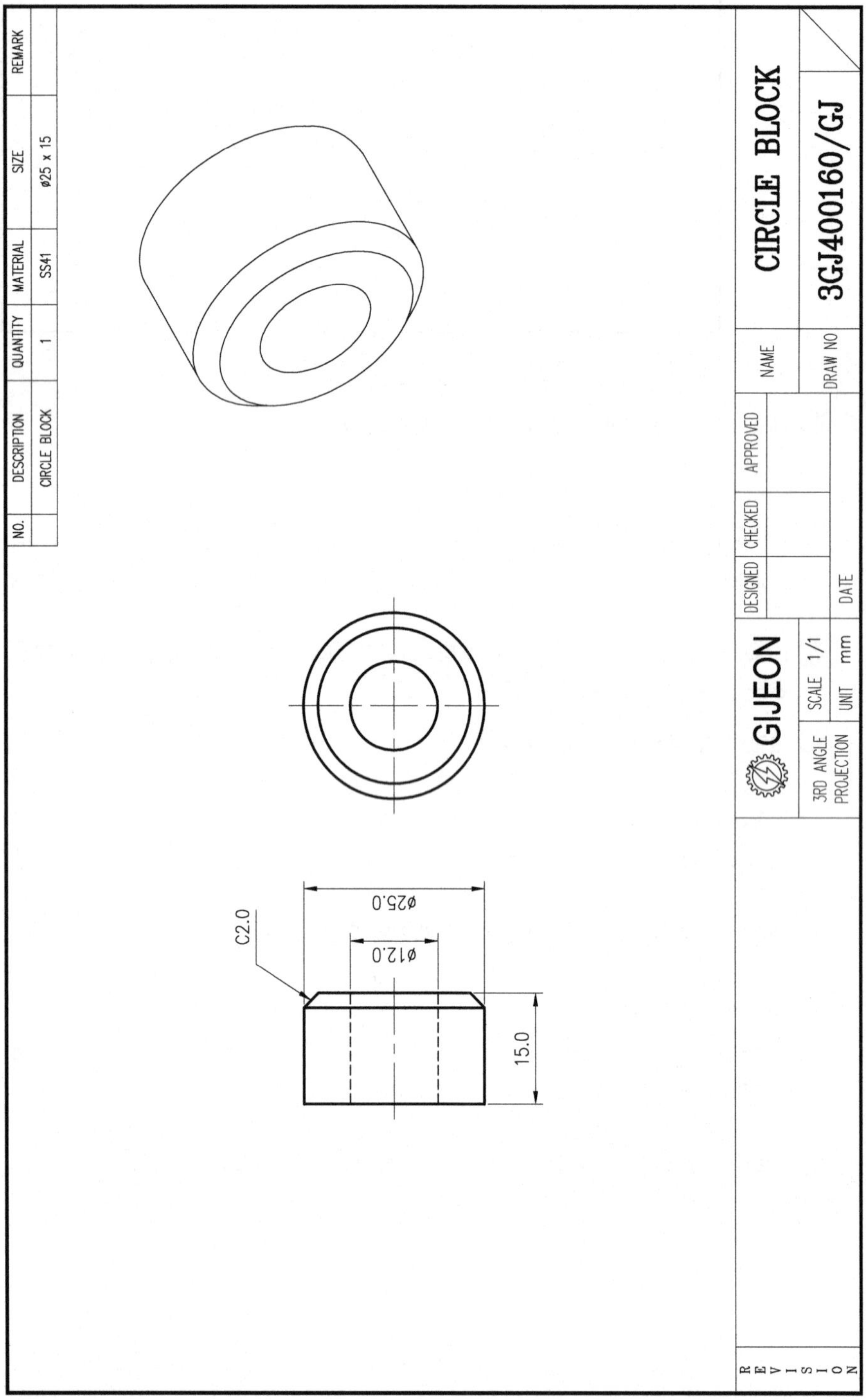

NO.	DESCRIPTION	QUANTITY	MATERIAL	SIZE	REMARK
	CIRCLE BLOCK	1	SS41	ø25 x 15	

ø25.0
ø12.0
C2.0
15.0

CIRCLE BLOCK
3GJ400160/GJ
NAME
DRAW NO
APPROVED
CHECKED
DESIGNED
DATE
GIJEON
SCALE 1/1
UNIT mm
3RD ANGLE PROJECTION
REVISION

연습문제 02 SUPPORT 제도

(다음과 같은 치수의 SUPPORT 정면도, 평면도, 우측면도를 1 : 1 현척으로 제도하여 보아라.)

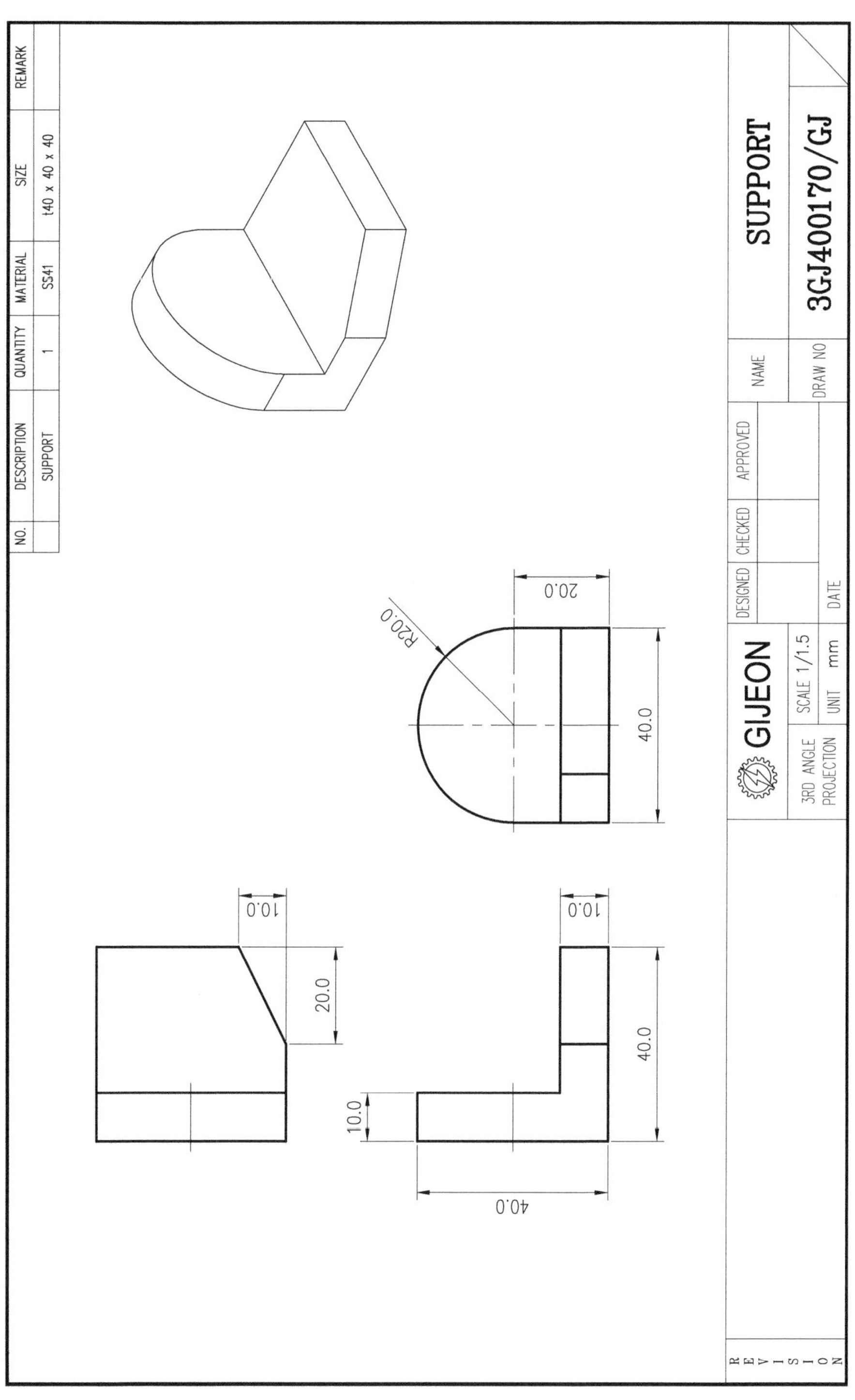

연습문제 03 JOIN BLOCK 제도

(다음과 같은 치수의 JOIN BLOCK 정면도, 우측면도를 1 : 1 현척으로 제도하여 보아라.)

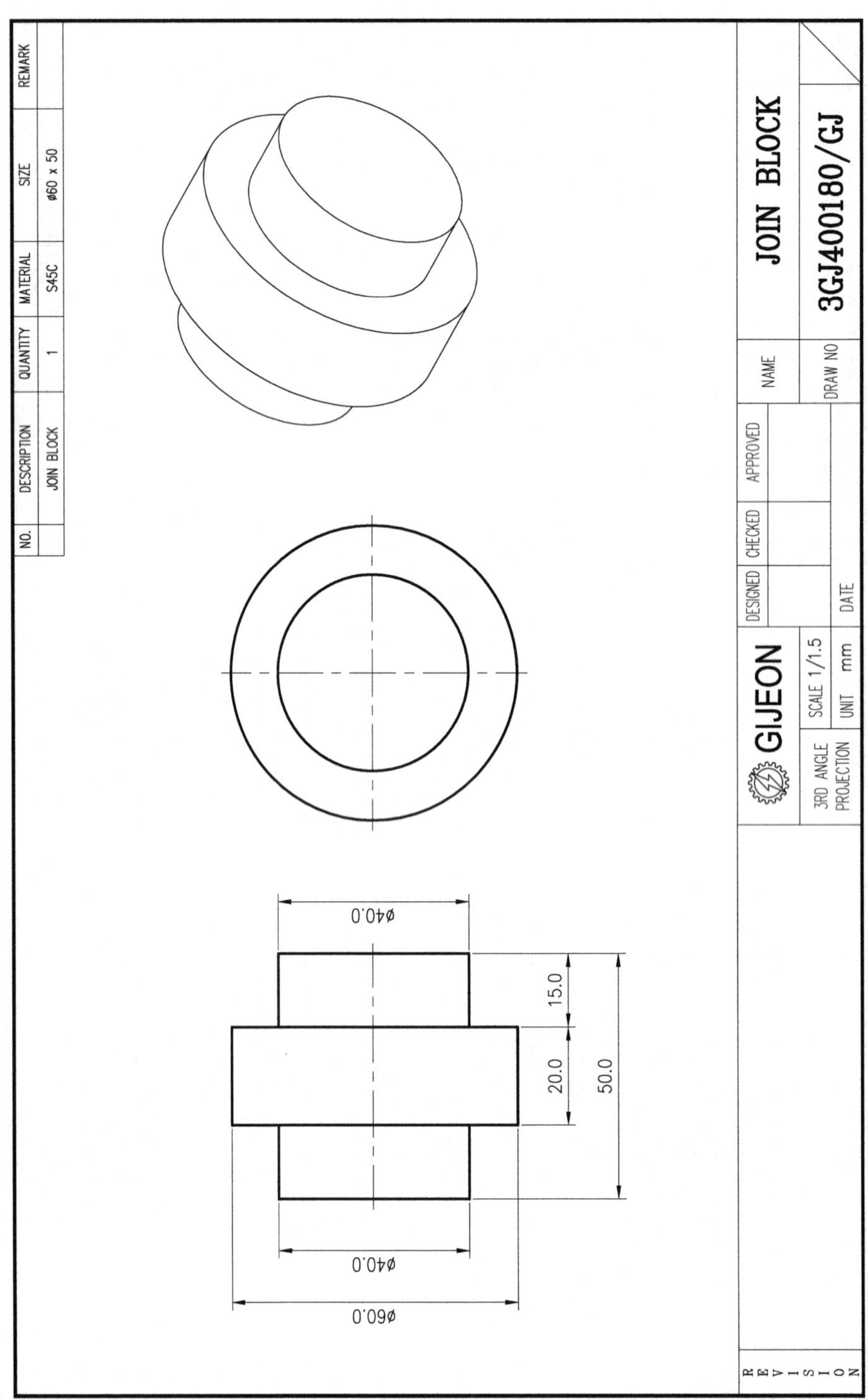

연습문제 04 STOPPER PLATE 제도

(다음과 같은 치수의 STOPPER PLATE 정면도, 우측면도를 1 : 1 현척으로 제도하여 보아라.)

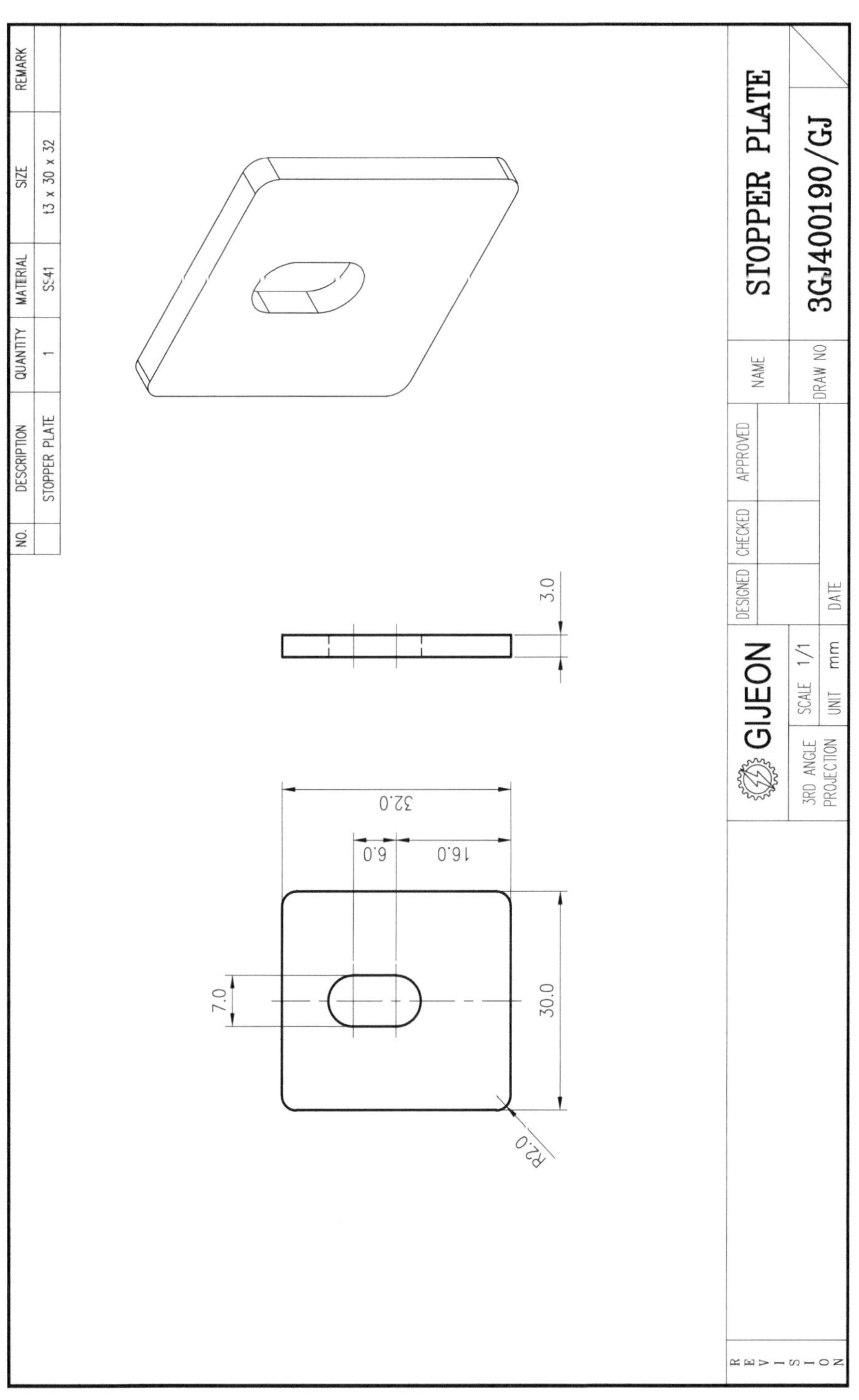

연습문제 05 **LINK 제도**

(다음과 같은 치수의 LINK 정면도, 우측면도를 1 : 1 현척으로 제도하여 보아라.)

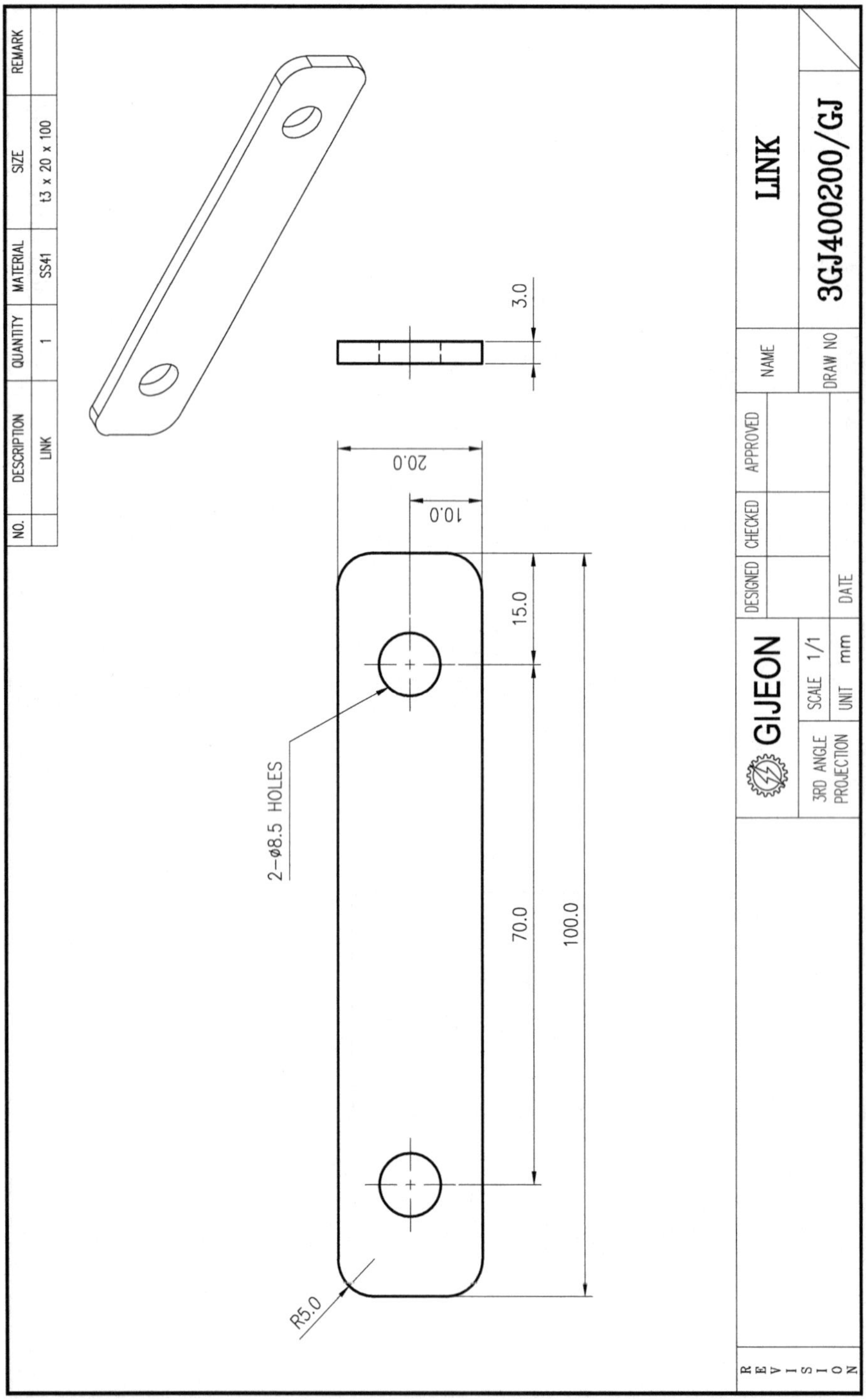

NO.	DESCRIPTION	QUANTITY	MATERIAL	SIZE	REMARK
	LINK	1	SS41	t3 x 20 x 100	

연습문제 06 COVER 제도

(다음과 같은 치수의 COVER 정면도, 평면도를 1 : 1 현척으로 제도하여 보아라.)

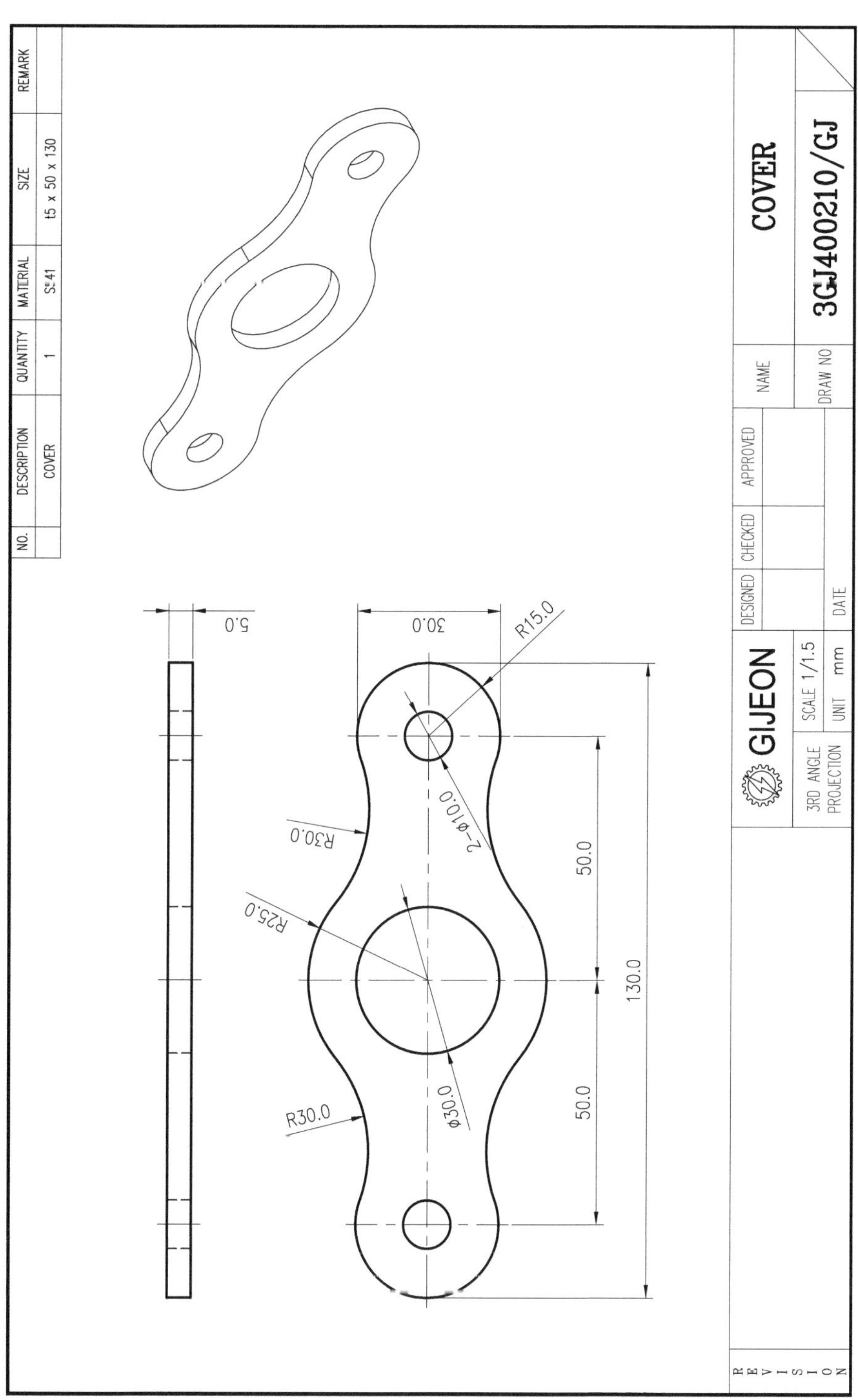

연습문제 07 **ANGLE BRACKET 제도**

(다음과 같은 치수의 ANGLE BRACKET 정면도를 1 : 1 현척으로 제도하여 보아라.)

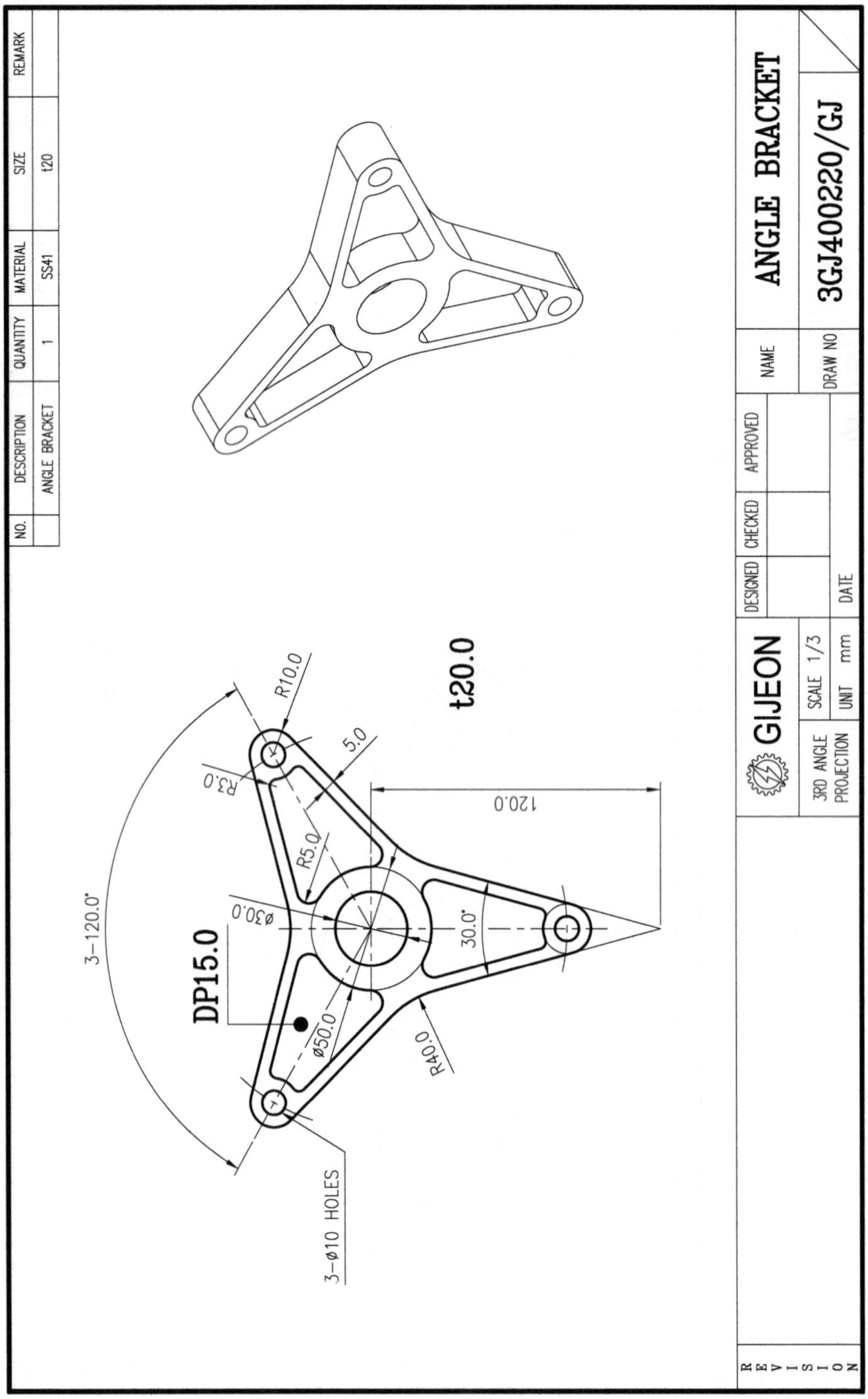

NO.	DESCRIPTION	QUANTITY	MATERIAL	SIZE	REMARK
	ANGLE BRACKET	1	SS41	t20	

t20.0

R10.0
5.0
R3.0
120.0
R5.0
ø30.0
30.0°
3-120.0°
DP15.0
ø50.0
R40.0
3-ø10 HOLES

GIJEON
3RD ANGLE PROJECTION
SCALE 1/3
UNIT mm
DESIGNED
CHECKED
APPROVED
DATE
NAME ANGLE BRACKET
DRAW NO 3GJ400220/GJ
REVISION

연습문제 08 **RATCH 제도**

(다음과 같은 치수의 RATCH 정면도를 1 : 1 현척으로 제도하여 보아라.)

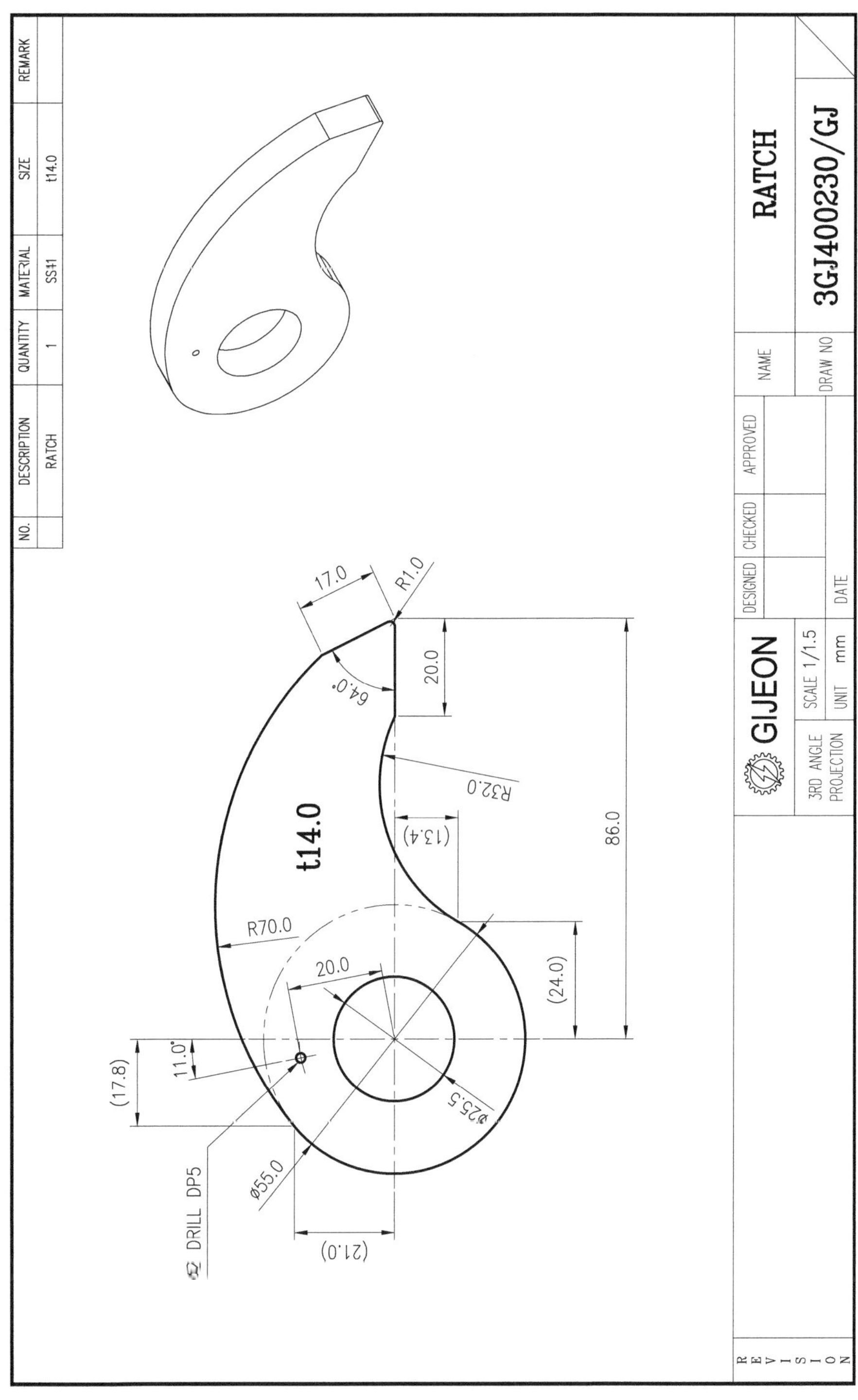

연습문제 09 ANGLE BLOCK 투상도 제도
(다음과 같은 ANGLE BLOCK의 정면도, 우측면도를 1 : 1 현척으로 제도하여 보아라.)

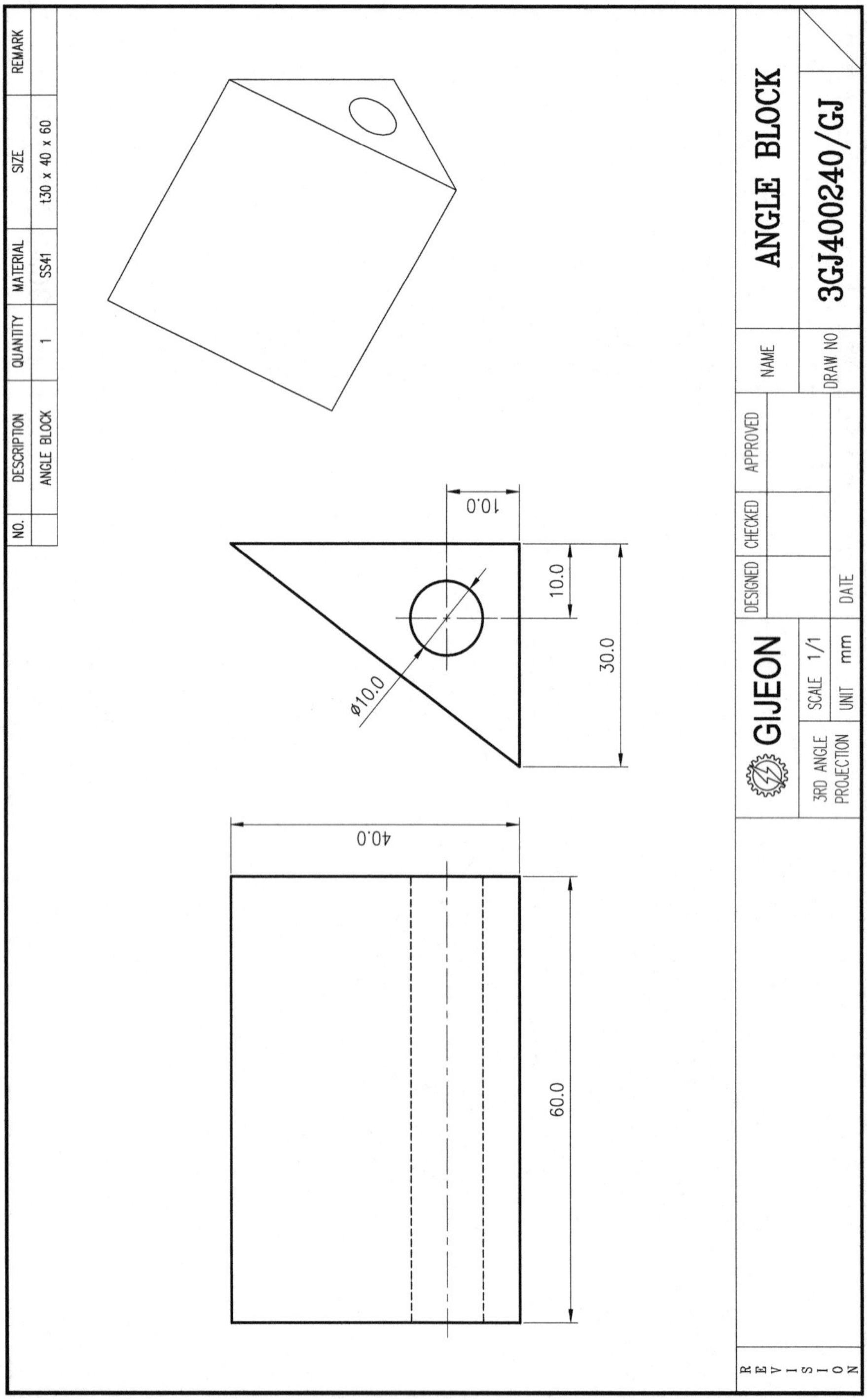

NO.	DESCRIPTION	QUANTITY	MATERIAL	SIZE	REMARK
	ANGLE BLOCK	1	SS41	t30 x 40 x 60	

10.0
10.0
30.0
ø10.0
40.0
60.0

GIJEON
3RD ANGLE PROJECTION
SCALE 1/1
UNIT mm
DESIGNED
CHECKED
APPROVED
DATE
NAME ANGLE BLOCK
DRAW NO 3GJ400240/GJ
REVISION

연습문제 10 **BLOCK-V 투상도 제도**

(다음과 같은 BLOCK-V의 정면도, 평면도, 우측면도를 1 : 1 현척으로 제도하여 보아라.)

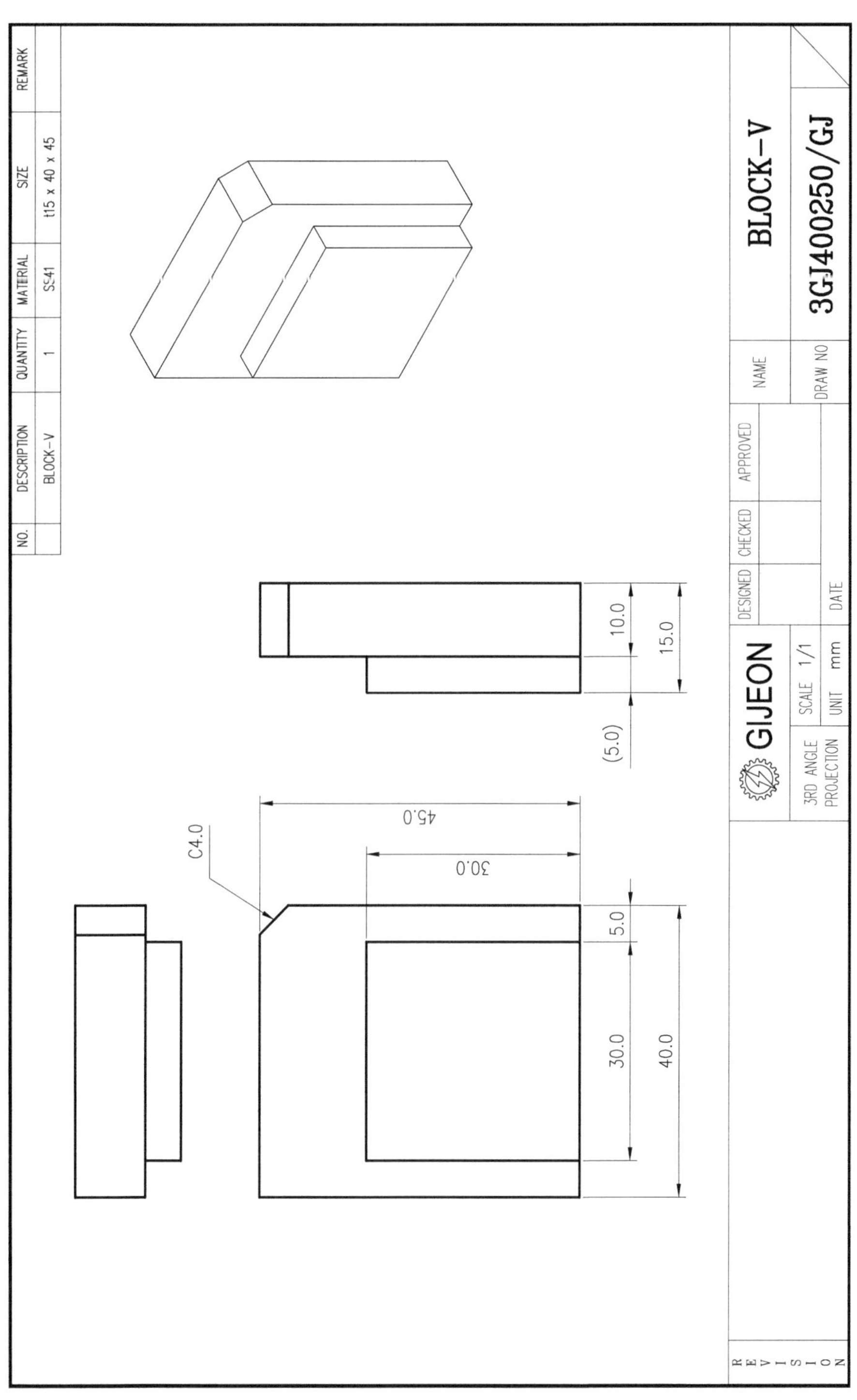

연습문제 11 **COVER PLATE 투상도 제도**

(다음과 같은 COVER PLATE의 정면도, 우측면도를 1 : 1 현척으로 제도하여 보아라.)

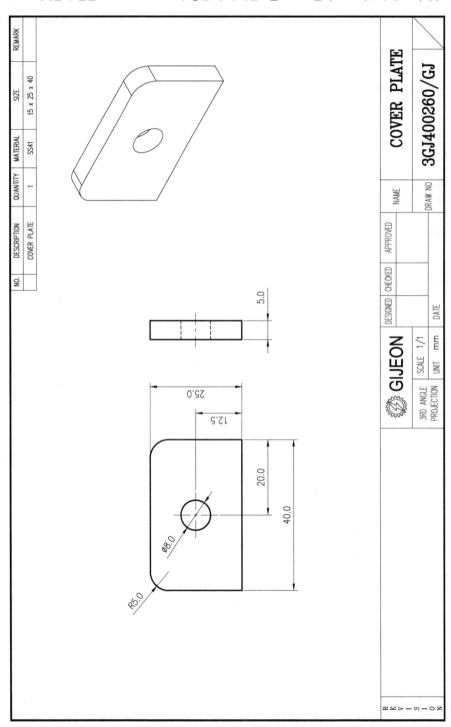

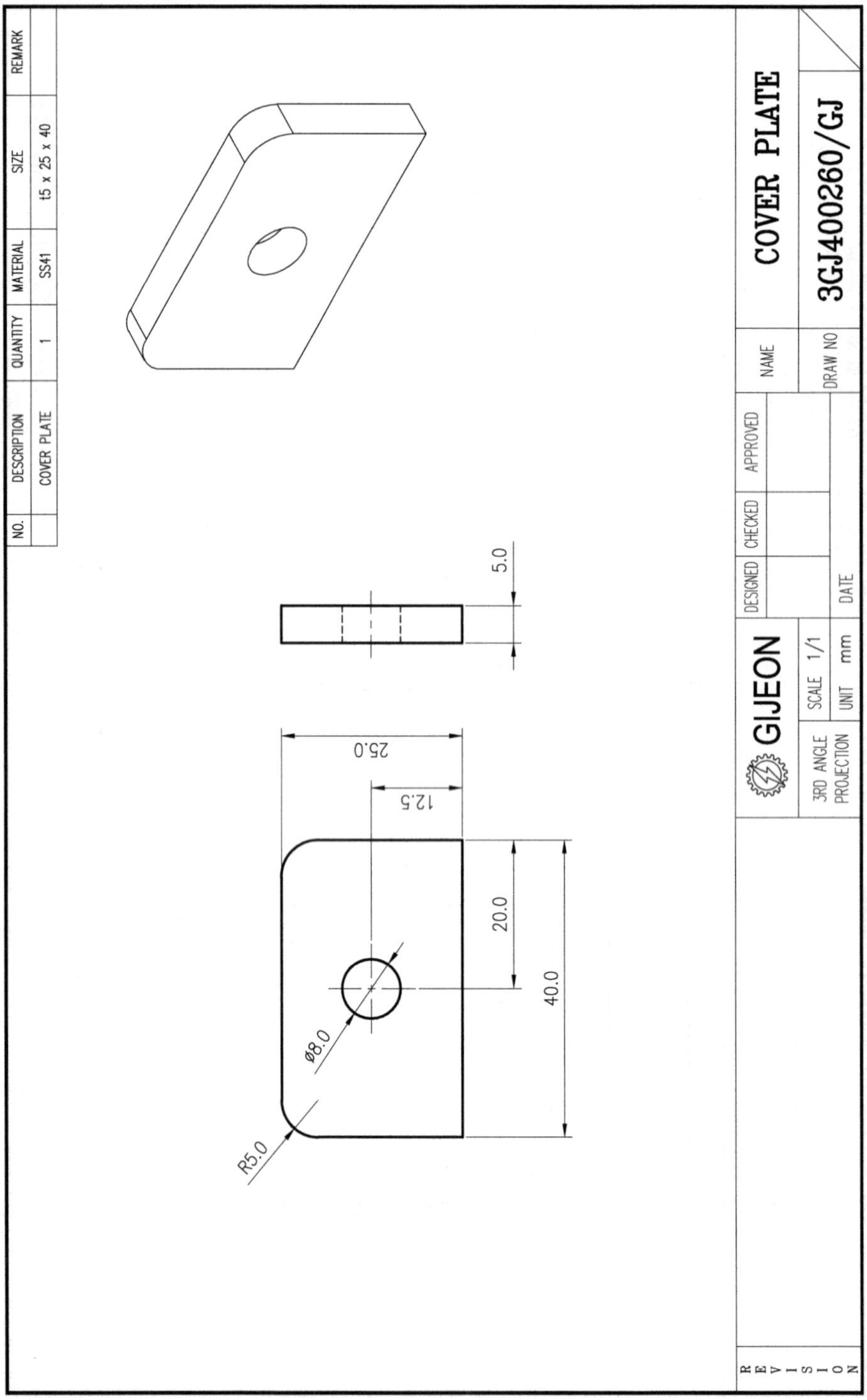

NO.	DESCRIPTION	QUANTITY	MATERIAL	SIZE	REMARK
	COVER PLATE	1	SS41	t5 x 25 x 40	

25.0
12.5
5.0
20.0
40.0
Ø8.0
R5.0

GIJEON	DESIGNED	CHECKED	APPROVED	NAME	COVER PLATE
3RD ANGLE PROJECTION / SCALE 1/1 / UNIT mm	DATE			DRAW NO	3GJ400260/GJ

REVISION

연습문제 12 **JOIN PLATE 투상도 제도**

(다음과 같은 JOIN PLATE의 정면도, 우측면도를 1 : 1 현척으로 제도하여 보아라.)

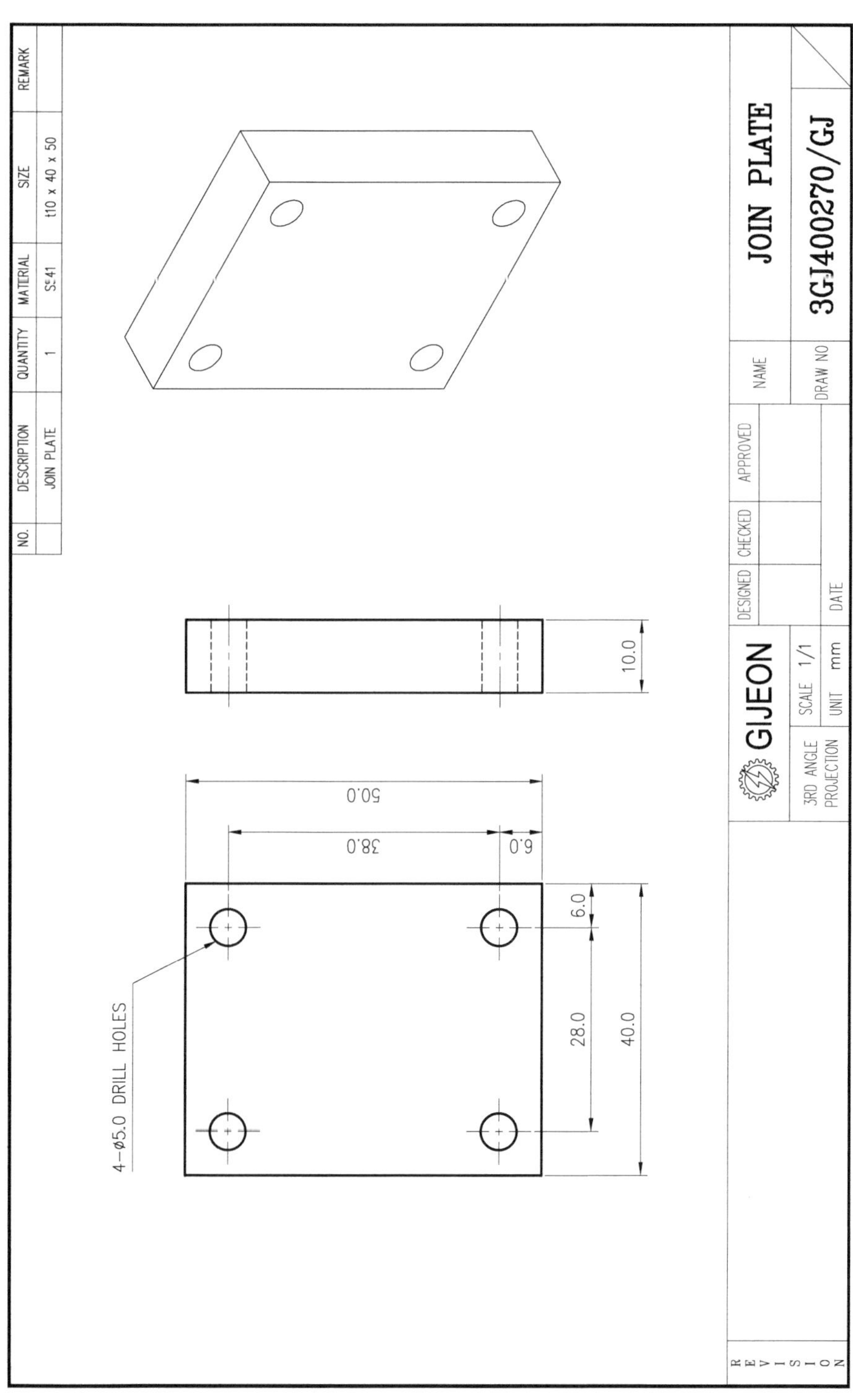

타원과 타원형 호 그리기

여기서는 ELLIPSE 명령을 사용하여 타원과 타원형 호를 그리는 방법에 대해 설명한다. ELLIPSE 명령은 타원 외에도 등각 투상형 원이나 호를 그릴 때도 사용한다.

2.1 ELLIPSE 명령(타원 그리기)

ELLIPSE 명령은 타원이나 타원 모양의 호를 그리는 명령이다. 타원을 그리는 데는 다음 그림과 같이 장축과 단축의 양 끝점(Axis endpoint), 중심점(Center), 축의 거리(Axis distance, 중심점부터 축의 한 쪽 끝점까지의 거리), 편심각(Rotation) 등이 이용된다.

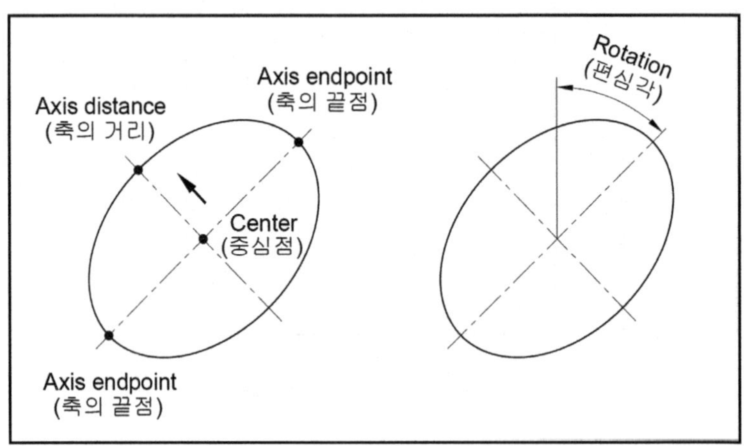

도구모음 : Draw 도구모음의 단추

Command : ELLIPSE 〈또는 EL〉

Specify axis endpoint of ellipse or [Arc/Center] : ⇨ 옵션 선택

옵 션	설 명
Axis endpoint	타원의 장축이나 단축의 양 끝점을 지정하여 타원을 그린다. Distance - 타원의 중심점으로부터 다른 축의 한 끝점까지의 거리를 지정한다. Rotation - 타원의 장축으로부터 타원의 편심각(0°~89.4°)을 지정한다.
Arc	타원형 호를 그린다.
Center	타원의 중심점으로부터 장축과 단축의 한 끝점까지의 거리를 지정하여 타원을 그린다.

2.2 장축과 단축으로 타원 그리기

타원은 장축이나 단축의 양 끝점과 중심점부터 다른 한 축의 거리를 이용하여 그릴 수 있다. 다음 그림에서 바깥쪽 타원을 장축의 양 끝점 P1, P2와 중심점 P3에서 단축의 끝점 P4까지의 거리 2를 지정하여 그려보자.

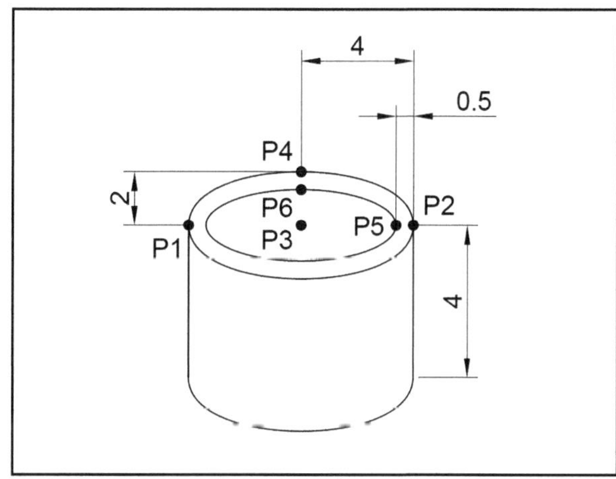

1 ELLIPSE 명령을 실행한 후 장축의 양 끝점인 P1(4,7), P2의 좌표를 지정한다.

```
Command : ELLIPSE ↵
Specify axis endpoint of ellipse or [Arc/Center] : 4,7 ↵          ⇨ 장축 끝점 P1 지정
Specify other endpoint of axis : @8,0 ↵                           ⇨ 다른 끝점 P2 지정
```

2 다음과 같이 중심점부터 단축의 한 끝점까지의 거리를 입력한다.

```
Specify distance to other axis or [Rotation] : 2 ↵                ⇨ 단축의 거리 지정
```

2.3 중심점으로부터 타원 그리기

타원은 중심점부터 장축의 한 끝점까지의 거리와 단축의 한 끝점까지의 거리를 지정하여 그릴 수도 있다. 예를 들어, 위의 그림에서 안쪽 타원은 이 방법으로 그려보자.

1 ELLIPSE 명령을 실행한 후 Center 옵션을 선택한다.

```
Command : ELLIPSE ↵
Specify axis endpoint of ellipse or [Arc/Center] : C ↵            ⇨ Center 옵션 선택
```

2 타원의 중심점 P3(8,7)의 좌표를 지정한다.

```
Specify center of ellipse : 8,7 ↵                                 ⇨ 타원 중심점 P3 지정
```

3 다음과 같이 한 축의 끝점 P5와 중심점 P3부터 다른 축의 끝점 P6까지의 거리 1.5를 입력한다.

```
Specify endpoint of axis : @3.5,0 ↵                               ⇨ 장축 끝점 P5 지정
Specify distance to other axis or [Rotation] : 1.5 ↵              ⇨ 단축의 거리 지정
```

2.4 장축과 편심각으로 타원 그리기

타원은 장축과 편심각으로 그릴 수도 있다. 편심각이란 XY 평면의 원을 3차원 공간의 Z축으로 회전시킨 각도를 의미한다. 이와 같이 원을 가상의 3차원 공간에서 회전시킨 후 XY 평면에서 바라보면 회전 각도에 따라 다른 모양의 타원(원의 지름을 장축으로 한 타원)이 된다.

편심각과 타원 모양

장축과 편심각을 지정하여 타원을 그리는 데에는 이와 같은 원리를 이용한다. 이때 그려지는 타원의 모양은 다음 그림과 같이 편심각의 크기(0°에서 89.4° 이내)가 클수록 타원의 장축에 비해 단축의 길이가 짧아진다. 그리고 편심각의 크기가 0°일 때에는 장축과 단축의 길이가 같아져 원이 된다.

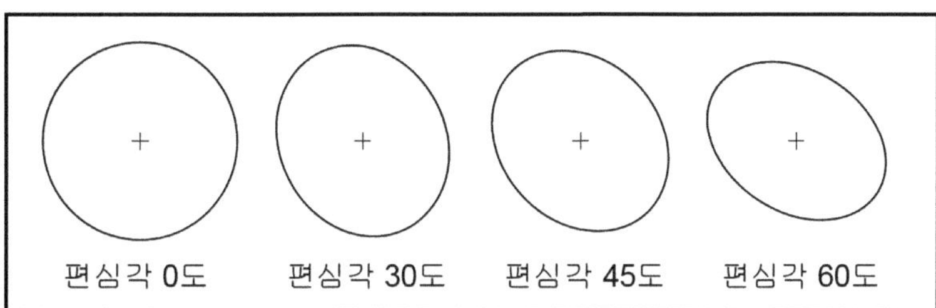

편심각의 이용

예를 들어, 앞서 점 P1과 점 P2를 장축의 양 끝점으로 한 바깥쪽 타원은 다음과 같이 편심각으로 그릴 수도 있다.

1 ELLIPSE 명령을 실행한 후 장축의 양 끝점을 입력한다.

```
Command : ELLIPSE ↵
Specify axis endpoint of ellipse or [Arc/Center] : 4,7 ↵        ⇨ 장축 끝점 P1 지정
Specify other endpoint of axis : @8,0 ↵                         ⇨ 다른 끝점 P2 지정
```

2 Rotation 옵션을 선택한 후 편심각으로 60을 입력한다.

```
Specify distance to other axis or [Rotation] : R ↵        ⇨ Rotation 옵션 선택
Specify rotation around major axis : 60 ↵                 ⇨ 편심각 지정
```

2.5 타원형 호 그리기

ELLIPSE 명령의 Arc 옵션을 사용하면 타원 모양의 호를 그릴 수 있다. 예를 들어, 다음 그림과 같이 두 점 P1(4,3), P2(12,3)를 잇는 180° 각도의 타원형 호를 그려보자.

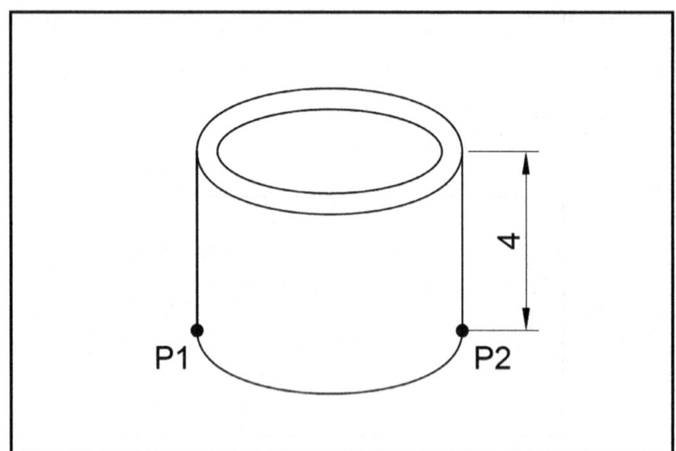

1 ELLIPSE 명령을 실행한 후 Arc 옵션을 선택한다.

```
Command : ELLIPSE ↵
Specify axis endpoint of ellipse or [Arc/Center] : A ↵    ⇨ Arc 옵션 선택
```

2 먼저 타원형 호를 포함하는 전체 타원을 그린다.

```
Specify axis endpoint of elliptical arc or [Center] : 4,3 ↵   ⇨ 장축 끝점 P1 지정
Specify other endpoint of axis : @8,0 ↵                      ⇨ 장축 끝점 P2 지정
Specify distance to other axis or [Rotation] : 2 ↵           ⇨ 단축의 길이 지정
```

3 다음과 같이 전체 타원을 기준으로 하여 그릴 타원형 호의 시작 각도와 끝 각도를 입력한다.

Specify start angle or [Parameter] : 0 ↵ ⇨ 시작 각도 지정
Specify end angle or [Parameter/Included angle] : 180 ↵ ⇨ 끝 각도 지정

이와 같은 방법으로 타원형 호를 그리면 된다. 참고로 위 예의 3단계에서 Parameter 옵션은 시작 각도와 끝 각도를 지정하는 방법과 동일하다. 차이점이란 타원형 호를 그리는데 이용하는 곡선의 방정식만 다를 뿐이다.

2.6 등각 투상도에서 원 그리기

ELLIPSE 명령의 Isocircle 옵션은 등각 투상도의 등각 평면을 기준으로 한 원(Isometric Circle)을 그릴 때 사용한다. 단, 이 옵션은 SNAP 명령을 사용하여 스냅 유형을 등각형(Isometric)으로 설정했을 때에만 표시된다.

예를 들어, 다음 그림에서 점 P1부터 한 변의 길이가 4인 정면만 그린 후 이 면의 중앙에 반지름이 1인 등각형 원을 그려보자.

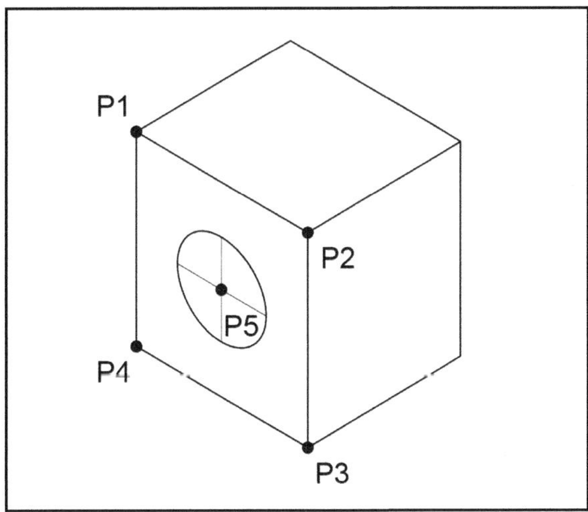

1 다음과 같이 SNAP 명령을 실행한 후 스냅 유형으로 Isometric형을 설정한다.

```
Command : SNAP ↵
Specify snap spacing or [ON/OFF/Aspect/Style/Type] <0.5000> : S ↵
Enter snap grid style [Standard/Isometric] <S> : I ↵          ⇨ Isometric 옵션 선택
Specify vertical spacing <0.5000> : 1 ↵                       ⇨ 수직 스냅 간격 지정
```

2 LINE 명령을 실행하여 점 P1부터 정육면체의 정면을 그린다.

```
Command : LINE ↵
Specify first point : 5,8 ↵                                   ⇨ 점 P1 지정
Specify next point or [Undo] : @4<-30 ↵                       ⇨ 점 P2 지정
Specify next point or [Undo] : @4<270 ↵                       ⇨ 점 P3 지정
Specify next point or [Close/Undo] : @4<150 ↵                 ⇨ 점 P4 지정
Specify next point or [Close/Undo] : C ↵                      ⇨ 점 P4와 점 P1 연결
```

3 ELLIPSE 명령을 실행한 후 Isocircle 옵션을 선택한다.

```
Command : ELLIPSE ↵
Specify axis endpoint of ellipse or [Arc/Center/Isocircle] : I ↵   ⇨ Isocircle 옵션 선택
```

4 다음과 같이 그릴 원의 중심점 P5와 반지름 1을 입력한다.

```
Specify center of isocircle : 6.73,5 ↵                        ⇨ 원의 중심점 P5 지정
Specify radius of isocircle or [Diameter] : 1 ↵               ⇨ 원의 반지름 지정
```

연습문제 1 **FIX BLOCK의 등상 투상도 제도**(다음과 같은 치수의 FIX BLOCK의 등각 투상도를 등각 평면을 이용하여 A4 도면 용지에 1 : 1 현척으로 제도하여 보아라.)

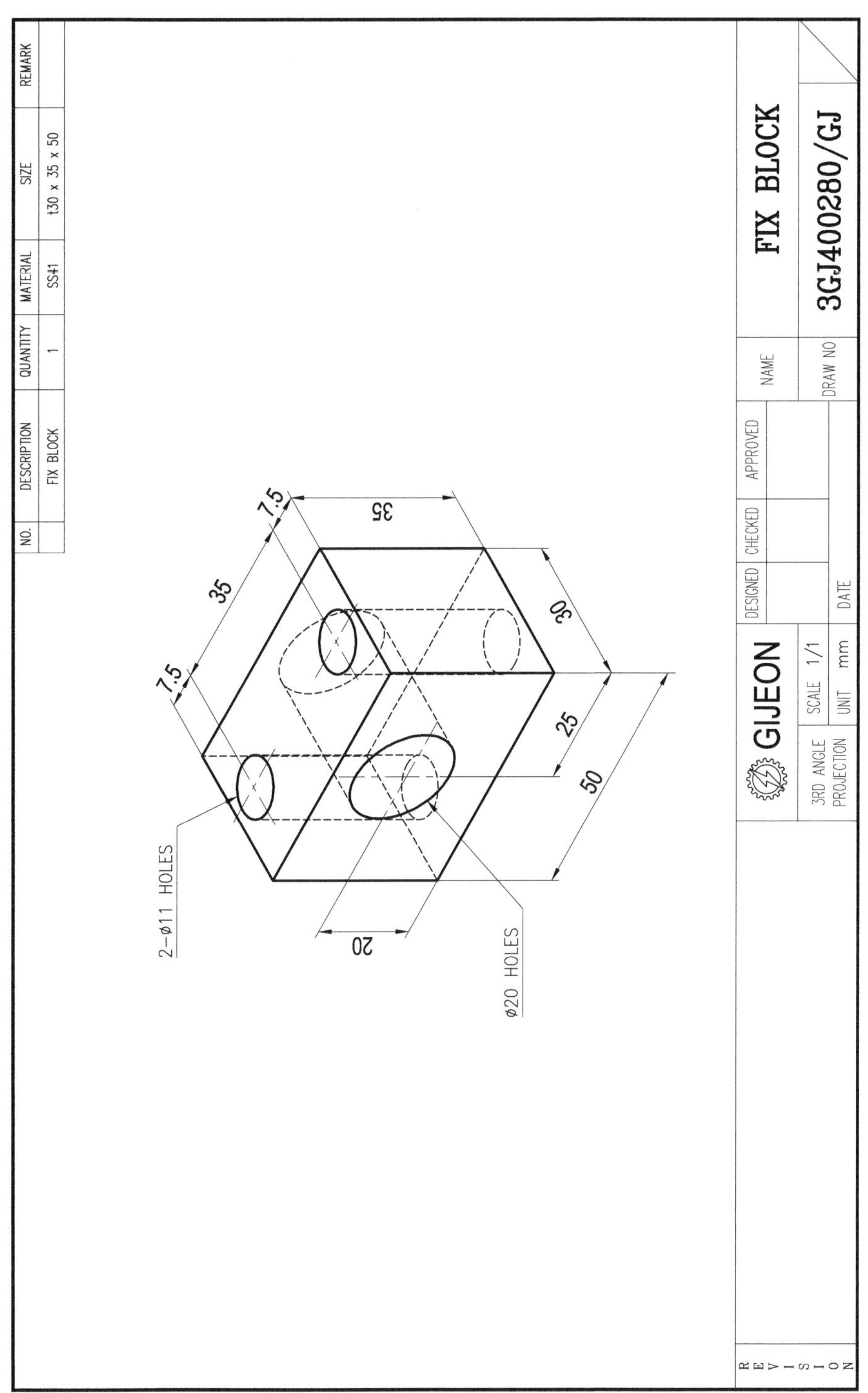

연습문제 2 **SLIDE의 등각 투상도 제도**(다음과 같은 치수의 SLIDE의 등각 투상도를 등각 평면을 이용하여 A4 도면 용지에 1 : 1 현척으로 제도하여 보아라.)

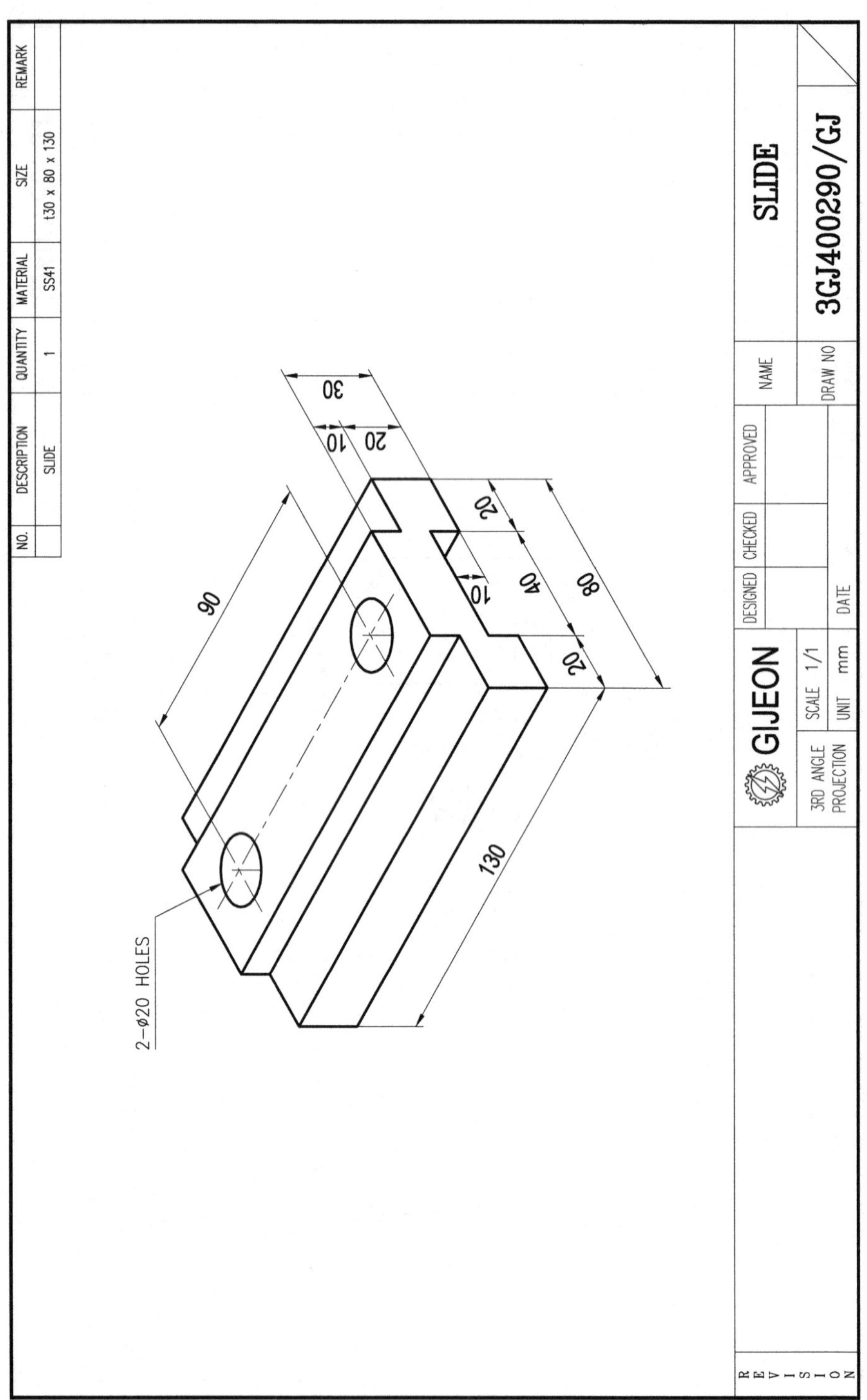

선 유형 및 간격, 굵기 지정

여기서는 LINE 명령이나 CIRCLE 명령, ARC 명령 등으로 직선이나 원, 호 등의 도면 요소를 그릴 때 사용할 선이 유형과 간격, 색, 굵기를 지정하는 명령에 대해 설명한다.

3.1 LINETYPE 명령(선 유형 지정)

LINETYPE 명령은 선 유형이 정의된 파일(*.lin)부터 사용할 선의 유형을 작업 도면으로 불러들이거나 사용할 선을 지정한다. AutoCAD는 기본적으로 Acadiso.lin 선 유형 파일을 사용한다.

Command : LINETYPE 〈또는 LT, LTYPE〉

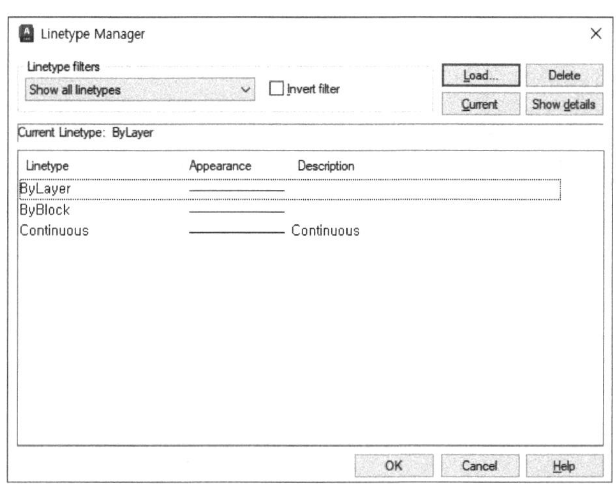

항 목	설 명
Linetype filters	선 유형 목록의 표시 형식을 지정한다.
Invert filter	선택된 유형들 이외의 나머지 유형들을 지정한다.
Current	선택한 선 유형을 사용 선으로 지정한다.
Load	선 유형 라이브러리(*.lin) 파일에 정의된 선 유형을 불러온다.
Delete	선택한 선 유형을 작업 도면에서 제거한다.
Show details	선택한 선 유형의 세부 항목을 표시한다.

3.2 선 유형 불러오기와 삭제

AutoCAD는 기본으로 Acadiso.lin이라는 선 유형 라이브러리 파일을 제공한다. 이 파일에는 실선 외에도 파선, 1점 쇄선, 2점 쇄선 등 매우 다양한 선이 정의되어 있는데 이들 선을 사용하려면 작업 도면으로 불러들여야 한다.

선 유형 불러오기

예를 들어, Acadiso.lin 파일에 정의된 BORDER와 CENTER, HIDDEN 선 유형을 작업 도면으로 불러들여 보자.

1 LINETYPE 명령을 실행한다.

Command : LINETYPE ↵

2 다음과 같은 대화상자가 표시되면, Load 단추를 클릭한다.

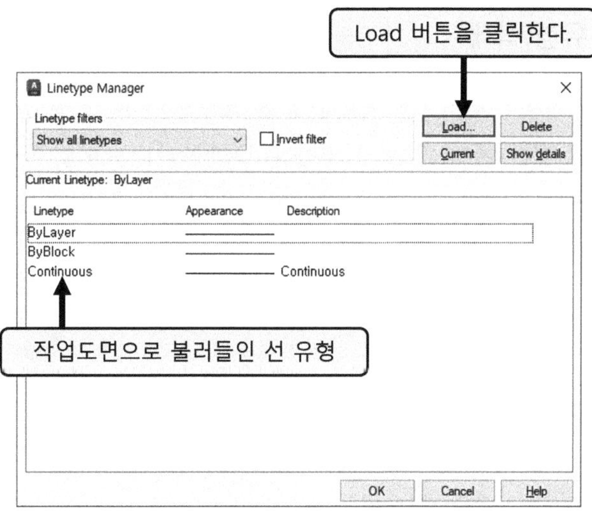

3 작업 도면으로 불러올 선 유형으로 Border, Center, Hidden을 선택한다. 여러 개의 선 유형은 〈Ctrl〉키를 누른 상태에서 선택하면 된다.

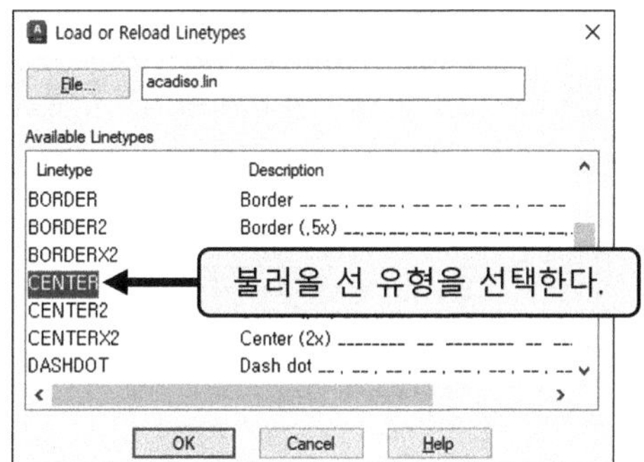

4 OK 단추를 클릭한다. 그러면 위 2단계의 그림과 같이 선택한 선 유형이 Linetype Manager 대화상자에 추가된다.

이와 같은 방법으로 Acadiso.lin 파일에 정의된 선 유형을 작업 도면으로 불러오면 된다. 그리고 Acadiso.lin 파일이 아닌 다른 선 유형 파일을 사용하려면 위 예의 3단계에서 File 단추를 클릭하여 사용할 선 유형 파일을 지정하면 된다.

 선 유형 삭제

작업 도면으로 불러온 선 유형 중 사용하지 않는 선 유형은 작업 도면에서 삭제할 수 있다. 예를 들어, 앞서 불러온 HIDDEN 선 유형을 작업 도면에서 삭제해 보자.

1 LINETYPE 명령을 실행한다.

Command : LINETYPE ↵

2 Linetype Manager 대화상자가 표시되면 선 유형 목록에서 삭제할 선 유형으로 HIDDEN을 선택한다.

3 Delete 단추를 클릭한다.

4 OK 단추를 클릭한다.

03 선 유형 선택

선 유형 불러오기나 삭제 시 여러 개의 선 유형을 대상으로 선택할 때에는 다음과 같이 하면 된다.

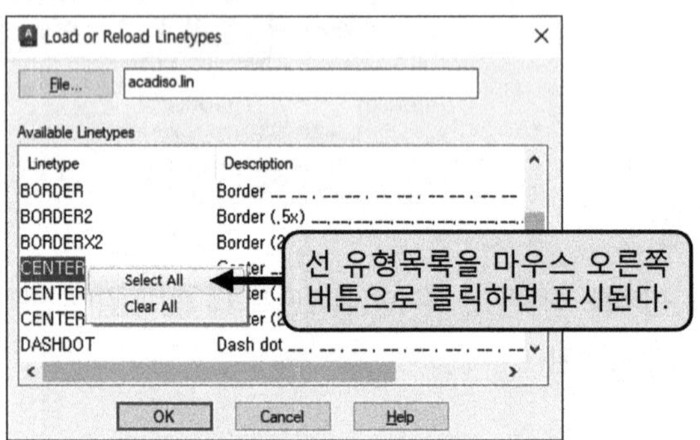

방 법	설 명
포인팅	마우스 포인터로 클릭한 선 유형을 선택한다.
〈Ctrl〉키+포인팅	새로운 선 유형을 추가 선택한다.
〈Shift〉키+포인팅	앞서 선택한 선 유형부터 〈Shift〉키를 누른 상태에서 선택한 선 유형까지 모두 선택한다.
Select All 메뉴	모든 선 유형을 선택한다. 이 단축 메뉴 선 유형 목록상자를 마우스 오른쪽 단추로 클릭하면 표시된다.
Clear All 메뉴	선택된 선 유형을 모두 취소한다.

3.3 사용 선 유형 지정

작업 도면에 불러들인 선 유형으로 도면 요소를 그리려면, 해당 선 유형을 현재 선 유형을 지정해야 한다.

01 사용할 선 지정

다음 그림과 같이 중심점 P1(8,6)로부터 반지름이 4와 3인 원 C1, C2를 그린 후 중심선을 CENTER 선으로 그려보자.

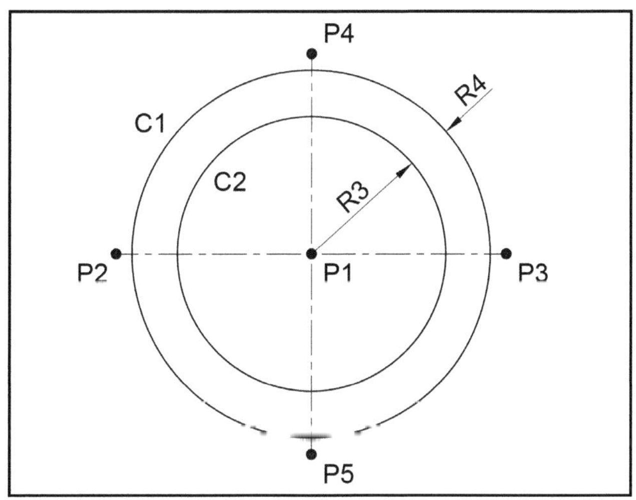

1 CIRCLE 명령을 실행하여 원 C1, C2를 그린다.

```
Command : CIRCLE ↵
Specify center point for circle or [3P/2P/Ttr (tan tan radius)] : 8,6 ↵  ⇨ 중심점 P1 지정
Specify radius of circle or [Diameter] : 4 ↵                              ⇨ 원 C1의 반지름 지정
Command : ↵
Specify center point for circle or [3P/2P/Ttr (tan tan radius)] : @ ↵    ⇨ 중심점 P1 지정
Specify radius of circle or [Diameter] <4,0000> : 3 ↵                    ⇨ 원 C2의 반지름 지정
```

2 LINETYPE 명령을 실행한다.

```
Command : LINETYPE ↵
```

3 Linetype Manager 대화상자가 표시되면 사용할 선 유형으로 CENTER를 선택한 후 Current 단추를 클릭한다.

4 OK 단추를 클릭한다.

5 LINE 명령을 실행하여 두 원의 수평, 수직 중심선을 그린다.

```
Command : LINE ↵
Specify first point : 3,6 ↵                    ⇨ 점 P2 지정
Specify next point or [Undo] : @10,0 ↵         ⇨ 점 P3 지정
Specify next point or [Undo] : ↵               ⇨ LINE 명령 종료
Command : ↵
Specify first point : 8,11 ↵                   ⇨ 점 P4 지정
Specify next point or [Undo] : @0,-10 ↵        ⇨ 점 P5 지정
Specify next point or [Undo] : ↵               ⇨ LINE 명령 종료
```

사용할 선 유형은 다음 그림과 같이 선을 선택하면 대화상자가 나타난다. 여기서 선의 유형을 선택하여 변경하면 된다.

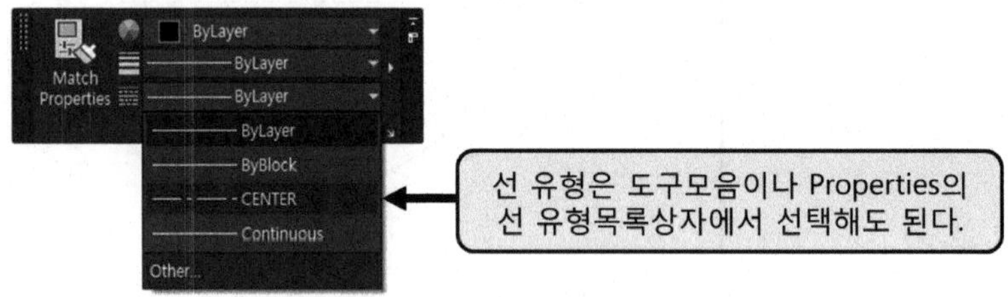

02 선 유형 변경

Object Properties 도구모음의 선 유형 목록상자를 이용하면 작업 도면에 그려진 도면 요소의 선 유형을 변경할 수도 있다. 예를 들어, 앞서 CENTER 선으로 그린 중심선을 Continuous(실선)로 변경하여 보자.

따라하기

1. 선 유형을 변경할 도면 요소인 중심선을 선택한다.
2. Object Properties 도구모음의 선 유형 목록상자를 표시한다.
3. 변경할 선 유형으로 Continuous를 선택한다.

> **Tip**
>
> **논리적인 선 ByLayer, ByBlock**
>
> AutoCAD에서는 실제 선 유형 파일에 정의된 선 유형 외에도 논리적인 선인 ByLayer와 ByBlock을 지원한다. 이 중 ByLayer는 LAYER 명령으로 생성한 도면층에 정의된 선 유형에 따르고, ByBlock은 블록에 정의된 선 유형에 따른다("PART 07 블록 삽입과 파일 참조, 도면층의 사용" 참조).

3.4 선 유형 표시와 세부 항목 설정

Linetype Manager 대화상자에서는 선 유형 목록의 표시와 선 유형의 세부 항목을 설정할 수 있다.

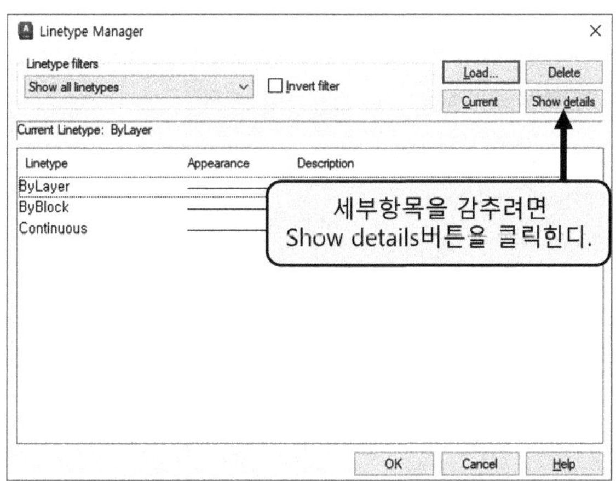

 선 유형 세부 항목

Linetype Manager 대화상자의 Show details 단추를 클릭하면, 다음과 같은 선 유형의 세부 항목을 설정할 수 있다.

항 목	설 명
Name	선택한 선 유형의 이름을 변경한다.
Description	선택한 선 유형의 설명을 변경한다.
Global scale factor	모든 도면 요소에 적용될 선 간격의 축척을 설정한다.
Current object scale	새로 그릴 도면 요소에 적용될 선 간격의 축척을 설정한다.
ISO pen width	ISO(국제 표준화 기구) 규격으로 선 간격의 축척을 설정한다.
Use paper space units for scaling	이 확인란을 선택하면 모델 영역과 레이아웃 시트의 종이 영역에서 선 간격 축척을 동일하게 적용한다.

 선 유형 표시 설정

위 대화상자의 Linetype Filters 목록상자는 작업 도면으로 불러들인 선 유형을 필터(filter)하여 표시한다.

옵 션	설 명
Show all linetypes	작업 도면으로 불러온 모든 선 유형을 표시한다.
Show all unsed linetypes	작업 도면으로 불러온 선 유형 중 실제로 사용된 선 유형만 표시한다.
Show all Xref dependent linetypes	XREF 명령으로 부착한 외부 도면에서 사용된 선 유형만 표시한다.
Invert filter	현재 표시된 선 유형의 목록을 반대로 필터하여 표시한다.

3.5 LTSCALE 명령(선 간격 설정)

LTSCALE 명령은 다음 그림과 같이 선과 공란으로 구분되는 파선이나 1점 쇄선 등에서 선과 공란의 간격을 일정 크기의 비율로 확대/축소하는 변수이다. 이 명령은 보통 LINETYPE 명령으로 파선이나 1점 쇄선 등을 지정했음에도 불구하고 선의 간격이 작아 실선처럼 표시될 때 사용한다.

Command : LTSCALE 〈또는 LTS〉
Enter new linetype scale factor 〈1.0000〉: ⇨ 선 간격 축척 지정

LTSCALE : 1

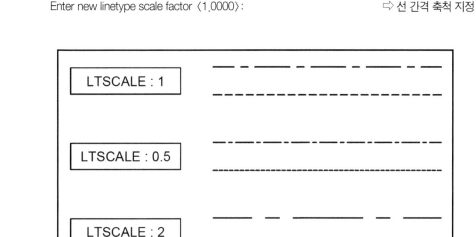

LTSCALE : 0.5

LTSCALE : 2

Tip

새로 그려질 도면 요소의 선 간격 설정

ACELTSCALE 변수는 LTSCALE 명령과 달리 작업 도면에 새로 그려질 도면 요소에만 적용될 선 간격의 축척을 설정한다. 참고로 작업 도면에서 CELTSCALE 변수와 LTSCALE 명령의 값은 중복하여 사용할 수 있다.

Command : CELTSCALE ↵
Enter new value for CELTSCALE 〈1.0000〉: ⇨ 선 간격 축척 지정

3.6 COLOR 명령(선 색 지정)

COLOR 명령은 사용할 선의 색을 지정하는 명령이다. 선에 색을 지정하면 여러 도면 요소로 구성된 도면 작성 시 각 도면 요소를 화면에서 쉽게 구분할 수 있다. 또한 플로터로 작업 도면을 인쇄할 경우 지정 색에 따라 선의 굵기를 달리하여 인쇄할 수도 있다.

도구모음 : Properties 도구모음의
ByLayer
목록상자

Command : COLOR 〈또는 COL〉

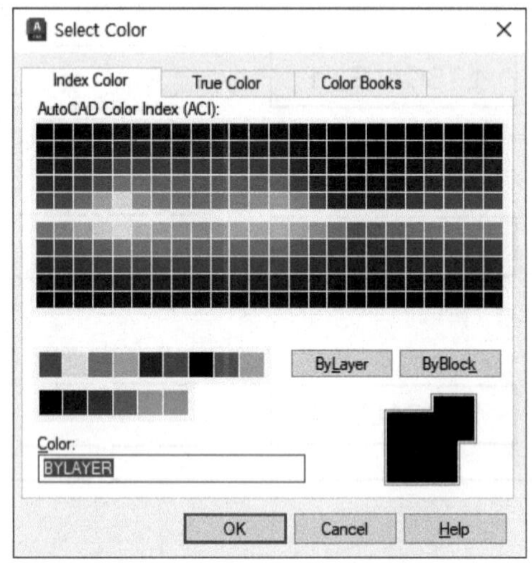

항 목	설 명
Standard Colors	1~9번까지의 표준색을 지정한다.
Gray Shades	250~255번까지의 회색조 색을 지정한다.
Logical Colors	선의 논리적 색(ByLayer, ByBlock)을 지정한다. 이 항목은 LAYER 명령으로 생성한 도면층의 색상을 설정하거나 BLOCK 명령으로 도면 요소를 블록화할 때에만 영향을 미친다.
Full Color Palette	표준색과 회색조 색 이외의 10~249번까지의 색을 지정한다.
Color	선택한 색의 이름이나 번호가 표시된다. 직접 색 이름이나 색 번호를 입력하여 지정할 수도 있다.

01 사용 색의 지정

예를 들어, LINE 명령이나 CIRCLE 명령 등의 실행 시 노란 선으로 그리려면 다음과 같이 한다.

따라하기

1 COLOR 명령을 실행한다.

```
Command : COLOR ↵
```

2 Select Color 대화상자가 표시되면 Standard Colors 색 목록에서 노란색을 선택한 후 OK 단추를 클릭한다.

02 도구모음의 이용

사용할 선의 색은 다음 그림과 같이 Properties 도구모음의 색 목록상자에서 지정해도 된다. 특히 도구모음의 색 목록상자를 이용하면 기존 도면 요소에 지정된 선의 색을 변경할 수도 있다.

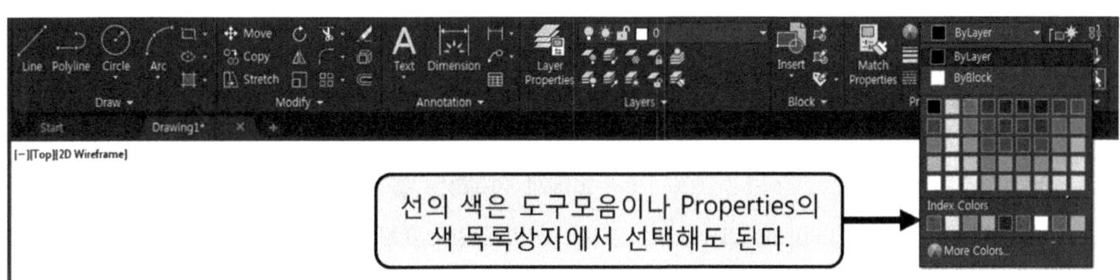

따라하기

1 선의 색을 변경할 도면 요소를 선택한다.

2 위 그림과 같이 Object Properties 도구모음의 색 목록상자를 표시한다.

3 색 복록상자에서 새로 변경할 도면 요소의 색늘 선택한다.

3.7 LWEIGHT 명령(선 굵기 지정)

이전 AutoCAD 버전에서는 플로터를 사용할 경우에만 지정 색에 따라 선의 굵기를 달리하여 인쇄할 수 있었다. 그러나 AutoCAD 2024에서는 LWEIGHT 명령을 사용하여 직접 사용할 선의 굵기를 지정할 수 있다.

Command : LWEIGHT 〈또는 LW〉

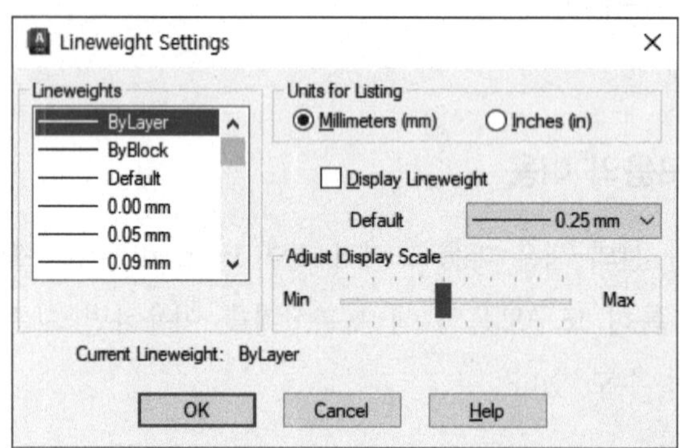

항 목	설 명
Lineweights	사용할 선의 굵기를 지정한다. 선 굵기는 도구모음의 선 굵기 목록상자에서 선택하는 것이 더 편리하다.
Units for listing	선 굵기 목록의 표시 단위를 지정한다.
Display Lineweight	지정된 선 굵기를 화면에서도 표시한다. 선 굵기의 화면 표시 여부는 상태 표시줄의 LWT 단추를 클릭해도 된다.
Default	선 굵기의 기본 값을 설정한다.
Adjust Display Scale	선 굵기의 화면 표시 축척을 조정한다.

01 사용 선의 굵기 지정

다음 그림과 같이 중심점 P1(8,6)로부터 반지름이 4와 3인 원 C1, C2를 0.3mm의 선 굵기로 그려보자.

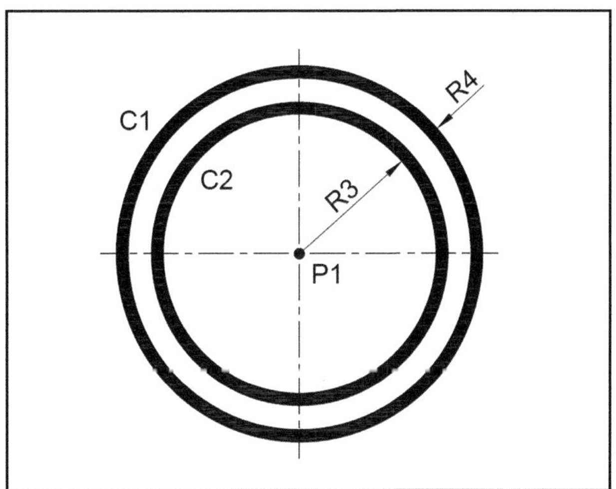

1 LWEIGHT 명령을 실행한다.

```
Command : LWEIGHT ↵
```

2 Lineweight Settings 대화상자가 표시되면 Lineweight 목록상자에서 사용할 선 굵기로 0.30mm를 선택한다. 인치 단위로 표시되어 있을 경우에는 먼저 선 굵기 표시 단위로 Milimeters(mm)를 선택한다.

3 Display Lineweight 확인란을 선택한다.

4 OK 단추를 클릭한다.

5 CIRCLE 명령을 실행하여 원 C1, C2를 그린다.

```
Command : CIRCLE ↵
Specify center point for circle or [3P/2P/Ttr (tan tan radius)] : 8,6 ↵  ⇨ 중심점 P1 지정
Specify radius of circle or [Diameter] : 4 ↵                            ⇨ 원 C1의 반지름 지정
Command : ↵
Specify center point for circle or [3P/2P/Ttr (tan tan radius)] : @ ↵    ⇨ 중심점 P1 지정
Specify radius of circle or [Diameter] <4,0000> : 3 ↵                   ⇨ 원 C2의 반지름 지정
```

위 예의 3단계에서 Display Lineweight 확인란을 취소하면 화면에서는 선 굵기에 관계없이 모두 같은 선으로 표시된다. 그러나 프린터나 플로터로 출력할 때에는 지정된 선 굵기로 인쇄된다.

 도구모음의 이용

사용할 선의 굵기는 다음 그림과 같이 Object Properties 도구모음의 선 굵기 목록상자에서 지정해도 된다. 특히 도구모음의 선 굵기 목록상자를 이용하면 기존 도면 요소의 선 굵기를 변경할 수도 있다.

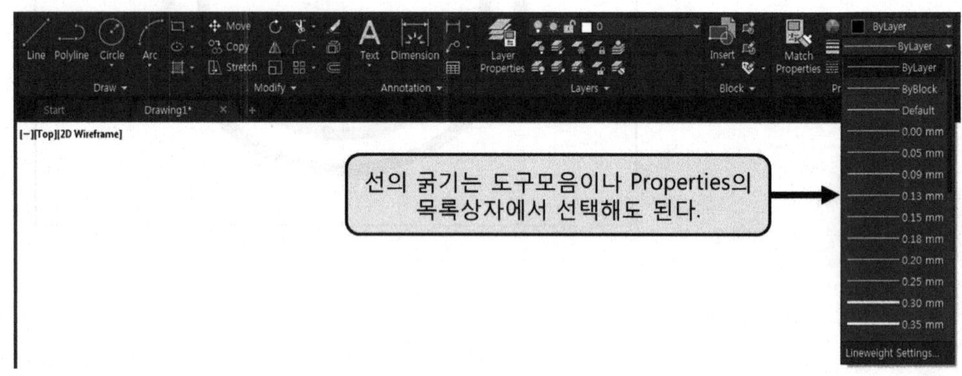

연습문제 01 **BRACKET-I 제도**(A4 용지에 다음과 같은 BRACKET-I를 외형선은 0.25mm 노란색 실선, 중심선은 0.13mm 빨강색 일점쇄선, 숨은선은 0.13mm 파랑색 점선으로 제도해 보아라.)

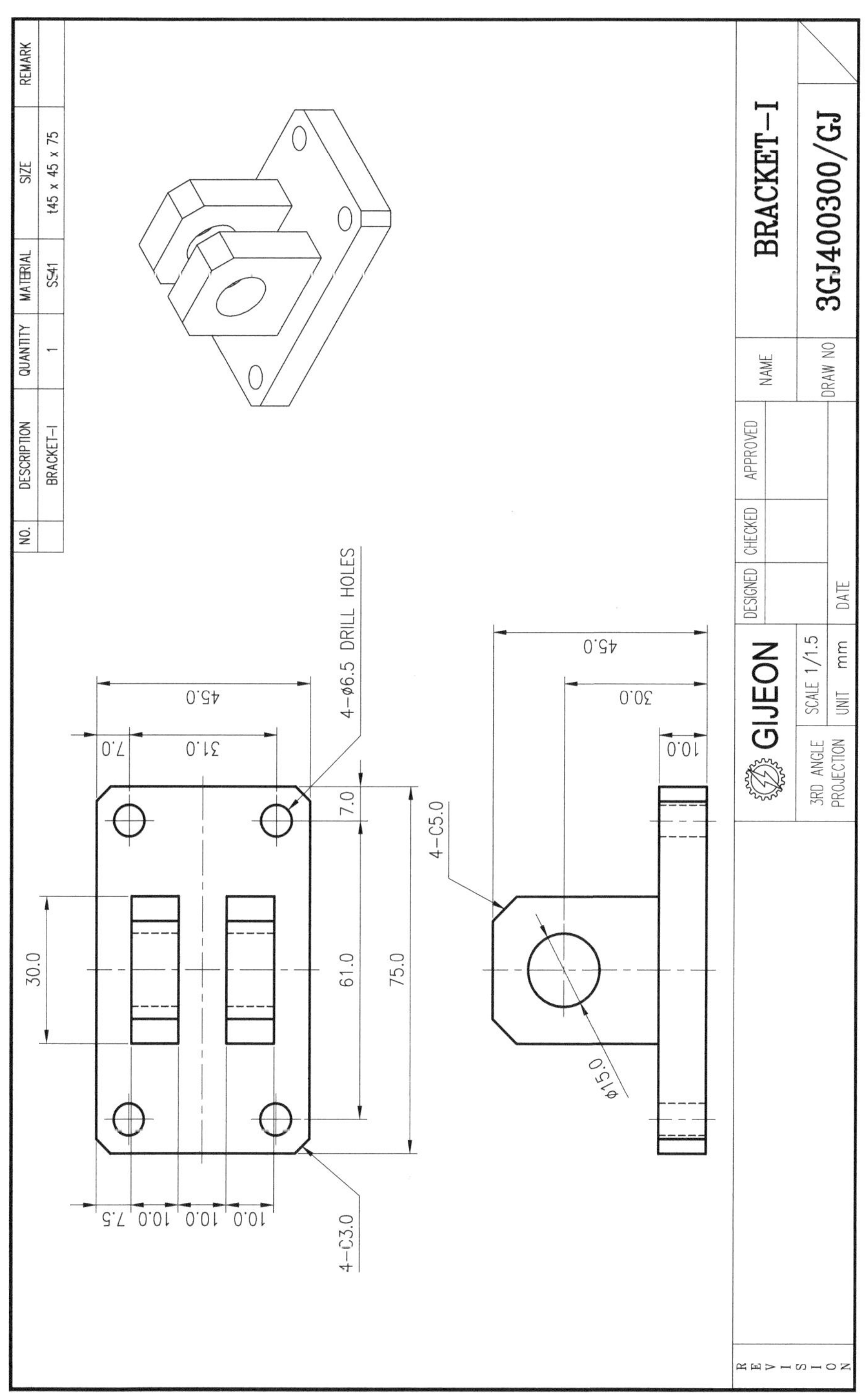

연습문제 02 **BRACKET-II 제도**(A4 용지에 다음과 같은 BRACKET-II를 외형선은 0.25mm 노란색 실선, 중심선은 0.13mm 빨강색 일점쇄선, 숨은선은 0.13mm 파랑색 점선으로 제도해 보아라.)

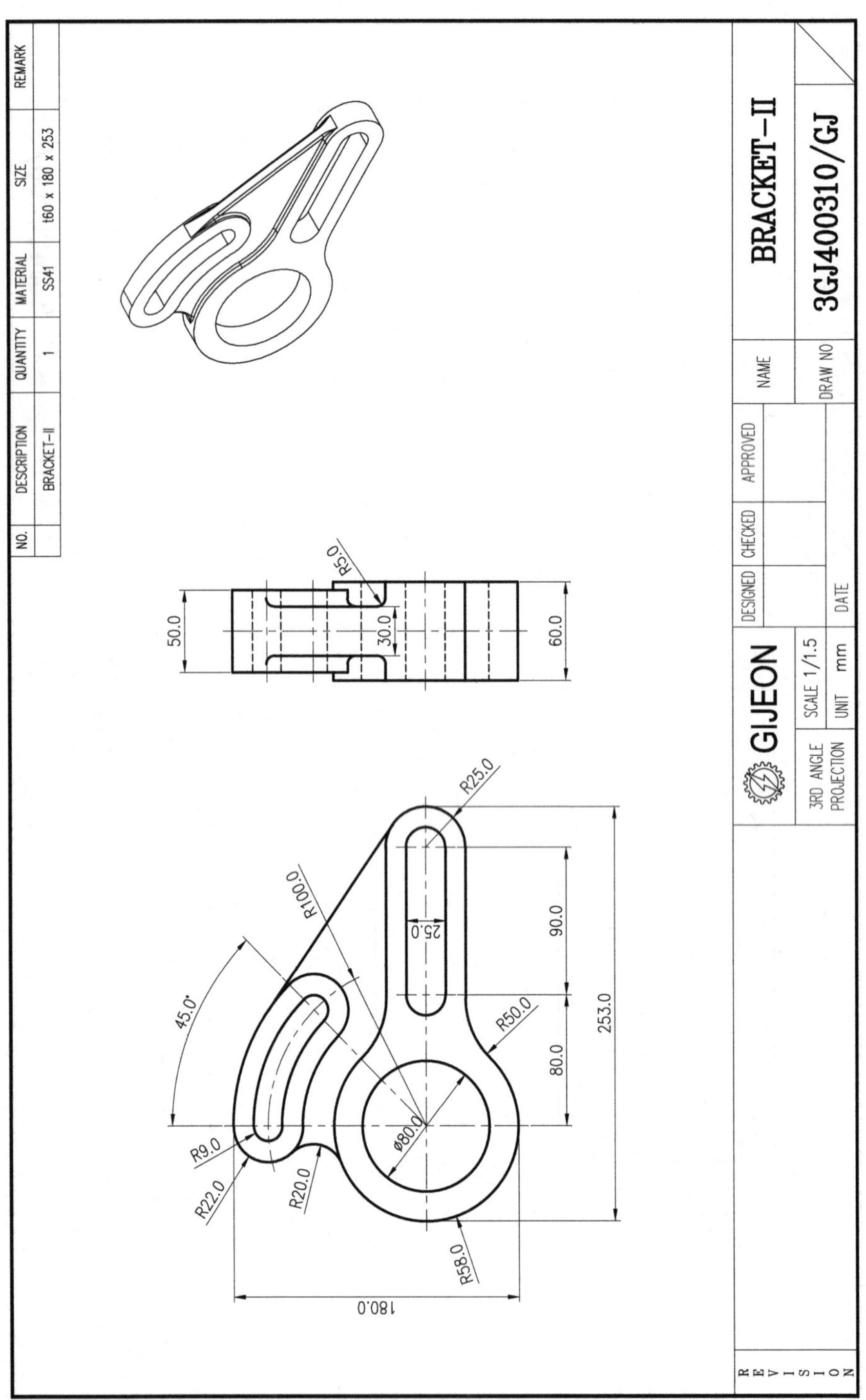

연습문제 03 **BRACKET-Ⅲ 제도**(A4 용지에 다음과 같은 BRACKET-Ⅲ를 외형선은 0.25mm 노란색 실선, 중심선은 0.13mm 빨강색 일점쇄선, 숨은선은 0.13mm 파랑색 점선으로 제도해 보아라.)

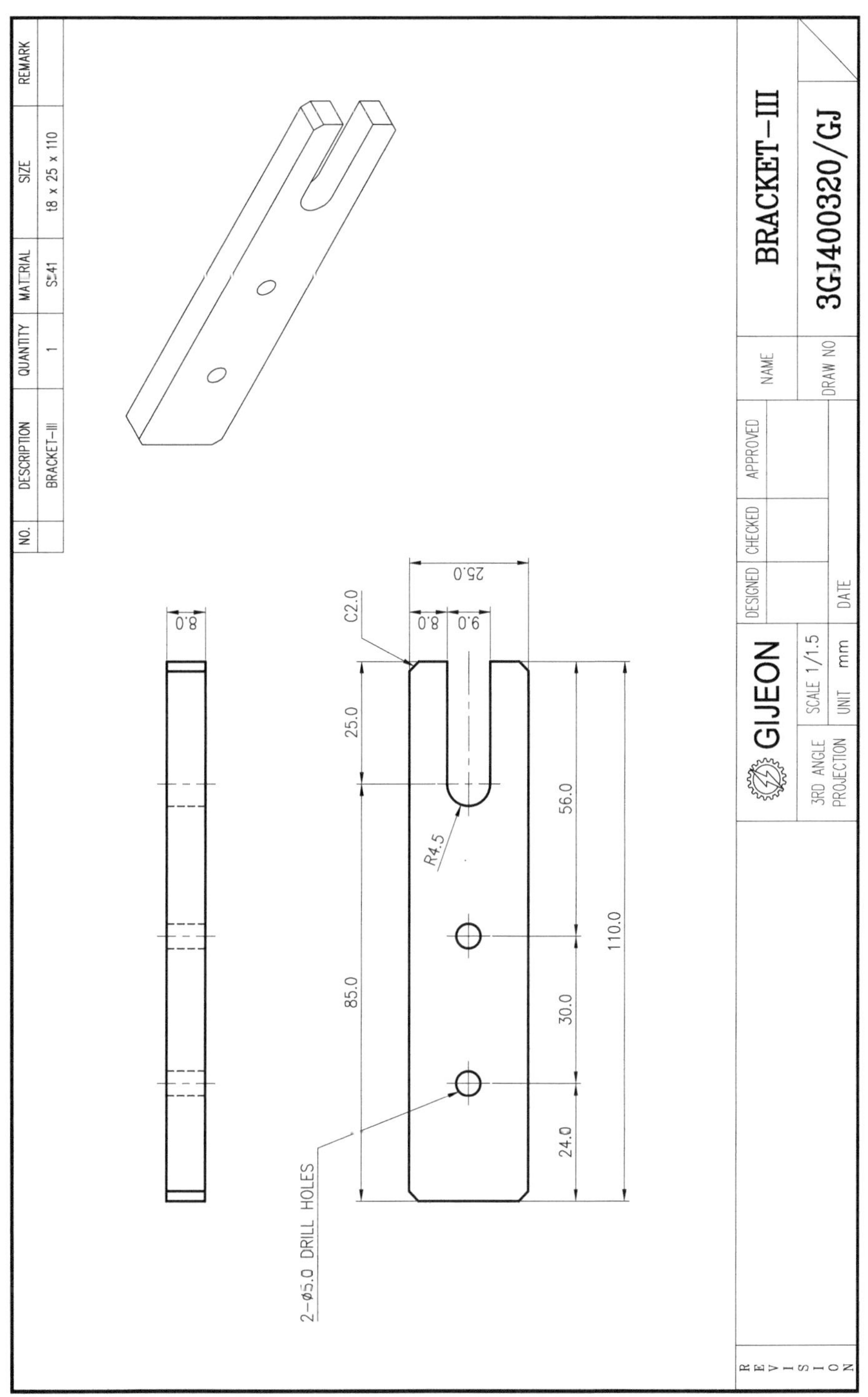

연습문제 04 **BODY PLATE 제도**(A4 용지에 다음과 같은 BODY PLATE를 외형선은 0.25mm 노란색 실선, 중심선은 0.13mm 빨강색 일점쇄선, 숨은선은 0.13mm 파랑색 점선으로 제도해 보아라.)

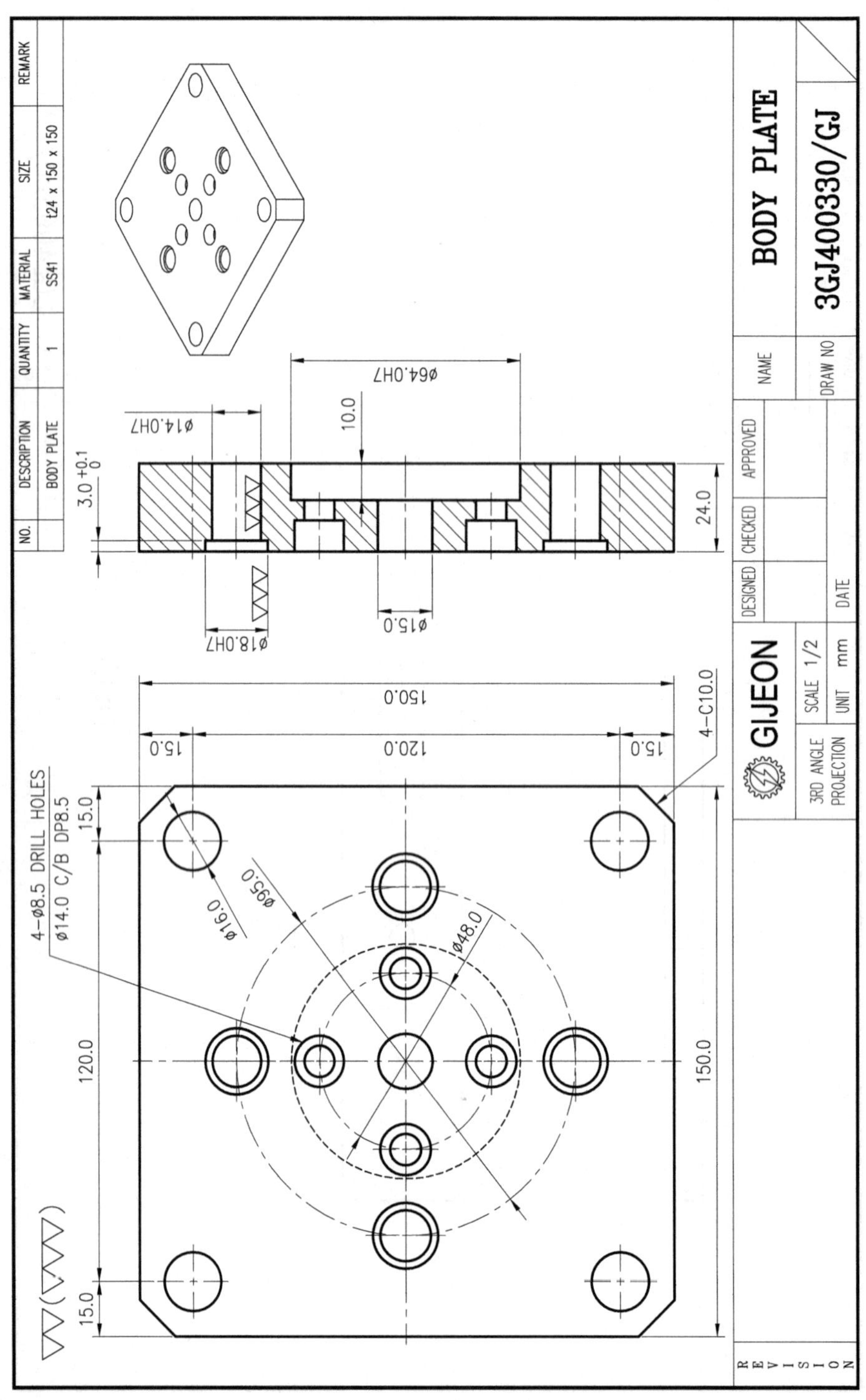

연습문제 05 **SUPPORT 제도**(A4 용지에 다음과 같은 SUPPORT를 외형선은 0.25mm 노란색 실선, 중심선은 0.13mm 빨강색 일점쇄선, 숨은선은 0.13mm 파랑색 점선으로 제도해 보아라.)

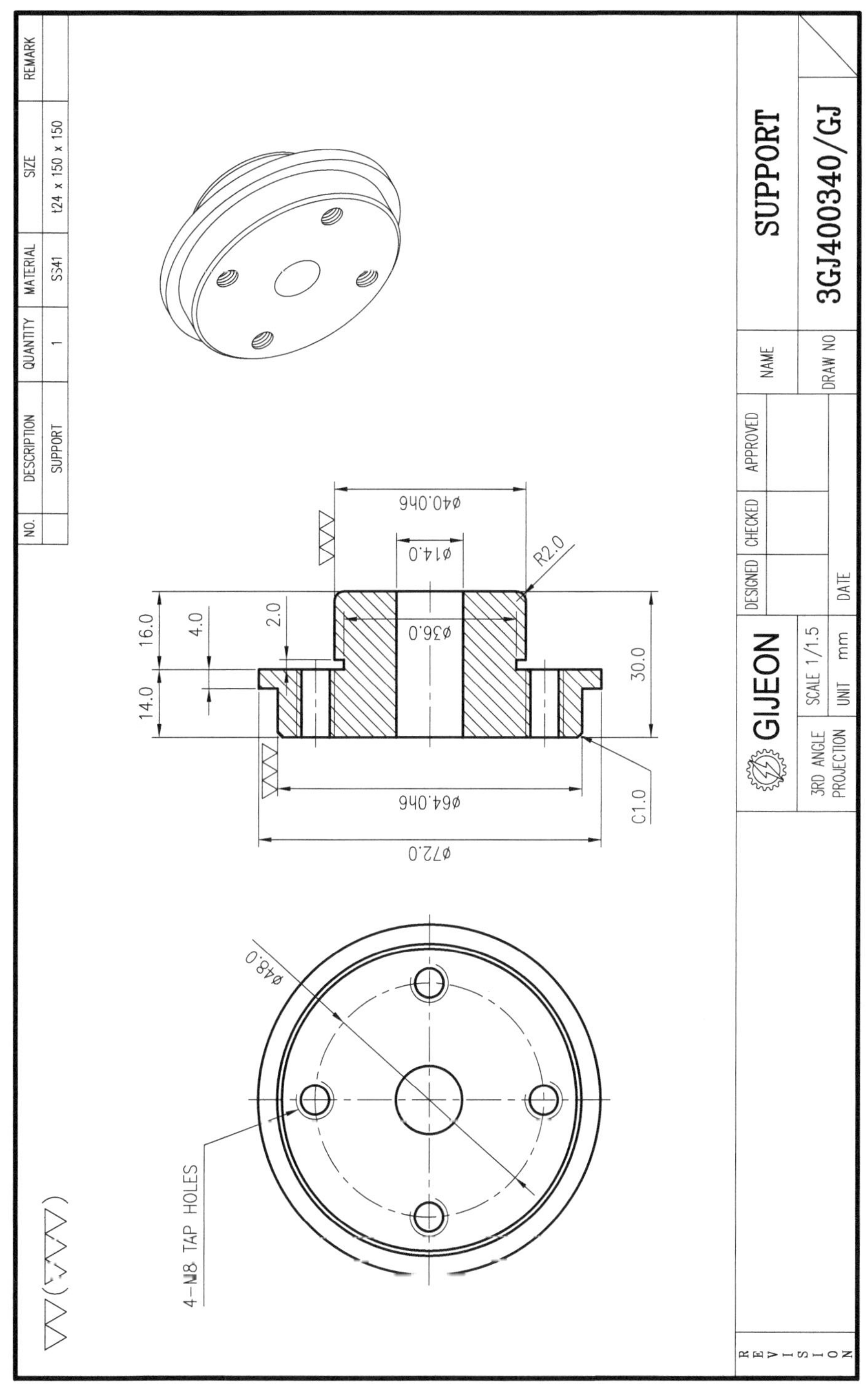

AutoCAD 2024

PART 03

화면 제어와 도면 요소 편집

작업 화면 표시 제어

이 절에서는 도면을 확대/축소하는 ZOOM 명령, 화면을 이동시키는 PAN 명령 등에 대해 설명한다.

1.1 ZOOM 명령(도면의 확대, 축소 표시)

설계 도면은 대부분 모니터의 크기보다 크기 때문에 도면 전체를 표시한 상태에서 작업하기란 쉽지 않다. 하지만 ZOOM 명령을 이용하면 도면의 특정 부분만을 확대/축소 표시하여 작업할 수 있다.

Command : ZOOM 〈또는 Z〉
Specify corner of window, enter a scale factor (nX or nXP), or
[All/Center/Dynamic/Extents/Previous/Scale/Window/Object] 〈real time〉: ⇨ 옵션 선택

01 ZOOM 명령 옵션

ZOOM 명령에는 다음과 같은 옵션을 지정할 수 있으며, 이 중 In 옵션과 Out 옵션은 명령 행에서는 선택할 수 없다.

옵 션	설 명
All	도면 크기에 맞춰 도면 전체를 표시한다.
Center	화면의 중심점을 지정하여 일정 높이나 배율 영역 내의 도면 요소만 표시한다.
Dynamic	보기 상자(view box)를 이용하여 도면 영역의 특정 부분을 자유롭게 선택하여 표시한다.
Extents	설정한 도면 크기에 관계없이 실제 그려진 도면 요소만 화면에 가득차게 표시한다.
Previous	도면 요소를 확대/축소 표시한 경우 이전 화면 상태로 복귀한다.
Scale	도면 요소를 지정 배율만큼 확대/축소하여 표시한다.
Window	지정한 두 점을 마주보는 꼭지점으로 하는 사각 영역 안의 도면 요소만 화면에 표시한다.
Real time	실시간(realtime)으로 화면을 확대/축소 표시한다.
In	현재 화면에 표시된 도면 요소를 화면 중심으로부터 2배 확대하여 표시한다.
Out	현재 화면에 표시된 도면 요소를 화면 중심으로부터 0.5배 축소하여 표시한다.

1.2 도면 전체의 표시

ZOOM 명령의 All 옵션이나 Extents 옵션을 사용하면 모든 도면 요소를 화면에 표시할 수 있다.

01 예제 도면

여기서는 다음 그림과 같은 attrib.dwg 도면을 예제로 하여 ZOOM 명령에 대해 설명한다. 먼저 "C:/Program Files/Autodesk/AutoCAD 2024/Sample/ActiveX/ExtAttr" 폴더에 저장된 Assembly Sample.dwg 예제 도면을 열기 바란다.

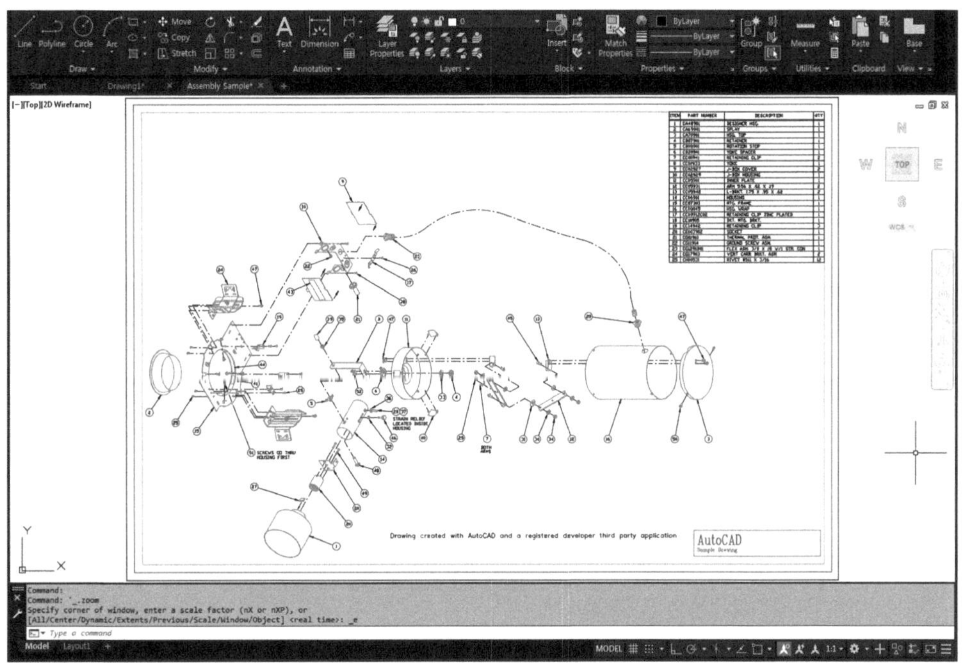

02 도면 크기로 표시

ZOOM 명령의 All 옵션은 LIMITS 명령으로 설정한 도면 크기 내의 도면 요소 전체를 표시할 때 사용한다. 단, 도면 크기 밖에 도면 요소가 그려져 있을 때에는 실제 그려진 전체 도면 요소에 맞춰 표시된다.

예를 들어, 위 예제 도면의 크기를 다음과 같은 크기로 변경한 후, 아래 그림과 같이 도면 크기에 맞춰 표시하여 보자.

도면의 왼쪽 아래 한계 : 0,0 → 0, 0
도면의 오른쪽 위 한계 : 12,9 → 95, 63

따라하기

1 다음과 같이 LIMITS 명령을 실행하여 도면의 크기를 지정한다.

```
Command : LIMITS ↵
Specify lower left corner or [ON/OFF] <0,0> : 0, 0 ↵        ⇨ 왼쪽 아래 한계 지정
Specify upper right corner <12,9> : 95, 63 ↵               ⇨ 오른쪽 위 한계 지정
```

2 ZOOM 명령을 실행한 후 All 옵션을 선택한다.

```
Command : ZOOM ↵
Specify corner of window, enter a scale factor (nX or nXP), or
[All/Center/Dynamic/Extents/Previous/Scale/Window/Object] <real time> : A ↵
```

03 도면 요소만 표시

ZOOM 명령의 Extents 옵션은 도면 크기에 관계없이, 실제 그려진 도면 요소만을 화면 전체에 표시할 때 사용한다.

예를 들어, 위 그림과 같은 상태에서 실제 그려진 도면만 화면 전체에 표시하려면 명령 행에 다음과 같이 입력한다.

```
Command : ZOOM ↵
Specify corner of window, enter a scale factor (nX or nXP), or
[All/Center/Dynamic/Extents/Previous/Scale/Window/Object] <real time> : E ↵
```

04 이전 상태로 복귀

앞서 ZOOM 명령으로 화면을 확대, 축소 표시한 경우 다음과 같이 입력하면 이전 화면 표시 상태로 복귀할 수도 있다.

```
Command : ZOOM ↵
Specify corner of window, enter a scale factor (nX or nXP), or
[All/Center/Dynamic/Extents/Previous/Scale/Window/Object] <real time> : P ↵
```

즉, Previous 옵션은 선택할 때마다 이전 실행 ZOOM 명령을 한 단계씩 취소한다.

1.3 특정 부분의 확대, 축소 표시

ZOOM 명령의 Window 옵션이나 Center, Dynamic 옵션을 이용하면 도면의 특정 부분만을 선택하여 확대하거나 축소하여 표시할 수도 있다.

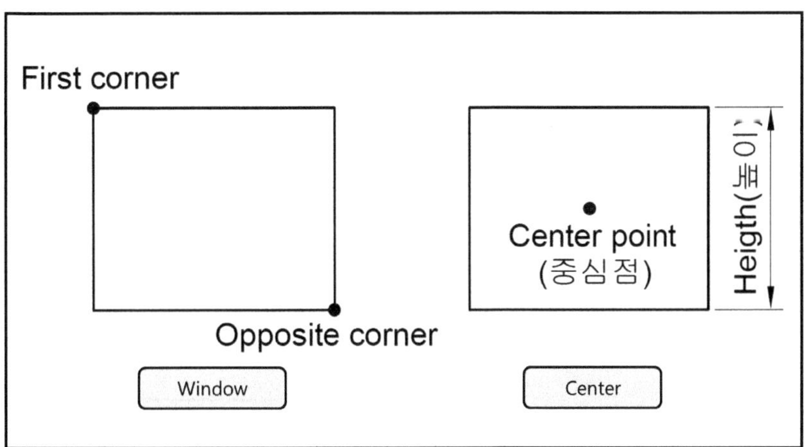

01 Window 옵션 사용

ZOOM 명령의 Window 옵션은 지정한 영역 안에 포함된 도면 요소만 화면에 표시한다. 예제 도면에서 다음 그림과 같은 영역의 도면 요소만 확대하여 표시해 보자.

1 ZOOM 명령을 실행한 후 Window 옵션을 선택한다.

```
Command : ZOOM ↵
Specify corner of window, enter a scale factor (nX or nXP), or
[All/Center/Dynamic/Extents/Previous/Scale/Window/Object] <real time> : W ↵
```

2 다음 그림과 같이 표시할 영역의 한 모서리 P1을 클릭한 후 P2를 클릭한다. 명령 행에서 두 점 P1, P2의 좌표 값을 직접 입력해도 된다.

Specify first corner : ⇨ 표시 영역 모서리 P1 지정
Specify opposite corner : ⇨ 마주보는 모서리 P2 지정

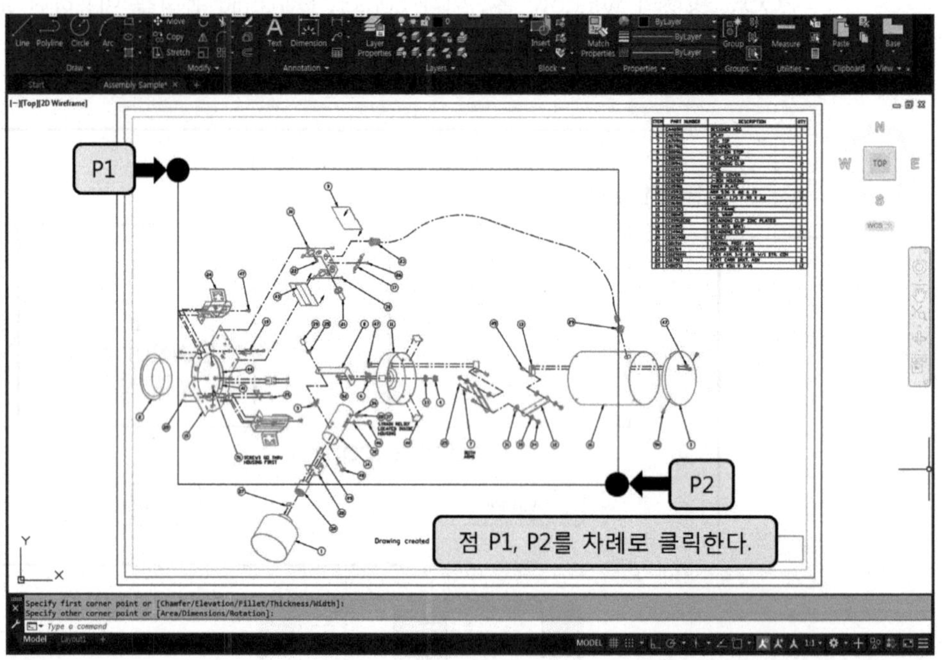

02 Center 옵션의 사용

ZOOM 명령의 Center 옵션은 확대/축소 표시할 영역의 중심점과 높이를 지정하여 표시한다. 예를 들어, 앞서 Window 옵션으로 확대 표시한 화면은 다음과 같이 Center 옵션을 이용하여 중심점 P3에서 확대하여 표시할 수도 있다.

1 ZOOM 명령을 실행한 후 Center 옵션을 선택한다.

Command : ZOOM ↵
Specify corner of window, enter a scale factor (nX or nXP), or
[All/Center/Dynamic/Extents/Previous/Scale/Window/Object] <real time> : C ↵

2 화면에 표시할 영역의 중심점 좌표와 높이를 입력한다. 중심점과 높이는 그래픽 커서로 지정해도 된다.

Specify center point : 0,0 ↵ ⇨ 중심점 P3 지정
Enter magnification or height <406.0439> : 200 ↵ ⇨ 화면 표시 높이 지정

03 Dynamic 옵션 사용

도면의 특정 영역만을 확대/축소 표시하는 또 다른 방법은 ZOOM 명령의 Dynamic 옵션을 이용하는 것이다. 이 옵션을 이용하면 확대/축소 표시할 영역을 자유롭게 선택할 수 있다.

따라하기

1 ZOOM 명령을 실행한 후 Dynamic 옵션을 선택한다.

Command : ZOOM ↵
Specify corner of window, enter a scale factor (nX or nXP), or
[All/Center/Dynamic/Extents/Previous/Scale/Window/Object] <real time> : D ↵

2 화면에 다음 그림과 같은 보기 상자(View Box)가 표시되면 마우스 왼쪽 단추를 클릭한다. 그러면 보기 상자가 오른쪽 그림과 같이 바뀐다.

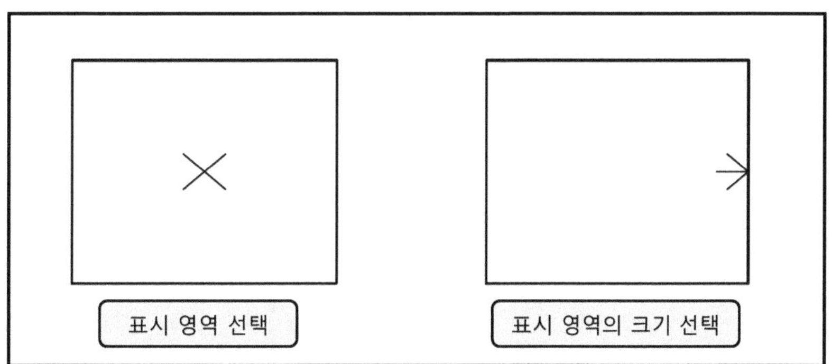

3 마우스를 왼쪽(오른쪽)으로 드래그하여 보기 상자를 표시할 영역의 크기만큼 축소(확대)한 후 마우스 왼쪽 단추를 클릭한다. 그러면 보기 상자는 다시 위의 왼쪽 그림과 같이 변경된다.

4 마우스를 드래그하여 보기 상자를 확대 표시할 영역으로 이동시킨 후 마우스 오른쪽 단추를 클릭한다.

1.4 배율 지정 확대, 축소 표시

ZOOM 명령의 Scale 옵션은 도면을 일정 배율만큼 확대/축소할 때 사용한다. 확대/축소 배율은 다음 형식 중 하나를 이용하여 지정하면 된다.

옵 션	설 명
n	도면 요소의 실제 크기를 1로 하여 지정 배율 n만큼 확대, 축소하여 표시한다.
nX	현재 표시된 도면 요소의 크기를 1로 하여 지정 배율 n만큼 확대, 축소하여 표시한다.
nXP	레이아웃 시트에서 실제 도면의 축척을 기준으로 지정 배율만큼 확대, 축소 표시한다.

01 실제 도면 기준

다음 그림과 같이 실제 Assembly Sample.dwg 도면을 기준으로 하여 0.5배 축소 표시하여 보자.

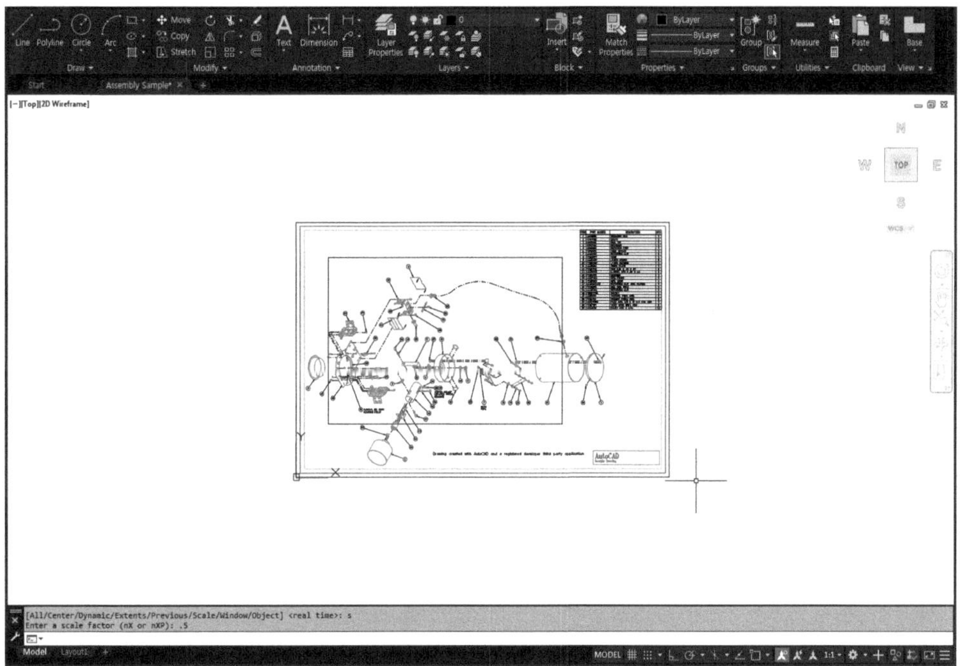

1 ZOOM 명령을 실행한 후 Scale 옵션을 선택한다.

```
Command : ZOOM ↵
Specify corner of window, enter a scale factor (nX or nXP), or
[All/Center/Dynamic/Extents/Previous/Scale/Window/Object] <real time> : S ↵
```

2 도면의 확대/축소 표시 배율로 0.5를 입력한다. 확대/축소 표시 배율은 옵션 선택 요구시 직접 입력해도 된다.

```
Enter a scale factor (nX or nXP) : 0.5 ↵
```

02 현재 표시 도면 기준

위 그림과 같은 상태에서 실제 도면이 아닌 현재 표시된 도면을 기준으로 2배 확대하려면, 다음과 같이 ZOOM 명령 실행 후 확대 배율 뒤에 X를 붙여 입력하면 된다.

Command : ZOOM ↵
Specify corner of window, enter a scale factor (nX or nXP), or
[All/Center/Dynamic/Extents/Previous/Scale/Window/Object] ⟨real time⟩ : 2X ↵

그러면 다음 그림과 같이 화면에 표시된 도면을 기준으로 2배 확대 표시된다.

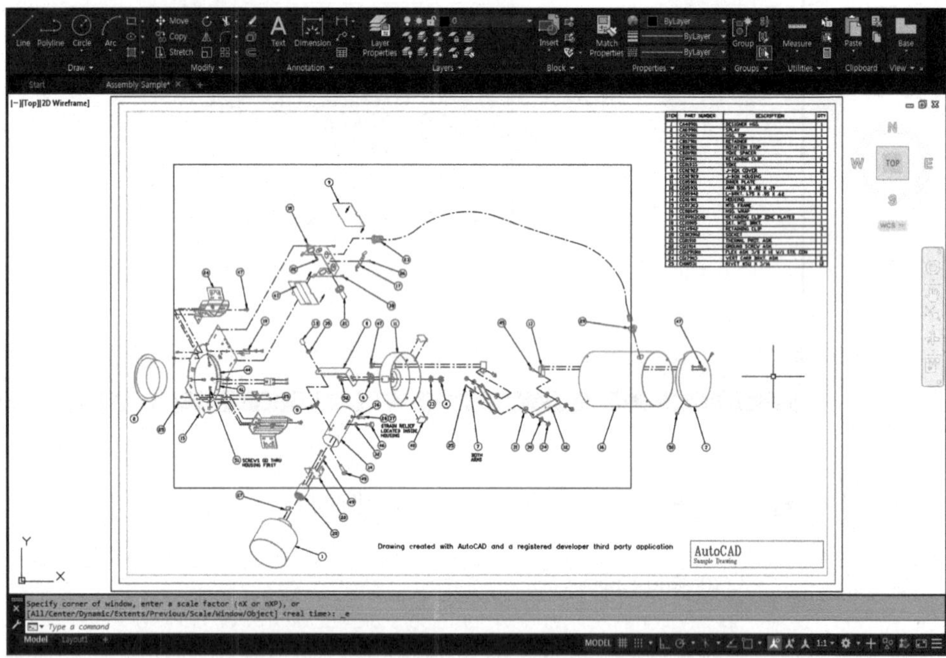

1.5 PAN 명령(화면의 이동)

PAN 명령은 도면의 표시 크기를 변경하지 않고 화면의 초점을 이동(scroll)시킨다.

Command : PAN ⟨P 또는 마우스 가운데 버튼(누른 상태로 이동)⟩

01 실시간 화면 이동

예를 들어, 실시간 화면 이동 기능을 사용하여 위 그림의 화면을 오른쪽으로 이동시켜 보자.

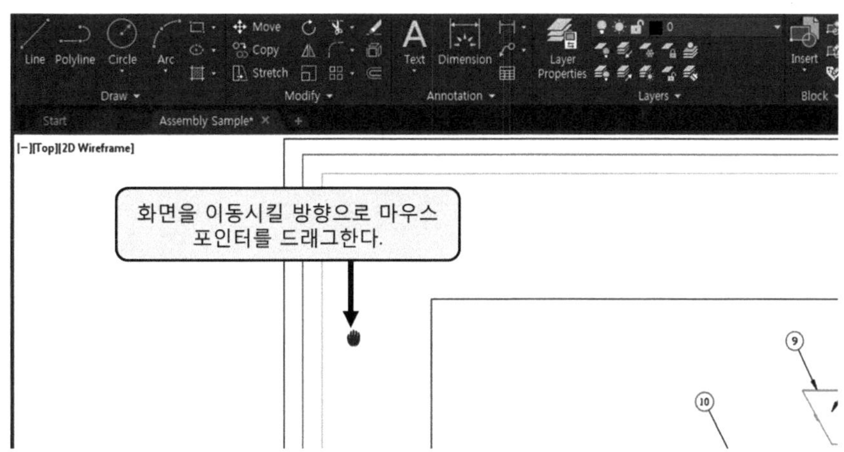

1 PAN 명령을 실행한다.

Command : PAN ↵

2 위 그림과 같이 ✋ 모양의 마우스 포인터를 화면을 이동시킬 방향으로 드래그한다. 그러면 마우스 포인터의 이동에 따라 화면도 이동한다.

3 <Esc>키나 엔터키를 눌러 실시간 화면 이동을 종료한다.

1.6 VIEWRES 명령(원, 호의 표시 조정)

VIEWRES 명령은 다음 그림과 같이 CIRCLE 명령이나 ARC 명령으로 그린 원이나 호의 화면 표시 상태를 조정한다. 원이나 호의 화면 표시 상태는 원래 상태의 1%에서 20000%까지 지정할 수 있다.

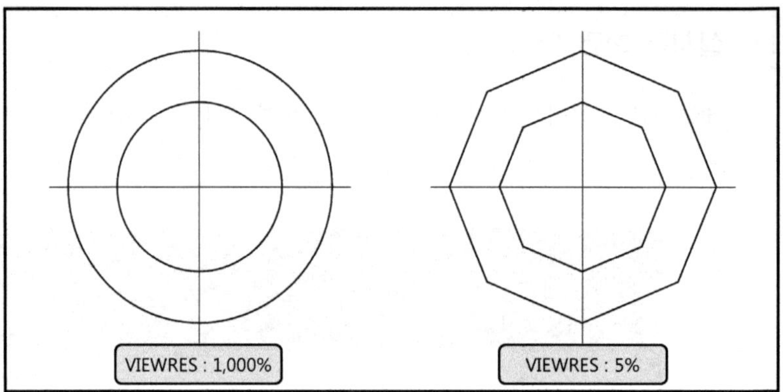

Command : VIEWRES

Do you want fast zooms? [Yes/No] 〈Y〉: ⇨ 화면 그리기 속도 선택

Enter circle zoom percent (1-20000) 〈100〉: ⇨ 화면 처리 배율 지정

이 명령은 원이나 호의 화면 표시 상태를 지정할 뿐 실제 원이나 호에는 아무런 영향을 미치지 않는다.

이 명령은 보통 여러 원이나 호가 포함된 복잡한 도면에서 REDRAW나 REGEN 명령의 실행 속도를 향상시키거나 원, 호의 세부적인 편집 작업을 위해 사용한다.

연습문제 01 6각 NUT 제도

(다음과 같은 치수의 6각 NUT를 2 : 1 배척으로 제도하여 보아라.)

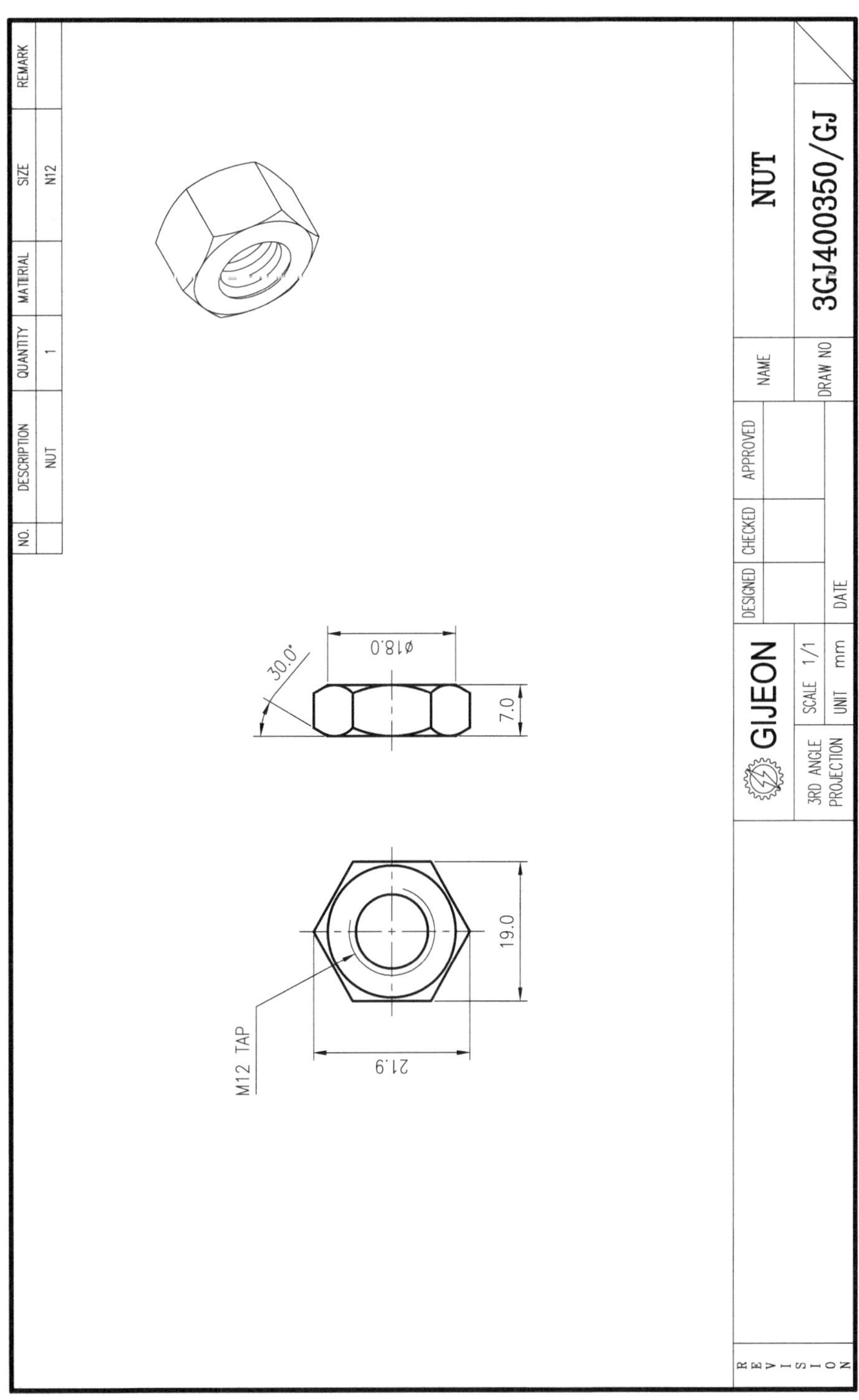

연습문제 02 6각 BOLT 제도

(다음과 같은 치수의 6각 BOLT를 2 : 1 배척으로 제도하여 보아라.)

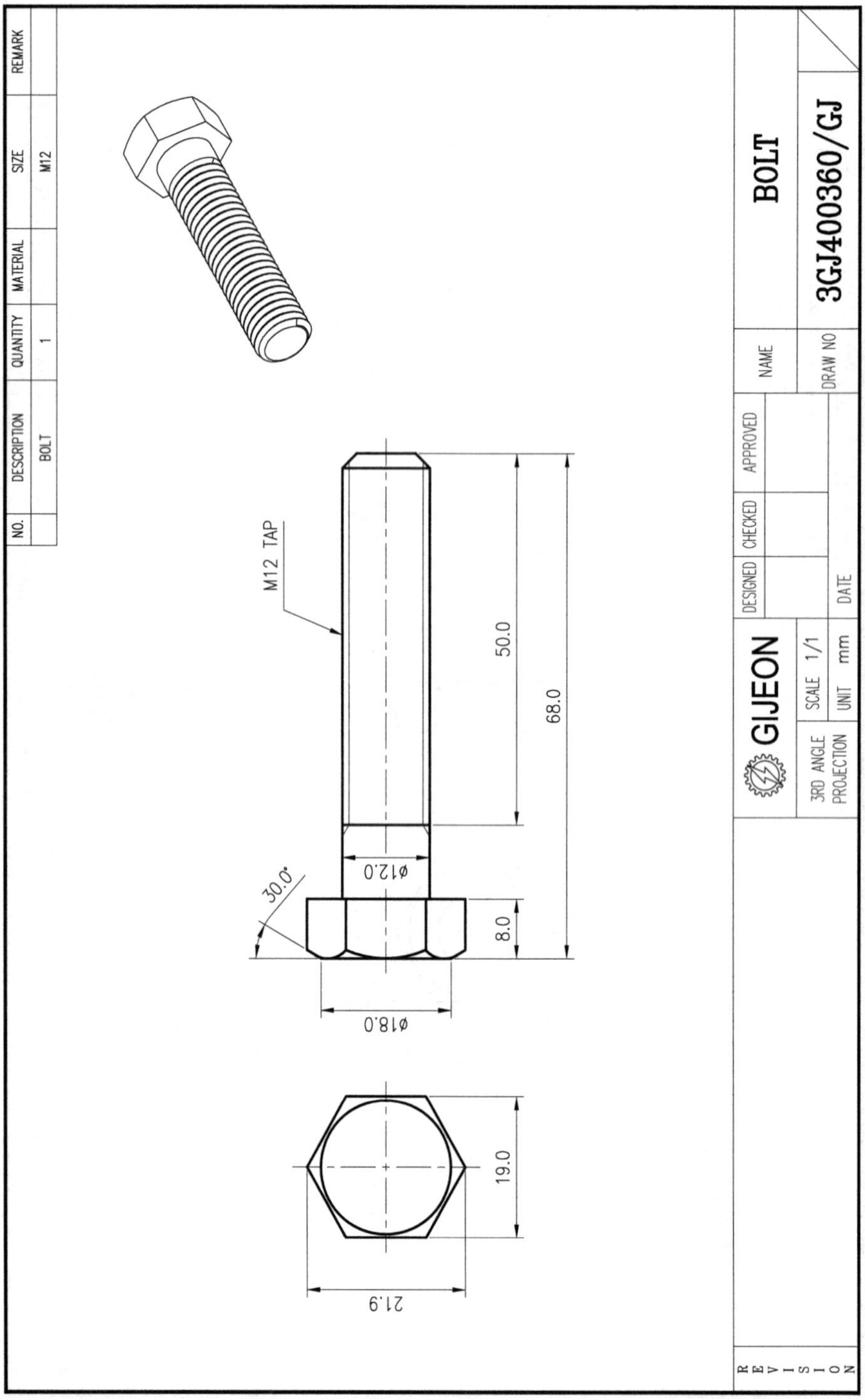

연습문제 03 6각 BOLT AND NUT 제도

(다음과 같은 치수의 6각 BOLT AND NUT를 2 : 1 배척으로 제도하여 보아라.)

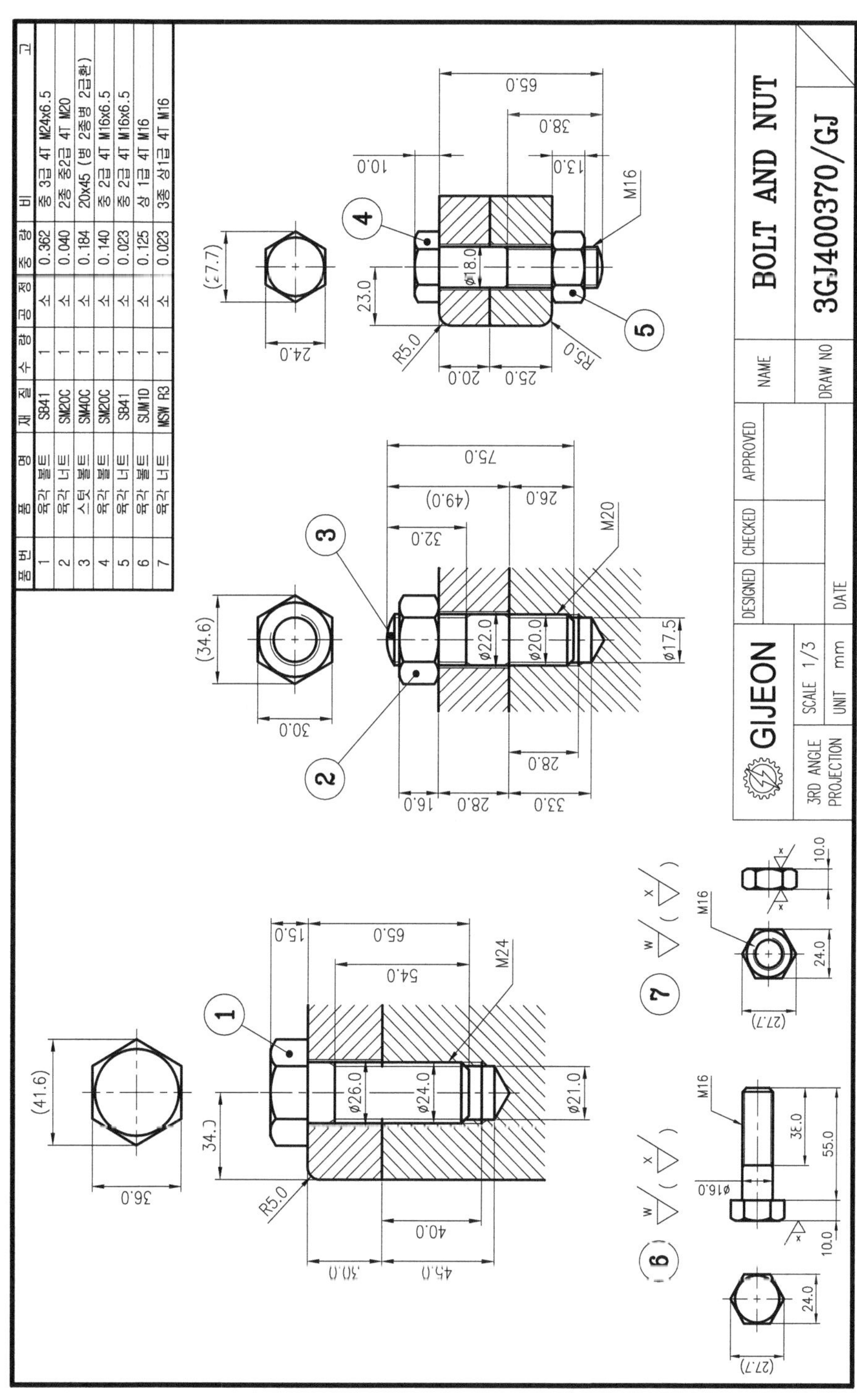

품번	품명	재질	수량	공정	중량	비고
1	육각 볼트	SB41	1	소	0.362	중 3급 4T M24x6.5
2	육각 너트	SM20C	1	소	0.040	2종 중2급 4T M20
3	스터드 볼트	SM40C	1	소	0.184	20x45 (병 2종병 2급환)
4	육각 볼트	SM20C	1	소	0.140	중 2급 4T M16x6.5
5	육각 너트	SB41	1	소	0.023	중 2급 4T M16x6.5
6	육각 볼트	SUM1D	1	소	0.125	상 1급 4T M16
7	육각 너트	MSW R3	1	소	0.023	3종 상1급 4T M16

연습문제 04 **SHAFT 제도**

(다음과 같은 치수의 SHAFT를 2 : 1 배척으로 제도하여 보아라.)

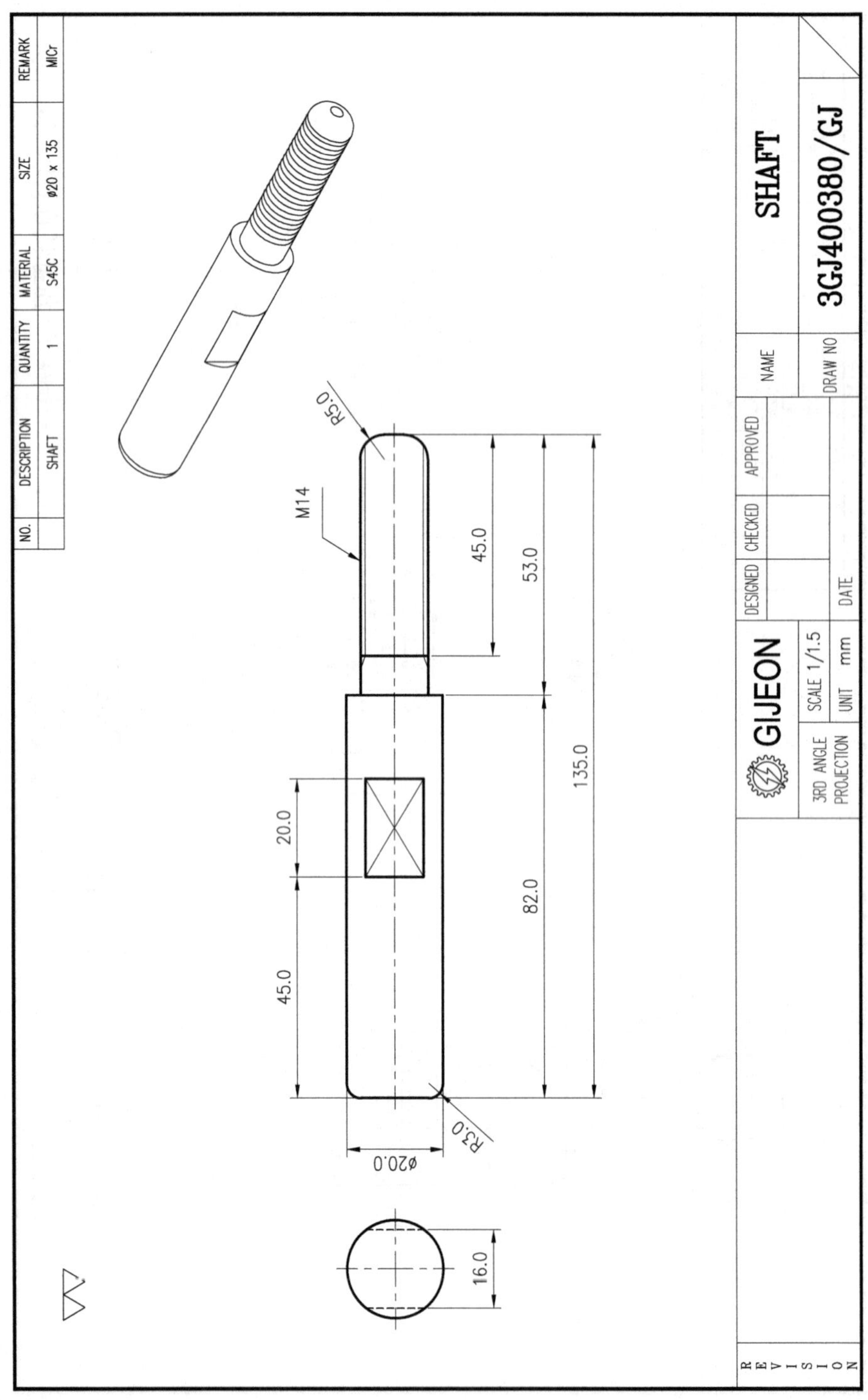

연습문제 05 ROD 제도

(다음과 같은 치수의 ROD를 2 : 1 배척으로 제도하여 보아라.)

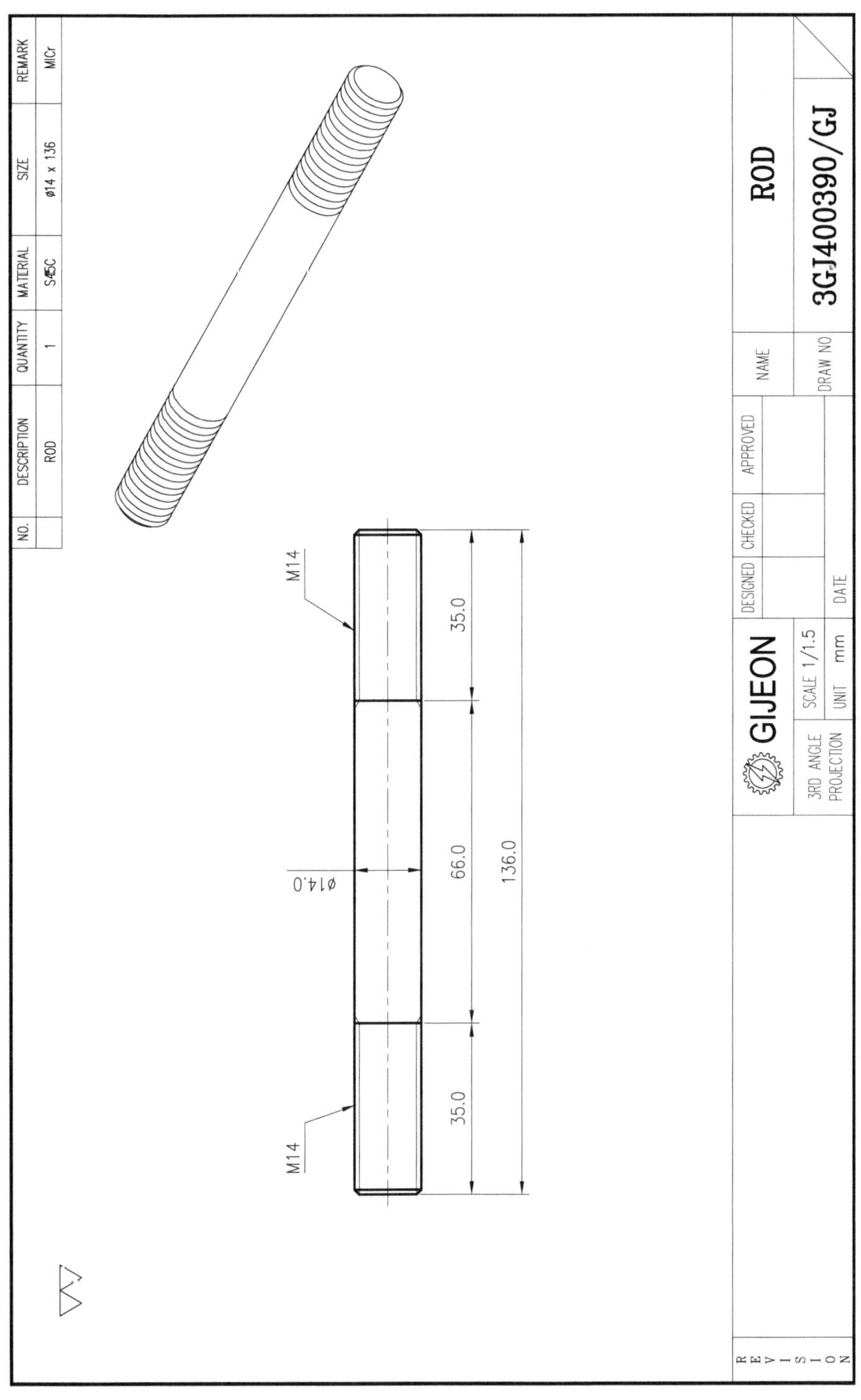

연습문제 06 **SHAFT-Ⅱ 제도**

(다음과 같은 치수의 SHAFT-Ⅱ를 2 : 1 배척으로 제도하여 보아라.)

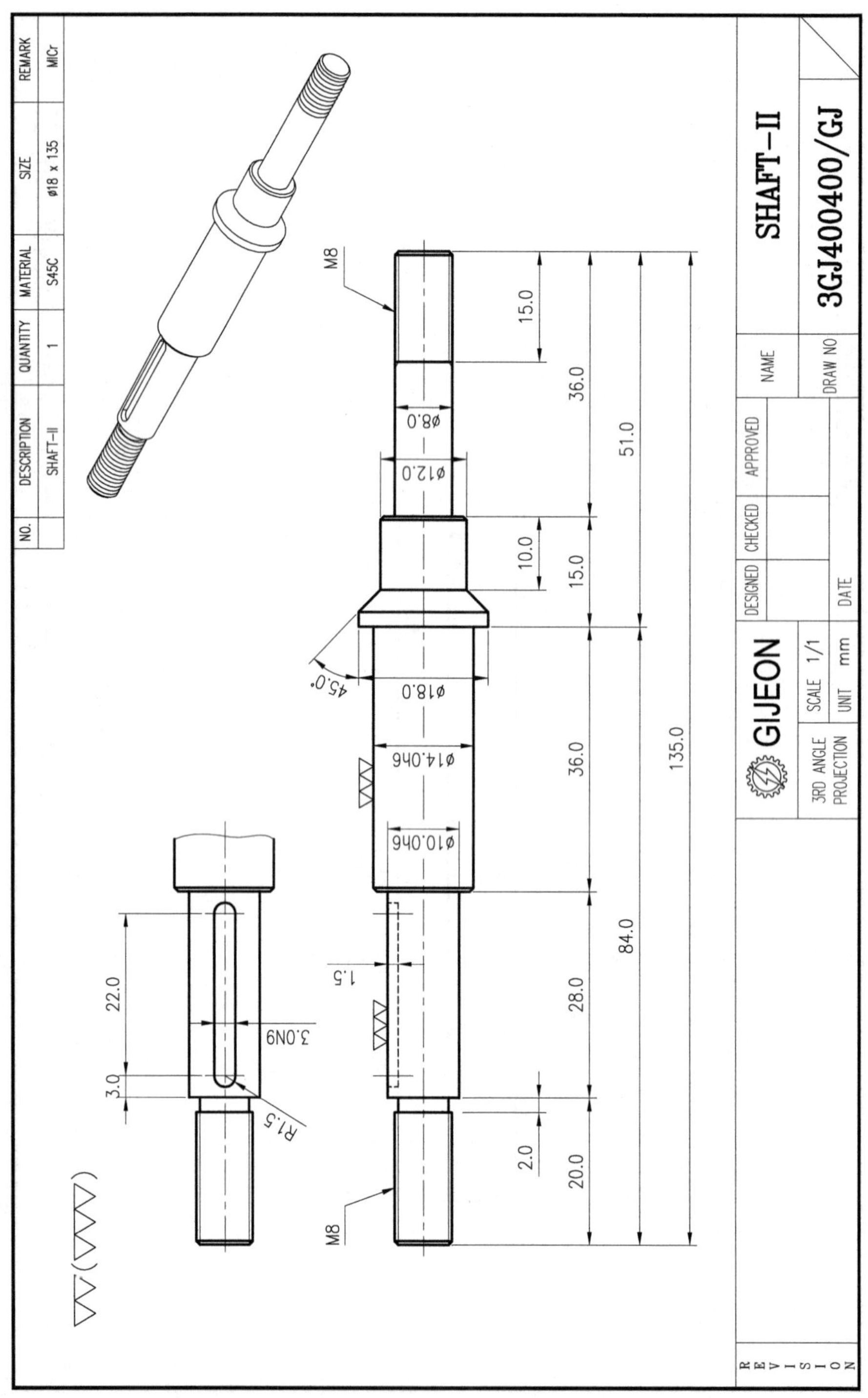

도면 요소 편집(1)

도면 영역에 그려진 직선, 원, 호 등의 도면 요소는 이동, 복사, 회전, 확대, 축소할 수 있다. 여기서는 이와 같은 기본적인 도면 편집 명령에 대해 설명한다.

2.1 도면 요소 선택

도면 요소를 삭제하거나 이동, 복사하기 위해서는 먼저 작업할 대상을 선택해야 하는데, 도면 요소 선택에는 다양한 옵션을 사용할 수 있다. 도면 선택 옵션은 SELECT 명령을 통해 확인할 수 있다.

Command : SELECT

Select objects : ? ⏎ ⇨ 옵션 목록 표시

Window/Last/Crossing/BOX/ALL/Fence/WPolygon/CPolygon/Group/Add/
Remove/Multiple/Previous/Undo/AUto/SIngle/SUbobject/Object

Select objects : ⇨ 도면 요소 또는 옵션 선택

옵션	설명
Window	지정한 두 점을 마주보는 모서리로 하는 선택 영역에 완전히 포함된 도면 요소만 선택한다.
Crossing	지정한 두 점을 마주보는 모서리로 하는 선택 영역에 일부만 포함된 도면 요소는 모두 선택한다.

옵 션	설 명
BOX	Window와 Crossing을 선택적으로 사용할 수 있도록 해준다. 선택 영역의 시작점을 오른쪽 방향부터 지정하면 Window로 수행되고, 왼쪽 방향부터 지정하면 Crossing으로 수행된다.
Last	작업 도면에서 가장 최근에 작성된 도면 요소를 선택한다.
ALL	작업 도면의 모든 도면 요소를 선택한다.
Fence	선택 경계선을 그려 그 선과 교차하는 도면 요소를 선택한다.
Wpolygon	다각형으로 선택한다는 점 외에는 Window와 동일하다.
Cpolygon	다각형으로 선택한다는 점 외에는 Crossing과 동일하다.
Group	GROUP 명령을 사용하여 지정한 도면 요소 그룹을 선택한다.
Add	도면 요소 선택 후 다른 도면 요소의 추가 선택을 가능하게 해준다. 이 옵션은 기본 모드로 동작한다.
Remove	선택한 도면 요소 중 특정 도면 요소의 선택을 취소한다.
Multiple	선택 프롬프트의 표시 없이 다른 도면 요소를 추가 선택한다.
Previous	이전 작업에서 선택한 도면 요소를 다시 선택한다.
Undo	앞서 선택한 도면 요소를 한 단계씩 취소한다.
Auto	포인팅이나 BOX 기능에 의한 선택을 가능하게 해준다.
SIngle	도면 요소의 선택을 한 번만 가능하게 한다.
SUbobject	3차원 고체에 관해 점, 선, 면 형태를 선택할 수 있다.
Object	선택하는 조건을 종료한다.

01 포인팅 선택

하나의 도면 요소를 선택할 때에는 마우스 포인팅(pointing) 방법을 사용하면 된다. 다음과 같이 마우스 포인팅으로 선 L1을 선택하여 보자. 이를 위해 먼저 다음의 왼쪽 그림과 같은 도면을 대충 그려보기 바란다.

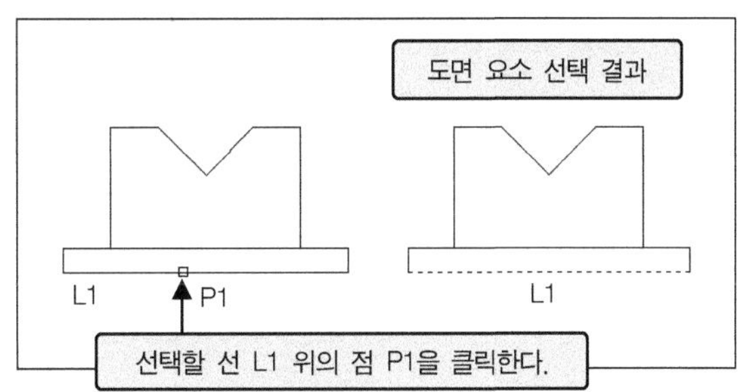

1 SELECT 명령을 실행한다. 그러면 Select objects: 프롬프트가 표시된다. 이 프롬프트는 COPY나 MOVE 명령 등의 도면 요소 선택이 필요한 명령을 실행할 때에도 표시된다.

```
Command : SELECT ↵
Select objects :
```

2 위 그림과 같이 작은 사각형의 선택 상자(Pick box)로 선 L1 위의 임의 점 P1을 클릭하여 선택한다. 계속해서 다른 도면 요소를 클릭하여 선택할 수 있다.

이와 같은 방법으로 선택한 도면 요소는 선택하지 않은 도면 요소와 달리 파선으로 표시된다.

02 Window 선택

Window 방식은 선택 영역의 마주보는 두 모서리 P1, P2를 지정하여 그 영역에 완전히 포함된 도면 요소만 선택한다. 다음과 같이 선 L1과 L2를 Window 방법으로 선택하여 보자.

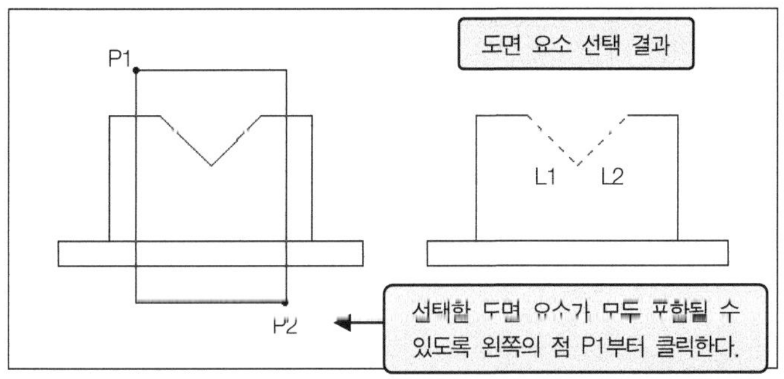

1 SELECT 명령을 실행한 후 Window 옵션을 선택한다.

```
Command : SELECT ↵
Select objects : W ↵                    ⇨ Window 옵션 선택
```

2 위 그림과 같이 선택할 도면 요소의 모두 포함될 수 있도록 점 P1, P2를 차례로 클릭한다.

```
Specify first corner :                  ⇨ 점 P1 지정
Specify opposite corner :               ⇨ 점 P2 지정
Select objects : ↵                      ⇨ 도면 요소 선택 종료
```

위 예에서 Window 옵션을 선택하지 않고 곧바로 왼쪽에서 오른쪽 방향으로 두 점 P1, P2를 지정해도 된다.

03 Crossing 선택

Crossing 방식은 선택 영역의 마주보는 두 모서리 P1, P2를 지정하여 그 영역에 일부라도 포함된 도면 요소는 모두 선택한다. 다음 그림과 같이 Crossing 방법으로 선 L1부터 선 L6까지 모두 선택하여 보자.

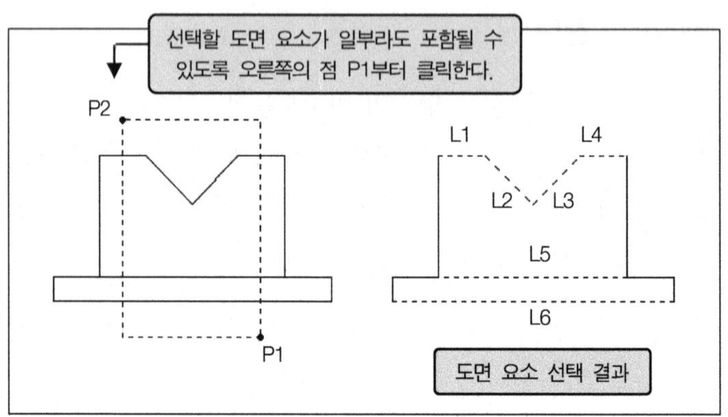

1 SELECT 명령을 실행한 후 Crossing 옵션을 선택한다.

```
Command : SELECT ↵
Select objects : C ↵                          ⇨ Crossing 옵션 선택
```

2 위 그림과 같이 선택할 도면 요소가 일부라도 포함될 수 있도록 점 P1, P2를 차례로 클릭한다.

```
Specify first corner :                         ⇨ 점 P1 지정
Specify opposite corner :                      ⇨ 점 P2 지정
Select objects : ↵                             ⇨ 도면 요소 선택 종료
```

위 예에서 Crossing 옵션을 선택하지 않고 곧바로 오른쪽에서 왼쪽 방향으로 두 점 P1, P2를 지정해도 된다.

04 다각형으로 선택

WPolygon 방식이나 CPolygon 방식은 다각형 형태로 선택 영역을 지정한다는 점을 제외하고는 Window나 Crossing 방식과 동일하다.
예를 들어, 다음 그림과 같이 WPolygon 방식으로 도면 요소를 선택하여 보자.

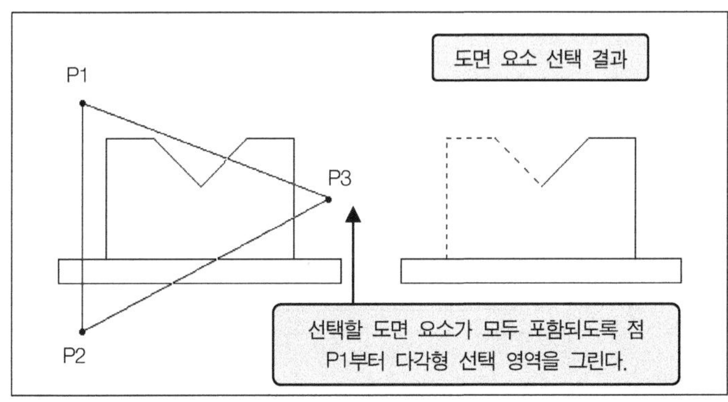

1 SELECT 명령을 실행한 후 WPolygon 옵션을 선택한다.

```
Command : SELECT ↵
Select objects : WP ↵                              ⇨ WPolygon 옵션 선택
```

2 선택 다각형의 꼭지점 P1, P2, P3을 차례로 지정한다. 그러면 위의 왼쪽 그림과 같이 선택 다각형이 실선으로 그려진다.

```
First polygon point :                              ⇨ 다각형 정점 P1 지정
Specify endpoint of line or [Undo] :               ⇨ 다각형 정점 P2 지정
Specify endpoint of line or [Undo] :               ⇨ 다각형 정점 P3 지정
```

3 선택할 도면 요소가 그려진 다각형에 모두 포함되었으면, 엔터키를 눌러 선택을 확정한다.

```
Specify endpoint of line or [Undo] : ↵             ⇨ 도면 요소 선택 확정
Select objects : ↵
```

05 경계선으로 선택

Fence 옵션은 다음 그림과 같이 선택 경계선을 그려 그 선과 교차하는 도면 요소를 선택하는 방식이다. Fence 옵션을 사용하여 도면 요소를 선택하려면 다음과 같이 한다.

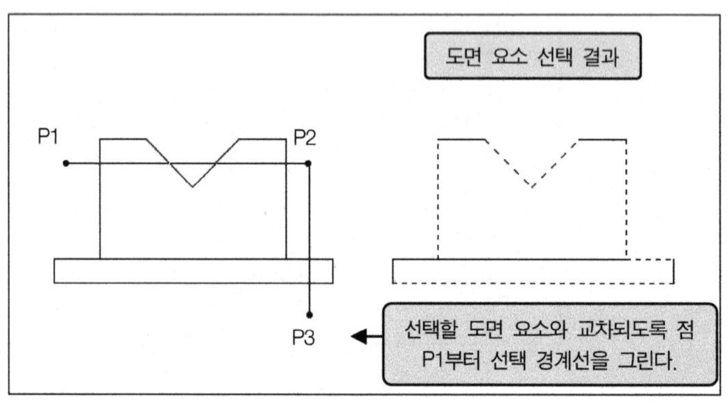

1 SELECT 명령을 실행한 후 Fence 옵션을 선택한다.

Command : SELECT ↵
Select objects : F ↵ ⇨ Fence 옵션 선택

2 위 그림과 같이 점 P1, P2, P3을 차례로 클릭하여 선택 경계선을 그린다.

First fence point : ⇨ 점 P1 지정
Specify endpoint of line or [Undo] : ⇨ 점 P2 지정
Specify endpoint of line or [Undo] : ⇨ 점 P3 지정
Specify endpoint of line or [Undo] : ↵ ⇨ 도면 요소 선택 확정

06 Remove와 Add

다음의 오른쪽 그림과 같이 앞서 Fence 옵션으로 선택한 도면 요소 중 선 L1과 L2의 선택을 Remove 옵션을 이용하여 취소하여 보자.

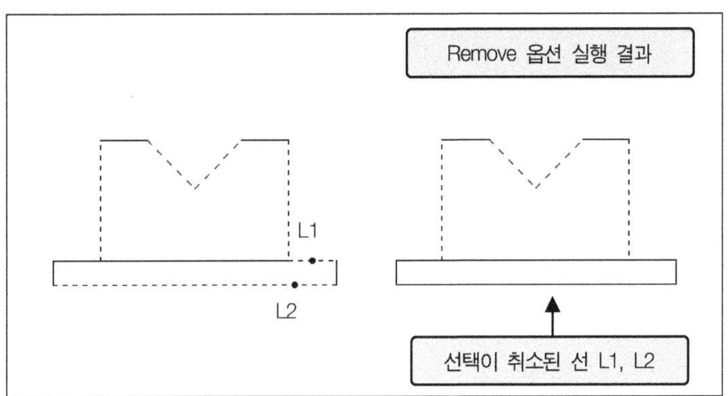

1 Select objects : 프롬프트에 Remove 옵션을 입력한다.

Select objects : R ↵ ⇨ Remove 옵션 선택

2 다음과 같이 선택 취소 프롬프트가 표시되면, 선택을 취소할 선 L1, L2를 차례로 클릭한다.

Remove objects : ⇨ 선 L1, L2 선택

3 도면 요소의 선택을 취소했으면, 다음과 같이 Add 옵션을 입력하여 다시 도면 선택 모드로 복귀한다.

```
Remove objects : A ↵                                  ⇨ Add 옵션 선택
Select objects :
```

이와 같은 방법으로 앞서 선택한 도면 요소의 선택을 취소할 수 있다. 그리고 Remove objects: 프롬프트 상태에서도 Select objects: 프롬프트 상태에서와 마찬가지로 Window나 Crossing 등의 방법으로 도면 요소의 선택을 취소할 수 있다.

Tip

선택 상자의 크기 조정

도면 요소의 선택에는 보통 마우스를 이용한다. 이때 PICKBOX 시스템 변수를 사용하면 도면 요소 선택 상자의 크기를 조정할 수 있다.

```
Command : PICKBOX ↵
Enter new value for PICKBOX <3> :              ⇨ 선택 상자의 크기 입력
```

선택 상자의 크기는 0에서 32767까지 점(pixel) 단위로 지정할 수 있으며, 기본 크기는 3이다.

2.2 QSELECT 명령(빠른 선택)

QSELECT 명령을 사용하면 선 유형이나 선의 색 등의 속성(Properties)을 조건으로 지정하여 조건에 만족하는 도면 요소를 빠르게 선택할 수 있다. 이는 작업 도면에 특정 속성을 갖는 도면 요소를 모두 편집해야 할 때 유용하게 사용된다.

Command : QSELECT

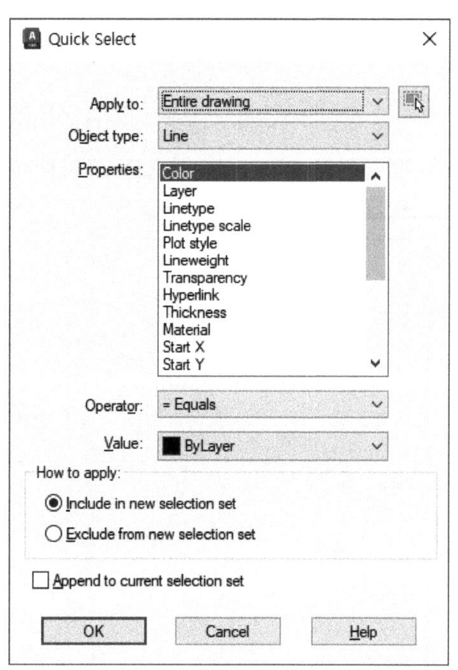

항 목	설 명
Apply to	선택 조건을 적용시킬 대상을 지정한다. Entire Drawing을 지정하면 작업 도면의 모든 도면 요소를 대상으로 선택한다. 아이콘을 클릭하면 특정 영역을 대상으로 지정할 수 있다.
Object type	선택할 도면 요소의 유형(원, 선 등)을 지정한다. 기본으로는 모든 도면 요소(Multiple)를 대상으로 지정한다.
Properties	선택할 도면 요소의 속성을 지정한다.
Operator	선택할 조건 연산자를 지정한다.
Value	선택할 도면 요소의 속성 값을 지정한다.
Include in new selection set	조건을 만족하는 도면 요소를 선택한다.
Exclude from new selection set	조건을 만족하는 도면 요소를 선택에서 제외한다.
Append to current selection set	새로운 조건을 만족하는 도면 요소를 현재 선택된 도면 요소에 추가한다.

01 예제 도면

다음 그림에서 중심점 P1(8,6)로부터 반지름이 4와 3인 원 C1, C2를 파랑 선으로 그린 후 중심선을 빨간색의 CENTER 선으로 그려보자.

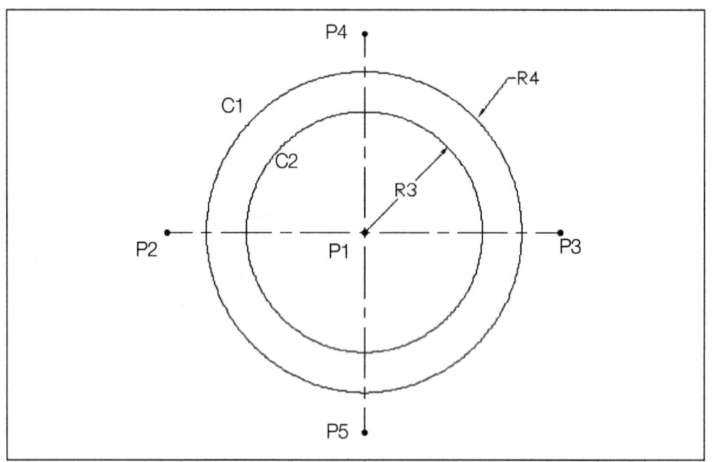

1 Object Properties 도구모음의 색 목록상자에서 사용할 선의 색으로 파랑(blue)을 선택한다.

2 CIRCLE 명령을 실행하여 원 C1, C2를 그린다.

```
Command : CIRCLE ↵
Specify center point for circle of [3P/2P/Ttr(tan tan radius)] : 8,6 ↵   ⇨ 중심점 P1 지정
Specify radius of circle or [Diameter] : 4 ↵                            ⇨ 원 C1의 반지름 지정
Command : ↵
Specify center point for circle of [3P/2P/Ttr(tan tan radius)] : @ ↵     ⇨ 중심점 P1 지정
Specify radius of circle or [Diameter] <4.0000> : 3 ↵                   ⇨ 원 C2의 반지름 지정
```

3 Object Properties 도구모음의 색 목록상자에서 사용할 선의 색으로 빨강(Red)을 선택한다.

4 LINETYPE 명령을 실행하여 CENTER 선 유형을 불러온 후 사용 선으로 지정한다.

```
Command : LINETYPE ↵
```

5 LINE 명령을 실행하여 두 원의 수평, 수직 중심선을 그린다.

Command : LINE ↵
Specify first point : 3,6 ↵ ⇨ 점 P2 지정
Specify next point or [Undo] : @10,0 ↵ ⇨ 점 P3 지정
Specify next point or [Undo] : ↵ ⇨ LINE 명령 종료
Command : ↵
Specify first point : 8,11 ↵ ⇨ 점 P4 지정
Specify next point or [Undo] : @0,-10 ↵ ⇨ 점 P5 지정
Specify next point or [Undo] : ↵ ⇨ LINE 명령 종료

02 전체 도면에서 선택

다음 그림과 같이 모든 도면 요소 중 CENTER 선 유형이 지정된 원의 중심선 L1과 L2를 선 유형으로 선택하여 보자.

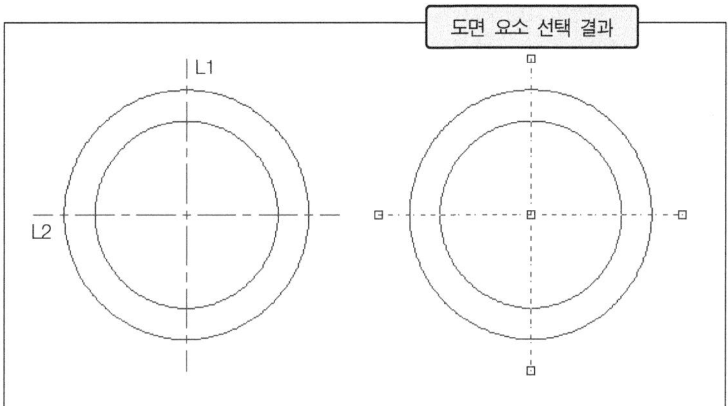

1 QSELECT 명령을 실행한다.

Command : QSELECT ↵

2 그러면 Quick Select 대화상자가 표시되고 Apply to 목록에는 선택 적용 대상으로 전체 도면(Entire Drawing)이 기본으로 지정된다.

3 Object Type 목록상자에서 선택할 도면 요소 유형으로 Multiple을 지정한다. 이 예와 같이 선택할 도면 요소가 모두 선인 경우에는 Line을 지정해도 된다.

4 Properties 목록상자에서 선택할 도면 요소의 속성으로 Linetype을 지정한다.

5 Operator 목록상자에서 선택 조건 연산자로 = Equals를 지정한다.

6 Value 목록상자에서 선택 조건 값으로 CENTER 선을 지정한다.

7 선택 적용 방법으로 Include in new selection set 항목을 선택한다.

8 OK 단추를 클릭한다.

위 예의 7단계에서 Exclude from new selection set 항목을 선택하면 전체 도면 요소 중 선 유형이 CENTER 선인 도면 요소를 제외한 다른 모든 도면 요소가 선택된다.

03 현재 선택된 도면 요소에서 선택

위 예에서는 도면 전체를 대상으로 선택하였으나 도면 전체가 아닌 특정 영역 내의 도면 요소에서 선택할 수도 있다. 다음 그림과 같이 현재 선택된 도면 요소 중 파란 선으로 그려진 작은 원 C2를 선의 색으로 선택하여 보자.

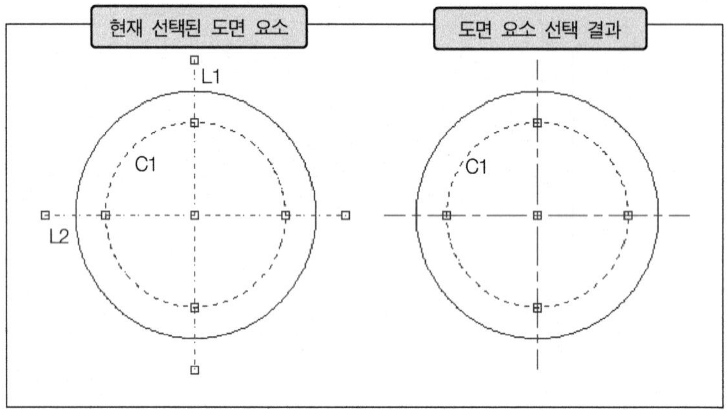

1 QSELECT 명령을 실행한다.

```
Command : QSELECT ↵
```

2 Quick Select 대화상자의 아이콘 단추를 클릭한 후 위의 왼쪽 그림과 같이 선 L1, L2와 원 C1을 선택한다.

3 Object Type 목록상자에서 선택할 도면 요소 유형으로 Circle을 지정한다.

4 Properties 목록상자에서 선택할 도면 요소의 속성으로 Color를 지정한다.

5 Operator 목록상자에서 선택 조건 연산자로 = Equals를 지정한다.

6 Value 목록상자에서 선택 조건 값으로 Blue를 지정한다.

7 선택 적용 방법으로 Include in new selection set 항목을 선택한다.

8 OK 단추를 클릭한다.

04 선택 조건 연산자

도면 요소의 속성으로 선택할 때에는 다음과 같은 조건 연산자를 사용할 수 있다.

조건 연산자	설 명
= Equals	지정한 도면 요소 속성의 값이 같은 도면 요소만 선택한다.
<> Not Equals	지정한 도면 요소 속성의 값이 다른 도면 요소만 선택한다.
> Greater than	지정한 도면 요소 속성의 값보다 큰 도면 요소만 선택한다.
< Less than	지정한 도면 요소 속성의 값보다 작은 도면 요소만 선택한다.

예를 들어, 전체 도면에서 선의 길이가 20보다 작은 선을 선택하려면, 다음과 같이 속성으로 Length를 지정하고 조건 연산자로 < Less than을 선택한 후 값으로 20을 지정하면 된다.

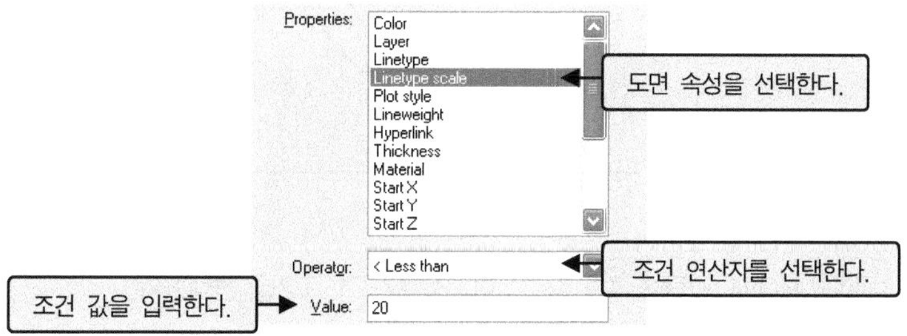

2.3 MOVE 명령(도면 요소의 이동)

MOVE 명령은 이미 그려진 특정 도면 요소를 선택하여 다른 위치로 이동하는 명령이다. 이 명령은 이미 그려진 도면 요소를 다시 배치할 때 유용하게 사용된다.

 Command : MOVE 〈또는 M〉

Select objects :	⇨ 이동할 도면 요소 선택
Specify base point or [Displacement] 〈displacement〉:	⇨ 이동 기준 점 지정
Specify second point or 〈use first point as displacement〉:	⇨ 이동 위치 지정

01 기준점 지정 이동

다음 그림에서 2개의 원 C1과 C2를 이동 기준점 P1(8,6)과 이동할 위치 P2(18,9)를 지정하여 점선으로 그려진 원의 위치로 이동시켜 보자.

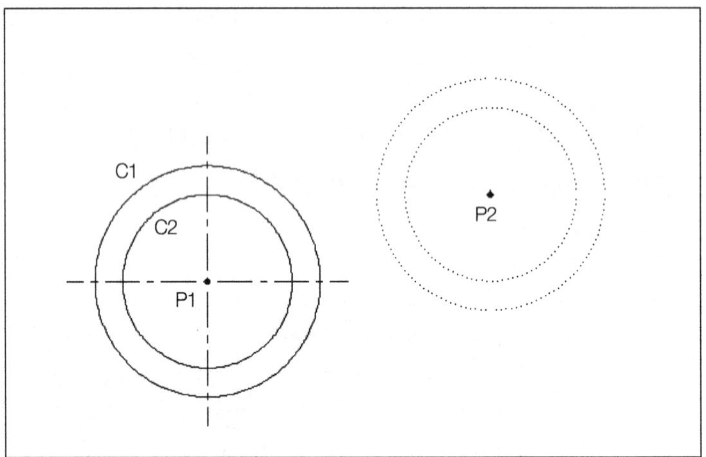

1 MOVE 명령을 실행한 후 이동할 원 C1, C2를 선택한다.

Command : MOVE ↵	
Select objects :	⇨ 원 C1, C2 선택
Select objects : ↵	⇨ 도면 요소 선택 종료

2 이동 기준점 P1과 이동할 위치의 점 P2를 지정한다. 다음 그림과 같이 마우스로 이동 기준점 P1과 이동 위치 P2를 지정하여 이동할 수도 있다.

Specify base point or [Displacement] <displacement> : 3,6 ↵ ⇨ 이동 기준점 P1 지정
Specify second point or <use first point as displacement> : 10,6 ↵ ⇨ 이동 위치 P2 지정

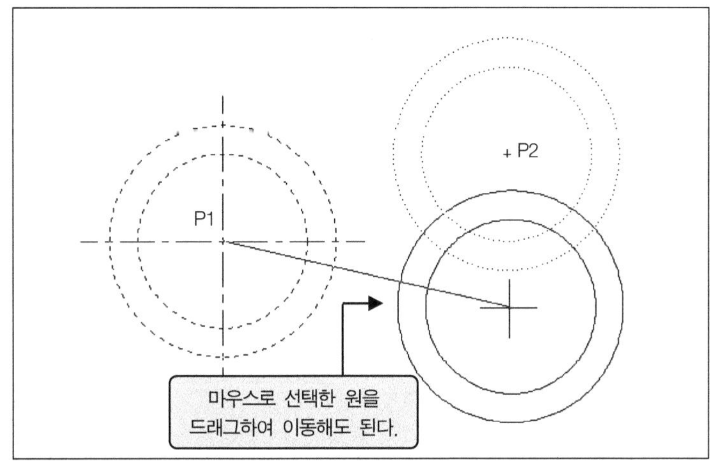
P2
P1
마우스로 선택한 원을
드래그하여 이동해도 된다.

Tip

마우스 드래그 이동

위 예의 3단계에서 이동할 위치의 좌표 입력 대신 선택 도면 요소를 마우스를 원하는 위치로 드래그하여 이동시킬 수도 있다. 단, 마우스 이용시 이동되는 도면 요소가 화면에서 보이지 않을 수도 있다. 이때에는 DRAGMODE를 Auto로 설정해주면 된다.

Command : DRAGMODE ↵
Enter new value [ON/OFF/Auto] <Off> : Auto ↵ ⇨ DRAGMODE의 Auto 설정

02 벡터 이동

위 예에서 원 C1과 C2는 이동 기준 점 P1에서 이동 위치 P2까지 X축 방향으로 10, Y축 방향으로 3만큼 이동시켰다. 다음 그림에서 선 L1과 L2는 현재 위치에서 점선으로 표시된 위치까지 X축과 Y축 방향이 상대적인 거리를 지정하여 이동시켜 보자.

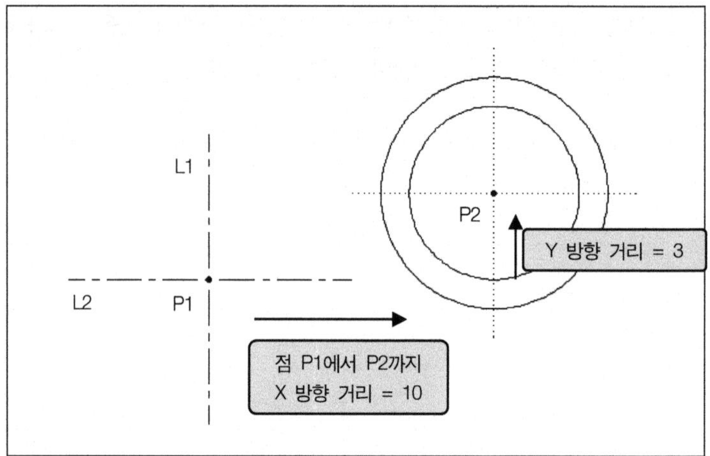

1 MOVE 명령을 실행한 후 이동할 선 L1과 L2를 선택한다.

```
Command : MOVE ↵
Select objects :                                         ⇨ 선 L1, L2 선택
Select objects : ↵                                       ⇨ 도면 요소 선택 종료
```

2 이동 기준 점 대신 X축과 Y축 방향의 이동 거리를 지정하고, 이동 위치 지정 시 엔터키를 누른다.

```
Specify base point or [Displacement] <displacement> : 10,3 ↵     ⇨ 이동 거리 지정
Specify second point or <use first point as displacement> : ↵
```

2.4 COPY 명령(도면 요소의 복사)

COPY 명령은 이미 그려진 특정 도면 요소를 선택하여 다른 위치로 복사하는 명령이다.

도구모음 : Modify 도구모음의 단추

Command : COPY 〈또는 CO, CP〉

```
Select objects :                                                 ⇨ 복사할 도면 요소 선택
Specify base point or [Displacement] 〈displacement〉:            ⇨ 복사 기준 점 지정
Specify second point or 〈use first point as displacement〉:      ⇨ 복사 위치 지정
```

옵 션	설 명
Base point	선택한 도면 요소를 복사할 기준 점을 지정한다. 이후 복사 위치를 지정하여 선택도면 요소를 복사한다.
Multiple (기본 값)	선택한 도면 요소를 지정한 기준 점에서 다른 위치로 다중 복사한다.

1회 복사

다음 그림과 같이 앞서 MOVE 명령으로 이동한 작은 원 위에 중심점이 P1(18,12)이고 반지름 0.5인 원 C1을 그려보자. 그런 다음 중심점이 P2인 점선의 원 위치로 복사해 보자.

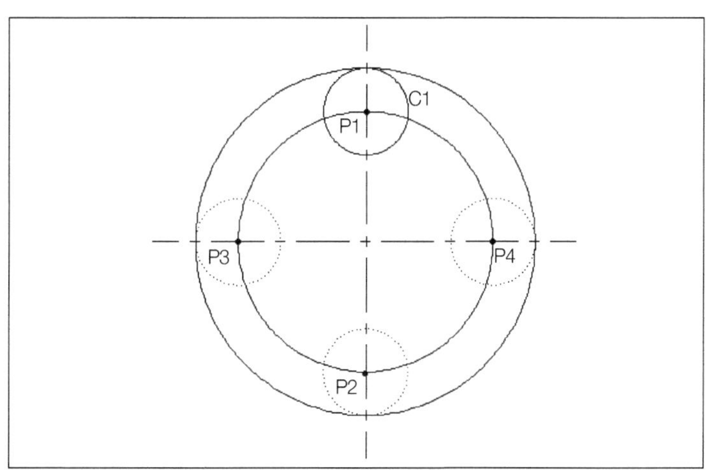

1 CIRCLE 명령을 실행하여 중심점 (18,12)에 반지름이 0.5인 원을 그린다.

```
Command : CIRCLE ↵
Specify center point for circle of [3P/2P/Ttr(tan tan radius)] : 18,12 ↵   ⇨ 중심점 P1 지정
Specify radius of circle or [Diameter] : 0.5 ↵                              ⇨ 원의 반지름 지정
```

2 COPY 명령을 실행한 후 복사할 원 C1을 선택한다.

Command : COPY ↵
Select objects : ⇨ 복사할 원 C1 선택
Select objects : ↵ ⇨ 도면 요소 선택 종료

3 복사할 도면 요소의 기준 점 P1과 복사할 위치 P2를 지정한다. 이때 그래픽 커서로 P1과 P2를 지정하여 복사해도 된다.

Specify base point or [Displacement] 〈displacement〉 : 18,12 ↵ ⇨ 복사 기준 점 P1 지정
Specify second point or 〈use first point as displacement〉 : @0,-6 ↵ ⇨ 복사 위치 P2 지정

위 예의 3단계에서 다음과 같이 먼저 X, Y축 방향의 복사 거리를 지정한 후 복사해도 된다.

Specify base point or [Displacement] 〈displacement〉 : 0,-6 ↵ ⇨ X, Y축의 거리 지정
Specify second point or 〈use first point as displacement〉 : ↵

2.5 ARRAY 명령(도면 요소의 다중 배열)

ARRAY 명령은 선택한 특정 도면 요소를 복사하여 행×열로 다중 배열하거나 지정 축을 중심으로 회전시켜 배열하는 명령이다.

도구모음 : Modify 도구모음의 단추

Command : ARRAY 〈또는 AR〉

Select objects : ⇨ 패턴할 도면 요소 선택
Enter array type [Rectangular/PAth/POlar] 〈Rectangular〉 ⇨ 패턴할 옵션 선택
Specify center point or array or [Base point/Axis of rotation] : ⇨ 복사 위치 지정

옵 션	설 명
Rectangular Array	선택한 도면 요소를 지정 행과 열의 개수만큼 사각형의 형태로 배열한다.
PAth	선택한 도면 요소를 지정한 경로를 따라 배열한다.
Polar Array	선택한 도면 요소를 지정한 중심점을 기준으로 원형 배열한다.
Base point	사용자가 지정한 기준점을 이용하여 배열한다.
Axis of rotation	3D 형태에서 패턴할 수 있는 기능이다. (패턴할 기준축을 선택하면 된다.)

01 원형 배열

원형 배열은 선택 도형을 지정한 중심점을 기준으로 지정 개수만큼 원형으로 배열하는 방식이다. 다음 그림과 같이 원 C1을 중심점 P1을 기준으로 6개의 원으로 원형 배열해보자. 이를 위해 먼저 앞서 실행한 복사 명령을 모두 취소하기 바란다.

1 ARRAY 명령을 실행한 후 Select objects 상태에서 C1 원을 선택한 다음 엔터키를 누른다.

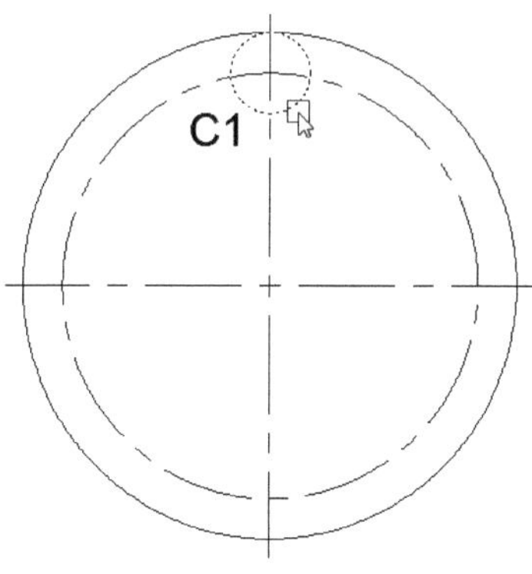

2 Enter array type [Rectangular/PAth/POlar] <Rectangular> : PO ↵ ⇨ 원형패턴

3 Specify center point of array or [Base point/Axis of rotation] : B ⇨ 패턴의 기준점 P1을 설정한다(Axis of rotation은 3D에서 기준축을 선택하면 3D 패턴이 된다).

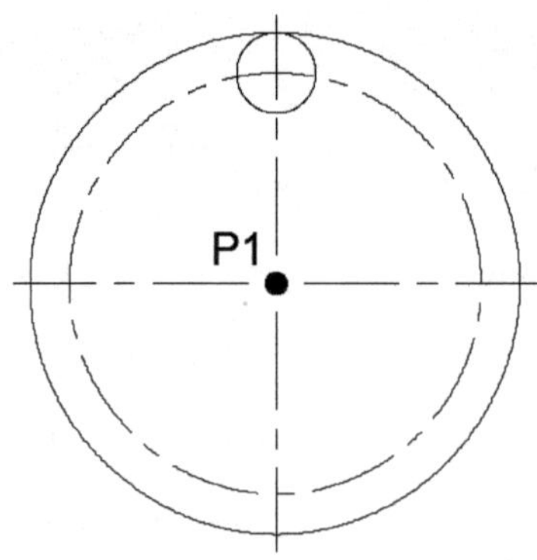

4 리본메뉴에 패턴 옵션들이 나타난다. 여기서는 패턴 개수나 각도, 등간격 등을 설정할 수 있다.

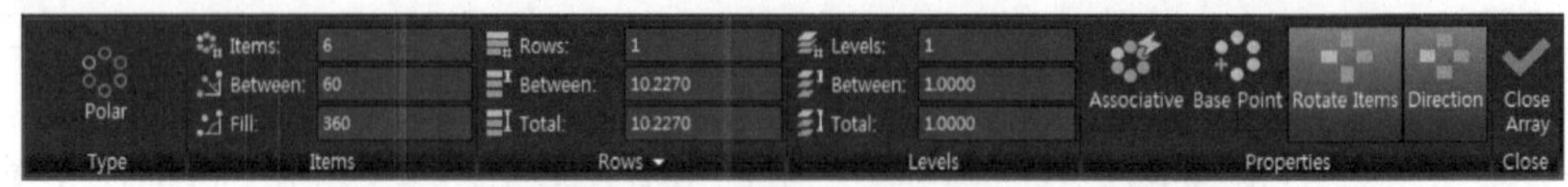

Items에서 자신을 포함한 개수 6을 입력한 후 Between 60도, Fill : 360도를 입력한다.
사용자가 원하는 패턴이 완성되었으면, Close Array를 선택하여 array를 완료한다.

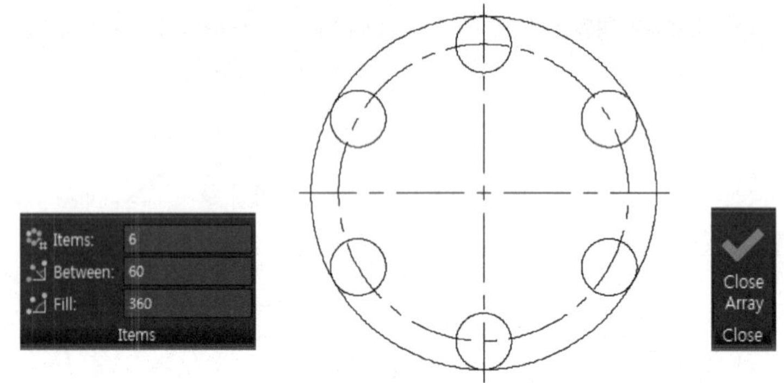

참고) Rows는 다음 화면과 같이 Rows(자신을 포함한 개수) 수와 사이간격, 총 간격을 입력하면 우측 화면과 같은 배열을 만들 수 있다.

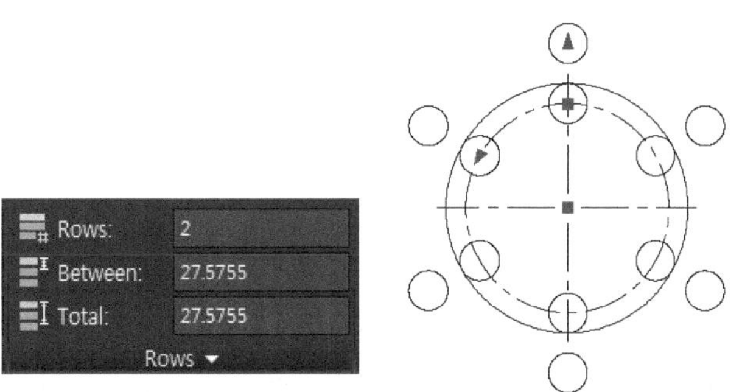

5 패턴한 도면요소는 블록화되어 있으므로 EXPLODE 명령어를 이용하여 자유롭게 삭제, 이동 등을 할 수 있다.

참고) Rotate Items의 ON/OFF에 대해 패턴할 요소들의 형상은 다음 그림과 같다.

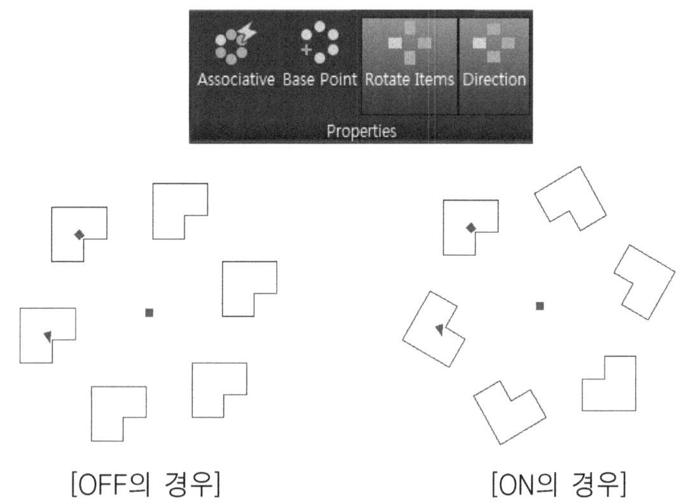

[OFF의 경우] [ON의 경우]

아래 화면은 3D에 해당하는 부분이다. 앞에서 설명한 부분과 동일한 내용이다.

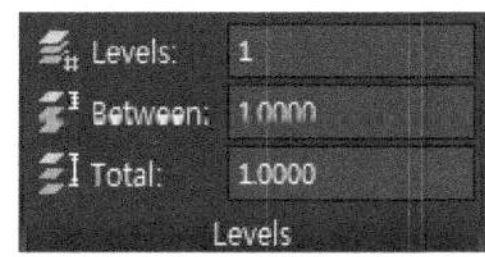

02 사각 배열

도면 요소를 다음 그림과 같이 사각 형태로 배열하려면 행과 열, 행 간격(Distance between rows), 열 간격(Distance between columns)을 지정해야 한다. 원형 배열과 동일한 내용이다(Columns : 4, Rows : 3 등).

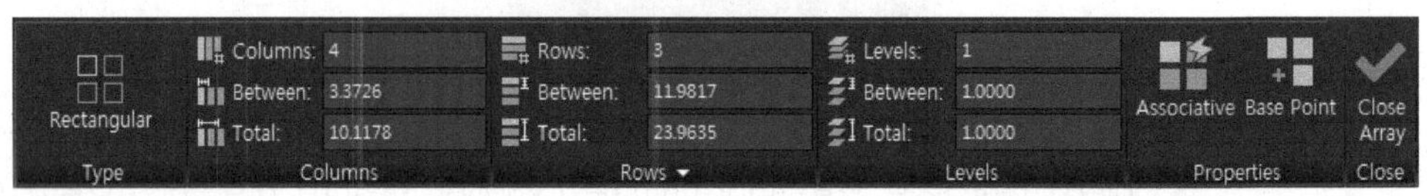

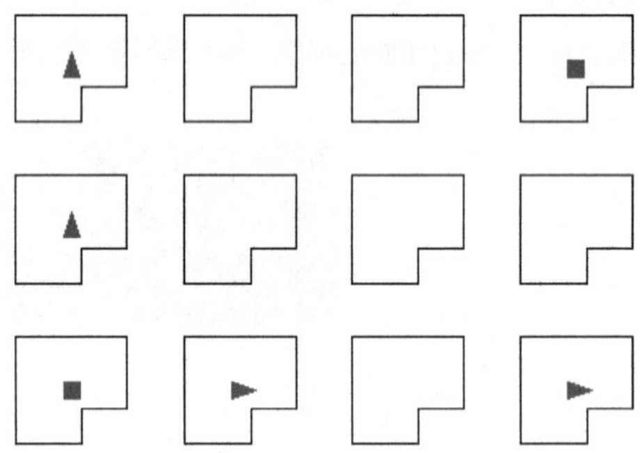

2.6 MIRROR 명령(도면 요소의 대칭 이동, 복사)

MIRROR 명령은 선택한 도면 요소를 지정 축을 중심으로 대칭 이동시키거나 대칭 복사하는 명령이다.

도구모음 : Modify 도구모음의 단추

Command : MIRROR 〈또는 MI〉

Select objects :	⇨ 도면 요소 선택
Specify first point of mirror line :	⇨ 대칭 축의 끝점 지정
Specify second point of mirror line :	⇨ 대칭 축의 다른 점 지정
Erase source objects? [Yes/No] 〈N〉:	⇨ 원본의 삭제 확인

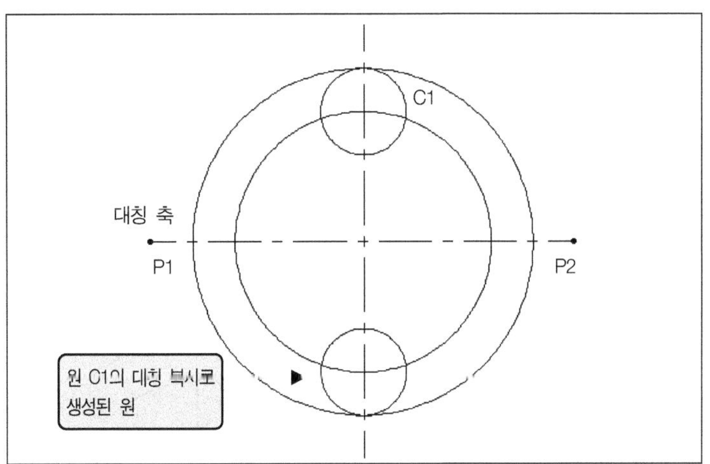

01 대칭 복사

위 그림과 같이 양 끝점인 P1과 P2인 중심선을 대칭축으로 지정하여 원 C1을 원 C2의 위치에 대칭 복사하여 보자. 이를 위해 앞서 실행한 원형 배열 작업을 취소하기 바란다.

1 MIRROR 명령을 실행한 후 대칭 복사할 원 C1을 선택한다.

Command : MIRROR ↵	
Select objects :	⇨ 원 C1 선택
Select objects : ↵	⇨ 도면 요소 선택 종료

2 대칭 복사할 축의 양 끝점 P1과 P2를 지정한다.

Specify first point of mirror line : 13,9 ↵	⇨ 대칭축의 점 P1 지정
Specify second point of mirror line : @10,0 ↵	⇨ 대칭축의 점 P2 지정

3 다음과 같이 대칭 후 선택도면 요소의 삭제 여부를 묻는 메시지가 표시되면 No를 선택하여 대칭 복사한다.

Erase source objects? [Yes/No] <N> : ↵	⇨ No 옵션 선택

 대칭 이동

다음 그림과 같이 선택도면 요소를 대칭 이동할 때에는 위 예의 3단계에서 Yes를 선택하면 된다. 즉, 위 예의 3단계에서 No를 지정하면 대칭 복사, Yes를 지정하면 대칭 이동으로 동작한다.

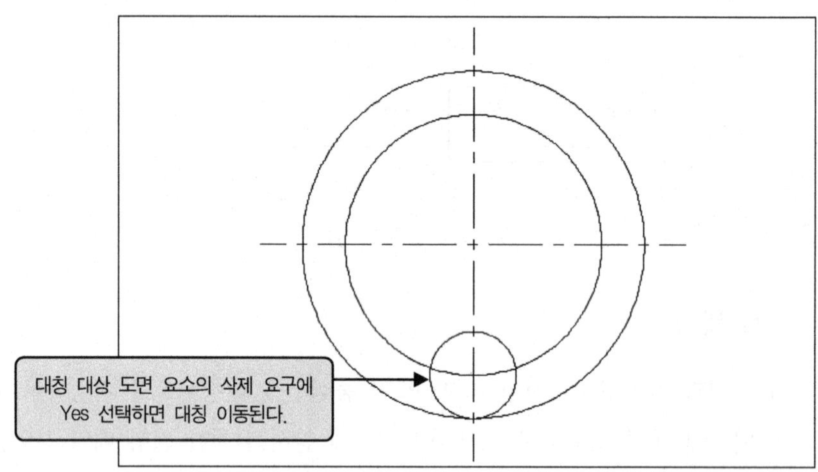

Tip

문자열의 대칭 설정

Command : MIRRTEXT ↵
Enter new value for MIRRTEXT <1> : 0 ↵

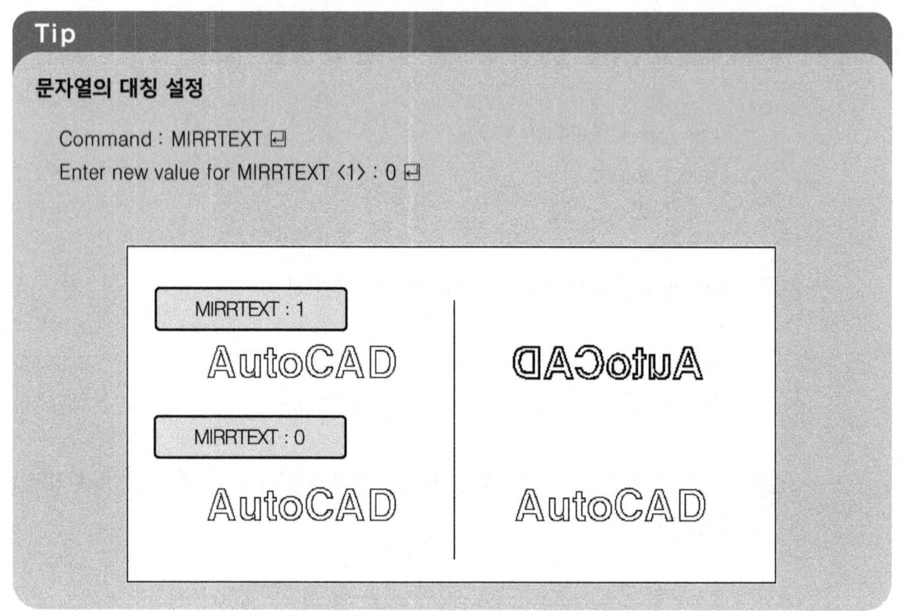

2.7 ROTATE 명령(도면 요소의 회전)

ROTATE 명령은 선택한 도면 요소를 지정 점을 중심으로 지정 각도만큼 회전시킨다.

도구모음 : Modify 도구모음의 단추

Command : ROTATE 〈또는 RO〉

Current positive angle in UCS : ANGDIR=counterclockwise ANGBASE=0

Select objects : ⇨ 회전할 도면 요소 선택

Specify base point : ⇨ 회전 중심점 지정

Specify rotation angle or [Copy/Reference] 〈0〉: ⇨ 옵션 선택

옵 션	설 명
Rotation angle	선택 도면 요소를 회전 중심점으로부터 지정한 각도만큼 회전시킨다.
Copy	선택 도면 요소를 회전 중심점으로부터 지정한 각도만큼 회전 복사시킨다.
Reference	선택 도면 요소의 현재 각도를 참조하여 새로 지정한 각도만큼 회전시킨다.

01 회전 각도만 지정

선택 도면 요소를 회전시키는 가장 일반적인 방법은 회전 각도만 지정하는 방법이다.

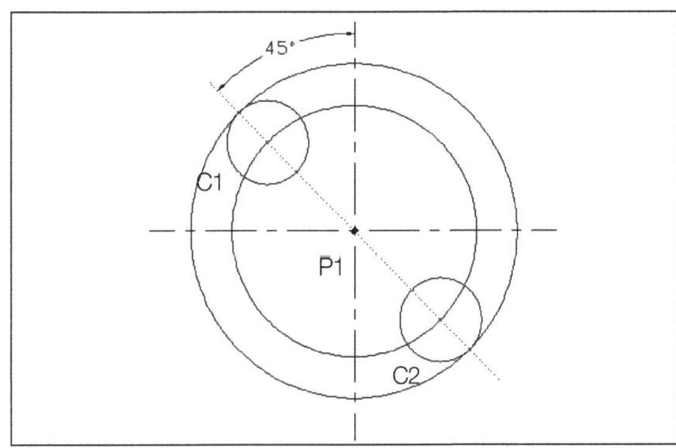

앞의 그림과 같이 앞서 MIRROR 명령으로 대칭 복사한 원 C1, C2를 회전 중심점 P1 (18,9)을 기준으로 45° 회전시켜 보자.

1 ROTATE 명령을 실행한 후 회전시킬 원 C1, C2를 선택한다.

```
Command : ROTATE ↵
Current positive angle in UCS : ANGDIR=counterclockwise ANGBASE=0
Select objects :                                              ⇨ 원 C1, C2 선택
Select objects : ↵                                            ⇨ 도면 요소 선택 종료
```

2 회전 중심점 P1과 회전 각도를 지정한다.

```
Specify base point : 18,9 ↵                                   ⇨ 회전 중심점 P1 지정
Specify rotation angle or [Copy/Reference] <0> : 45 ↵         ⇨ 회전 각도 지정
```

02 기울기 참조

Reference 옵션은 지정한 현재 각도만큼 선택 도면 요소를 역회전한 후 이를 기준으로 새로운 각도만큼 회전시키는 방법이다. 다음 그림과 같이 위 예에서 45° 회전시킨 원 C1, C2를 현재 각도를 참조하여 90°만큼 회전시켜 보자.

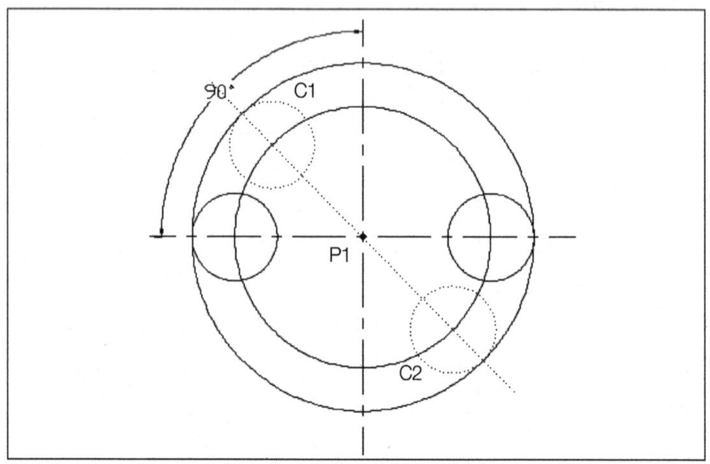

1 ROTATE 명령을 실행한 후 회전시킬 원 C1, C2를 선택한다.

Command : ROTATE ↵	
Current positive angle in UCS : ANGDIR=counterclockwise ANGBASE=0	
Select objects :	⇨ 원 C1, C2 선택
Select objects : ↵	⇨ 도면 요소 선택 종료

2 회전 중심점 P1을 지정한다.

Specify base point : 18,0 ↵	⇨ 회전 중심점 P1 지정

3 Reference 옵션을 선택한 후 선택한 도면 요소의 현재 각도와 새로운 회전 각도를 입력한다.

Specify rotation angle or [Copy/Reference] 〈0〉 : R ↵	⇨ Reference 옵션 선택
Specify the reference angle 〈0〉 : 45 ↵	⇨ 현재 각도 지정
Specify the new angle or [Points] 〈0〉 : 90 ↵	⇨ 새 회전 각도 지정

2.8 SCALE 명령(도면 요소의 확대, 축소)

SCALE 명령은 선택한 도면 요소를 지정 배율로 확대하거나 축소하는 명령이다.

도구모음 : Modify 도구모음의 [아이콘] 단추

메뉴 : Modify/Scale 메뉴

Command : SCALE 〈또는 SC〉

Select objects :	⇨ 도면 요소 선택
Specify base point :	⇨ 확대/축소 기준 점 지정
Specify scale factor or [Copy/Reference] 〈1〉 :	⇨ 옵션 선택

옵 션	설 명
Scale factor	선택한 도면 요소를 지정한 배율만큼 확대하거나 축소한다.
Copy	선택한 도면 요소를 기준점으로부터 지정한 배율만큼 복사시킨다.
Reference	선택한 도면 요소의 현재 길이를 참조하여 새로 지정한 길이로 확대하거나 축소한다.

01 일정 배율 확대/축소

예를 들어, 다음 그림과 같이 점선으로 표시된 위치의 원 C1을 원 C2로 0.5배 축소하여 보자.

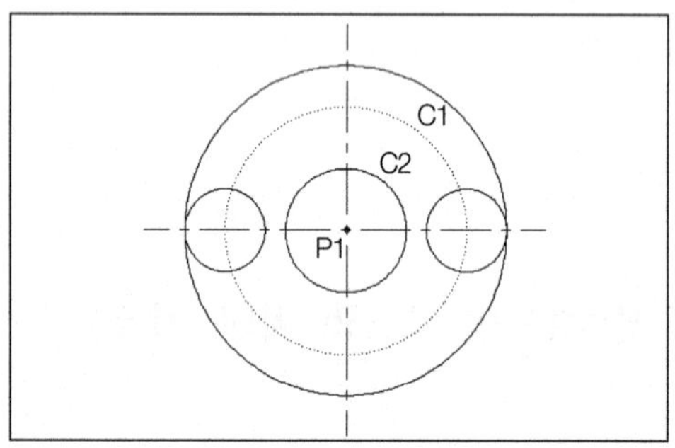

1 SCALE 명령을 실행한 후 축소할 원 C1을 선택한다.

```
Command : SCALE ↵
Select objects :                                    ⇨ 원 C1 선택
Select objects : ↵                                  ⇨ 도면 요소 선택 종료
```

2 확대/축소 기준 점 P1과 확대/축소 배율을 지정한다.

```
Specify base point : 18,9 ↵                         ⇨ 축소 기준 점 P1 지정
Specify scale factor or [Copy/Reference] <1> : 0.5 ↵ ⇨ 축소 배율 0.5 지정
```

02 도면 길이 참조

Reference 옵션은 도면 요소의 길이를 참조하여 확대, 축소한다. 다음 그림과 같이 점선으로 표시된 위치의 반지름이 4인 원 C1을 반지름이 4.5인 원 C2로 확대할 경우 확대 배율(1.125)을 계산하려면 번거롭다. 이럴 경우 Reference 옵션을 사용하면 된다.

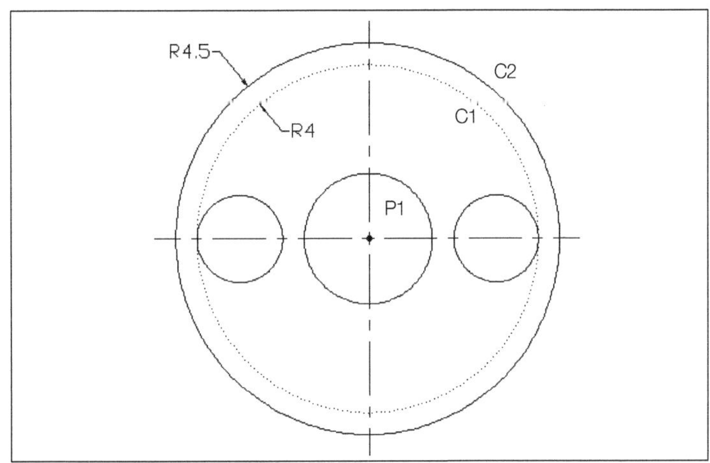

1 SCALE 명령을 실행한 후 확대할 원 C1을 클릭하여 선택한다.

```
Command : SCALE ↵
Select objects :                                  ⇨ 원 C1 선택
Select objects : ↵                                ⇨ 도면 요소 선택 종료
```

2 확대/축소할 기준 점 P1을 지정한다.

```
Specify base point : 18,9 ↵                       ⇨ 확대 기준 점 P1 지정
```

3 Reference 옵션을 선택한 후 참조할 현재 길이 4와 새로운 길이 4.5를 지정한다.

```
Specify scale factor or [Copy/Reference] <1> : R ↵   ⇨ Reference 옵션 선택
Specify reference length <1> : 4 ↵                   ⇨ 참조할 길이 지정
Specify new length or [Points] <1> : 4.5 ↵           ⇨ 새로운 길이 지정
```

연습문제 01 **FLANGE FLEXIBLE COUPLING 제도**(도면 편집 명령을 이용하여 다음과 같은 치수의 FLANGE FLEXIBLE COUPLING을 A4 도면 용지에 1 : 1 현척으로 제도하여라.)

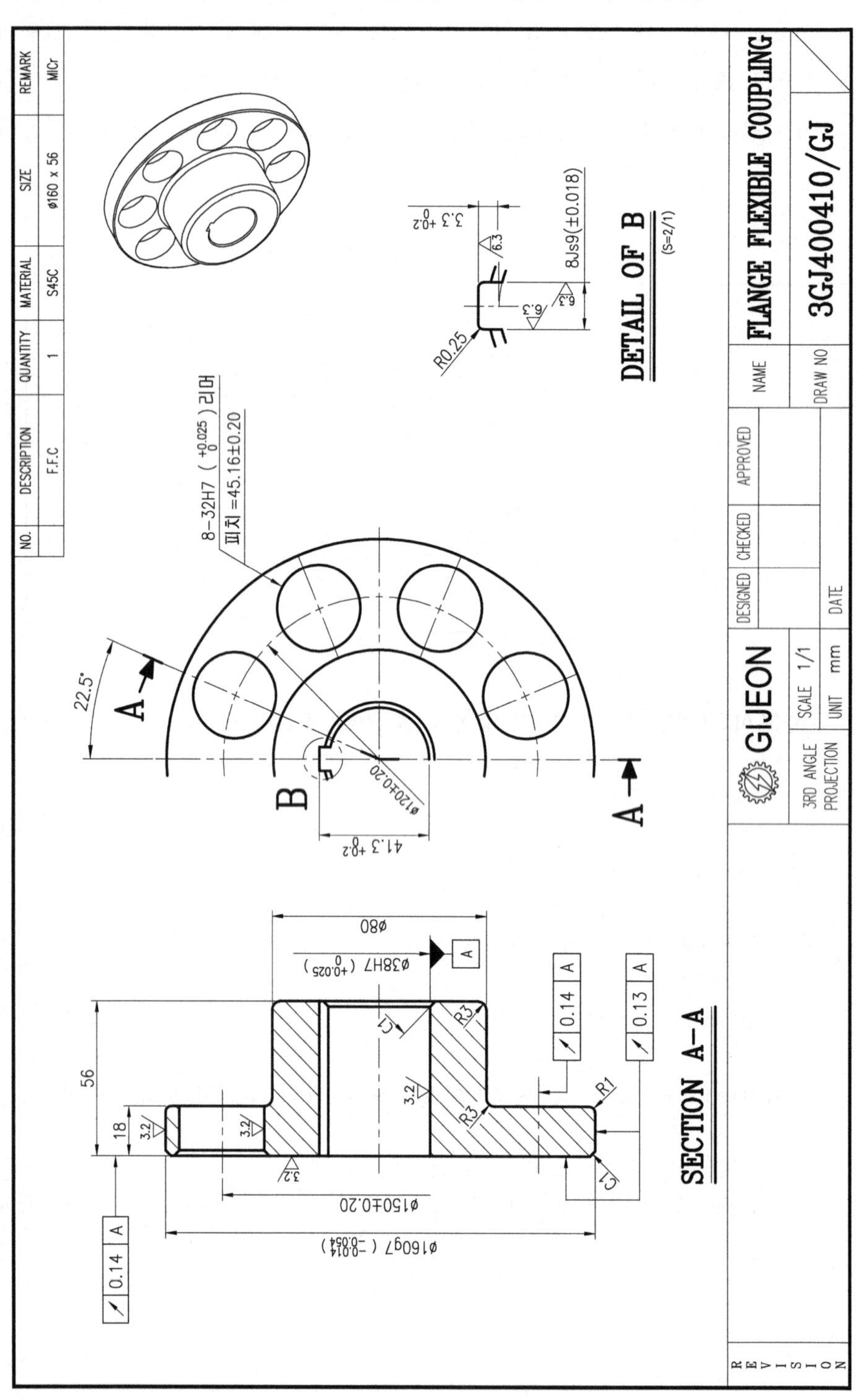

연습문제 02 **JOIN PLATE 제도**(도면 편집 명령을 이용하여 다음과 같은 치수의 JOIN PLATE를 A4 도면 용지에 1 : 1 현척으로 제도하여라.)

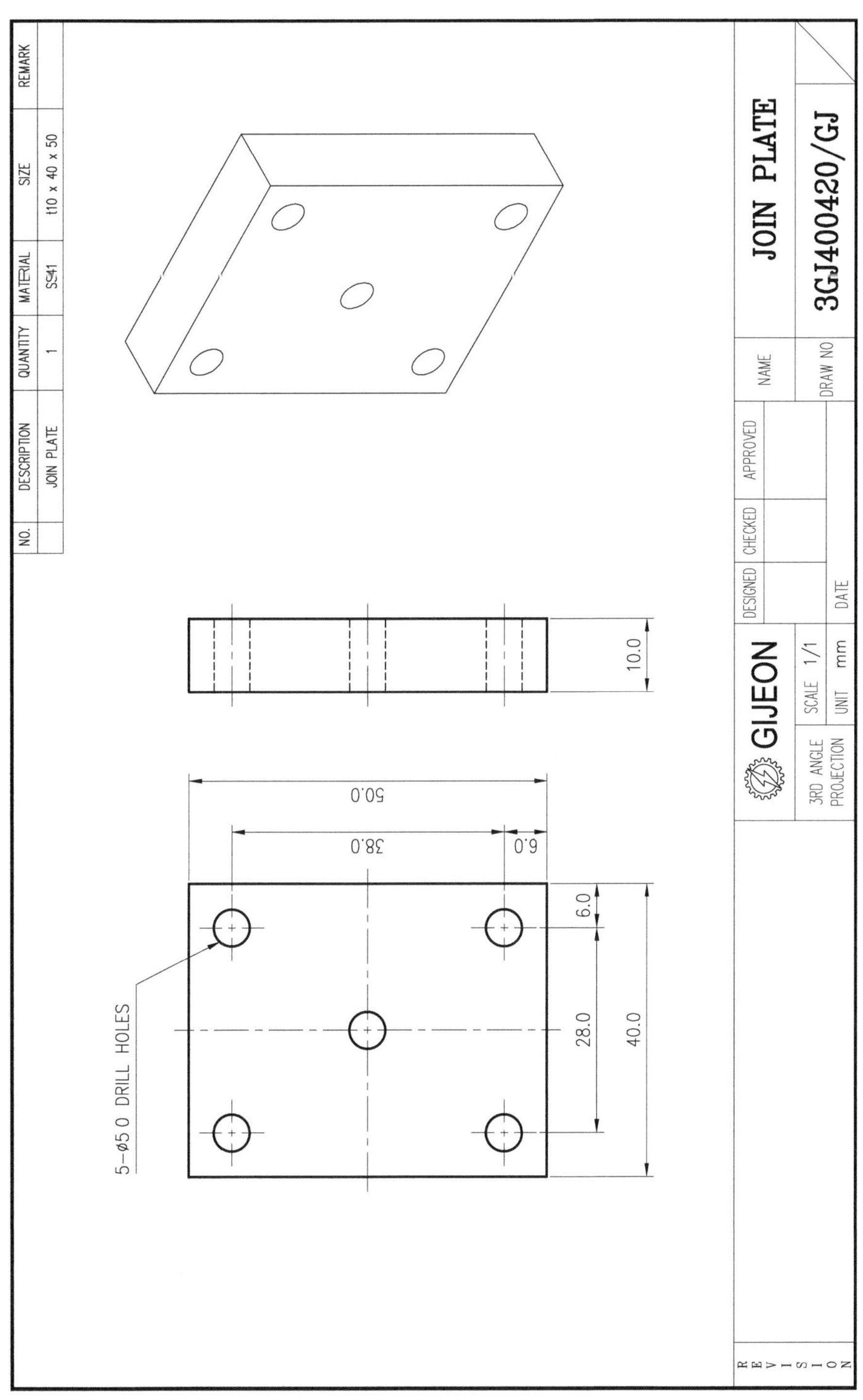

연습문제 03 **SENSOR BRACKET 제도**(도면 편집 명령을 이용하여 다음과 같은 치수의 SENSOR BRACKET을 A4 도면 용지에 1 : 1 현척으로 제도하여라.)

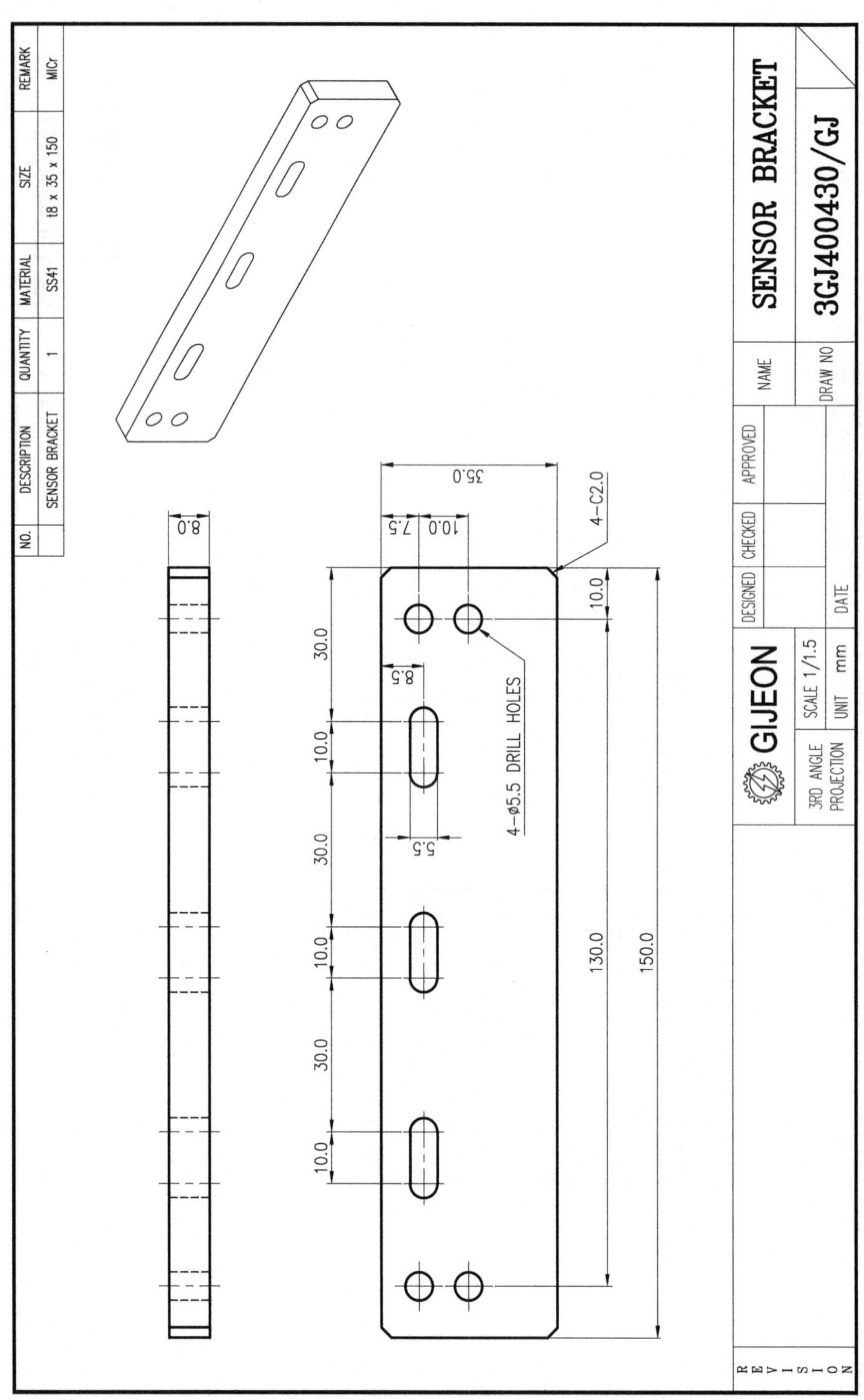

연습문제 04 **BASE PLATE 제도**(도면 편집 명령을 이용하여 다음과 같은 치수의 BASE PLATE를 A4 도면 용지에 1 : 1 현척으로 제도하여라.)

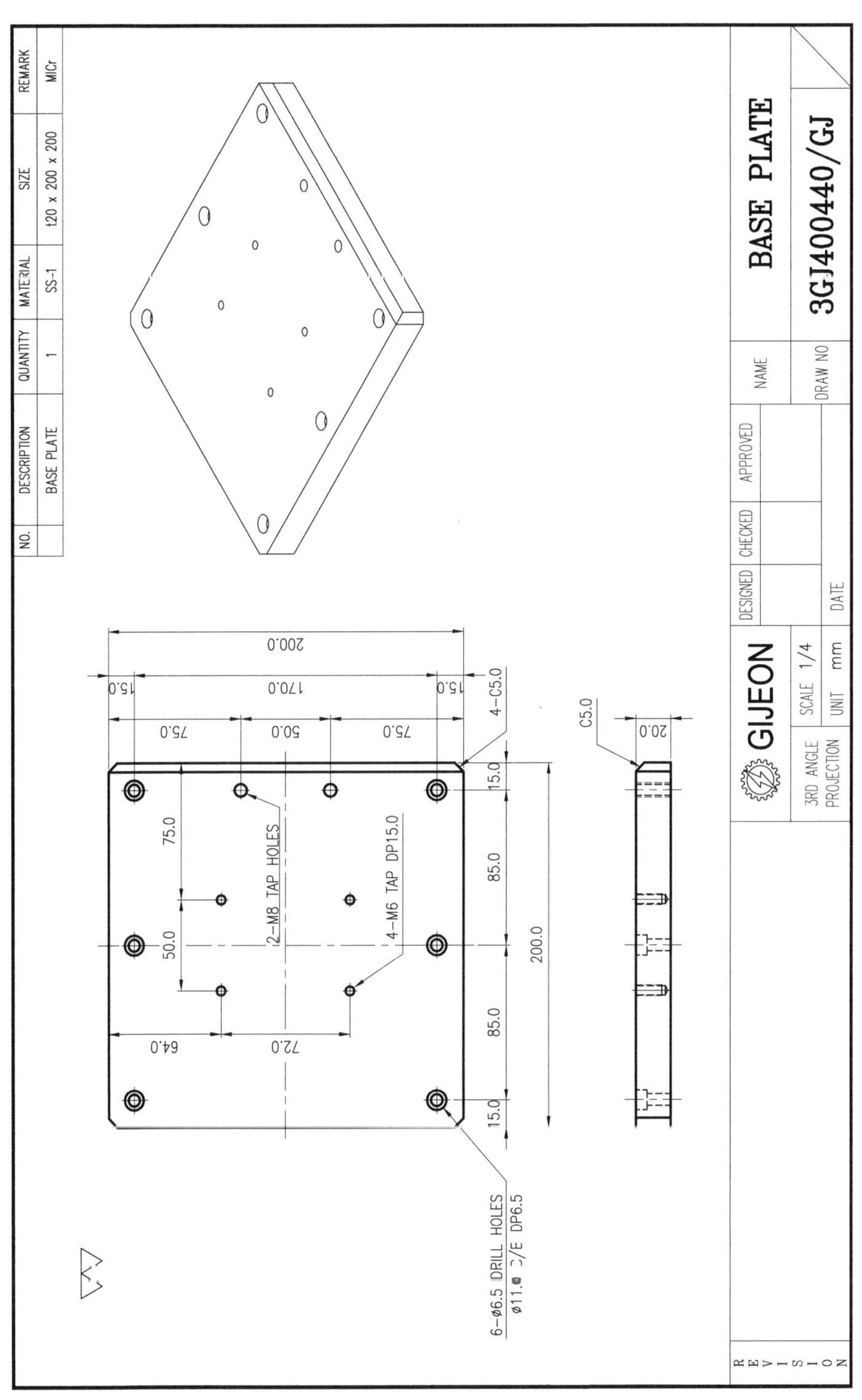

연습문제 05 **SLIDER PLATE 제도**(도면 편집 명령을 이용하여 다음과 같은 치수의 SLIDER PLATE를 A4 도면 용지에 1 : 1 현척으로 제도하여라.)

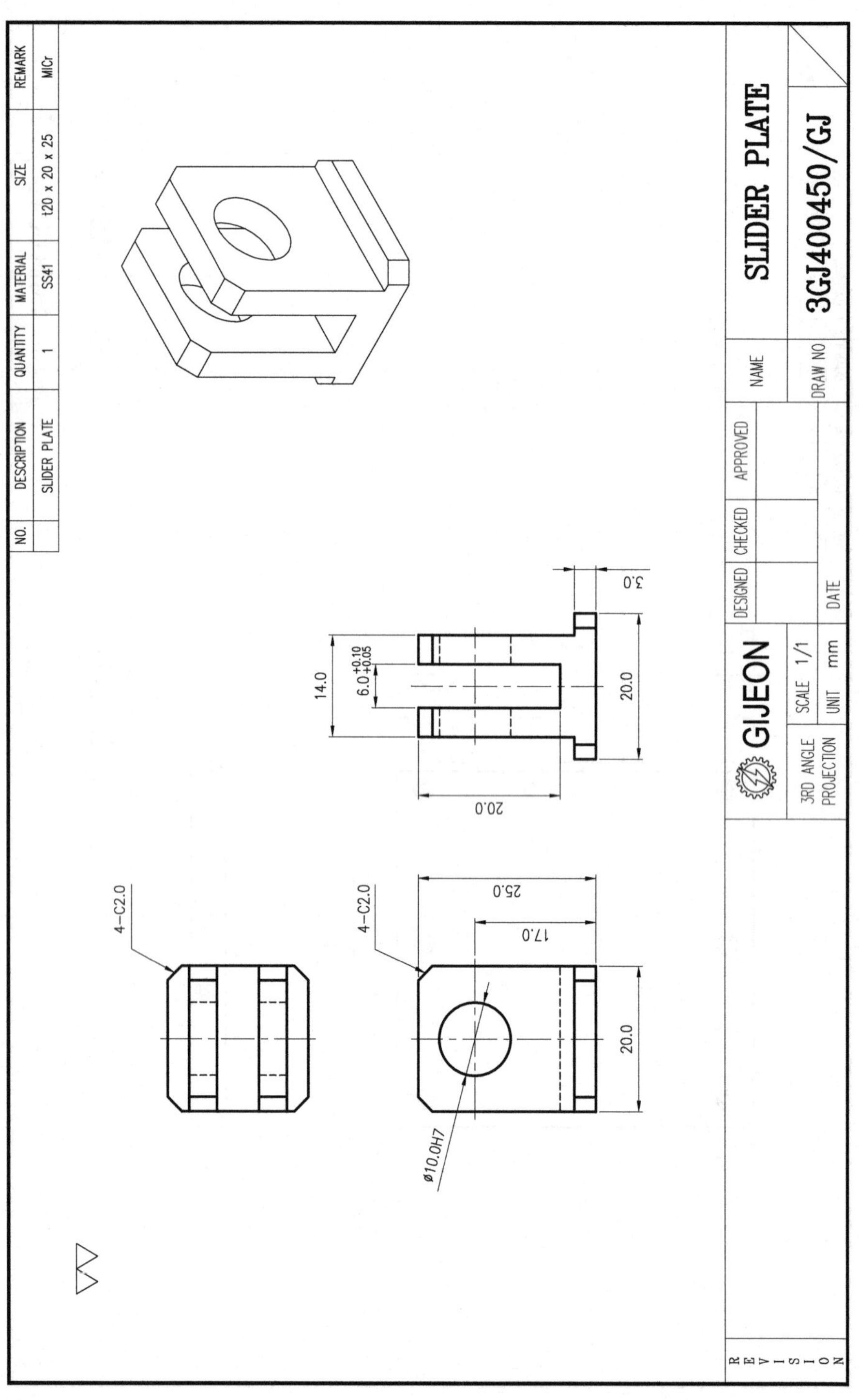

연습문제 06 **BASE PLATE-II 제도**(도면 편집 명령을 이용하여 다음과 같은 치수의 BASE PLATE-II를 A4 도면 용지에 1 : 1 현척으로 제도하여라.)

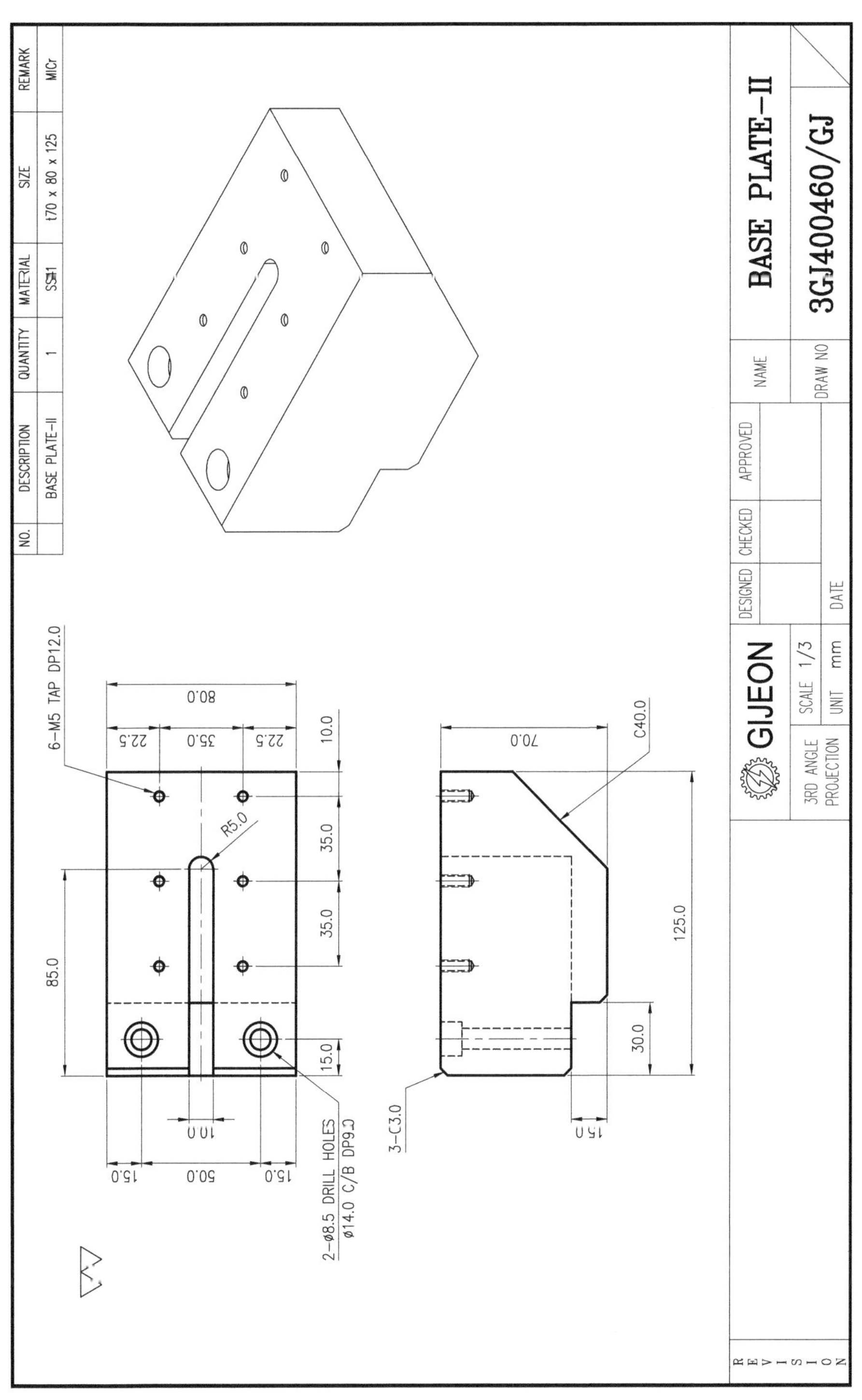

도면 요소 편집(2)

여기서는 도면 편집 시 자주 사용하는 CHAMFER 명령과 FILLET, OFFSET 명령에 대해 설명한다. 이들 명령은 도면 작성에 효율성을 높여주므로 반드시 익혀 두기 바란다.

3.1 CHAMFER 명령(모서리의 모따기)

CHAMFER 명령은 다음 그림과 같이 두 직선이 만나는 모서리 부분을 모따기한다. 모따기한 부분은 절단할 수도 있고, 절단하지 않을 수도 있다.

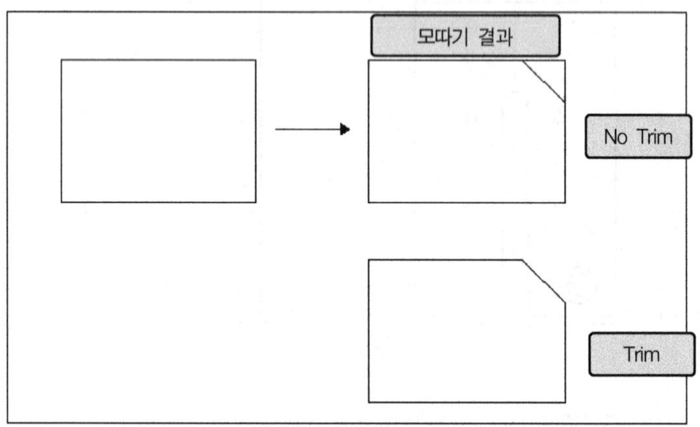

도구모음 : Modify 도구모음의 단추

메뉴 : Modify/Chamfer 메뉴

Command : CHAMFER 〈또는 CHA〉

(TRIM mode) Current chamfer Dist1 = 0.0000, Dist2 = 0.0000 ⇨ 현재 설정 값 표시

Select first line or [Undo/Polyline/Distance/Angle/Trim/mEthod/Multiple] : ⇨ 옵션 선택

옵 션	설 명
Undo	두 선의 모따기 거리(모서리부터의 거리)를 지정 전의 값으로 되돌린다.
Polyline	PLINE 명령 등으로 그린 폴리라인 다각형의 모든 모서리를 동시에 모따기 한다.
Distance	두 선의 모따기 거리(모서리부터의 거리)를 지정한다.
Angle	첫 번째 선의 모따기 거리와 각도를 지정한다.
Trim	모따기한 부분의 절단 여부를 설정한다. Trim - 모따기한 부분을 절단한다. No trim - 모따기한 부분을 그대로 둔다.
mEthod	모따기 방식을 지정한다. Distance - 앞서 실행한 거리 지정 방식으로 모따기한다. Angle - 앞서 실행한 각도 지정 방식으로 모따기한다.
Multiple	모따기 작업을 반복적으로 할 수 있게 설정한다.

01 거리 지정 모따기

다음 그림과 같이 한 변의 길이가 6인 정사각형을 그린 후 선 L1과 L2가 만나는 왼쪽 위 모서리를 지정 길이만큼 모따기해보자.

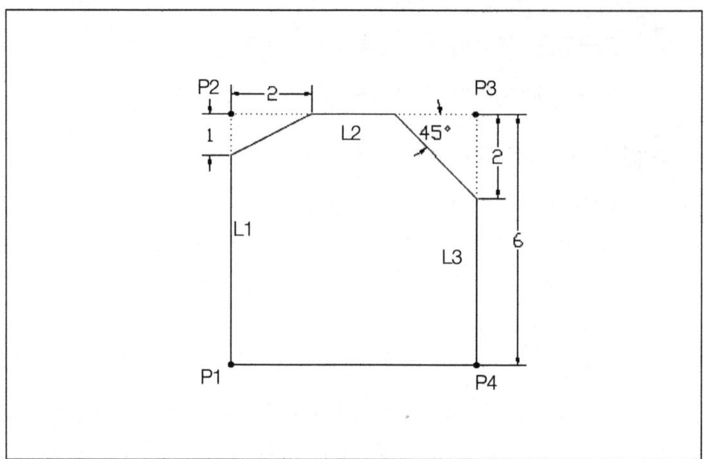

1 먼저 LINE 명령을 실행하여 정사각형을 그린다.

```
Command : LINE ↵
Specify first point : 1,3 ↵                                   ⇨ 점 P1 지정
Specify next point or [Undo] : @0,6 ↵                         ⇨ 점 P2 지정
Specify next point or [Undo] : @6,0 ↵                         ⇨ 점 P3 지정
Specify next point or [Close/Undo] : @0,-6 ↵                  ⇨ 점 P4 지정
Specify next point or [Close/Undo] : C ↵                      ⇨ 점 P4와 점 P1 연결
```

2 CHAMFER 명령을 실행한 후 Distance 옵션을 선택한다.

```
Command : CHAMFER ↵
(TRIM mode) Current chamfer Dist1 = 0.0000, Dist2 = 0.0000
Select first line or [Undo/Polyline/Distance/Angle/Trim/mEthod/Multiple] : D ↵
                                                              ⇨ Distance 옵션 선택
```

3 두 선 L1, L2의 모따기 거리를 입력한다.

```
Specify first chamfer distance <0.0000> : 1 ↵                 ⇨ 선 L1 모따기 거리 지정
Specify second chamfer distance <1.0000> : 2 ↵                ⇨ 선 L2 모따기 거리 지정
```

4 다시 CHAMFER 명령을 실행한 후 모따기할 선 L1, L2를 차례로 선택한다. 이때 선의 선택은 앞서 모따기 거리를 지정한 순서와 같이야 한다.

Command : ↵
(TRIM mode) Current chamfer Dist1 = 1.0000, Dist2 = 2.0000
Select first line or [Undo/Polyline/Distance/Angle/Trim/mEthod/Multiple] : ⇨ 선 L1 선택
Select second line : ⇨ 선 L2 선택

02 각도 지정 모따기

위 그림과 같이 선 L2와 L3이 만나는 오른쪽 위 모서리를 45° 각도로 2만큼 모따기해 보자.

1 CHAMFER 명령을 실행한 후 Angle 옵션을 선택한다.

Command : CHAMFER ↵
(TRIM mode) Current chamfer Dist1 = 1.0000, Dist2 = 2.0000
Select first line or [Undo/Polyline/Distance/Angle/Trim/mEthod/Multiple] : A ↵
⇨ Angle 옵션 선택

2 다음과 같이 모따기를 시작할 선 L2의 모따기 거리와 각도를 차례로 입력한다.

Specify chamfer length on the first line <0.0000> : 2 ↵ ⇨ 선 L2의 모따기 거리 지정
Specify chamfer angle from the first line <0> : 45 ↵ ⇨ 선 L2의 모따기 각도 지정

3 다시 CHAMFER 명령을 실행한 후 모따기할 두 선 L2, L3을 차례로 선택한다. 이때 첫 번째 선택하는 선은 앞서 모따기 거리와 각도를 지정한 대상인 L2이어야 한다.

Command : ↵
(TRIM mode) Current chamfer Length = 2.0000, Angle = 45
Select first line or [Undo/Polyline/Distance/Angle/Trim/mEthod/Multiple] : ⇨ 선 L2 선택
Select second line : ⇨ 선 L3 선택

Tip

연결되지 않은 선의 모따기

CHAMFER 명령은 서로 연결되어 있지 않은 두 직선에 대해서도 모따기할 수 있다. 단, 선택한 두 직선을 연장하는 가상의 선은 서로 교차해야만 한다.

03 폴리라인 모따기

LINE 명령이 아닌 PLINE 명령이나 RECTANG 명령 등으로 그린 폴리라인 다각형은 모든 모서리를 동시에 모따기할 수도 있다. 다음 그림과 같이 RECTANG 명령으로 한 변의 길이가 6인 정사각형을 그린 후 네 모서리를 절단하지 않고 앞서 지정한 각도(45°)와 거리(2)로 모따기해보자.

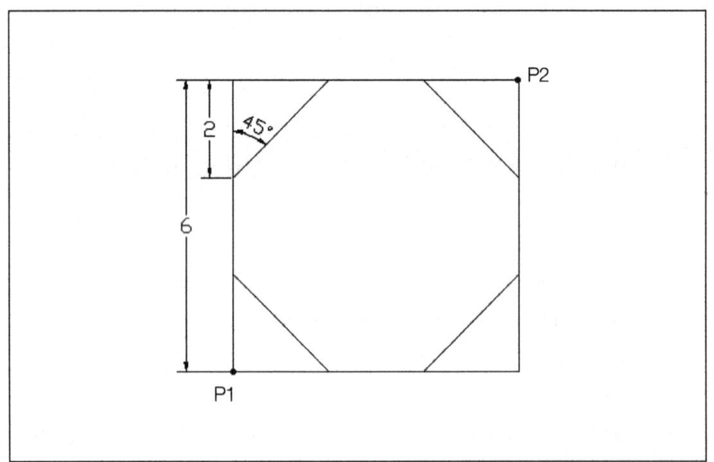

1 RECTANG 명령을 실행하여 정사각형을 그린다.

```
Command : RECTANG ↵
Specify first corner point or [Chamfer/Elevation/Fillet/Thickness/Width] : 9,3 ↵ ⇨ 점 P1 지정
Specify other corner point : @6,6 ↵                                          ⇨ 점 P2 지정
```

2 CHAMFER 명령을 실행한 후 모따기 부분을 절단하지 않도록 No trim 모드를 설정한다.

```
Command : CHAMFER ↵
(TRIM mode) Current chamfer Length = 2.0000, Angle = 45
Select first line or [Undo/Polyline/Distance/Angle/Trim/mEthod/Multiple] : T ↵
                                                              ⇨ Trim 옵션 선택
Enter Trim mode option [Trim/No trim] <Trim> : N ↵            ⇨ No trim 옵션 선택
```

3 Polyline 옵션을 선택한 후 앞서 그린 정사각형을 선택한다.

```
Select first line or [Undo/Polyline/Distance/Angle/Trim/mEthod/Multiple] : P ↵
                                                        ⇨ Polyline 옵션 선택
Select 2D polyline :                                    ⇨ 모따기 폴리라인 선택
```

이와 같이 앞서 지정한 거리나 각도로 다른 도면 요소를 모따기할 때에는 이전 실행 시 지정한 거리 및 각도를 그대로 이용하면 된다.

04 모따기 방법의 선택

그리고 Method 옵션을 사용하면, 앞서 실행한 거리 지정 또는 각도 지정을 선택하여 모따기할 수 있다. 예를 들어, 앞서 실행한 거리 지정으로 다른 도면 요소를 다시 모따기하려면 다음과 같이 한다.

1 CHAMFER 명령을 실행하여 이전 모따기 방법을 선택한다.

```
Command : CHAMFER ↵
(TRIM mode) Current chamfer Length = 2.0000, Angle = 45
Select first line or [Undo/Polyline/Distance/Angle/Trim/mEthod/Multiple] : E ↵
                                                        ⇨ Method 옵션 선택
Enter trim method [Distance/Angle] <Angle> : D ↵        ⇨ Distance 옵션 선택
```

2 모따기할 두 선을 차례로 선택한다.

```
Select first line or [Undo/Polyline/Distance/Angle/Trim/mEthod/Multiple] : ⇨ 첫 번째 선 선택
Select second line :                                    ⇨ 두 번째 선 선택
```

3.2 FILLET 명령(모서리의 라운딩)

FILLET 명령은 다음 그림과 같이 두 직선이 만나는 모서리 부분을 지정 반지름의 호로 라인딩한다. 라운딩한 부분은 모따기 때와 마찬가지로 절단할 수도 있고, 절단하지 않을 수도 있다.

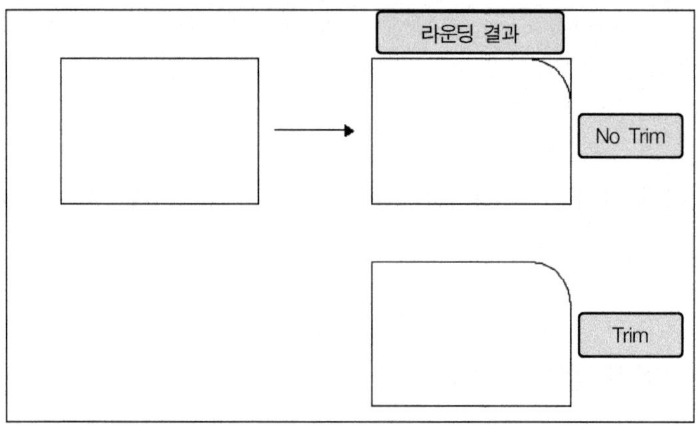

도구모음 : Modify 도구모음의 단추

메뉴 : Modify/Fillet 메뉴

Command : FILLET 〈또는 F〉

Current settings : Mode = TRIM, Radius = 0.0000 ⇨ 현재 설정 값 표시

Select first object or [Undo/Polyline/Radius/Trim/Multiple] : ⇨ 옵션 선택

옵 션	설 명
Undo	두 선의 라운딩 값을 지정 전의 값으로 되돌린다.
Polyline	PLINE 명령 등으로 그린 폴리라인 다각형의 모든 모서리를 동시에 라운딩한다.
Radius	선택한 두 선을 라운딩할 반지름을 지정한다.
Trim	라운딩한 부분의 절단 여부를 설정한다. Trim - 라운딩한 부분을 절단한다. No trim - 라운딩한 부분을 그대로 둔다.
Multiple	라운딩 작업을 반복적으로 할 수 있게 설정한다.

01 모서리의 라운딩

다음 그림과 같이 CHAMFER 명령 설명에서 예로 든 도면의 선 L1과 L2의 모서리를 반지름 1인 호로 라운딩하여 보자.

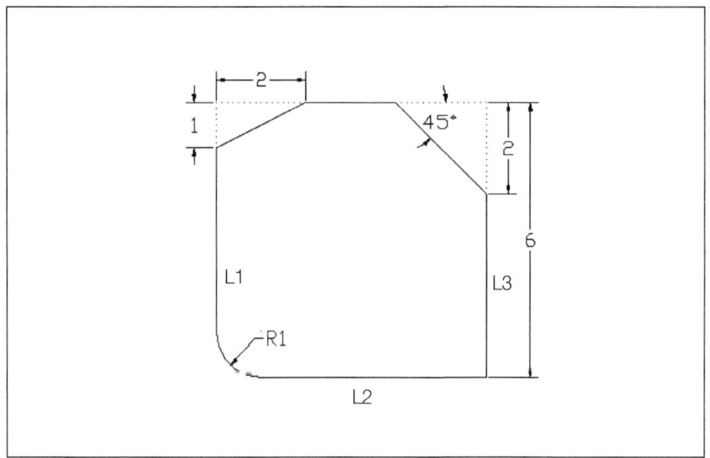

1 FILLET 명령을 실행한 후 라운딩할 반지름을 입력한다.

```
Command : FILLET ↵
Current settings: Mode = TRIM, Radius = 0.0000
Select first object or [Undo/Polyline/Radius/Trim/Multiple] : R ↵     ⇨ Radius 옵션 선택
Specify fillet radius <0.0000> : 1 ↵                                  ⇨ 라운딩 반지름 지정
```

2 다시 FILLET 명령을 실행한 후 라운딩할 두 선 L1과 L2를 차례로 선택한다.

```
Command : ↵
Current settings : Mode = TRIM, Radius = 1.0000
Select first object or [Undo/Polyline/Radius/Trim/Multiple] :          ⇨ 라운딩할 선 L1 선택
Select second object :                                                 ⇨ 라운딩할 선 L2 선택
```

이와 같은 방법으로 다각형의 모서리를 라운딩하면 된다.

그리고 FILLET 명령도 CHAMFER 명령과 마찬가지로 연결되어 있지 않은 두 직선에 대해서도 라운딩할 수 있다.

Tip

Trim 모드 설정

CHAMFER 명령과 FILLET 명령의 Trim 모드 설정은 서로 영향을 미친다. Trim 모드는 다음과 같이 TRIMMODE 시스템 변수로 설정할 수도 있다.

Command : TRIMMODE ↵
Enter new value for TRIMMODE 〈1〉 :

3.3 OFFSET 명령(도면 요소의 오프셋)

OFFSET 명령은 다음 그림과 같이 직선이나 원, 호와 평행한 도면 요소를 그리는데 사용한다. 단, OFFSET 명령은 여러 도면 요소를 선택하여 작업할 수 없으며, 한 번에 하나의 도면 요소에 대해서만 작업할 수 있다.

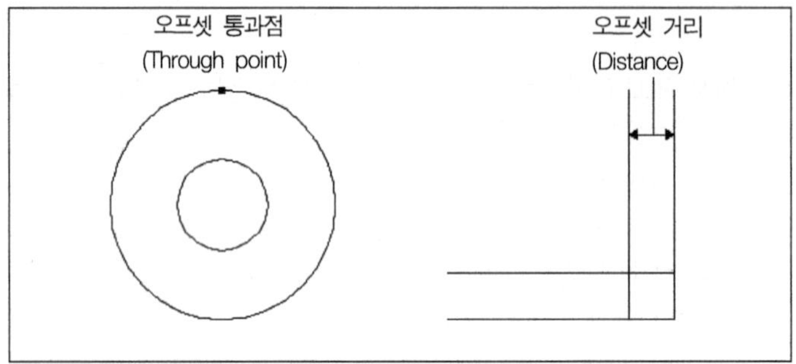

도구모음 : Modify 도구모음의 단추

Command : OFFSET 〈또는 O〉

Current settings : Erase source=No Layer=Source OFFSETGAPTYPE=0
Specify offset distance or [Through/Erase/Layer] 〈1.0000〉: ⇨ 거리 또는 옵션 지정
Select object to offset or [Exit/Undo] 〈Exit〉: ⇨ 오프셋 도면 요소 선택

옵 션	설 명
Distance	선택한 도면 요소와 평행한 선이 그려질 거리를 지정한다.
Through	선택한 도면 요소와 평행한 선이 통과할 점을 지정한다.
Erase	선택한 도면 요소를 지정한 거리에 복사를 한 후 처음 선택된 도면 요소를 삭제하는 기능
Layer	선택한 도면 요소를 지정한 거리에 Layer값을 준 후 복사를 한다.

01 예제 도면

먼저 OFFSET 명령 실행에 앞서 다음 그림과 같이 실선 부분의 도면 요소만 LINE 명령과 CIRCLE 명령으로 그려보자.

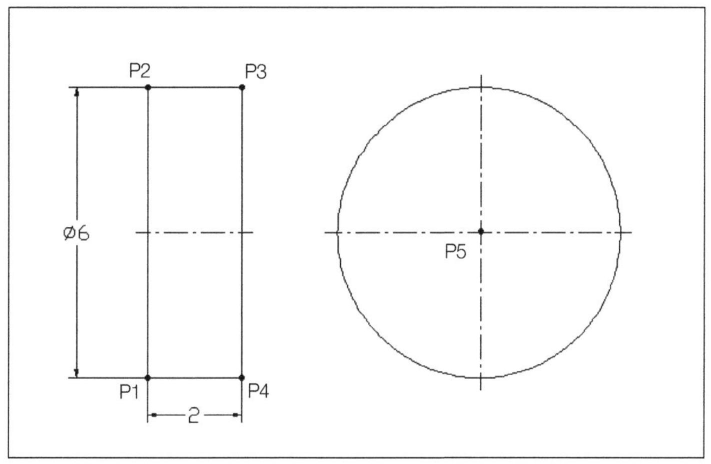

1 LINE 명령을 실행하여 두 변의 길이가 각각 6과 2인 직사각형을 그린다.

```
Command : LINE ↵
Specify first point : 3,3 ↵                                ⇨ 점 P1 지정
Specify next point or [Undo] : @0,6 ↵                      ⇨ 점 P2 지정
Specify next point or [Undo] : @2,0 ↵                      ⇨ 점 P3 지정
Specify next point or [Close/Undo] : @0,-6 ↵               ⇨ 점 P4 지정
Specify next point or [Close/Undo] : C ↵                   ⇨ 점 P4와 점 P1 연결
```

2 CIRCLE 명령을 실행하여 지름이 6인 원을 그린다.

Command : CIRCLE ↵
Specify center point for circle of [3P/2P/Ttr(tan tan radius)] : 10,6 ↵ ⇨ 중심점 P5 지정
Specify radius of circle or [Diameter] : D ↵ ⇨ Diameter 옵션 선택
Diameter : 6 ↵ ⇨ 원의 지름 지정

02 거리 지정 오프셋

다음 그림과 같이 두 선 L1과 L2에 평행한 두 선 L3과 L4를 OFFSET 명령의 거리 지정 방법으로 그려보자.

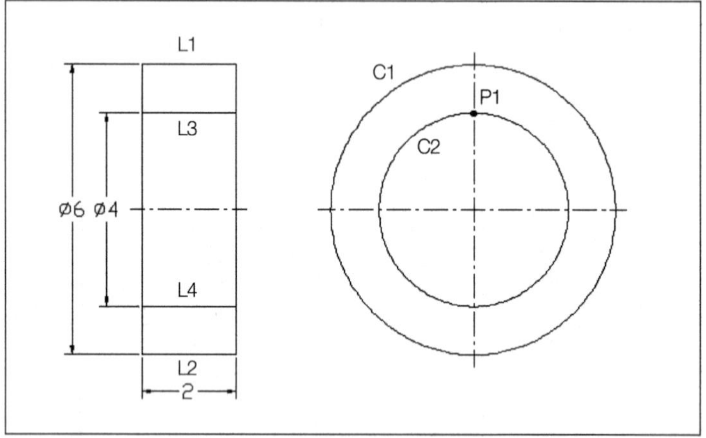

1 OFFSET 명령을 실행한 후 평행선이 그려질 거리로 1을 지정한다.

Command : OFFSET ↵
Current settings : Erase source=No Layer=Source OFFSETGAPTYPE=0
Specify offset distance or [Through/Erase/Layer] 〈1.0000〉 : 1 ↵ ⇨ 오프셋 거리 지정

2 평행선을 그릴 도면 요소인 선 L1을 선택한 후 평행선이 그려질 아래 방향의 임의 위치를 클릭한다.

Select object to offset or [Exit/Undo] 〈Exit〉 : ⇨ 선 L1 선택
Specify point on side to offset or [Exit/Multiple/Undo] 〈Exit〉 : ⇨ 선 L1 아래 위치 클릭

3 선 L2를 선택한 후 평행선이 그려질 위쪽 방향의 임의 위치를 클릭한다.

Select object to offset or [Exit/Undo] 〈Exit〉 : ⇨ 선 L2 선택
Specify point on side to offset or [Exit/Multiple/Undo] 〈Exit〉 : ⇨ 선 L2 위 위치 클릭
Select object to offset or [Exit/Undo] 〈Exit〉 : ↵ ⇨ 명령 실행 종료

03 점 지정 오프셋

위 그림에서 원 C1에 평행한 원 C2는 점 P1(10,8)을 지나도록 OFFSET 명령으로 그려 보자.

1 OFFSET 명령을 실행한 후 Through 옵션을 선택한다.

Command : OFFSET ↵
Current settings : Erase source=No Layer=Source OFFSETGAPTYPE=0
Specify offset distance or [Through/Erase/Layer] 〈1.0000〉 : T ↵ ⇨ Through 옵션 선택

2 평행선을 그릴 도면 요소인 원 C1을 선택한 후, 평행한 원이 지날 임의의 한 점 P1(10,8)을 지정한다.

Select object to offset or [Exit/Undo] 〈Exit〉 : ⇨ 원 C1 선택
Specify through point or [Exit/Multiple/Undo] 〈Exit〉 : 10,8 ↵ ⇨ 통과 점 P1 지정
Select object to offset or [Exit/Undo] 〈Exit〉 : ↵ ⇨ 명령 실행 종료

3.4 TRIM 명령(교차 도면 요소의 부분 제거)

TRIM 명령은 다음 그림과 같이 다른 선에 의해 교차된 직선이나 원, 호 등의 도면 요소의 일부분을 부분 제거할 때 사용한다.

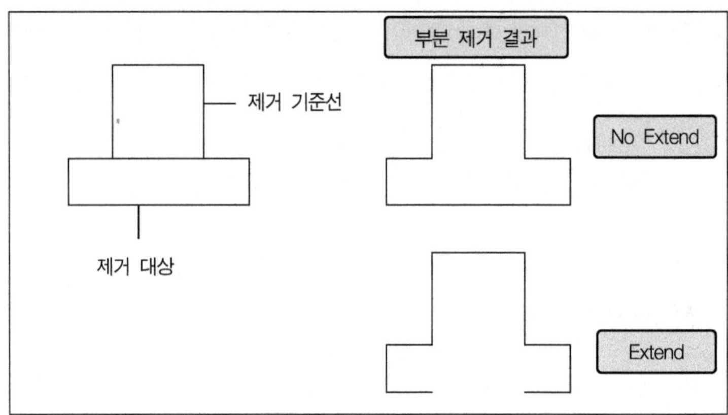

도구모음 : Modify 도구모음의 단추

Command : TRIM 〈또는 TR〉

Current settings : Projection=UCS, Edge=None, Mode=Quick ⇨ 제거 모드 설정 값 표시
Select object to trim or shift-select to extend or
[cuTting edges/Crossing/mOde/Project/eRase] :

현재 Mode가 Quick으로 되어 있어, 제거할 선을 선택하면 자동으로 제거된다. 이 기능을 사용해도 되나, 불편함이 있어 Standard로 변경하여 사용하는 것을 권장한다.

Command : TRIM 〈또는 TR〉

Current settings : Projection=UCS, Edge=None, Mode=Quick
Select object to trim or shift-select to extend or
[cuTting edges/Crossing/mOde/Project/eRase] : O ↵ ⇨ Mode의 O를 입력한 후 엔터
Enter a trim mode option [Quick/Standard] 〈Quick〉: S ↵ ⇨ Standard의 S를 입력한 후 엔터

Command : TRIM 〈또는 TR〉

Current settings : Projection=UCS, Edge=None, Mode=Standard ⇨ 제거 모드 설정 값 표시
Select boundary edges ...
Select objects or [mOde] 〈select all〉: ⇨ 제거 기준선 선택
Select objects or [mOde] 〈select all〉: ⇨ 제거 기준선 선택 완료 후 엔터
Select object to trim or shift-select to extend or
[cuTting edges/Fence/Crossing/mOde/Project/Edge/eRase] : ⇨ 제거선 또는 옵션 선택

옵 션	설 명
Fence	기준선을 선택한 후 제거할 선들 주변에 선을 그어 접하는 모든 선들을 제거한다.
Crossing	기준선을 선택한 후 제거할 선들을 드래그하여 선택이 되는 모든 선들을 제거한다.
Project	이 옵션은 3차원 도면에 대해 사용하며, 3차원 도면의 평면으로 투영(projection) 여부를 설정한다.
Edge	도면 요소를 부분 제거할 기준선의 연장 여부를 지정한다. Extend - 기준선을 연장한다. 연장된 가상의 선과 교차하는 도면 요소는 부분 제거할 수 있다. No extend - 기준선을 연장하지 않는다. 따라서 선택도면 요소는 기준선과 실제로 교차하고 있어야만 부분 제거할 수 있다.
eRase	Trim 옵션 안에 Erase 기능이 추가된 것으로 Trim 작업 중에 Erase 작업을 할 수 있다.

01 교차 도면의 제거

다음 그림과 같이 두 선 L1, L2와 교차하는 두 수직선에서 점선으로 표시된 S1, S2 부분을 제거해 보자.

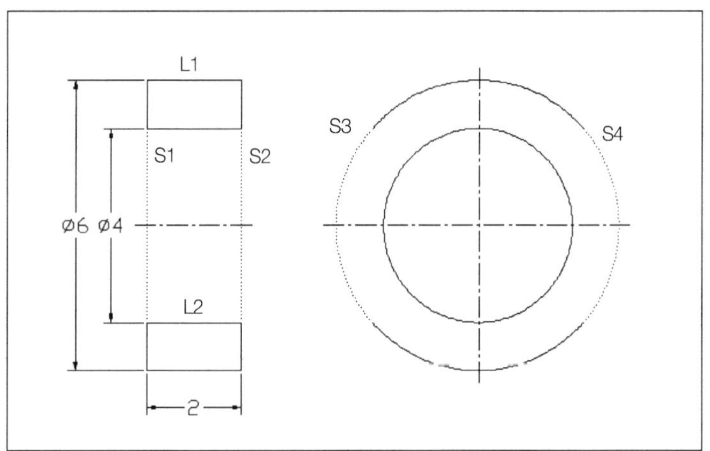

1 TRIM 명령을 실행한 후 제거 기준선으로 L1과 L2를 선택한다.

```
Command : TRIM ⏎
Current settings : Projection=UCS, Edge=None, Mode=Standard
Select boundary edges ...
Select objects or [mOde] <select all> :                          ⇨ 제거 기준선 L1 선택
Select objects :                                                 ⇨ 제거 기준선 L2 선택
Select objects : ⏎                                               ⇨ 기준선 선택 종료
```

2 제거할 부분인 S1과 S2의 임의 위치를 클릭하여 선택한다. 도면 요소를 선택할 때는 제거될 부분을 클릭하여 선택해야 한다.

```
Select object to trim or shift-select to extend or
[cuTting edges/Fence/Crossing/mOde/Project/Edge/eRase] :         ⇨ 제거 부분 S1 선택
Select object to trim or shift-select to extend or
[cuTting edges/Fence/Crossing/mOde/Project/Edge/eRase] :         ⇨ 제거 부분 S2 선택
Select object to trim or shift-select to extend or
[cuTting edges/Fence/Crossing/mOde/Project/Edge/eRase] : ⏎       ⇨ TRIM 명령 실행 종료
```

 02 기준선의 연장 제거

TRIM 명령은 실제 교차하지 않은 도면 요소라도 기준선을 연장한 가상의 선에 교차하면 부분 제거할 수 있다. 예를 들어, 위 그림에서 선 L1과 L2의 연장선과 교차하는 원의 S3, S4 부분을 제거하여 보자.

1 TRIM 명령을 실행한 후 도면 요소를 부분 제거할 기준선으로 선 L1과 L2를 선택한다.

```
Command : TRIM ⏎
Current settings : Projection=UCS, Edge=None, Mode=Standard
Select boundary edges ...
Select objects or [mOde] <select all> :                          ⇨ 제거 기준선 L1 선택
Select objects :                                                 ⇨ 제거 기준선 L2 선택
Select objects : ⏎                                               ⇨ 기준선 선택 종료
```

2 Edge 옵션을 선택한 후 제거 기준선을 연장하는 Extend 옵션을 선택한다.

```
Select object to trim or shift-select to extend or
[cuTting edges/Fence/Crossing/mOde/Project/Edge/eRase] : E ⏎     ⇨ Edge 옵션 선택
```

Enter an implied edge extension mode [Extend/No extend] <No extend> : E ↵

3 원의 제거 부분인 S3, S4의 임의 위치를 클릭하여 선택한다.

Select object to trim or shift-select to extend or
[cuTting edges/Fence/Crossing/mOde/Project/Edge/eRase] : ⇨ 제거 부분 S3 선택
Select object to trim or shift-select to extend or
[cuTting edges/Fence/Crossing/mOde/Project/Edge/eRase] : ⇨ 제거 부분 S4 선택
Select object to trim or shift-select to extend or
[cuTting edges/Fence/Crossing/mOde/Project/Edge/eRase] : ↵ ⇨ TRIM 명령 실행 종료

투영(Project) 모드

3차원 도면 요소의 부분 제거에는 Project 옵션의 하위 옵션을 사용하여 2차원 평면으로 투영 여부를 설정할 수 있다.

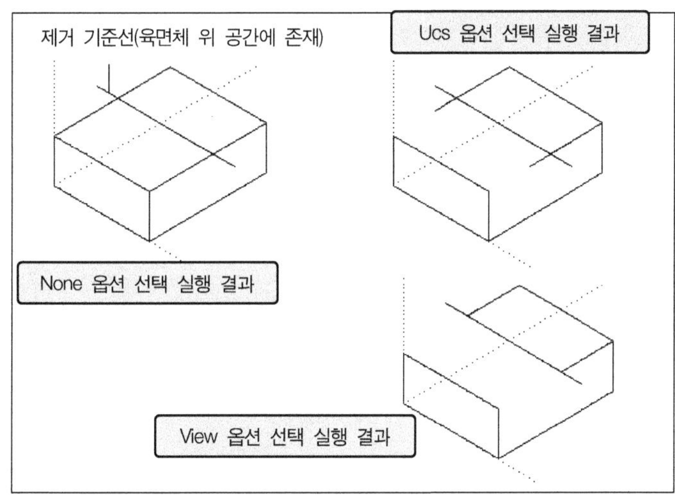

옵 션	설 명
None	3차원 도면의 투영을 이용하지 않는다. 즉, 3차원에서 실제 교차하는 도면 요소만 부분 제거할 수 있다.
Ucs	3차원 도면을 실제 3차원에서는 교차하지 않아도 XY 평면으로 투영한 상태에서 교차하면 부분 제거할 수 있다.
View	현재 관찰점에서 바라보는 상태를 기준으로 부분 제거한다. 이 옵션은 Ucs 옵션과 마찬가지로 투영한 상태에서만 교차하면 된다.

3.5 BREAK 명령(도면 요소의 분리, 부분 제거)

BREAK 명령은 아래 그림과 같이 선택 도면 요소의 임의 구간을 제거하거나 두 개의 도면 요소로 분리(원은 제외)할 때 사용한다.

Command : BREAK 〈또는 BR〉

Select Object : ⇨ 도면 요소 선택

Specify second break point or [First point] : ⇨ 제거, 분리 점 지정

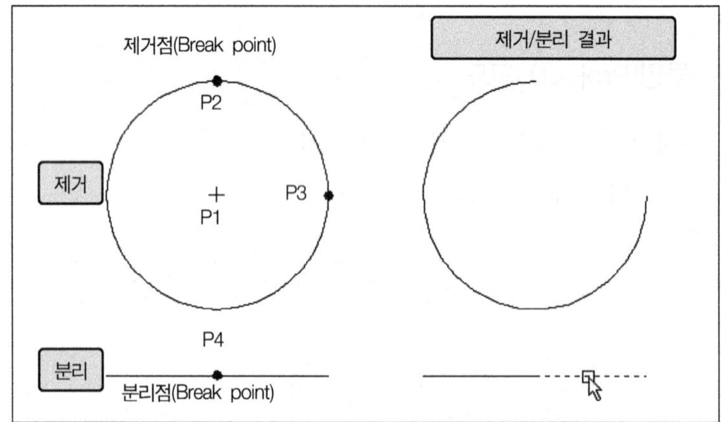

01 임의 구간 제거

위 그림과 같이 중심점 P1(7,7)에서 반지름 3인 원을 그린 후 원의 극점 P2(10,7)에서 극점 P3(7,10)까지의 선을 제거해보자.

1 CIRCLE 명령을 실행하여 중심점이 P1이고 반지름이 3인 원을 그린다.

Command : CIRCLE ↵
Specify center point for circle of [3P/2P/Ttr (tan tan radius)] : 7,7 ↵ ⇨ 중심점 P1 지정
Specify radius of circle or [Diameter] : 3 ↵ ⇨ 원의 반지름 지정

2 BREAK 명령을 실행한 후 부분 제거할 원을 90도 방향의 극점 P2의 좌표를 지정하여 선택한다. 이는 도면 요소를 선택한 위치의 점이 자동으로 부분 제거할 구간의 시작점으로 지정되기 때

문이다.

```
Command : BREAK ↵
Select object : 10,7 ↵                                    ⇨ 점 P2 지정
```

3 부분 제거할 구간의 끝점 P3을 지정한다. 원이나 호인 경우에는 반시계 방향으로 선택해야 한다.

```
Specify second break point or [First point] : 7,10 ↵           ⇨ 점 P3 지정
```

정확한 작업을 위해서 제거 구간의 양 끝점은 Snap 모드를 이용하든지 좌표를 입력하는 방법이 바람직하다. 그리고 제거 구간의 시작점을 잘못 지정한 경우에는 위 예의 3 단계에서 F 옵션을 선택한 후 다시 지정해주면 된다.

```
Specify second break point or [First point] : F ↵             ⇨ First 옵션 선택
Specify first break point :                                    ⇨ 시작점 지정
Specify second break point :                                   ⇨ 끝점 지정
```

02 도면 요소 분리

하나의 도면 요소를 2개의 도면 요소로 분리할 때에는 동일한 위치의 점을 시작점과 끝점으로 지정하면 된다. 위 그림에서 직선을 점 P4의 위치에서 분리하려면 다음과 같이 한다.

```
Command : BREAK ↵
Select object :                                                ⇨ 분리 점 P4 지정
Specify second break point or [First point] : @ ↵              ⇨ 분리 점 P4 재지정
```

3.6 EXTEND 명령(도면 요소의 연장)

EXTEND 명령은 다음 그림과 같이 직선이나 호와 같이 끝이 닫혀 있지 않는 개곡선을 다른 경계선까지 연장선을 그려준다.

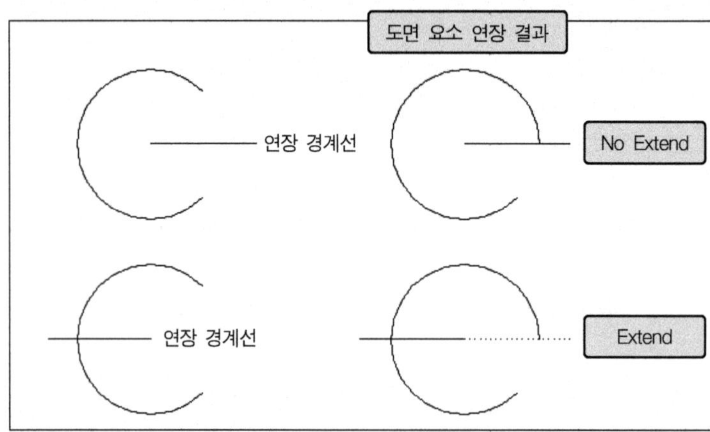

도구모음 : Modify 도구모음의 단추

Command : EXTEND 〈또는 EX〉

Current settings : Projection=UCS, Edge=None, Mode=Quick ⇨ 연장 모드 설정 값 표시

Select object to extend or shift-select to trim or

[Boundary edges/Crossing/mOde/Project] :

현재 Mode가 Quick으로 되어 있어, 연장할 선을 선택하면 자동으로 연장된다. 이 기능을 사용해도 되나, 불편함이 있어 Standard로 변경하여 사용하는 것을 권장한다.

Command : EXTEND 〈또는 EX〉

Current settings : Projection=UCS, Edge=None, Mode=Quick

Select object to extend or shift-select to trim or

[Boundary edges/Crossing/mOde/Project] : O ↵ ⇨ Mode의 O를 입력한 후 엔터

Enter an extend mode option [Quick/Standard] 〈Quick〉: S ↵ ⇨ Standard의 S를 입력한 후 엔터

Command : EXTEND 〈또는 EX〉

Current settings : Projection=UCS, Edge=None, Mode=Standard ⇨ 연장 모드 설정 값 표시

Select boundary edges ...

Select objects or [mOde] 〈select all〉: ⇨ 연장 경계선 선택

Select object : ↵ ⇨ 경계선 선택 완료 후 엔터

Select object to extend or shift-select to trim or

[Boundary edges/Fence/Crossing/mOde/Project/Edge] : ⇨ 연장할 선이나 옵션 선택

옵 션	설 명
Fence	기준선을 선택한 후 연장할 선들 주변에 선을 그어 접하는 모든 선들을 연장시킨다.
Crossing	기준선을 선택한 후 연장할 선들을 드래그하여 선택이 되는 모든 선들을 연장시킨다.
Edge	연장 경계선의 연장 여부를 지정한다. Extend - 경계선을 연장한다. 연장된 가상의 선과 교차할 수 있는 도면 요소는 연장할 수 있다. No extend - 경계선을 연장하지 않는다. 선택도면 요소는 경계선과 교차할 수 있어야만 연장할 수 있다.
Project	3차원 도면 요소의 평면으로 투영 여부를 설정한다(“3.4 TRIM 명령” 참조).
Undo	앞서 실행한 도면 요소 연장을 한 단계씩 취소한다.

01 도면 요소의 연장

다음 그림과 같이 한 변의 길이가 4인 정사각형과 중심점이 P5(7,6)이고 반지름이 4인 원 C1을 그려보자. 그런 다음 사각형의 각 변에서 원 C1까지 연장선(점선 부분)을 그려보자.

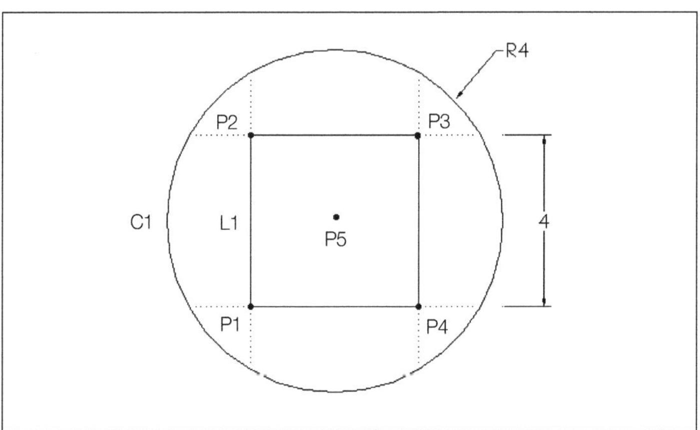

1 LINE 명령을 실행하여 정사각형을 그린다.

Command : LINE ↵
Specify first point : 5,4 ↵ ⇨ 점 P1 지정
Specify next point or [Undo] : @0,4 ↵ ⇨ 점 P2 지정
Specify next point or [Undo] : @4,0 ↵ ⇨ 점 P3 지정
Specify next point or [Close/Undo] : @0,-4 ↵ ⇨ 점 P4 지정
Specify next point or [Close/Undo] : C ↵ ⇨ 점 P4와 점 P1 연결

2 CIRCLE 명령을 실행하여 중심점 P5부터 반지름이 4인 원을 그린다.

Command : CIRCLE ↵
Specify center point for circle of [3P/2P/Ttr(tan tan radius)] : 7,6 ↵ ⇨ 중심점 P5 지정
Specify radius of circle or [Diameter] : 4 ↵ ⇨ 원의 반지름 지정

3 EXTEND 명령을 실행한 후 연장 경계선으로 원 C1을 선택한다.

Command : EXTEND ↵
Current settings : Projection=UCS, Edge=None, Mode=Standard ⇨ 연장 모드 설정값 표시
Select boundary edges ...
Select objects or [mOde] 〈select all〉 : ⇨ 원 C1 선택
Select objects : ↵ ⇨ 경계선 선택 종료

4 선 L1의 끝점 P1 부분을 선택하여 점 P1 방향으로 연장선을 그린다.

Select object to extend or shift-select to trim or
[Boundary edges/Fence/Crossing/mOde/Project/Edge] : ⇨ 선 L1의 P1 부분 선택

5 선 L1의 끝점 P2 부분을 선택하여 점 P2 방향으로 연장선을 그린다.

Select object to extend or shift-select to trim or
[Boundary edges/Fence/Crossing/mOde/Project/Edge] : ⇨ 선 L1의 P2 부분 선택

6 계속해서 다른 직선의 연장선도 4~5단계와 동일한 방법으로 그린 후 명령 실행을 종료한다.

Select object to extend or shift-select to trim or
[Boundary edges/Fence/Crossing/mOde/Project/Edge] : ↵ ⇨ 명령 실행 종료

3.7 LENGTHEN 명령(도면 요소의 길이 변경)

LENGTHEN 명령은 선택한 도면 요소의 길이를 변경한다. 단, 원이나 폴리라인과 같이 시작점과 끝점이 연결된 도면 요소에는 사용할 수 없다.

```
Command : LENGTHEN 〈또는 LEN〉
Select an object or [DElta/Percent/Total/DYnamic] :          ⇨ 옵션 선택
```

옵 션	설 명
DElta	증가 각도나 길이를 지정하여 도면 요소의 길이를 변경한다.
Percent	배율을 지정하여 도면 요소의 길이를 변경한다.
Total	지정 각도나 길이로 선택도면 요소를 변경한다.
DYnamic	그래픽 커서로 자유롭게 선택도면 요소의 길이를 변경한다.

01 길이 지정 변경

작업 도면에 임의 직선을 그린 후 LENGTHEN 명령으로 이 직선의 길이를 5로 변경하여 보자.

1 LINE 명령을 실행하여 임의 길이의 직선을 그린다.

2 LENGTHEN 명령을 실행한 후 Total 옵션을 선택한다.

```
Command : LENGTHEN ↵
Select an object or [DElta/Percent/Total/DYnamic] : T ↵          ⇨ Total 옵션 선택
```

3 변경할 직선의 전체 길이로 5를 입력한 후 변경할 직선을 선택한다. 이때 직선을 선택한 방향에서 가까운 끝점부터 길이를 변경한다.

```
Specify total length or [Angle] 〈1.0000〉 : 5 ↵          ⇨ 변경 길이 지정
Select an object to change or [Undo] :                    ⇨ 도면 요소 선택
Select an object to change or [Undo] : ↵                  ⇨ 명령 실행 종료
```

배율 지정 변경

예를 들어, 앞서 길이 5로 변경한 직선의 길이를 현재 길이의 150%로 다시 변경하여 보자.

1 LENGTHEN 명령을 실행한 후 Percent 옵션을 선택한다.

```
Command : LENGTHEN ↵
Select an object or [DElta/Percent/Total/DYnamic] : P ↵          ⇨ Percent 옵션 선택
```

2 변경할 직선의 길이 배율로 150을 입력한 후 변경할 직선을 선택한다.

```
Enter percentage length <100.0000> : 150 ↵                       ⇨ 변경 배율 지정
Select an object to change or [Undo] :                           ⇨ 도면 요소 선택
Select an object to change or [Undo] : ↵                         ⇨ 명령 실행 종료
```

증가 각도 지정

다음 그림과 같이 점 P1(3,4)부터 P2(9,4)까지의 반원인 호를 그려보자. 이후 증가 각도 90도를 지정하여 호의 길이를 점 P1에서 점 P3까지 변경하여 보자.

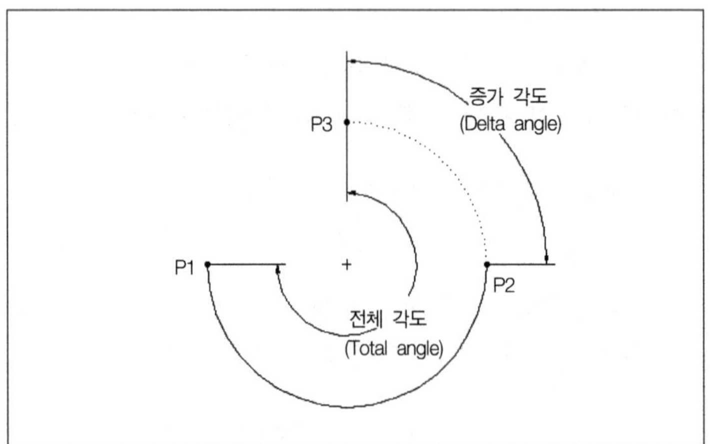

1 ARC 명령을 실행하여 시작점이 P1이고 끝점이 P2인 호를 그린다.

```
Command : ARC ↵
Specify start point of arc or [Center] : 3,4 ↵                ⇨ 시작점 P1 지정
Specify second point of arc or [Center/End] : E ↵             ⇨ End 옵션 선택
Specify end point of arc : @6,0 ↵                             ⇨ 끝점 P2 지정
Specify center point of arc or [Angle/Direction/Radius] : A ↵ ⇨ Angle 옵션 선택
Specify included angle : 180 ↵                                ⇨ 호의 내각 지정
```

2 LENGTHEN 명령을 실행한 후 DElta 옵션을 선택한다.

```
Command : LENGTHEN ↵
Select an object or [DElta/Percent/Total/DYnamic] : DE ↵      ⇨ DElta 옵션 선택
```

3 Angle 옵션을 선택한 후 증가 각도(Delta angle)로 90을 지정한다.

```
Enter delta length or [Angle] <0.0000> : A ↵                  ⇨ Angle 옵션 선택
Enter delta angle <0> : 90 ↵                                  ⇨ 증가 각도 지정
```

4 호의 길이를 늘릴 방향의 끝점 P2 부분을 클릭하여 호를 선택한다.

```
Select an object to change or [Undo] :                        ⇨ 호의 점 P2 부분 선택
Select an object to change or [Undo] : ↵                      ⇨ 명령 실행 종료
```

04 전체 각도 지정

위 예에서 점 P1부터 점 P3까지의 전체 각도(Total angle)를 지정하여 호의 길이를 변경할 수도 있다.

1 LENGTHEN 명령을 실행한 후 Total 옵션을 선택한다.

```
Command : LENGTHEN ↵
Select an object or [DElta/Percent/Total/DYnamic] : T ↵       ⇨ Total 옵션 선택
```

2 Angle 옵션 선택 후 변경할 전체 각도(total angle)로 270을 지정한다.

```
Specify total length or [Angle] <5.0000)> : A ↵               ⇨ Angle 옵션 선택
Specify total angle <0> : 270 ↵                               ⇨ 변경 각도 지정
```

3 호의 길이를 늘릴 방향의 끝점 P2 부분을 클릭하여 호를 선택한다.

Select an object to change or [Undo]: ⇨ 호의 점 P2 부분 선택
Select an object to change or [Undo]: ↵ ⇨ 명령 실행 종료

3.8 STRETCH 명령(도면 요소 늘이기)

STRETCH 명령은 선택한 도면 요소를 고무줄처럼 자유자재로 늘리거나 줄일 수 있는 명령이다. 또한 STRETCH 명령은 선택 도면 요소의 이동에도 사용할 수 있다.

 도구모음 : Modify 도구모음의 단추

 Command : STRETCH 〈또는 S〉

Select objects to stretch by crossing-window or crossing-polygon...
Select objects : ⇨ 도면 요소 선택
Specify base point or [Displacement] 〈Displacement〉: ⇨ 기준점 지정
Specify second point or 〈use first point as displacement〉: ⇨ 대치점 지정

01 도면 요소 늘이기

다음의 왼쪽 그림과 같이 삼각형을 그린 후 삼각형의 선 L1과 L2를 오른쪽 그림과 같이 늘려 보자. 이를 위해 먼저 LINE 명령을 실행하여 삼각형을 그리기 바란다.

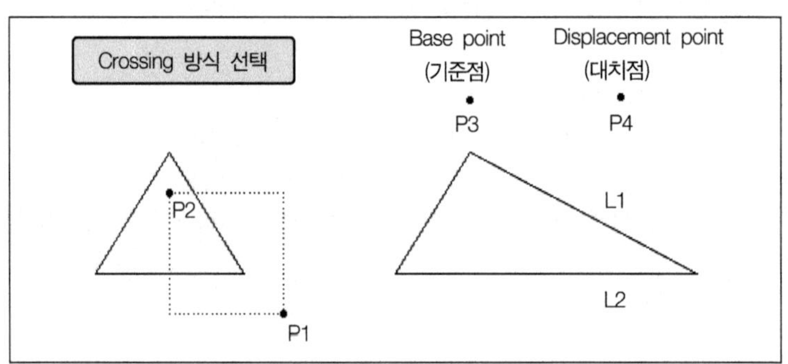

1 STRETCH 명령을 실행한 후 마우스 포인터로 점 P1과 P2를 차례로 클릭하여 Crossing 방식으로 선 L1과 L2를 선택한다.

```
Command : STRETCH ↵
Select objects to stretch by crossing-window or crossing-polygon...

Select objects :                          ⇨ 점 P1 지정
Specify opposite corner :                 ⇨ 점 P2 지정
Select objects : ↵                        ⇨ 도면 요소 선택 종료
```

2 기준점 P3과 대치점 P4를 지정한다.

```
Specify base point or [Displacement] <Displacement> :            ⇨ 기준점 P3 지정
Specify second point or <use first point as displacement> :      ⇨ 대치점 P4 지정
```

02 도면 요소 이동

다음 그림과 같이 STRETCH 명령 실행 시 도면 요소를 Window 방식이나 Window Polygon 방식으로 선택하면 선택도면 요소는 늘이기가 아닌 이동으로 동작한다.

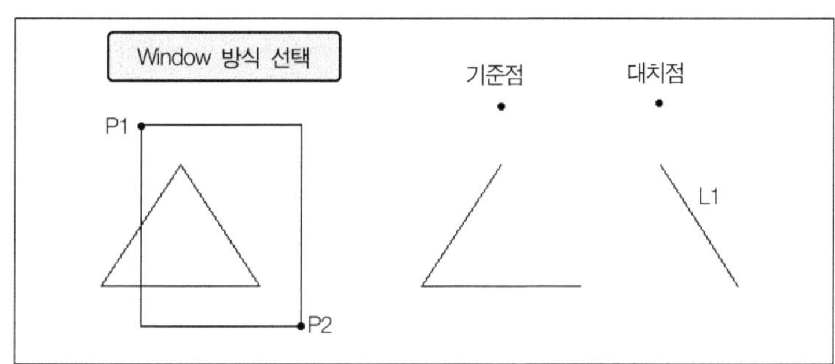

즉, STRETCH 명령은 도면 요소의 선택 방법에 따라 Crossing 방식은 늘이기로, Window 방식은 이동으로 동작한다. 단, 원이나 사각형 등의 닫혀진 도형 전체를 선택했을 때에는 이동으로 동작한다. 그리고 호는 다른 선에 연결되어 있어야 늘일 수 있다.

연습문제 01 GEAR-I 제도

(도면 편집 명령을 이용하여 다음과 같은 GEAR-I를 1 : 1 현척으로 제도하여 보아라.)

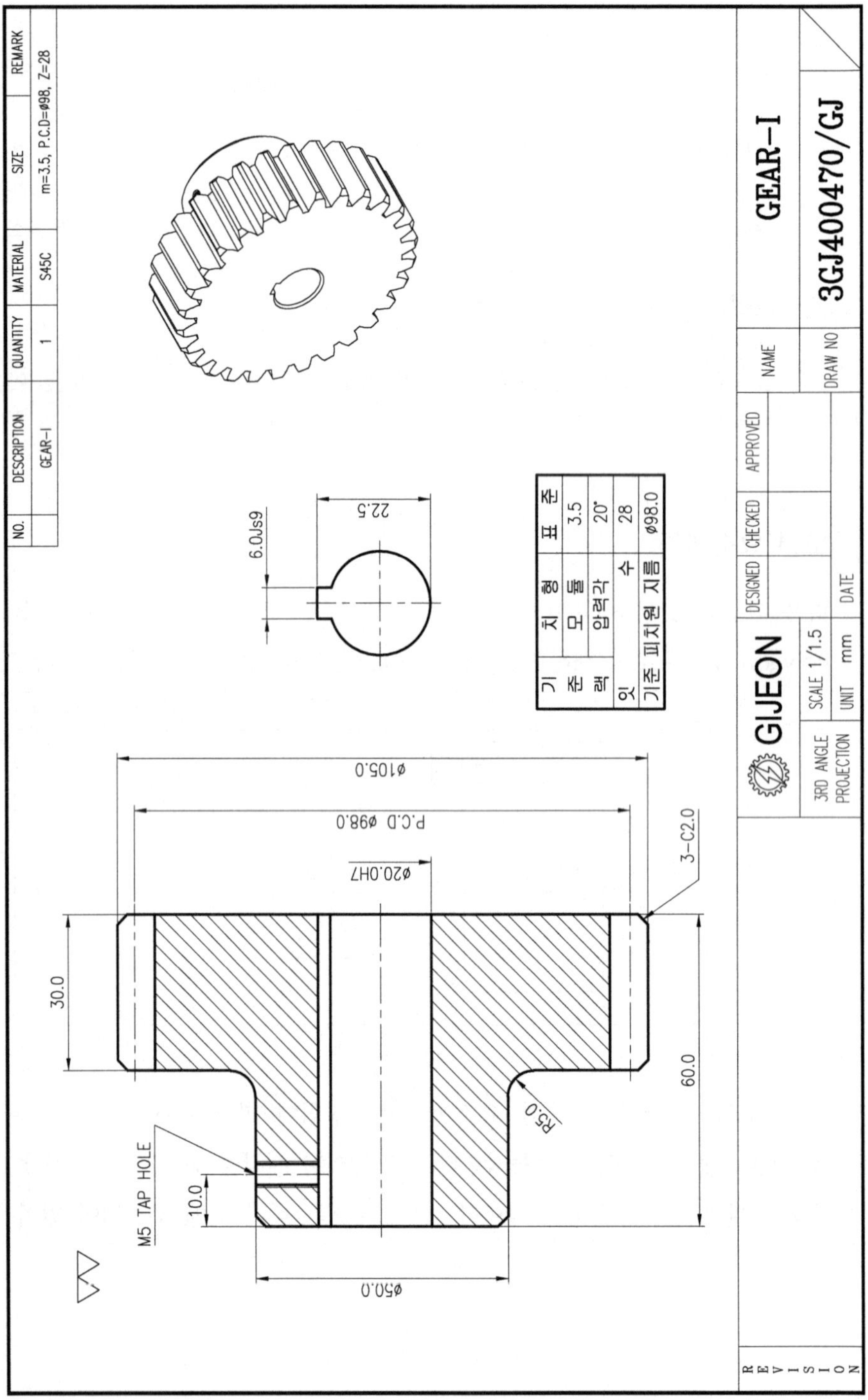
NO.
DESCRIPTION
QUANTITY
MATERIAL
SIZE
REMARK
GEAR-I
1
S45C
m=3.5, P.C.D=ø98, Z=28
22.5
6.0Js9
기 치 형 표 준
준 모 듈 3.5
랙 압력각 20°
잇 수 28
기준 피치원 지름 ø98.0
ø105.0
P.C.D ø98.0
ø20.0H7
3-C2.0
30.0
60.0
R5.0
M5 TAP HOLE
10.0
ø50.0
GIJEON
3RD ANGLE PROJECTION
SCALE 1/1.5
UNIT mm
DESIGNED
CHECKED
APPROVED
DATE
NAME
GEAR-I
DRAW NO
3GJ400470/GJ
REVISION

연습문제 02 GEAR-II 제도

(도면 편집 명령을 이용하여 다음과 같은 GEAR-II를 1 : 1 현척으로 제도하여 보아라.)

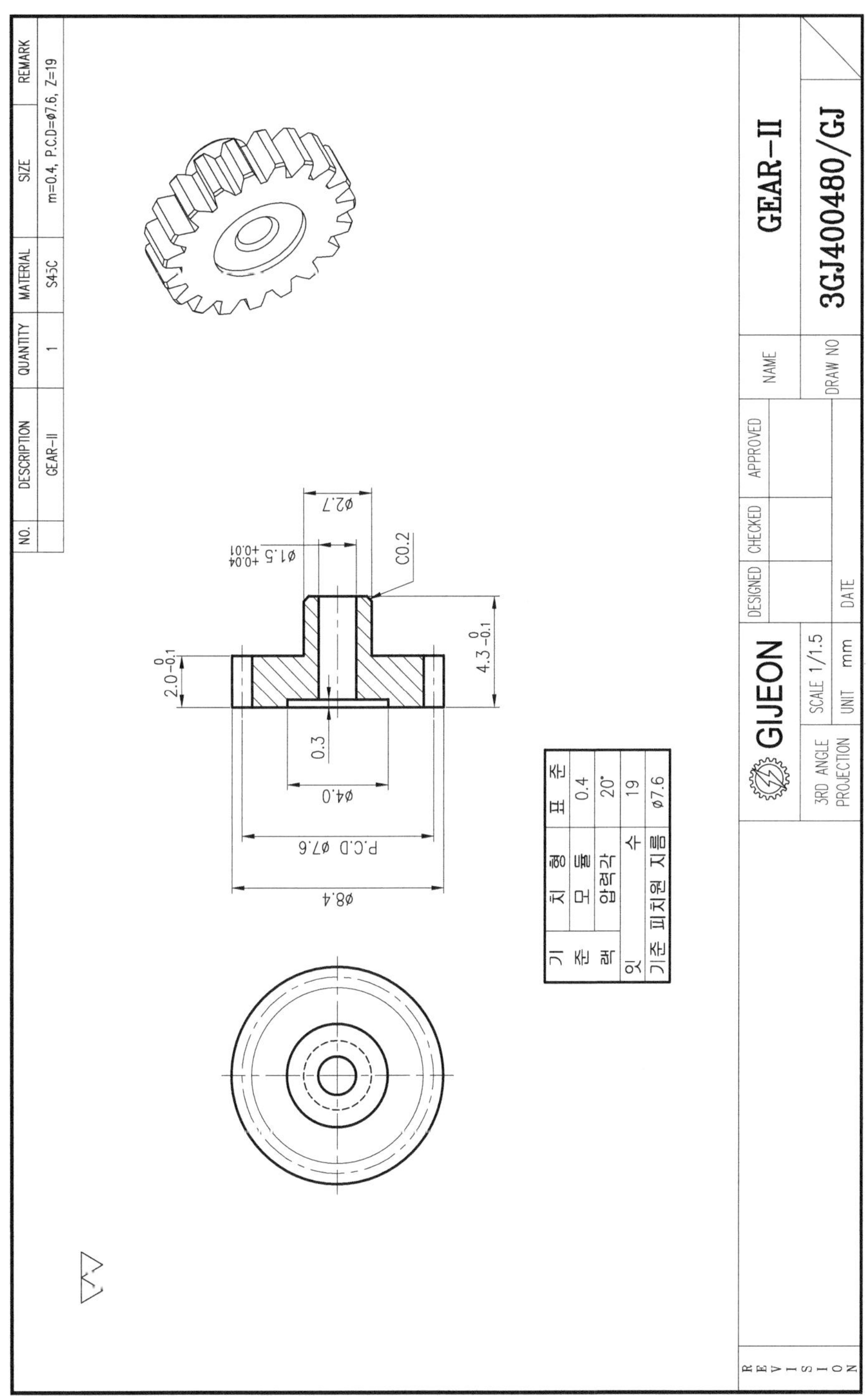

연습문제 03 GEAR-III 제도

(도면 편집 명령을 이용하여 다음과 같은 GEAR-III를 1 : 1 현척으로 제도하여 보아라.)

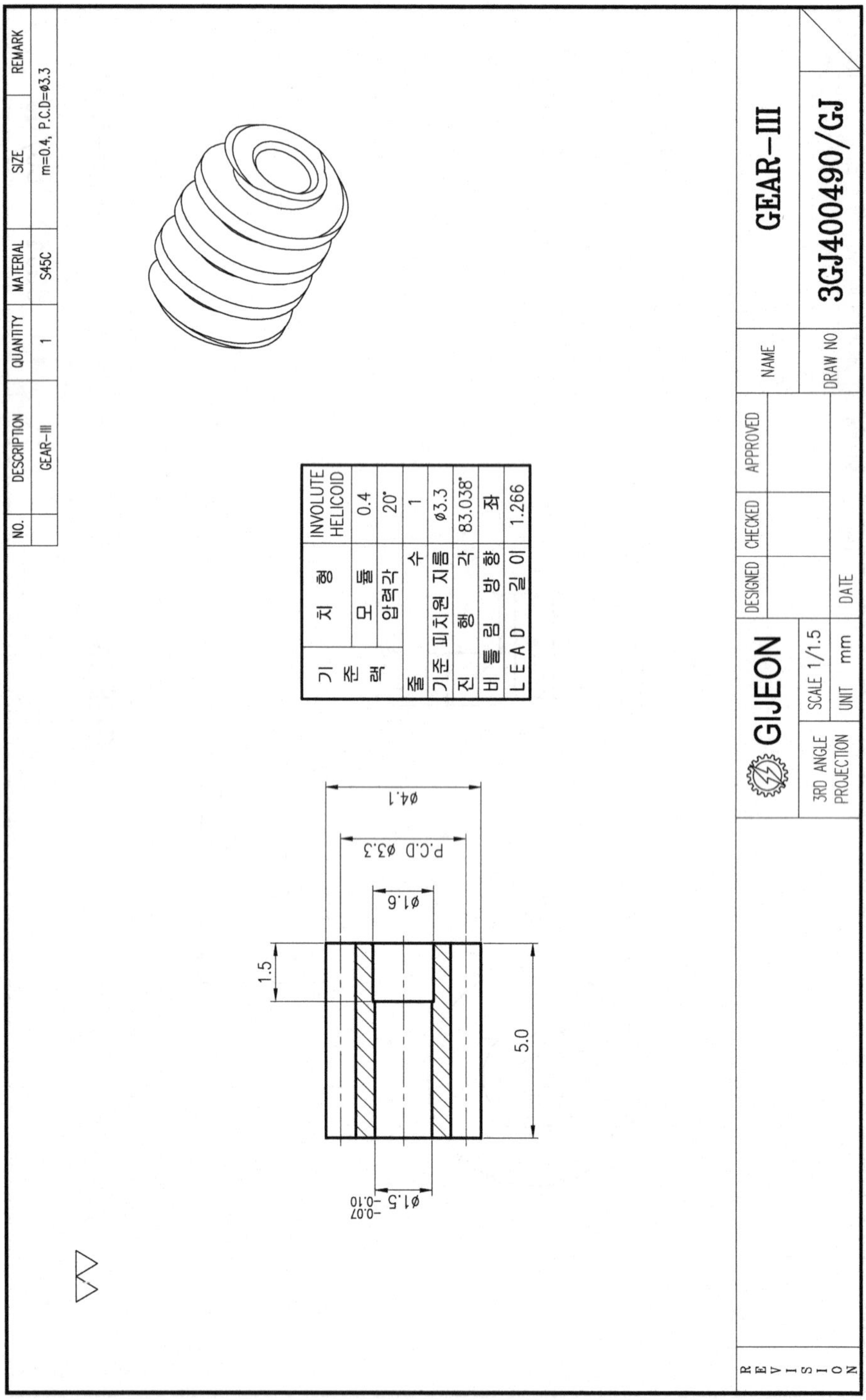
NO.
DESCRIPTION
QUANTITY
MATERIAL
SIZE
REMARK
GEAR-III
1
S45C
m=0.4, P.C.D=ø3.3
기준랙 치형
INVOLUTE HELICOID
모듈
0.4
압력각
20°
줄 수
1
기준 피치원 지름
ø3.3
진행각
83.038°
비틀림 방향
좌
LEAD 길이
1.266
ø4.1
P.C.D ø3.3
ø1.6
1.5
5.0
ø1.5 -0.07 -0.10
GIJEON
3RD ANGLE PROJECTION
SCALE 1/1.5
UNIT mm
DESIGNED
CHECKED
APPROVED
DATE
NAME
GEAR-III
DRAW NO
3GJ400490/GJ
REVISION

연습문제 04 BEVEL GEAR 제도

(도면 편집 명령을 이용하여 다음과 같은 BEVEL GEAR를 1 : 1 현척으로 제도하여 보아라.)

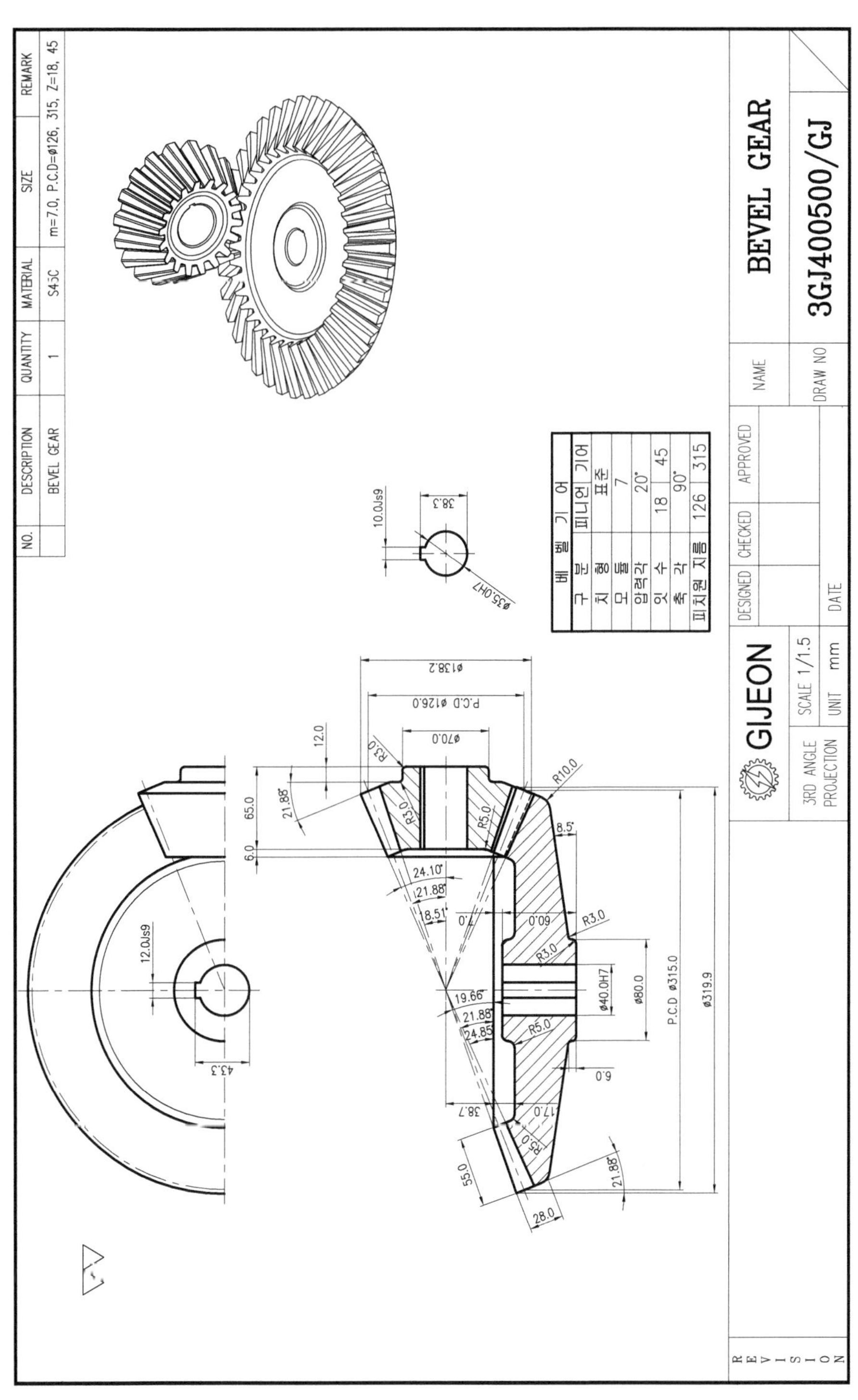

NO. DESCRIPTION QUANTITY MATERIAL SIZE REMARK
BEVEL GEAR 1 S45C m=7.0, P.C.D=ø126, 315, Z=18, 45
베벨 기어
구분 피니언 기어
치형 표준
모듈 7
압력각 20°
잇수 18 45
축각 90°
피치원 지름 126 315
GIJEON
3RD ANGLE PROJECTION
SCALE 1/1.5
UNIT mm
DESIGNED CHECKED APPROVED
DATE
NAME BEVEL GEAR
DRAW NO 3GJ400500/GJ
REVISION
ø138.2
P.C.D ø126.0
ø70.0
ø35.0H7
10.0Js9
38.3
12.0Js9
43.3
P.C.D ø315.0
ø319.9
ø40.0H7
ø80.0

도면 요소 스냅과 그립 모드

여기서는 도면을 작성하거나 편집할 때 유용하게 사용하는 도면 요소 스냅(Object snap)과 트래킹(Tracking), 그립(Grip) 모드에 대해 설명한다.

4.1 OSNAP 명령(도면 요소 스냅 설정)

도면 요소에는 도면 편집 시 좌표 지정에 많이 이용되는 끝점이나 중점, 중심점 등이 있다. 이러한 점에도 도면 영역에서처럼 스냅(snap)을 설정할 수 있는데, 이를 도면 요소 스냅(Object snap)이라 한다.

Command : OSNAP 〈또는 OS〉

01 스냅 옵션

OSNAP 명령을 실행하면 위와 같은 대화상자가 표시된다. 이 대화상자에서는 다음과 같은 스냅 모드 옵션을 지정할 수 있다. 이들 옵션은 다른 명령의 좌표 지정에도 사용할 수 있는데, 이때에는 옵션 이름의 3자만 입력하면 된다.

옵 션	설 명
Endpoint	선이나 호 등의 양 끝점에 스냅을 설정한다.
Midpoint	선이나 호 등의 중점에 스냅을 설정한다.
Center	원이나 호 등의 중심점에 스냅을 설정한다.
Node	POINT 명령으로 그린 점에 스냅을 설정한다.
Quadrant	원이나 호의 0°, 90°, 180°, 270° 위치의 극점에 스냅을 설정한다.
Intersection	둘 이상의 도면 요소가 만나는 교차점에 스냅을 설정한다.
Extension	선이나 호를 연장한 가상의 선 위의 점에 스냅을 설정한다.
Insertion	도면에 삽입된 문자열이나 BLOCK 명령으로 삽입한 블록의 삽입 점에 스냅을 설정한다.
Perpendicular	원이나 호에서 떨어져 있는 직선에 수선을 그렸을 때 수선과 원이나 호, 직선이 만나는 점에 스냅을 설정한다.
Tangent	원이나 호와 접하는 직선의 접점에 스냅을 설정한다.
Nearest	스냅 찾기 상자(target box) 안에 포함된 도면 요소 중 가장 가까운 점에 스냅을 설정한다.
Apparent Intersection	2차원 평면의 실제 교차하는 점뿐만 아니라 3차원 공간에서 교차하지 않지만 현재 평면 보기 상태에서 교차하는 점에도 스냅을 설정한다.
Parallel	선택한 선과 평행한 가상의 선 위의 점에 스냅을 설정한다.

단, 설정된 도면 요소 스냅은 Object Snap On 확인란이 선택되어 있을 때에만 활성화된다. 도면 요소 스냅의 활성화는 상태 표시줄의 단추를 클릭하거나 〈F3〉 키를 눌러도 된다.

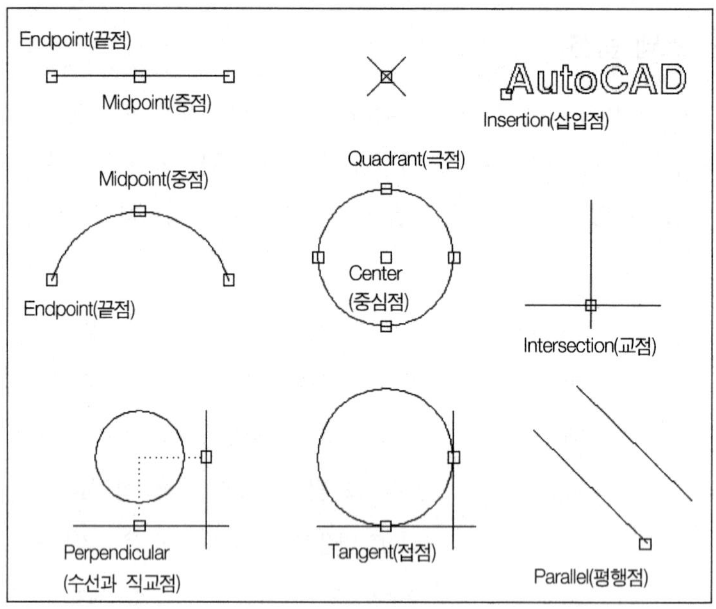

02 도면 요소 스냅 사용

다음과 같이 정사각형의 점 P1과 P3, P2와 P4를 잇는 대각선을 도면 요소 스냅을 이용하여 그려보자. 이를 위해 먼저 정사각형을 그리기 바란다.

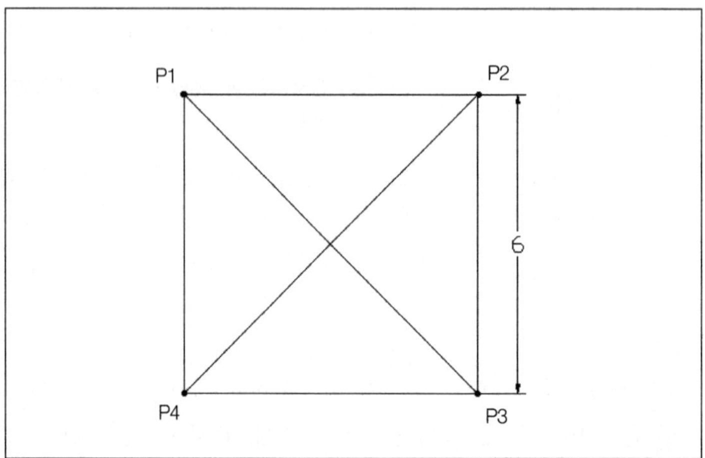

1 OSNAP 명령을 실행한다.

```
Command : OSNAP ↵
```

2 Drafting Settings 대화상자가 표시되면 Object Snap On 확인란을 선택한다. 이 확인란을 취소하면 도면 요소 스냅 기능이 취소된다.

3 설정할 도면 요소 스냅 모드로 Endpoint 확인란을 선택한다.

4 OK 단추를 클릭한다.

5 LINE 명령을 실행한다. 시작점 지정 요구 시 아래 그림과 같이 그래픽 커서로 점 P1을 끝점으로 하는 선을 클릭한다. 그러면 스냅 찾기 상자는 선택한 선의 끝점 P1을 찾아 지정한다.

```
Command : LINE ↵
Specify first point :                    ⇨ 점 P1 위치의 선 선택
```

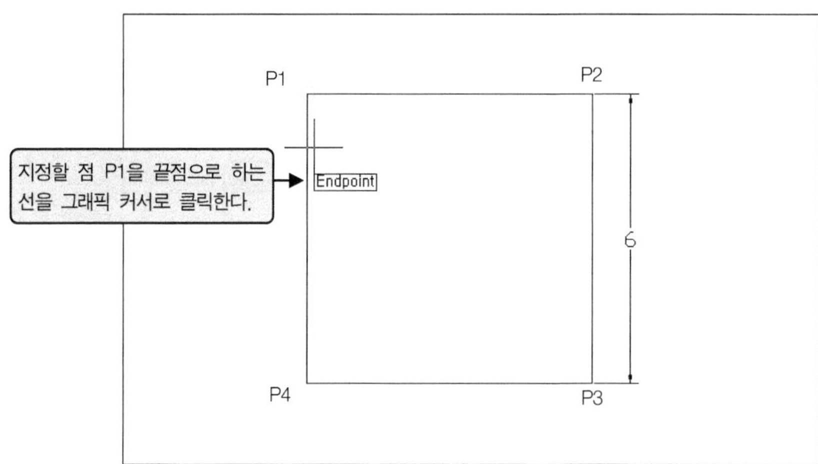

6 다음으로 점 P3을 끝점으로 하는 선 부근을 클릭하여 선택한다. 그러면 점 P1과 점 P3을 끝점으로 하는 대각선이 그려진다.

```
Specify next point or [Undo] :           ⇨ 점 P3 위치의 선 선택
Specify next point or [Undo] : ↵         ⇨ 명령 실행 종료
```

7 5~6 단계와 동일한 방법으로 점 P2, P4를 끝점으로 하는 선을 그린다.

이와 같이 도면 요소에 스냅을 사용하면 직접 좌표 값을 입력하지 않고서도 쉽게 그래픽 커서로 좌표를 지정할 수 있다.

03 자동 스냅 설정

Drafting Settings 대화상자에서 Options 단추를 클릭하면 다음과 같은 대화상자가 표시된다. 이 대화상자에서는 자동 스냅 항목을 설정할 수 있다.

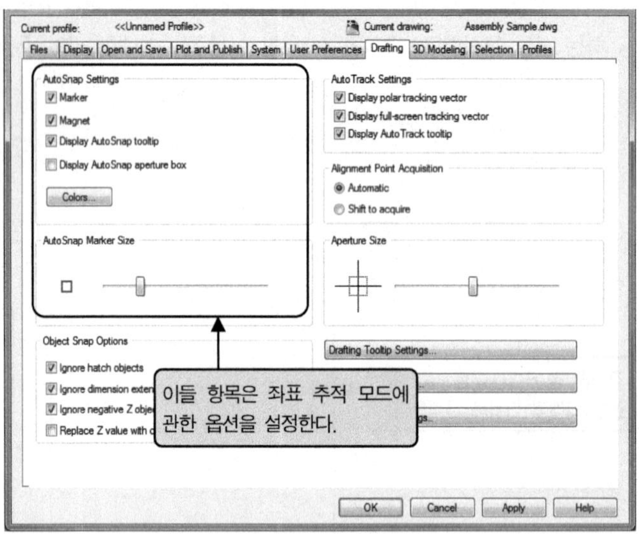
이들 항목은 좌표 추적 모드에 관한 옵션을 설정한다.

항 목	설 명
Marker	스냅 점의 위치를 알려주는 표식기를 표시해준다.
Magnet	스냅 찾기 상자가 스냅 점에 자석처럼 달라붙을 수 있도록 한다.
Display AutoSnap tooltip	스냅 찾기 상자가 도면 요소에 위치했을 때 현재 스냅 점을 풍선 도움말로 알려준다.
Display AutoSnap aperture box	그래픽 커서에 스냅 찾기 상자를 표시해준다.
AutoSnap Marker Color	스냅 점 표식기의 색(기본색 : 노란색)을 지정한다.
AutoSnap Marker Size	스냅 점 표식기의 크기를 조정한다.

4.2 다른 명령에서의 스냅 옵션 사용

ONSAP 명령의 옵션은 다른 명령 실행 시 좌표 지정에도 사용할 수 있다. 단, 이때에는 OSNAP 명령으로 설정한 스냅 모드보다도 우선하며 현재 좌표 지정에만 한시적으로 적용된다.

한시적 스냅 사용(1)

다음 그림과 같이 앞서 예로 든 정사각형에 내접하는 원을 중심점 P1과 원 위의 점 P2를 스냅 모드로 지정하여 그려보자.

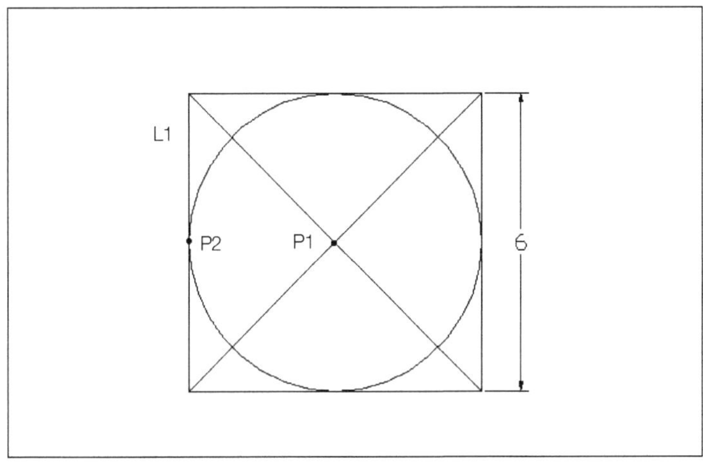

1 다음과 같이 CIRCLE 명령의 중심점 좌표 지정 요구 시 Intersection 옵션을 지정한 후 그래픽 커서로 정사각형의 대각선의 교점 부분을 클릭한다. 그러면 두 대각선이 교차하는 점이 원의 중심점 P1로 지정된다.

```
Command : CIRCLE ↵
Specify center point for circle of [3P/2P/Ttr (tan tan radius)] : INT ↵  ⇨ INT 스냅 옵션 지정
of                                                                       ⇨ 대각선의 교점 선택
```

2 반지름 입력을 요구하면 Midpoint 옵션을 입력한 후 그래픽 커서로 정사각형의 한 선 L1을 클릭한다. 그러면 중심점 P1부터 선 L1의 중점 P2까지를 반지름으로 한 내접원이 그려진다.

```
of Specify radius of circle or [Diameter] : MID ↵        ⇨ MID 스냅 옵션 지정
of                                                       ⇨ 선 L1 선택
```

02 한시적 스냅 사용(2)

좌표 지정 시 도면 요소 스냅 옵션은 여러 개를 동시에 지정하여 사용할 수도 있다. 예를 들어, 다음 그림과 같이 선 L2와 평행한 선 L3의 끝점 P3을 Extension 옵션과 Parallel 옵션을 이용하여 지정하여 보자.

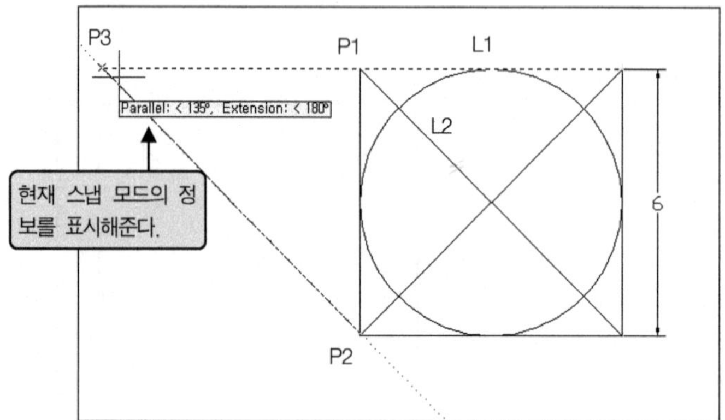

1 LINE 명령을 실행한다.

```
Command : LINE ↵
```

2 시작점 지정 요구 시 Endpoint 스냅 옵션을 지정한 후 점 P2 위치의 선을 클릭한다.

```
Specify first point : END ↵        ⇨ END 옵션 지정
of                                 ⇨ 점 P2 위치의 선 선택
```

3 다음 점 지정 요구 시 Extension 옵션과 Parallel 옵션을 지정한다. 이와 같이 여러 스냅 옵션을 지정할 때에는 쉼표(,)로 구분해 주면 된다.

```
Specify next point or [Undo] : EXT,PAR ↵                ⇨ EXT 옵션과 PAR 옵션 지정
```

4 그래픽 커서를 점 P1 위치로 이동한다. 위 그림과 같이 그래픽 커서에 Extension 도움말이 표시되면 그래픽 커서를 점 P3의 방향으로 드래그한다. 그러면 선 L1의 연장선이 점 P3 방향으로 점선으로 표시된다.

5 그래픽 커서를 선 L2 위치로 이동한다. 그러면 그래픽 커서에 도움말이 표시되고 선 L2에는 대상 평행선임을 나타내는 // 기호가 표시된다.

6 그래픽 커서를 점 P3 위치로 이동하여 선 L1의 연장선과 선 L2와 평행한 위치의 점 P3을 찾아 클릭한다.

4.3 좌표 추적(tracking) 모드의 사용

좌표 추적(tracking) 모드를 사용하면 현재 좌표의 원형 좌표를 추적하거나 도면 요소 스냅 점을 추적하여 X, Y 좌표 값 중 필요한 좌표만 선택하여 새 좌표를 지정할 수 있다.

01 원형 좌표 추적

예를 들어, 한 변의 길이가 6인 정사각형을 임의의 점 P1부터 시계 방향으로 원형 좌표 추적(Polar tracking) 기능을 사용하여 그려보자.

1 원형 좌표 추적 기능이 오프되어 있으면 상태 표시줄의 Polar tracking 단추를 클릭하여 활성화한다. 이 단추를 클릭할 때마다 원형 좌표 추적 기능이 온/오프된다.

2 LINE 명령을 실행한 후 임의의 한 점 P1을 클릭하여 지정한다.

```
Command : LINE ↵
Specify first point :                                   ⇨ 임의의 점 P1 지정
```

3 다음의 왼쪽 그림과 같이 그래픽 커서를 0도 방향으로 이동시킨 후 거리 값 6을 입력한다. 그러면 점 P1에서 0도 방향으로 거리가 6인 위치에 점 P2가 다음 점으로 지정된다.

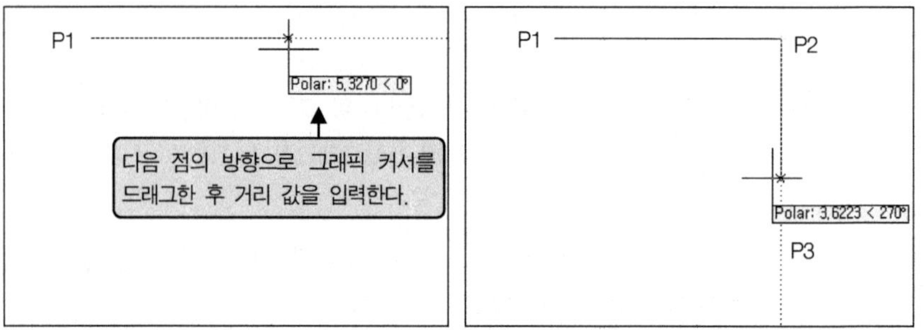

Specify next point or [Undo] : 6 ↵ ⇨ 원형 좌표 P2의 거리 지정

4 다시 위의 오른쪽 그림과 같이 그래픽 커서를 270도 방향으로 이동시킨 후 거리 값 6을 입력하여 다음 점 P3을 지정한다.

Specify next point or [Undo] : 6 ↵ ⇨ 원형 좌표 P3의 거리 지정

5 다음의 왼쪽 그림과 같이 그래픽 커서를 180도 방향으로 이동시킨 후 거리 값 6을 입력하여 점 P4를 지정한다.

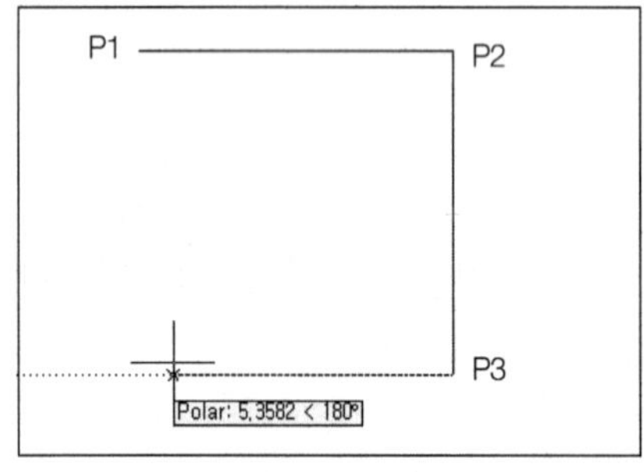

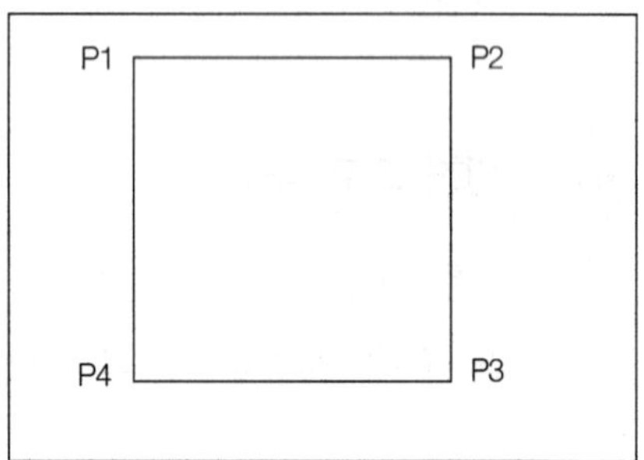

Specify next point or [Undo/Close] : 6 ⇨ 원형 좌표 P4의 거리 지정

6 Close 옵션을 지정하여 점 P4와 점 P1을 연결하는 선을 그리고 명령 실행을 종료한다.

Specify next point or [Undo/Close] : C ↵ ⇨ Close 옵션 선택

02 원형 추적 각도 설정

기본적으로 원형 좌표 추적의 증가 각도는 90도 간격(0도, 90, 180, 270도 방향)으로만 가능하다. 그러나 원형 좌표 추적의 증가 각도는 다음의 오른쪽 그림과 같이 사용자가 임의로 설정할 수 있으며, 증가 각도뿐만 아니라 특정 각도만 설정할 수도 있다.

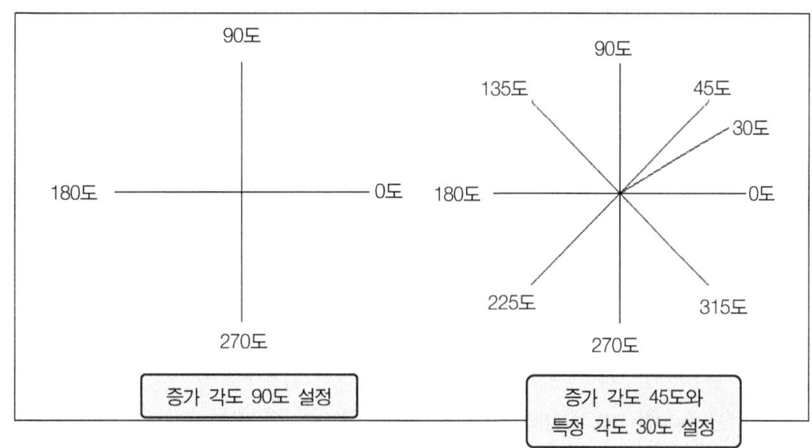

예를 들어, 위의 오른쪽 그림과 같이 원형 좌표 추적의 증가 각도로 45도 간격을 설정하고, 30도 방향으로도 원형 좌표 추적이 가능하도록 설정하여 보자.

1 OSNAP 명령을 실행한다.

```
Command : OSNAP ↵
```

2 Drafting Settings 대화상자의 Polar Tracking 탭을 클릭한다. 그러면 다음과 같은 대화상자가 표시된다.

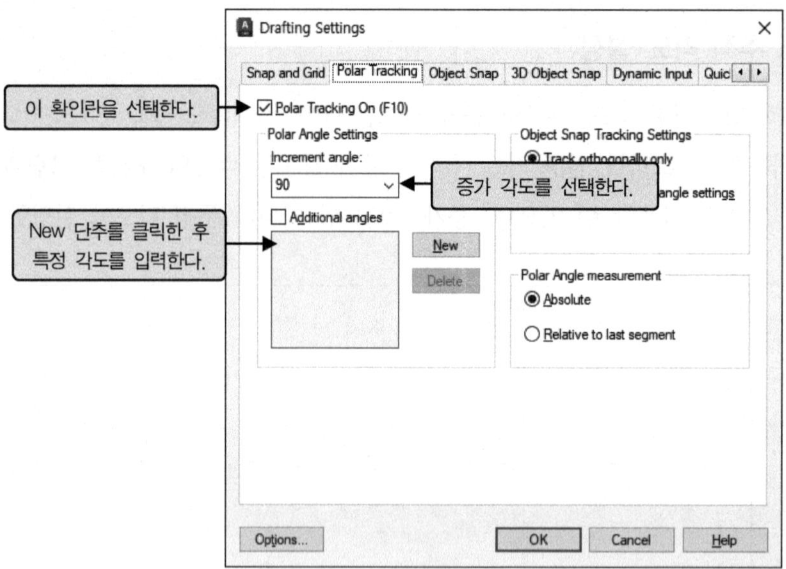

3 Increment Angle 목록상자에서 원형 좌표 추적의 증가 각도로 45를 선택한다.

4 Additional Angle 확인란을 선택한다. 이 확인란은 특정 각도를 원형 좌표 추적 각도로 설정할 때에 선택한다.

5 New 단추를 클릭한다. Delete 단추를 클릭하면 Additional Angle 목록상자에서 선택한 추가 각도를 삭제할 수 있다.

6 Additional Angle 목록상자에 입력란이 표시되면 추가할 각도로 30을 입력한다.

7 OK 단추를 클릭한다.

03 원형 각도 방향 설정

위 대화상자에서 원형 각도 측정(Polar Angle Measurement)으로 Absolute 항목을 선택하면 항상 절대적인 각도로 측정한다. 그러나 Relative to last segment 항목을 선택하면 다음의 오른쪽 그림과 같이 최종 도면 요소가 그려진 방향을 기준으로 한 상대적인 각도로 측정한다.

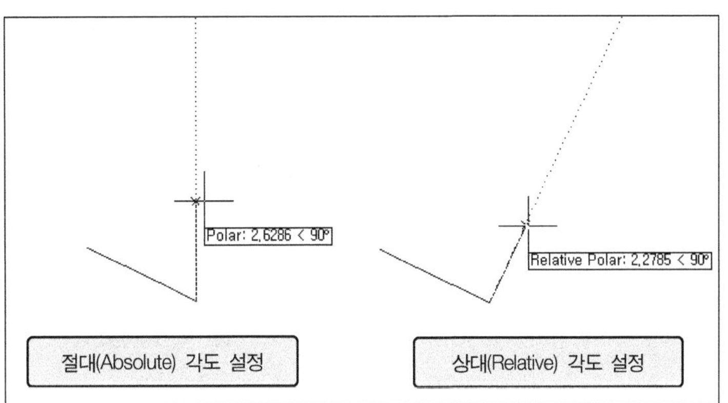

04 도면 요소 스냅 추적

좌표 지정시에는 도면 요소 스냅의 X 또는 Y 좌표의 값을 추적할 수도 있다. 예를 들어, 다음 그림과 같이 반지름이 2인 원 C1의 중심점을 앞서 그린 정사각형의 선 L1과 L2의 중점 좌표 값을 추적하여 그려보자.

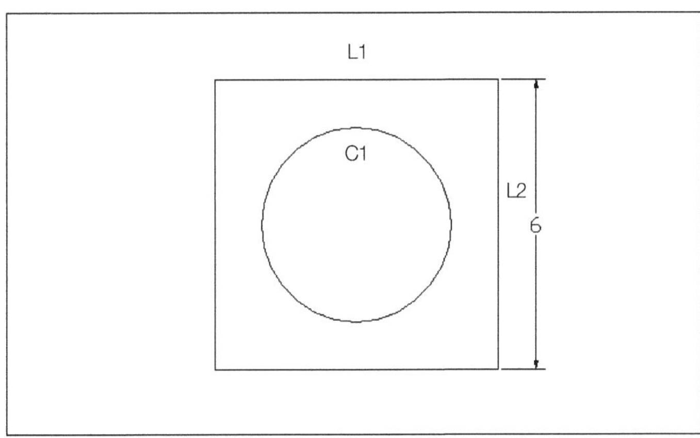

1 OSNAP 명령을 실행한다.

```
Command : OSNAP ↵
```

2 Drafting Settings 대화상자의 Object Snap On 확인란과 Object Snap Tracking On 확인란을 모두 선택한다.

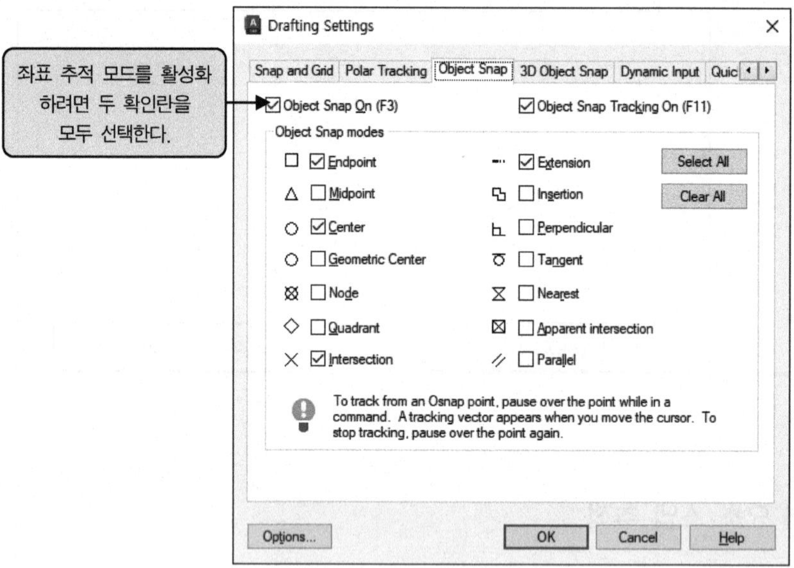

3 도면 요소 스냅 모드로 Midpoint 확인란을 선택한다.

4 OK 단추를 클릭한다.

5 CIRCLE 명령을 실행한다.

```
Command : CIRCLE ↵
```

6 그래픽 커서를 선 L1로 이동시켜 선 L1의 중점을 찾은 후 다시 그래픽 커서를 선 L2로 이동시켜 선 L2의 중점을 찾는다.

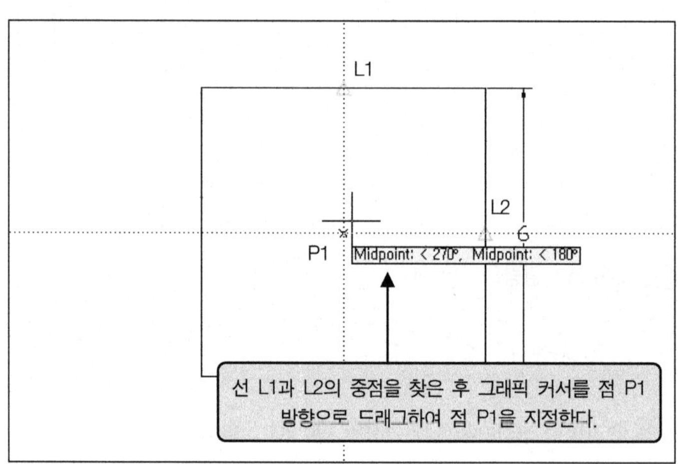

7 위 그림과 같이 그래픽 커서를 사각형의 중심 위치로 이동시켜 선 L1과 선 L2의 중점을 지나는 수선의 교점 P1을 찾아 클릭한다. 그러면 찾은 점 P1이 원의 중심점으로 지정된다.

Specify center point for circle or [3P/2P/Ttr (tan tan radius)] : ⇨ 점 P1 지정

8 원 C1의 반지름으로 2를 지정한다.

Specify radius of circle or [Diameter] : 2 ↵ ⇨ 원 C1의 반지름 지정

05 거리 값 지정 추적

다음 그림과 같이 선 L1의 중점에서 아래 방향으로 3만큼 떨어진 점 P1을 중심점으로 한 반지름 1.5인 원 C2를 그려보자.

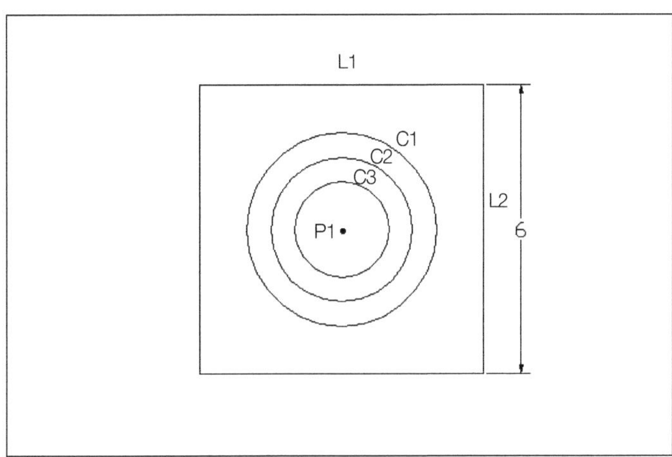

1 CIRCLE 명령을 실행한다.

Command : CIRCLE ↵

2 그래픽 커서를 선 L1로 이동시켜 선 L1의 중점을 찾는다.

3 다음 그림과 같이 그래픽 커서를 중심점을 지정할 아래 방향으로 이동시킨 후 거리 값 3을 입력한다.

Specify center point for circle or [3P/2P/Ttr (tan tan radius)] : 3 ↵ ⇨ 거리 값 입력

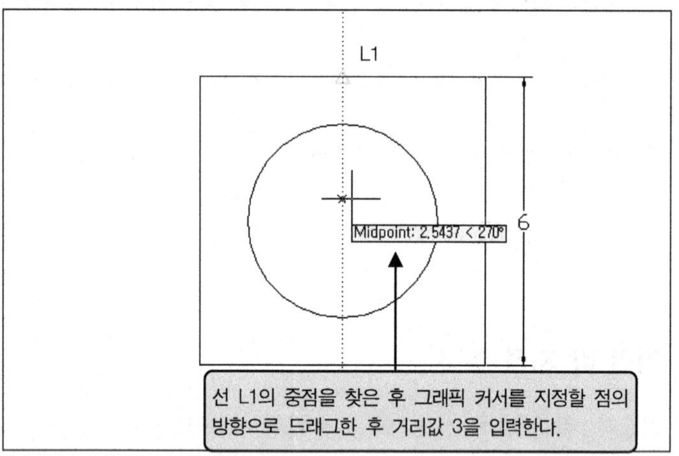
L1
6
Midpoint: 2.5437 < 270°
선 L1의 중점을 찾은 후 그래픽 커서를 지정할 점의
방향으로 드래그한 후 거리값 3을 입력한다.

4 원 C2의 반지름으로 1.5를 지정한다.

Specify radius of circle or [Diameter] : 0.5 ↵ ⇨ 원 C2의 반지름 지정

06 한시적 좌표 추적

좌표 지정시 Tracking 옵션을 사용하면 도면 요소 스냅 기능과 도면 요소 스냅 추적 기능이 해제된 경우라도 도면 요소 스냅의 좌표를 추적할 수 있다. 단, 이때에는 해당 명령에서만 한시적으로 사용할 수 있다.

앞서 예로 든 도면에서 선 L1 중점의 X 좌표 값과 L2 중점의 Y 좌표 값을 Tracking 옵션을 사용하여 추적하여 반지름이 1인 원 C3을 그려보자.

1 먼저 상태 표시줄의 ☐ 단추와 ∠ 단추를 클릭하여 도면 요소 스냅 기능과 도면 요소 스냅 추적 기능을 해제한다.

2 CIRCLE 명령을 실행한 후 Tracking(또는 TK) 옵션을 입력한다.

Command : CIRCLE ↵
Specify center point for circle of [3P/2P/Ttr (tan tan radius)] : TK ↵ ⇨ Tracking 옵션 지정

3 첫 번째 추적 점 선택 요구 시 Midpoint 스냅 옵션을 지정한 후 선 L1을 선택한다. 이와 같이 한 시적 좌표 추적일 때에는 자동 추적 때와 달리 직접 추적할 도면 요소를 그래픽 커서로 클릭하여 선택해 주어야 한다.

First tracking point : MID ↵	⇨ MID 스냅 옵션 지정
of	⇨ 선 L1 선택

4 그래픽 커서를 선 L1의 아래 방향으로 이동시켜 선 L1 중점의 X 좌표 값을 그릴 원의 중심점 X 좌표 값으로 지정한다. 그래픽 커서를 좌우로 이동시키면 선 L1 중점의 Y 좌표 값이 Y 좌표 값으로 지정된다.

5 다음 추적 점으로 Midpoint 스냅 옵션을 지정한 후 선 L2를 선택한다. 그러면 선 L2 중점의 Y 좌표 값이 원의 중심점 Y 좌표 값으로 지정된다.

Next point (Press ENTER to end tracking) : MID ↵	⇨ MID 스냅 옵션 지정
of	⇨ 선 L2 선택

6 다음 점 지정 요구 시 엔터키를 눌러 좌표 추적 모드를 종료한 후 원 C3의 반지름으로 1을 지정한다.

Next point (Press ENTER to end tracking) : ↵	⇨ 좌표 추적 모드 종료
Specify radius of circle or [Diameter] : 0.5 ↵	⇨ 원 C3의 반지름 지정

4.4 APERTURE 명령(스냅 찾기 상자 크기 조절)

APERTURE 명령은 도면 요소 스냅 모드에서 그래픽 커서에 달린 스냅 찾기 상자(target box)의 크기를 조절하는 명령이다. 스냅 찾기 상자의 크기는 1~50 이내의 정수로 지정해야 한다.

 Command : APERTURE

Object snap target height (1-50 pixels) ⟨10⟩ :	⇨ 스냅 찾기 상자 크기 지정

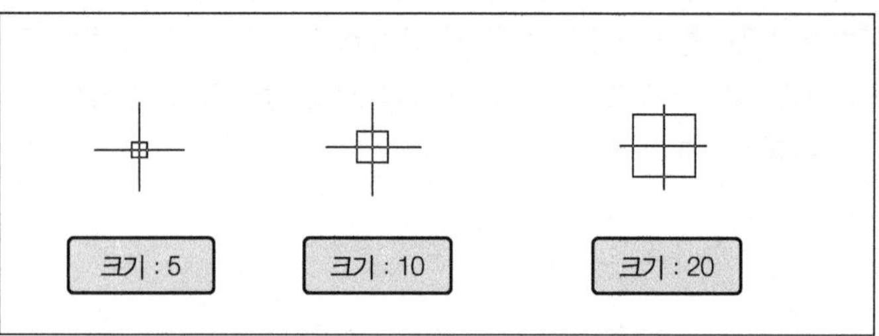

Tip

스냅 찾기 상자의 표시

도면 요소 스냅을 선택할 때 그래픽 커서에 스냅 찾기 상자가 표시되지 않을 수도 있다. 이는 APBOX 시스템 변수 값이 0으로 설정되어 있기 때문이다. 이때에는 다음과 같이 시스템 변수 값을 1로 설정해주면 도면 요소 스냅을 선택시 스냅 찾기 상자가 그래픽 커서에 표시된다.

Command : APBOX ↵
Enter new value for APBOX <0> : 1 ↵ ⇨ APBOX 변수 값 설정

4.5 그립(Grip) 모드 설정

그립(Grip)이란 도면 요소를 늘이거나 이동, 복사하기 위해 도면 요소의 특정 스냅 점을 그래픽 커서로 움켜잡는 것을 의미한다. 따라서 그립을 이용하면 그래픽 커서만으로 도면 요소를 쉽게 편집할 수 있다.

01 그립의 설정

그래픽 커서로 도면 요소를 편집하기 위해 스냅 점에 그립을 설정하려면 다음과 같이 한다.

1 그래픽 커서로 편집할 도면 요소를 선택한다. 그러면 선택된 도면 요소의 각 스냅 점에 스냅이 설정된다.

2 그래픽 커서로 고정시킬 스냅 점을 클릭한다.

이와 같이 하면 그립이 설정된 스냅 점은 다른 스냅 점과 달리 빨간색으로 표시된다. 그리고 명령 행에는 다음과 같이 늘이기(Stretch) 모드 옵션이 표시되는데, 이들 옵션은 다른 편집 모드에서도 같이 사용된다.

```
** STRETCH **
Specify stretch point or [Base point/Copy/Undo/eXit] :                    ⇨ 옵션 선택
```

옵 션	설 명
Stretch point	그립이 설정된 스냅 점이 옮겨질 위치를 지정한다. 이 옵션의 이름은 현재 그립 편집 모드에 따라 달라진다.
Base point	편집을 위한 기준 점을 변경한다.
Copy	다중 복사 모드로 전환한다. 처음 그립 편집 작업시 〈Shift〉키를 눌러도 된다.
Undo	앞서 실행한 편집 작업을 한 단계씩 취소한다.
eXit	그립 모드를 종료한다.

02 편집 모드 전환

도면 요소에 그립을 설정하면 기본적으로 위와 같이 Stretch 모드로 된다. 그러나 다음과 같이 편집 모드 전환 옵션을 사용하면 이동이나 회전 등의 다른 모드로 전환할 수 있다.

```
** STRETCH **
Specify stretch point or [Base point/Copy/Undo/eXit] : MO ↵          ⇨ MOve 옵션 선택
** MOVE **
Specify move point or [Base point/Copy/Undo/eXit] :
```

옵 션	설 명
MOve	이동 모드로 전환한다.
MIrror	대칭 이동 모드로 전환한다.
ROtate	회전 모드로 전환한다.

옵 션	설 명
SCale	확대/축소 모드로 전환한다.
STretch	늘이기 모드로 전환한다.

4.6 그립을 이용한 편집

그러면 간단한 예제를 통해 그립을 이용하여 도면 요소를 편집하는 방법에 대해 알아보자. 이를 위해 먼저 다음 그림과 같이 도면 영역에 길이에 관계없이 선 L1과 L2, 원 C1을 그리기 바란다.

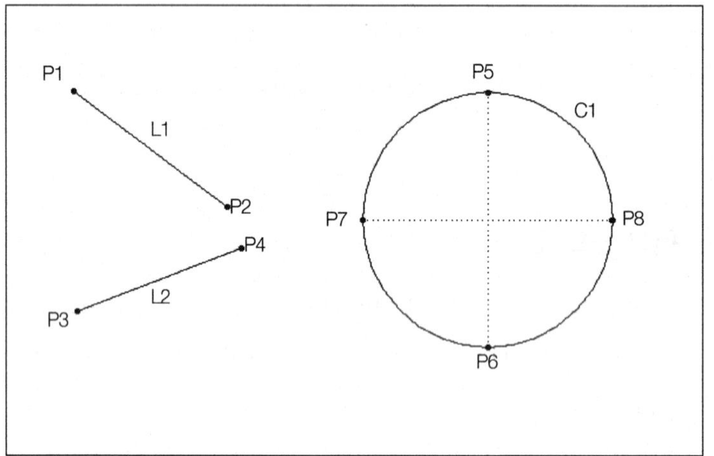

01 늘이기 모드

예를 들어, 그립을 이용하여 위 그림에서 선 L1과 L2를 원 C1의 극점에 점선으로 연결된 선처럼 편집하여 보자.

1 그래픽 커서로 도면 요소를 모두 선택한다.

2 그래픽 커서로 점 P1을 클릭하여 그립 점으로 설정한다.

3 다음 그림과 같이 그래픽 커서를 점 P1에서 원 위의 점 P5까지 드래그한 후 마우스 왼쪽 단추를 클릭한다. 그러면 선 L1의 끝점 P1이 점 P5로 변경된다.

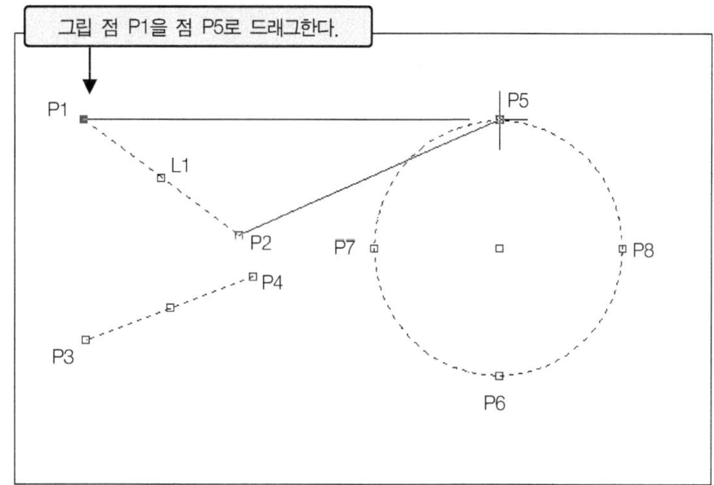

4 2~3단계와 동일한 방법으로 그립을 설정한 후 점 P2를 점 P6에, 점 P3을 점 P7에, 점 P4를 점 P8로 끌어 놓는다.

5 <Esc>키를 눌러 그립 설정을 취소한다.

6 다시 <Esc>키를 눌러 도면 요소 선택을 취소한다.

이와 같은 방법으로 도면 요소를 늘리거나 줄이면 된다. 단, 그립이 설정된 스냅 점이 선이나 호의 중점(middle point)이거나 원의 중심점(center point)일 때에는 늘이기가 아닌 이동으로 동작한다.

 다중 복사 모드

그립을 이용하여 도면 요소를 다중 복사할 때에도 그립으로 설정한 스냅 점이 어떤 것인가에 따라 달라진다. 예를 들어, 동일한 크기와 모양의 도면 요소로 복사하려면 다음과 같이 한다.

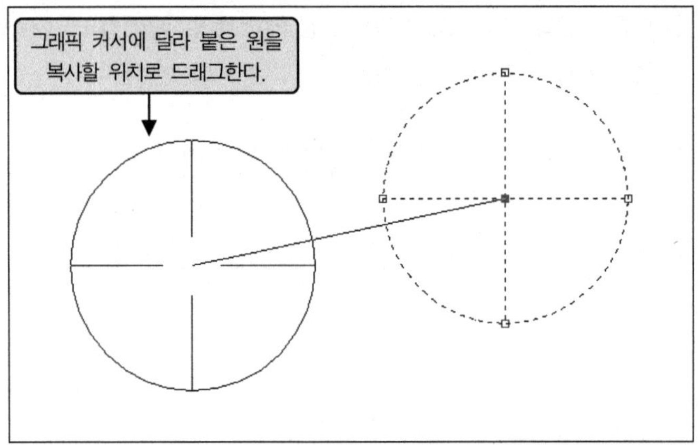

1 그래픽 커서로 복사할 도면 요소를 선택한다.

2 그래픽 커서로 복사할 도면 요소의 중점이나 중심점을 그립 점으로 설정한다.

3 다음과 같이 Copy 옵션을 지정하여 복사 다중 모드로 전환한다. 이 옵션 선택대신 처음 복사 작업시 <Shift>키를 눌러도 된다.

```
** STRETCH **
Specify stretch point or [Base point/Copy/Undo/eXit] : CO ↵        ⇨ Copy 옵션 지정
```

4 그래픽 커서를 복사할 위치로 이동시킨 후 마우스 왼쪽 단추를 클릭한다. 그러면 선택한 도면 요소가 지정 위치로 복사된다.

```
** STRETCH (multiple) **
Specify stretch point or [Base point/Copy/Undo/eXit] :        ⇨ 복사 위치 지정
```

5 복사가 끝나면 그립 모드를 종료한다. 참고로 다중 복사 모드에서는 그립모드를 종료하기 전까지 그립이 설정된 도면 요소를 계속해서 다른 위치로 복사할 수 있다.

```
** STRETCH (multiple) **
Specify stretch point or [Base point/Copy/Undo/eXit] : ↵        ⇨ 그립 모드 종료
```

그러나 복사할 도면 요소의 중점이나 중심점이 아닌 다른 스냅 점을 그립으로 설정한 경우에는 위 예와 결과가 달라진다. 이때에는 다음 그림과 같이 지정한 점까지 선택 도면 요소를 늘린 후 복사한다.

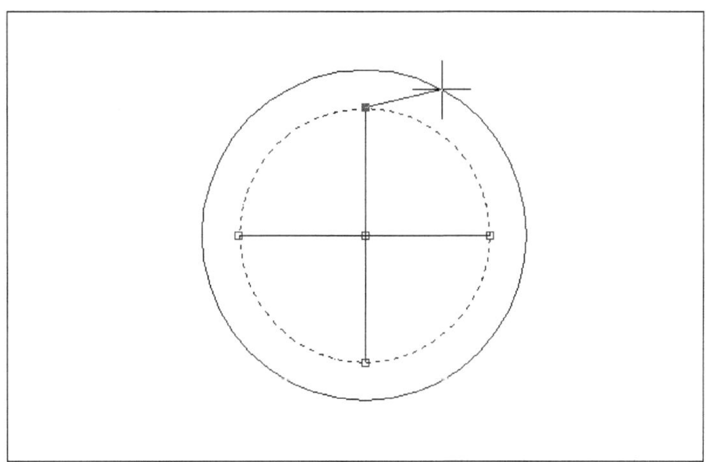

03 이동 모드

도면 요소 모두를 이동시킬 때에는 Move 옵션을 사용하면 된다. 도면 요소는 이동할 도면 요소의 임의 스냅 점에 그립을 설정한 후 다른 위치로 그래픽 커서를 옮기면 된다. 참고로 하나의 도면 요소나 중점(또는 중심점)이 일치하는 도면 요소는 늘이기 모드라도 중점이나 중심점에 그립을 설정해 이동시킬 수 있다.

04 그밖의 편집 모드

그립을 이용한 도면 요소의 회전(Rotate)이나 대칭 이동(Mirror), 확대/축소(Scale)의 경우도 늘이기나 복사, 이동 방법과 거의 유사하다. 이들의 사용 방법은 앞서 그린 도면을 이용하여 직접 확인해 보기 바란다.

```
** ROTATE **                                                  ⇨ 그립 회전 모드
Specify rotation angle or [Base point/Copy/Undo/Reference/eXit] :
** MIRROR **                                                  ⇨ 그립 대칭 이동 모드
Specify second point or [Base point/Copy/Undo/eXit] :
** SCALE **                                                   ⇨ 그립 확대/축소 모드
Specify scale factor or [Base point/Copy/Undo/Reference/eXit] :
```

연습문제 01 **자재문 정면도 제도**

(다음과 같은 자재문 정면도를 도면 편집 명령을 이용하여 1 : 20 축척으로 제도하여 보아라.)

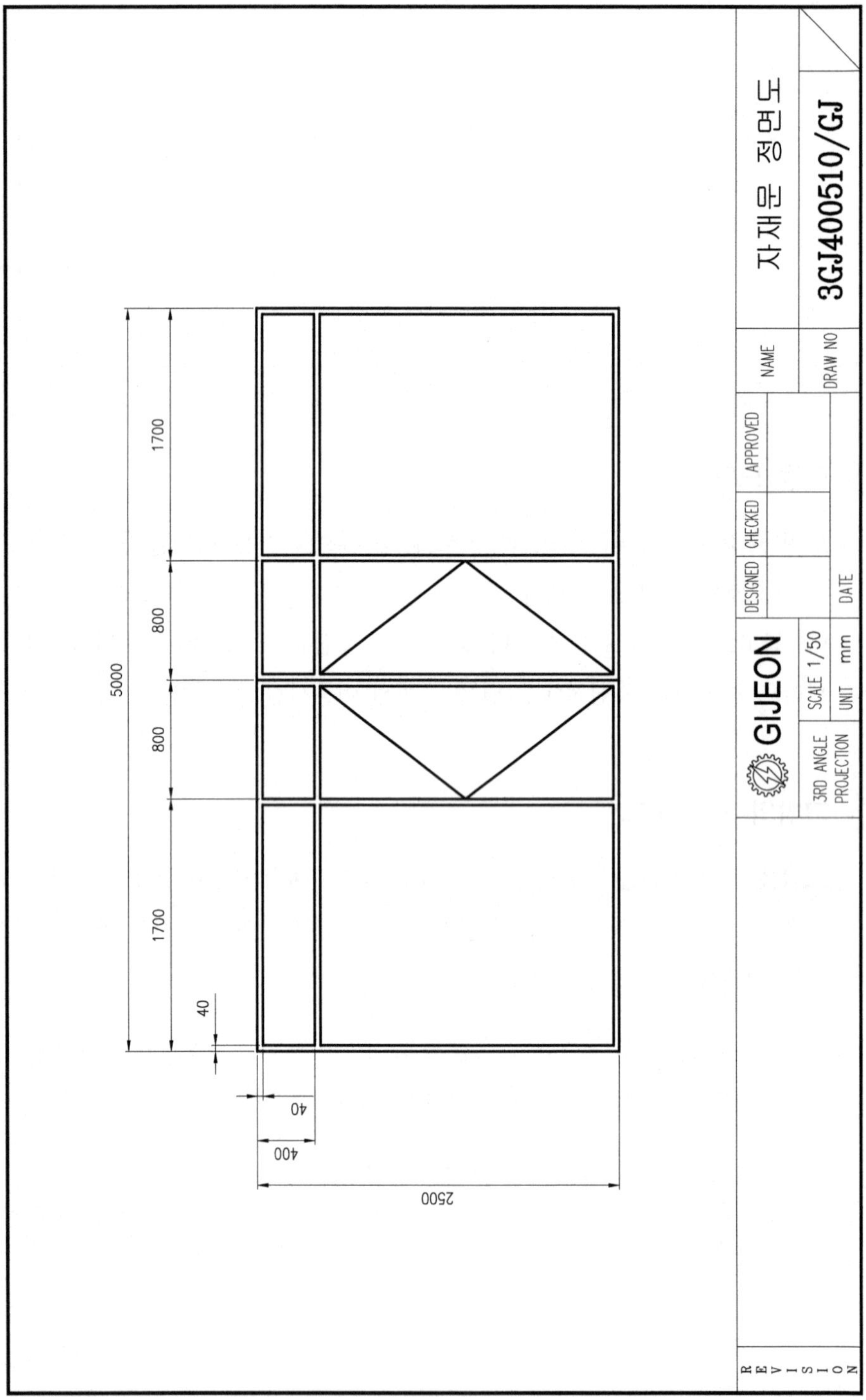

연습문제 02 **싱크대 평면도**

(다음과 같은 치수의 싱크대 평면도를 A4 도면 용지에 1 : 5의 축척으로 하여 보아라.)

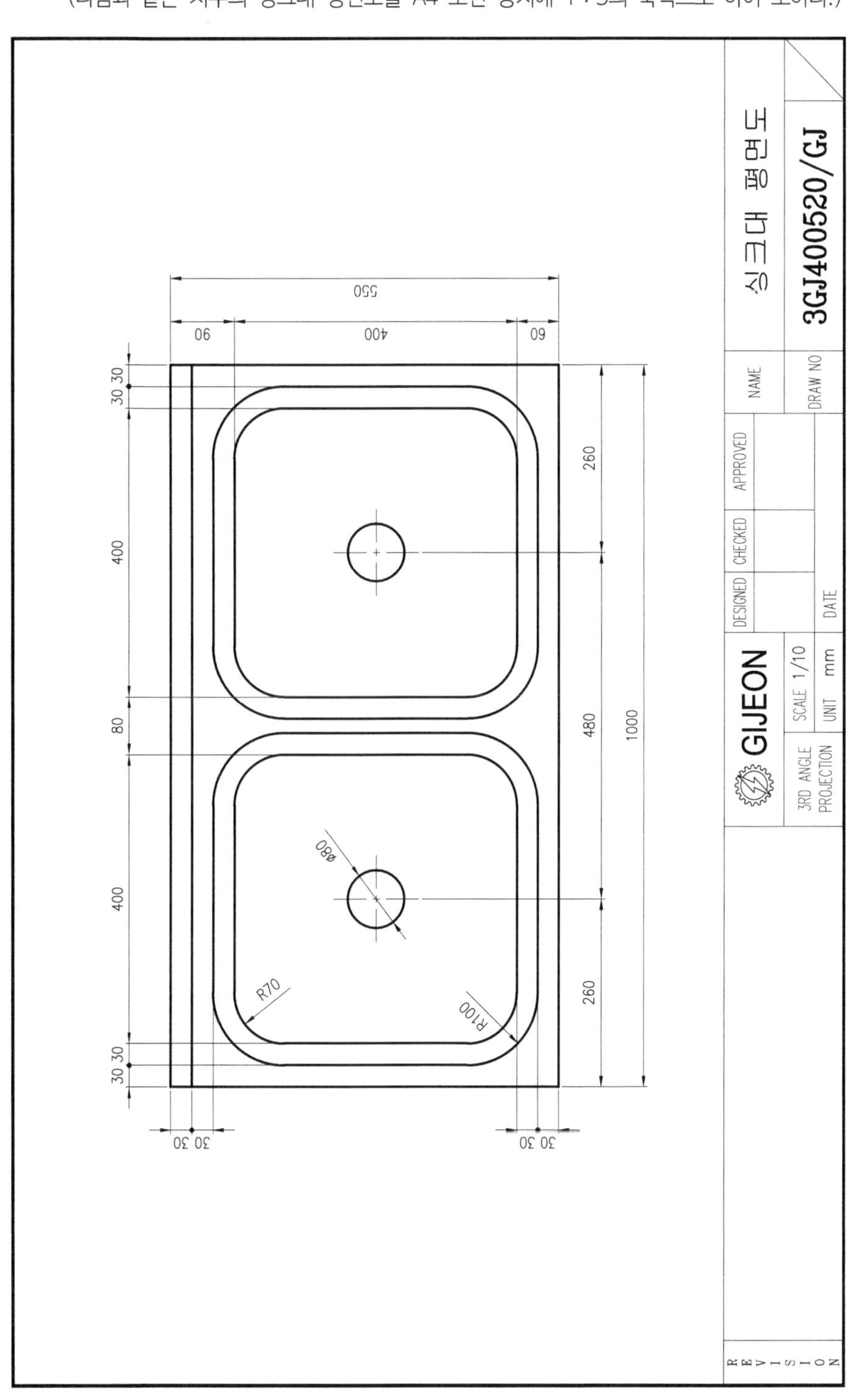

AutoCAD 2024

PART 04

다양한 도면 요소 그리기

점 그리기와 점 유형 설정

여기서는 점의 모양과 크기를 설정하는 명령과 도면이나 도면 요소 위에 점을 그리는 POINT 명령, DIVIDE 명령, MEASURE 명령에 대해 설명한다.

1.1 PDMODE, PDSIZE 변수(점의 모양과 크기 설정)

PDMODE와 PDSIZE 시스템 변수는 POINT 명령이나 MEASURE, DEVIDE 명령으로 그릴 점의 모양이나 크기를 설정한다.

01 PDMODE 변수

PDMODE 시스템 변수로 설정할 수 있는 점의 모양은 다음과 같으며, 점의 모양을 설정할 때에는 각 모양의 고유 번호(변수 값)를 입력하면 된다.

Enter new value for PDMODE ⟨0⟩: ⇨ 설정할 점의 번호 입력

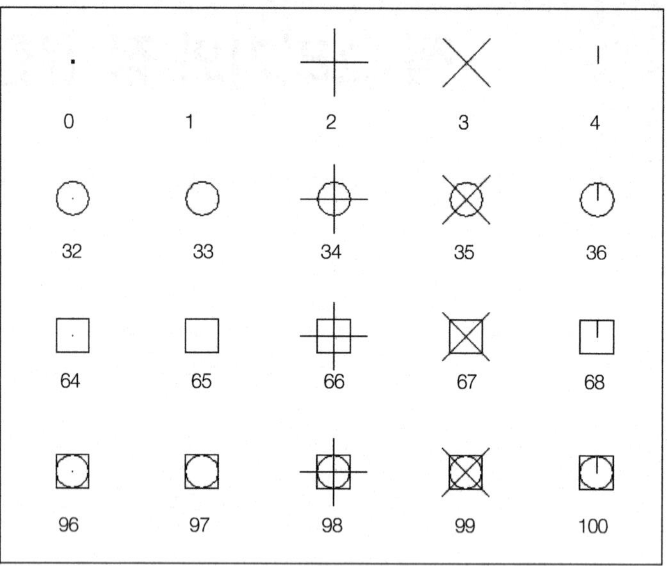

02 PDSIZE 변수

PDSIZE 시스템 변수는 그릴 점의 크기를 설정한다. 점의 크기는 다른 도면 요소와 마찬가지로 절대적인 치수로 설정할 수 있으며, 화면의 표시 상태에 따른 상대적인 퍼센트로 설정할 수도 있다.

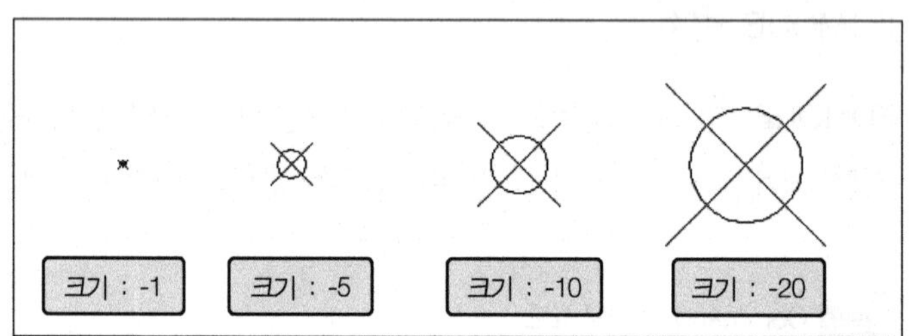

Command : PDSIZE

Enter new value for PDSIZE ⟨0.0000⟩: ⇨ 설정할 점의 크기 입력

크 기	설 명
0	점의 크기를 화면의 5% 크기로 설정한다.
n(양수)	점의 크기를 절대적인 n 크기로 설정한다.
-n(음수)	점의 크기를 화면의 n% 크기로 설정한다.

1.2 DDPTYPE 명령(대화상자를 이용한 점 유형 설정)

점의 모양과 크기는 PDMODE와 PDSIZE 변수가 아닌 DDPTYPE 명령을 사용하여 설정할 수도 있다.

01 점의 모양 선택

이 명령을 이용하면 점의 모양을 다음과 같은 대화상자를 통해 직접 확인하면서 설정할 수 있어 매우 편리하다. 사용할 점의 설정은 마우스 포인터로 원하는 점이 그려진 아이콘을 선택한 후 OK 단추를 클릭하면 된다.

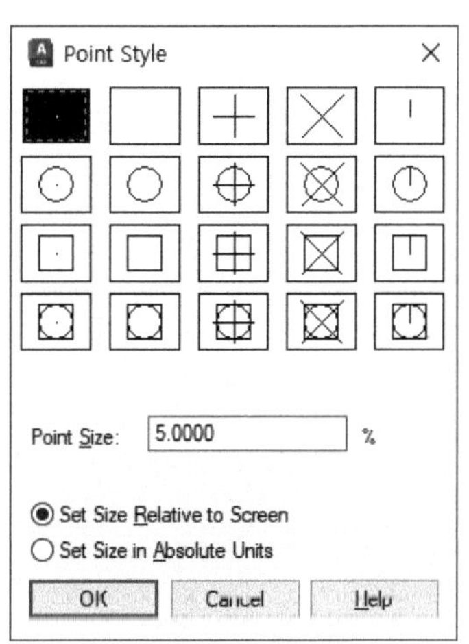

점의 크기 설정 항목

위 대화상자에서 점의 크기를 설정할 때에는 다음과 같은 항목을 이용하면 된다.

항 목	설 명
Point Size	설정할 점의 크기를 입력한다.
Set Size Relative to Screen	점의 크기를 화면의 크기의 따른 상대적인 크기로 설정한다.
Set Size in Absolute Units	점의 크기를 절대적인 크기로 설정한다.

1.3 POINT 명령(점 그리기)

POINT 명령은 도면 내의 특정 위치에 점을 그릴 때 사용한다. 그릴 점의 형태와 크기는 미리 지정되어 있어야 한다.

 Command : POINT 〈또는 PO〉

Current point modes : PDMODE=0 PDSIZE=0.0000 ⇨ 현재 설정된 점의 유형 표시

Specify a point : ⇨ 점의 위치 지정

한 점 그리기

예를 들어, 다음 그림과 같이 중심점이 P1이고 반지름이 3인 원 C1을 그린 후 원의 중심점 P1에 □ 모양의 점을 0.3 크기로 그려보자.

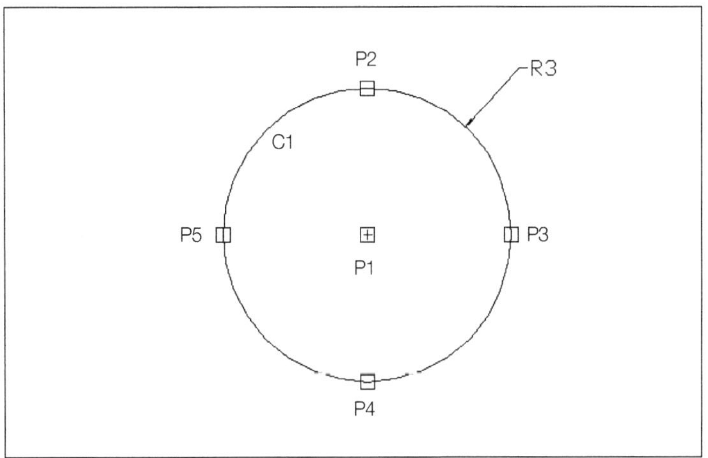

1 CIRCLE 명령을 실행하여 중심점 P1에서 반지름 3인 원을 그린다.

Command : CIRCLE ↵
Specify center point for circle of [3P/2P/Ttr (tan tan radius)] : ⇨ 점 P1 지정
Specify radius of circle or [Diameter] : 3 ↵ ⇨ 원 C1의 반지름 지정

2 다음과 같이 그릴 점의 모양(□)과 크기 0.3을 설정한다.

Command : PDMODE ↵ ⇨ 점의 모양 설정
Enter new value for PDMODE <0> : 65 ↵
Command : PDSIZE ↵ ⇨ 점의 크기 설정
Enter new value for PDSIZE <0.0000> : 0.3 ↵

3 다음과 같이 POINT 명령을 실행하여 원 C1의 중심점 P1에 점을 그린다.

Command : POINT ↵
Specify a point : CEN ↵ ⇨ Center 스냅 지정
of ⇨ 원 C1 선택

이와 같이 명령 행에서 POINT 명령을 실행하면 지정한 위치에 하나의 점을 그리고 명령 실행을 종료한다.

02 여러 점 그리기

그러나 Draw 도구모음의 [⁛] 단추나 Draw/Point/Multiple Point 메뉴를 사용하면 〈Esc〉키를 눌러 POINT 명령을 취소하기 전까지 동일한 모양과 크기의 점을 계속해서 그릴 수 있다.

예를 들어, 위 그림에서 점 P2, P3, P4, P5 위치에 앞서 설정한 □ 모양의 점으로 계속해서 그려보자.

1 Draw 도구모음의 [⁛] 단추를 클릭하여 POINT 명령을 실행한다.

2 다음과 같이 원의 극점 P1을 지정한다.

Specify a point : QUA ↵	⇨ Quadrant 스냅 설정
of	⇨ 원 C1의 극점 P2 선택

3 계속해서 다른 극점 P3, P4, P5에도 이와 동일한 방법으로 점을 그린다.

Specify a point : QUA ↵	⇨ Quadrant 스냅 설정
of	⇨ 원 C1의 극점 P3 선택

4 점 그리기가 모두 끝나면 〈Esc〉키를 눌러 POINT 명령 실행을 취소하고 Command: 프롬프트로 빠져나온다.

1.4 MEASURE 명령(길이로 등분 점 그리기)

MEASURE 명령은 선택 도면 요소를 지정 길이로 등분한 후 등분 위치를 점으로 나타내는 명령이다. 단, 등분할 지정 길이는 선택 도면 요소의 길이보다 길어서는 안 된다.

Command : MEASURE 〈또는 ME〉

Select object to measure :	⇨ 등분할 도면 요소 선택
Specify length of segment or [Block]	⇨ 등분 길이 또는 옵션 지정

옵 션	설 명
Length of segment	지정 길이로 등분된 위치를 점으로 나타낸다.
Block	등분점의 위치를 현재 설정된 점의 모양 대신 BLOCK 명령으로 지정한 블록으로 나타낸다.

01 길이 지정 등분

POINT 명령에서 예로 든 원을 3.14로 등분한 후 등분한 각 위치에 크기가 1인 ○ 모양의 점을 그려보도록 하자. 이를 위해 먼저 POINT 명령으로 그린 원 위의 4점을 취소하기 바란다.

1 다음과 같이 그릴 점의 모양(○)과 크기 1을 설정한다.

```
Command : PDMODE ↵                                  ⇨ 점의 모양 설정
Enter new value for PDMODE <65> : 33 ↵
Command : PDSIZE ↵                                  ⇨ 점의 크기 설정
Enter new value for PDSIZE <0.3000> : 1 ↵
```

2 MEASURE 명령을 실행한 후 등분할 도면 요소인 원 C1을 선택한다.

```
Command : Measure ↵
Select object to measure :                          ⇨ 원 C1 선택
```

3 다음과 같이 원을 등분할 길이 3.14를 입력한다.

```
Specify length of segment or [Block] : 3.14 ↵       ⇨ 등분할 길이 지정
```

이와 같이 하면 선택한 원이 지정 길이인 3.14로 6등분된다. 그리고 각 등분점의 위치(아래 그림과 같은 위치)에는 PDMODE와 PDSIZE 시스템 변수로 설정한 모양과 크기의 점이 표시된다.

 02 블록(block)의 사용

MEASURE 명령에는 사용자가 정의한 블록을 점 대신 사용할 수도 있다. 다음과 같이 원을 3.14 길이로 등분한 후 등분점의 위치에 ◎ 모양의 블록을 그려보자. 이를 위해 앞서 실행한 MEASURE 명령을 취소하기 바란다.

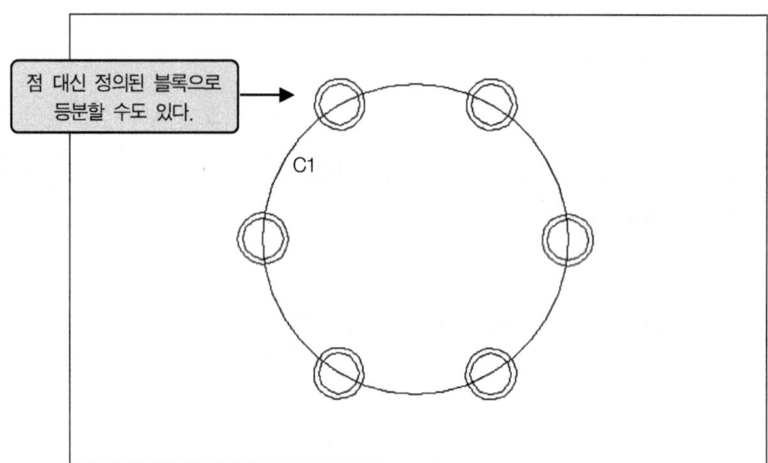

1 다음과 같이 CIRCLE 명령을 실행하여 ◎ 모양의 도면 요소를 그린다.

```
Command : CIRCLE ↵
Specify center point for circle or [3P/2P/Ttr (tan tan radius)] : 1,1 ↵   ⇨ 원의 중심점 지정
Specify radius of circle or [Diameter] <0.0000> : 0.5 ↵                   ⇨ 큰 원 반지름 지정
Command : ↵
Specify center point for circle or [3P/2P/Ttr (tan tan radius)] : @ ↵     ⇨ 원의 중심점 지정
Specify radius of circle or [Diameter] <0.5000> : 0.4 ↵                   ⇨ 작은 원 반지름 지정
```

2 BLOCK 명령을 실행한다. 그러면 다음과 같은 대화상자가 표시된다.

```
Command : BLOCK ↵
```

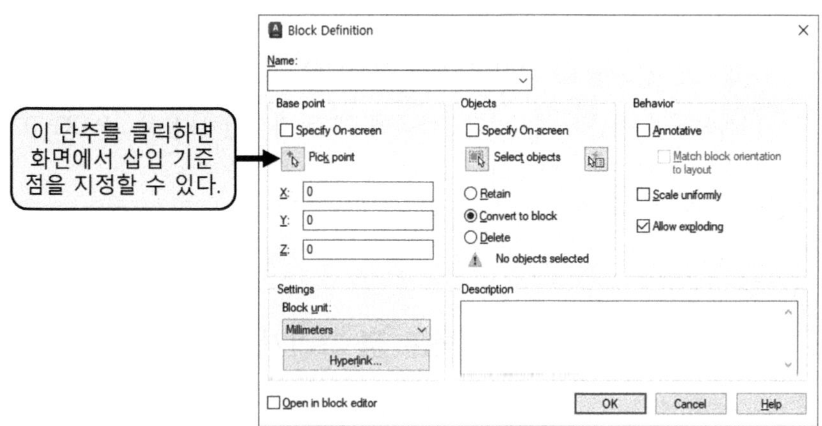

3 Name 입력란에 작성할 블록 이름으로 RING을 입력한다.

4 Base point의 X, Y 입력란에 블록 삽입 기준 점의 X, Y 좌표 값으로 1을 입력한다.

5 단추를 클릭한 후 도면 영역에서 블록으로 정의할 ◎ 모양의 도면 요소를 선택한다.

Select objects :	⇨ 블록화할 ◎ 선택
Select objects : ↵	⇨ 도면 요소 선택 종료

6 Block Definition 대화상자의 OK 단추를 클릭한다. 그러면 ◎ 모양의 도면 요소가 블록으로 정의된다.

7 MEASURE 명령을 실행한 후 등분할 도면 요소인 원 C1을 선택한다.

Command : MEASURE ↵	
Select object to measure :	⇨ 등분할 원 C1 선택

8 다음과 같이 BLOCK 옵션을 선택한 후 점 대신 사용할 블록을 지정한다. 그런 다음 등분 길이 3.14를 입력한다.

Specify length of segment or [Block] : B ↵	⇨ Block 옵션 지정
Enter name of block to insert : RING ↵	⇨ 사용할 블록 지정
Align block with object? [Yes/No] <Y> : ↵	⇨ 블록 정렬 여부 선택
Specify length of segment : 3.14 ↵	⇨ 등분 길이 지정

이와 같이 하면 등분점의 위치에 PDMODE 시스템 변수로 설정한 점 대신 BLOCK 명령으로 정의한 ◎ 모양의 점이 그려진다. 이후 BLOCK 명령으로 정의한 RING 블록은 계속해서 사용할 수 있다. 블록에 대한 자세한 내용은 "PART 07의 chapter 01 블록 정의와 삽입"을 참조하기 바란다.

1.5 DIVIDE 명령(개수로 등분 점 그리기)

DIVIDE 명령은 선택 도면 요소를 지정 개수만큼 균등하게 등분한 후 등분 위치를 점으로 나타내는 명령이다.

Command : DIVIDE 〈또는 DIV〉

Select object to divide : ⇨ 등분할 도면 요소 선택

Enter the number of segments or [Block] : ⇨ 등분 개수 또는 옵션 지정

옵 션	설 명
Number of segments	지정 개수만큼 선택 도면 요소를 등분하여 점으로 나타낸다.
Block	등분점의 위치를 현재 설정된 점의 모양 대신 BLOCK 명령으로 지정한 블록으로 나타낸다.

개수 지정 등분

다음 그림과 같이 원 C1을 8개의 점으로 등분한 후 각 등분점의 위치에 점을 그려보자. 이를 위해 앞서 실행한 MEASURE 명령을 취소하기 바란다.

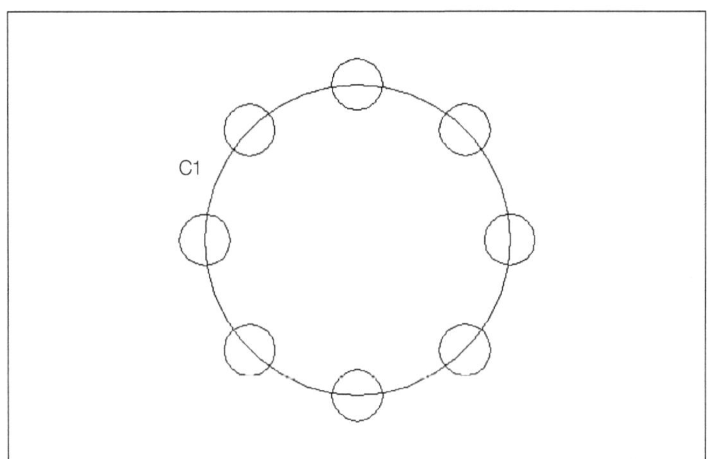

1 DIVIDE 명령을 실행한 후 등분할 도면 요소인 원 C1을 선택한다.

```
Command : DIVIDE ↵
Select object to divide :                        ⇨ 등분할 원 C1 선택
```

2 다음과 같이 선택 도면 요소를 등분할 개수 8을 입력한다.

```
Enter the number of segments or [Block] : 8 ↵    ⇨ 등분할 개수 지정
```

02 블록(block)의 사용

DIVIDE 명령에서도 MEASURE 명령과 마찬가지로 등분 위치에 표시할 점으로 블록을 사용할 수 있다. 예를 들어, 원 C1을 앞서 정의한 RING 블록으로 8 등분하려면 다음과 같이 한다.

1 DIVIDE 명령을 실행한 후 등분할 도면 요소인 원 C1을 선택한다.

```
Command : DIVIDE ↵
Select object to divide :                        ⇨ 등분할 원 C1 선택
```

2 다음과 같이 BLOCK 옵션을 선택한 후 점 대신 사용할 블록으로 RING을 지정한다. 그런 다음 등분 개수 8을 지정한다.

Enter the number of segments or [Block] : B ↵	⇨ Block 옵션 지정
Enter name of block to insert : RING ↵	⇨ 사용할 블록 지정
Align block with object? [Yes/No] 〈Y〉 : ↵	⇨ 블록 정렬 여부 선택
Enter the number of segments : 8 ↵	⇨ 등분 개수 지정

폴리라인, 스플라인 그리기

여기서는 폴리라인을 그리는 PLINE, RECTANG, POLYGON 명령과 스플라인을 그리는 SPLINE 명령에 대해 설명한다.

2.1 RECTANG 명령(사각형 그리기)

RECTANG 명령은 지정한 두 점을 마주보는 꼭지점으로 하는 사각형을 그리는 명령이다. 이때 그려진 사각형은 LINE 명령으로 그린 사각형과 달리 하나의 도면 요소로 구성된 폴리라인(polyline)이다.

도구모음 : Draw 도구모음의 단추

Command : RECTANG 〈또는 REC〉

Specify first corner point or [Chamfer/Elevation/Fillet/Thickness/Width] : ⇨ 옵션 선택

옵 션	설 명
Chamfer	그릴 사각형의 각 모서리를 거리 지정 방식으로 모따기한다.
Elevation	사각형이 그려질 고도(elevation)를 지정한다.
Fillet	그릴 사각형의 각 모서리를 라운딩한다.
Thickness	그릴 사각형의 두께(thickness)를 지정한다.
Width	그릴 사각형의 선 굵기를 지정한다.

01 사각형 그리기

다음 그림과 같이 점 P1(5,9)과 점 P2를 마주보는 꼭지점으로 하는 정사각형을 RECTANG 명령으로 그려보자.

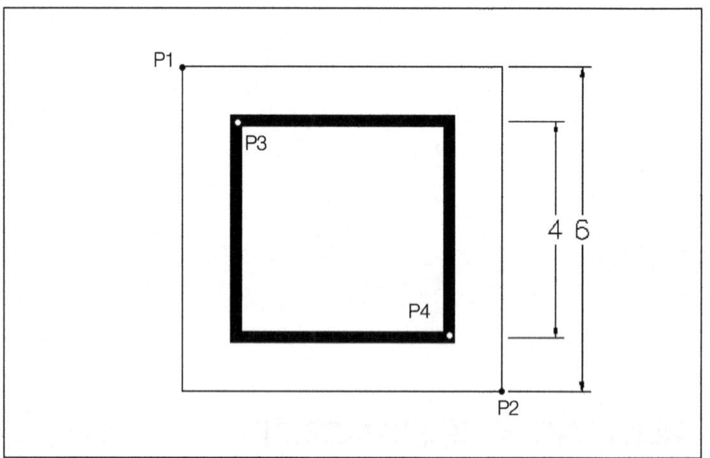

1 RECTANG 명령을 실행한다.

Command : RECTANG ↵

2 그릴 사각형의 마주보는 두 꼭지점 P1과 P2를 지정한다.

Specify first corner point or [Chamfer/Elevation/Fillet/Thickness/Width] : 5,9 ↵ ⇨ 점 P1 지정
Specify other corner point or [Area/Dimensions/Rotation] : @6,-6 ↵ ⇨ 점 P2 지정

옵 션	설 명
Area	그릴 사각형의 면적 값을 지정한다.
Dimensions	그릴 사각형의 가로, 세로 값을 지정한다.
Rotation	그릴 사각형의 회전 각도를 지정한다.

02 선의 굵기 지정

RECTANG 명령으로 사각형을 그릴 때에는 선 굵기를 지정할 수도 있다. 위 그림과 같이 점 P3(4,8)과 점 P4를 마주보는 꼭지점으로 하는 정사각형을 0.2 굵기의 선으로 그려보자.

따라하기

1 RECTANG 명령을 실행한다.

```
Command : RECTANG ↵
```

2 Width 옵션을 선택한 후 선의 굵기로 0.2를 지정한다.

```
Specify first corner point or [Chamfer/Elevation/Fillet/Thickness/Width] : W ↵
Specify other corner point or [Area/Dimensions/Rotation] : 0.2 ↵            ⇨ 선 굵기 지정
```

3 그릴 사각형의 마주보는 두 꼭지점 P3과 P4를 지정한다.

```
Specify first corner point or [Chamfer/Elevation/Fillet/Thickness/Width] : 4,8 ↵ ⇨ 점 P3 지정
Specify other corner point or [Area/Dimensions/Rotation] : @4,-4 ↵            ⇨ 점 P4 지정
```

03 모따기/라운딩 지정

RECTANG 명령은 사각형을 모따기하거나 라운딩한 후 그릴 수 있다. 다음 그림과 같이 한 변의 길이가 6인 정사각형을 모따기하여 점 P1(5,3)부터 그려보자.

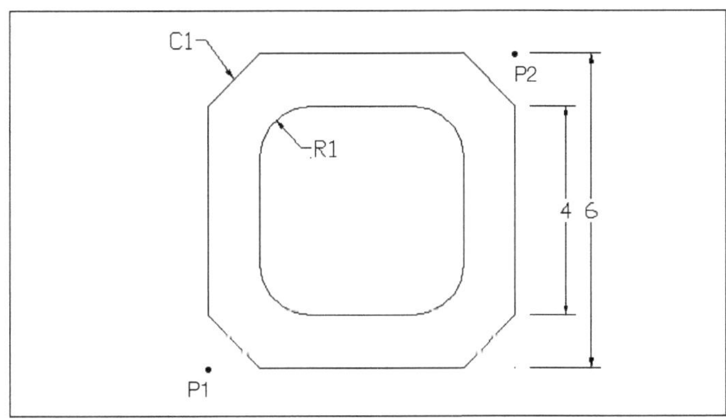

1 RECTANG 명령을 실행한다.

Command : RECTANG ↵

2 Chamfer 옵션을 선택한 후 첫 번째, 두 번째 모따기 거리로 1을 지정한다.

Specify first corner point or [Chamfer/Elevation/Fillet/Thickness/Width] : C ↵
Specify first chamfer distance for rectangles 〈0.0000〉 : 1 ↵
Specify second chamfer distance for rectangles 〈1.0000〉 : 1 ↵

3 그릴 사각형의 마주보는 두 꼭지점 P1, P2를 지정한다.

Specify first corner point or [Chamfer/Elevation/Fillet/Thickness/Width] : 5,3 ↵ ⇨ 점 P1 지정
Specify other corner point or [Area/Dimensions/Rotation] : @6,6 ↵

Tip

RECTANG 명령 설정 값의 영향

RECTANG 명령으로 설정한 선 굵기나 모따기 거리, 라운딩 반지름, 고도, 두께의 값은 AutoCAD를 종료하기 전까지 유효하다. 따라서 앞서 지정한 값과 다르게 사각형을 그리려면 해당 옵션을 선택하여 그 값을 다시 변경해 주어야만 한다.
단, RECTANG 명령에서 지정한 값은 CHAMFER 명령이나 FILLET 명령, ELEV 명령에는 영향을 미치지 않는다.

RECTANG 명령으로 사각형을 라운딩하여 그릴 때에는 위 예의 2단계에서 Fillet 옵션을 선택한 후 라운딩 반지름을 지정해주면 된다.

Specify first corner point or [Chamfer/Elevation/Fillet/Thickness/Width] : F ↵
Specify fillet radius for rectangles 〈1.0000〉 : ⇨ 라운딩 반지름 지정

04 고도와 두께 지정

RECTANG 명령의 Elevation 옵션과 Thickness 옵션을 사용하면 다음 그림과 같이 특정고도(elevation)에서 누께(thickness)를 가진 사각형을 그릴 수 있다.

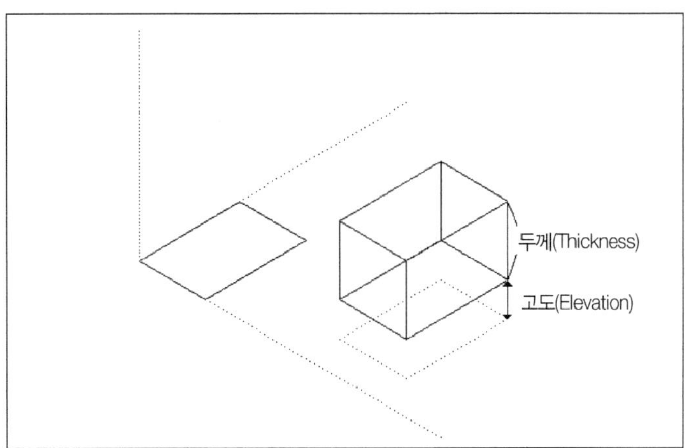

예를 들어, XY 평면에서 높이 3의 고도에서 한 변의 길이가 4이고, 두께가 4인 사각형을 그려보자.

1 RECTANG 명령을 실행한다.

```
Command : RECTANG ↵
```

2 Elevation 옵션을 선택한 후 사각형이 그려질 고도로 3을 지정한다.

```
Specify first corner point or [Chamfer/Elevation/Fillet/Thickness/Width] : E ↵
Specify the elevation for rectangles <0.0000> : 3 ↵          ⇨ 고도 지정
```

3 Thickness 옵션을 선택한 후 그릴 사각형의 두께로 4를 지정한다.

```
Specify first corner point or [Chamfer/Elevation/Fillet/Thickness/Width] : T ↵
Specify thickness for rectangles <0.0000> : 4 ↵          ⇨ 두께 지정
```

4 그릴 사각형의 마주보는 두 꼭지점을 지정한다.

```
Specify first corner point or [Chamfer/Elevation/Fillet/Thickness/Width] : 5,3 ↵
Specify other corner point or [Area/Dimensions/Rotation] : @4,4 ↵
```

그러면 다음 그림과 같이 XY 평면과 평행한 고도 3인 평면에 두께가 4인 사각형이 그려진다.

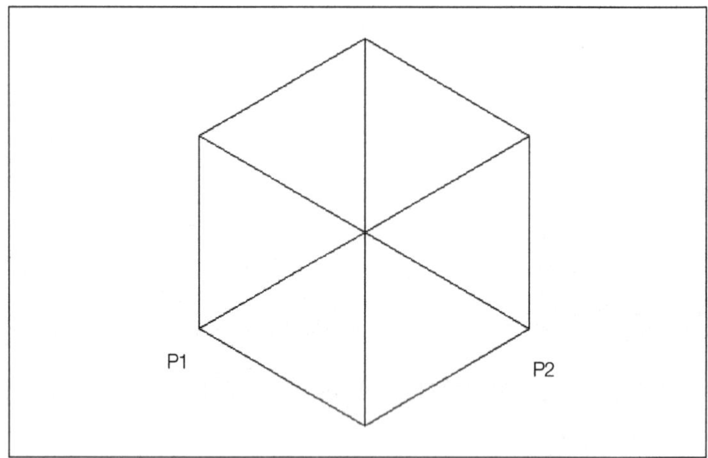

실제 결과를 확인하려면 다음과 같이 VPOINT 명령으로 관찰점을 변경하여야 한다.

Command : VPOINT ↵ ⇨ 관찰점 변경
Current view direction : VIEWDIR=0.0000,0.0000,1.0000
Specify a view point or [Rotate] 〈display compass and tripod〉 : 1,-1,1 ↵

2.2 POLYGON 명령(정다각형 그리기)

POLYGON 명령은 폴리라인의 정다각형을 그릴 때 사용한다. 이 명령으로 그릴 수 있는 정다각형은 3각형부터 1,024각형까지이다.

도구모음 : Draw 도구모음의 [정다각형] 단추

Command : POLYGON 〈또는 POL〉
Enter number of sides 〈4〉: ⇨ 다각형 변의 개수 지정
Specify center of polygon or [Edge] : ⇨ 옵션 선택

옵 션	설 명
Edge	한 변의 양 끝점을 지정하여 그린다.
Center	다각형의 중심점에서 지정한 값을 반지름으로 하는 가상의 원에 내접 또는 외접하는 정다각형을 그린다. Inscribed - 가상의 원에 내접하는 정다각형을 그린다. Circumscribed - 가상의 원에 외접하는 정다각형을 그린다.

01 한 변으로 그리기

다음 그림의 첫 번째 예와 같이 한 변의 길이가 2인 정팔각형을 변의 양 끝점 P1, P2를 지정하여 그려보자.

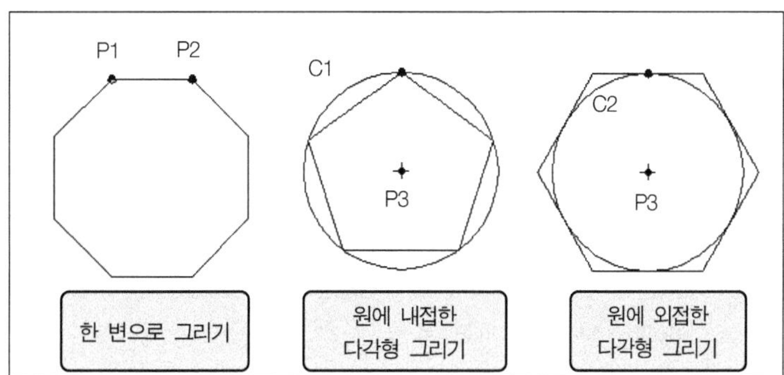

1 POLYGON 명령을 실행한 후 그릴 다각형의 변의 개수로 8을 지정한다.

```
Command : POLYGON ↵
Enter number of sides <4> : 8 ↵                ⇨ 변의 개수 지정
```

2 Edge 옵션을 선택한 후 그릴 다각형의 한 변의 양 끝점 P2, P1을 지정한다. 이때 첫 번째 시작점에 따라 그려지는 다각형의 방향이 다르므로 주의하기 바란다.

```
Specify center of polygon or [Edge] : E ↵      ⇨ Edge 옵션 선택
Specify first endpoint of edge :               ⇨ 변이 끝점 P2 지정
Specify second endpoint of edge : @-2,0 ↵      ⇨ 다른 끝점 P1 지정
```

02 중심점으로 그리기

위 그림과 같이 중심점 P3에서 반지름이 3인 원 C1을 그린 후 이 원에 내접한 5각형과 외접한 6각형을 그려보자.

1 CIRCLE 명령을 실행하여 중심점이 P3이고 반지름이 3인 원을 그린다.

```
Command : CIRCLE ↵
Specify center point for circle or [3P/2P/Ttr (tan tan radius)] :    ⇨ 원 중심점 P3 지정
Specify radius of circle or [Diameter] <1.0000> : 3 ↵                ⇨ 원 반지름 지정
```

2 POLYGON 명령을 실행한 후 그릴 다각형의 변의 개수 5와 다각형의 중심점 P3을 지정한다.

```
Command : POLYGON ↵
Enter number of sides <8> : 5 ↵                   ⇨ 변의 개수 지정
Specify center of polygon or [Edge] : CEN ↵       ⇨ 중심점 스냅 설정
of                                                ⇨ 원 C1 선택
```

3 Inscribed 옵션을 선택한 후 그릴 다각형이 내접할 원의 반지름 3을 입력한다.

```
Enter an option [Inscribed in circle/Circumscribed about circle] <I> : I ↵
Specify radius of circle : 3 ↵                    ⇨ 내접원 반지름 지정
```

4 POLYGON 명령을 실행한 후 그릴 다각형의 변의 개수 6과 중심점 P3을 지정한다.

```
Command : POLYGON ↵
Enter number of sides <5> : 6 ↵                   ⇨ 변의 개수 지정
Specify center of polygon or [Edge] : CEN ↵       ⇨ 중심점 스냅 설정
of                                                ⇨ 원 C1 선택
```

5 Circumscribed 옵션을 선택한 후 그릴 다각형이 외접할 원의 반지름 3을 입력한다.

```
Enter an option [Inscribed in circle/Circumscribed about circle] <I> : C ↵
Specify radius of circle : 3 ↵                    ⇨ 외접원 반지름 지정
```

2.3 PLINE 명령(직선의 폴리라인 그리기)

PLINE 명령은 직선과 호의 연결 도형인 폴리라인을 그리는 명령이다. 이 명령을 이용하면 다음과 같이 직선이나 호의 끝점에 이어 다른 직선이나 호를 연속해서 그릴 수 있으며, 선 굵기도 달리하여 그릴 수 있다.

단, 폴리라인은 LINE 명령이나 ARC 명령으로 연속해서 그린 선이나 호와 달리 하나의 도면 요소로 취급된다.

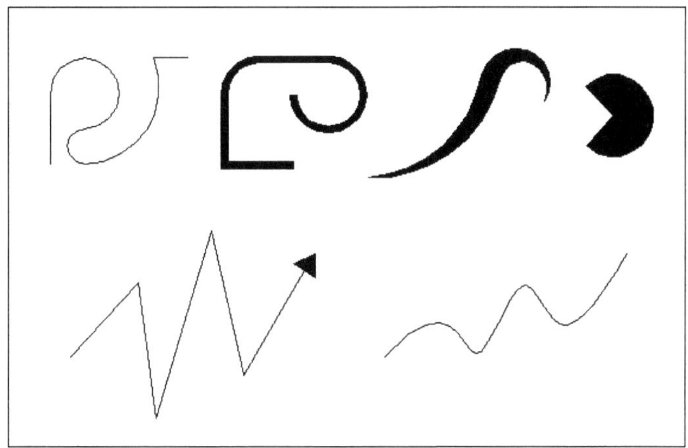

01 직선 그리기 모드

먼저 PLINE 명령의 직선 그리기 모드에 대해 설명한다. PLINE 명령으로 직선을 그릴 때에는 다음과 같은 형식으로 사용하면 된다.

도구모음 : Draw 도구모음의 단추

메뉴 : Draw/Polyline 메뉴

Command : PLINE 〈또는 PL〉

Specify start point : ⇨ 폴리라인의 시작점 지정

Current line-width is 0 0000

Specify next point or [Arc/Halfwidth/Length/Undo/Width] : ⇨ 다음 점 또는 옵션 선택

옵 션	설 명
Arc	직선 그리기 모드에서 호 그리기 모드로 전환한다.
Halfwidth	그릴 선의 굵기를 반으로 지정한다. 예를 들어, 1mm 굵기의 선을 그리려면 0.5mm를 지정하면 된다.
Length	이전 선과 같은 방향으로 선을 그린다.
Undo	앞서 그려진 폴리라인을 한 단계씩 취소한다.
Width	그릴 선의 굵기를 지정한다.

02 선의 굵기 지정

왼쪽 그림과 같이 V자 모양의 폴리라인을 그려보자. 이때 V자는 선의 굵기를 0과 0.5에서 증가/감소시켜 그려보도록 하자.

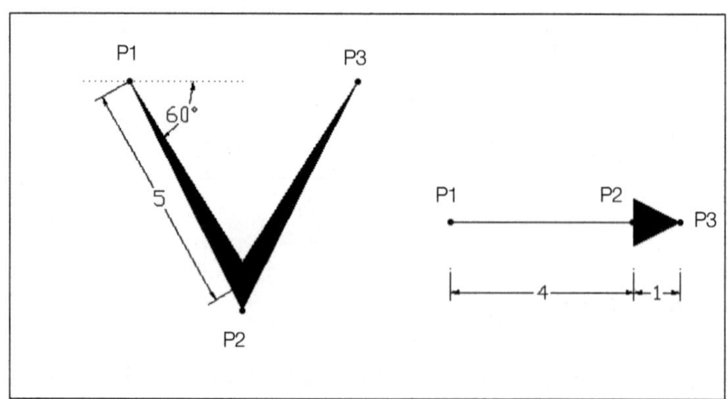

1 PLINE 명령을 실행한 후 폴리라인의 시작점으로 점 P1을 지정한다.

```
Command : PLINE ↵
Specify start point :                          ⇨ 시작점 P1 지정
```

2 Width 옵션을 선택한 후 시작점 P1과 끝점 P2의 선 굵기를 지정한다. 시작점과 끝점의 굵기가 같으면 동일한 굵기의 선이 그려진다.

Specify next point or [Arc/Halfwidth/Length/Undo/Width] : W ↵
Specify starting width 〈0.0000〉 : ↵ ⇨ 선의 시작 굵기 지정
Specify ending width 〈0.0000〉 : 0.5 ↵ ⇨ 선의 끝 굵기 지정

3 다음 점 P2를 지정한다.

Specify next point or [Arc/Halfwidth/Length/Undo/Width] : @5<-60 ↵

4 Width 옵션을 선택한 후 점 P2와 끝점 P3의 선 굵기를 지정한다.

Specify next point or [Arc/Halfwidth/Length/Undo/Width] : W ↵
Specify starting width 〈0.5000〉 : ↵ ⇨ 선의 시작 굵기 지정
Specify ending width 〈0.5000〉 : 0 ↵ ⇨ 선의 끝 굵기 지정

5 끝점 P3을 지정한 후 명령 실행을 종료한다.

Specify next point or [Arc/Halfwidth/Length/Undo/Width] : @5<60 ↵
Specify next point or [Arc/Halfwidth/Length/Undo/Width] : ↵ ⇨ 명령 실행 종료

03 선의 반 굵기 지정

위의 오른쪽 그림과 같이 ━▶ 모양의 폴리라인을 그려보자. 이때 ▶ 모양의 선 굵기(1에서 0으로 감소)는 반으로 지정하여 그려보도록 하자.

1 PLINE 명령을 실행한 후 폴리라인의 시작점 P1과 끝점 P2를 지정한다.

Command : PLINE ↵
Specify start point : ⇨ 시작점 P1 지정
Current line-width is 0.0000
Specify next point or [Arc/Halfwidth/Length/Undo/Width] : @4,0 ↵ ⇨ 점 P2 지정

2 Halfwidth 옵션을 선택한 후 시작점 P2와 끝점 P3의 선 굵기를 반으로 지정한다.

Specify next point or [Arc/Halfwidth/Length/Undo/Width] : H ↵
Specify starting half-width 〈0.0000〉 : 0.5 ↵ ⇨ 선의 시작 굵기 지정
Specify ending half-width 〈0.5000〉 : 0 ↵ ⇨ 선의 끝 굵기 지정

3 Length 옵션을 선택한 후 앞의 선에 이어 그릴 선의 길이를 입력한다. Length 옵션 선택 없이 직접 점 P3을 지정해도 된다.

Specify next point or [Arc/Halfwidth/Length/Undo/Width] : L ↵
Specify length of line : 1 ↵ ⇨ 이어 그릴 길이 지정
Specify next point or [Arc/Halfwidth/Length/Undo/Width] : ↵ ⇨ 명령 실행 종료

2.4 PLINE 명령(호의 폴리라인 그리기)

PLINE 명령을 이용하여 호를 그릴 때에는 다음과 같은 형식으로 사용하면 된다.

 Command : PLINE 〈또는 PL〉

Specify start point : ⇨ 폴리라인의 시작점 지정
Current line-width is 0.0000
Specify next point or [Arc/Halfwidth/Length/Undo/Width] : A ↵
Specify endpoint of arc or ⇨ 다음 점이나 옵션 선택
[Angle/CEnter/Direction/Halfwidth/Line/Radius/Second pt/Undo/Width] :

 01 호 그리기 모드

PLINE 명령의 호 그리기 모드에서는 다음과 같은 하위 옵션을 사용하여 호를 그릴 수 있다.

옵 션	설 명
Angle	각도와 중심점 또는 반지름, 끝점을 지정하여 호를 그린다.
CEnter	중심점과 각도 또는 현의 길이, 끝점을 지정하여 호를 그린다.
Direction	호의 진행 방향을 지정하여 그린다.
Halfwidth	그릴 선의 굵기를 반으로 지정한다.
Line	호 그리기 모드에서 선 그리기 모드로 전환한다.

옵 션	설 명
Radius	반지름과 각도 또는 끝점을 지정하여 호를 그린다.
Second pt	최종 폴리라인의 끝점과 지정한 두 점을 잇는 호를 그린다.
Undo	앞서 그린 폴리라인을 한 단계씩 취소한다.
Width	그릴 선의 굵기를 지정한다.

02 폴리라인 호 그리기

다음 그림과 같은 태극 도형의 아래 부분을 점 P1부터 PLINE 명령을 이용하여 그려 보자.

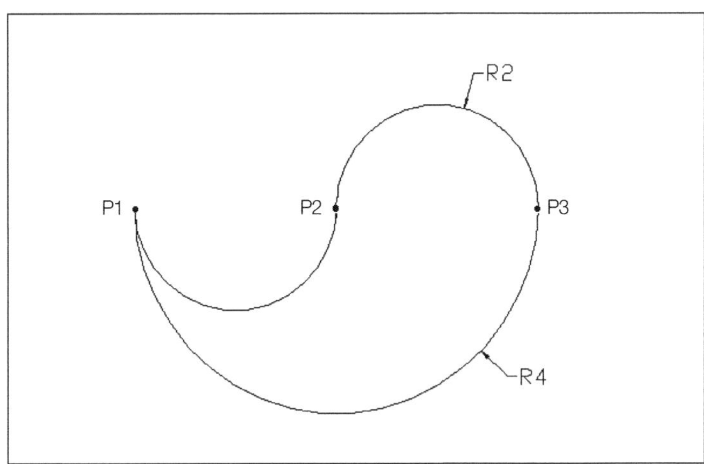

1 PLINE 명령을 실행한 후 그릴 선의 시작점 P1을 지정한다.

```
Command : PLINE ⏎
Specify start point :                                   ⇨ 임의 위치 P1 지정
```

2 Arc 옵션을 선택하여 호 그리기 모드로 전환한다.

```
Specify next point or [Arc/Halfwidth/Length/Undo/Width] : A ⏎    ⇨ Arc 옵션 선택
```

3 Radius 옵션을 선택한 후 점 P1에서 P3의 방향으로 반지름 4인 반원 모양의 호를 그린다.

Specify endpoint of arc or
[Angle/CEnter/Direction/Halfwidth/Line/Radius/Second pt/Undo/Width] : R ↵
Specify radius of arc : 4 ↵ ⇨ 호의 반지름 지정
Specify endpoint of arc or [Angle] : @8,0 ↵ ⇨ 점 P3 지정

4 점 P2를 지정하여 P3에서 P2까지의 호를 그린다.

Specify endpoint of arc or ⇨ 점 P2 지정
[Angle/CEnter/Direction/Halfwidth/Line/Radius/Second pt/Undo/Width] : @-4,0 ↵

5 CLose 옵션을 선택하여 점 P2에서 P1까지의 호를 그린다.

Specify endpoint of arc or ⇨ 점 P2, P1을 연결
[Angle/CEnter/Direction/Halfwidth/Line/Radius/Second pt/Undo/Width] : CL ↵

2.5 PEDIT 명령(폴리라인의 수정)

PEDIT 명령은 PLINE이나 RECTANG, POLYGON 명령으로 그린 폴리라인이나 3DMESH 명령으로 그린 3차원 그물을 편집하는 명령이다.

Command : PEDIT 〈또는 PE〉
Select polyline or [Multiple] : ⇨ 편집할 폴리라인 선택
Enter an option [Open/Join/Width/Edit vertex/Fit/Spline/Decurve/Ltype gen/Reverse/Undo] :

옵 션	설 명
Open	폴리라인의 시작점과 끝점을 잇는 선을 없앤다. 단, 이 옵션은 닫혀진 폴리라인을 선택했을 때만 사용할 수 있다.
Close	열려진 폴리라인의 시작점과 끝점을 잇는 선을 그린다.
Join	폴리라인과 연결된 다른 폴리라인이나 직선, 호를 단일 폴리라인으로 결합한다.
Width	폴리라인의 선 굵기를 변경한다.
Edit vertex	폴리라인의 정점을 수정한다.
Fit	폴리라인을 피트 곡선으로 변경한다.
Spline	폴리라인을 스플라인 곡선으로 변경한다.
Decurve	곡선으로 변경한 폴리라인을 직선으로 복구시킨다.
Ltype gen	파선이나 1점 쇄선, 2점 쇄선 등으로 그린 폴리라인에 선 유형 적용 방식을 지정한다.
Undo	앞서 실행한 폴리라인 수정을 한 단계씩 취소한다.

01 폴리라인 열기, 닫기

다음 그림과 같이 앞서 PLINE 명령으로 그린 닫혀진 폴리라인을 연 후 이를 다시 닫아 보자.

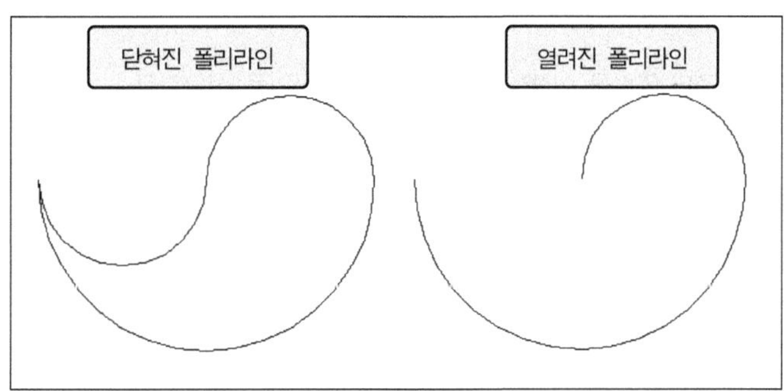

1 PEDIT 명령을 실행한 후 편집할 폴리라인을 선택한다.

Command : PEDIT ↵
Select polyline or [Multiple] : ⇨ 편집할 폴리라인 선택

2 Open 옵션을 선택한다. 열린 폴리라인을 닫으려면 Close 옵션을 선택한다.

Enter an option [Open/Join/Width/Edit vertex/Fit/Spline/Decurve/Ltype gen/Reverse/Undo] : O ↵
Enter an option [Open/Join/Width/Edit vertex/Fit/Spline/Decurve/Ltype gen/Reverse/Undo] : C ↵
Enter an option [Open/Join/Width/Edit vertex/Fit/Spline/Decurve/Ltype gen/Reverse/Undo] : ↵

02 선 굵기의 변경

다음 그림과 같이 앞서 PLINE 명령으로 그린 폴리라인의 선 굵기를 0.1로 변경하여 보자.

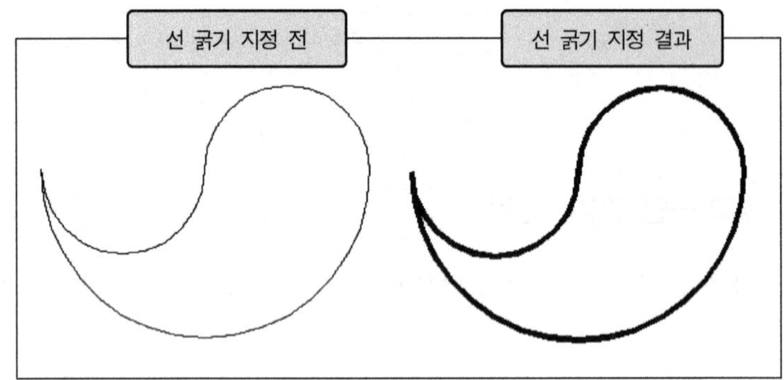

1 PEDIT 명령을 실행한 후 편집할 폴리라인을 선택한다.

Command : PEDIT ↵
Select polyline or [Multiple] : ⇨ 편집할 폴리라인 선택

2 Width 옵션을 선택한 후 변경할 선의 굵기를 입력한다.

Enter an option [Open/Join/Width/Edit vertex/Fit/Spline/Decurve/Ltype gen/Reverse/Undo] : W ↵
Specify new width for all segments : 0.1 ↵ ⇨ 선의 굵기 지정
Enter an option [Open/Join/Width/Edit vertex/Fit/Spline/Decurve/Ltype gen/Reverse/Undo] : ↵

03 폴리라인의 결합

Join 옵션은 폴리라인에 이어 그린 다른 직선, 호 등을 하나의 폴리라인으로 결합한다. 단, 닫혀져 있는 폴리라인에는 결합할 수 없다.

다음 그림과 같이 점 P1, P2의 위치에서 BREAK 명령을 사용하여 2개의 폴리라인으로 분리한 후 이를 결합해보자.

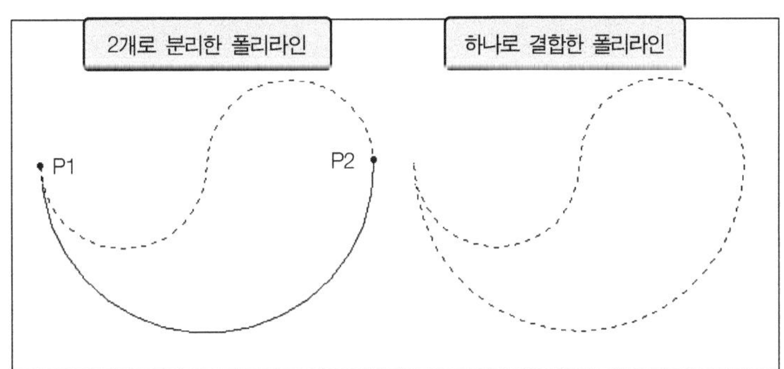

1 BREAK 명령을 실행하여 점 P1, P2에서 2개의 폴리라인으로 분리한다.

Command : BREAK ↵	⇨ 점 P1 위치 분리
Select object : END ↵	⇨ 끝점 스냅 설정
of	⇨ 점 P1 선택
Specify second break point or [First point] : @ ↵	⇨ 점 P1 재 지정
Command : BREAK ↵	⇨ 점 P2 위치 분리
Select object : END ↵	⇨ 끝점 스냅 설정
of	⇨ 점 P2 선택
Specify second break point or [First point] : @ ↵	⇨ 점 P2 재 지정

2 PEDIT 명령을 실행한 후 분리된 폴리라인 중 하나를 선택한다.

Command : PEDIT ↵	
Select polyline or [Multiple] :	⇨ 편집할 폴리라인 선택

3 Join 옵션을 입력한 후 앞서 선택한 폴리라인에 이어져 있는 다른 폴리라인을 선택한다.

Enter an option [Open/Join/Width/Edit vertex/Fit/Spline/Decurve/Ltype gen/Reverse/Undo] : J ↵

Select objects : ⇨ 결합할 도면 요소 선택
Select objects : ↵ ⇨ 도면 요소 선택 종료

4 그러면 다음과 같이 선택한 도면 요소가 폴리라인에 추가되었다는 메시지가 표시되면 PEDIT 명령 실행을 종료한다.

2 segments added to polyline
Enter an option [Open/Join/Width/Edit vertex/Fit/Spline/Decurve/Ltype gen/Reverse/Undo] : ↵

04 피트, 스플라인 곡선

PEDIT 명령의 Fit 옵션과 Spline 옵션은 다음과 같이 폴리라인(점선으로 표시된 폴리라인)을 피트 곡선과 스플라인 곡선으로 변경할 때 사용한다. 단, 곡선화할 폴리라인은 2개 이상의 선으로 구성되어 있어야 한다.

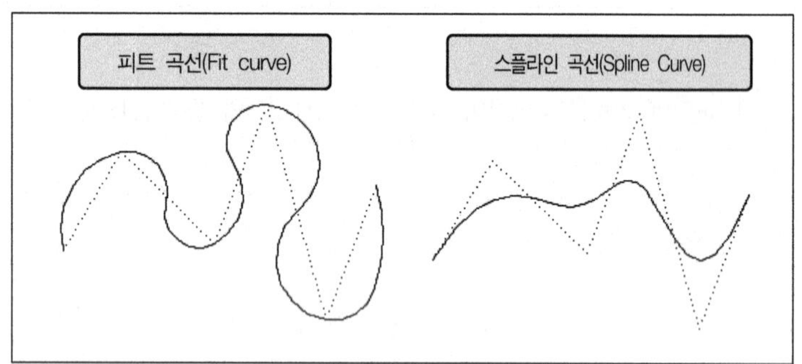

1 PEDIT 명령을 실행한 후 곡선으로 변경할 폴리라인을 선택한다.

Command : PEDIT ↵
Select polyline or [Multiple] : ⇨ 폴리라인 선택

2 Fit 옵션을 선택한다. 피트 곡선이 아닌 스플라인 곡선으로 변경하려면 Spline 옵션을 선택하면 된다.

Enter an option [Open/Join/Width/Edit vertex/Fit/Spline/Decurve/Ltype gen/Reverse/Undo] : F ↵
Enter an option [Open/Join/Width/Edit vertex/Fit/Spline/Decurve/Ltype gen/Reverse/Undo] : ↵

이와 같은 방법으로 피트 곡선이나 스플라인 곡선으로 변경한 폴리라인은 Decurve 옵션을 사용하면 다시 직선화할 수 있다.

```
Command : PEDIT ↵
Select polyline or [Multiple] :                                    ⇨ 직선화할 폴리라인 선택
Enter an option [Open/Join/Width/Edit vertex/Fit/Spline/Decurve/Ltype gen/Reverse/Undo] : D ↵
```

 선 유형 적용

PEDIT 명령의 Ltype gen 옵션은 다음 그림과 같이 점선이나 1점 쇄선, 2점 쇄선 등으로 그린 폴리라인의 선 유형 적용 방식을 지정한다.

```
Command : PEDIT ↵
Select polyline or [Multiple] :                                    ⇨ 폴리라인 선택
Enter an option [Open/Join/Width/Edit vertex/Fit/Spline/Decurve/Ltype gen/Reverse/Undo] : L ↵
Enter polyline linetype generation option [ON/OFF] <Off> :         ⇨ ON, OFF 지정
```

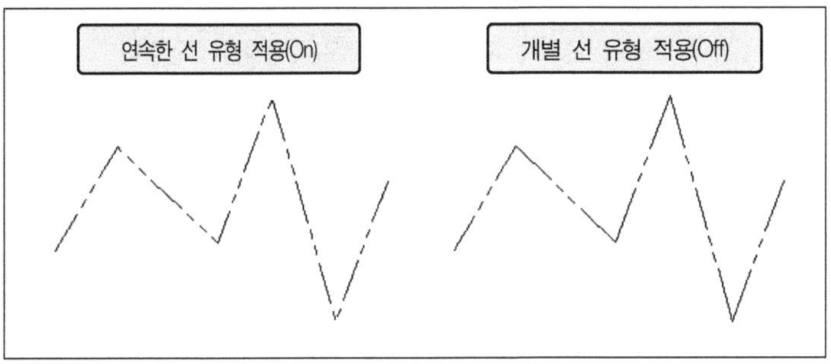

옵 션	설 명
ON	폴리라인 전체를 대상으로 연속해서 선 유형을 적용한다.
OFF	폴리라인을 구성하는 개별 선들을 대상으로 선 유형을 적용한다.

2.6 폴리라인 정점 편집

PEDIT 명령의 Edit vertex 옵션은 폴리라인의 정점을 수정할 때 사용한다. 이 옵션을 지정하면 선택 폴리라인의 첫 번째 정점에 수정 대상임을 나타내는 × 기호가 표시된다.

Command : PEDIT 〈또는 PE〉

Select polyline or [Multiple] : ⇨ 편집할 폴리라인 선택

Enter an option [Open/Join/Width/Edit vertex/Fit/Spline/Decurve/Ltype gen/Reverse/Undo] : E ↵

Enter a vertex editing option ⇨ 정점 편집 옵션 선택

[Next/Previous/Break/Insert/Move/Regen/Straighten/Tangent/Width/eXit] 〈N〉:

옵 션	설 명
Next	다음 정점을 편집 대상으로 지정한다.
Previous	이전 정점을 편집 대상으로 지정한다.
Break	현재 정점부터 지정한 정점까지를 제거한다.
Insert	지정 위치에 새로운 정점을 삽입한다.
Move	현재 정점을 다른 위치로 이동시킨다.
Regen	선 굵기가 변경된 경우 폴리라인을 화면에 다시 그린다.
Straighten	현재 정점부터 지정한 정점까지를 직선으로 연결한다.
Tangent	현재 정점에서 다음 정점까지 피트 곡선의 방향을 변경한다.
Width	현재 정점부터 다음 정점까지 선 굵기를 변경한다. 변경 결과는 Regen 옵션으로 폴리라인을 다시 그려야 확인할 수 있다.
eXit	폴리라인 정점의 수정을 종료한다.

01 정점의 이동, 추가

다음의 왼쪽 그림과 같은 폴리라인에서 × 기호가 표시된 정점 P1을 오른쪽 그림의 P2와 같이 편집하여 보자. 이를 위해 먼저 PLINE 명령으로 왼쪽 그림과 같은 폴리라인을 그리기 바란다.

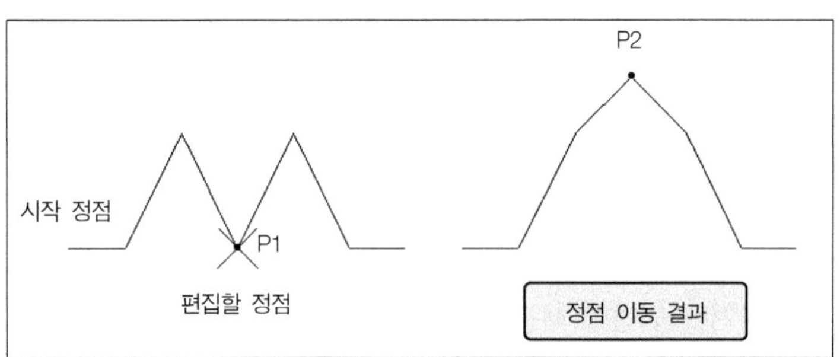

1 PEDIT 명령을 실행한 후 편집할 폴리라인을 선택한다.

Command : PEDIT ↵
Select polyline or [Multiple] : ⇨ 편집할 폴리라인 선택

2 Edit vertex 옵션을 선택한다.

Enter an option [Open/Join/Width/Edit vertex/Fit/Spline/Decurve/Ltype gen/Reverse/Undo] : E ↵

3 Next 옵션을 3번 선택하여 × 기호를 정점 P1로 이동시킨다. Previous 옵션을 선택하면 이전 정점으로 이동시킬 수 있다.

Enter a vertex editing option ⇨ Next 옵션 3번 선택
[Next/Previous/Break/Insert/Move/Regen/Straighten/Tangent/Width/eXit] 〈N〉 : N ↵

4 Move 옵션을 선택한 후 정점 P1을 이동시킬 위치인 P2를 지정한다.

Enter a vertex editing option ⇨ Move 옵션 선택
[Next/Previous/Break/Insert/Move/Regen/Straighten/Tangent/Width/eXit] 〈N〉 : M ↵
Specify new location for marked vertex : ⇨ 이동 위치 P2 지정

5 eXit 옵션을 선택하여 정점 편집 모드를 종료한 후 다시 PEDIT 명령을 종료한다.

Enter a vertex editing option ⇨ 정점 편집 종료
[Next/Previous/Break/Insert/Move/Regen/Straighten/Tangent/Width/eXit] 〈N〉 : X ↵
Enter an option [Open/Join/Width/Edit vertex/Fit/Spline/Decurve/Ltype gen/Reverse/Undo] : ↵

현재 정점 다음에 새 정점을 추가할 때에는 위 예의 4단계에서 Insert 옵션을 선택한 후 정점의 추가 위치를 지정해주면 된다.

02 선 굵기 변경

선 굵기를 변경할 때는 위 예의 4단계에서 Width 옵션을 선택한 후 선 굵기를 지정하면 된다. 단, 선 굵기의 변경 후에는 Regen 옵션으로 폴리라인을 다시 그려야만 실제 결과를 확인할 수 있다. 예를 들어, 3번째 정점에서 다음 정점까지의 선 폭을 0.3으로 변경하려면 다음과 같이 한다.

```
Enter a vertex editing option                                                   ⇨ Width 옵션 선택
[Next/Previous/Break/Insert/Move/Regen/Straighten/Tangent/Width/eXit] 〈N〉: W ↵
Specify starting width for next segment 〈0.0000〉: 0.3 ↵                        ⇨ 시작점의 선 굵기 지정
Specify ending width for next segment 〈0.3000〉: ↵                              ⇨ 끝점의 선 굵기 지정
Enter a vertex editing option                                                   ⇨ Regen 옵션 선택
[Next/Previous/Break/Insert/Move/Regen/Straighten/Tangent/Width/eXit] 〈N〉: R ↵
```

정점의 직선화, 제거

다음의 왼쪽 그림에서 정점 P1과 P2 사이를 오른쪽 그림과 같이 직선으로 편집하여 보자.

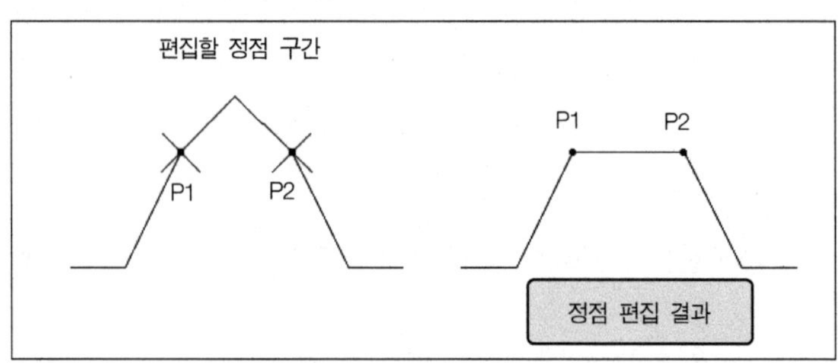

1 PEDIT 명령을 실행한 후 편집할 폴리라인을 선택한다.

```
Command : PEDIT ↵
Select polyline or [Multiple] :                          ⇨ 편집할 폴리라인 선택
```

2 Edit vertex 옵션을 선택한다.

```
Enter an option [Open/Join/Width/Edit vertex/Fit/Spline/Decurve/Ltype gen/Reverse/Undo] : E ↵
```

3 Next 옵션을 2번 선택하여 × 기호를 정점 P1로 이동시킨다.

```
Enter a vertex editing option                            ⇨ Next 옵션 2번 선택
[Next/Previous/Break/Insert/Move/Regen/Straighten/Tangent/Width/eXit] <N> : N ↵
```

4 Straighten 옵션을 선택한다. 두 정점 사이의 선을 제거할 때에는 Break 옵션을 선택하면 된다.

```
Enter a vertex editing option                            ⇨ Straighten 옵션 선택
[Next/Previous/Break/Insert/Move/Regen/Straighten/Tangent/Width/eXit] <N> : S ↵
```

5 엔터키를 두 번 눌러 정점 기호(×)를 정점 P2로 이동시킨 후 Go 옵션을 선택한다.

```
Enter an option [Next/Previous/Go/eXit] <N> : ↵          ⇨ Next 옵션 2번 선택
Enter an option [Next/Previous/Go/eXit] <N> : G ↵        ⇨ Go 옵션 선택
```

6 그러면 정점 P1과 정점 P2 구간의 선이 직선으로 변경된다. 다음과 같이 PEDIT 명령 실행을 종료한다.

```
Enter a vertex editing option                            ⇨ 정점 편집 종료
[Next/Previous/Break/Insert/Move/Regen/Straighten/Tangent/Width/eXit] <N> : X ↵
Enter an option [Open/Join/Width/Edit vertex/Fit/Spline/Decurve/Ltype gen/Undo] : ↵
```

2.7 SPLINE 명령(스플라인 곡선 그리기)

SPLINE 명령은 스플라인 곡선을 그리는 명령이다. 또한 이 명령은 PEDIT 명령의 Spline 옵션으로 곡선화한 폴리라인을 스플라인 곡선으로 변경할 수도 있다.

도구모음 : Draw 도구모음의 단추

메뉴 : Draw/Spline 메뉴

Command : SPLINE 〈또는 SPL〉

Current settings : Method=CV Degree=3

Specify first point or [Method/Knots/Object] : ⇨ 스플라인의 시작점 지정

Enter next point or [Undo] : ⇨ 스플라인의 다음 점 지정

Enter next point or [Close/Undo] : ⇨ 스플라인의 끝점 지정

옵 션	설 명
Method	사용자가 적당한 점이나 통제 정점과 함께 만들어지는지 조정한다.
Knots	곡선의 형체에 영향을 미치는 매듭 변수가 적당한 점을 지나가는 것을 지정한다.
Object	PEDIT 명령의 Spline 옵션으로 곡선화한 폴리라인을 스플라인으로 변경한다.
Close	시작점과 끝점을 닫는 스플라인을 그린다.

01 스플라인 그리기

다음 그림과 같은 사인(Sine) 곡선을 SPLINE 명령을 이용하여 정점 P1부터 그려보자.

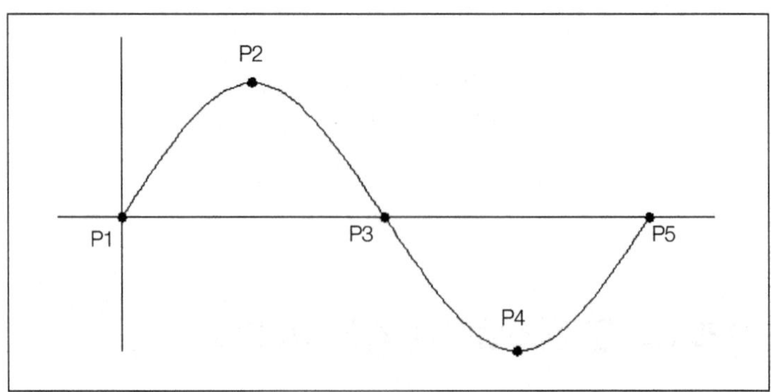

1 SPLINE 명령을 실행한다.

Command : SPLINE ↵

2 다음과 같이 그릴 스플라인 곡선의 변곡점 위치를 차례로 지정한다.

Current settings : Method=CV Degree=3	
Specify first point or [Method/Knots/Object] :	
Enter next point or [Undo] : @3,3 ↵	⇨ 점 P2 지정
Enter next point or [Close/Undo] : @3,-3 ↵	⇨ 점 P3 지정
Enter next point or [Close/Undo] : @3,-3 ↵	⇨ 점 P4 지정
Enter next point or [Close/Undo] : @3,3 ↵	⇨ 점 P5 지정
Enter next point or [Close/Undo] : ↵	⇨ 점 지정 종료

3 스플라인의 시작점과 끝점의 접선을 지정하지 않고 엔터키를 누른다.

Specify start tangent : ↵	⇨ 시작점의 접선 지정
Specify end tangent : ↵	⇨ 끝점의 접선 지정

스플라인의 시작점과 끝점의 접선은 가상의 변곡점을 선택하여 지정한다. 위 예에서 다음과 같이 시작점과 끝점과 연결된 가상의 점 P1, P2를 지정하면 스플라인 시작점과 끝점의 접선은 이 가상의 변곡점 위치에 따라 기울기가 달라진다.

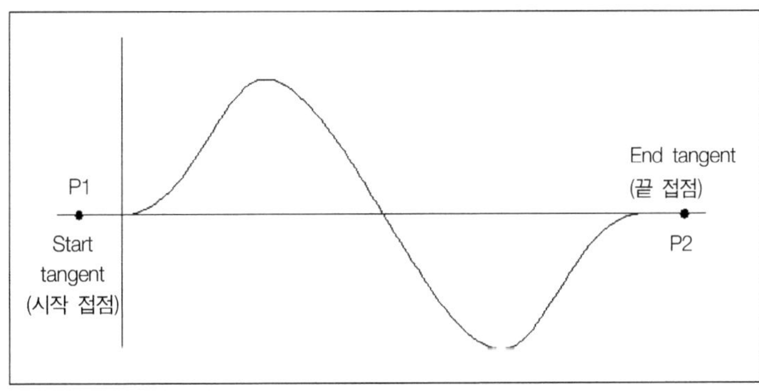

Object 옵션의 사용

Object 옵션은 PEDIT 명령으로 스플라인 형태로 편집한 폴리라인을 실제 스플라인 곡선으로 변경할 때 사용한다.

1 SPLINE 명령을 실행한 후 Object 옵션을 선택한다.

```
Command : SPLINE ↵
Current settings : Method=CV   Degree=3
Specify first point or [Method/Knots/Object] : O ↵          ⇨ Object 옵션 선택
```

2 그래픽 커서로 스플라인 곡선으로 변경할 폴리라인을 선택한다.

```
Select spline-fit polyline :                                ⇨ 변경할 폴리라인 선택
Select spline-fit polyline : ↵                              ⇨ 선택 종료
```

chapter 03 안이 채워진 도형과 영역 생성

DONUT, SOLID 명령은 내부가 채워진 도면 요소를 그리는 명령으로, 보통 설계 도면에 도형이나 로고 등을 작성할 때 사용한다.

3.1 DONUT 명령(도넛 그리기)

DONUT 명령은 도넛 형태의 도형을 그리는 명령이다. DONUT 명령의 실행 결과는 다음 그림과 같이 내부 채우기 모드의 온/오프에 따라 달라진다.

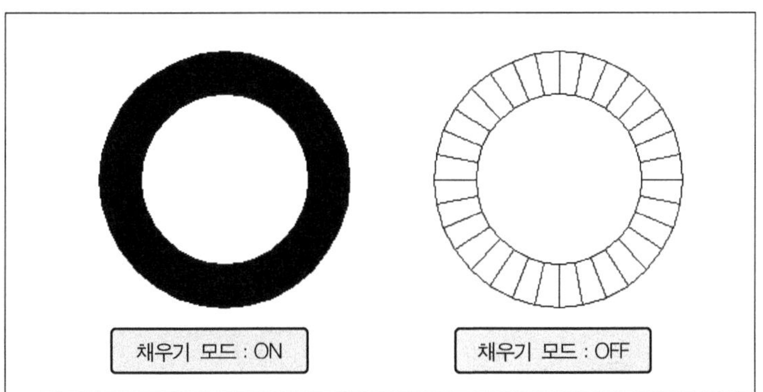

도구모음 : Draw 도구모음의 단추

Command : DONUT 〈또는 DO〉
Specify inside diameter of donut 〈0.5000〉: ⇨ 안쪽 원의 지름 지정
Specify outside diameter of donut 〈1.0000〉: ⇨ 바깥쪽 원의 지름 지정
Specify center of donut or 〈exit〉: ⇨ 도넛의 중심점 지정

01 도넛 그리기

위의 오른쪽 그림과 같이 내부 채우기 모드를 오프시킨 후, 중심점(7,6)부터 안쪽 원의 지름이 4이고, 바깥쪽 원의 지름이 6인 도넛을 그려보자.

1 다음과 같이 FILL 명령을 실행한 후 OFF 옵션을 선택한다.

Command : FILL ↵
Enter mode [ON/OFF] 〈ON〉: OFF ↵ ⇨ FILL 모드의 OFF

2 DONUT 명령을 실행한 후 도넛의 안쪽 원의 지름과 바깥쪽 원의 지름을 지정한다.

Command : DONUT ↵
Specify inside diameter of donut 〈0.5000〉: 4 ↵ ⇨ 안쪽 원의 지름 지정
Specify outside diameter of donut 〈1.0000〉: 6 ↵ ⇨ 바깥쪽 원 지름 지정

3 다음과 같이 도넛의 중심점을 입력한다. 이때 다른 중심점을 계속 지정하여 여러 개의 도넛을 그릴 수도 있다.

Specify center of donut or 〈exit〉: 7,6 ↵ ⇨ 도넛 중심점 지정
Specify center of donut or 〈exit〉: ↵ ⇨ DONUT 명령 종료

02 도넛의 응용

만약 도넛을 그릴 경우 안쪽 원의 지름으로 0을 입력하면 다음 그림과 같이 안이 채워진 원이 그려진다. 그리고 안쪽 원과 바깥쪽 원의 지름이 같게 입력하면 내부가 빈 원이 그려진다.

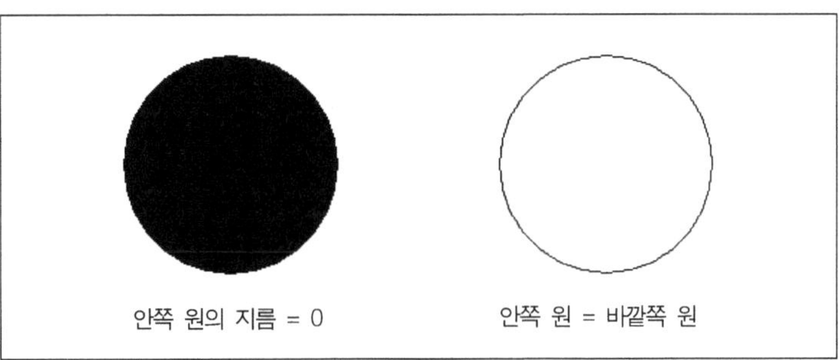

3.2 SOLID 명령(안이 채워진 다각형 그리기)

SOLID 명령은 현재 설정된 색으로 내부가 칠해진 다각형 도형을 그리는 명령이다. SOLID 명령의 실행 결과는 내부 채우기 모드의 온/오프에 따라 달라진다.

Command : SOLID 〈또는 SO〉

Specify first point :	⇨ 첫 번째 점 지정
Specify second point :	⇨ 두 번째 점 지정
Specify third point :	⇨ 세 번째 점 지정
Specify fourth point or 〈exit〉:	⇨ 네 번째 점 지정

01 점 지정 방법

위 형식에서 SOLID 명령으로 그릴 다각형의 꼭지점의 위치는 반드시 지그재그 형태로 지정해야만 한다. 왜냐하면 SOLID 명령은 내부가 채워진 다각형을 한 번에 그리는 것이 아니라 지정한 점에 따라 삼각형의 형태로 내부를 채우기 때문이다.

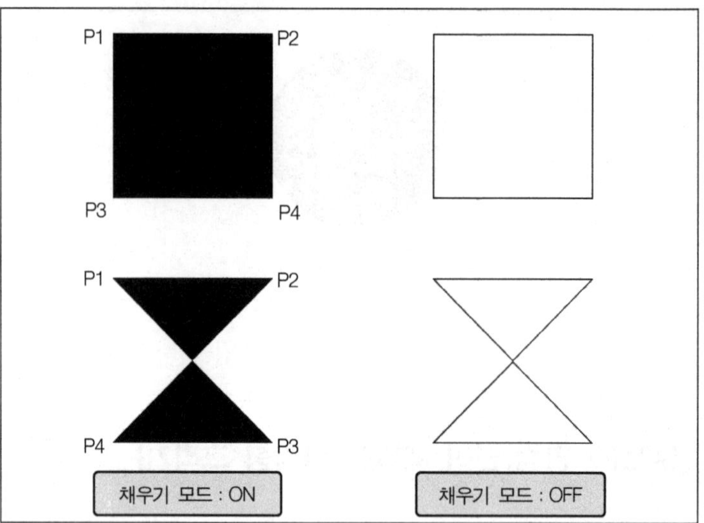

02 솔리드 그리기 예

위 그림과 같이 한 변의 길이가 4이고 내부가 채워진 정사각형을 왼쪽 위의 꼭지점 P1(5,8)부터 Z 모양으로 그려보도록 하자.

1 다음과 같이 FILL 명령을 실행한 후 FILL 모드를 다시 활성화시킨다.

```
Command : FILL ↵
Enter mode [ON/OFF] <OFF> : ON ↵                 ⇨ FILL 모드의 OFF
```

2 SOLID 명령을 실행한 후 그릴 사각형의 정점 P1, P2, P3, P4를 Z자 순서로 지정한다.

```
Command : SOLID ↵
Specify first point : 5,8 ↵                      ⇨ 점 P1 지정
Specify second point : @4,0 ↵                    ⇨ 점 P2 지정
Specify third point : 5,4 ↵                      ⇨ 점 P3 지정
Specify fourth point or <exit> : @4,0 ↵          ⇨ 점 P4 지정
Specify third point : ↵                          ⇨ SOLID 명령 종료
```

3.3 FILL 명령(채우기 모드 설정)

FILL 명령은 SOLID 명령이나 TRACE 명령, DONUT 명령, 선의 굵기를 지정한 PLINE 명령 실행시 그려지는 도형 내부를 채울 것인지 여부를 설정한다.

Command : FILL

Enter mode [ON/OFF] 〈ON〉: ⇨ 채우기 모드의 ON/OFF

옵 션	설 명
ON	내부 채우기 모드를 활성화한다. 이후 SOLID나 TRACE, DONUT 명령을 실행하면 내부가 채워진 도면 요소가 그려진다.
OFF	내부 채우기 모드를 해제한다.

3.4 REGION 명령(닫혀진 도면 요소의 영역 생성)

REGION 명령은 원이나 사각형 등 닫혀진 도면 요소(시작점과 끝점이 연결된 도면 요소)를 영역(Region)으로 생성해준다. 생성된 영역은 공유 부분을 결합하거나 제거하여 새로운 영역으로 생성할 수도 있다.

도구모음 : Draw 도구모음의 단추

Command : REGION 〈또는 REG〉

Select objects : ⇨ 닫혀진 도면 요소 선택

01 영역 생성과 결합

예를 들어, 다음 그림과 원 C1과 사각형 R1을 영역으로 생성한 후 이를 결합하여 보자. 이를 위해 먼저 원 C1과 사각형 R1을 그리기 바란다.

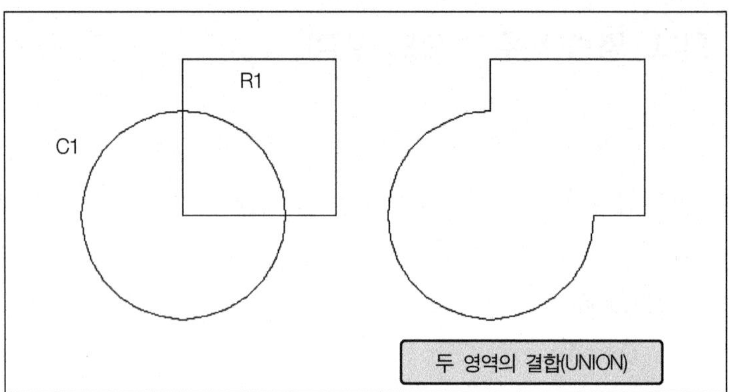

1 REGION 명령을 실행한 후 영역으로 생성할 원 C1과 사각형 R1을 선택한다. 그러면 원 C1과 사각형 R1이 영역으로 생성된다.

```
Command : REGION ↵
Select objects :                    ⇨ 원 C1, 사각형 R1 선택
Select objects : ↵                  ⇨ 도면 요소 선택 종료
```

2 UNION 명령을 실행한 후 결합할 영역으로 원 C1과 사각형 R1을 선택한다.

```
Command : UNION ↵
Select objects :                    ⇨ 원 C1, 사각형 R1 선택
Select objects : ↵                  ⇨ 도면 요소 선택 종료
```

 영역의 부분 제거

다음 그림과 같이 앞서 생성한 원 C1의 영역에서 사각형 R1의 영역을 제거하여 보자. 이를 위해 앞서 실행한 영역 결합 작업을 취소하기 바란다.

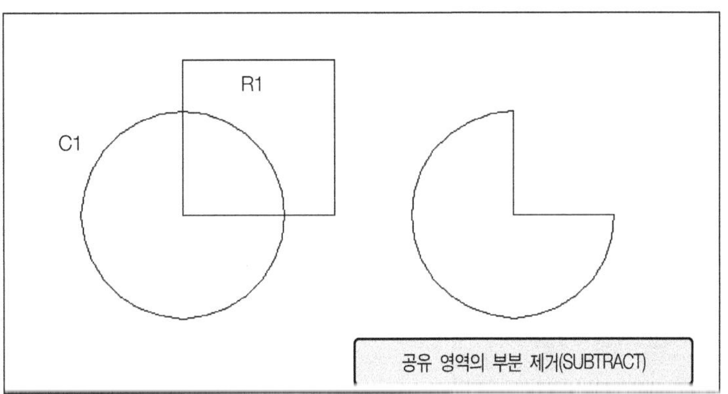

1 SUBTRACT 명령을 실행한다.

Command : SUBTRACT ↵

2 겹쳐있는 영역 중 남겨둘 영역으로 원 C1을 선택한다.

Select solids and regions to subtract from ..
Select objects : ⇨ 남겨둘 원 C1 선택
Select objects : ↵ ⇨ 도면 요소 선택 종료

3 겹쳐있는 영역 중 제거할 영역으로 사각형 R1을 선택한다.

Select solids and regions to subtract ..
Select objects : ⇨ 제거할 사각형 R1 선택
Select objects : ⇨ 도면 요소 선택 종료

이와 같은 방법으로 닫혀진 도면 요소를 영역으로 생성하거나 생성된 영역을 결합하거나 부분 제거하면 된다. 이 외에도 INTERSECT 명령을 사용하면 두 영역의 공유 부분만 영역으로 생성할 수 있다.

연습문제 01 학교, 회사 로고 그리기

(다음 도면과 같이 자신의 학교나 회사의 로고를 10 : 1의 배척으로 제도하여 보아라.)

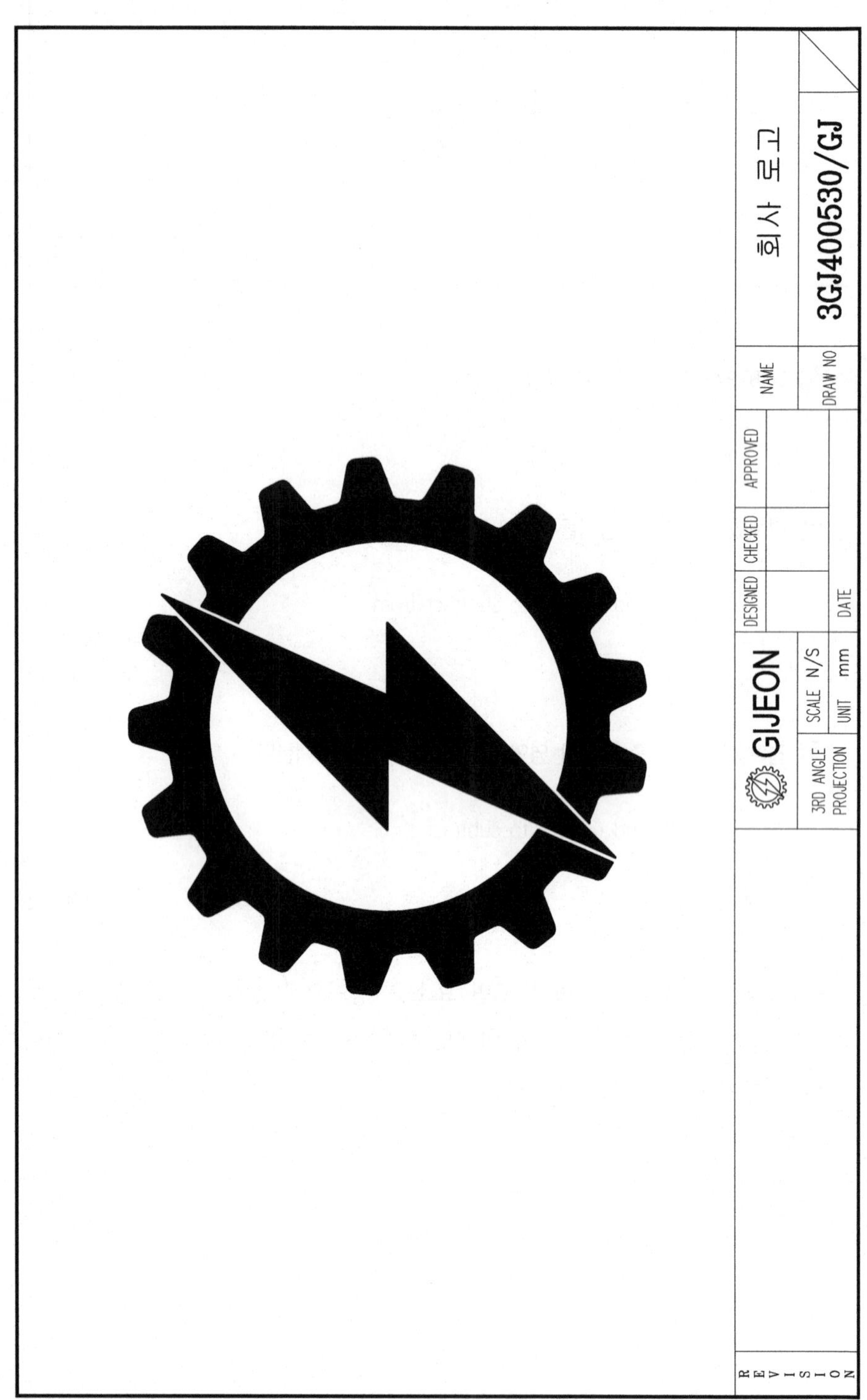

AutoCAD 2024

PART 05

도면의 해치와 문자 기입

chapter 01 도면의 해치

도면 설계에 있어 부품의 절단면이나 부품의 재질은 다른 도면 요소와 구별되도록 해치선으로 나타낸다. 여기서는 이러한 작업을 가능하게 해주는 명령에 대해 설명한다.

1.1 BHATCH 명령

BHATCH 명령은 다음 그림과 같이 부품의 절단면이나 부품의 재질 등을 나타내는 해치선을 그릴 때 사용된다.

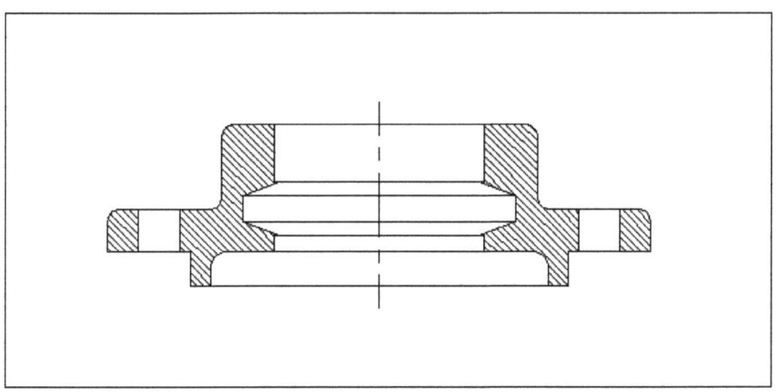

도구모음 : Draw 도구모음의 단추

Command : BHATCH 〈또는 H, BH〉

 BHATCH 명령의 이용

앞서 예로 든 그림에서 사용자 정의 패턴으로 해치한 부분을 BHATCH 명령을 이용하여 ESCHER 패턴으로 해치해보자. 이를 위해 먼저 UNDO 명령으로 앞서 실행한 해치 작업을 취소하기 바란다.

1 BHATCH 명령을 실행한다.

Command : BHATCH ↵

아래 화면과 같이 Options 옆에 있는 ↘ 아이콘을 클릭한다.

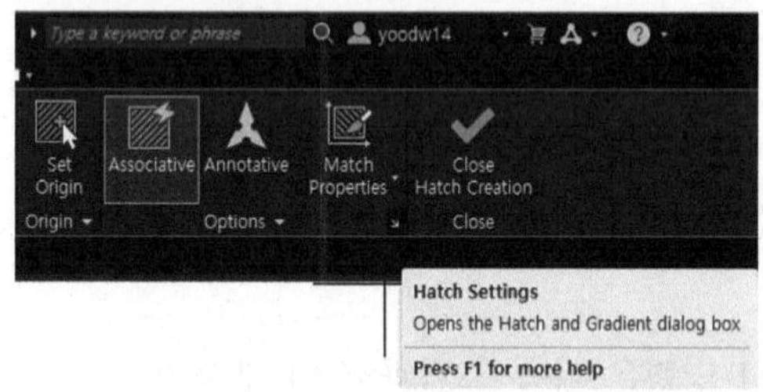

2 다음과 같은 대화상자가 표시되면 Type 목록상자에서 Predefined를 선택한다.

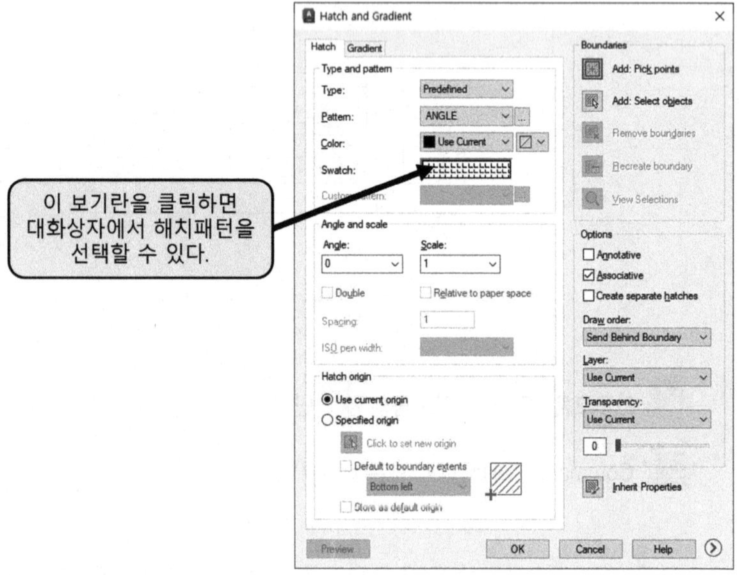

3 Pattern 목록상자에서 사용할 패턴으로 ESCHER을 선택한다. 목록상자 오른쪽의 [...] 단추나 Swatch 보기란을 클릭한 후 다음과 같은 대화상자에서 직접 해치 패턴을 선택해도 된다.

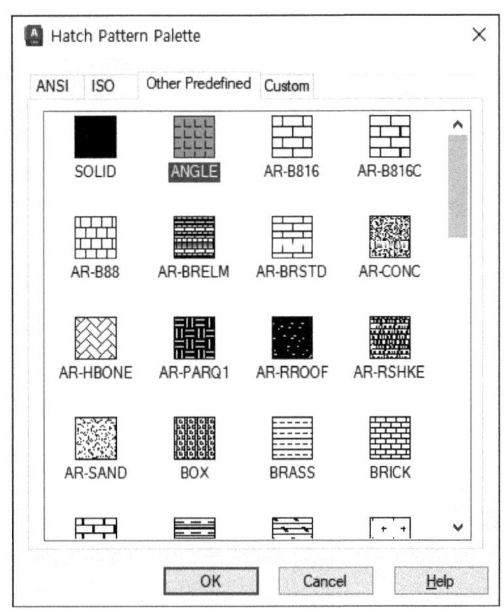

4 Add: Pick Points 아이콘 단추를 클릭한다.

5 명령 행에 해치할 영역의 내부 점을 선택하라는 프롬프트가 표시되면 그래픽 커서로 해치할 영역 내부를 차례로 클릭한다. 해치 영역의 선택이 끝나면 엔터키를 눌러 해치 영역 선택을 종료한다.

Pick internal point or [Select objects/seTtings]: ⇨ 해치 영역 안의 면 선택
Pick internal point or [Select objects/seTtings]: ↵ ⇨ 해치 영역 선택 종료

02 해치 패턴과 속성

Hatch and Gradient 대화상자에서는 다음과 같은 해치 패턴이나 해치 패턴의 축척, 각도 등의 속성을 지정할 수 있다. 단, 이들 항목은 Type 목록상자에서 지정한 해치 패턴의 유형에 따라 선택 가능한 항목이 달라진다.

항 목	설 명
Type	사용할 해치 패턴의 형태를 지정한다. Predefined - ACAD.PAT 파일에 정의된 해치 패턴을 사용한다. User defined - 해치 패턴을 사용자가 정의하여 사용한다. Custom - 사용자 해치 패턴 파일에 정의된 해치 패턴을 사용한다.
Pattern	사용할 해치 패턴을 선택한다. 단, 이 항목은 해치 패턴 형태로 Predefined가 지정되었을 때만 활성화된다.
Swatch	선택한 해치 패턴의 모양을 보여준다.
Color	선택한 해치 패턴의 색을 지정한다.
Custom pattern	사용할 해치 패턴의 이름을 지정한다. 단, 이 항목은 해치 패턴 형태로 Custom이 지정되었을 때만 활성화된다.
Angle	사용할 해치 패턴의 각도를 지정한다.
Scale	사용할 해치 패턴의 축척을 지정한다.
Relative to paper space	해치 패턴의 축척을 레이아웃 시트의 종이 영역에서 사용하는 단위에 맞춘다. 이 확인란은 종이 영역에서 해치할 때만 활성화된다.
Spacing	사용할 해치선의 간격을 지정한다. 단, 이 항목은 해치 패턴 형태로 User-defined가 지정되었을 때만 활성화된다.
ISO pen width	ISO(국제 표준화 기구) 해치 패턴을 선택했을 때 실제 플로터로 인쇄될 펜의 굵기를 지정한다. 단위는 mm이다.
Double	해치선을 90도 회전하여 다시 해치할 것인지를 지정한다. 단, 이 항목은 User-defined 선택시에만 활성화된다.

03 아이콘 단추

Hatch and Gradient 대화상자의 아이콘 단추는 해치 영역을 선택하거나 선택을 취소할 때 사용한다.

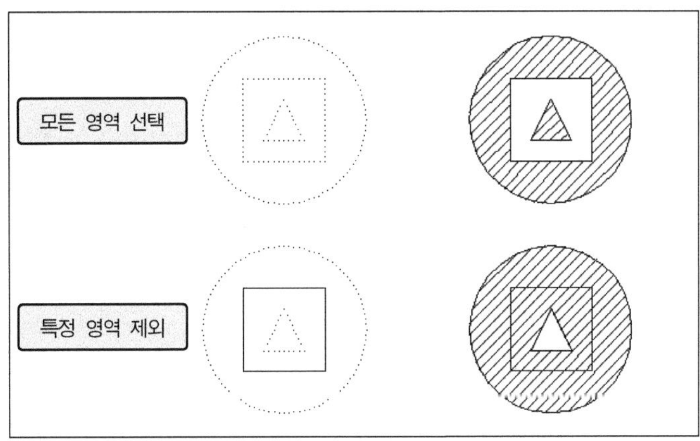

아이콘 단추	설 명
Pick Points	해치할 영역 안의 점을 지정하는 방법으로 해치 영역을 선택한다.
Select Objects	해치할 영역을 둘러싸고 있는 도면 요소를 직접 선택하거나 선택 영역 안의 닫혀진 도면 요소를 해치 영역으로 지정한다.
Remove boundaries	점 지정 방식으로 가장 바깥쪽 영역을 선택했을 때 위 그림과 같이 그 안에 포함된 다른 영영을 해치에서 제외시킨다. 제외시킬 영역은 경계선을 눌러 선택하면 된다.

예를 들어, 다음의 왼쪽 그림과 같이 해치한 경우를 가정해보자. 이후 원 안의 사각형을 삭제하면 연관된 해치인 경우라면 다음의 가운데 그림과 같이 해치 영역이 해치 경계선을 맞춰 다시 해치된다. 그러나 연관되지 않은 해치라면 오른쪽 그림과 같이 해치할 때의 해치 경계선과 관계없이 해치 영역은 그대로 남는다.

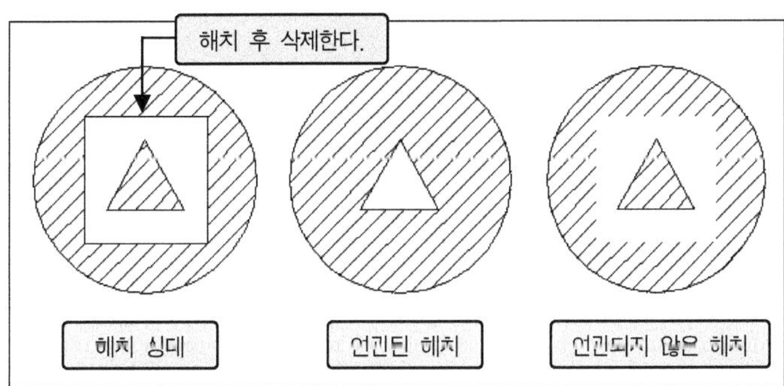

1.2 HATCHEDIT 명령(해치의 편집)

HATCHEDIT 명령은 해치한 영역의 해치 패턴이나 축척, 각도 등을 편집할 때 사용한다.

Command : HATCHEDIT 〈또는 HE〉

Select hatch object : ⇨ 편집할 해치 영역 선택

HATCHEDIT 명령을 실행한 후 편집할 해치 영역을 선택하면 다음 그림과 같은 대화상자가 표시된다. 이 대화상자는 일부 기능을 사용할 수 없다는 점을 제외하고는 Hatch and Gradient 대화상자와 동일하다.

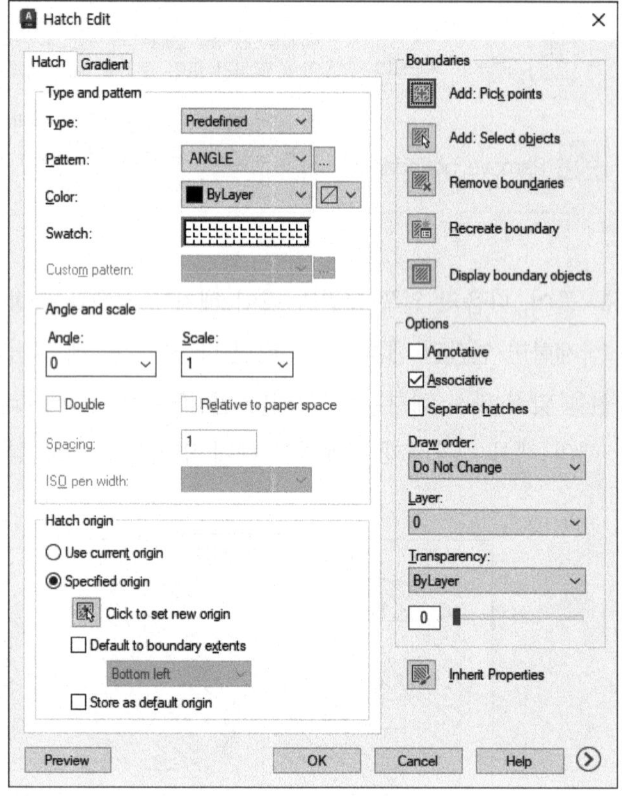

문자 기입과 편집

도면 작성에 이어 빼놓을 수 없는 작업이 도면의 표제란이나 부품란을 기입하는 것이다. 여기에서는 도면 내에 문자를 기입하는 명령에 대해 설명한다.

2.1 TEXT 명령(문자 입력)

TEXT 명령은 도면에 문자를 기입하는 명령으로, 사용 형식은 다음과 같다.

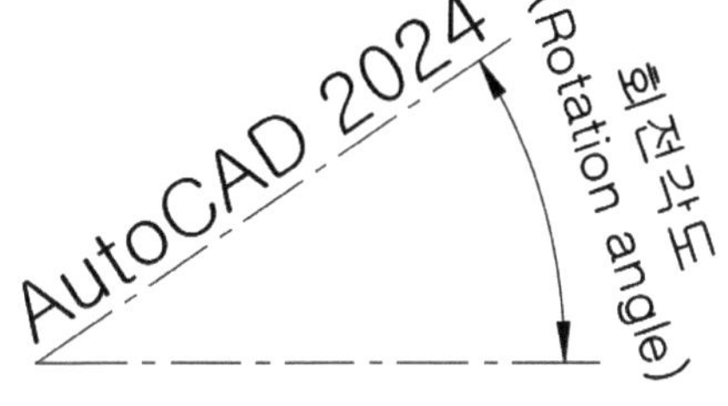

Command : TEXT

Current text style : "Standard" Text height : 0.2000 Annotative : No ⇨ 현재 문자 유형 표시

Specify start point of text or [Justify/Style] : ⇨ 입력 위치나 옵션 선택

Specify height 〈0.2000〉: ⇨ 문자 높이 지정
Specify rotation angle of text 〈0〉: ⇨ 문자 회전 각도 지정

텍스트 창 ( ): ⇨ **문자 입력**

옵 션	설 명
Start point	입력 문자가 표기될 시작 위치를 지정한다.
Justify	입력 문자의 다양한 정렬 방식을 지정한다.
Style	입력할 문자의 사용 글꼴을 지정한다. 단, 사용할 문자의 글꼴은 STYLE 명령을 사용하여 미리 정의하여야 한다.

01 한 행의 문자 입력

다음 그림과 같이 문자열 "AutoCAD"를 높이 1의 크기로 임의의 점 P1부터 입력하여 보자.

AutoCAD AutoDESK
P1 P2 AutoCAD

1 TEXT 명령을 실행한 후 문자열을 기입할 시작점 P1을 지정한다.

Command : TEXT ↵
Specify start point of text or [Justify/Style] : ⇨ 시작점 P1 지정

2 입력 문자의 높이로 1을 지정하고, 문자의 회전 각도로 0도를 지정한다.

Specify height 〈0.2000〉: 1 ↵ ⇨ 문자 높이 지정
Specify rotation angle of text 〈0〉: ↵ ⇨ 문자 회전 각도 지정

3 명령 행에 Enter text: 프롬프트가 표시되면, 문자열 "AutoCAD"를 입력한 후 엔터키를 누른다.

텍스트 창 ( ) : AutoCAD ↵	⇨ 문자열 입력
텍스트 창 ( ) : ↵	⇨ 문자열 입력 종료

위 예의 3단계에서 문자 입력 시 잘못 입력한 문자는 백스페이스(←)로 삭제하면 된다. 그리고 이미 입력된 문자열은 DDEDIT 명령으로 수정할 수 있다.

02 여러 행의 문자 입력

위의 오른쪽 그림과 같이 문자열 "AutoDESK AutoCAD"를 높이 1의 크기로 시작점 P2의 위치부터 2줄에 걸쳐 입력해보자.

1 TEXT 명령을 실행한 후 입력 문자열의 시작점 P2를 지정한다.

Command : TEXT ↵	
Specify start point of text or [Justify/Style] :	⇨ 시작점 P2 지정

2 입력 문자의 높이로 1을 지정하고, 문자의 회전 각도로 0도를 지정한다.

Specify height 〈0.2000〉 : 1 ↵	⇨ 문자 높이 지정
Specify rotation angle of text 〈0〉 : ↵	⇨ 문자 회전 각도 지정

3 먼저 "AutoDESK"를 입력한 후 엔터키를 누른 후 다음 줄에 "AutoCAD"를 입력한다.

텍스트 창 ( ) : AutoDESK ↵	⇨ 첫째 줄 문자열 입력
텍스트 창 ( ) : AutoCAD ↵	⇨ 둘째 줄 문자열 입력
텍스트 창 ( ) : ↵, ↵	⇨ 문자열 입력 종료

03 문자열의 회전 입력

TEXT 명령 실행 시에는 문자열을 회전시켜 입력할 수도 있다. 예를 들어, 문자열을 90도 방향으로 회전시켜 입력하려면 위 예의 2단계에서 다음과 같이 회전 각도를 지정해주면 된다.

Specify rotation angle of text ⟨0⟩ : 90 ↵ ⇨ 문자 회전 각도 지정

04 특수 문자의 입력

TEXT 명령 실행 시 다음 그림과 같이 지름 기호(∅)나 각도 기호(°), 오차 한계 기호(±) 등은 키보드 자판에 배열되어 있지 않기 때문에 바로 입력할 수 없다. 작업 도면에 이들 특수 문자를 입력하려면 다음과 같은 입력 형식을 사용하면 된다.

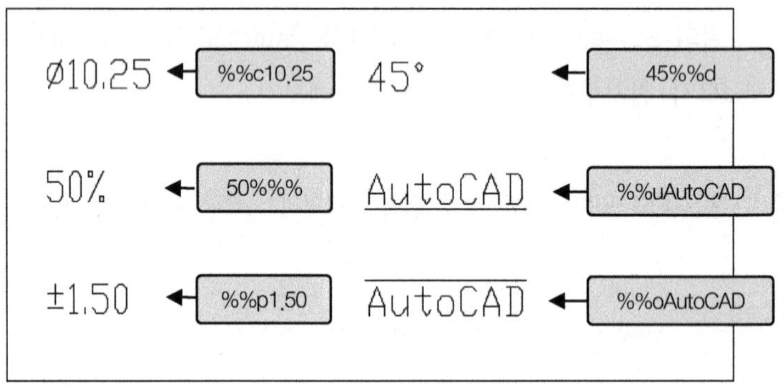

입력 형식	설 명
%%c	지름을 나타내는 ∅ 기호를 입력한다.
%%p	상하한 값을 나타내는 ± 기호를 입력한다.
%%d	각도를 나타내는 ° 기호를 입력한다.
%%u	문자의 밑줄(_) 속성을 설정하거나 해제한다.
%%o	문자의 위줄(¯) 속성을 설정하거나 해제한다.
%%%	퍼센트를 나타내는 % 기호를 입력한다.

예를 들어, 작업 도면에 "Diameter = ∅10.25cm"를 입력하려면 TEXT 명령 실행 후 텍스트 창 (I)에서 다음과 같이 하면 된다.

텍스트 창 (I) : %%uDiameter%%u = %%c10.25cm ↵, ↵

2.2 입력 문자의 정렬

TEXT 명령은 기본적으로 지정한 점에 입력 문자열의 왼쪽을 맞춰 정렬한다. 그러나 Justify 옵션을 사용하면 입력 문자열을 다양한 방식으로 정렬할 수 있다.

Command : TEXT

Specify start point of text or [Justify/Style] : J ↵ ⇨ Justify 옵션 선택

Enter an option [Align/Fit/Center/Middle/Left/Right/TL/TC/TR/ML/MC/MR/BL/BC/BR] :

옵 션	설 명
Align	지정한 두 점에 입력 문자열의 양 끝을 맞춰 정렬한다. 이때 문자의 높이는 입력 문자열의 폭에 맞춰 자동으로 조정된다.
Fit	지정한 두 점에 입력 문자열의 양 끝을 맞춰 정렬한다. 이때 문자의 높이는 별도로 지정한다.
Center	지정한 점에 입력 문자열의 가운데를 맞춰 정렬한다.
Middle	문자의 높이를 문자의 중심에 맞춰 정렬한다. 문자열은 가운데에 맞춰 정렬한다.
Right (Left)	지정한 점에 입력 문자열의 오른쪽(왼쪽) 끝을 맞춰 정렬한다. 문자 높이는 아래에 맞춰 정렬한다.
TL(Top Left)	문자의 높이는 위에, 문자열은 왼쪽에 맞춰 정렬한다.
TC(Top Center)	문자의 높이는 위에, 문자열은 가운데에 맞춰 정렬한다.
TR(Top Right)	문자의 높이는 위에, 문자열은 오른쪽에 맞춰 정렬한다.
ML(Middle Left)	문자의 높이는 중간에, 문자열은 왼쪽에 맞춰 정렬한다.
MC(Middle Center)	Middle 옵션의 기능과 동일하다.
MR(Middle Right)	문자의 높이는 중간에, 문자열은 오른쪽에 맞춰 정렬한다.
BL(Bottom Left)	문자의 높이는 아래에, 문자열은 왼쪽에 맞춰 정렬한다. 이 방식은 문자열 정렬의 기본 방식이다.
BC(Bottom Center)	Center 옵션의 기능과 동일하다.
BR(Bottom Right)	Right 옵션과 동일하다.

 문자열의 양쪽 정렬

문자열의 수평 방향 정렬에는 다음 그림과 같이 왼쪽 정렬(BL 옵션)과 가운데 정렬(Center나 BC), 오른쪽 정렬(Right나 BR 옵션), 양쪽 정렬(Align이나 Fit 옵션)이 있다. 이 중 먼저 양쪽 정렬에 대해 알아보자.

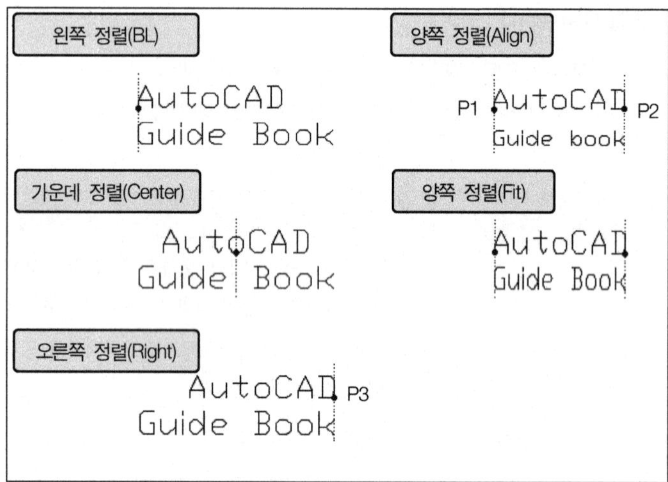

위 그림의 오른쪽 위와 같이 "AutoCAD Guide Book"을 두 점 P1과 P2의 양 끝에 맞춰 두 줄로 입력해 보자.

1 TEXT 명령을 실행한 후 Justify 옵션을 선택한다.

```
Command : TEXT ↵
Specify start point of text or [Justify/Style] : J ↵          ⇨ Justify 옵션 선택
```

2 Align 옵션을 선택한 후 문자열을 정렬할 양 끝점을 차례로 입력한다. 이때 두 점의 지정 순서를 달리하면 180도 회전한 상태로 입력된다.

```
Enter an option [Align/Fit/Center/Middle/Left/Right/TL/TC/TR/ML/MC/MR/BL/BC/BR] : A ↵
Specify first endpoint of text baseline :                     ⇨ 시작점 P1 지정
Specify second endpoint of text baseline : @4,0 ↵             ⇨ 끝점 P2 지정
```

3 문자열 "AutoCAD Guide Book"을 입력한다.

텍스트 창 (Ⅲ) : AutoCAD ↵ ⇨ 첫째 줄 문자열 입력
텍스트 창 (Ⅲ) : Guide Book ↵ ⇨ 둘째 줄 문자열 입력
텍스트 창 (Ⅲ) : ↵, ↵ ⇨ 문자열 입력 종료

양쪽 정렬은 Align 옵션 대신 Fit 옵션을 사용해도 된다. Fit 옵션을 사용할 경우에는 Align 명령과 달리 문자의 높이도 지정할 수 있다.
예를 들어, "AutoCAD Guide Book"의 문자열을 0.5 높이로 양쪽 정렬하려면 위 예의 3단계에서 다음과 같이 문자 높이를 지정하면 된다.

Enter an option [Align/Fit/Center/Middle/Left/Right/TL/TC/TR/ML/MC/MR/BL/BC/BR] : F ↵
Specify first endpoint of text baseline : ⇨ 시작점 P1 지정
Specify second endpoint of text baseline : @4,0 ↵ ⇨ 끝점 P2 지정
Specify height <0.2000> : 0.5 ↵ ⇨ 문자 높이 지정

02 문자열의 한쪽 정렬

이번에는 위 그림의 아래 예와 같이 "AutoCAD Guide Book"을 0.5 크기로 점 P3의 오른쪽 끝을 맞춰 입력해 보자.

1 TEXT 명령을 실행한 후 Right 옵션을 선택한다. Justify의 하위 옵션은 다음과 같이 바로 선택해도 된다.

Command : TEXT ↵
Specify start point of text or [Justify/Style] : R ↵ ⇨ Right 옵션 선택

2 다음과 같이 문자열을 오른쪽으로 정렬할 끝점 P3과 문자 높이, 회전 각도를 지정한다.

Specify right endpoint of text baseline : ⇨ 오른쪽 끝점 P3 지정
Specify height <0.2000> : 0.5 ↵ ⇨ 문자 높이 지정
Specify rotation angle of text <0> : ↵ ⇨ 문자 회전 각도 지정

3 문자열 "AutoCAD Guide Book"을 입력한다.

텍스트 창 (Ⅱ) : AutoCAD ↵ ⇨ 첫째 줄 문자열 입력
텍스트 창 (Ⅱ) : Guide Book ↵ ⇨ 둘째 줄 문자열 입력
텍스트 창 (Ⅱ) : ↵, ↵ ⇨ 문자열 입력 종료

03 문자열의 수직 정렬

입력 문자열은 다음 그림과 같이 수평 정렬뿐만 아니라 문자의 높이에 맞춰 정렬시킬 수도 있다. 이들 수직 정렬 방식은 수평 정렬 방식과 함께 지정하여 사용한다.

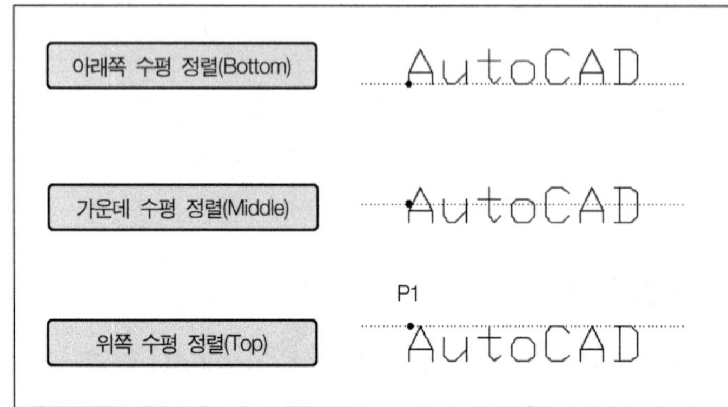

위 그림의 마지막 예와 같이 입력 문자열을 점 P1에 문자 위를 맞춰 정렬하여 보자.

1 TEXT 명령을 실행한 후 TL 옵션을 선택한다.

Command : TEXT ↵
Specify start point of text or [Justify/Style] : TL ↵ ⇨ TL 옵션 선택

2 다음과 같이 문자열을 정렬할 점 P1과 문자 높이, 회전 각도를 지정한다.

Specify top-left point of text : ⇨ 점 P1 지정
Specify height 〈0.2000〉 : 0.5 ↵ ⇨ 문자 높이 지정
Specify rotation angle of text 〈0〉 : ↵ ⇨ 문자 회전 각도 지정

3 문자열 "AutoCAD"를 입력한다.

텍스트 창 (⌶) : AutoCAD ↵ ⇨ 문자열 입력
텍스트 창 (⌶) : ↵, ↵ ⇨ 문자열 입력 종료

2.3 STYLE 명령(입력 문자의 글꼴 유형 정의)

STYLE 명령은 TEXT 명령으로 입력할 문자의 글꼴을 정의하여 작업 도면에 저장할 때 사용한다. 별도로 글꼴 유형을 정의하지 않으면 입력 문자는 STANDARD 유형에 따른다.

 Command : STYLE

01 글꼴 파일

AutoCAD는 다양한 글꼴 파일(Font file)을 제공한다. 이들 글꼴 파일은 AutoCAD나 윈도우의 FONTS 폴더에 확장자가 shx, ttf인 파일로 저장되어 있다.

TXT.SHX	AutoCAD
ROMANC.SHX	AutoCAD
GOTHICE.SHX	AutoCAD
ITALIC.SHX	AutoCAD
SCRIPTCS.SHX	AutoCAD

문자 유형의 정의

예를 들어, ROMAN이라는 문자 유형을 정의하여 보자. 이때 ROMAN 문자 유형에 글꼴 파일만 Romanc.shx으로 설정하고, 다른 유형 설정 항목은 기본 값으로 설정해보자.

1 STYLE 명령을 실행한다.

Command : STYLE ↵

2 다음과 같은 대화상자가 표시되면 New 단추를 클릭한다.

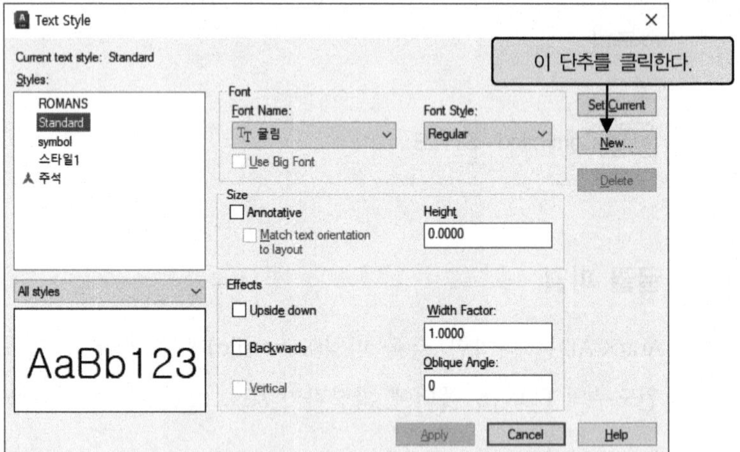

3 정의할 문자 유형 이름으로 ROMAN을 입력한 후 OK 단추를 클릭한다.

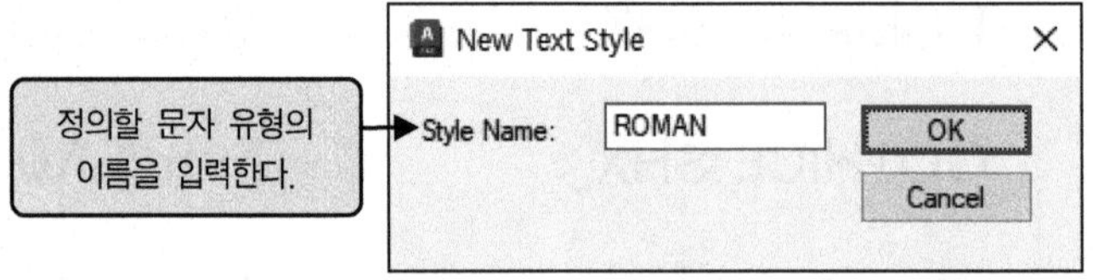

4 Font Name 목록상자에서 Romanc.shx 글꼴 파일을 선택한다. 선택한 글꼴 파일의 글꼴은 Preview 보기란에서 미리 확인할 수 있다.

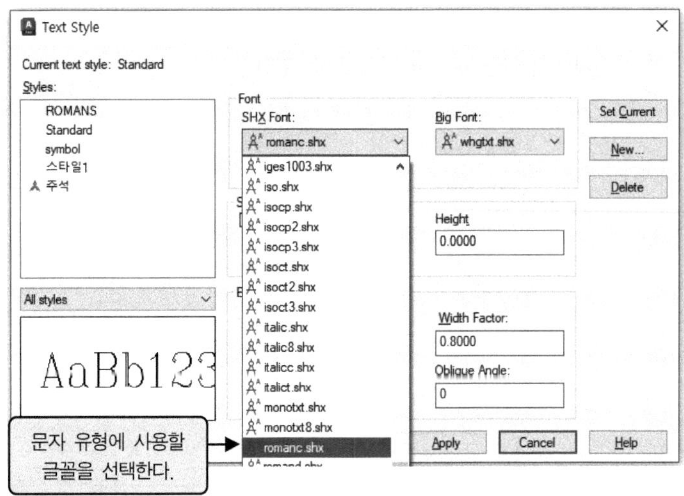

5 Apply 단추를 클릭한다.

6 Close 단추를 클릭하여 대화상자를 닫는다.

그러면 정의한 ROMAN 유형이 현재 문자 유형으로 지정된다. 이후 TEXT 명령을 실행하여 문자를 입력하면 ROMAN 문자 유형에 정의된 Romanc.shx 글꼴로 표시된다. 직접 확인해 보기 바란다.

03 문자 높이 설정

문자 유형에는 문자 높이(Height)를 설정할 수 있다. 문자 높이를 설정하면 TEXT 명령 실행 시 문자는 항상 그 높이로만 입력된다. 예를 들어, Gothice.shx 글꼴에 문자 높이가 1인 문자열을 도면에 자주 입력할 경우, 이를 USER라는 이름의 문자 유형으로 정의해 보자.

1 STYLE 명령을 실행하여 Text Style 대화상자를 표시한다.

```
Command : STYLE ↵
```

2 New 단추를 클릭한다

3 정의할 문자 유형의 이름으로 USER를 입력한 후 OK 단추를 클릭한다.

4 Big Font 목록상자에서 whgtxt.shx 글꼴을 선택한다. 트루타입 글꼴을 선택하면 Font Style 목록상자에서 글꼴 유형을 지정할 수 있다.

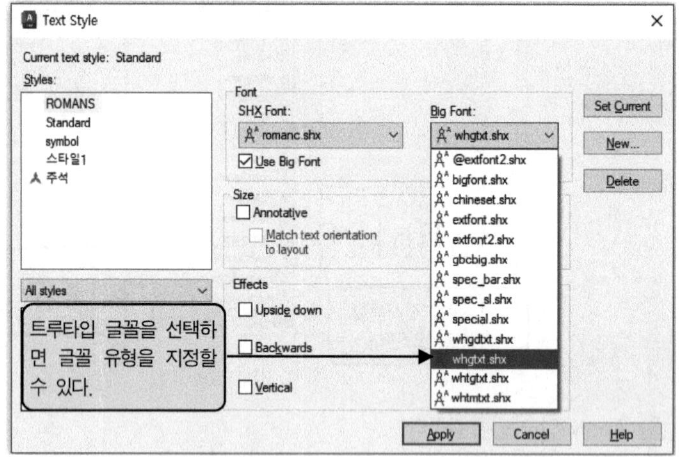

5 Height 입력란에 문자 높이로 1을 입력한다.

6 Apply 단추를 클릭한다.

7 Close 단추를 클릭하여 대화상자를 닫는다.

그러면 문자 높이를 기본 값 0으로 설정했을 때와 달리 TEXT 명령 실행 시 다음과 같은 문자 높이를 지정하라는 프롬프트가 표시되지 않는다.

Specify height 〈0.2000〉:

 04 문자 효과 설정

문자 유형에는 글꼴과 문자 높이 외에도 문자의 장평(Width factor)이나 문자 기울기(Oblique Angle), 문자의 수직 대칭(Backwards), 수평 대칭(Upside down), 세로쓰기(Vertical)를 설정할 수 있다.

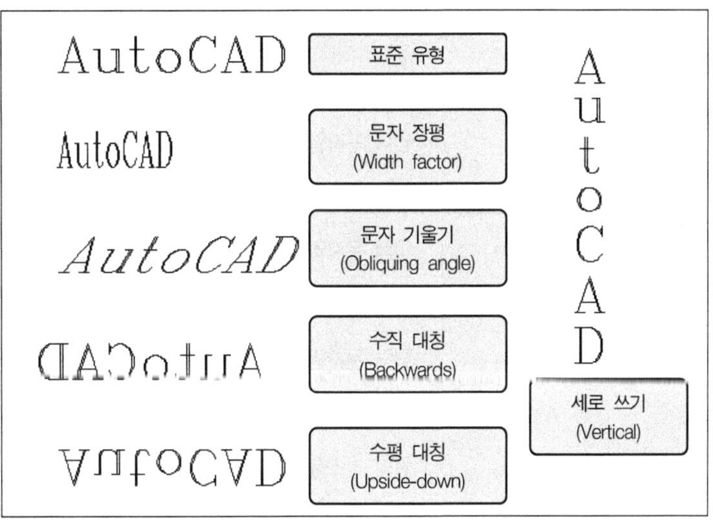

참고로 세로쓰기를 설정한 경우에 다음과 같이 문자열을 정렬 방식으로 Align과 Center, Middle, Right만 지원한다.

```
Command : TEXT ↵
Justify/Style/<Start point> : J ↵                      ⇨ Justify 옵션 선택
Enter an option [Align/Center/Middle/Right] :
```

2.4 MTEXT 명령(문서 편집기를 이용한 문자 입력)

MTEXT 명령은 AutoCAD 문서 편집기(text editor)를 이용하여 문자를 입력한다. 이 명령은 여러 문장으로 이루어진 문자열을 입력할 때 사용하면 편리하다.

```
Command : MTEXT <또는 T, MT>
Specify first corner :                                 ⇨ 문자 입력 위치 지정
Specify opposite corner or [Height/Justify/Line spacing/Rotation/Style/Width/Columns] :
                                                       ⇨ 옵션 선택
```

옵 션	설 명
Height	입력 문자의 높이를 지정한다.
Justify	입력 문자열의 정렬 방식을 지정한다.
Line spacing	입력 문자의 행 간격을 지정한다.
Rotation	입력 문자열의 회전 각도를 지정한다.
Justify	입력 문자의 다양한 정렬 방식을 지정한다.
Style	입력 문자열에 적용할 문자 유형을 지정한다.
Width	문자 삽입 점과 다른 한 점의 거리를 문자열의 폭으로 지정한다.
Columns	컬럼 박스를 조정한다.

01 문서 편집기의 사용

다음 그림과 같은 문자열을 AutoCAD 문서 편집기를 이용하여 입력해 보자. 이때 문자의 높이는 0.4로 지정하여 삽입점 P1(1,10)에서부터 다른 한 점 P2(14,4)까지 입력해보자.

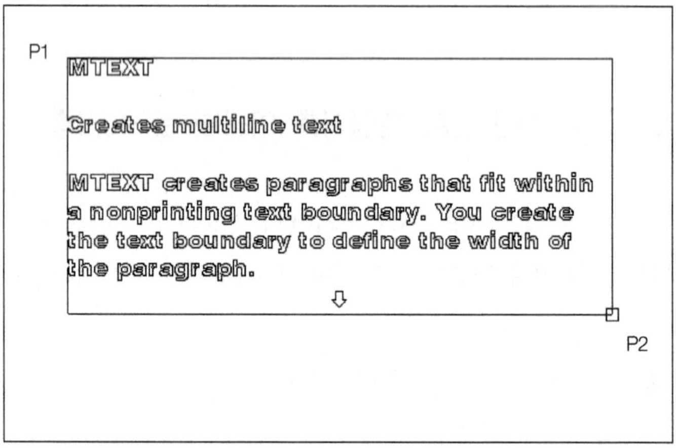

1 MTEXT 명령을 실행한 후 문자열 입력 영역의 시작점으로 P1을 지정한다.

Command : MTEXT ↵
Specify first corner : 1,10 ↵ ⇨ 시작점 P1 지정

2 Height 옵션을 선택한 후 문자 높이로 0.4를 지정한다.

Specify opposite corner or [Height/Justify/Line spacing/Rotation/Style/Width/Columns] : H ↵
Specify paper height <0.2000> : 0.4 ↵ ⇨ 문자 높이 지정

3 문자열 입력 영역의 끝점 P2(14,4)를 지정한다. 이때 위 그림과 같이 마우스를 드래그하여 입력 영역을 지정해도 된다.

Specify opposite corner or [Height/Justify/Line spacing/Rotation/Style/Width/Columns] : 14,4 ↵

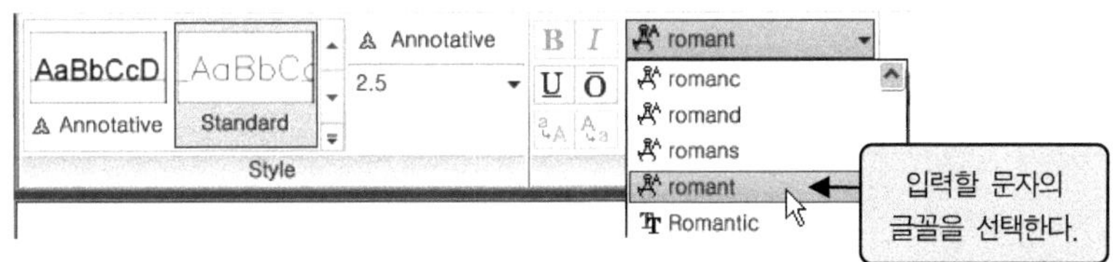

4 위 그림과 같이 AutoCAD 문서 편집기가 표시되면, 입력할 문자의 글꼴로 Swis721 BdCnOul BT를 선택한다.

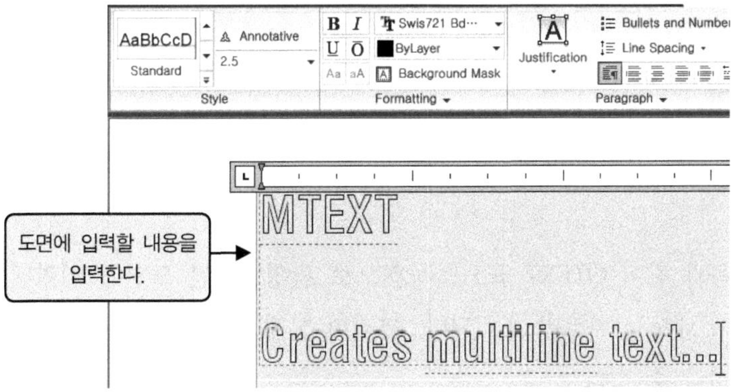

5 다음과 같이 무서 편집기에 내용을 입력한 후 OK 단추를 클릭한다.

이와 같은 방법으로 AutoCAD 문서 편집기를 이용하여 문자열을 입력하면 된다. AutoCAD 문서 편집기 사용에 대한 자세한 내용은 "chapter 03 문서 편집기의 사용"에서 설명한다.

2.5 QTEXT 명령(입력 문자열의 표시 설정)

QTEXT 명령은 도면에 많은 문자열이 입력되어 있을 경우, 그리기 작업시 그만큼 속도를 향상시킬 때 사용한다.

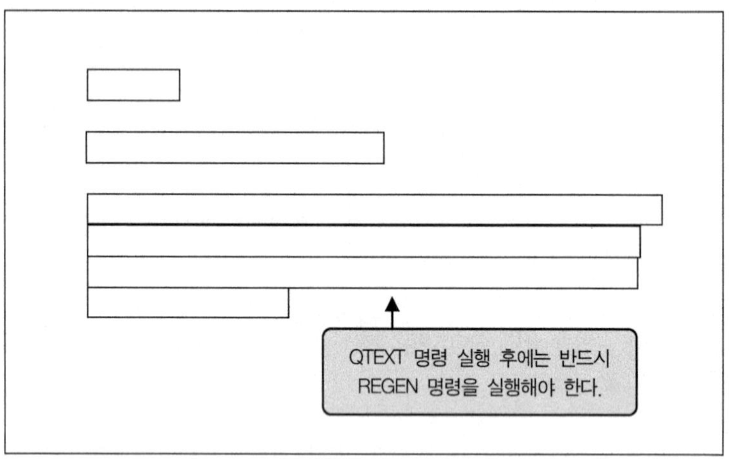
QTEXT 명령 실행 후에는 반드시
REGEN 명령을 실행해야 한다.

Command : QTEXT

Enter mode [ON/OFF] 〈OFF〉: ⇨ On/Off 선택

다음과 같이 QTEXT 모드를 ON으로 활성화하면 도면에 입력된 문자열은 위 그림과 같이 네모 상자로만 표시된다. 그러면 실제 문자열을 표시했을 때보다 도면 작업을 향상시킬 수 있다.

1 QTEXT 명령을 실행한 후 ON 옵션을 선택한다.

```
Command : QTEXT ↵
Enter mode [ON/OFF] <OFF> : ON ↵                    ⇨ On 옵션 선택
```

2 QTEXT 명령 실행 후에는 반드시 REGEN 명령으로 화면을 다시 그려주어야 한다.

```
Command : REGEN ↵
```

2.6 DDEDIT 명령(입력 문자열의 수정)

도면에 입력된 문자열을 다른 내용으로 수정할 때에는 DDEDIT 명령을 사용하면 된다. 참고로 입력 문자열의 문자 유형 속성은 PROPERTIES 명령을 이용하여 변경하면 된다.

```
Command : DDEDIT <또는 문자 더블 클릭>
Select an annotation object or [Undo] :              ⇨ 수정할 문자 선택
```

01 입력 문자의 수정

도면의 임의 위치에 "AutoCAD"를 입력한 후 이를 "AutoDESK AutoCAD"로 수정하여 보자.

1 TEXT 명령을 실행하여 "AutoCAD"를 입력한다.

```
Command : TEXT ↵
Specify start point of text or [Justify/Style] :     ⇨ 임의의 점 지정
Specify height <0.2000> : 1 ↵                        ⇨ 문자의 높이 지정
Specify rotation angle of text <0> : ↵               ⇨ 문자 회전 각도 지정
텍스트 창 (I) : AutoCAD ↵                            ⇨ 문자열 입력
텍스트 창 (I) : ↵, ↵                                 ⇨ 문자열 입력 종료
```

2 DDEDIT 명령을 실행한 후 수정할 문자열 “AutoCAD”를 선택한다.

Command : DDEDIT ⏎
Select an annotation object or [Undo] : ⇨ 수정할 문자열 선택

3 다음과 같이 Text 창의 문자열 내용을 “AutoDESK AutoCAD”로 수정한다.

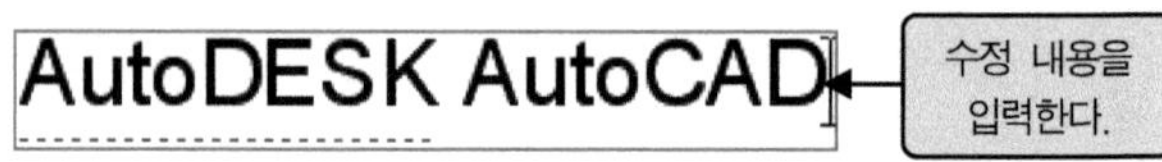

4 수정할 다른 문자열이 없으면 엔터키를 눌러 DDEDIT 명령 실행을 종료한다. 앞서 수정 작업을 취소하려면 Undo 옵션을 선택한다.

Select an annotation object or [Undo] : ⏎ ⇨ 명령 실행 종료

02 다중 문자의 수정

위 예의 2단계에서 MTEXT 명령으로 입력한 다중 문자열을 선택했을 때에는 다음과 같이 실제 문자열을 입력한 AutoCAD 문서 편집기가 표시된다.

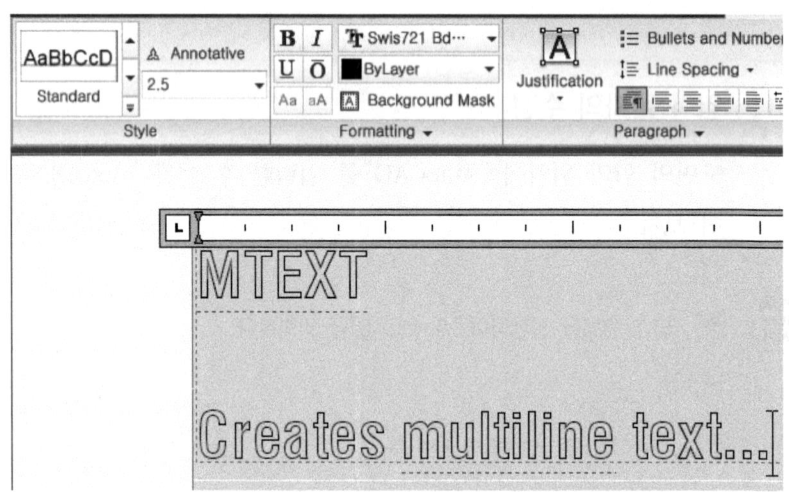

문서 편집기의 사용

여기에서는 MTEXT 명령 실행 시 표시되는 AutoCAD 문서 편집기를 사용하여 다중 행 문자열을 입력, 편집하는 방법에 대해 설명한다.

3.1 문자 입력 및 문자 효과 지정

AutoCAD 문서 편집기를 사용하면 작업 도면에 다중 행 문자열이나 특수 문자를 입력할 수 있다.

01 편집기 도구모음

또한 AutoCAD 문서 편집기에서는 입력 문자의 글꼴과 문자 높이 외에도 다음과 같은 아이콘 단추를 이용하여 문자 효과 등을 지정할 수도 있다.

아이콘 단추	설 명
B	문자에 굵게 효과를 지정하거나 해제한다.
I	문자에 기울임꼴 효과를 지정하거나 해제한다.
U	문자에 밑줄 효과를 지정하거나 해제한다.

아이콘 단추	설 명
Ō	문자에 윗줄 효과를 지정하거나 해제한다.
A̶	문자에 중앙줄 효과를 지정하거나 해제한다.
aA Aa	선택한 문자열을 대문자 또는 소문자로 변경한다.
romanc	입력 문자열이나 선택 문자열에 글꼴을 지정한다.
ByLayer	입력 문자열이나 선택 문자열에 글꼴 색을 지정한다.

02 다중 문자의 입력

예를 들어, 다음 그림과 같은 내용의 문자열을 MTEXT 명령을 사용하여 작업 도면에 입력해보자. 이때 문자 글꼴로 윈도우의 굴림체를 지정하고, 문자 높이로 0.4를 지정해보자.

1. 선 혼합 가스 버너
2. 디퓨저(diffuser)
3. 공기 흡입 밸브

사용 가스 발열량(Q) = 7200Kcal/㎥
열풍 출구 온도 = 450~470° C

1 MTEXT 명령을 실행한다.

```
Command : MTEXT ↵
```

2 다음과 같이 문자열 입력 영역의 시작점과 끝점을 지정한다. 이때 입력 영역은 마우스를 드래그하여 지정해도 된다.

```
Specify first corner : 2,7 ↵
Specify opposite corner or [Height/Justify/Line spacing/Rotation/Style/Width/Columns] : 12,1 ↵
```

3 AutoCAD 문서 편집기의 글꼴 목록상자에서 굴림체를 선택한다.

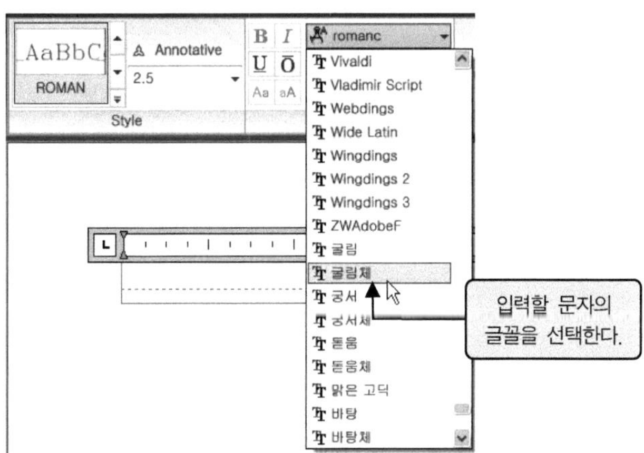

4 문자 높이 목록상자에서 입력 문자의 높이로 0.4를 선택한다. 목록상자에 선택할 문자 높이가 없을 때에는 직접 입력란에 0.4를 입력하면 된다.

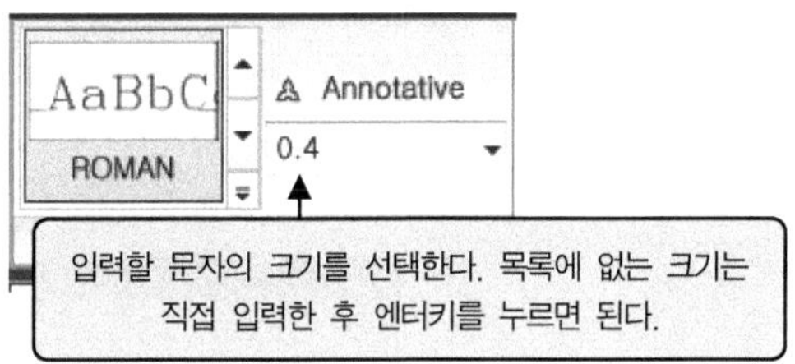

5 문서 편집기에 다음과 같은 내용을 입력한다. 윈도우에서 한/영 입력 모드의 변환은 <한/영>키를 누르면 된다.

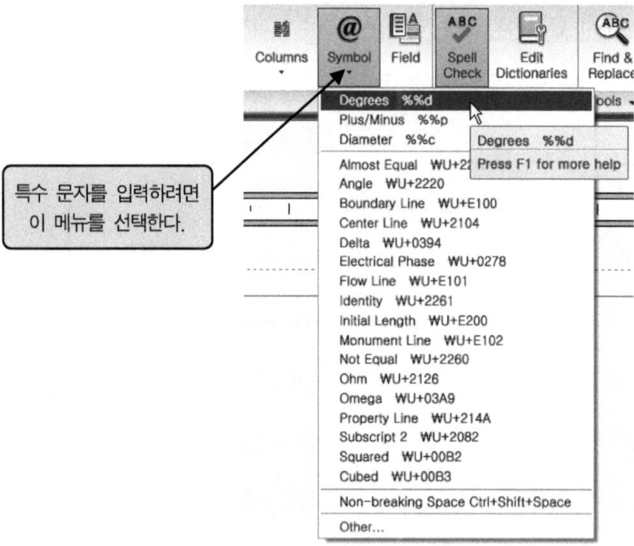

6 특수문자 "m²"를 입력하려면 위 그림과 같이 Symbol 단추(@)를 클릭한 후 Other 메뉴를 선택한다.

7 윈도우의 문자표 대화상자가 표시되면, 다음과 같이 문자 목록에서 특수문자 "m²"를 찾아 선택한 후 선택 단추를 클릭한다.

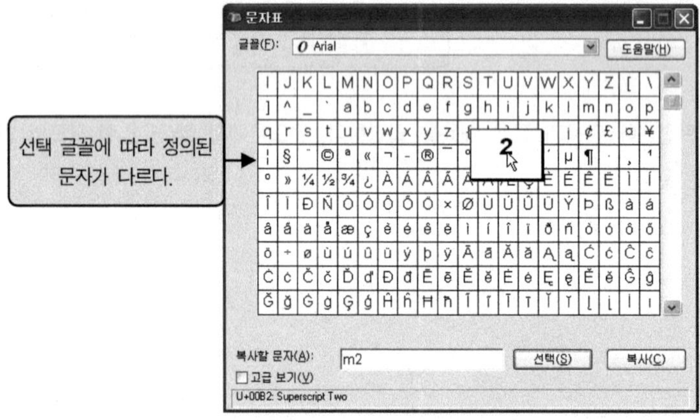

8 복사 단추를 클릭한다. 그러면 선택한 특수문자가 윈도우의 클립보드(Clipboard ; 임시기억장소)로 복사된다.

9 닫기 단추를 클릭한다.

10 다음과 같이 문자 입력 영역을 마우스 오른쪽 단추를 클릭한 후 Paste 단축 메뉴를 선택한다. 단축키 <Ctrl+V>키를 눌러도 된다. 그러면 클립보드에 저장된 "m^2"이 입력 커서 위치에 붙여진다.

이와 같은 방법으로 AutoCAD 문서 편집기를 사용하여 다중 행 문자열을 입력하면 된다.

3.2 입력 문자열 편집

AutoCAD 문서 편집기에서는 입력된 특정 문자열을 삭제/수정하거나 글꼴 및 문자 효과 등을 변경할 수 있다.

01 문자열 수정/편집

예를 들어, 앞서 입력한 다중 행 문자열을 다음 그림과 같이 수정, 편집하여 보자.

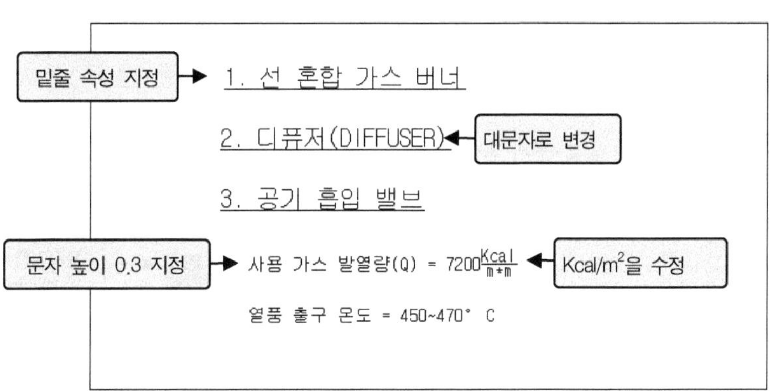

1 DDEDIT 명령을 실행한 후 수정할 다중 행 문자열을 선택한다.

```
Command : DDEDIT ↵
Select an annotation object or [Undo] :          ⇨ 수정할 문자열 선택
```

2 다음 그림과 같이 문서 편집기에 선택한 다중 행 문자열이 표시되면, 대문자로 변경할 "diffuser"를 선택한다.

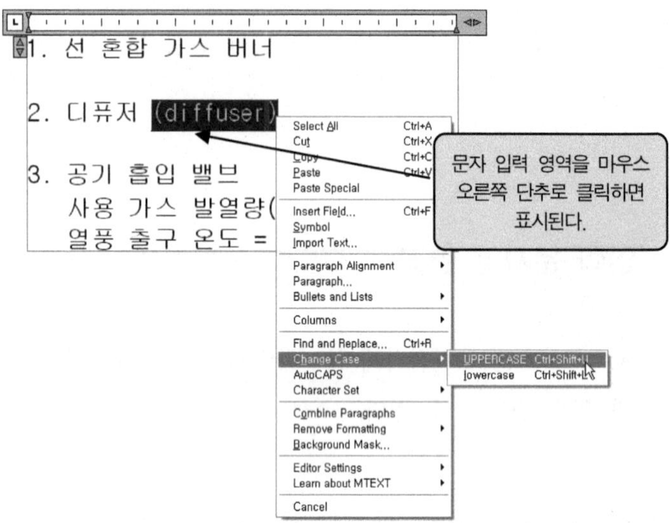

3 위 그림과 같이 문자 입력 영역을 마우스 오른쪽 단추로 클릭한 후 Change Case/UPPERCASE 단축 메뉴를 선택한다.

4 입력 커서를 "m^2" 앞에 위치시킨 후 <Del>키를 눌러 삭제한다.

5 "m*m"를 입력한다.

6 다음과 같이 밑줄 문자 속성을 지정할 문자열을 선택한 후, 문자 도구모음의 U 단추를 클릭한다.

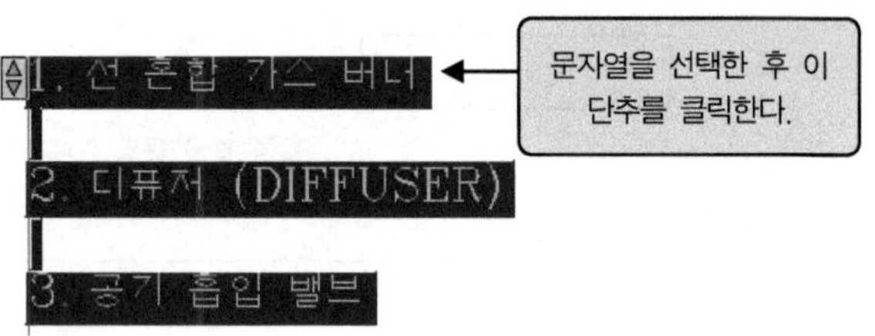

7 문자 높이를 수정할 문자열을 선택한 후 문자 높이로 0.3을 지정한다.

02 문자 쌓기 형식

AutoCAD 문서 편집기에서는 다음과 같이 사선(/) 외에도 누승(^), 샵(#)의 구분자를 사용하여 분수나 공차 형식으로 입력할 수 있다.

문자 쌓기 전	문자 쌓기 결과
1/4	$\frac{1}{4}$
1#4	¼
+0.5^-0.5	$\begin{matrix}+0.5\\-0.5\end{matrix}$

구분자	설 명
/	구분자 앞뒤의 문자를 분수 형식으로 변경한다.
#	구분자 앞뒤의 문자를 사선의 분수 형식으로 변경한다.
^	구분자 앞뒤의 문자를 공차 형식으로 변경한다.

연습문제 01 FLOOR 제도

(다음과 같은 FLOOR의 정면도를 1 : 1 현척으로 제도하여 보아라.)

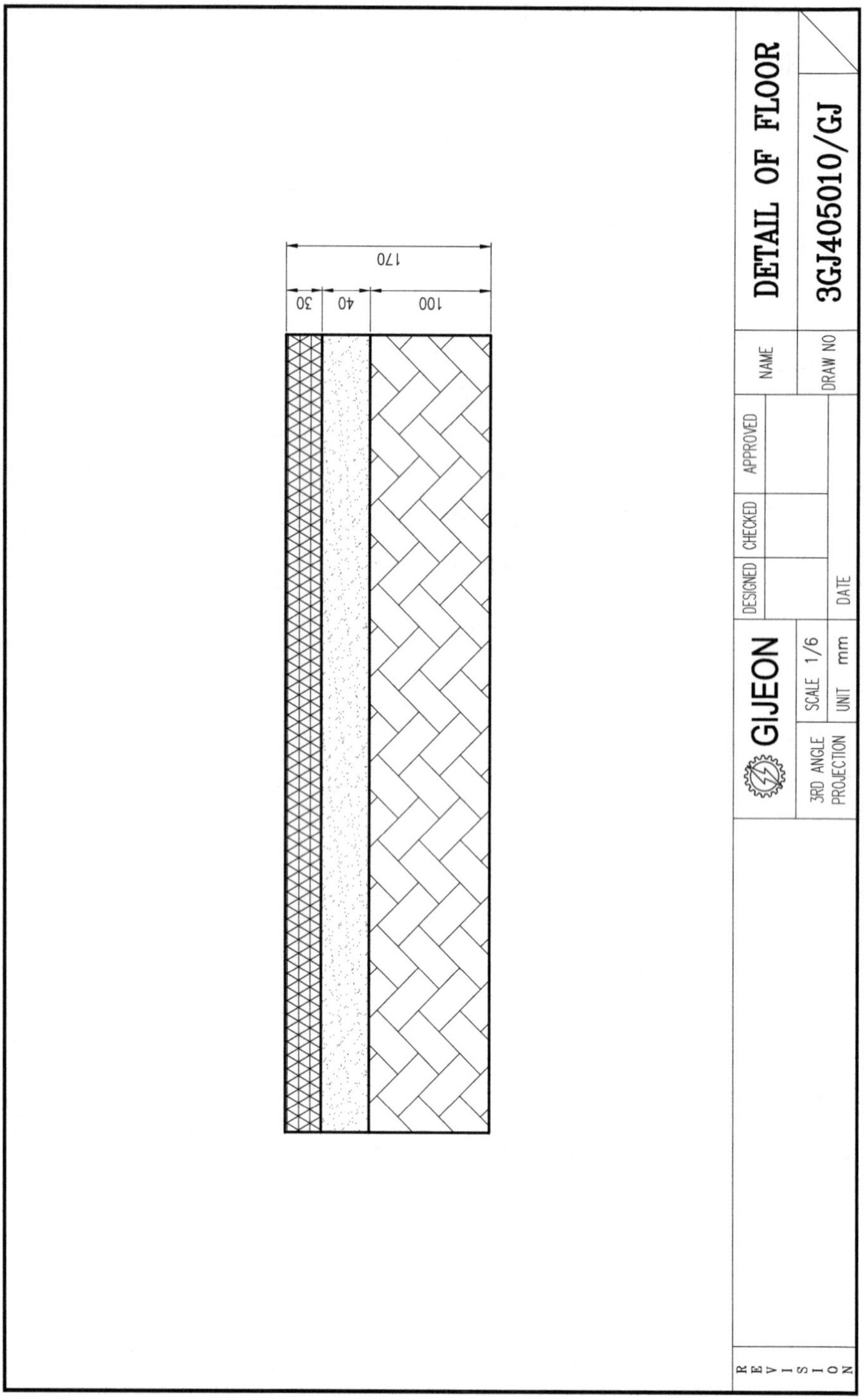

170
30 40 100

DETAIL OF FLOOR
3GJ405010/GJ
NAME
DRAW NO
APPROVED
CHECKED
DESIGNED
DATE
GIJEON
SCALE 1/6
UNIT mm
3RD ANGLE PROJECTION
REVISION

연습문제 02 **FLOOR 제도**

(다음과 같은 FLOOR의 정면도를 1 : 1 현척으로 제도하여 보아라.)

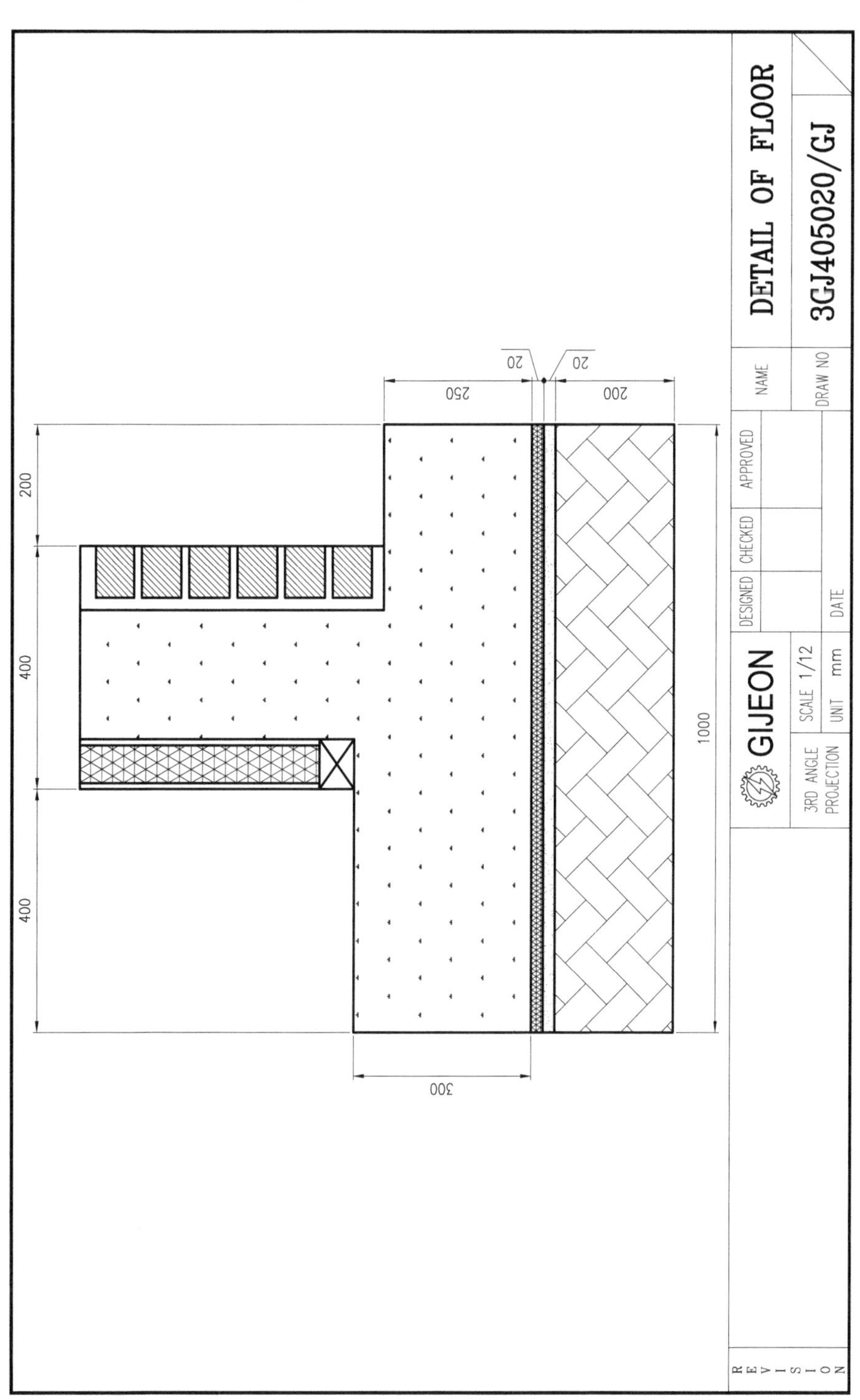

연습문제 03 치수 요목표 제도

(다음과 같은 치수 요목표를 제도하여 보아라.)

스프링판 치수 (KS D 3071 A종 단면)			
번 호	전개 길이	두 께	너 비
1	1200	13	100
2	1200		
3	1200		
4	1050		
5	950		
6	850		
7	750		
8	650		
9	550		
10	450		
12	350		
13	250		

GIJEON	DESIGNED	CHECKED	APPROVED	NAME	DIMENSION LIST
3RD ANGLE PROJECTION	SCALE 1/1	UNIT mm	DATE	DRAW NO	3GJ405030/GJ

REVISION

연습문제 04 하중 요목표 제도

(다음과 같은 하중 요목표를 제도하여 보아라.)

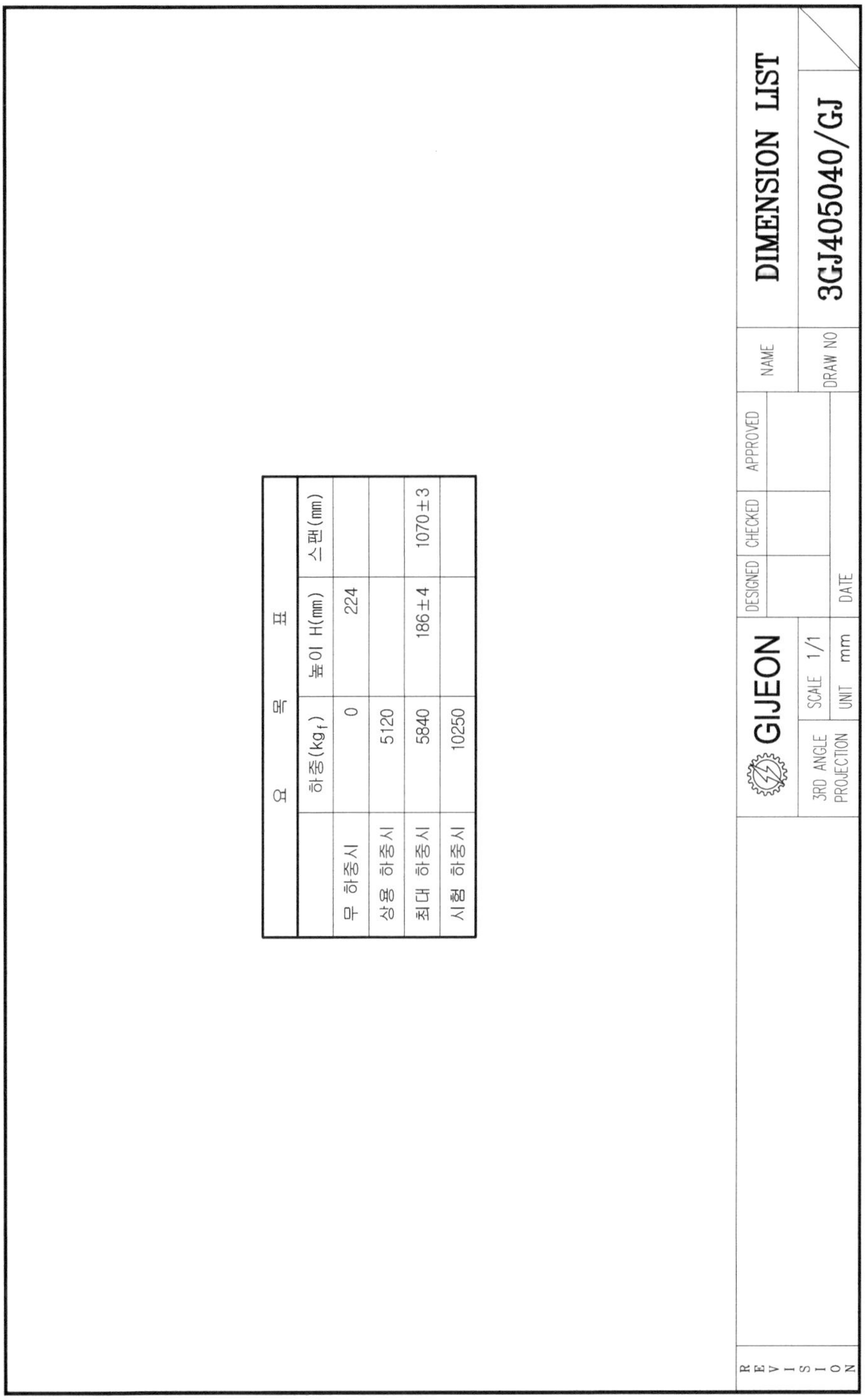

요 목 표			
	하중(kg_f)	높이 H(mm)	스판(mm)
무 하중시	0	224	
상용 하중시	5120		
최대 하중시	5840	186±4	1070±3
시험 하중시	10250		

GIJEON	DESIGNED	CHECKED	APPROVED	NAME	DIMENSION LIST
3RD ANGLE PROJECTION	SCALE 1/1	UNIT mm	DATE	DRAW NO	3GJ405040/GJ

REVISION

AutoCAD 2024

PART 06

도면의 치수 기입

치수 기입 개요

도면 보는 사람이 그 내용을 정확히 파악할 수 있어야 한다. 이를 위해서는 도면을 구성하는 도면 요소의 길이나 거리, 각도 등의 치수 기입이 필요하다.

1.1 치수 기입 형태

AutoCAD를 사용하여 기입할 수 있는 치수의 형태는 다음 그림과 같이 선형(Linear), 지름(Diameter), 반지름(Radius), 각도(Angular), 세로 좌표(Ordinate) 치수의 5가지이다.

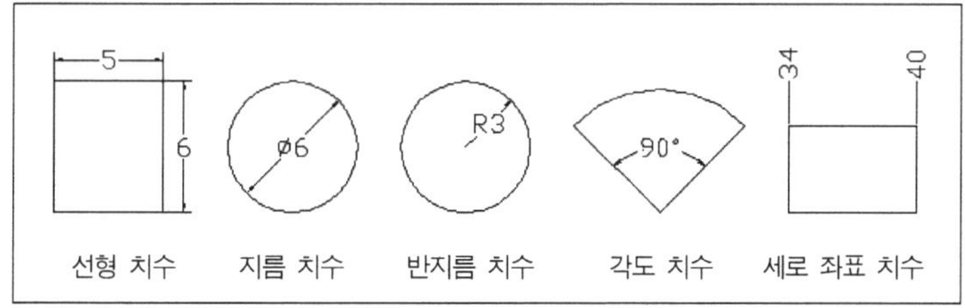

1.2 치수의 기입 원칙

도면의 치수는 아무렇게나 기입하는 것이 아니라 일정한 규칙에 따라 기입한다. 이러한 치수의 기입 방법과 형식 등은 국가나 업계, 회사, 개인마다 다르다. 여기서 몇 가지 일반적인 치수 기입 원칙을 언급하면 다음과 같다.

- 대상물의 기능과 제작, 조립 등을 고려하여 필요하다고 생각되는 부분에 치수를 기입한다.
- 치수는 대상물의 크기, 자세, 위치를 가장 명확하게 나타낼 수 있도록 기입한다.
- 치수는 될 수 있는 한 주투상도에 기입한다.
- 치수는 중복 기입을 피한다.
- 치수는 될 수 있는 한 계산해서 구할 필요가 없도록 기입한다.
- 관련되는 치수는 될 수 있는 한 한곳에 모아서 기입한다.
- 치수는 되도록 공정마다 배열을 분리하여 기입한다.
- 치수는 필요에 따라 기준으로 하는 점, 선, 면을 대상으로 기입한다.

1.3 치수 기입 구성 요소

도면의 치수 기입에는 다음 그림과 같이 치수선, 치수 보조선, 치수 문자, 화살표, 지시선이 이용된다.

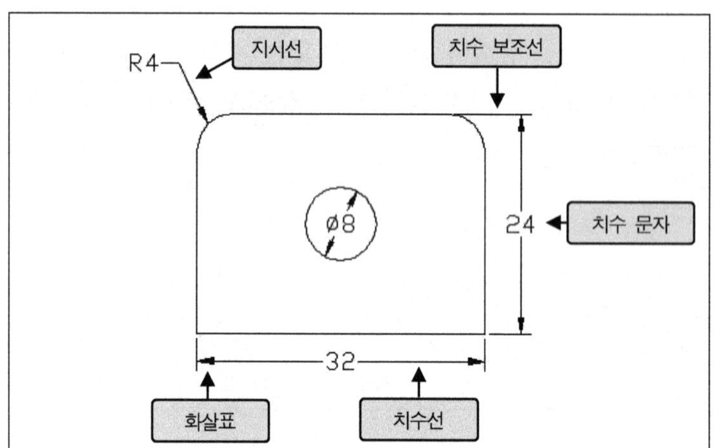

01 치수선

치수선(Dimension line)은 나타내고자 하는 길이 또는 각도의 측정 방향과 평행하게 긋고, 선의 양 끝에는 화살표 등의 기호를 붙인다.

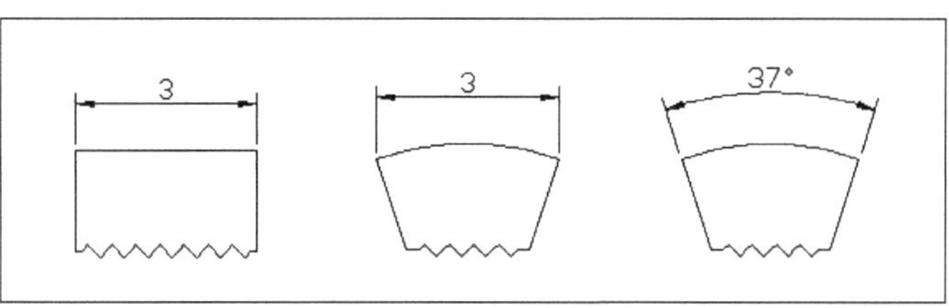

02 치수 보조선

치수 보조선(Extension line)은 나타내고자 하는 도면 요소의 끝 점에서 치수선과 수직이 되게 긋는다. 단, 경우에 따라 치수 보조선은 생략하거나 치수선에 기울여 사용할 수도 있다.

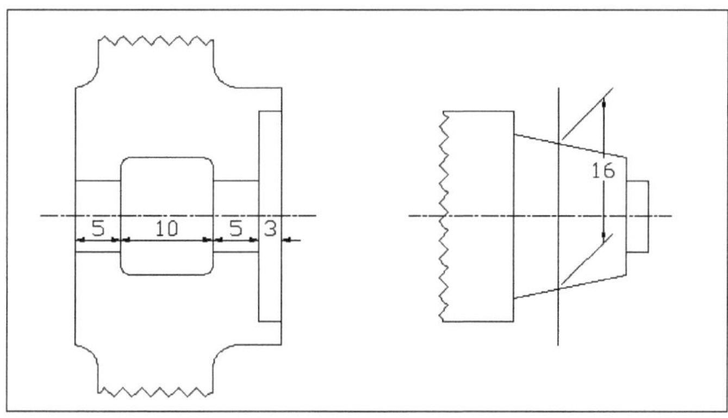

03 화살표

치수선의 끝을 나타낸다. 치수선의 끝은 화살표 대신 티크(tick)나 둥근 점 등의 다른 기호를 사용할 수도 있다. 단, 동일 도면에서는 특별한 경우를 제외하고는 이들을 혼용하여 사용해서는 안 된다.

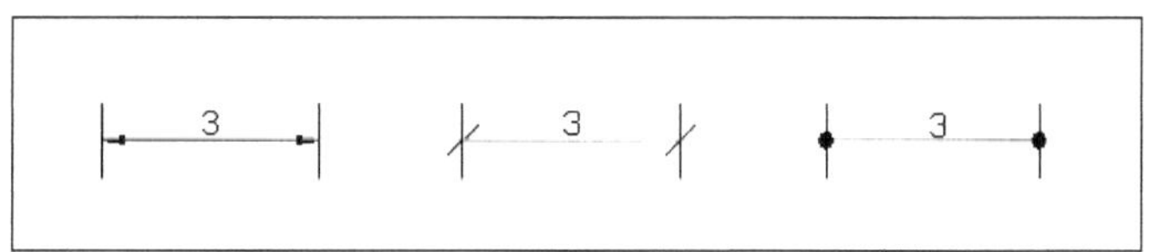

04 치수 문자

치수 문자(Dimention text)는 나타내고자 하는 도면 요소의 실제 치수를 의미한다. 치수 문자에는 각도(°), 지름(∅), 반지름(R) 등의 특수 문자나 공차 및 오차 등을 함께 표기할 수 있다.

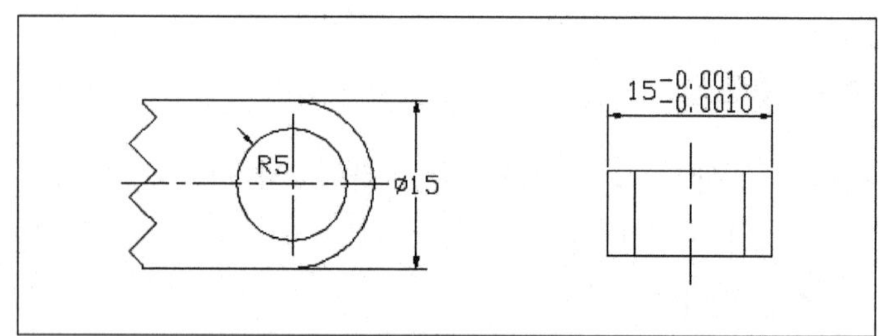

05 지시선

지시선(Leader line)은 치수선이나 치수 보조선으로 치수를 기입하기 곤란한 부분이나 부품의 가공 방법을 함께 기입할 때에 사용한다.

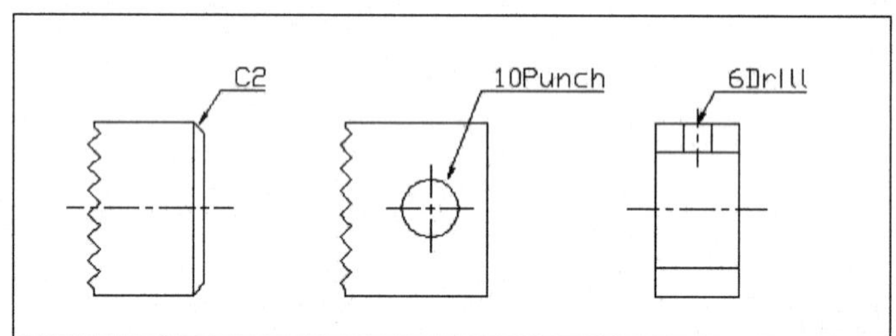

1.4 예제 도면 작성

치수 기입 명령과 기입 방법에 대해 알아보기에 앞서 다음 그림과 같은 예제 도면을 작성하여 Dim.dwg라는 파일로 저장하자.

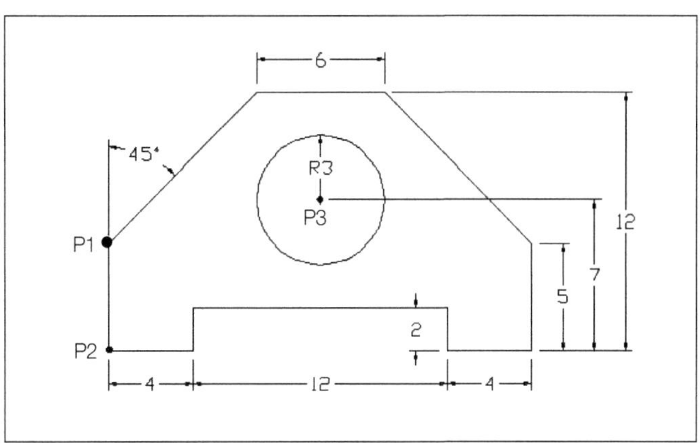

1 다음과 같이 LINE 명령을 점 P1(5,12)부터 점 P2 방향으로 각 좌표의 점을 지정하여 직선을 그린다.

```
Command : LINE ↵                                          ⇨ 직선 그리기
Specify first point : 5,12 ↵                               ⇨ 점 P1 지정
Specify next point or [Undo] : @0,-5 ↵                     ⇨ 점 P2 지정
Specify next point or [Undo] : @4,0 ↵
Specify next point or [Close/Undo] : @0,2 ↵
Specify next point or [Close/Undo] : @12,0 ↵
Specify next point or [Close/Undo] : @0,-2 ↵
Specify next point or [Close/Undo] : @4,0 ↵
Specify next point or [Close/Undo] : @0,5 ↵
Specify next point or [Close/Undo] : @-7,7 ↵
Specify next point or [Close/Undo] : @-6,0 ↵
Specify next point or [Close/Undo] : C ↵
```

2 CIRCLE 명령으로 중심점이 P3(15,14)이고 반지름 3인 원을 그린다.

```
Command : CIRCLE ↵                                                      ⇨ 원 그리기
Specify center point for circle of [3P/2P/Ttr(tan tan radius)] : 15,14 ↵  ⇨ 점 P2 지정
Specify radius of circle or [Diameter] : 3 ↵
```

3 SAVE 명령을 실행하여 작성 도면을 Dim.dwg 파일로 저장한다.

```
Command : SAVE ↵                                          ⇨ 작성 도면 저장
```

치수 기입 명령

여기에서는 선형 치수와 원·호의 지름 및 반지름 치수, 각도 치수, 지시선, 세로 좌표 등의 치수 기입 명령에 대해 설명한다.

2.1 DIMLINAR 명령(선형 치수 기입)

DIMLINEAR 명령은 수평선(Horizontal)이나 수직선(Vertical) 등의 선형 치수를 기입한다.

Command : DIMLINEAR 〈또는 DIMLIN〉

Specify first extension line origin or 〈select object〉 : ⇨ 치수 보조선 위치 지정

Specify second extension line origin : ⇨ 다음 치수 보조선 위치 지정

Specify dimension line location or [Mtext/Text/Angle/Horizontal/Vertical/Rotated] :

옵 션	설 명
Mtext	AutoCAD 문서 편집기에서 치수 문자를 기입한다.
Text	치수 문자를 기입한다.
Angle	치수 문자의 표기 각도를 지정한다.

옵 션	설 명
Horizontal	수평선의 치수를 기입한다.
Vertical	수직선의 치수를 기입한다.
Rotated	치수선을 지정 각도만큼 회전시킨다.

01 도면 요소 선택 기입

수평선이나 수직선 등의 선형 치수는 도면 요소를 선택하여 기입하는 방법과 도면 요소의 양 끝점을 치수 보조선 위치로 지정하여 기입하는 방법이 있다. 먼저 다음 그림과 같이 선 L1의 치수 6을 기입하여 보자.

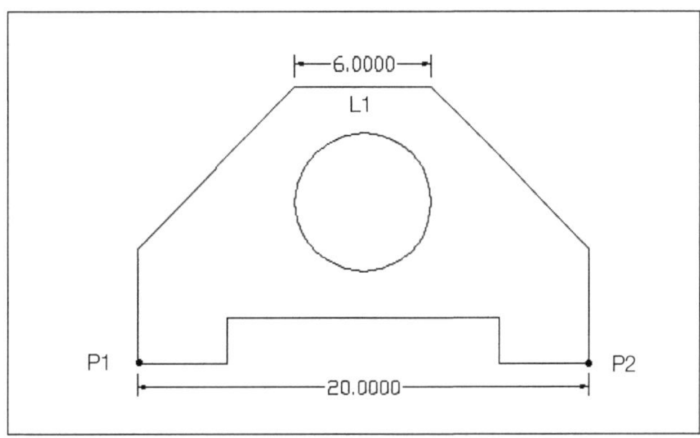

1 DIMLINEAR 명령을 실행한다.

Command : DIMLINEAR ↵

2 첫 번째 치수 보조선 지정 요구 시 엔터키를 누른 후 치수를 기입할 선 L1을 선택한다.

Specify first extension line origin or <select object> : ↵
Select object to dimension : ⇨ 선 L1 선택

3 그래픽 커서로 치수선의 위치를 지정한다. 이때 직접 치수선이 위치할 한 점의 좌표를 입력해도 된다.

```
Specify dimension line location or [Mtext/Text/Angle/Horizontal/Vertical/Rotated] : @0,2 ↵
Dimension text = 6.0000                                    ⇨ 계산된 치수 표시
```

02 치수 보조선 지정 기입

위 그림에서 점 P1과 P2의 치수 20은 하나의 도면 요소에 대한 치수가 아니다. 이와 같은 경우에는 두 치수 보조선의 위치를 지정하여 기입해야 한다.

1 DIMLINEAR 명령을 실행한다.

```
Command : DIMLINEAR ↵
```

2 첫 번째 치수 보조선의 시작점 P1을 지정한다. 치수 보조선의 양 끝점은 다음과 같이 스냅 모드를 이용하여 지정하면 편리하다.

```
Specify first extension line origin or <select object> : END ↵    ⇨ 끝점 스냅 설정
of                                                                ⇨ 점 P1 선택
```

3 다음으로 두 번째 치수 보조선의 시작점 P2를 지정한다.

```
Specify second extension line origin : END ↵                      ⇨ 끝점 스냅 설정
of                                                                ⇨ 점 P2 선택
```

4 치수선의 위치를 지정한다.

```
Specify dimension line location or [Mtext/Text/Angle/Horizontal/Vertical/Rotated] : @0,-2 ↵
```

03 기입 치수의 입력

위 예에서는 치수를 AutoCAD가 계산한 값을 사용하였다. 그러나 도면을 1 : 1 실척이 아닌 축척으로 작성했거나 다른 문자를 함께 표기할 때에는 위 예의 4단계에서 Text 옵션을 선택한 후 직접 치수를 기입하면 된다.

```
Specify dimension line location or [Mtext/Text/Angle/Horizontal/Vertical/Rotated] : T ↵
Enter dimension text <20.0000> : 40cm ↵                            ⇨ 기입할 치수 입력
```

Tip

치수 기입에 계산 값 사용

보통 계산 값을 그대로 받아들인 치수의 경우에는 SCALE 명령 실행 시 축소/확대 배율에 따라 다시 계산되어 표기된다. 그러나 사용자가 직접 입력하여 기입한 치수인 경우에는 다시 계산되지 않는다. 단, 치수 기입 시 <>를 사용하면 AutoCAD가 측정한 값을 그대로 받아들일 수 있다.

Enter dimension text <20.0000>: <>cm ↵ ⇨ 측정값 입력

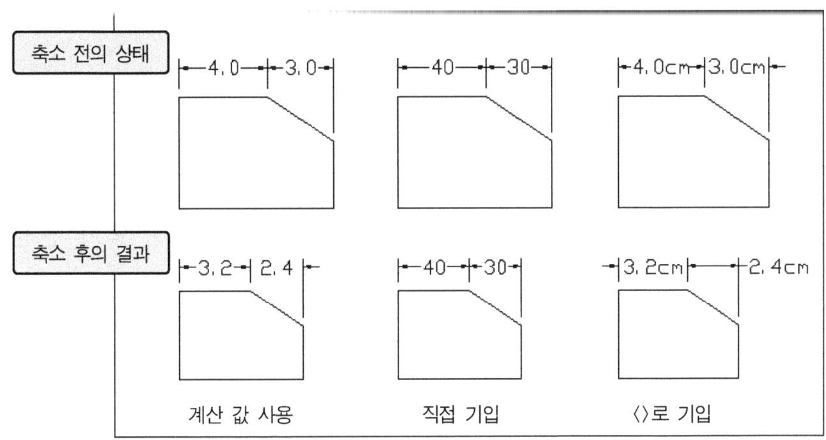

04 치수선 회전 기입

DIMLINEAR 명령의 Rotated 옵션은 수평, 수직 치수선으로 표기하면 도면의 치수 파악이 혼란스러울 경우 치수선을 일정 각도만큼 기울여 표기할 때 사용한다.

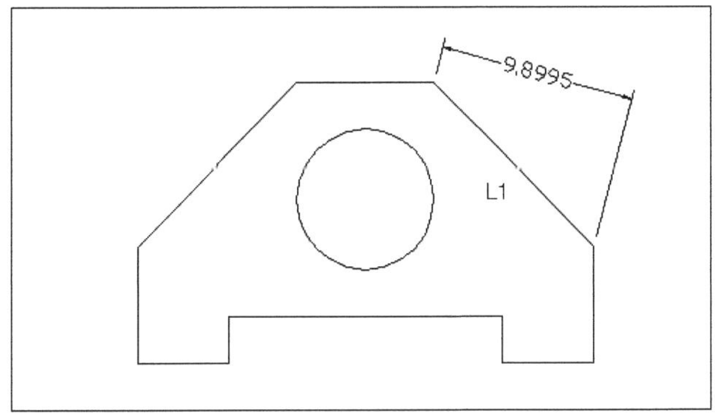

위의 그림과 같이 선 L1의 치수선을 345도(−15도)만큼 회전시켜 표기하여 보자. 이때 치수 문자도 치수선과 나란히 표기되도록 회전시켜 보자.

1 DINLINEAR 명령을 실행한 후 치수를 기입할 선 L1을 선택한다.

```
Command : DIMLINEAR
Specify first extension line origin or <select object> : ↵
Select object to dimension :                                ⇨ 선 L1 선택
```

2 Rotated 옵션을 선택한 후 치수선의 회전 각도를 지정한다.

```
Specify dimension line location or [Mtext/Text/Angle/Horizontal/Vertical/Rotated] : R
Specify angle of dimension line <0> : -15 ↵                 ⇨ 치수선 회전 각도 지정
```

3 치수 문자를 치수선과 나란히 표기하려면, Angle 옵션을 선택한 후 치수선 문자의 회전 각도를 지정한다.

```
Specify dimension line location or [Mtext/Text/Angle/Horizontal/Vertical/Rotated] : A ↵
Specify angle of dimension text : -15 ↵                     ⇨ 문자 회전 각도 지정
```

4 Text 옵션을 선택한 후 기입 치수와 치수선의 위치를 지정한다. 계산 값을 받아들이면 실제 치수가 아닌 회전시킨 치수선의 길이가 지정된다.

```
Specify dimension line location or [Mtext/Text/Angle/Horizontal/Vertical/Rotated] : T ↵
Enter dimension text <8.5732> : 9.8995 ↵                    ⇨ 기입할 치수 입력
Specify dimension line location or [Mtext/Text/Angle/Horizontal/Vertical/Rotated] : @0,-2 ↵
```

2.2 DIMALIGNED 명령(사선의 치수 기입)

DIMALIGNED 명령은 다음 그림과 같이 사선의 치수선을 사선과 평행하게 기입할 때 사용한다.

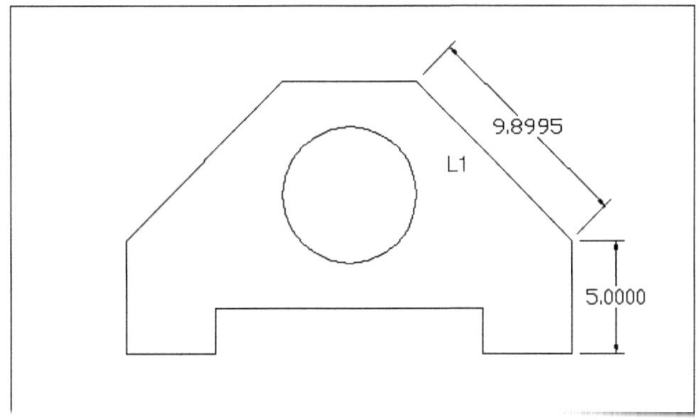

도구모음 : Annotate/Dimensions 도구모음의 단추

Command : DIMALIGNED 〈또는 DIMALI〉

Specify first extension line origin or 〈select object〉 : ⇨ 치수 보조선 위치 지정
Specify second extension line origin : ⇨ 다음 치수 보조선 위치 지정
Specify dimension line location or [Mtext/Text/Angle] : ⇨ 치수선 위치 또는 옵션 선택

옵 션	설 명
Mtext	AutoCAD 문서 편집기에서 치수 문자를 기입한다.
Text	치수 문자를 기입한다.
Angle	치수 문자의 표기 각도를 지정한다.

01 사선의 치수 기입

위 그림과 같이 DIMALIGNED 명령을 사용하여 사선 L1의 치수를 기입하여 보자.

1 DIMALIGNED 명령을 실행한 후 치수를 기입할 선 L1을 선택한다.

Command : DIMALIGNED ↵
Specify first extension line origin or 〈select object〉 : ↵
Select object to dimension : ⇨ 선 L1 선택

2 치수선의 위치를 지정한다.

Specify dimension line location or [Mtext/Text/Angle] : @0,2 ↵

2.3 DIMBASELINE 명령(계단형 치수 기입)

DIMBASELINE 명령은 다음 그림과 같이 연속한 도면 요소의 치수를 계단 형태로 기입할 때 사용한다.

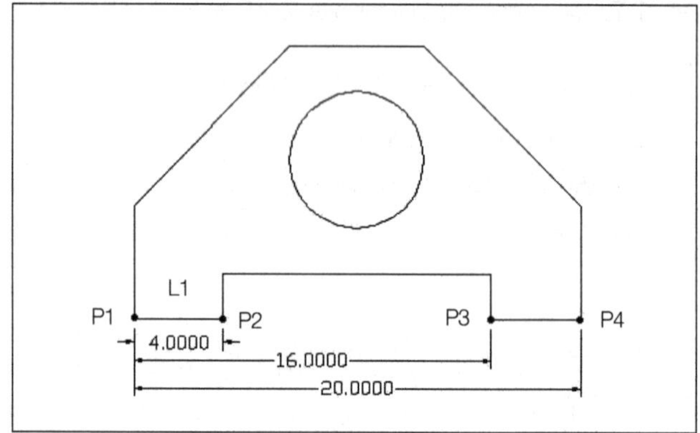

Command : DIMBASELINE 〈또는 DIMBASE〉

Select base dimension : ⇨ 기준 치수 보조선 선택

Specify a second extension line origin or [Undo/Select] 〈Select〉 : ⇨ 옵션 선택

옵 션	설 명
Undo	앞서 실행한 계단형 치수 기입을 취소한다.
Select	계단형 치수로 나타낼 기준 치수 보조선을 지정한다.

01 계단형 치수 기입

위 그림과 같이 점 P1부터 점 P2, P3, P4까지의 치수를 계단형으로 기입해 보자.

1 DINLINEAR 명령을 실행한 후 선 L1의 점 P1부터 점 P2까지의 치수를 기입한다.

```
Command : DIMLINEAR ↵
Specify first extension line origin or <select object> : ↵
Select object to dimension :                              ⇨ 선 L1 선택
Specify dimension line location or [Mtext/Text/Angle/Horizontal/Vertical/Rotated] : @0,-2 ↵
```

2 DIMBASELINE 명령을 실행한다.

```
Command : DIMBASELINE ↵
```

3 점 P3을 지정하여 점 P1부터 P3까지의 치수를 기입한다.

```
Specify a second extension line origin or [Undo/Select] <Select> : END ↵
of                                                        ⇨ 점 P3 선택
```

4 점 P4를 지정하여 점 P1부터 P4까지의 치수를 기입한다.

```
Specify a second extension line origin or [Undo/Select] <Select> : END ↵
of                                                        ⇨ 점 P4 선택
```

5 <Esc>키를 눌러 DIMBASELINE 명령을 종료한다.

02 기준 치수 보조선

계단형 치수 기입에 앞서 선형 치수를 기입하면, 이때 지정한 첫 번째 치수 보조선이 계단형 치수의 기준 치수 보조선으로 자동 지정된다. 그러나 선형이 아닌 치수를 기입했을 때에는 다음과 같이 Select 옵션을 사용하여 기준 치수 보조선을 선택해 주어야 한다.

```
Specify a second extension line origin or [Undo/Select] <Select> : S ↵
Select base dimension :                                   ⇨ 기준 치수 보조선 선택
```

Tip

계단형 치수선의 간격 설정

계단형으로 치수를 기입할 때에는 위 치수선과 아래 치수선의 간격으로는 0.38이 기본 설정되어 있다. 그러나 DIMDLI 변수를 이용하면 위/아래 치수선 사이의 간격을 달리 설정할 수도 있다. 예를 들어, 치수선 사이의 간격으로 0.5를 설정하려면 다음과 같이 한다.

Command: DIMDLI ↵
Enter new value for DIMDLI <0.3800>: 0.5 ↵ ⇨ 치수선 간격 지정

2.4 DIMCONTINUE 명령(연속형 치수 기입)

DIMCONTINUE 명령은 다음 그림과 같이 연속한 도면 요소의 치수를 이전 치수 보조선에 연속하여 기입할 때 사용한다.

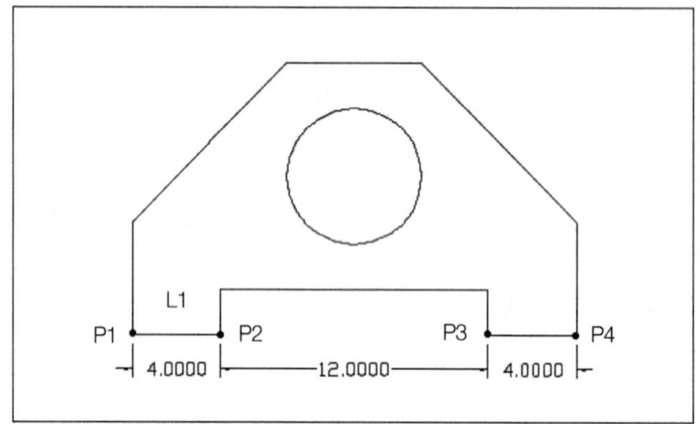

Command : DIMCONTINUE 〈또는 DIMCONT〉

Select continued dimension : ⇨ 기준 치수 보조선 선택
Specify a second extension line origin or [Undo/Select] 〈Select〉 : ⇨ 옵션 선택

옵 션	설 명
Undo	앞서 실행한 연속형 치수 기입을 취소한다.
Select	연속형 치수로 나타낼 기준 치수 보조선을 지정한다.

01 연속형 치수 기입

앞서 계단형으로 기입한 치수 대신 이번에는 위 그림과 같이 연속형 치수로 기입하여 보자. 이를 위해 선 L1의 치수만 남겨두고 DIMBASELINE 명령으로 기입한 치수는 취소하기 바란다.

1 DIMCOUNTINUE 명령을 실행한 후 연속해서 기입할 기준 치수 보조선으로 점 P2 위치의 치수 보조선을 선택한다.

```
Command : DIMCONTINUE ↵
Select continued dimension :                    ⇨ 점 P2 위치의 치수 보조선 선택
```

2 다음과 같이 선 L1의 치수선에 연속하여 기입할 치수의 치수 보조선의 끝점 P3과 P4를 차례로 지정한다.

```
Specify a second extension line origin or [Undo/Select] <Select> : END ↵
of                                                                  ⇨ 점 P3 선택
Specify a second extension line origin or [Undo/Select] <Select> : END ↵
of                                                                  ⇨ 점 P4 선택
```

3 <Esc>키를 눌러 DIMCONTINUE 명령을 종료한다.

위 예와 달리 연속형 치수를 기입하기 전에 선형 치수를 기입한 경우에는 기준 치수 보조선 지정을 요구하지 않는다. 왜냐하면 앞서 기입한 선형 치수선의 두 번째 치수 보조선이 자동으로 기준선으로 지정되기 때문이다.

2.5 DIMDIAMETER 명령(원, 호의 지름 기입)

DIMDIAMETER 명령은 다음 그림과 같이 원이나 호의 지름을 기입할 때 사용한다.

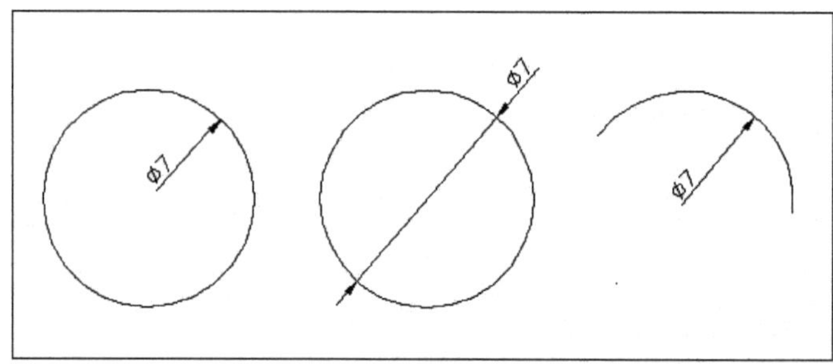

도구모음 : Annotate/Dimensions 도구모음의 단추

메뉴 : Annotation/Diameter

Command: DIMDIAMETER 〈또는 DIMDIA〉

Select arc or circle : ⇨ 원 또는 호 선택

Specify dimension line location or [Mtext/Text/Angle] ⇨ 치수선 위치나 옵션 선택

옵 션	설 명
Mtext	AutoCAD 문서 편집기에서 치수 문자를 기입한다.
Text	치수 문자를 기입한다.
Angle	치수 문자의 표기 각도를 지정한다.

2.6 DIMRADIUS 명령(원, 호의 반지름 기입)

DIMRADIUS 명령은 다음 그림과 같이 원이나 호의 반지름을 기입할 때 사용한다.

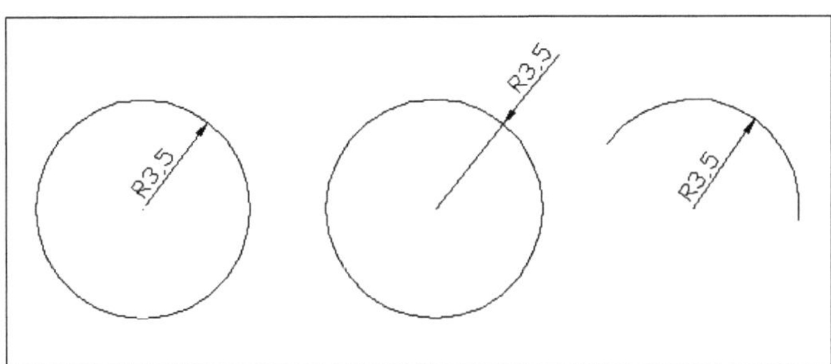

도구모음 : Annotate/Dimensions 도구모음의 단추

Command : DIMRADIUS 〈또는 DIMRAD〉

Select arc or circle : ⇨ 치수 기입 원, 호 선택

Specify dimension line location or [Mtext/Text/Angle] ⇨ 치수선 위치나 옵션 선택

옵 션	설 명
Mtext	AutoCAD 문서 편집기에서 치수 문자를 기입한다.
Text	치수 문자를 기입한다.
Angle	치수 문자의 표기 각도를 지정한다.

2.7 DIMCENTER 명령(원, 호의 중심 기호 기입)

DIMCENTER 명령은 원이나 호의 중심점에 중심 기호나 중심선을 그려주는 명령이다.

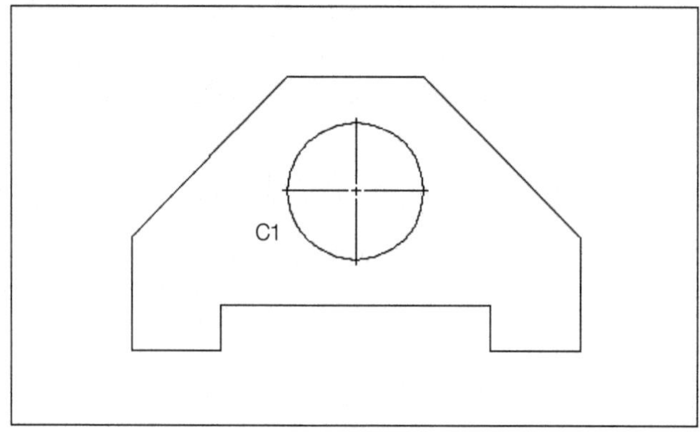

Command : DIMCENTER 〈또는 DCE〉

Select arc or circle : ⇨ 치수 기입 원, 호 선택

01 원, 호 중심 기호 표기

위 그림과 같이 DIMCENTER 명령을 사용하여 원 C1에 중심 기호와 중심선을 기입하여 보자.

1 먼저 DIMCEN 변수를 실행한 후 중심 기호의 크기를 입력한다.

Command : DIMCEN ↵ ⇨ DICEN 변수 실행
Enter new value for DIMCEN 〈0.0900〉 : -0.0900 ↵ ⇨ 중심 기호 크기 지정

2 DIMCENTER 명령을 실행한 후 중심 기호를 표기할 원 C1을 선택한다.

Command : DIMCENTER ↵
Select arc or circle : ⇨ 원 C1 선택

중심 기호 크기 설정

DIMCENTER 명령으로 표기하는 원, 호의 중심 기호 크기는 위 예에서와 같이 DIMCEN 변수를 이용하여 설정한다. 이 변수 값을 양수(+)로 지정하면 중심 기호만 표기되고, 음수(−)로 지정하면 중심선도 함께 그려진다.

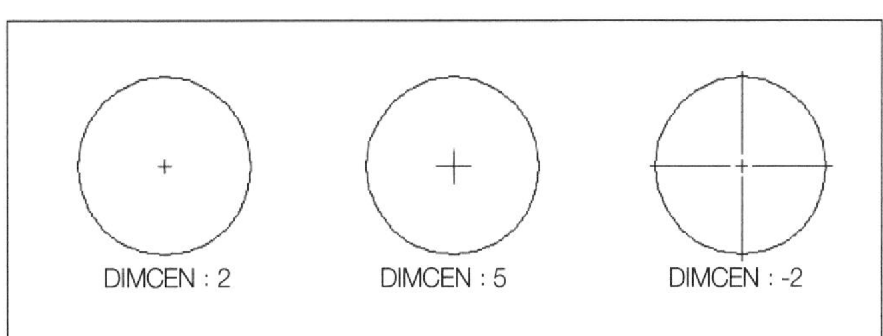

2.8 DIMANGULAR 명령(각도 치수 기입)

DIMANGULAR 명령은 두 선의 각도나 호의 각도, 원 위의 2점 사이의 각도, 3점 사이의 각도를 기입할 때 사용한다.

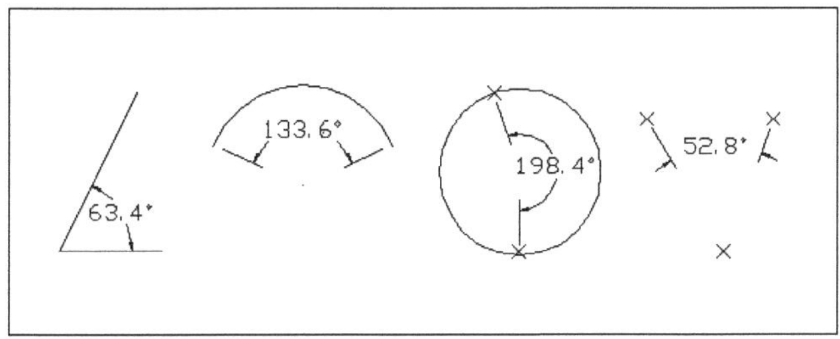

 도구모음 : Annotate/Dimensions 도구모음의 단추

Command : DIMANGULAR 〈또는 DIMANG〉

Select arc, circle, line, or 〈specify vertex〉 : ⇨ 원이나 호, 선 선택

Select second line : ⇨ 두 번째 선 선택

Specify dimension arc line location or [Mtext/Text/Angle/Quadrant] :

⇨ 치수선 위치나 옵션 선택

옵 션	설 명
Mtext	AutoCAD 문서 편집기에서 치수 문자를 기입한다.
Text	치수 문자를 기입한다.
Angle	치수 문자의 표기 각도를 지정한다.
Quadrant	치수선의 위치를 원하는 형태로 지정한다.

01 사이각 기입

다음 그림과 같이 선 L1과 L2 사이의 각도를 DIMANGULAR 명령으로 기입하여 보자.

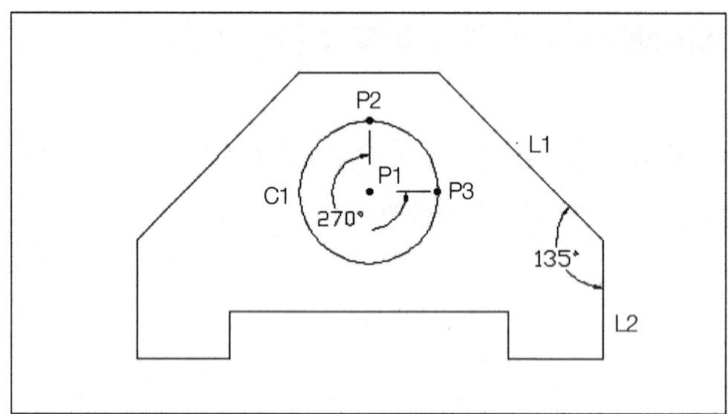

1 DIMANGULAR 명령을 실행한 후 선 L1과 L2를 차례로 선택한다.

Command : DIMANGULAR ↵
Select arc, circle, line, or <specify vertex> : ⇨ 선 L1 선택
Select second line : ⇨ 선 L2 선택

2 치수선의 위치를 지정한다. 치수선은 두 직선을 연장한 ×자 모양의 교차선이 이루는 4개의 영역 중 하나를 지정할 수 있다.

Specify dimension arc line location or [Mtext/Text/Angle/Quadrant] : ⇨ 치수선의 위치 지정

호의 각도 기입

호의 각도를 기입할 때도 위 예와 같은 방법으로 하면 된다. 단, 호의 각도는 양 끝점과 중심점으로 나타낼 수 있기 때문에 호를 선택한 후 바로 치수선의 위치를 지정하면 된다.

```
Command : DIMANGULAR ↵
Select arc, circle, line, or <specify vertex> :                               ⇨ 호 선택
Specify dimension arc line location or [Mtext/Text/Angle/Quadrant] :  ⇨ 치수선의 위치 지정
```

원의 각도 기입

위 그림에서 원 C1의 중심점 P1과 두 극점 P2, P3이 이루는 각도를 기입하여 보자.

1 DIMANGULAR 명령을 실행한 후 각도를 기입할 원 C1을 선택한다. 이때 원의 선택 점은 각도를 기입할 첫 번째 점으로 지정된다. 따라서 원은 각도를 기입할 두 점 중 하나를 지정하여 선택해야 한다.

```
Command : DIMANGULAR ↵
Select arc, circle, line, or <specify vertex> : QUA ↵                ⇨ 원 극점에 스냅 설정
of                                                                    ⇨ 원 위의 점 P2 선택
```

2 원 위의 각도를 지정할 점 P3을 선택한다.

```
Specify second angle endpoint : QUA ↵                                 ⇨ 원 극점에 스냅 설정
of                                                                    ⇨ 원 위의 점 P3 선택
```

3 치수선의 위치를 지정한다.

```
Specify dimension arc line location or [Mtext/Text/Angle/Quadrant] :  ⇨ 치수선의 위치 지정
```

세 점의 각도 기입

위 그림에서 원 C1의 중심점 P1과 두 극점 P2, P3이 이루는 각도는 다음과 같이 3점의 위치를 지정하는 방법으로 기입할 수도 있다.

1 DIMANGULAR 명령을 실행한 후 도면 요소 선택 대신 엔터키를 누른다.

```
Command : DIMANGULAR ↵
Select arc, circle, line, or <specify vertex> : ↵
```

2 다음과 같이 먼저 각도를 기입할 정점(Angle vertex)으로 중심점 P1을 지정한 후 다른 두 점 P2, P3을 차례로 지정한다.

Specify angle vertex : CEN ↵	⇨ 원 중심점에 스냅 설정
of	⇨ 원 C1 선택
Specify first angle endpoint : QUA ↵	⇨ 원 극점에 스냅 설정
of	⇨ 점 P2 선택
Specify second angle endpoint : QUA ↵	⇨ 원 극점에 스냅 설정
of	⇨ 점 P3 선택

3 치수선의 위치를 지정한다.

Specify dimension arc line location or [Mtext/Text/Angle/Quadrant] : ⇨ 치수선의 위치 지정

2.9 DIMORDINATE 명령(세로 좌표 기입)

DIMORDINATE 명령은 세로 좌표를 기입하는 명령이다. 보통 세로 좌표는 다음 그림과 같이 구멍의 위치나 지름, 반지름으로 나타낼 수 없는 곡선의 치수를 기입할 때 사용한다.

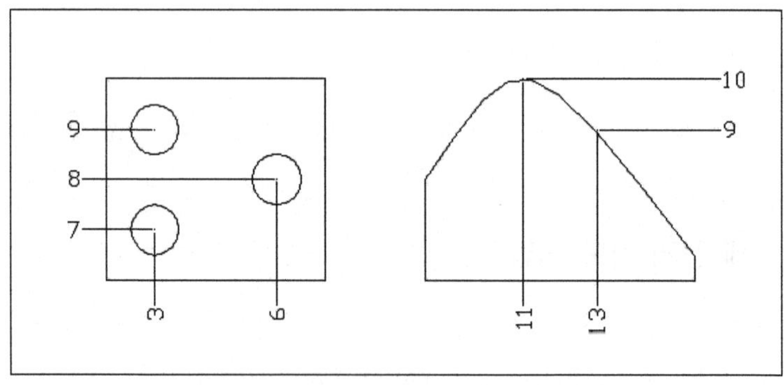

도구모음 : Annotate/Dimensions 도구모음의 단추

Command : DIMORDINATE 〈또는 DIMORD〉

Specify feature location : ⇨ 세로 좌표 기입 점 지정

Specify leader endpoint or [Xdatum/Ydatum/Mtext/Text/Angle] : ⇨ 지시선 위치나 옵션 선택

옵 션	설 명
Xdatum	X 좌표의 위치를 기입한다.
Ydatum	Y 좌표의 위치를 기입한다.
Mtext	AutoCAD 문서 편집기에서 치수 문자를 기입한다.
Text	치수 문자를 기입한다.
Angle	치수 문자의 표기 각도를 지정한다.

01 세로 좌표 기입

다음 그림과 같이 원 C1의 중심점 P1의 좌표 값을 세로 좌표로 표기하여 보자.

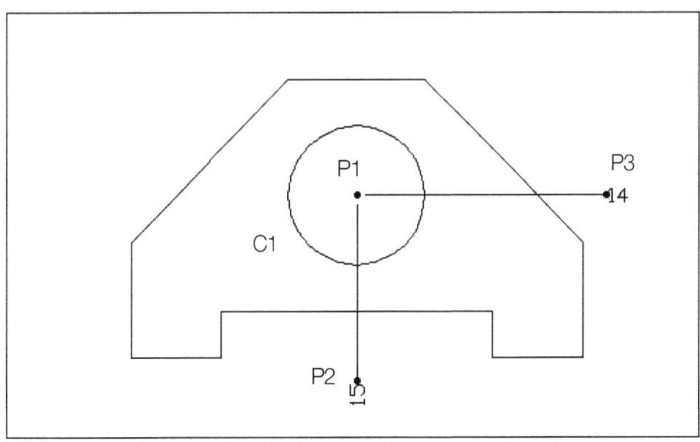

1 DIMORDINATE 명령을 실행하여 세로 좌표로 나타낼 원의 중심점 P1을 지정한다.

```
Command : DIMORDINATE ↵
Specify feature location : CEN ↵          ⇨ 중심점에 스냅 설정
of                                         ⇨ 원 C1 선택
```

2 지시선의 끝점 P2를 지정한다. 지정한 지시선의 끝점이 수직 방향이면 X축 좌표 값으로 기입된다.

```
Specify leader endpoint or [Xdatum/Ydatum/Mtext/Text/Angle] : @8<270 ↵
```

3 다시 DIMORDINATE 명령을 실행한 후, 세로 좌표로 나타낼 원의 중심점 P1을 지정한다.

```
Command : ↵
Specify feature location : CEN ↵          ⇨ 중심점에 스냅 설정
of                                         ⇨ 원 C1 선택
```

4 지시선의 끝점 P3을 지정한다. 지정한 지시선의 끝점이 수평 방향이면 Y축 좌표 값으로 기입된다.

```
Specify leader endpoint or [Xdatum/Ydatum/Mtext/Text/Angle] : @11<0 ↵
```

2.10 QDIM 명령(신속한 치수 기입)

QDIM 명령은 여러 도면 요소의 연속형 치수나 계단형 치수, 지름/반지름 치수를 빠르게 기입하는 명령이다.

```
Command : QDIM
  Associative dimension priority = Endpoint
  Select geometry to dimension :                 ⇨ 치수를 기입할 요소 선택
  Specify dimension line position, or            ⇨ 치수선 위치나 옵션 선택
  [Continuous/Staggered/Baseline/Ordinate/Radius/Diameter/datumPoint/Edit/seTtings]
  〈Continuous〉 :
```

옵 션	설 명
Continuous	선택한 도면 요소의 연속형 치수를 기입한다.
Staggered	선택한 도면 요소의 맞물림 치수를 기입한다.
Baseline	선택한 도면 요소의 계단형 치수를 기입한다.
Ordinate	선택한 도면 요소의 세로 좌표 치수를 기입한다.
Radius	선택한 도면 요소(원이나 호)의 반지름 치수를 기입한다.
Diameter	선택한 도면 요소(원이나 호)의 지름 치수를 기입한다.
datumPoint	선택한 도면 요소의 계단형 치수선이나 세로 좌표의 기준점을 지정한다.
Edit	선택한 도면 요소의 치수 기입 점을 삭제하거나 새 기입 점을 추가하여 치수선을 편집한다.
seTtings	선택할 포인트에 대한 설정을 한다.

01 지름, 반지름 치수

다음 그림과 같이 원 C1과 C2, C3의 반지름 치수를 QDIM 명령을 사용하여 동시에 기입하여 보자.

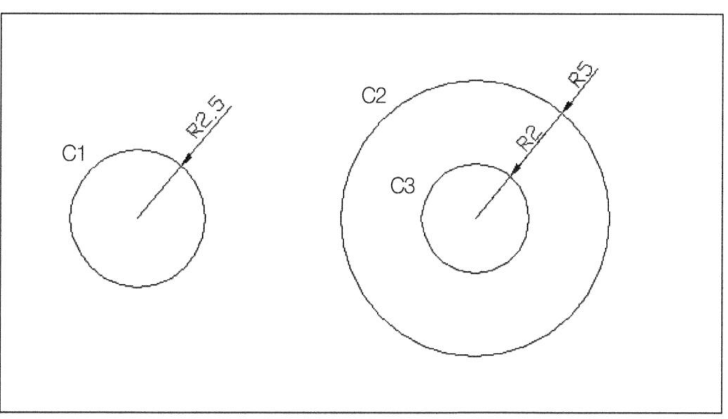

1 QDIM 명령을 실행한 후 치수를 기입할 원 C1, C2, C3을 선택한다.

```
Command : QDIM ↵
Select geometry to dimension :                    ⇨ 원 C1, C2, C3 선택
Select geometry to dimension : ↵                  ⇨ 도면 요소 선택 종료
```

2 Radius 옵션을 선택한 후 치수선의 위치를 지정한다.

```
Specify dimension line position, or
[Continuous/Staggered/Baseline/Ordinate/Radius/Diameter/datumPoint/Edit/seTtings]
<Continuous> : R
Specify dimension line position, or               ⇨ 치수선 위치 지정
[Continuous/Staggered/Baseline/Ordinate/Radius/Diameter/datumPoint/Edit/seTtings]
<Continuous> :
```

02 세로 좌표 치수

다음 그림과 같이 점 P1을 기준점으로 하여 점 P1, P2, P3, P4의 X 좌표 값을 QDIM 명령을 사용하여 동시에 기입하여 보자.

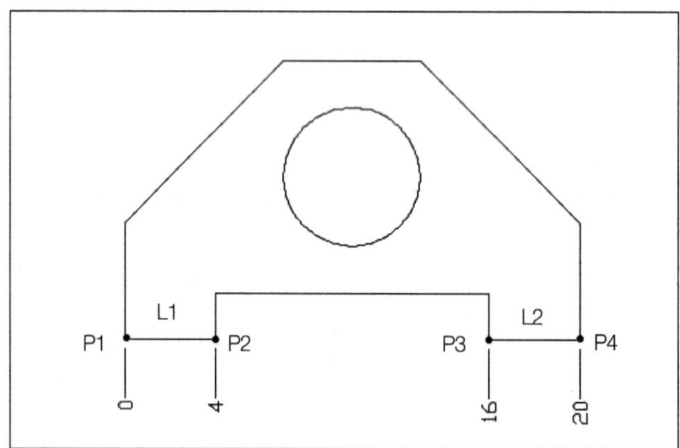

1 QDIM 명령을 실행한 후 선 L1, L2를 선택한다. Window나 Crossing 방식으로 선택해도 된다.

```
Command : QDIM ↵
Select geometry to dimension :                    ⇨ 선 L1, L2 선택
```

Select geometry to dimension : ↵ ⇨ 도면 요소 선택 종료

2 datumPoint 옵션을 사용하여 점 P1을 세로 좌표의 기준 점으로 지정한다.

Specify dimension line position, or
[Continuous/Staggered/Baseline/Ordinate/Radius/Diameter/datumPoint/Edit/seTtings]
<Continuous> : P ↵
Select new datum point : END ↵ ⇨ 끝점 스냅 설정
of ⇨ 점 P1 선택

3 Ordinate 옵션을 선택한 후 치수선의 위치를 지정한다.

Specify dimension line position, or
[Continuous/Staggered/Baseline/Ordinate/Radius/Diameter/datumPoint/Edit/seTtings]
<Continuous> : O ↵
Specify dimension line position, or ⇨ 치수선 위치 지정
[Continuous/Staggered/Baseline/Ordinate/Radius/Diameter/datumPoint/Edit/seTtings]
<Continuous> :

03 계단형, 연속형 치수

다음 그림과 같이 점 P1에서 점 P2, P3, P4까지의 계단형 치수를 QDIM 명령을 사용하여 동시에 기입하여 보자.

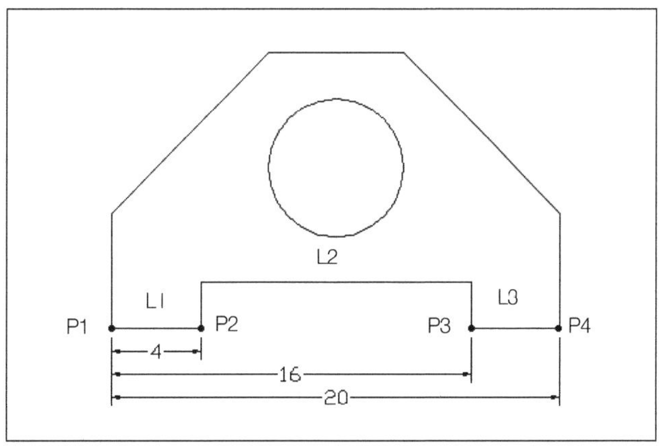

1 QDIM 명령을 실행한 후 선 L1, L2, L3을 선택한다.

```
Command : QDIM ↵
Select geometry to dimension :                    ⇨ 선 L1, L2, L3 선택
Select geometry to dimension : ↵                  ⇨ 도면 요소 선택 종료
```

2 Baseline 옵션을 선택한 후 치수선의 위치를 지정한다.

```
Specify dimension line position, or
[Continuous/Staggered/Baseline/Ordinate/Radius/Diameter/datumPoint/Edit/seTtings]
<Continuous> : B ↵
Specify dimension line position, or               ⇨ 치수선 위치 지정
[Continuous/Staggered/Baseline/Ordinate/Radius/Diameter/datumPoint/Edit/seTtings]
<Continuous> :
```

그리고 위 예의 2단계에서 Baseline 옵션 대신 Staggered 옵션을 선택하면 다음과 같은 맞물림 형태의 치수로 기입한다.

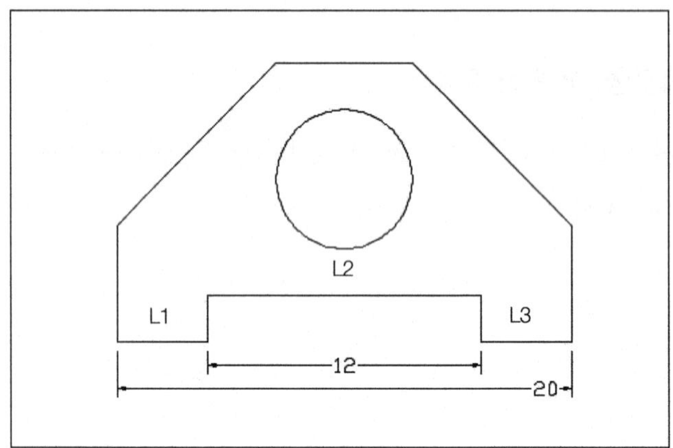

04 치수선 편집

QDIM 명령을 사용하면 새로운 치수선의 기입 점을 추가하거나 필요없는 치수선의 기입 점을 제거하여 치수선을 편집할 수 있다. 다음 그림과 같이 앞서 예로 든 계단형 치수에 점 P1에서 점 P2까지의 치수를 추가해 보자.

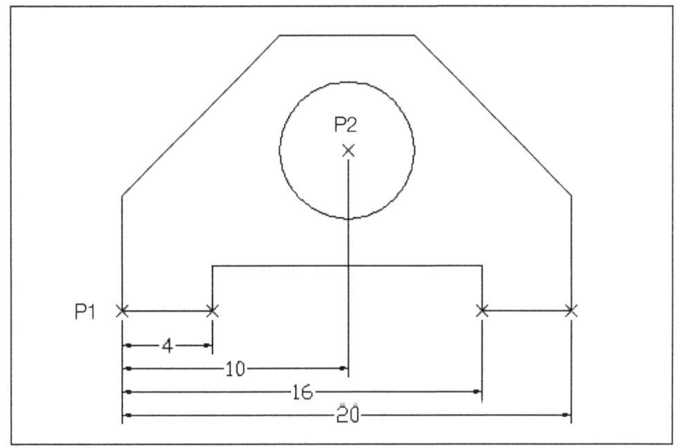

1 QDIM 명령을 실행한 후 편집할 계단형 치수선을 모두 선택한다.

Command : QDIM ↵
Select geometry to dimension : ⇨ 편집할 치수선 선택
Select geometry to dimension : ↵ ⇨ 도면 요소 선택 종료

2 Edit 옵션을 선택한다. 그러면 위 그림과 같이 선택한 치수선의 치수 기입점 위치에 × 기호가 표시된다.

Specify dimension line position, or
[Continuous/Staggered/Baseline/Ordinate/Radius/Diameter/datumPoint/Edit/seTtings]
〈Continuous〉 : E ↵

3 Add 옵션을 선택하여 점 추가 모드로 전환한 후 추가할 치수선의 기입 점 P2를 지정한다. 그리고 치수 기입 점을 제거할 때에는 Remove 옵션을 선택한 후 × 기호가 표시된 제거할 치수 기입 점을 지정해주면 된다.

Indicate dimension point to remove, or [Add/eXit] 〈eXit〉 : A
Indicate dimension point to add, or [Remove/eXit] 〈eXit〉 : ⇨ 점 P2 지정
Indicate dimension point to add, or [Remove/eXit] 〈eXit〉 : ↵ ⇨ 점 추가 종료

4 Baseline 옵션을 선택한 후 치수선의 위치를 지정한다.

Specify dimension line position, or
[Continuous/Staggered/Baseline/Ordinate/Radius/Diameter/datumPoint/Edit/seTtings]
〈Continuous〉 : B ↵

Specify dimension line position, or ⇨ 치수선 위치 지정
[Continuous/Staggered/Baseline/Ordinate/Radius/Diameter/datumPoint/Edit/seTtings] 〈Continuous〉:

2.11 LEADER 명령(지시선 치수 기입)

LEADER 명령은 지시선으로 치수를 기입하는 명령이다. 지시선은 치수선이나 치수 보조선으로 기입하기 곤란한 치수를 나타낼 때 사용한다.

Command : LEADER 〈또는 LEAD〉

Specify leader start point :	⇨ 지시선의 시작점 지정
Specify next point :	⇨ 지시선의 다음 점 지정
Specify next point or [Annotation/Format/Undo] 〈Annotation〉 :	⇨ 다음 점 또는 옵션 선택
Enter first line of annotation text or 〈options〉 :	⇨ 지시 내용 입력

옵 션	설 명
Annotation	지시선에 기입할 내용의 형태를 지정한다. Tolerance - 공차 형태의 내용을 기입한다. Copy - 도면 내의 문자열을 복사하여 기입한다. Block - 문자열 블록을 복사하여 기입한다. None - 지시 내용을 기입하지 않는다. Mtext - 지시 내용을 AutoCAD 문서 편집기에서 입력한다.
Format	지시선의 형태를 지정한다. Spline - 스플라인 곡선의 지시선을 그린다. STraight - 직선의 지시선을 그린다. Arrow - 지시선 시작점에 화살표를 표기한다. None - 지시선 시작점에 화살표를 표기하지 않는다.
Undo	앞서 그린 지시선을 한 단계씩 취소한다.

01 지시선 기입

다음 그림과 같이 원 C1의 가공 방법을 지시하는 내용을 지시선으로 기입하여 보자.

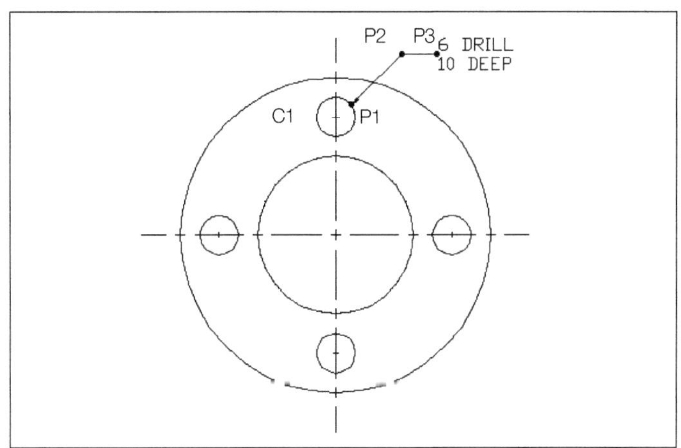

1 LEADER 명령을 실행한다.

Command : LEADER ↵

2 지시선의 시작점 P1과 다음 점 P2, P3을 지정한다.

Specify leader start point :	⇨ 시작점 P1 지정
Specify next point :	⇨ 다음 점 P2 지정
Specify next point or [Annotation/Format/Undo] ⟨Annotation⟩ :	⇨ 다음 점 P3 지정
Specify next point or [Annotation/Format/Undo] ⟨Annotation⟩ : ↵	⇨ 점 지정 종료

3 다음과 같이 지시선의 내용을 2행에 입력한다.

Enter first line of annotation text or ⟨options⟩ : 6 DRILL ↵	⇨ 첫째 행 내용 입력
Enter next line of annotation text : 10 DEEP ↵	⇨ 둘째 행 내용 입력
Enter next line of annotation text : ↵	⇨ 지시 내용 입력 종료

02 지시 내용의 복사

동일한 내용의 지시선을 작성 도면의 다른 도면 요소에 기입해야 할 때에는 이전 지시선의 내용을 복사하여 기입하면 편리하다. 예를 들어, 다음과 같이 원 C2의 가공 방법을 원 C1의 지시선 내용을 복사하여 기입하여 보자.

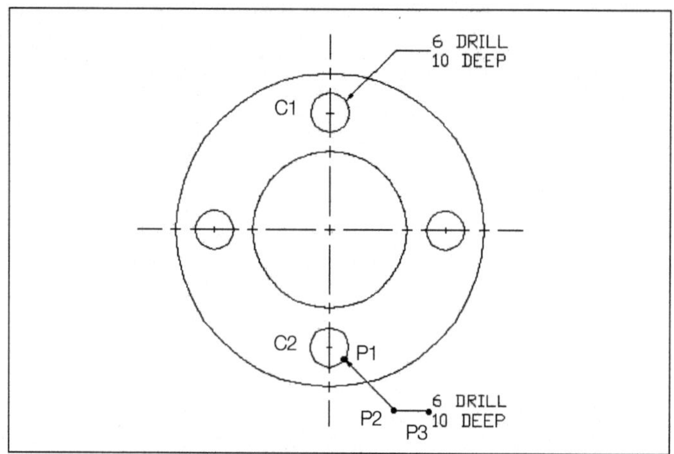

1 LEADER 명령을 실행한 후 지시선을 그린다.

Command : LEADER ↵
Specify leader start point : ⇨ 시작점 P1 지정
Specify next point : ⇨ 다음 점 P2 지정
Specify next point or [Annotation/Format/Undo] <Annotation> : ⇨ 다음 점 P3 지정
Specify next point or [Annotation/Format/Undo] <Annotation> : ↵ ⇨ 점 지정 종료

2 지시선 내용 입력 요구 시 엔터키를 누른 후 Copy 옵션을 선택한다.

Enter first line of annotation text or <options> : ↵
Enter an annotation option [Tolerance/Copy/Block/None/Mtext] <Mtext> : C ↵

3 새 지시선의 내용으로 복사할 문자열을 선택한다.

Select an object to copy : ⇨ 복사할 문자 선택

지시선의 형태 지정

그리고 LEADER 명령 실행 시 Format 옵션을 사용하면 다음 그림과 같이 지시선의 형태를 지정할 수도 있다.

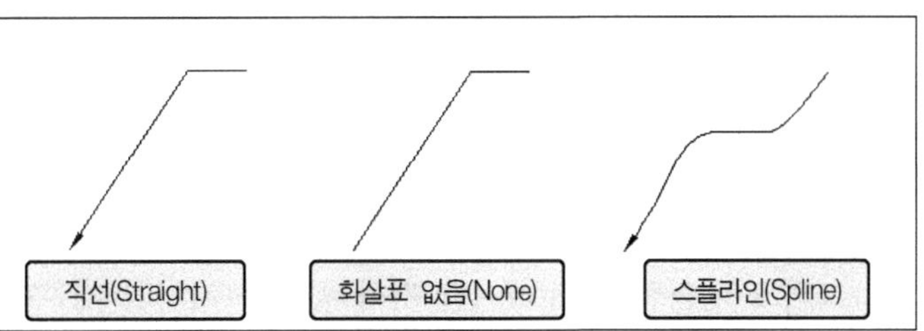

2.12 TOLERANCE 명령(공차의 기입)

TOLERANCE 명령은 다음 그림과 같이 기계 설계 도면에서 기하 공차(Geometric Tolerance)를 기입할 때 사용한다.

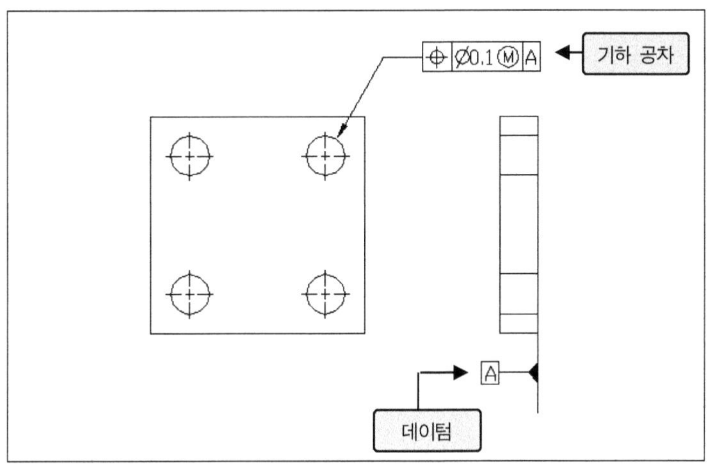

Command : TOLERANCE 〈또는 TOL〉

⋮ ⇨ 기하공차 기입

Enter tolerance location : ⇨ 기입 위치 지정

01 기하 공차와 데이텀

기하 공차란 기하학적인 측면(대상물의 모양, 자세, 위치, 흔들림)에서 허용할 수 있는 오차 범위의 값을 의미한다. 다음의 표는 기하 공차의 종류와 그에 따른 표시 기호이다. 그리고 데이텀(Datum)이란 기하 공차를 지시할 때 그 공차를 규제하는 기준을 의미한다. 데이텀은 위 그림에서와 같이 지시 문자와 삼각 기호로 표기한다.

기 호	설 명	기 호	설 명
⌖	위치도 공차	▱	평면도 공차
◎	동축도 또는 동심도 공차	○	진원도 공차
⌯	대칭도 공차	—	진직도 공차
//	평행도 공차	⌓	면의 윤곽도 공차
⊥	직각도 공차	⌒	선의 윤곽도 공차
∠	경사도 공차	↗	원주 흔들림 공차
/○/	원통도 공차	⌰	온 흔들림 공차

02 기하 공차의 기입(1)

예를 들어, 위 그림에서와 같이 구멍의 위치도 공차 | ⌖ | ∅0.1Ⓜ | A | 를 도면에 표기하여 보자.

1 TOLERANCE 명령을 실행한다.

```
Command : TOLERANCE ↵
```

2 다음과 같은 대화상자가 표시되면, Sym 입력란을 마우스 포인터로 클릭한다.

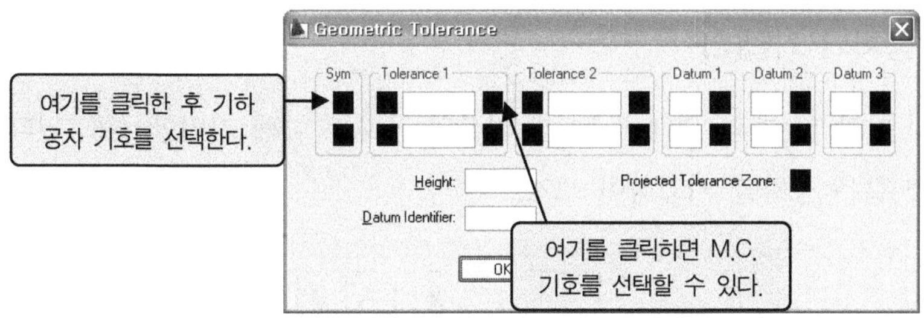

3 다음과 같이 Symbol 대화상자가 표시되면, 위치도 공차 기호(⊕)를 클릭하여 입력한다.

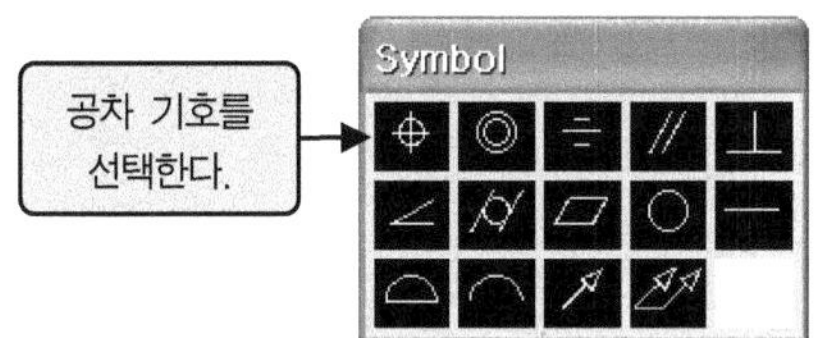

4 Tolerance 1 항목의 지름 기호 입력란을 마우스 포인터로 클릭하여 ∅ 기호를 입력한다. 지름 기호 입력란을 클릭할 때마다 ∅ 기호 입력 여부가 변경된다.

5 Tolerance 1 항목의 기하 공차 값 입력란에 0.1을 입력한다.

6 Tolerance 1 항목의 재질 상태 기호 입력란을 클릭한다.

7 다음과 같이 Material Condition 대화상자가 표시되면 Ⓜ 기호를 클릭하여 입력한다.

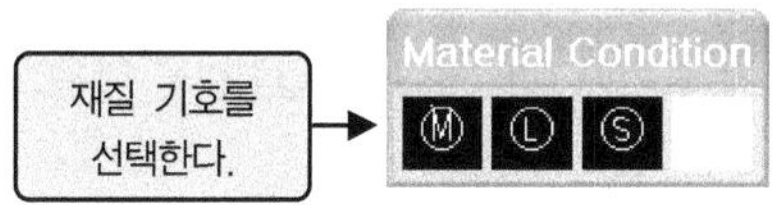

8 마지막으로 Datum 1 항목의 데이텀 입력란에 A를 입력한 후 OK 단추를 클릭하여 대화상자를 닫는다.

9 명령 행에 다음과 같은 메시지가 출력되면, 대화상자에서 입력한 기하 공차를 기입할 위치를 지정한다.

Enter tolerance location : ⇨ 기입 위치 지정

기하 공차의 기입(2)

경우에 따라 한 개의 형체에 두 개 이상의 공차를 함께 기입할 수도 있다. 예를 들어, 다음과 같은 공차를 기입하여 보자.

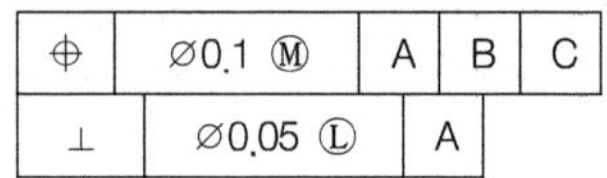

1 TOLERANCE 명령을 실행한다.

```
Command : TOLERANCE ↵
```

2 다음과 같이 첫째 줄의 공차 내용을 입력한다.

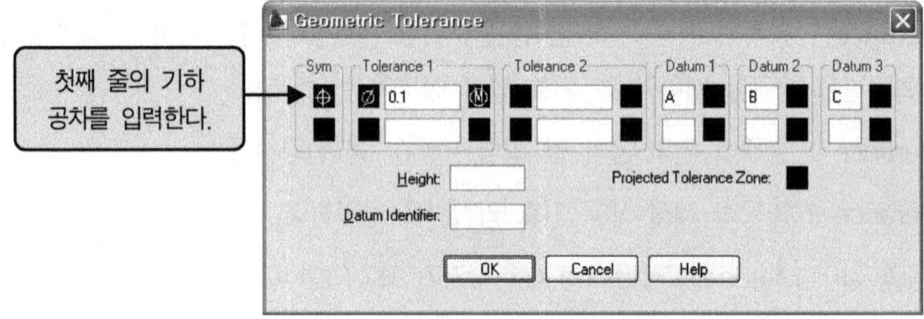

3 위치도 공차 기호(⌖)가 표기된 아래의 Sym 입력란을 마우스 포인터로 클릭한 후 직각도 공차 기호(⊥)를 입력한다.

4 다음과 같이 둘째 줄의 공차 내용을 입력한 후 OK 단추를 클릭하여 대화상자를 닫는다.

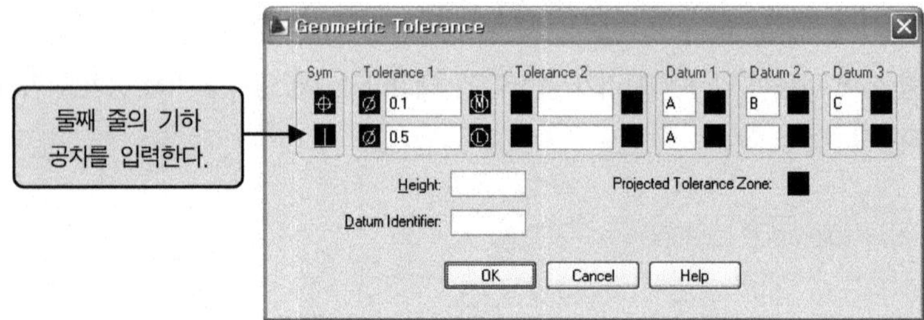

5 기하 공차를 기입할 위치를 지정한다.

Enter tolerance location : ⇨ 기입 위치 지정

위 대화상자에서 Hight 입력란과 Projected Tolerance Zone 입력란에는 돌출 공차의 공차역과 표기 기호(Ⓟ)를 입력한다. 그리고 Datum Identifier 입력란에는 데이텀 지시자를 입력할 수 있다.

04 LEADER 명령의 이용

기하 공차는 위 예와 달리 LEADER 명령이나 QLEADER 명령을 실행하여 기입할 수도 있다. 이들 명령을 이용하면 지시선과 함께 기하 공차를 기입할 수 있다.

1 LEADER 명령을 실행한다.

Command : LEADER ↵

2 지시선의 시작점과 다음 점을 지정하여 기하 공차가 기입될 지시선을 그린다.

Specify leader start point : ⇨ 시작점 지정
Specify next point : ⇨ 다음 점 지정
Specify next point or [Annotation/Format/Undo] 〈Annotation〉 : ↵ ⇨ 점 지정 종료

3 다음과 같이 LEADER 명령의 Tolerance 옵션을 선택한다.

Enter first line of annotation text or 〈options〉 : ↵
Enter an annotation option [Tolerance/Copy/Block/None/Mtext] 〈Mtext〉 : T ↵

4 TOLERANCE 명령 실행 시와 마찬가지로 Geometric Tolerance 대화상자가 표시되면 공차를 기입한다.

이후 공차 기입 방법은 TOLERANCE 명령과 동일하다. 단, TOLERANCE 명령과 달리 기하 공차의 기입 위치는 지시선 끝이 지정되기 때문에 기입 위치 지정을 요구하지 않는다는 점만 다르다.

치수 편집과 치수 유형 설정

여기서는 기입 치수를 편집하는 DIMEDIT 명령, DIMTEDIT 명령과 치수 기입에 일관성을 유지할 수 있도록 치수 유형을 설정하는 DIMSTYLE 명령 등에 대해 설명한다.

3.1 DIMTEDIT 명령(치수 표기 위치의 변경)

DIMTEDIT 명령은 다음 그림과 같이 치수 문자의 표기 위치를 변경할 때 사용한다.

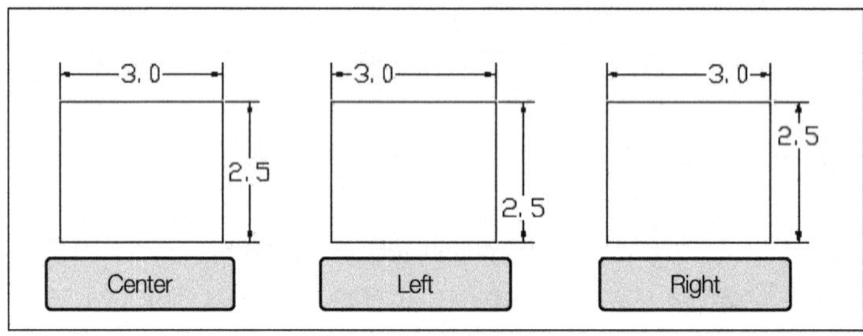

Command : DIMTEDIT 〈또는 DIMTED〉

Select Dimension : ⇨ 편집할 치수 선택

Specify new location for dimension text or

[Left/Right/Center/Home/Angle] : ⇨ 치수 문자 위치나 옵션 선택

옵 션	설 명
Left	치수 문자를 왼쪽으로 이동시킨다. 수직선의 치수인 경우에는 아래쪽으로 이동시킨다.
Right	치수 문자를 오른쪽으로 이동시킨다. 수직선의 치수인 경우에는 위쪽으로 이동시킨다.
Center	치수 문자를 가운데로 이동시킨다.
Home	원래 치수 문자가 위치했던 곳으로 이동시킨다.
Angle	치수 문자를 지정 각도만큼 회전시킨다. 이는 DIMEDIT 명령의 Rotate 옵션의 기능과 동일하다.

3.2 DIMEDIT 명령(치수 문자의 편집)

DIMEDIT 명령은 기입된 치수 값이나 치수 문자의 각도, 치수 보조선의 각도를 편집할 수 있는 기능을 지원한다.

Command : DIMEDIT 〈또는 DIMED〉

Enter type of dimension editing [Home/New/Rotate/Oblique] 〈Home〉 : ⇨ 편집 옵션 선택

Select object : ⇨ 편집할 치수선 선택

옵 션	설 명
Home	기울어진 치수 문자를 기울기 0인 원래 상태로 표기한다.
New	기존 치수 대신 새로운 치수를 기입한다.
Rotate	치수 문자를 지정 각도만큼 회전시킨다.
Oblique	치수 보조선을 지정 각도만큼 기울인다.

01 기입 치수 변경

다음의 오른쪽 그림과 같이 선 L1의 치수 4.0000을 새로운 값 40으로 변경하여 보자.

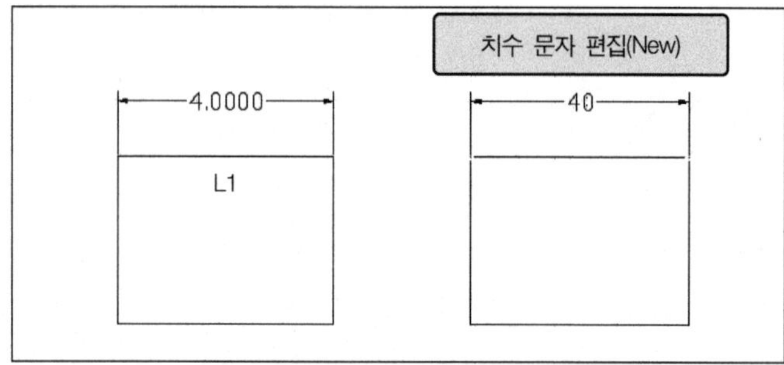

1 DIMEDIT 명령을 실행한 후 New 옵션을 선택한다.

```
Command : DIMEDIT ↵
Enter type of dimension editing [Home/New/Rotate/Oblique] <Home> : N ↵
```

2 문서 편집기가 표시되면 <>를 40으로 수정한 후 OK 단추를 클릭한다.

3 편집할 선 L1의 치수선을 선택한다.

```
Select objects :            ⇨ 편집할 치수 선택
Select objects : ↵          ⇨ 치수 선택 종료
```

02 치수선 각도 변경

다음의 오른쪽 그림과 같이 선 L1의 치수 보조선을 75도만큼 회전시켜 표시해 보자.

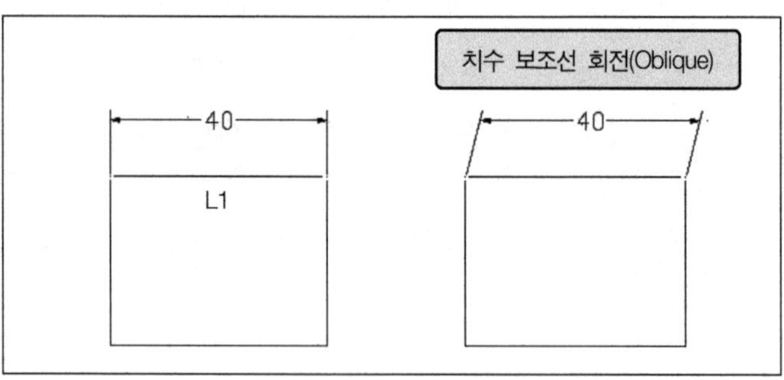

1 DIMEDIT 명령을 실행한 후 Oblique 옵션을 선택한다.

```
Command : DIMEDIT ↵
Enter type of dimension editing [Home/New/Rotate/Oblique] <Home> : O ↵
```

2 먼저 편집할 치수선을 선택한 후 치수 보조선의 기울기 75도를 입력한다.

Select objects :	⇨ 편집할 치수 선택
Select objects : ↵	⇨ 치수 선택 종료
Enter obliquing angle (press ENTER for none) : 75 ↵	⇨ 치수 보조선 각도 기적

 치수 문자 각도 변경

다음의 오른쪽 그림과 같이 선 L1의 치수 40을 60도만큼 회전시켜 표시하여 보자.

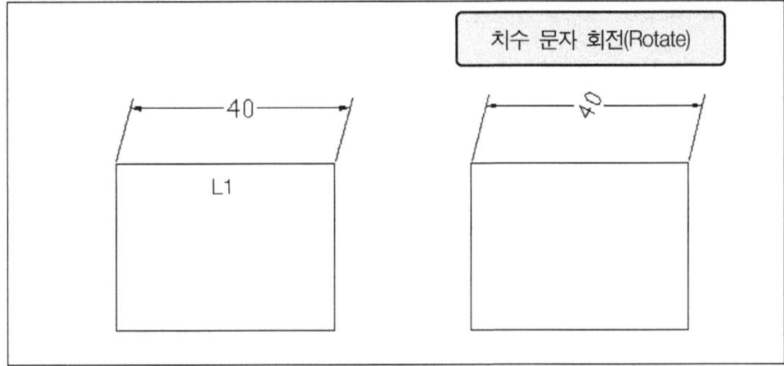

1 DIMEDIT 명령을 실행한 후 Rotate 옵션을 선택한다.

```
Command : DIMEDIT ↵
Enter type of dimension editing [Home/New/Rotate/Oblique] <Home> : R ↵
```

2 치수 문자이 각도로 60을 입력한 후 편집할 치수선을 선택한다.

Specify angle for dimension text : 60 ↵	⇨ 치수 문자 각도 지정
Select objects :	⇨ 편집할 치수 선택
Select objects : ↵	⇨ 치수 선택 종료

치수 문자 회전 취소

앞서 60도 방향으로 기울여 기입한 선 L1의 치수 문자를 기울기가 0인 원래 상태로 편집하려면 다음과 같이 한다.

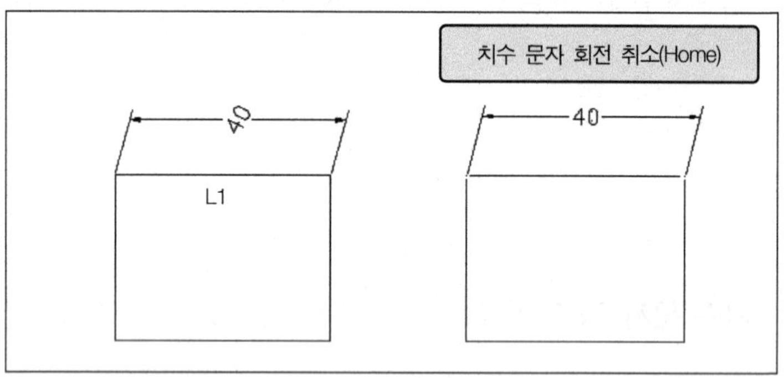

1 DIMEDIT 명령을 실행한 후 Home 옵션을 선택한다.

```
Command : DIMEDIT ↵
Enter type of dimension editing [Home/New/Rotate/Oblique] <Home> : ↵
```

2 편집할 치수선을 선택한다.

```
Select objects :                                  ⇨ 편집할 치수 선택
Select objects : ↵                                ⇨ 치수 선택 종료
```

3.3 DIMOVERRIDE 명령(기입 치수의 변수 값 갱신)

DIMOVERRIDE 명령은 기입된 치수에 적용된 치수 변수 값을 다른 변수 값으로 갱신할 때 사용한다. 이때 새로 지정한 변수 값은 현재 사용 중인 치수 유형에 영향을 미치지 않는다.

Command : DIMOVERRIDE 〈또는 DIMOVER〉

Enter dimension variable name to override or [Clear overrides] : ⇨ 변수 이름 입력
Enter new value for dimension variable 〈현재 변수 값〉 : ⇨ 새 변수 값 입력
Enter dimension variable name to override : ⇨ 다른 변수 이름 또는 엔터키 입력
Select objects : ⇨ 변수 값을 갱신할 치수 선택

01 치수 변수 값 갱신

예를 들어, 다음 그림과 같이 소수 4자리로 기입된 치수를 DIMOVERRIDE 명령을 이용하여 소수점 2자리의 치수로 변경하여 보자.

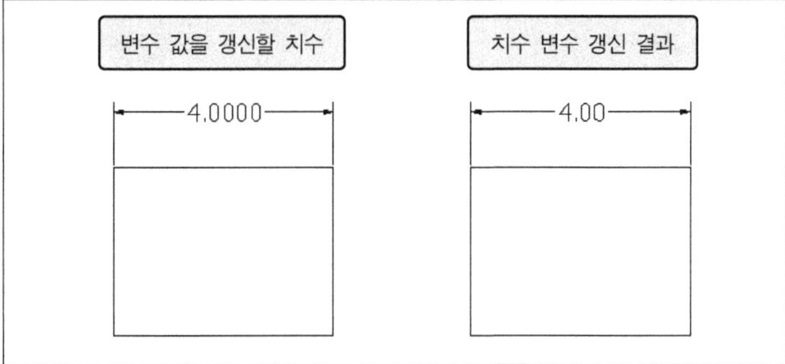

1 DIMOVERRIDE 명령을 실행한다.

Command : DIMOVERRIDE ↵

2 다음과 같이 변경할 변수의 이름과 새 변수 값을 입력한다.

Enter dimension variable name to override or [Clear overrides] : DIMDEC ↵
Enter new value for dimension variable 〈4〉 : 2 ↵ ⇨ 새 변수 값 입력
Enter dimension variable name to override : ↵ ⇨ 엔터키를 누른다.

3 그래픽 커서로 변수 값을 변경할 치수를 선택한다.

Select objects : ⇨ 갱신할 치수 선택
Select objects : ↵ ⇨ 도면 요소 선택 종료

02 단축 메뉴의 사용

치수의 소수 자리수는 다음과 같이 DIMOVERRIDE 명령 대신 단축 메뉴를 사용해도 된다.

1. 그래픽 커서로 소수 자리수를 변경할 치수를 선택한다.
2. 마우스 오른쪽 단추로 도면 영역을 클릭한다.
3. 다음과 같이 단축 메뉴가 표시되면 Precision 메뉴를 선택한 후 변경할 소수 자리를 선택한다.

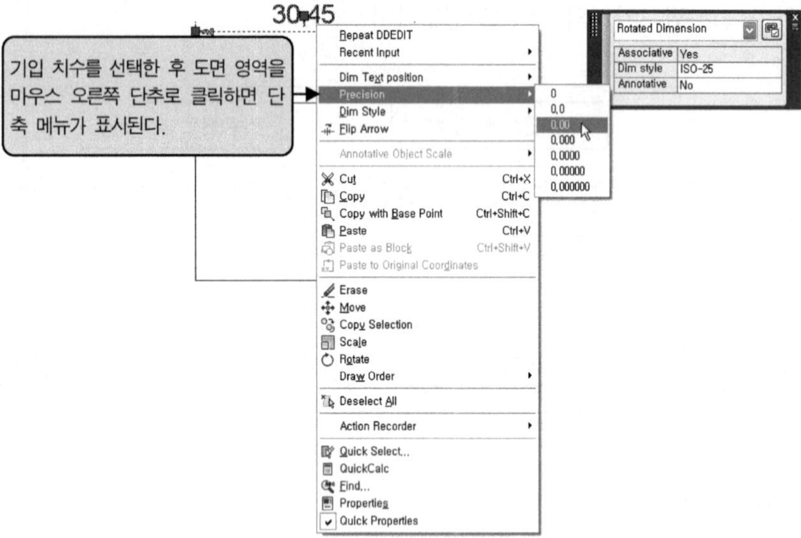

이외에도 단축 메뉴에서 Dim Text position 메뉴를 선택하면 치수 문자나 치수선의 위치를 변경할 수 있다. 그리고 Dim Style 메뉴를 선택하면 선택한 치수에 적용된 치수 유형을 변경할 수 있다.

3.4 DIMSTYLE 명령(치수 유형 설정)

DIMSTYLE 명령은 설정한 여러 치수 변수 값을 하나의 유형으로 저장하여 다시 사용할 수 있도록 해준다. 치수 유형은 도면 파일에 저장되므로 자주 이용하는 치수 유형은 템플릿 파일에 저장하여 사용하면 매우 유용하다.

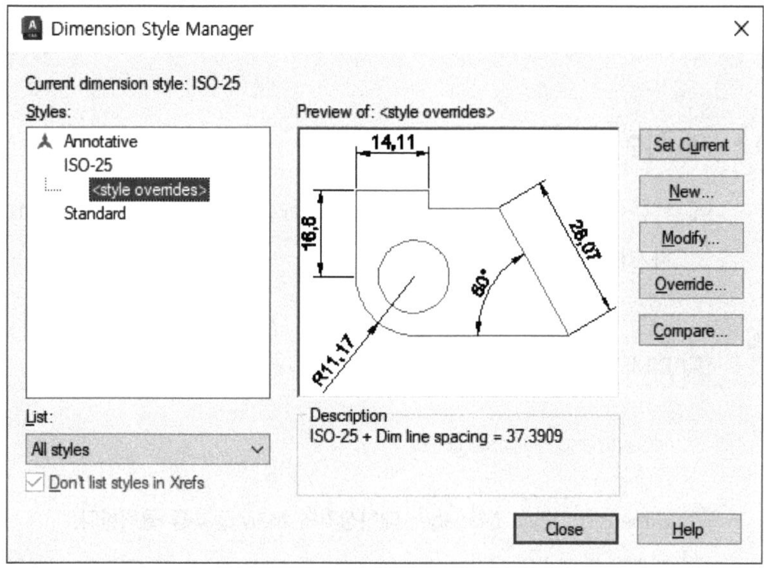

항 목	설 명
Style	사용 또는 편집할 치수 유형을 선택한다.
List	치수 유형 목록의 표시 형식(All Styles : 모든 치수 유형 표시, Style in use : 사용된 치수 유형만 표시)을 지정한다.
Don't list style in Xrefs	XREF 명령으로 외부 참조된 도면에 사용된 치수 유형의 표시 여부를 설정한다.
Preview of	선택한 치수 유형의 주요 치수 변수를 그림으로 보여준다.

항 목	설 명
Description	선택한 치수 유형에 대한 간단한 설명을 보여준다.
Set Current	선택한 치수 유형을 사용 치수 유형으로 설정한다.
New	새로운 치수 유형을 작성한다.
Modify	치수 유형 목록에서 선택한 치수 유형을 수정한다.
Override	현재 치수 유형의 특정 치수 변수 값을 변경하여 사용할 수 있는 임시 유형을 생성한다.
Compare	두 치수 유형의 치수 변수 값을 비교한다.

01 새 치수 유형 작성

예를 들어, 치수의 소수 자리수로 1자리를 설정한 USER–DIM이라는 치수 유형을 새로 작성하여 보자.

1 DIMSTYLE 명령을 실행한다.

```
Command : DIMSTYLE ↵
```

2 Dimension Style Manager 대화상자의 New 단추를 클릭한다.

3 다음과 같은 대화상자가 표시되면 New Style Name 입력란에 작성할 새 치수 유형의 이름으로 USER-DIM을 입력한다.

4 Start With 목록상자에서 작성할 치수 유형의 기본이 될 치수 유형을 선택한 후 Continue 단추를 클릭한다.

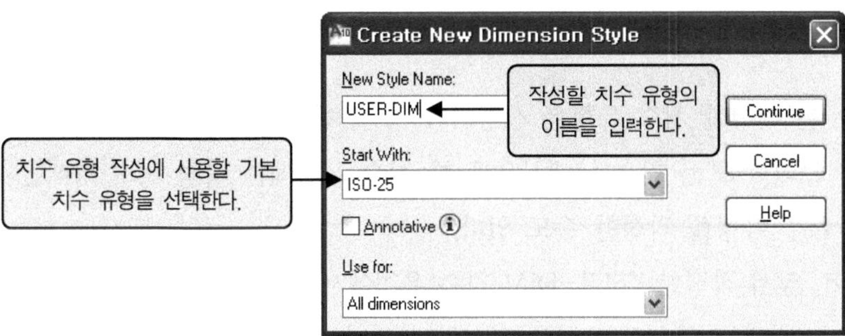

5 New Dimension Style 대화상자가 표시되면 Primary Units 탭을 클릭한다. 이 대화상자에 대해서는 다음 절에서 자세히 설명한다.

6 다음과 같이 Linear Dimensions 영역의 Precision 목록상자에서 소수 자리수로 0.0을 선택한다.

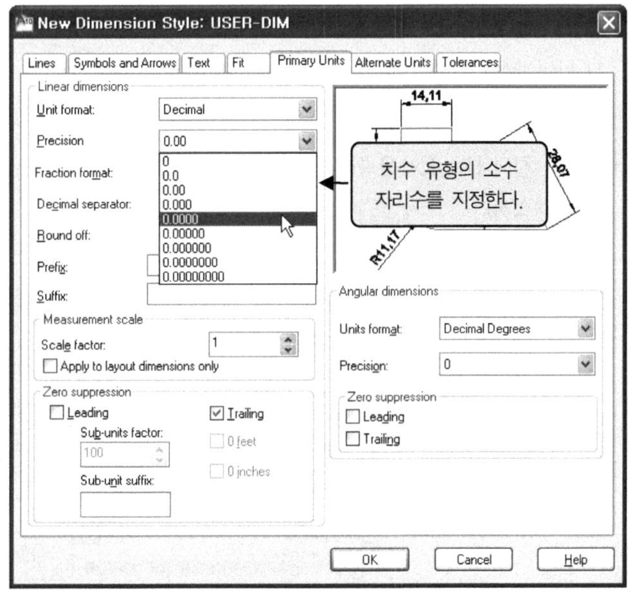

7 OK 단추를 클릭한다. 그러면 작성한 새 치수 유형이 사용 치수 유형으로 지정된다.

8 Dimension Style Manager 대화상자의 Close 단추를 클릭한다. 그러면 작성한 치수 유형이 작업 도면에 저장된다.

이후 작업 도면에서 치수 기입 명령을 실행하면 새로 작성한 USER-DIM 치수 유형에 설정된 치수 변수에 맞춰 기입된다.

 하위 치수 유형 작성

위 예에서는 작성한 치수 유형은 선형이나 지름, 반지름 치수 등 모든 치수를 대상으로 한다. 그러나 모든 치수를 대상으로 한 치수 유형에는 특정 치수 형태만 대상으로 한 하위 치수 유형을 작성할 수도 있다.

예를 들어, 앞서 작성한 USER-DIM 치수 유형에서 반지름 치수의 경우 소수 0자리로 기입되도록 반지름 치수의 유형을 작성하여 보자.

1 DIMSTYLE 명령을 실행한다.

```
Command : DIMSTYLE ↵
```

2 Dimension Style Manager 대화상자의 Style 목록상자에서 하위 유형을 작성할 치수 유형으로 USER-DIM을 선택한다.

3 New 단추를 클릭한다.

4 다음과 같이 Use for 목록상자에서 하위 유형으로 Radius Dimension을 선택한 후 Continue 단추를 클릭한다.

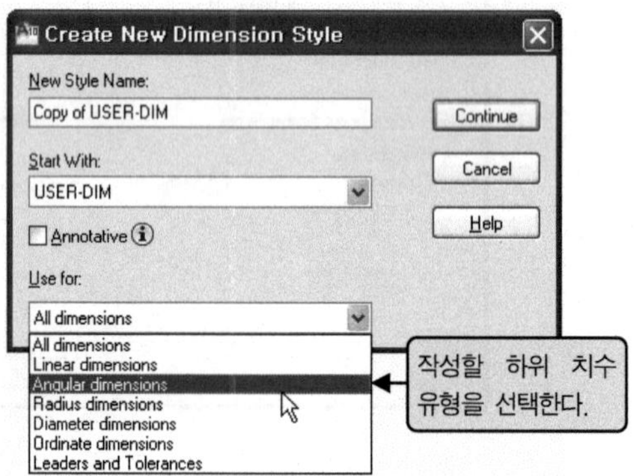

5 New Dimension Style 대화상자의 Primary Units 탭을 클릭한다.

6 Linear Dimensions 영역의 Precision 목록상자에서 소수 자리수로 0을 선택한다.

7 OK 단추를 클릭한다. 그러면 USER-DIM 치수 유형에 반지름 치수 유형인 Radial 유형이 추가된다.

8 Close 단추를 클릭한다.

03 치수 유형의 수정

치수 유형은 설정 값을 변경하여 수정할 수 있다. 치수 유형을 수정하면 작업 도면에서 해당 치수 유형이 적용된 치수는 새 설정 값에 따라 자동으로 변경된다.

1 DIMSTYLE 명령을 실행한다.

```
Command : DIMSTYLE ↵
```

2 Dimension Style Manager 대화상자의 Style 목록상자에서 편집할 치수 유형을 선택한다.

3 Modify 단추를 클릭한다.

4 Modify Dimension Style 대화상자가 표시되면 치수 유형의 설정 값을 변경한다.

5 OK 단추를 클릭한다.

6 Close 단추를 클릭한다.

04 임시 유형의 생성

현재 치수 유형의 경우 설정 값을 변경한 임시 치수 유형을 생성할 수 있다. 임시 치수 유형은 보통 일부 치수를 현재 치수 유형과 약간 다르게 기입할 때 사용한다.

1 DIMSTYLE 명령을 실행한다.

```
Command : DIMSTYLE ↵
```

2 Dimension Style Manager 대화상자의 Style 목록상자에서 임시 유형을 생성할 치수 유형을 선택한다.

3 Set Current 단추를 클릭한다. 현재 치수 유형을 선택한 경우에는 이 과정을 생략해도 된다.

4 Override 단추를 클릭한다.

5 Override Current Style 대화상자에서 현재 치수 유형의 설정을 변경한다.

6 OK 단추를 클릭한다. 그러면 다음과 같이 현재 치수 유형에 임시 치수 유형인 Style overrides가 추가된다.

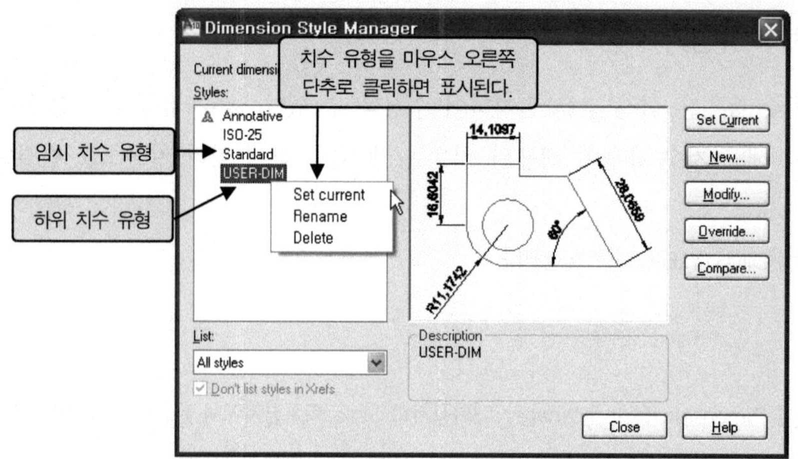

7 Close 단추를 클릭한다.

이와 같은 방법으로 임시 치수 유형을 생성한 후 치수 기입 명령을 실행하면 치수는 임시 치수 유형에 설정된 형태로 기입된다. 단, 임시 치수 유형은 다른 치수 유형을 사용 치수 유형으로 설정하면 도면에서 없어진다.

05 치수 유형 삭제, 이름 변경

Dimension Style Manager 대화상자의 Style 목록상자에서 치수 유형을 마우스 오른쪽 단추로 클릭하면 위 그림과 같이 단축 메뉴가 표시된다. 이 메뉴를 이용하면 치수 유형의 삭제나 이름 변경, 사용 치수 설정 등의 작업이 가능하다.

항 목	설 명
Set Current	선택 치수 유형을 사용 치수 유형으로 지정한다.
Rename	선택 치수 유형의 이름을 다른 이름으로 변경한다.
Delete	선택 치수 유형을 삭제한다. 단, 도면에 선택 치수 유형이 적용된 치수가 기입된 경우에는 삭제할 수 없다.
Save to current style	선택한 임시 치수 유형을 현재 치수 유형으로 저장한다. 단, 이 메뉴는 임시 치수 유형을 선택했을 때만 표시된다.

치수 유형의 비교

작업 도면에 여러 치수 유형이 저장되어 있을 경우 두 치수 유형의 설정 값의 차이를 알아볼 수 있다.

1 DIMSTYLE 명령을 실행한다.

```
Command : DIMSTYLE ↵
```

2 Dimension Style Manager 대화상자의 Compare 단추를 클릭한다.

3 다음과 같은 대화상자가 표시되면 Compare 목록상자에서 비교 기준 치수 유형을 선택한다.

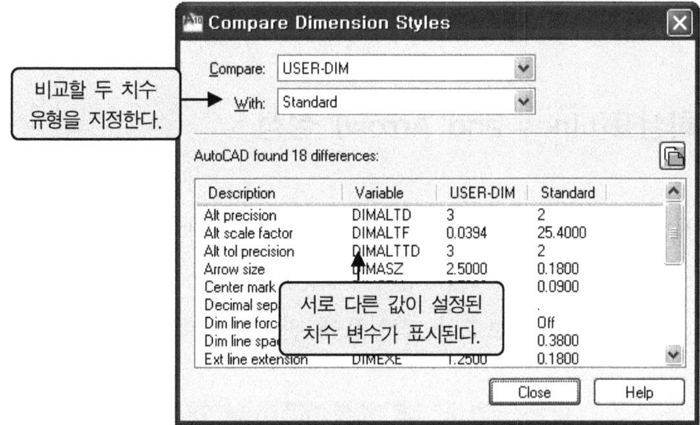

4 With 목록상자에서 비교 대상 치수 유형을 선택한다.
그러면 위 그림과 같이 선택한 두 치수 유형을 비교하여 서로 다른 설정 값을 대화상자에 표시한다. 그리고 특정 치수 유형의 설정 내용을 확인하려면 With 목록상자에 None을 선택하면 된다.

치수 변수 설정

여기에서는 DIMSTYLE 명령으로 치수 유형을 작성하거나 수정할 때 표시되는 New Dimension Style 대화상자나 Modify Dimension Style 대화상자의 각 설정 항목과 대응 치수 변수에 대해 설명한다.

4.1 선과 화살표(Lines and Arrow) 설정

New Dimension Style이나 Modify Dimension Style, Override Current Styles 대화상자(이하 Dimension Style 대화상자라 표기)의 Lines and Arrow 탭에서는 선택 치수 유형의 치수선과 치수 보조선, 화살표에 관련된 항목을 설정할 수 있다.

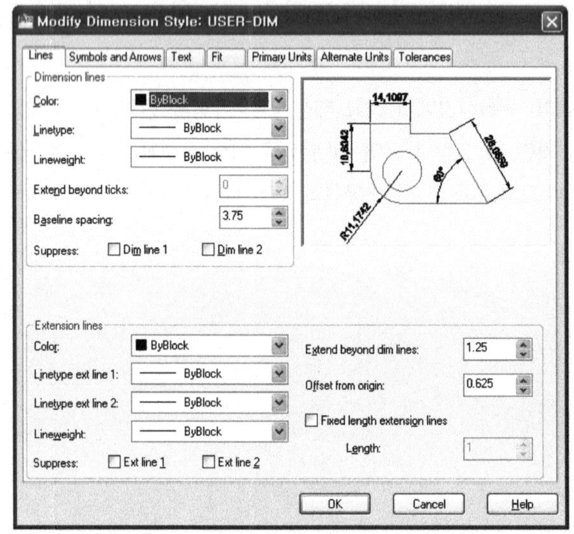

이들 각 항목의 설정 값은 대응 치수 변수에 저장되는데, 치수 변수 값은 명령 행에서 해당 치수 변수를 실행하여 설정해도 된다.

01 Dimension Line

치수선의 색이나 선 굵기, 계단형 치수선의 간격, 치수선의 표기 억제에 대한 치수 변수 값을 설정한다.

(1) Color

치수선, 화살표, 지시선의 색상을 설정한다. 기본 색 이외의 색은 목록상자에서 Other 항목을 선택한 후 Select Color 대화상자에서 설정하면 된다.

```
Command : DIMCLRD ↵
Enter new value for DIMCLRD <0> :                    ⇨ 색 번호 입력
```

(2) Lineweight

치수선, 지시선의 굵기를 설정한다. 명령 행에서 설정할 경우에는 "실제 굵기×100"으로 입력하면 된다. 단, 선 굵기 목록에서 지원하는 굵기인 경우에만 설정 가능하다.

```
Command : DIMLWD ↵
Enter new value for DIMLWD <-2> :                    ⇨ 치수선 굵기 입력
```

(3) Extend beyond ticks

치수선의 화살표 모양을 티크(tick)로 표시했을 때 설정 길이만큼 치수선에서 치수 보조선을 연장시킨다. 단, 치수선의 화살표 모양을 oblique나 architectural tick, integral 이외의 유형을 설정했을 때는 아무런 영향을 미치지 못한다.

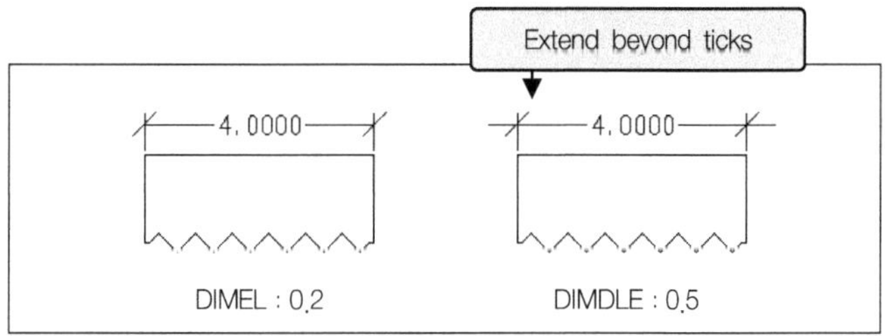

Command : DIMDLE ↵
Enter new value for DIMDLE 〈0〉 : ⇨ 연장 길이 입력

(4) Base spacing

DIMBASELINE 명령으로 연속한 치수를 계단식으로 기입할 때 아래 치수선과 위 치수선의 간격을 설정한다.

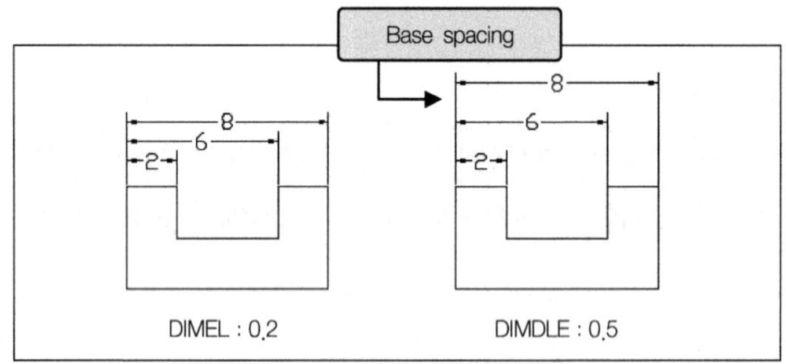

Command : DIMDLI ↵
Enter new value for DIMDLI 〈0.38〉 : ⇨ 치수선 간격 입력

(5) Suppress: Dim Line 1

첫 번째 치수 보조선에서 치수 문자까지의 치수선을 표기하거나 표기를 취소한다.

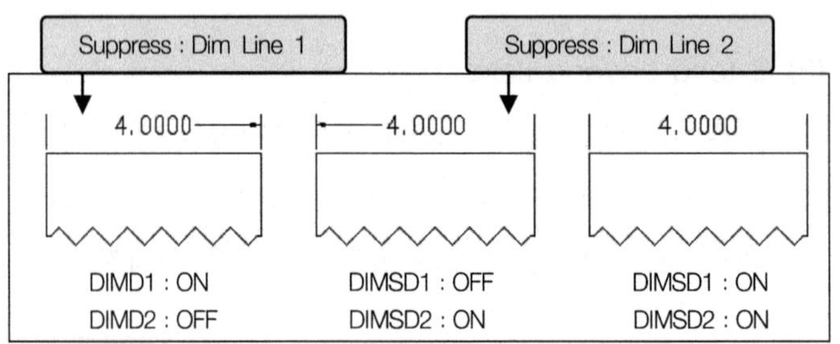

Command : DIMSD1 ↵
Enter new value for DIMSD1 〈OFF〉 : ⇨ On/Off 입력

(6) Suppress: Dim Line 2

두 번째 치수 보조선에서 치수 문자까지의 치수선을 표기하거나 표기를 취소한다.

Command : DIMSD2 ↵
Enter new value for DIMSD2 <OFF> : ⇨ On/Off 입력

02 Extension Line

치수 보조선의 색이나 선 굵기, 길이 등에 대한 치수 변수 값을 설정한다.

(1) Color

치수 보조선의 색상을 설정한다.

Command : DIMCLRE ↵
Enter new value for DIMCLRE <0> : ⇨ 색 번호 입력

(2) Linweight

치수 보조선의 굵기를 설정한다.

Command : DIMLWE ↵
Enter new value for DIMLWD <-2> : ⇨ 치수선 굵기 입력

(3) Extend beyond dim lines

치수선 바깥쪽으로 빼낼 치수 보조선의 길이를 설정한다.

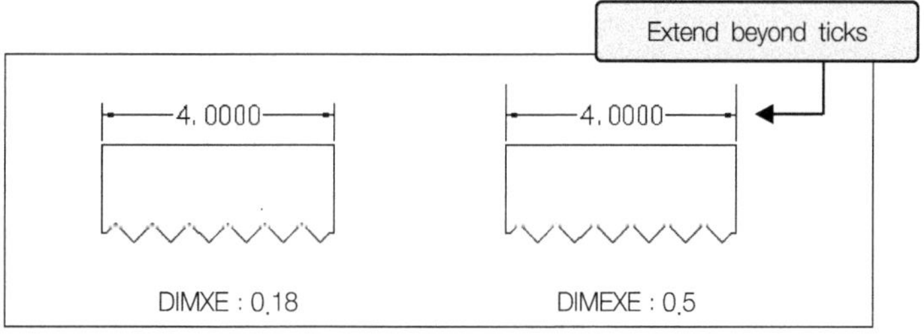

Command : DIMEXE ↵
Enter new value for DIMEXE <0.18> : ⇨ 길이 입력

(4) Offset from origin

치수 기입 도면 요소로부터 치수 보조선 사이의 간격을 설정한다.

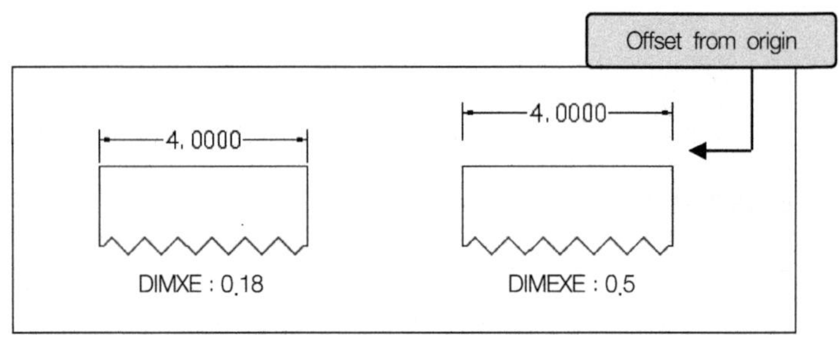

Command : DIMEXO ↵
Enter new value for DIMEXO <0.0625> : ⇨ 길이 입력

(5) Suppress: Ext Line 1

첫 번째 치수선의 치수 보조선을 표기하거나 표기를 취소한다.

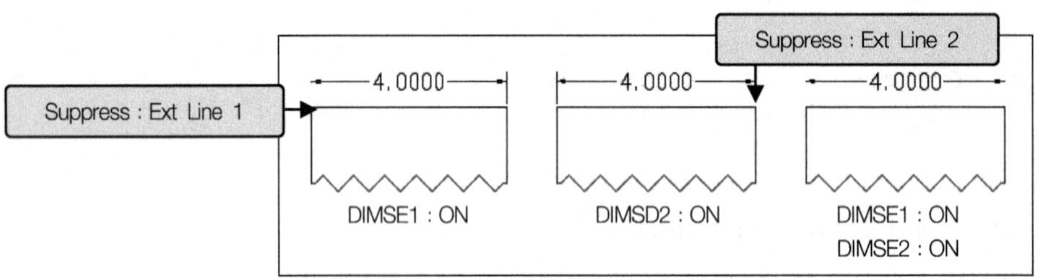

Command : DIMSE1 ↵
Enter new value for DIMSE1 <OFF> : ⇨ On/Off 입력

(6) Suppress: Ext Line 2

두 번째 치수선의 치수 보조선을 표기하거나 표기를 취소한다.

Command : DIMSE2 ↵
Enter new value for DIMSE2 <OFF> : ⇨ On/Off 입력

03 Arrowheads

치수선의 화살표 모양과 크기를 설정한다. 다음과 같은 화살표 모양 등을 지원하며 사용자 블록을 화살표 대신 사용할 수도 있다.

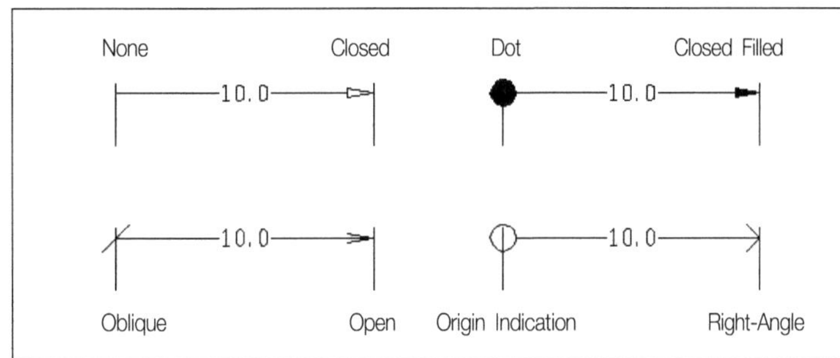

(1) 1st

치수선의 첫 번째 끝에 표시될 화살표 모양을 설정한다. 화살표 목록상자에서 User Arrow를 선택하면 사용자 블록을 화살표 모양으로 설정할 수 있다.

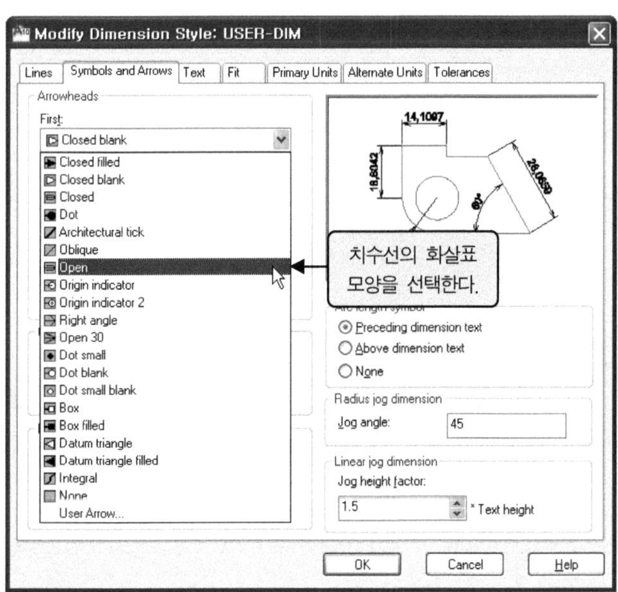

Command : DIMBLK1 ↵
Enter new value for DIMBLK1, or . for default <" ">: ⇨ 블록 이름 입력

(2) 2nd

치수선의 두 번째 끝에 표시될 화살표 모양을 설정한다. 참고로 명령 행에서 화살표 블록을 설정할 경우에는 DIMSAH 시스템 변수가 On으로 설정되어 있어야 한다.

```
Command : DIMBLK2 ↵
Enter new value for DIMBLK2, or . for default <" ">:          ⇨ 블록 이름 입력
```

(3) Leader

지시선의 끝에 표시될 화살표 모양을 설정한다.

```
Command : DIMLDRBLK ↵
Enter new value for DIMLDRBLK, or . for default <" ">:        ⇨ 블록 이름 입력
```

(4) Arrow Size

치수선 끝의 화살표 크기를 설정한다.

```
Command : DIMASZ ↵
Enter new value for DIMASZ <0.1800> :                         ⇨ 화살표의 크기 입력
```

 Center Marks for circle

DIMCENTER 명령으로 표기하는 원, 호의 중심 기호 모양과 크기를 설정한다.

(1) Type

원 또는 호의 중심 기호의 모양을 설정한다.

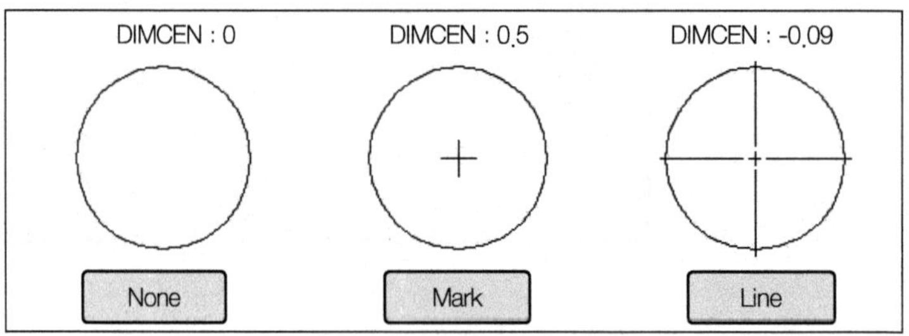

(2) Size

중심 기호의 크기를 설정한다.

```
Command : DIMCEN ↵
Enter new value for DIMCEN <0.0900> : -0.0900 ↵          ⇨ 중심 기호 크기 지정
```

설정값	설 명
0	중심 기호를 표기하지 않는다.
n(양수)	설정한 n 크기의 중심 기호를 표기한다.
-n(음수)	설정한 n 크기의 중심 기호와 함께 중심선도 표기한다.

4.2 치수 문자(Text) 설정

Dimension Style 대화상자에서 Text 탭을 클릭하면 다음과 같은 시트 탭이 표시된다. 이 시트 탭에서는 기입 치수의 문자 유형이나 크기, 기입 위치 등을 설정할 수 있다.

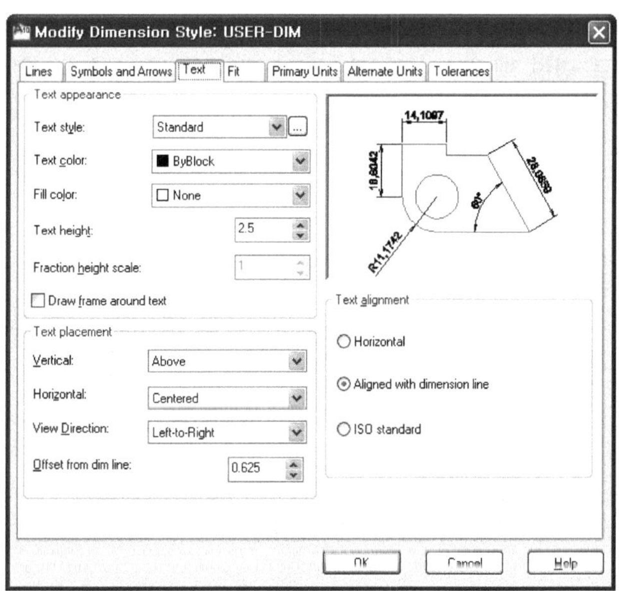

01 Text Appearance

치수 문자의 유형과 색상, 크기 등을 설정한다.

(1) Text style

치수 문자의 사용 유형을 설정한다. 단, 설정할 글꼴 유형은 작업 도면에 미리 정의되어 있어야만 하는데, 목록상자 옆의 [...] 단추를 클릭하면 설정할 글꼴 유형을 정의할 수 있다.

```
Command : DIMTXSTY ↵
Enter new value for DIMTXSTY <"Standard">:          ⇨ 글꼴 유형 이름 입력
```

(2) Text color

치수 문자의 색상을 설정한다.

```
Command : DIMCLRT ↵
Enter new value for DIMCLRT <0> :          ⇨ 색 번호 입력
```

(3) Text height

치수 문자의 크기를 설정한다. 치수 문자 크기 설정은 실제 작업에 있어 자주 사용되므로 명령 행에서 실행하는 DIMTXT 시스템 변수를 외워두기 바란다.

```
Command : DIMTXT ↵
Enter new value for DIMTXT <0.1800> :          ⇨ 문자 크기 입력
```

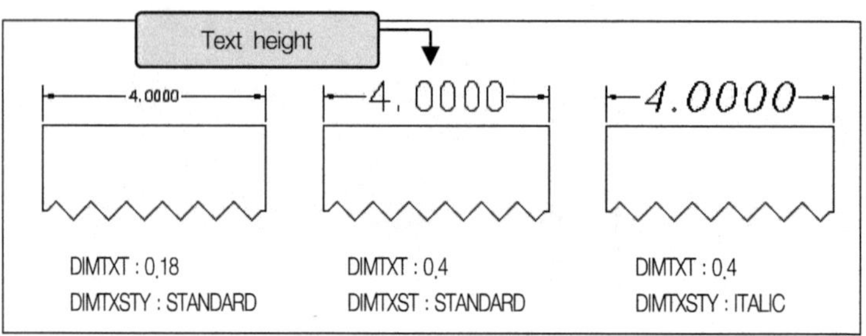

(4) Fraction height scale

치수 단위로 건축 형식이나 분수 형식을 설정한 경우 분수의 문자 크기를 설정한다. 분수 문자의 크기는 치수 문자 크기를 기준으로 입력한다. 예를 들어, 치수 문자가 0.4일 때 분수 문자 크기로 0.5를 설정하면 분수는 0.2 크기로 표기된다.

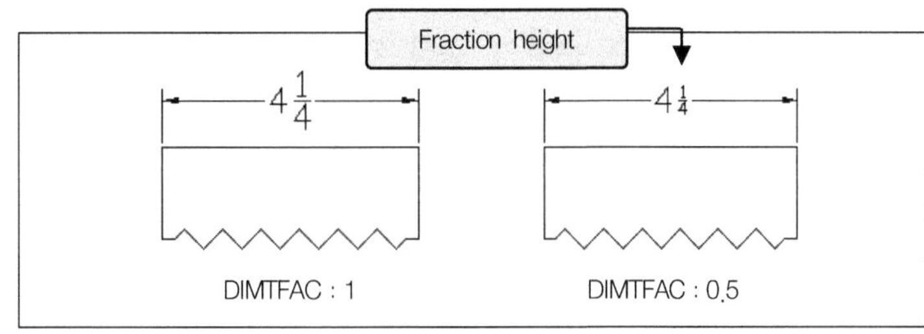

Command : DIMTFAC ↵
Enter new value for DIMTFAC <1.0000> : ⇨ 분수 문자 크기 입력

(5) Draw frame around text

치수 문자를 이론적으로 가공 가능한 실제 치수를 의미하는 테두리로 두른다. 명령 행에서는 음수 값으로 입력해야 한다.

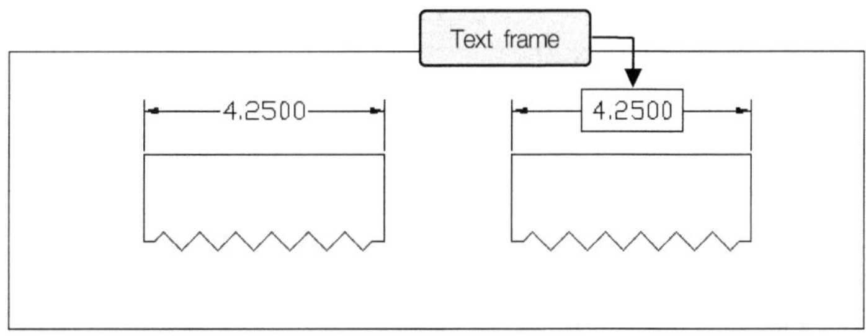

Command : DIMGAP ↵
Enter new value for DIMGAP <0.0900> : ⇨ 음수로 입력

02 Text Placement

치수 문자의 수직 위치나 수평 위치를 설정하거나 치수선과 치수 문자의 간격을 설정한다.

(1) Vertical

치수선에 따른 치수 문자의 수직 위치를 설정한다. 치수 문자의 수직 위치는 Text Alignment 영역의 설정 상태에 따라 영향을 받는다.

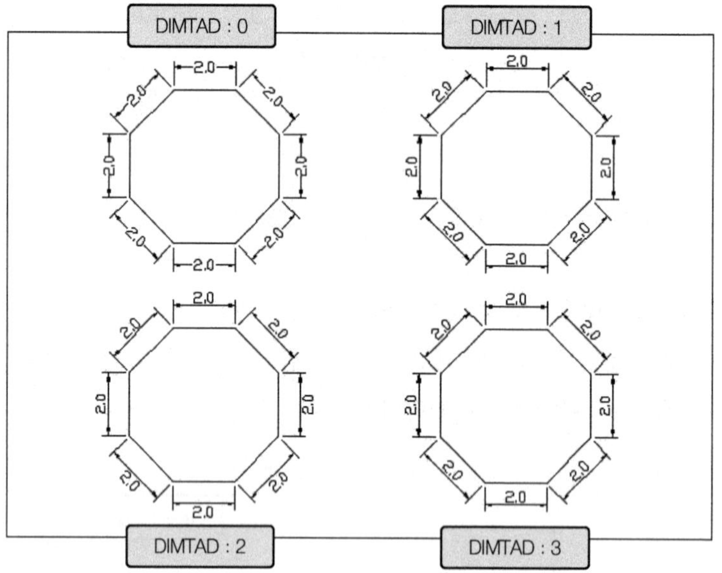

Command : DIMTAD ↵
Enter new value for DIMTAD <0> : ⇨ 0~3의 정수 입력

설정값	설 명
Centered	치수 문자를 치수선 중심에 표기한다.
Above	치수 문자를 치수선 위에 표기한다.
Outside	치수 문자를 치수선 바깥쪽에 표기한다.
JIS	일본 산업 표준에 맞춰 치수 문자를 표기한다.

(2) Horizontal

치수선과 치수 보조선에 따른 치수 문자의 수평 위치를 설정한다.

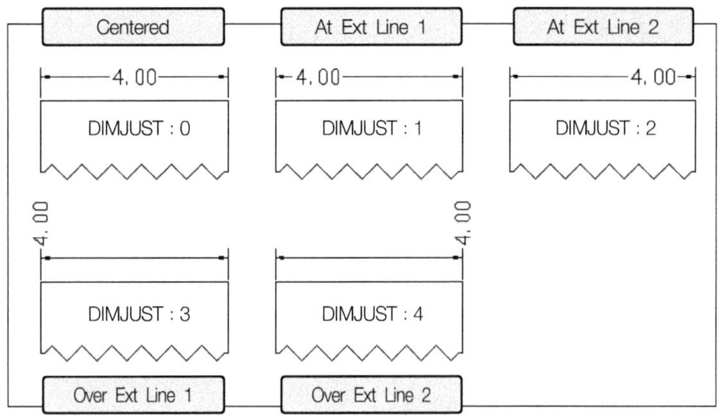

Command : DIMJUST ↵
Enter new value for DIMJUST ⟨0⟩ : ⇨ 0~4의 정수 입력

설정값	설 명
Centered	치수 문자를 치수선 가운데에 표기한다.
At Ext Line 1	치수 문자를 첫 번째 치수 보조선 방향에 표기한다.
At Ext Line 2	치수 문자를 두 번째 치수 보조선 방향에 표기한다.
Over Ext Line 1	치수 문자를 첫 번째 치수 보조선 위에 표기한다.
Over Ext Line 2	치수 문자를 두 번째 치수 보조선 위에 표기한다.

(3) Offset from dimension line

치수 문자의 수직 위치(Vertical)로 Centered가 설정되었을 때 치수 문자와 치수선 사이의 간격을 설정한다. 그리고 수직 위치로 Centered 이외의 값이 설정되었을 때는 치수선과 치수 문자의 높이가 설정되며, 설정 값을 음수로 입력하면 이론적으로 가공 가능한 실제 치수를 의미하는 대두리가 그려진다.

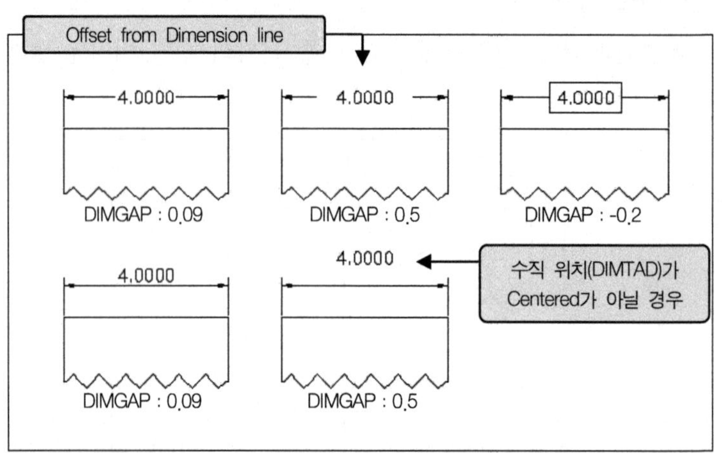

Command : DIMGAP ⏎
Enter new value for DIMGAP <0.0900> : ⇨ 치수선과의 간격 입력

03 Text Alignment

치수 보조선 안이나 밖에 표기될 치수 문자의 정렬 방향을 설정한다. 명령 행에서는 DIMTIH 변수(치수 보조선 안의 문자 방향 설정)와 DIMTOH 변수(치수 보조선 밖의 문자 방향 설정)로 설정한다.

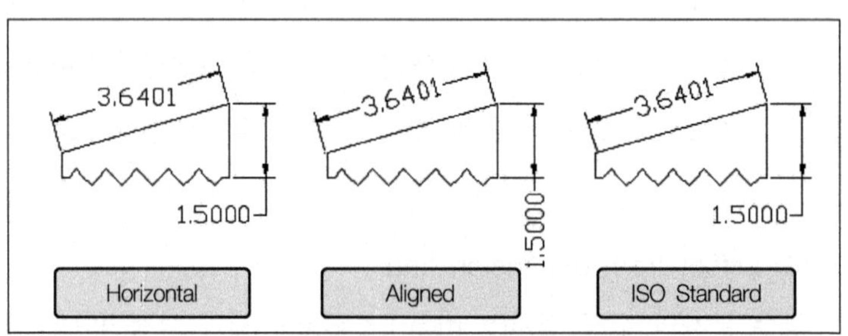

Command : DIMTIH ⏎
Enter new value for DIMTIH <ON> : ⇨ On/Off 입력

```
Command : DIMTOH ↵
Enter new value for DIMTOH <ON> :                    ⇨ On/Off 입력
```

(1) Horizontal

치수 문자가 치수 보조선 안이나 밖에 표기되는 것에 관계없이 항상 수평방향으로 기입한다. 명령 행에서는 DIMTIH 변수와 DIMTOH 변수 값을 모두 On으로 설정하면 된다.

(2) Aligned with dimension line

치수 문자가 치수 보조선 안이나 밖에 표기되는 것에 관계없이 항상 치수 문자를 치수선의 방향과 평행하게 기입한다. 명령 행에서는 DIMTIH와 DIMTOH 변수 값을 모두 Off로 설정하면 된다.

(3) ISO Standard

치수 문자가 치수선 안에 표기될 때에는 치수선과 평행하게 기입하고, 치수선 밖에 표기될 때에는 치수선과 관계없이 수평 방향으로 기입한다. 명령 행에서는 DIMTIH 변수 값은 Off, DIMTOH 변수 값은 On으로 설정하면 된다.

4.3 치수 위치 맞춤(Fit) 설정

Dimension Style 대화상자에서 Fit 탭을 클릭하면 다음과 같은 시트 탭이 표시된다. 이 시트 탭에서는 기입 치수의 위치 맞춤이나 치수 요소의 축척 등을 설정할 수 있다.

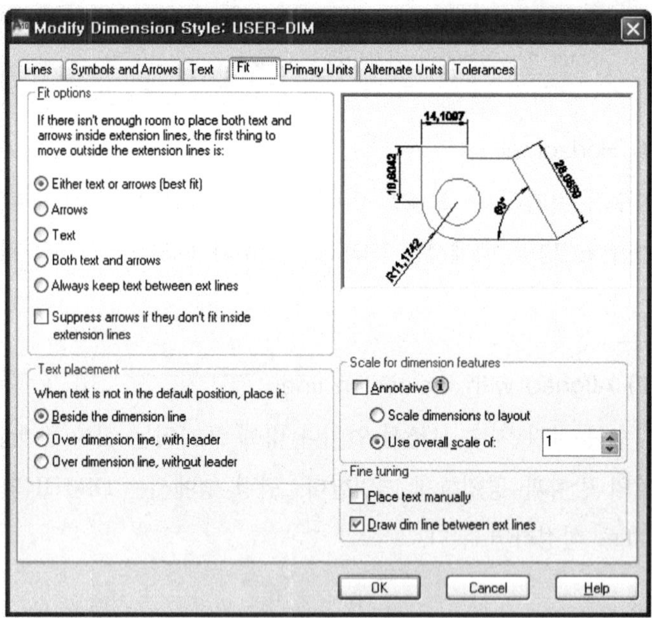

01 Fit Options

치수 보조선 사이의 간격이 좁을 경우 치수 문자와 화살표의 표기 위치를 설정한다. 보통 이 항목은 치수 보조선 사이의 간격이 좁아 치수 문자와 화살표를 치수 보조선 안에 모두 표기할 수 없을 때 사용한다.

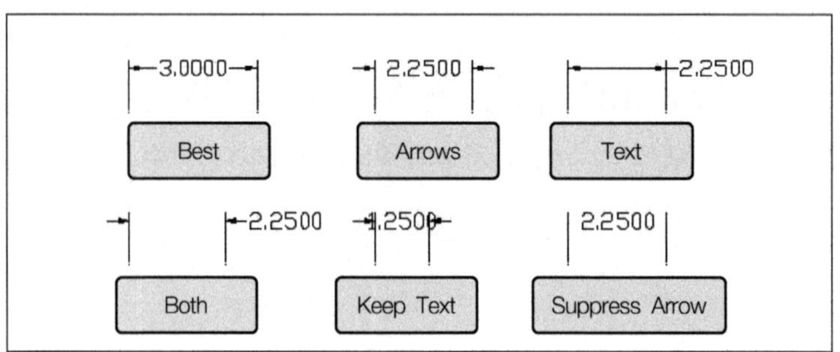

(1) Either the text or the arrows, whichever fits best

치수 보조선 사이의 간격에 맞춰 치수 문자와 화살표를 최상의 상태로 표기한다. DIMATFIT 변수 값은 3으로 설정된다.

```
Command : DIMATFIT ↵
Enter new value for DIMATFIT <3> :                    ⇨ 0~3의 정수 입력
```

(2) Arrows

화살표는 치수 보조선 밖에 표기하고 치수 문자는 치수 보조선 안에 표기한다. 단, 치수 문자를 치수 보조선 안에 표기할 수 없을 정도로 간격이 좁으면 치수 문자도 밖에 표기한다. DIMATFIT 변수 값은 1로 설정된다.

(3) Text

치수 문자는 치수 보조선 밖에 표기하고 화살표는 치수 보조선 안에 표기한다. DIMATFIT 변수 값은 2로 설정된다.

(4) Both text and arrows

치수 보조선 사이의 간격이 좁을 경우, 치수 문자와 화살표 모두 치수 보조선 밖에 표기한다. DIMATFIT 변수 값은 0으로 설정된다.

(5) Always keep text between ext line

치수 보조선 사이의 간격이 치수 문자를 표기할 수 없을 정도로 좁아도 치수 보조선 안에 표기한다.

```
Command : DIMTIX ↵
Enter new value for DIMTIX <OFF> :                    ⇨ On/Off 입력
```

(6) Suppress arrows if they don't fit inside the extension line

치수 보조선 사이의 간격이 좁을 경우, 치수 문자만 표기하고 화살표는 표기하지 않는다.

```
Command : DIMSOXD ↵
Enter new value for DIMSOXD <OFF> :                   ⇨ On/Off 입력
```

02 Text Placement

도면에 기입된 치수의 문자의 위치를 그래픽 커서로 드래그하여 변경할 경우 지시선의 사용 여부 등을 설정한다.

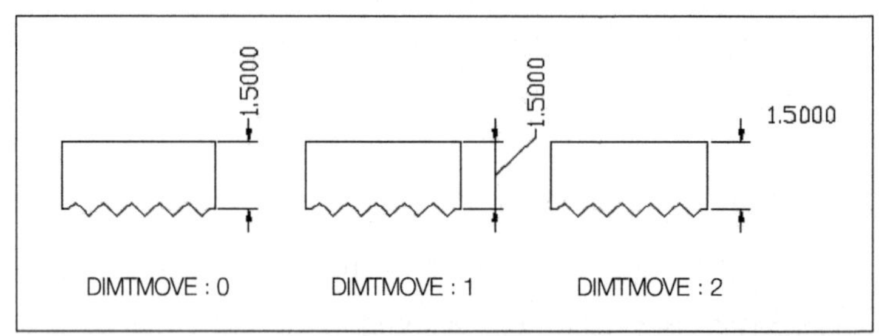

Command : DIMTMOVE ↵
Enter new value for DIMTMOVE <0> : ⇨ 0~2의 정수 입력

(1) Beside the dimension line

치수 문자의 위치를 변경해도 치수선 옆에 표기된다. DIMTMOVE 변수 값은 0으로 설정된다.

(2) Over the dimension line, with a leader

치수 문자의 위치를 변경하면 치수선과 치수 문자를 지시선으로 연결해 준다. DIMTMOVE 변수 값은 1로 설정된다.

(3) Over the dimension line, without a leader

치수 문자의 위치를 변경해도 지시선으로 연결하지 않는다. DIMTMOVE 변수 값은 2로 설정된다.

03 Scale for Dimension Features

치수 기입 요소의 축척을 설정한다. 이 항목은 치수 문자나 화살표의 크기, 문자 간격 등 크기나 간격 설정에 관련된 모든 치수 변수에 영향을 미친다.

(1) Use overall scale of

치수 기입 요소의 축척을 설정한다. 예를 들어, 치수 기입 요소의 축척으로 2를 설정하면 다음의 오른쪽 그림과 같이 치수 구성 요소의 크기나 간격이 설정된 값의 2배로 확대된다.

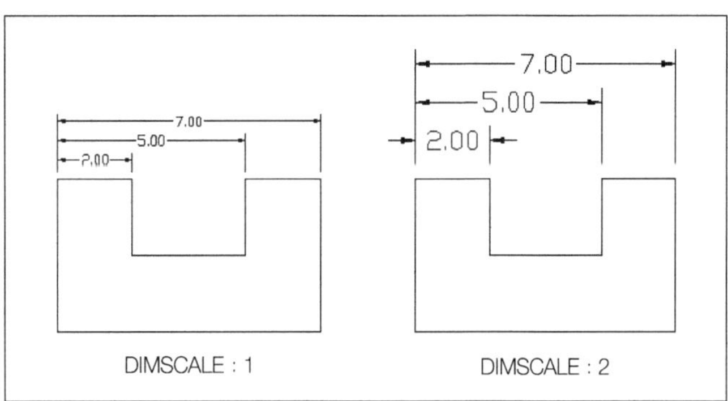

Command : DIMSCALE ↵
Enter new value for DIMSCALE <1.0000> : ⇨ 치수 요소의 축척 입력

(2) Scale dimension to layout(paperspace)

이 항목을 선택하면 레이아웃 시트의 종이 영역에 배치된 도면에 치수를 기입할 경우 모델 영역이 아닌 종이 영역의 실제 단위를 기준으로 적용된다. 따라서 종이 영역에 배치된 모델 영역을 확대, 축소하면 그 크기에 맞춰 치수 축척이 결정된다. 이는 명령 행에서 DIMSCALE 변수 값으로 0을 설정해도 된다.

 Fine Tuning

치수 문자의 위치를 치수선의 임의 위치나 치수 보조선 안쪽에 치수선을 그릴 것인가 여부를 설정한다.

(1) Place text manually when dimensioning

이 확인란을 선택하면 다음 그림과 같이 치수를 기입할 때 그래픽 커서로 치수 문자의 위치를 지정할 수 있다. 이때 Fit Option에서 설정한 문자 맞춤이나 Text 시트 탭의

Horizontal 목록상자에서 설정한 수평 위치는 무시된다.

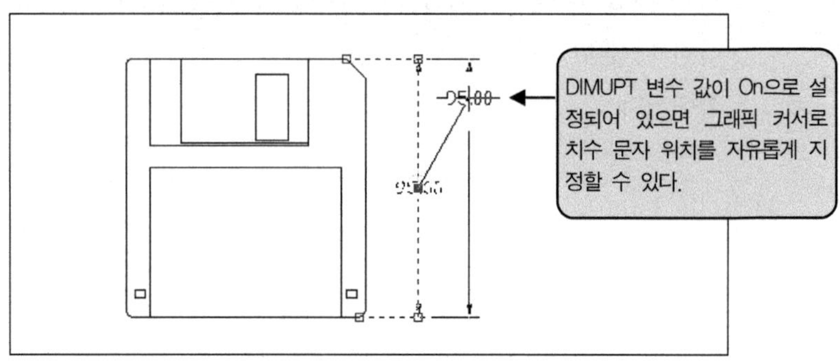

DIMUPT 변수 값이 On으로 설정되어 있으면 그래픽 커서로 치수 문자 위치를 자유롭게 지정할 수 있다.

Command : DIMUPT ↵
Enter new value for DIMUPT <OFF> : ⇨ On/Off 입력

4.4 기본 치수 단위(Primary Units) 설정

Dimension Style 대화상자에서 Primary Units 탭을 클릭하면 다음과 같은 시트 탭이 표시된다. 이 시트 탭에서는 기입 치수의 단위 등을 설정할 수 있다.

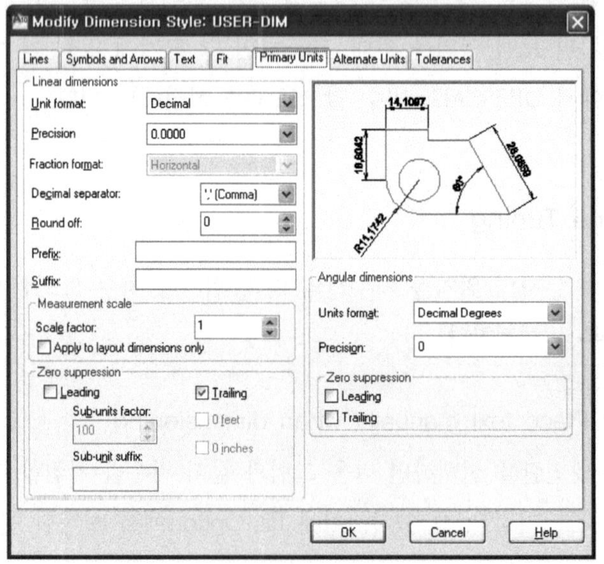

01 Linear Dimensions

각도를 제외한 선형, 지름, 반지름 치수의 기입 단위 형식과 소수 자리수, 반올림 기준 값 등을 설정한다.

(1) Unit Format

각도를 제외한 선형, 지름, 반지름 치수 등의 단위 형식을 설정한다.

```
Command : DIMUNIT ↵
Enter new value for DIMUNIT <2> :                    ⇨ 치수 단위 입력
```

설정값	설 명
Scientific	치수를 지수 형식으로 기입한다.
Decimal	치수를 소수 형식으로 기입한다.
Engineering	치수를 공학 형식으로 기입한다.
Architectural	치수를 건축 형식으로 기입한다.
Fractional	치수를 분수 형식으로 기입한다.
Windows Desktop	치수를 윈도우에서 설정한 형식으로 기입한다.

(2) Precision

각도를 제외한 선형, 지름, 반지름 치수 등의 소수 자리수를 설정한다. 최대 소수 8자리까지 설정할 수 있다.

```
Command : DIMDEC ↵
Enter new value for DIMDEC <4> :                     ⇨ 소수 자리수 입력
```

(3) Fraction Format

치수 단위를 건축이나 분수 형식으로 설정했을 경우 분수의 모양을 설정한다.

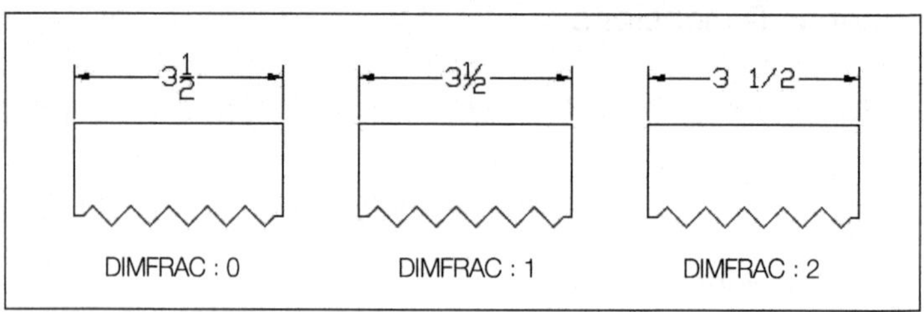


```
Command : DIMFRAC ↵
Enter new value for DIMFRAC <0> :                ⇨ 0~2의 정수 입력
```

(4) Decimal Separator

기입 치수의 정수와 소수를 구분하는 분리 기호를 설정한다. 명령 행에서는 마침표나 쉼표, 공란 외에도 다른 분리 기호(1문자)를 설정할 수도 있다.

```
Command : DIMDSEP ↵
Enter new value for DIMDSEP <".">:               ⇨ 구분자 입력
```

(5) Round Off

기입 치수의 반올림 기준 값을 설정한다. 예를 들어, 반올림 기준 값으로 0.05를 설정하면 0.7161 치수인 경우 0.72로 기입된다.

```
Command : DIMRND ↵
Enter new value for DIMRND <0.0000>:             ⇨ 반올림 기준 값 입력
```

(6) Prefix

기입 치수 앞에 표기할 문자를 설정한다. 명령 행에서는 "문자<>" 형식으로 입력하면 된다.

```
Command : DIMPOST
Enter new value for DIMPOST, or . for none <" ">:   ⇨ 접두어, 접미어 입력
```

(7) Suffix

기입 치수 뒤에 표기할 문자를 설정한다. 명령 행에서는 DIMPOST 변수 실행 후 "〈〉 문자" 형식으로 입력하면 된다.

(8) Measurement Scale

기입 치수의 축척 값을 설정한다. 예를 들어, 다음 그림과 같이 1/5 축척으로 작성한 도면의 경우 Scale factor 입력란에 기입 치수의 축척 값으로 5를 설정하면 실제 치수로 기입할 수 있다.

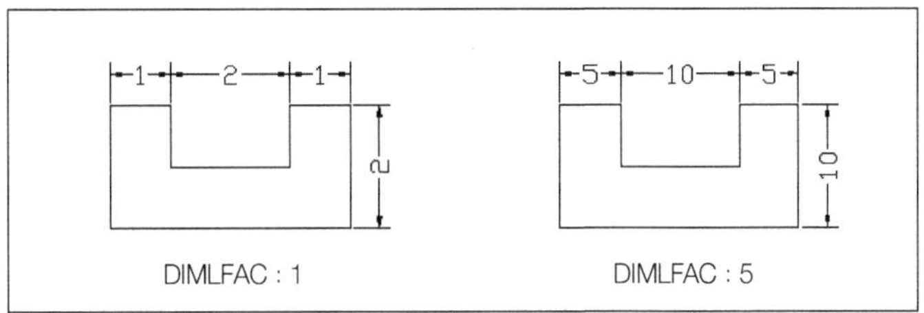


```
Command : DIMLFAC ↵
Enter new value for DIMLFAC <1.0000> :                ⇨ 치수의 축척 값 입력
```

그리고 Apply to layout dimensions only 확인란을 선택하면 레이아웃 시트에서만 치수의 축척 값이 적용된다. 명령 행에서는 음수로 설정하면 된다.

(9) Zero Suppression

기입 치수의 정수부가 0으로 시작하거나 소수부가 0으로 끝날 경우 이들 0을 어떻게 표기할 것인지를 설정한다.

```
Command : DIMZIN ↵
Enter new value for DIMZIN <0> :                      ⇨ 0~3의 정수 입력
```

설정값	설 명
Leading	1보다 작은 수치인 경우 소수점 앞의 0은 표기하지 않는다. (예 : 0.1234 → .1234)
Trailing	소수점 이하 수치 중 끝자리 0은 표기하지 않는다. (예 : 0.1200 → 0.12)
0 Feet	1피트보다 작은 수치인 경우 피트는 표기하지 않는다. (예 : 0' -6 1/2" → 6 1/2")
0 Inches	정수배 피트 수치인 경우 인치는 표기하지 않는다. (예 : 2' 0" → 2')

02 Angular Dimensions

각도 치수의 단위 형식과 소수 자리수 등을 설정한다.

(1) Unit Format

각도 치수의 단위 형식을 설정한다.

Command : DIMAUNIT ↵
Enter new value for DIMAUNIT <2> : ⇨ 각도 치수 단위 입력

설정값	설 명
Decimal degrees	각도를 소수 형식으로 표시한다.
Degrees/minutes/seconds	각도를 도(d)/분(')/초(") 형식으로 표시한다.
Gradians	각도를 등급(Grads)으로 표시한다.
Radians	각도를 라디안(Radians) 단위로 표시한다.

(2) Precision

각도 치수의 소수 자리수를 설정한다.

Command : DIMADEC ↵
Enter new value for DIMADEC <4> : ⇨ 소수 자리수 입력

(3) Zero Suppression

각도 치수의 정수부가 0으로 시작하거나 소수부가 0으로 끝날 경우 이들 0을 어떻게 표기할 것인지를 설정한다.

Command : DIMAZIN ↵
Enter new value for DIMAZIN <0> : ⇨ 0~1의 정수 입력

4.5 대체 단위(Alternate Units) 설정

Dimension Style 대화상자에서 Alternate Units 탭을 클릭하면 다음과 같은 시트 탭이 표시된다. 이 시트 탭에서는 각도를 제외한 기입 치수의 대체 단위를 설정할 수 있다.

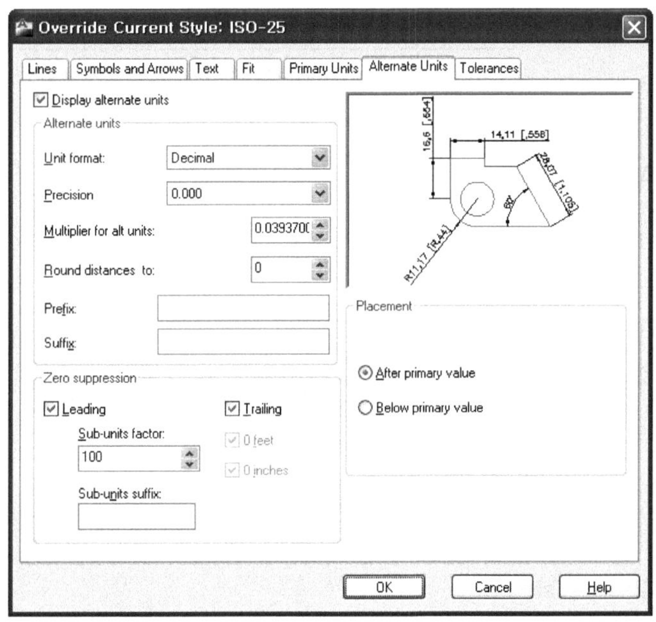

01 Display alternate units

치수 기입에는 아래 그림과 같이 현재 치수 옆의 [ ] 안에 다른 단위의 치수를 기입할 수도 있는데, 이를 대체 단위(Alternate units)라 한다. 치수 기입시 대체 단위도 함께 표기하려면 이 확인란을 선택하면 된다.

Command : DIMALT ↵
Enter new value for DIMALT <OFF> : ⇨ On/Off 입력

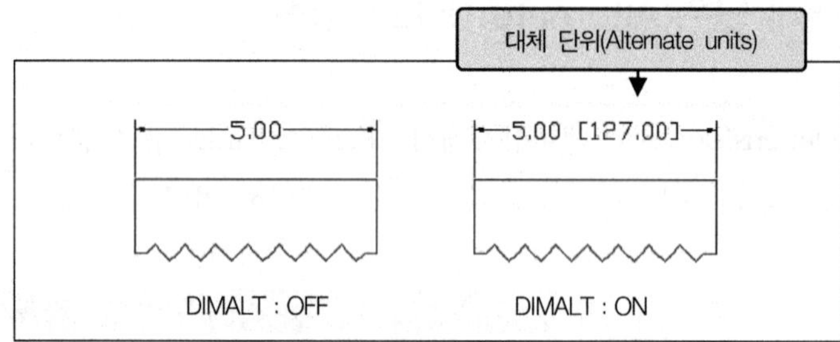

02 Alternate Units

대체 단위의 형식이나 소수 자리수, 대체 단위의 척도 등을 설정한다.

(1) Unit Format

대체 단위의 형식을 설정한다.

Command : DIMALTU ↵
Enter new value for DIMALTU <2> : ⇨ 대체 단위 입력

(2) Precision

대체 단위의 소수 자리수를 설정한다.

Command : DIMALTD ↵
Enter new value for DIMALTD <2> : ⇨ 소수 자리수 입력

(3) Multiplier for alternate units

실제 단위에 대한 대체 단위의 척도를 설정한다. 인치 단위를 사용하는 도면에서 대체 단위로 mm를 표시하려면 25.4를 설정하고, mm 단위를 사용하는 도면에서 대체 단위로 인치를 표시하려면 0.03937(1mm≒0.03937인치)을 설정하면 된다.

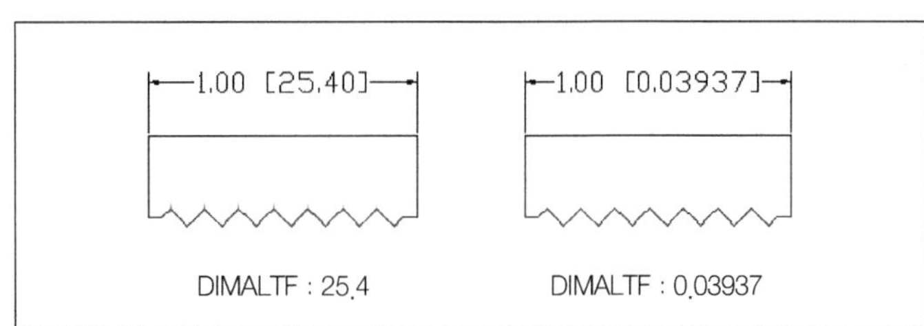


```
Command : DIMALTF ↵
Enter new value for DIMALTF <25.4> :                    ⇨ 대체 단위 척도 입력
```

(4) Round distances to

대체 단위의 반올림 기준 값을 설정한다.

```
Command : DIMALTRND ↵
Enter new value for DIMALTRND <0.0000> :                ⇨ 반올림 기준 값 입력
```

(5) Prefix

대체 단위 앞에 표기할 문자를 설정한다. 명령 행에서는 "문자[]" 형식으로 입력하면 된다.

```
Command : DIMAPOST ↵
Enter new value for DIMAPOST, or . for none <" "> :     ⇨ 접두어, 접미어 입력
```

(6) Suffix

대체 단위 뒤에 표기할 문자를 설정한다.

명령 행에서는 DIMAPOST 변수 실행 후 "[]문자" 형식으로 입력하면 된다.

Zero Suppression

대체 단위 치수의 정수부가 0으로 시작하거나 소수부가 0으로 끝날 경우 이들 0을 어떻게 표기할 것인지를 설정한다.

Command : DIMALTZ ↵
Enter new value for DIMALTZ <0> : ⇨ 0~3의 정수 입력

Placement

대체 단위의 표기 위치를 설정한다.

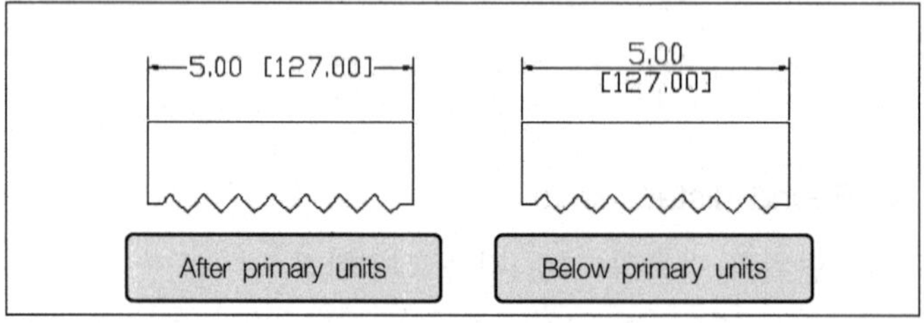

(1) After primary units

기본 치수 뒤에 대체 단위의 치수를 표기한다.

(2) Below primary unit

기본 치수 아래에 대체 단위의 치수를 표기한다. 명령 행에서는 DIMPOST 변수 값으로 "\X"를 입력하면 된다.

Command : DIMPOST ↵
Enter new value for DIMPOST, or . for none <""> : \X ↵ ⇨ \X 입력

4.6 공차(Tolerances) 설정

Dimension Style 대화상자에서 Tolerances 탭을 클릭하면 다음과 같은 시트 탭이 표시된다. 이 시트 탭에서는 허용 공차의 기입 방법과 허용 공차 값 입력, 공차표기 위치 등을 설정할 수 있다.

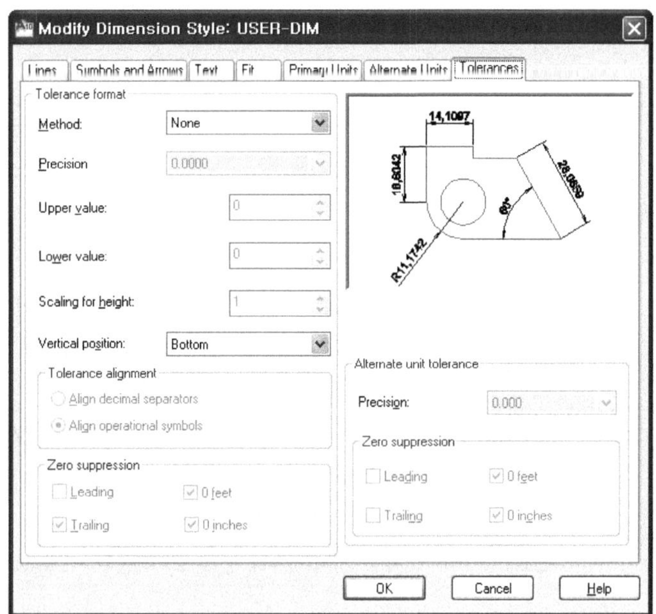

01 Tolerance Format

허용 공차의 표기 형식과 공차 값, 수직 맞춤 등을 설정한다.

(1) Method

허용 공차의 표기 형식을 설정한다. 표기 형식은 명령 행에서 DIMTOL과 DIMLIM 시스템 변수로 설정해도 된다.

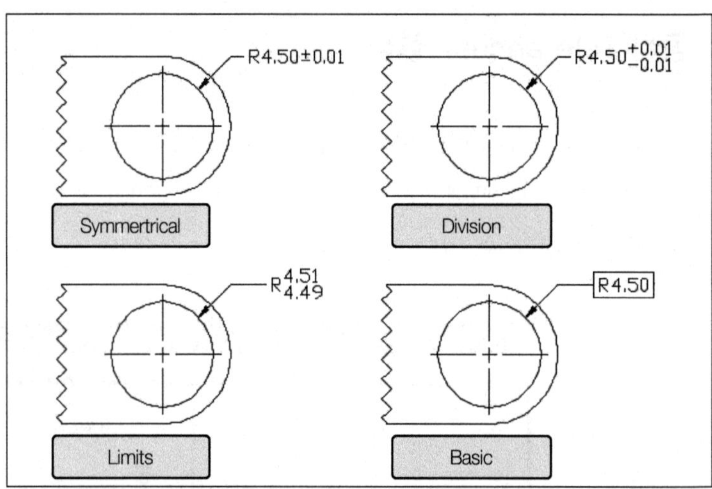

항 목	설 명
None	허용 공차를 표기하지 않는다. (DIMTOL=OFF)
Symmetrical	+/− 공차 값이 같은 경우 ±로 표기한다. 이때에는 + 공차 값만 입력하면 된다. (DIMTOL=ON, DIMLIM=OFF)
Division	+/− 공차 값이 같아도 따로 표기한다. (DIMTOL=ON, DIMLIM=OFF)
Limits	실제 치수 대신 입력한 ± 공차 값에 따른 ± 한계 값을 표기한다. (DIMTOL=OFF, DIMLIM=ON)
Basic	치수를 사각 테두리 안에 표기해준다. (DIMGAP=음수 값)

(2) Precision

허용 공차의 소수 자리수를 설정한다.

```
Command : DIMTDEC ↵
Enter new value for DIMTDEC <4> :                ⇨ 소수 자리수 입력
```

(3) Upper Value

양(+)의 허용 공차 값을 설정한다.

```
Command : DIMTP ↵
Enter new value for DIMTP <0.0000> :             ⇨ ı 공차 값 입력
```

(4) Lower Value

음(−)의 허용 공차 값을 설정한다.

```
Command : DIMTM ↵
Enter new value for DIMTM <0.0000> :                ⇨ - 공차 값 입력
```

(5) Scaling for height

허용 공차의 문자 크기를 설정한다. 허용 공차의 문자 크기는 일반 치수 문자 크기를 기준으로 입력한다. 예를 들어, 일반 치수 문자가 0.4일 때 허용 공차의 문자 크기로 0.5를 설정하면 공차는 0.2 크기로 표기된다.

```
Command : DIMTFAC ↵
Enter new value for DIMTFAC <1.0000> :              ⇨ 공차 문자 크기 입력
```

(6) Vertical position

허용 공차의 수직 위치를 설정한다.

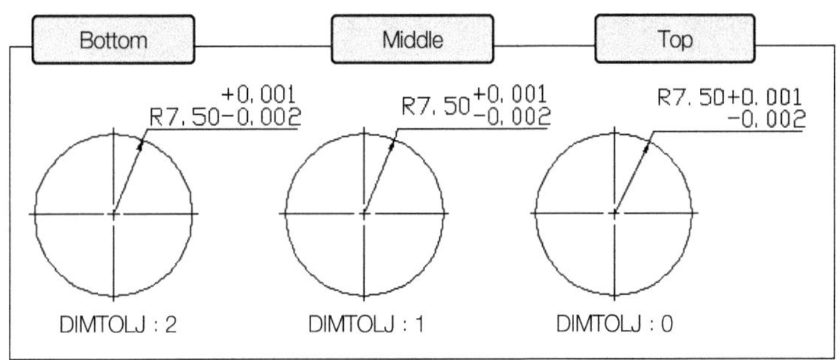


```
Command: DIMTOLJ ↵
Enter new value for DIMTOLJ <1>:                    ⇨ 0~2의 정수 입력
```

항 목	설 명
Bottom	치수 문자의 위쪽 끝에 맞춰 공차 값을 표시한다.
Middle	치수 문자의 중앙에 맞춰 공차 값을 표시한다.
Top	치수 문자의 아래쪽 끝에 맞춰 공차 값을 표시한다.

02 Zero Suppression

허용 공차 값의 정수부가 0으로 시작하거나 소수부가 0으로 끝날 경우 이들 0을 어떻게 표기할 것인지를 설정한다.

```
Command : DIMTZIN
Enter new value for DIMTZIN 〈0〉 :                ⇨ 0~3의 정수 입력
```

03 Alternate Unit Tolerance

대체 단위 공차의 소수 자리수와 0의 억제 방법을 설정한다. 단, 이 항목은 Alternate Units 탭의 Display alternate units 확인란이 선택되어 있을 때에만 활성화된다.

(1) Precision

대체 단위 공차에 대한 소수 자리수를 설정한다.

```
Command : DIMALTTD ↵
Enter new value for DIMALTTD 〈2〉 :               ⇨ 소수 자리수 입력
```

(2) Zero Suppression

대체 단위 공차 값의 정수부가 0으로 시작하거나 소수부가 0으로 끝날 경우 이들 0을 어떻게 표기할 것인지를 설정한다.

```
Command : DIMALTTZ ↵
Enter new value for DIMALTTZ 〈0〉 :               ⇨ 0~3의 정수 입력
```

연습문제 01 REDUCER 제도

(다음과 같은 치수의 REDUCER를 제도한 후 치수를 기입하여 보아라.)

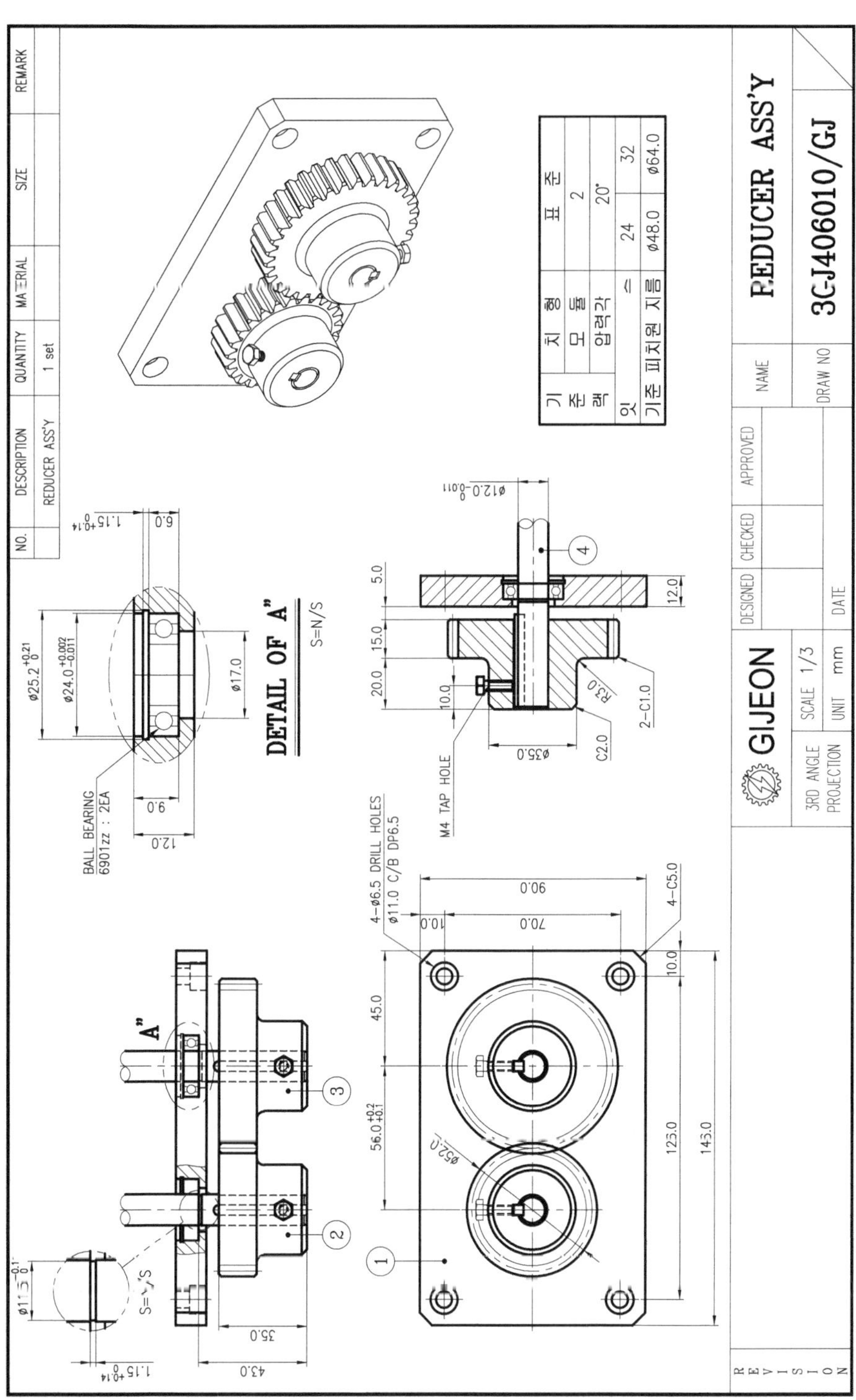

연습문제 02 V-PULLEY 제도

(다음과 같은 치수의 V-PULLEY를 제도한 후 치수를 기입하여 보아라.)

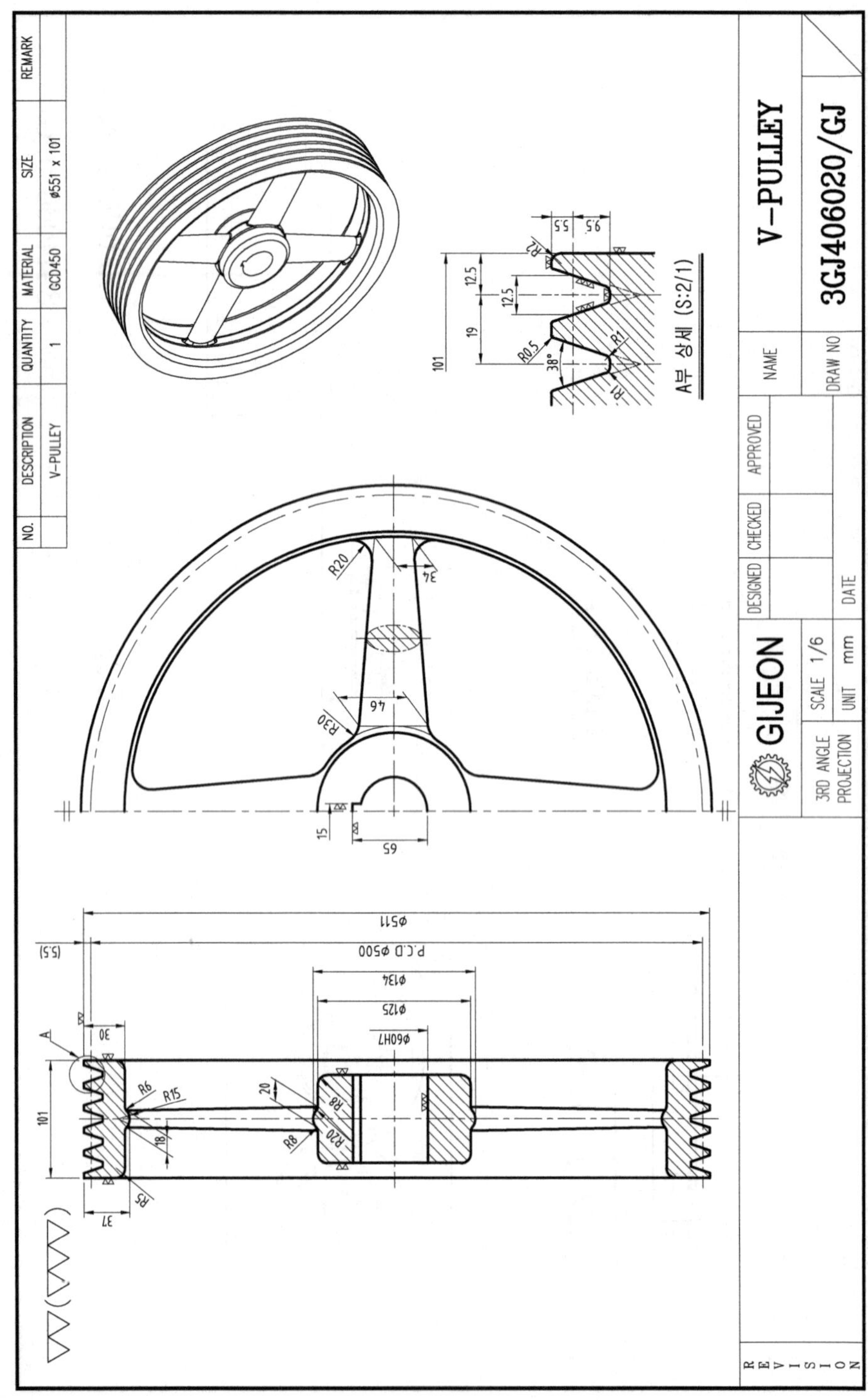

연습문제 03 BELT PULLEY 제도

(다음과 같은 치수의 BELT PULLEY를 제도한 후 치수를 기입하여 보아라.)

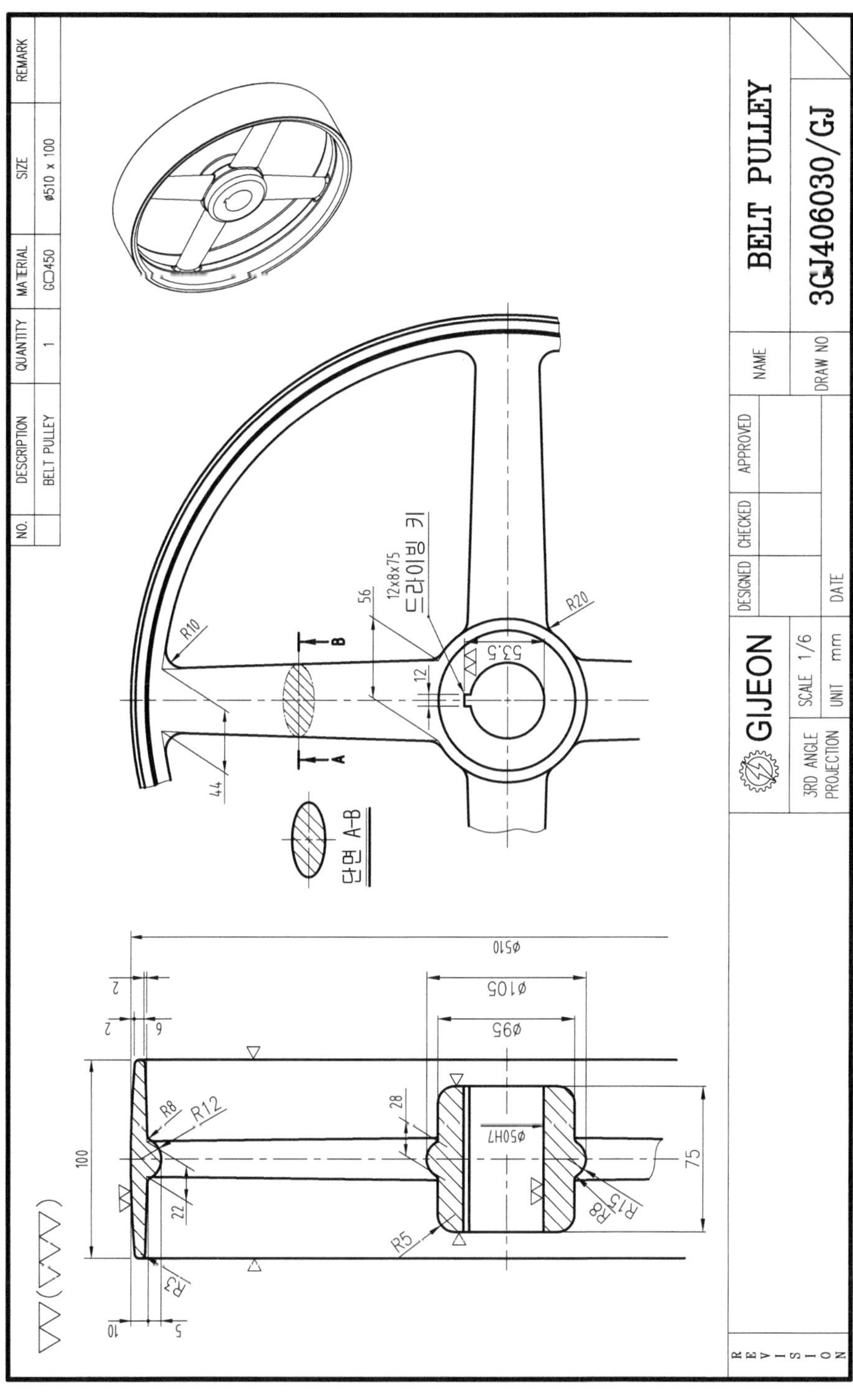

연습문제 04 **BALL VALVE 제도**

(다음과 같은 치수의 BALL VALVE를 제도한 후 치수를 기입하여 보아라.)

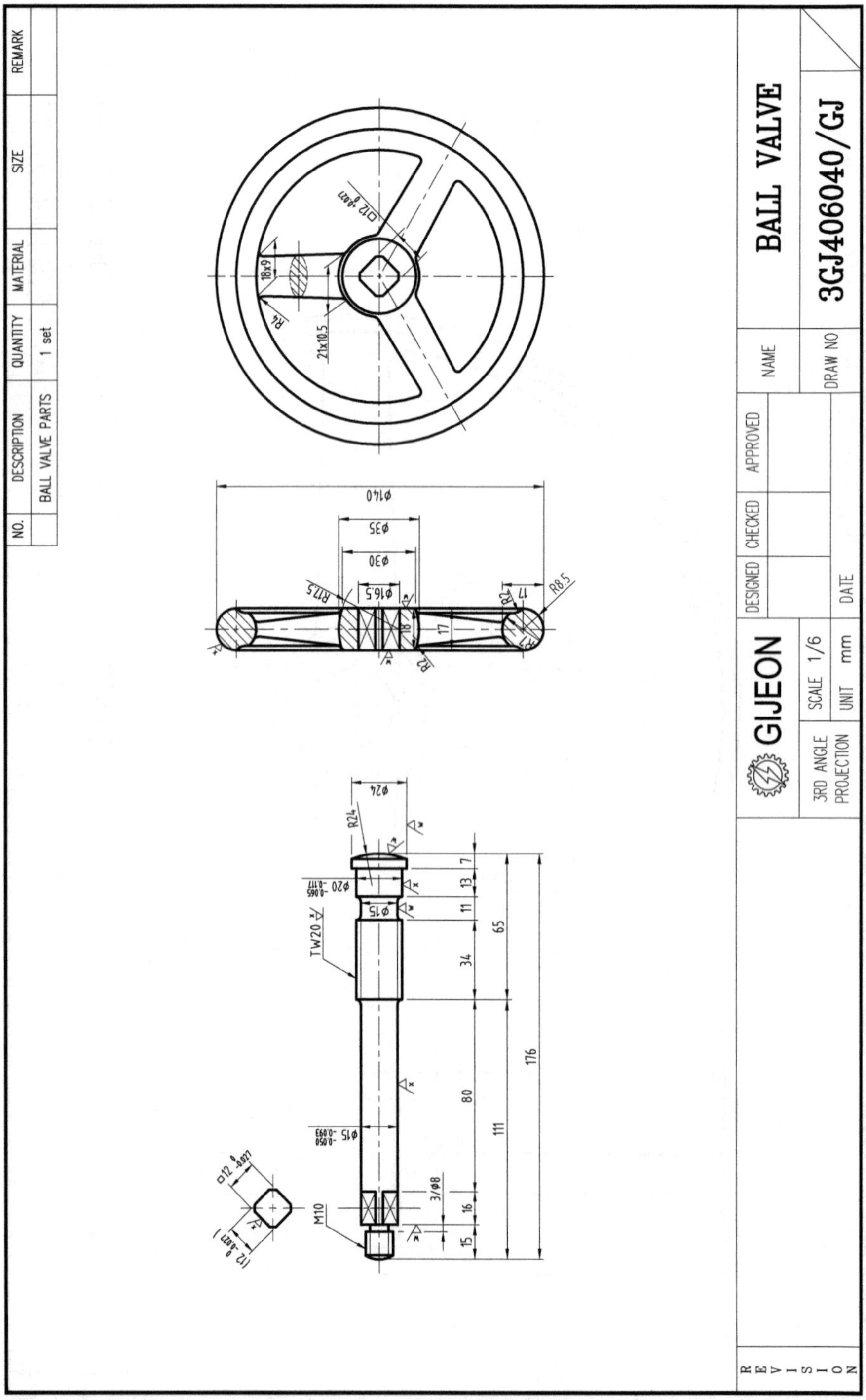

AutoCAD 2024

PART 07

블록 삽입과 파일 참조, 도면층의 사용

블록 정의와 삽입

여기에서는 하나의 도면 또는 여러 도면에서 반복 사용되는 도면 요소를 블록(Block)으로 정의하여 다시 사용하는 방법에 대해 설명한다.

1.1 BLOCK 명령(블록의 정의)

BLOCK 명령은 선택한 여러 도면 요소를 블록화하여 하나의 도면 요소로 정의하는 명령이다. 블록으로 정의된 도면 요소는 작업 도면에 반복 삽입할 수 있기 때문에 도면 작성 시간을 단축시킬 수 있다.

도구모음 : Block 도구모음의 단추

메뉴 : Block/Create 메뉴

Command : BLOCK 〈또는 B〉

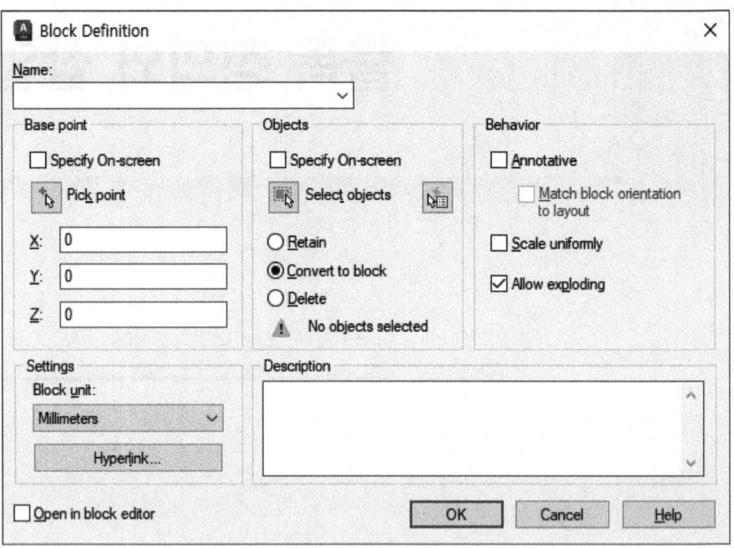

항 목	설 명
Name	정의할 블록의 이름을 지정한다. 목록 표시 단추를 클릭하면 작업 도면에 정의된 블록 목록을 표시해 볼 수 있다.
Base point	정의할 블록의 삽입 점의 X, Y, Z축 좌표 값을 지정한다. Pick point 단추를 클릭하면 도면 영역에서 그래픽 커서로 삽입 점을 지정할 수 있다.
Objects	Select Objects 단추를 클릭하여 도면 요소를 선택하거나 선택한 도면 요소의 블록 정의 후 처리 방법을 지정한다.
Preview icon	정의할 블록의 미리 보기 아이콘의 생성 여부를 지정한다.
Block units	정의할 블록의 삽입 단위를 지정한다.
Description	정의할 블록의 간단한 설명을 입력한다.

01 블록의 정의

다음 그림과 같이 기계 제도에서 자주 사용되는 표면 다듬질 기호(▽)를 아래 꼭지점 P1(2,5)부터 그려 SYMBOL1이라는 이름의 블록으로 정의하여 보자.

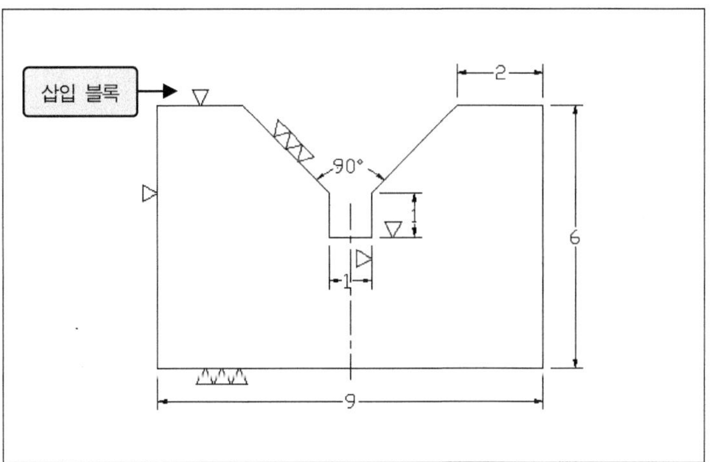

1 다음과 같이 LINE 명령을 실행하여 점 P1(2,5)부터 한 변의 길이가 1인 표면 다듬질 기호(▽)를 그린다.

```
Command : LINE ↵
Specify first point : 2,5 ↵                          ⇨ 점 P1 지정
Specify next point or [Undo] : @1<120 ↵
Specify next point or [Undo] : @1<0 ↵
Specify next point or [Close/Undo] : C ↵
```

2 BLOCK 명령을 실행한다.

```
Command : BLOCK ↵
```

3 Block Definition 대화상자가 표시되면 Name 입력란에 정의할 블록의 이름으로 SYMBOL1을 입력한다.

4 Base point 항목의 X, Y 입력란에 삽입 기준 점의 X, Y 좌표 값 2, 5를 입력한다.

5 Select Objects 단추를 클릭한 후 도면 영역에서 블록으로 정의할 도면 요소를 선택한다.

```
Select objects :                                     ⇨ 블록 도면 요소 선택
Select objects : ↵                                   ⇨ 도면 요소 선택 종료
```

6 선택 도면 요소의 블록 후 처리 방법으로 Delete 항목을 선택한다.

7 Descriptions 입력란에 블록 설명을 입력한다.

8 OK 단추를 클릭한다.

이와 같이 정의한 블록은 INSERT나 MINSERT 명령을 사용하여 도면의 다른 위치에 삽입할 수 있다. 단, BLOCK 명령으로 정의한 블록은 작업 도면에서만 사용할 수 있으며, 다른 도면에서도 사용할 수 있는 블록은 WBLOCK 명령으로 정의해야 한다.

02 선택도면 요소 처리

위 예와 같이 블록으로 정의할 도면 요소가 현재 위치에서 필요 없을 경우에는 Block Definition 대화상자에서 Delete 항목을 선택하여 블록 정의 후 선택도면 요소를 자동으로 삭제하면 된다. 그러나 블록으로 정의할 도면 요소가 현재 위치에서 필요한 경우에는 원래 그대로나 블록으로 전환하여 남겨둘 수 있다.

항 목	설 명
Retain	블록 정의 후 선택한 도면 요소를 개별 도면 요소로 도면에 그대로 남겨 둔다.
Convert to block	블록 정의 후 선택한 도면 요소를 블록으로 변환한다.
Delete	블록 정의 후 선택도면 요소를 작업 도면에서 삭제한다. 삭제된 도면 요소는 OOPS 명령으로 복구시킬 수 있다.

미리보기 아이콘 생성

블록을 정의할 때 Command에서 adcenter를 입력하면 블록의 모양과 같은 미리 보기 아이콘이 생성된다. 이 아이콘은 디자인 센터에서 블록을 사용할 때 유용하게 사용된다.

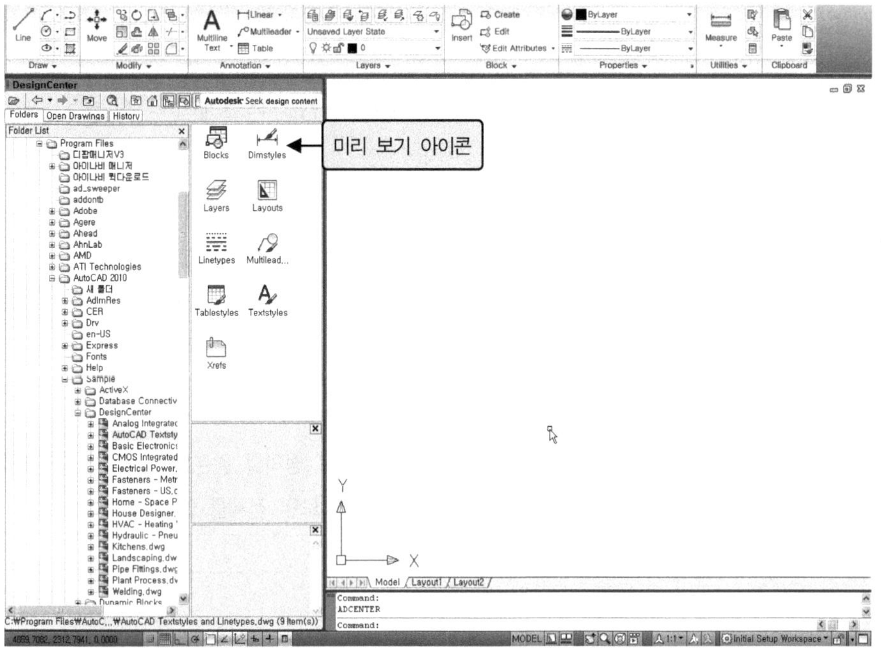

Tip

BLOCKICON 명령(블록의 미리 보기 아이콘 생성)

AutoCAD R14 형식의 도면 파일에 저장된 블록이나 블록 정의 시 아이콘을 생성하지 않은 경우에는 다음과 같이 BLOCKICON 명령을 사용하면 추후 미리 보기 아이콘을 생성할 수 있다.

Command : BLOCKICON ↵
Enter block names 〈*〉: ⇨ 아이콘을 생성할 블록 이름 입력

1.2 WBLOCK 명령(블록 파일의 생성)

WBLOCK 명령은 BLOCK과 달리 정의한 블록을 도면 파일로 저장하기 때문에 다른 도면 파일에서도 사용할 수 있도록 해준다.

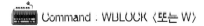

Command : WBLOCK 〈또는 W〉

01 블록 파일 생성

이번에는 표면 다듬질 기호(▽▽▽)를 다른 도면에서도 사용할 수 있도록 블록 파일 Symbol3.dwg로 생성하여 보자.

1 LINE 명령을 실행하여 표면 다듬질 기호(▽▽▽)를 그린다.

2 WBLOCK 명령을 실행한다.

Command : WBLOCK ↵

3 다음과 같은 대화상자가 표시되면 블록으로 정의할 원본으로 Source 영역의 Objects 항목을 선택한다. Entire Drawing 항목을 선택하면 도면 전체를 블록 파일로 생성할 수 있다.

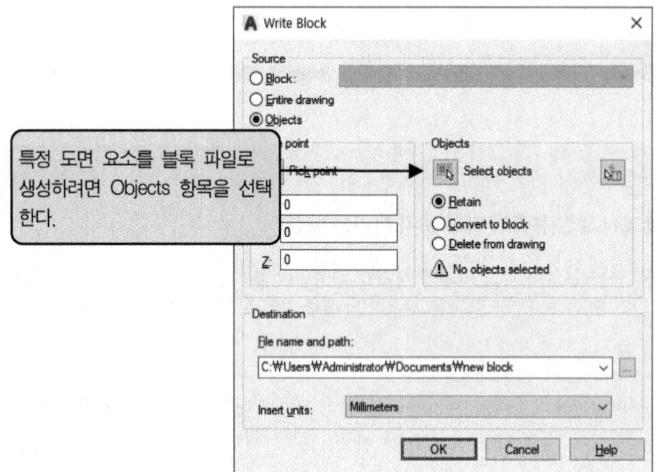

4 Select Objects 단추를 클릭한 후 도면 영역에서 블록으로 정의할 도면 요소를 선택한다.

Select objects : ⇨ 블록 도면 요소 선택
Select objects : ↵ ⇨ 도면 요소 선택 종료

5 Pick Point 단추를 클릭한 후 도면 영역에서 블록 삽입 기준 점으로 ▽▽▽의 가운데 삼각형의 아래 점을 지정한다.

Specify insertion base point : END ↵ ⇨ 끝점 스냅 설정
of ⇨ 가운데 ▽ 아래 점 선택

6 File name 입력란에 생성할 블록의 이름으로 Symbol3.dwg를 입력한다.

7 Location 입력란에 생성할 블록 파일의 저장 경로를 입력한다. [...] 단추를 클릭하면 폴더 찾아보기 대화상자에서 저장 경로를 지정할 수 있다.

8 OK 단추를 클릭한다.

이와 같이 도면 파일로 정의한 블록도 INSERT나 MINSERT 명령을 사용하여 도면의 다른 위치에 삽입할 수 있다.

02 블록을 파일로 저장

WBLOCK 명령은 기존 블록을 이용하여 새로운 블록 도면 파일을 생성할 수 있다. 앞서 BLOCK 명령으로 정의한 Symbol1 블록을 Symbol1.dwg 블록 파일로 저장하여 보자.

따라
하기

1 WBLOCK 명령을 실행한다.

Command : WBLOCK ↵

2 블록으로 정의할 원본으로 Source 영역의 Block 항목을 선택한 후 블록 목록상자에서 Symbol1 블록을 선택한다.

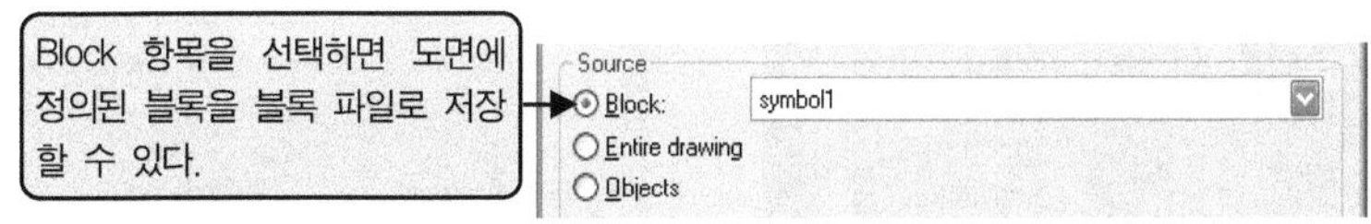
Block 항목을 선택하면 도면에 정의된 블록을 블록 파일로 저장할 수 있다.
Source
Block:
symbol1
Entire drawing
Objects

3 File name and path 입력란에 생성할 블록의 이름으로 Symbol1.dwg를 입력한다.

4 Location 입력란에 생성할 블록 파일의 저장 경로를 입력한다.

5 OK 단추를 클릭한다.

1.3 OOPS 명령(블록 정의 시 삭제된 블록 복구)

BLOCK이나 WBLOCK 명령으로 블록을 정의할 때 도면 요소 처리 방법으로 Delete 항목을 지정하면, 선택한 도면 요소는 블록 정의 후 도면에서 삭제된다. 이때 OOPS 명령을 실행하면 사라진 도면 요소를 도면에 다시 복구시킬 수 있다.

Command : OOPS

1.4 INSERT 명령(블록의 삽입)

INSERT 명령은 BLOCK이나 WBLOCK 명령 등으로 정의한 블록이나 외부 도면 파일을 도면의 특정 위치에 삽입해준다. 이때 블록은 확대/축소하거나 회전시켜 삽입할 수도 있다.

도구모음 : Block 도구모음의 단추

메뉴 : Block/Insert 메뉴

Command : INSERT 〈또는 I〉 (클래식 INSERT 대화상자는 CLASSICINSERT 명령어를 사용 - 우측 대화상자 표시)

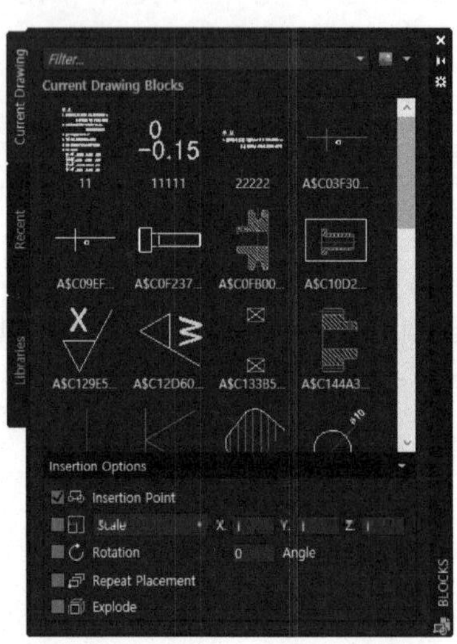

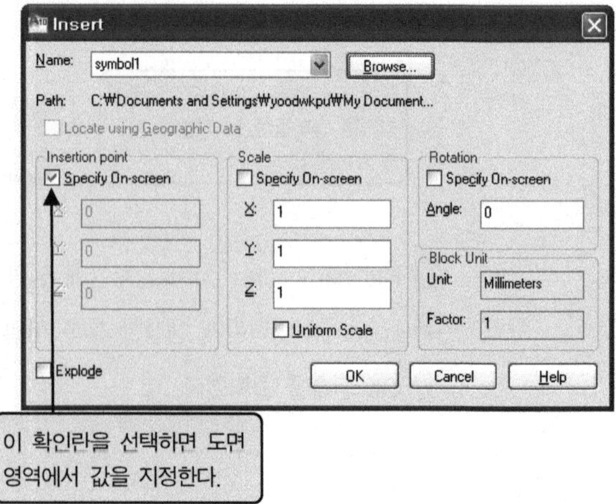

항 목	설 명
Name	삽입할 블록을 지정한다. Browse 단추를 클릭하면 파일 선택 대화상자에서 블록 도면 파일을 선택할 수 있다.
Insertion point	블록을 삽입할 위치의 X, Y, Z축 좌표 값을 지정한다.
Scale	삽입할 블록의 X, Y, Z축 확대/축소 배율을 지정한다. X, Y, Z축을 동일 배율로 지정할 경우에는 Uniform Scale 확인란을 선택한 후 X축 입력란에만 배율을 입력해도 된다.
Rotation	삽입할 블록의 회전 각도를 지정한다.
Explode	선택한 블록의 구성 도면 요소를 분해하여 삽입한다.

01 도면 블록 삽입

다음 그림과 같은 치수의 도면을 앞서 블록을 정의한 도면에서 점 P1(4,2)부터 작성한 후 저장하기 바란다. 그런 다음 점 P2(5,8)의 위치에 앞서 정의한 SYMBOL1 블록을 0.4배 축소하여 삽입해 보자. 여기서는 클래식 대화상자를 사용하도록 하겠다.

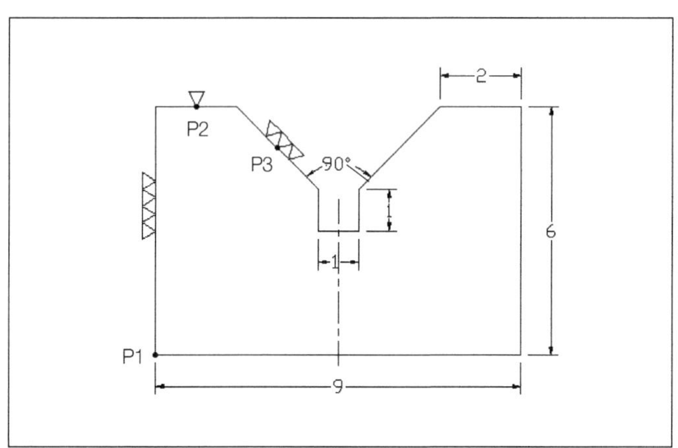

1 -CLASSICINSERT 명령을 실행한다.

```
Command : -CLASSICINSERT ↵
```

2 Insert 대화상자의 Name 목록상자에서 삽입할 블록으로 Symbol1을 선택한다.

3 Scale 영역의 X, Y 입력란에 삽입할 블록의 X, Y축 축척으로 0.4를 지정한다.

4 OK 단추를 클릭한다.

5 블록 삽입 위치로 점 P2를 지정한다. Insertion Point 영역의 Specify On-screen 확인란을 취소하면 대화상자에서 삽입 점을 지정할 수 있다.

```
Specify insertion point or [Basepoint/Scale/X/Y/Z/Rotate] : 5.8 ↵
```

02 블록 파일 삽입

위 그림과 같이 블록 파일로 저장한 Symbol3.dwg 블록을 점 P3(7,7)의 위치에 0.4배의 배율로 −45도 회전시켜 삽입해 보자.

1 -CLASSICINSERT 명령을 실행한다.

```
Command : -CLASSICINSERT ↵
```

2 Insert 대화상자의 Browse 단추를 클릭한다. 그러면 Select Drawing File 대화상자가 표시된다.

3 삽입할 블록 파일로 Symbol3.dwg를 선택한 후 열기 단추를 클릭한다.

4 Scale 영역의 X, Y 입력란에 삽입할 블록의 X, Y축 방향(가로, 세로)의 축척으로 0.4를 지정한다.

5 Rotation 영역의 Angle 입력란에 블록 회전 각도로 -45도를 입력한다.

6 OK 단추를 클릭한다.

7 블록 삽입 위치로 점 P3을 지정한다.

```
Specify insertion point or [Basepoint/Scale/X/Y/Z/Rotate] : 7.7 ↵
```

이와 같은 방법으로 블록을 삽입하면 된다. 참고로 INSERT 명령은 블록으로 정의하지 않은 외부 도면 파일도 작업 도면 내에 삽입할 수 있다.

1.5 EXPLODE 명령(도면 요소의 분해)

EXPLODE 명령은 도면에 하나의 도면 요소로 삽입된 블록이나 외부 도면을 원래의 개별 도면 요소로 분해한다. 또한 EXPLODE 명령은 삽입 블록이나 외부 파일뿐만 아니라 폴리라인, 다중 평행선, 다중 문자열, 3차원 솔리드 등도 개별 도면 요소로 분해할 수 있다.

도구모음 : Modify **도구모음의** **단추**

Command : EXPLODE 〈또는 X〉

Select objects : ⇨ 분해할 도면 요소 선택

외부 도면 파일 참조

여기에서는 작업 도면에서 디스크에 저장된 외부 도면 파일을 참조하거나 참조된 도면을 편집하는 방법에 대해 설명한다.

2.1 XREF 명령(외부 도면의 참조와 관리)

XREF 명령은 외부 도면 파일을 참조하거나 참조된 도면을 관리하는 명령이다.

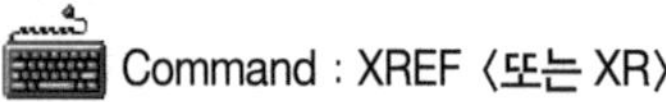

Command : XREF 〈또는 XR〉

이 명령을 실행하면 Xref Manager 대화상자가 표시된다. 이 대화상자의 구성 항목에 대해 간략히 설명하면 다음과 같다.

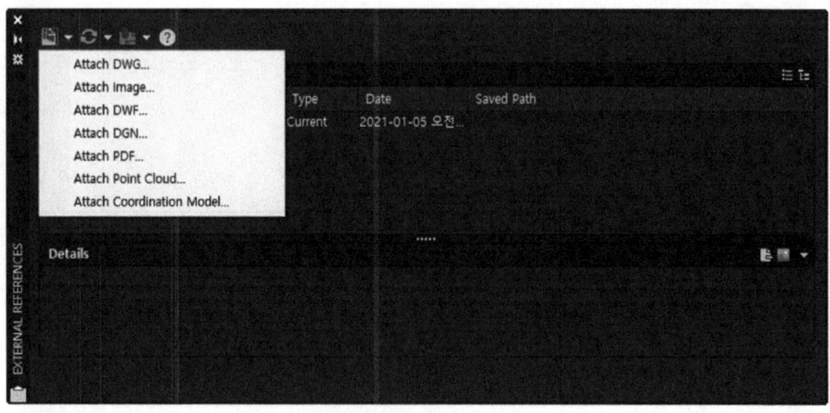

항 목	설 명
Attach DWG	*.DWG 외부 파일을 부착하여 참조한다. 외부 도면을 참조하면 외부 도면에 정의된 선 유형이나 선 색 등의 정보도 함께 참조된다.
Attach Image	image 외부 파일을 부착하여 참조한다. 외부 도면을 참조하면 외부 도면에 정의된 선 유형이나 선 색 등의 정보도 함께 참조된다.
Attach DWF	*.DWF 외부 파일을 부착하여 참조한다. 외부 도면을 참조하면 외부 도면에 정의된 선 유형이나 선 색 등의 정보도 함께 참조된다.
Attach DGN	*.DGN 외부 파일을 부착하여 참조한다. 외부 도면을 참조하면 외부 도면에 정의된 선 유형이나 선 색 등의 정보도 함께 참조된다.
Attach PDF	*.PDF 외부 파일을 부착하여 참조한다. 외부 도면을 참조하면 외부 도면에 정의된 선 유형이나 선 색 등의 정보도 함께 참조된다.
Detach	참조된 외부 도면 파일을 작업 도면에서 분리하고, 원본 파일과의 연결을 끊는다.
Reload	작업 화면에서 내려진 외부 도면 파일이나 수정된 외부 도면 파일을 다시 작업 도면으로 읽어들인다.
Unload	작업 도면이 참조하고 있는 외부 도면 파일은 화면에서 표시하지 않으나 연결 관계는 그대로 유지된다. 화면에서 내려진(Unload) 외부 도면은 다시 읽어(Reload)들일 수 있다.
Bind	참조하고 있는 도면 요소를 작업 도면의 일부로 결합하고, 원본 파일과의 연결을 끊는다.
Xref Found At	작업 도면에서 참조하고 있는 외부 도면 파일의 이름이나 저장 경로를 변경한다.

2.2 XATTACH 명령(외부 도면의 참조)

XATTACH 명령은 외부 도면 파일을 참조하는 명령이다. 이 명령을 실행하면 XREF 명령의 Xref Manager 대화상자에서 Attach 단추를 클릭한 것과 마찬가지로 외부 파일을 선택하여 작업 도면에 참조시킬 수 있다.

Command : XATTACH 〈또는 XA〉

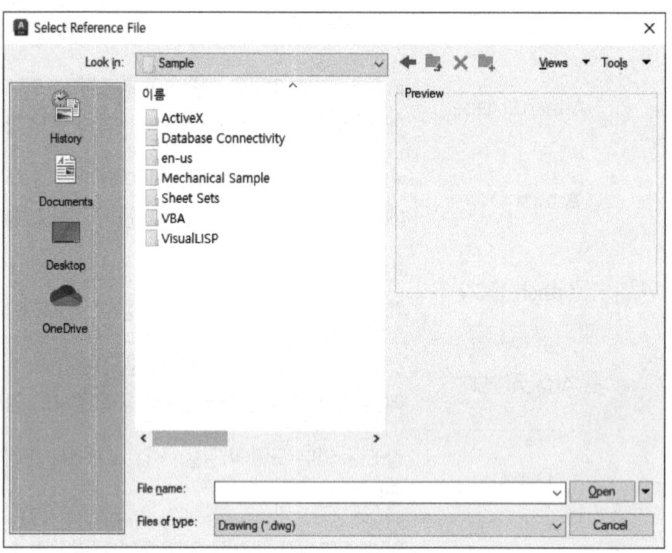

2.3 XBIND 명령(외부 도면에 종속된 심볼 결합)

XBIND 명령은 작업 도면에 참조된 외부 도면에 정의되어 있는 특정 종속 심볼(블록, 치수 유형, 문자 유형, 선 유형 등)을 작업 도면에서 사용할 수 있도록 결합한다.

Command : XBIND 〈또는 XB〉

01 참조 도면 심볼 결합

예를 들어, 작업 도면에서 Vblock 도면을 외부 참조한 경우 Vblock 도면 파일에 정의된 Symbol1 블록을 사용하기 위해서는 다음과 같이 하면 된다.

1 XBIND 명령을 실행한다.

Command : XBIND ↵

2 다음과 같이 Xrefs 목록상자에서 작업 도면에 결합할 종속 심볼이 정의된 외부 참조 이름 앞의 ⊞ 기호를 마우스 포인터로 클릭한다.

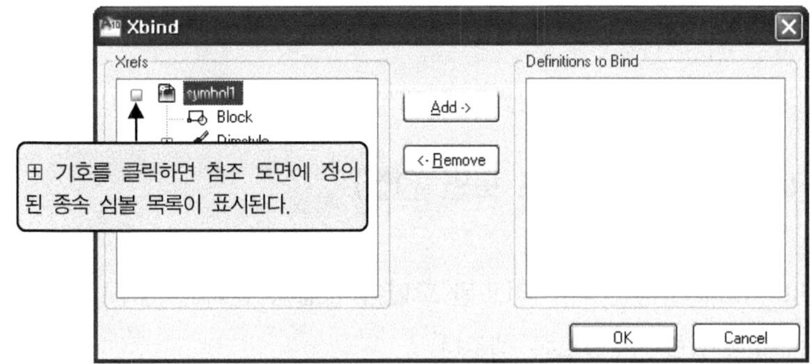

3 다음과 같이 종속 심볼 유형이 표시되면, 마우스 포인터로 Block 앞의 ⊞ 기호를 클릭하여 선택 도면에 정의된 블록 목록을 표시한다.

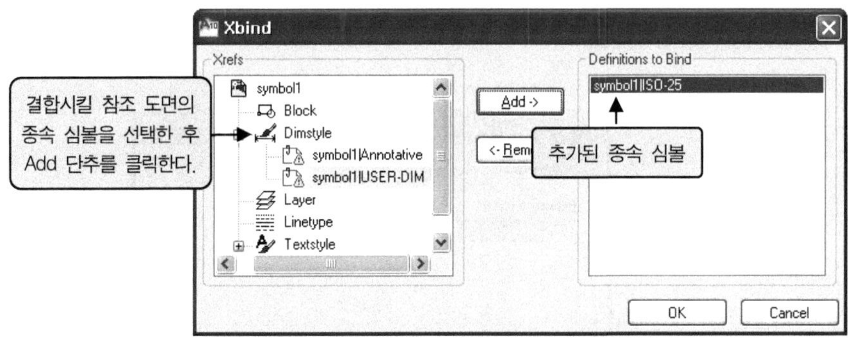

4 Symbol1 블록을 선택한 후 Add 단추를 클릭하여 Definitions to Bind 목록상자에 추가한다. Remove 단추를 클릭하면 Definitions to Bind 목록상자에서 선택한 심볼을 제거할 수 있다.

5 OK 단추를 클릭한다.

결합 심볼의 형식

이와 같은 방법으로 작업 도면에서 참조하고 있는 외부 도면 파일의 종속 심볼을 결합하면 된다. 이때 외부 참조 도면과 종속 심볼의 구분자 "|"가 "0"으로 변경되어 결합된다. 따라서 작업 도면에 결합된 종속 심볼은 다음과 같은 형식으로 사용하면 된다.

참조 도면 이름 0 심볼 이름

2.4 REFEDIT 명령(참조 도면 편집)

REFEDIT 명령은 외부 참조된 도면이나 삽입 블록의 일부를 선택하여 현재 작업 화면에서 편집할 수 있도록 해준다.

Command : REFEDIT 〈또는 블록요소 더블클릭〉

Select reference : ⇨ 편집할 참조 도면 선택

〈Reference Edit 대화상자 표시〉

Select nested objects : ⇨ 편집할 도면 요소 선택

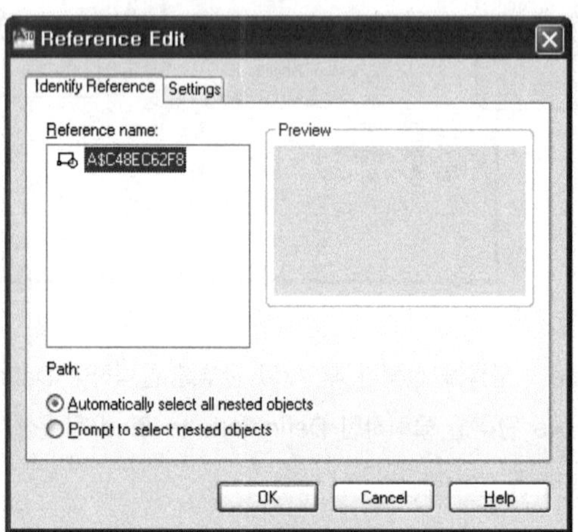

항 목	설 명
Reference Names	참조 도면의 하위 참조가 있을 경우 편집할 참조를 지정한다. 단, 하위 참조의 목록은 참조 도면 선택시 해당 블록이나 하위 참조를 클릭하여 선택해야만 표시된다.
Automatically select all nested objects	중첩된 객체가 참조 편집 세션에 자동으로 포함될지 여부를 조정한다. 이 옵션을 선택한 경우에는 선택된 참조의 모든 객체가 참조 편집 세션에 자동으로 포함된다.
Prompt to select nested objects	중첩된 객체를 참조 편집 세션에서 개별적으로 선택해야 할지 여부를 조정한다. 이 옵션을 선택한 경우, 참조 편집 대화상자를 닫고 참조 편집 상태를 입력하면 편집할 참조에서 특정 객체를 선택하라는 프롬프트가 표시된다.

도면층(Layer)의 사용

여기에서는 하나의 도면을 여러 도면층(layer)으로 나눠 작업하는 방법에 대해 설명한다. 이러한 방법을 사용하면 도면 작성 및 편집 작업의 효율성을 높일 수 있다.

3.1 도면층(Layer)이란?

예를 들어, 다음 그림과 같이 하나의 도면을 표제란과 실제 대상물의 단면도, 치수선, 해치선 등 서로 구별되는 도면 요소로만 이루어진 부분 도면을 투명 용지에 작성했다고 하자.

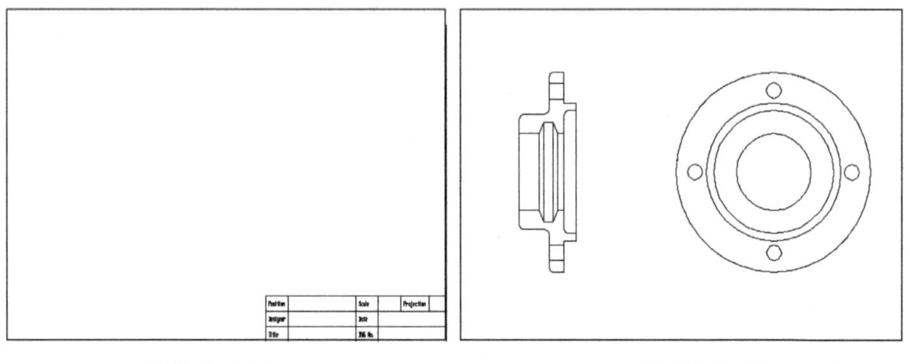

표제란 도면　　　　　　　　단면도 도면

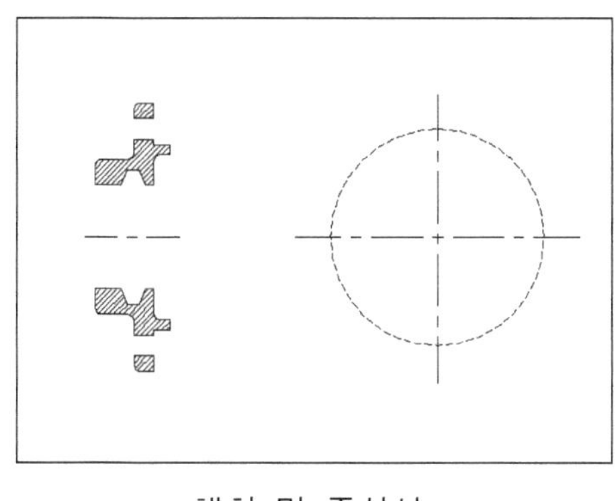

해치 및 중심선

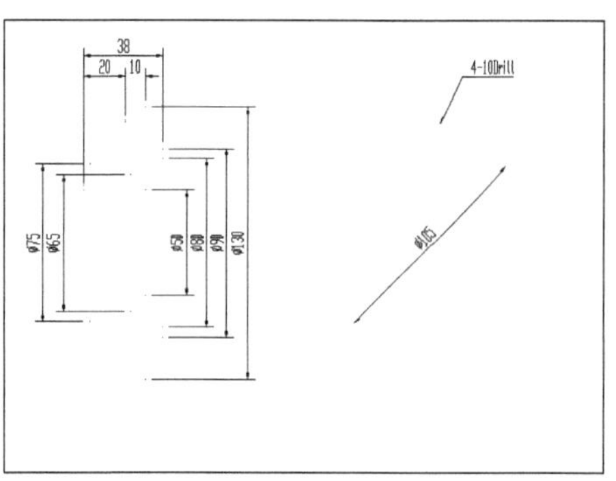

도면 치수선 도면

위의 부분 도면을 겹쳐놓으면 다음 그림과 같이 한 장의 도면에 그린 것과 동일한 결과를 얻을 수 있다.

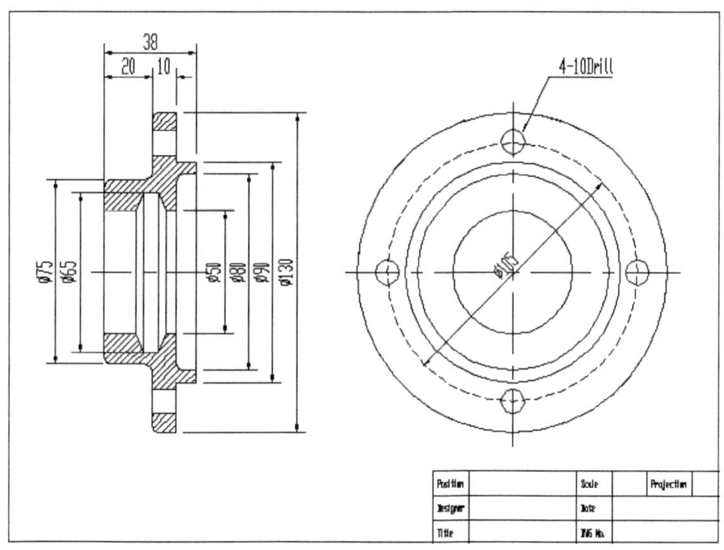

AutoCAD에서는 이러한 작업이 가능하며, 이때 하나의 도면을 구성하는 각각의 부분 도면을 도면층이라 한다. 이와 같이 도면층을 이용하여 도면을 작성했을 경우에는 필요한 층만을 화면에 표시하여 작업할 수 있으며, 특정 도면층에 대해서는 편집이 불가능하도록 할 수도 있다.

3.2 LAYER 명령(도면층의 생성 및 관리)

LAYER 명령은 새로운 도면층을 생성하거나 작업 도면층의 변경, 도면층의 화면 표시 여부 등을 관리한다.

 Command : LAYER 〈또는 LA〉

01 도면층 속성 관리자

LAYER 명령을 실행하면 다음과 같은 도면층 속성 관리자 대화상자가 표시되는데, 먼저 이 대화상자의 각 항목에 대해 간략히 설명한다. LAYER 명령의 구체적인 사용 방법은 다음 항부터 실제 예로 통해 설명한다.

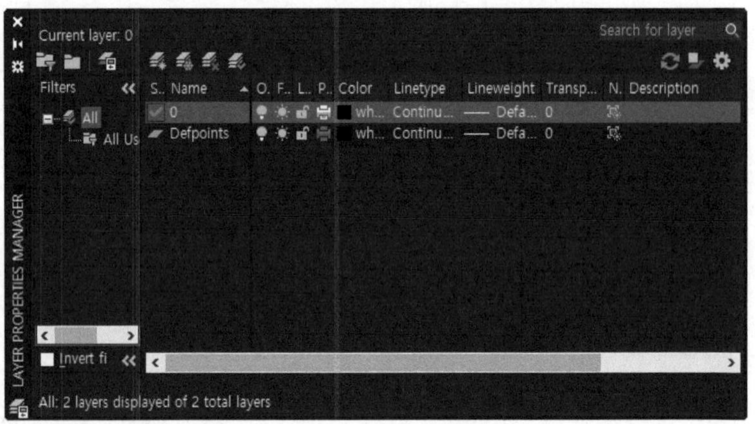

항 목	설 명
Named layer filters	선택한 조건에 맞는 도면층의 목록만 표시한다.
Invert filter	선택한 조건과 반대되는 도면층의 목록만 표시한다.
Apply to Object Properties toolbar	대화상자에서 설정한 도면층 목록 표시를 Object Properties 도구모음에도 적용시킨다.

항 목	설 명
New Layer	작업 도면에 새로운 도면층을 생성한다.
Set Current	도면층 목록에서 선택한 도면층을 사용 도면층으로 지정한다.
Delete Layer	도면층 목록에서 선택한 도면층을 삭제한다.

세부 설정 항목

대화상자의 도면층 목록에서 해당 아이콘이나 세부 목록을 클릭하여 세부 내용을 설정할 수 있다.

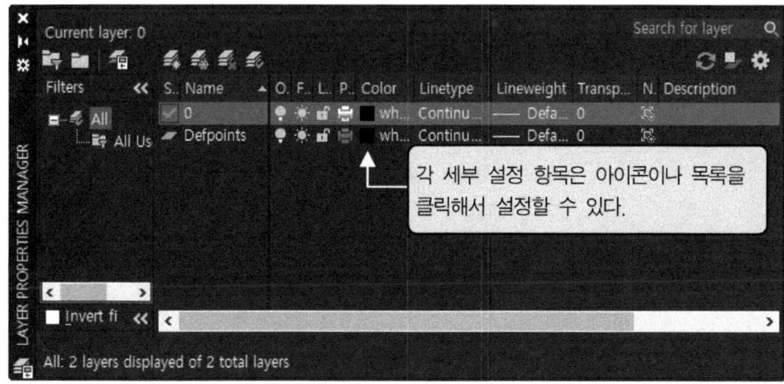

항 목	설 명
Name	선택한 도면층의 이름을 변경한다.
Color	선택한 도면층에 고유의 색을 설정한다.
Lineweight	선택한 도면층에 고유의 선 굵기를 설정한다.
Linetype	선택한 도면층에 고유의 선 유형을 설정한다.
Plot style	선택한 도면층에 인쇄 유형을 설정한다
Off for display	선택 도면층을 화면에서 감춘다.
Lock for editing	선택 도면층을 잠근다. 잠겨진 도면층은 수정 및 편집 작업이 불가능해진다.
Do not plot	선택한 도면층을 인쇄에서 제외한다.

항 목	설 명
Freeze in all viewports	선택한 도면층을 모든 뷰 포트에서 동결시킨다. 동결된 도면층은 화면에서 감춰지고 편집 작업이 불가능해진다. 단, 작업 도면층은 동결시킬 수 없다.
Freeze in active viewport	선택한 도면층을 사용 뷰 포트에서만 동결시킨다.
Freeze in new viewports	뷰 포트를 생성할 경우 선택 도면층을 해당 뷰 포트에서 동결한다.

3.3 도면층의 생성과 삭제

예를 들어, 다음 그림과 같은 도면에서 대상물의 외곽선과 치수 및 중심선, 해치선을 각각 DRAW와 DIMENSION, HATCH라는 이름의 도면층에 작성하여 보자.

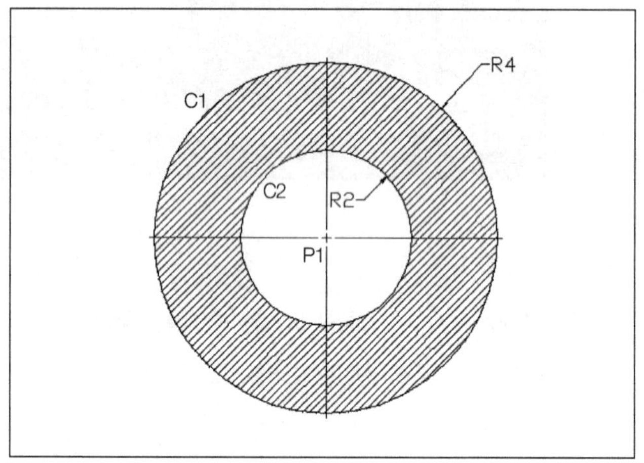

01 도면층 생성(1)

먼저 LAYER 명령을 사용하여 DRAW 도면층을 생성한 후 이 도면층에 중심점이 P1 (7,6)인 원 C1, C2를 그려보자.

1 LAYER 명령을 실행한다.

Command : LAYER ↵

2 Layer Properties Manager 대화상자가 표시되면 New 단추를 클릭한다. 엔터키를 눌러도 된다.

3 다음 그림과 같이 도면층 목록에 새 도면층이 추가되면, 기본 이름 Layer1 대신 DRAW를 입력한다.

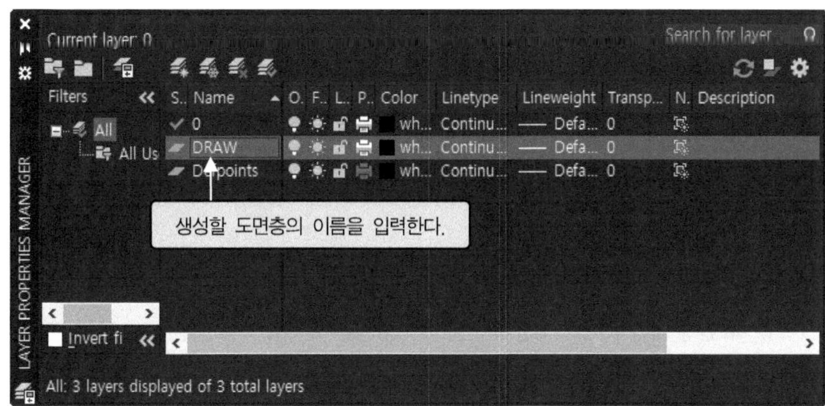

4 Current 단추를 클릭하여 DRAW 도면층을 사용 도면층으로 변경한다.

5 OK 단추를 클릭하여 대화상자를 닫는다.

6 CIRCLE 명령을 실행하여 DRAW 도면층에 원 C1, C2를 그린다.

Command : CIRCLE ↵
Specify center point for circle of [3P/2P/Ttr(tan tan radius)] : 7,6 ↵ ⇨ 중심점 P1 지정
Specify radius of circle or [Diameter] <2.0000> : 4 ↵ ⇨ 원 C1의 반지름 지정
Command : ↵ ⇨ CIRCLE 명령 재실행
Specify center point for circle of [3P/2P/Ttr(tan tan radius)] : @ ↵ ⇨ 중심점 P1 지정
Specify radius of circle or [Diameter] <4.0000> : 2 ↵ ⇨ 원 C2의 반지름 지정

위 대화상자에서 도면층 목록 위의 Current Layer 표시란을 보면 현재 도면층은 0으로 되어 있다. 이 도면층은 AutoCAD 실행시 자동 생성되는 기본 도면층이다.

도면층 생성(2)

다음으로 치수선과 해치선을 작성할 DIMENSION과 HATCH 도면층을 생성하여 보자.

1 LAYER 명령을 실행한다.

Command : LAYER ↵

2 Layer Properties Manager 대화상자가 표시되면 New 단추를 클릭한 후 생성 도면층 이름으로 DIMENSION을 입력한다.

3 다시 New 단추를 클릭한 후 생성 도면층 이름으로 HATCH를 입력한다.

4 OK 단추를 클릭하여 대화상자를 닫는다.

이와 같이 하면 DIMENSION 도면층과 HATCH 도면층이 생성된다. 이후 생성된 각 도면층에 치수 및 해치선을 작성하면 된다.

도면층 삭제

작업 도면에 정의된 도면층 중 도면 요소가 포함되어 있지 않은 도면층은 삭제할 수 있다. 단, 사용하지 않는 도면층이라도 작업 도면층이나 기본 도면층(0 도면층)은 삭제할 수 없다.

1 LAYER 명령을 실행한다.

Command : LAYER ↵

2 Layer Properties Manager 대화상자가 표시되면 도면층 목록에서 삭제할 도면층을 선택한다.

3 Delete 단추를 클릭한다. 만약 도면 요소가 그려진 도면층이나 기본 도면층을 선택했을 경우에는 삭제되지 않았다는 메시지가 표시된다.

4 OK 단추를 클릭하여 대화상자를 닫는다.

3.4 작업 도면층 변경

현재 도면층에서 다른 도면층으로 작업 도면층을 전환하려면, LAYER 명령을 사용하는 것보다 Object Properties 도구모음의 도면층 목록상자를 이용하는 것이 더 편리하다.

작업 도면층 변경(1)

다음 그림과 같이 앞서 생성한 DIMENSION 도면층에 원 C1, C2의 치수와 원의 중심선을 기입하여 보자.

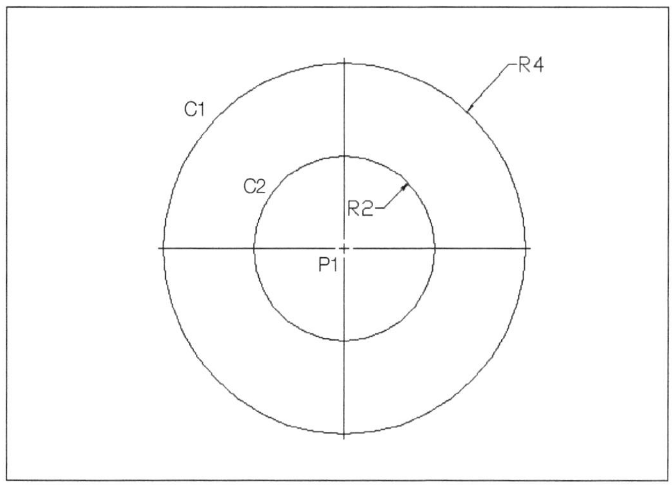

1 다음 그림과 같이 Object Properties 도구모음의 도면층 목록상자를 표시한다.

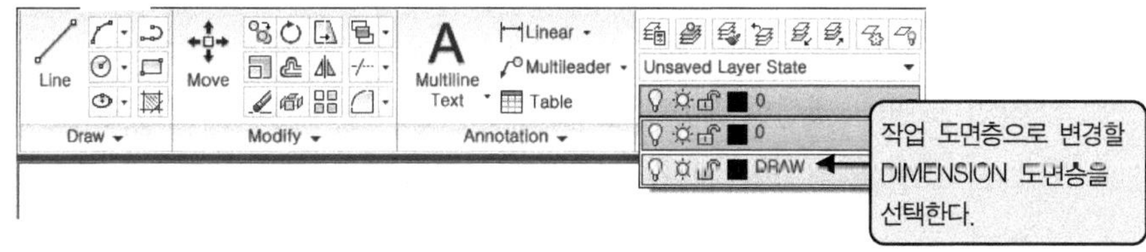

2 목록상자에서 DIMENSION 도면층을 선택한다. 그러면 DIMENSION 도면층이 작업 도면층으로 전환된다.

3 다음과 같이 DIMCENTER 명령을 실행하여 앞서 그린 원의 중심선을 그린다.

Command : DIMCEN ↵	
Enter new value for DIMCEN 〈0.0900〉 : -0.1 ↵	⇨ 중심 기호 크기 설정
Command : DIMCENTER ↵	⇨ 중심선 그리기 실행
Select arc or circle :	⇨ 원 C1 선택

4 다음으로 DIMRADIUS 명령을 실행하여 원 C1의 반지름을 기입한다.

Command : DIMRADIUS ↵	
Select arc or circle :	⇨ 원 C1 선택
Dimension text = 4	⇨ 원 C1의 반지름 표시
Specify dimension line location or [Mtext/Text/Angle] :	⇨ 치수선의 위치 선택

5 다시 DIMRADIUS 명령을 실행하여 원 C2의 반지름을 기입한다.

Command : DIMRADIUS ↵	
Select arc or circle :	⇨ 원 C2 선택
Dimension text = 2	⇨ 원 C2의 반지름 표시
Specify dimension line location or [Mtext/Text/Angle] :	⇨ 치수선의 위치 선택

이와 같이 하면 두 원의 치수가 작업 도면층인 DIMENSION 도면층에 기입된다.

3.5 도면층 표시 및 동결, 해동

작업 도면에 생성한 도면층은 화면 표시를 온, 오프시키거나 동결, 해동시킬 수 있다. 특히 도면을 편집할 때 작업과 관련 없는 도면층은 화면에서 감춘 후 작업하면 편리하다.

01 도면층의 온/오프

예를 들어, 다음 그림과 같이 작업 도면에서 치수가 기입된 DIMENSION 도면층을 감춘 후 HATCH 도면층에 해치선을 그려 보자.

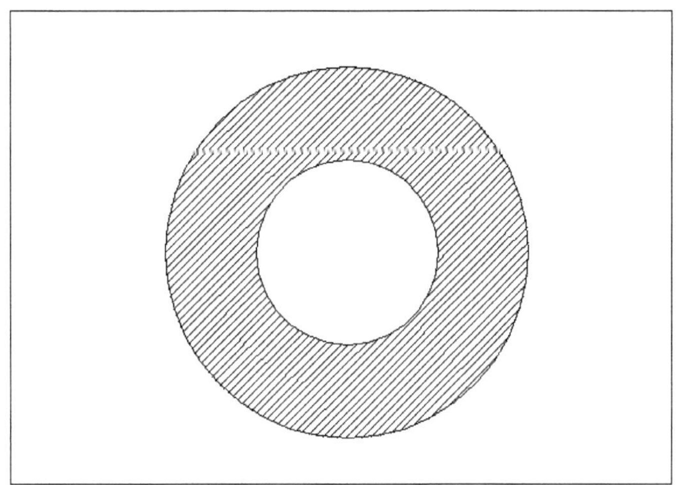

1 Object Properties 도구모음의 도면층 목록상자를 표시한다.

2 다음과 같이 DIMENSION 도면층 이름 앞에 표시된 아이콘을 클릭한다. 그러면 아이콘 모양은 전원이 꺼진 전구 모양( )으로 변경된다.

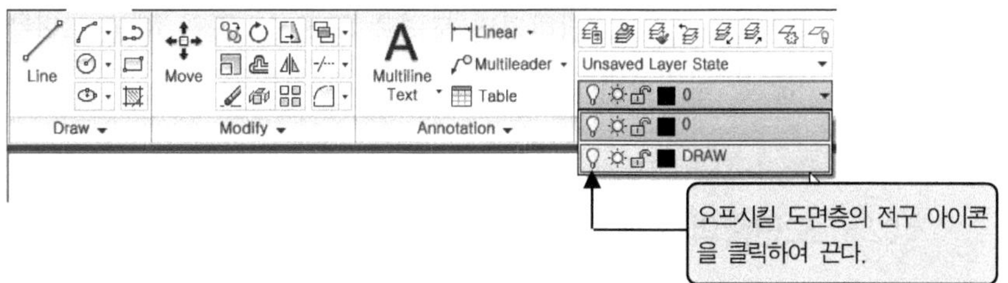

3 작업 도면층을 오프시킬 것인지 묻는 메시지가 표시되면 확인 단추를 클릭한다. 단, 이 메시지는 작업 도면층을 오프시킬 때만 표시된다.

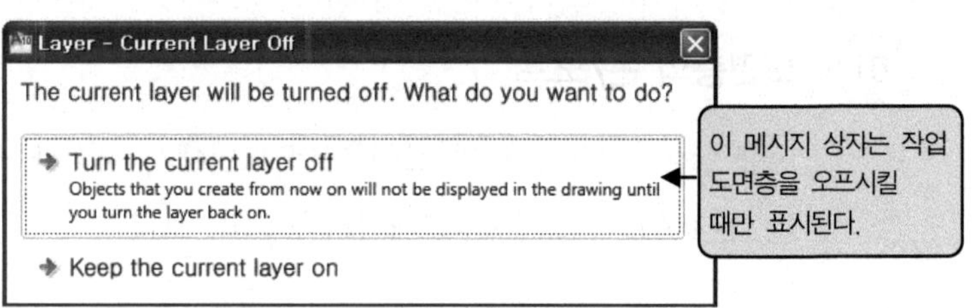

4 도면층 목록상자에서 작업 도면층으로 HATCH 도면층을 선택한다. 그러면 DIMENSION 도면층이 화면에서 감춰진다.

5 다음과 같이 HATCH 명령을 실행하여 원 C1과 C2 사이의 영역을 해치한다.

```
Command : -HATCH ↵
Specify internal point or [Properties/Select objects/draW boundary/remove Boundaries/
Advanced/DRaw order/Orign/ANnotative/hatch COlor/LAyer/Transparency] :
Enter a pattern name or [?/Solid/User defined] <ANSI31> : ↵     ⇨ 해치 패턴 또는 옵션 지정
Specify a scale for the pattern <1.0000> : 1 ↵                 ⇨ 해치 패턴 축척 지정
Specify an angle for the pattern <0> : ↵                       ⇨ 회전 각도 지정
Select objects to define hatch boundary or <direct hatch>,
Select objects :                                               ⇨ 원 C1 선택
Select objects :                                               ⇨ 원 C2 선택
Select objects :                                               ⇨ 선택 종료
```

이와 같은 방법으로 특정 도면층을 화면에서 감춘 후 작업하면 된다. 그리고 감춰진 도면층을 다시 표시하려면 도면층 목록상자에서 해당 도면층 이름 앞에 표시된 아이콘을 클릭하면 된다.

02 도면층의 동결/해동

도면층은 동결시킬 수도 있는데, 도면층을 오프시켰을 때와 마찬가지로 동결된 도면층은 화면에서 감춰진다. 단, 도면층을 오프시켰을 때와는 달리 해동하기 전까지는 편집이 불가능하며, 작업 도면층은 동결시킬 수 없다.

1 Object Properties 도구모음의 도면층 목록상자를 표시한다.

2 다음 그림과 같이 동결시킬 도면층 이름 앞에 표시된 아이콘을 클릭한다. 동결된 도면층을 해동할 경우에는 눈 모양으로 바뀐 아이콘을 클릭하면 된다.

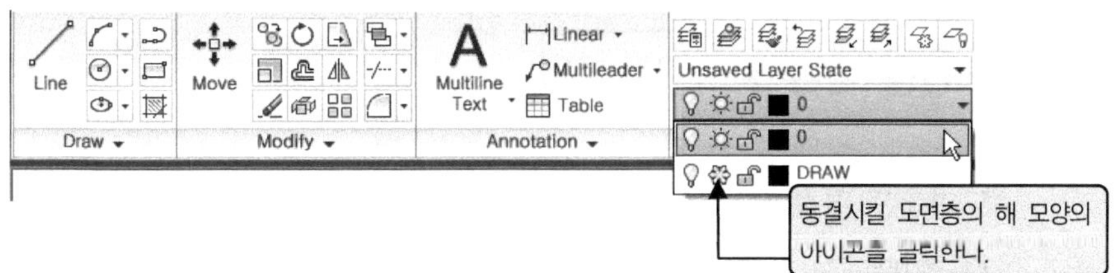

예를 들어, HATCH 도면층을 동결시키고 DIMENSION 도면층은 오프시켜 보자. 그러면 화면에는 다음 그림의 왼쪽과 같이 DRAW 도면층의 도면 요소만 표시된다.

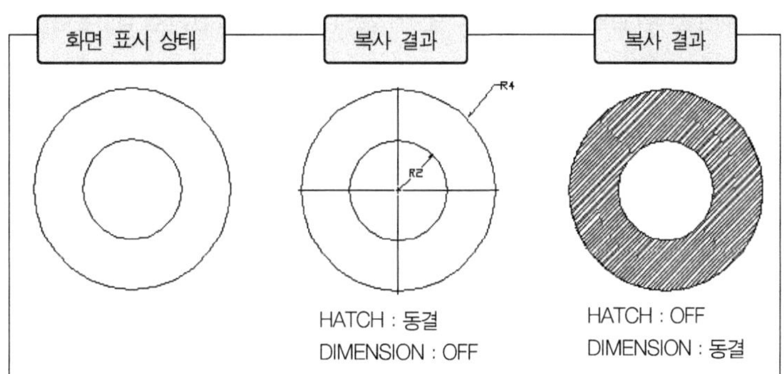

이때 다음과 같이 모든 도면 요소를 선택하여 복사하면 가운데 그림과 같이 동결된 HATCH 도면층의 도면 요소는 복사되지 않는다.
그러나 화면 표시가 취소된 DIMENSION 도면층의 도면 요소는 복사된다.

Command : COPY ↵	
Select objects : All ↵	⇨ 오프된 도면 요소도 선택
Select objects : ↵	⇨ 도면 요소 선택 종료
Specify base point or displacement, or [Multiple] :	⇨ 임의의 점 선택
Specify second point of	
displacement or <use first point as displacement> :	⇨ 다른 임의의 점 선택

그러나 위 예와 달리 그래픽 커서로 도면 요소를 선택할 때에는 감춰진 도면 요소는 선택되지 않기 때문에 별다른 차이가 없다.

3.6 도면층 잠금 및 인쇄 제외

도면층은 편집 작업시 도면 요소를 선택할 수 없도록 잠그거나 인쇄에서 제외할 수 있다. 이때에는 도면층을 오프시키거나 동결시켰을 때와는 달리 화면에 표시된다.

도면층의 잠금

도면층 잠금은 도면 요소를 화면에 표시하지만, 편집 작업에는 제외시킬 때 사용한다.

1 Object Properties 도구모음의 도면층 목록상자를 표시한다.

2 다음 그림과 같이 잠글 도면층 이름 앞에 표시된 아이콘을 클릭한다. 잠겨진 도면층을 해제할 경우에는 아이콘을 클릭하면 된다.

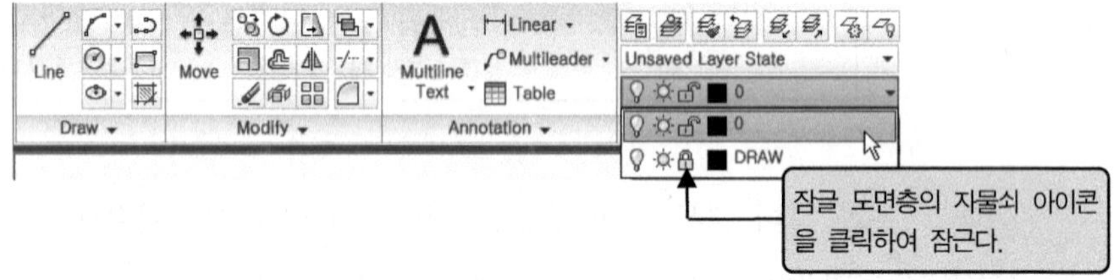

도면층의 인쇄 제외

도면층을 이용하면 특정 도면층에 작성된 도면 요소를 인쇄에서 제외시킬 수 있다.

1 Object Properties 도구모음의 도면층 목록상자를 표시한다.

2 다음과 같이 인쇄에서 제외시킬 도면층 이름 앞에 표시된 아이콘을 클릭한다. 인쇄 제외된 도면층을 인쇄하려면 아이콘을 클릭한다.

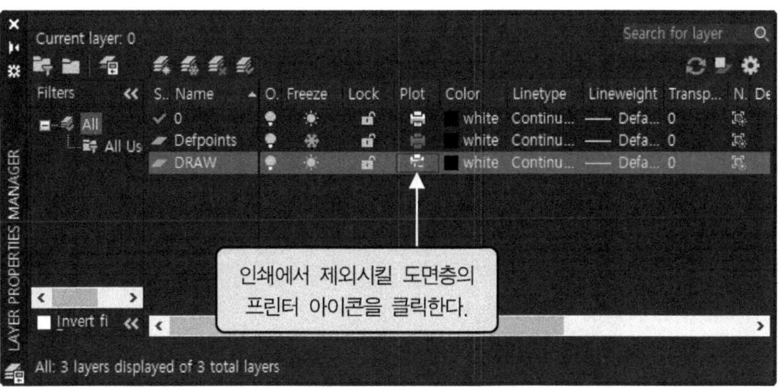

3.7 도면층 색 및 선 유형 설정

LAYER 명령으로 생성한 각각의 도면층에는 도면층 고유의 색이나 선 유형, 선 굵기 등을 설정할 수 있다. 단, 도면층의 고유 속성은 도면 요소의 색이나 선 유형, 선 굵기로 ByLayer로 지정된 경우에만 유효하며, 개별 속성이 지정된 도면 요소에는 영향을 미치지 않는다.

01 도면층의 색 설정

예를 들어, HATCH 도면층의 색상을 노란색으로 설정하여 기본 색인 흰색으로 설정된 다른 도면층과 구별하여 보자.

1 LAYER 명령을 실행한다.

Command : LAYER ↵

2 다음과 같이 Layer Properties Manager 대화상자에서 고유색을 설정할 대상 도면층인 HATCH의 색 아이콘을 클릭한다.

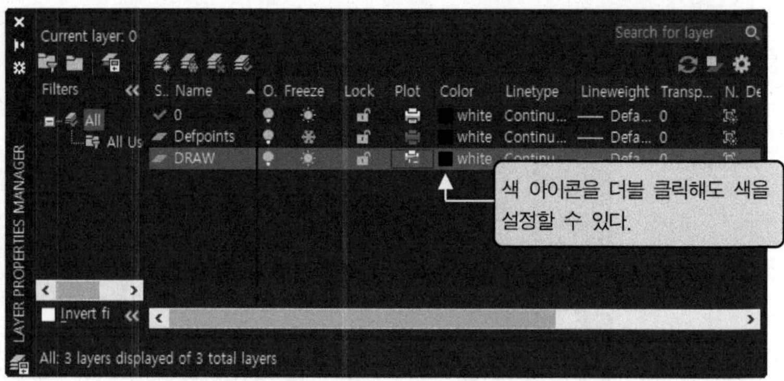

3 다음과 같은 Select Color 대화상자에서 HATCH 도면층의 고유색으로 노란색(Yellow)을 선택한 후 OK 단추를 클릭한다.

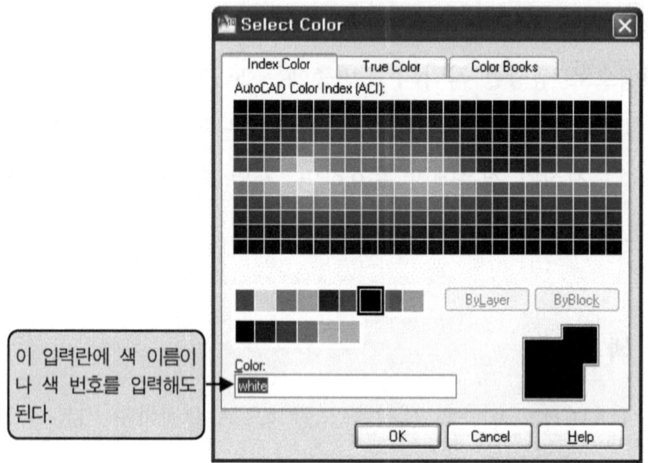

4 Layer Properties Manager 대화상자의 OK 단추를 클릭한다.

그러면 HATCH 도면층의 해치선이 설정한 노란색으로 변경된다. 다른 도면층의 색도 각기 다른 색으로 변경하면 작업 도면이 여러 도면층으로 구성되었어도 화면에서 쉽게 구별할 수 있다.

02 선 유형 설정

도면층 고유의 선 유형을 설정하려면 다음과 같이 한다.

1 Properties 도구모음의 ———— ByLayer 단추를 클릭한다.

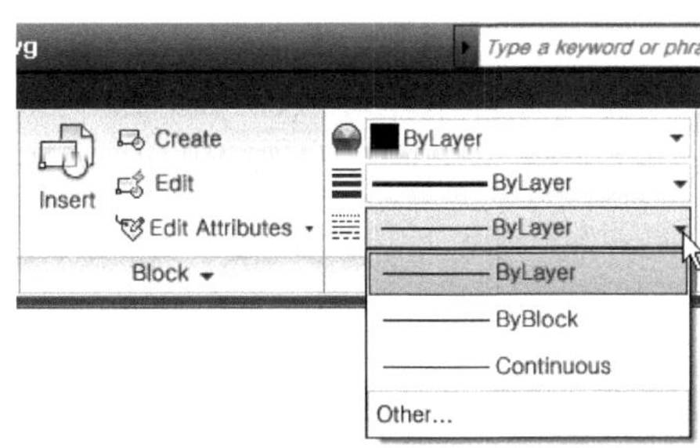

2 사용하고자 하는 선 유형이 없으면 Other...를 선택한다.

3 다음과 같은 대화상자가 표시되면, Load 단추를 클릭한다. 사용할 선 유형이 LINETYPE 명령으로 이미 작업 도면에 불러들여져 있을 경우에는 이 대화상자에서 바로 선택하면 된다.

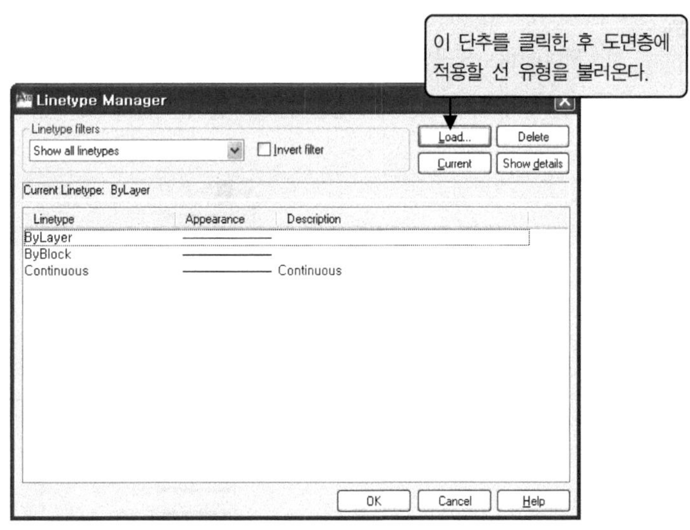

4 다음과 같은 대화상자가 표시되면 작업 도면으로 불러들일 선 유형을 선택한 후 OK 단추를 클릭한다.

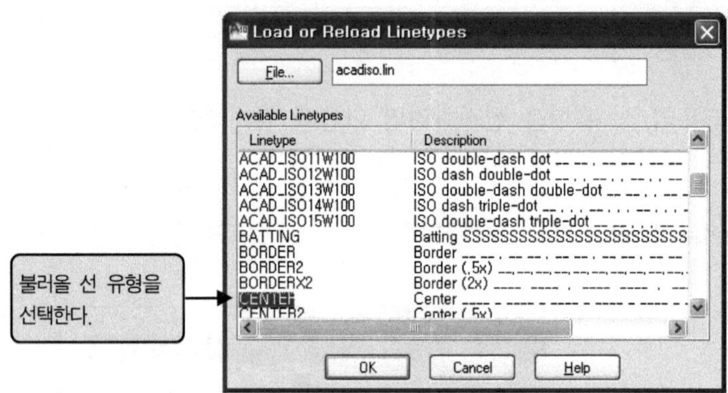

5 그러면 선택한 선 유형이 Select Linetype 대화상자에 추가된다. 추가된 선 유형에서 도면층에 설정할 선 유형을 선택한 후 OK 단추를 클릭한다.

6 Layer Properties Manager 대화상자의 OK 단추를 클릭한다.

03 선 굵기 설정

도면층 고유의 선 굵기를 설정하려면 다음과 같이 한다.

1 Properties 도구모음의 ByLayer 단추를 클릭한다.

2 다음과 같이 도면층에 설정할 선 굵기를 선택한 후 OK 단추를 클릭한다.

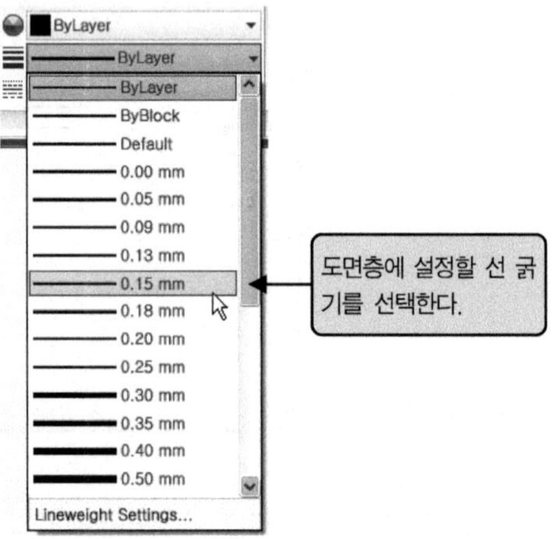

3 Layer Properties Manager 대화상자의 OK 단추를 클릭한다.

도면 요소의 특성 변경

도면을 구성하는 도면 요소는 각자 고유의 선 유형이나 선의 축척, 색상, 도면층 등의 고유 특성을 갖고 있다. 여기서는 도면 요소의 여러 특성을 변경하는 명령에 대해 설명한다.

4.1 RENAME 명령(도면 요소 특성의 이름 변경)

RENAME 명령은 작업 도면의 블록이나 도면층, 선 유형, 치수 유형, 문자 유형 등의 이름을 변경할 때 사용한다. 단, AutoCAD 실행 시 기본 설정되어 있는 도면 요소 유형의 이름은 변경할 수 없다.

 Command : RENAME 〈또는 REN〉

01 특성 이름 변경

예를 들어, SAMPLE이라는 이름의 도면층을 생성한 후 이름을 DIM으로 변경하여 보자.

1 LAYER 명령을 실행한다.

Command : LAYER ↵

2 Layer Properties Manager 대화상자가 표시되면 New 단추를 클릭한다.

3 도면층 이름으로 SAMPLE을 입력한 후 OK 단추를 클릭한다.

4 RENAME 명령을 실행한다.

Command : RENAME ↵

5 다음과 같은 대화상자가 표시되면 Named Objects 목록상자에서 이름을 변경할 대상으로 Layers를 선택한다.

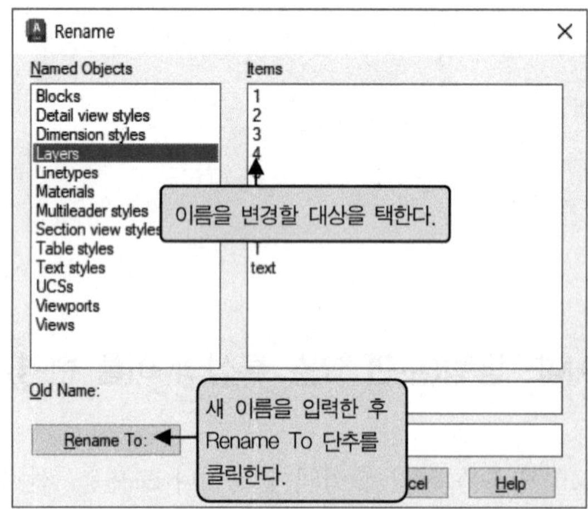

6 Items 목록상자에서 변경할 도면층으로 DRAW를 선택한다. 그러면 선택한 도면층 이름이 Old Name 입력란에 자동으로 입력된다.

7 Rename To 입력란에 도면층의 새 이름으로 DIM을 입력한다.

8 OK 단추를 클릭한다. Rename To 단추를 클릭하면 계속해서 다른 이름을 변경할 수 있다.

4.2 CHPROP 명령(도면 요소의 특성 변경)

CHPROP 명령은 도면 요소가 갖고 있는 색상이나 도면층, 선 유형, 선의 축척 등의 특성을 변경한다.

Command : CHPROP

Select objects : ⇨ 도면 요소 선택

Enter property to change [Color/LAyer/LType/ltScale/LWeight/Thickness/TRansparency/Material/Annotative] :

옵 션	설 명
Color	선택 노년 요소의 색상을 변경한다.
LAyer	선택 도면 요소의 도면층을 변경한다.
LType	선택 도면 요소의 선 유형을 변경한다.
ltScale	선택 도면 요소의 선 축척을 변경한다.
LWeight	선택 도면 요소의 선 굵기를 변경한다.
Thickness	선택 도면 요소의 돌출 두께를 변경한다.
TRansparency	선택 도면 요소의 투명도를 변경한다.
Material	재료가 부착된 경우 선택된 객체의 재료를 변경한다.
Annotative	선택 도면 요소에 주석을 설정한다.

01 도면 요소 특성 변경

예를 들어, CIRCLE 명령으로 작업 도면에 원을 하나 그려보기 바란다. 그런 다음 아래 그림과 같이 그린 원의 돌출 두께를 기본 값 0에서 2로 변경하여 보자.

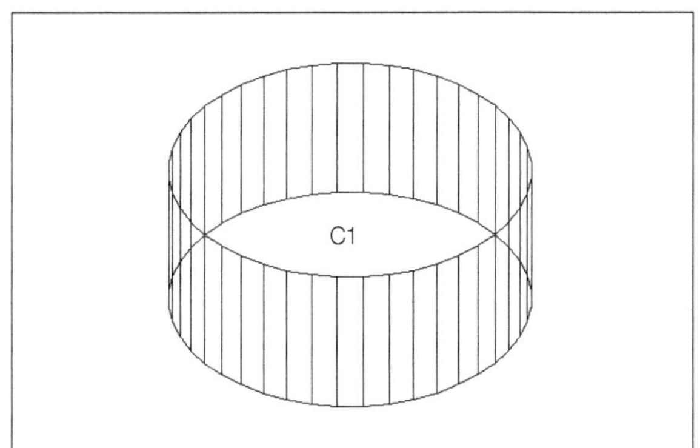

1 CHPROP 명령을 실행한 후 원 C1을 선택한다.

Command : CHPROP ↵

```
Select objects :                                        ⇨ 원 C1 선택
Select objects : ↵                                      ⇨ 도면 요소 선택 종료
```

2 Thickness 옵션을 선택한 후 돌출 두께로 2를 지정한다.

```
Enter property to change [Color/LAyer/LType/ltScale/LWeight/Thickness/TRansparency/
Material/Annotative] : T
Specify new thickness <0.0000> : 2 ↵                    ⇨ 돌출 두께 지정
Enter property to change [Color/LAyer/LType/ltScale/LWeight/Thickness/TRansparency/
Material/Annotative] :
```

이와 같이 하면 화면에서는 아무런 변화가 없으나 실제로는 위 그림과 같이 2차원 평면의 원이 지정한 두께만큼 돌출하여 3차원 원기둥으로 변경된다. 이를 확인하려면 다음과 같이 VPOINT 명령을 실행하면 된다.

```
Command : VPOINT
Specify a view point or [Rotate] <display compass and tripod> : 1,-1,1
```

4.3 MATCHPROP 명령(도면 요소 특성 복사)

MATCHPROP 명령을 사용하면 특정 도면 요소의 특성을 다른 도면 요소에 복사할 수 있다.

```
Command : MATCHPROP <또는 MA>
Select Source Object :                                  ⇨ 원본 도면 요소 선택
Select destination object(s) or [Settings] :            ⇨ 대상 도면 요소 선택
```

옵 션	설 명
Destination object(s)	원본 도면 요소의 특성을 복사할 대상 도면 요소를 선택한다.
Settings	이 옵션을 선택하면 원본 도면 요소의 특성 중 일부 특성만 복사할 수 있다.

도면 요소 특성 복사

다음 그림과 같이 작업 도면에 사각형을 그린 후, 앞서 그린 원 C1의 도면 요소 특성을 복사하여 보자.

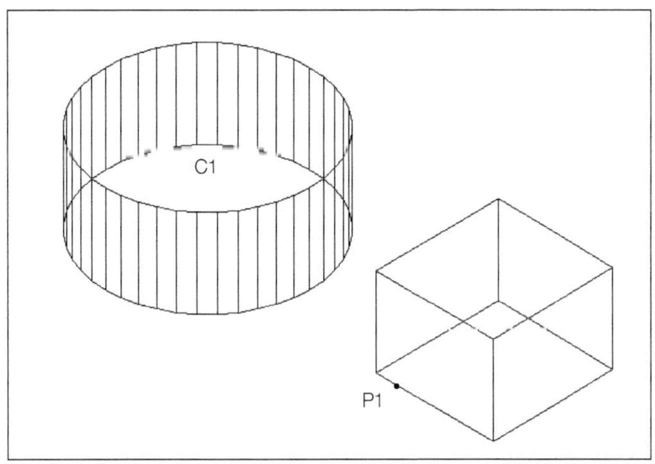

1 RECTANG 명령을 실행한 후 임의 크기의 사각형을 그린다.

2 MATCHPROP 명령을 실행한다.

Command : MATCHPROP ↵

3 복사 원본 도면 요소로 원 C1을 선택하고, 복사 대상 도면 요소로 앞서 그린 사각형 위의 임의 점 P1을 클릭하여 선택한다.

Select Source Object :	⇨ 원 C1 선택
Select destination object(s) or [Settings] :	⇨ 사각형 선택
Select destination object(s) or [Settings] : ↵	⇨ 명령 실행 종료

그러면 다음 그림과 같이 XY 평면에 그려진 사각형도 원과 마찬가지로 두께 2만큼 돌출된다.

02 복사할 특성 설정

위 예의 3단계에서 Setting 옵션을 선택하면 다음과 같은 대화상자가 표시된다. 이 대화상자에서는 특정 특성만 선택하여 복사할 수 있다.

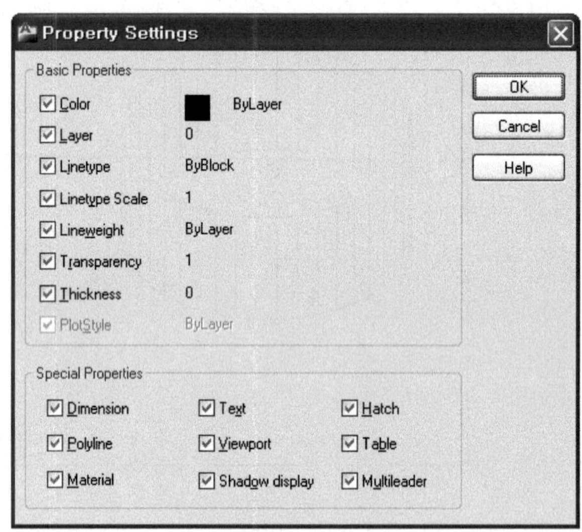

항 목	설 명
Color	원본 도면 요소의 색을 복사한다.
Layer	원본 도면 요소의 도면층을 복사한다.
Linetype	원본 도면 요소의 선 유형을 복사한다.
Linetype Scale	원본 도면 요소의 선 축척을 복사한다.
LIneweight	원본 도면 요소의 선 굵기를 복사한다.
Thickness	원본 도면 요소의 돌출 두께를 복사한다.
Transparency	원본 도면 요소의 투명도를 복사한다.
Plotstyle	원본 도면 요소의 인쇄 유형을 복사한다.
Dimension	원본 도면 요소(치수)의 치수 유형을 복사한다.
Text	원본 도면 요소(문자열)의 문자 유형을 복사한다.
Hatch	원본 도면 요소(해치선)의 해치 유형을 복사한다.
Polyline	원본 도면 요소의 Polyline 특성을 복사한다.

항 목	설 명
Viewport	원본 도면 요소의 Viewport 특성을 복사한다.
Table	원본 도면 요소의 Table 특성을 복사한다.

4.4 CHANGE 명령(도면 요소의 특성 및 위치 변경)

CHANGE 명령은 CHPROP 명령과 달리 도면 요소의 특성뿐만 아니라 도면 요소의 위치 특성까지 변경할 수 있다.

Command : CHANGE 〈또는 -CH〉

Select objects : ⇨ 도면 요소 선택

Specify change point or [Properties] : ⇨ 변경 점 또는 옵션 선택

01 위치 특성 변경

CHANGE 명령을 사용하면 다음 그림과 같이 변경 점의 위치를 지정하여 선택 도면 요소의 위치 특성을 변경할 수 있다.

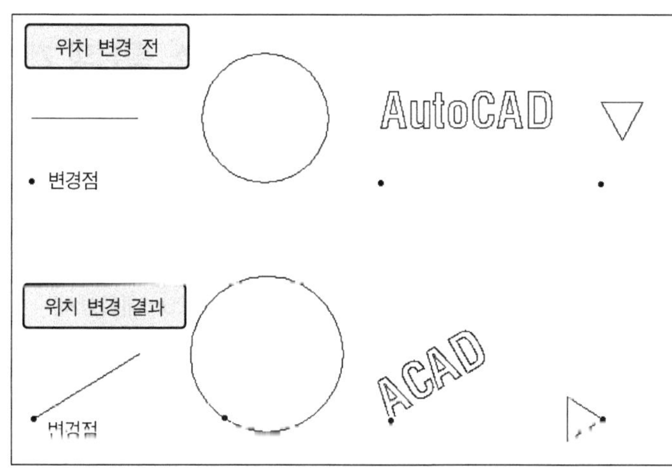

도면 요소	설 명
선	선택한 선의 한 끝점(지정한 점에 가까운 점)을 지정한 점의 위치로 이동시킨다.
원	선택한 원의 반지름을 지정한 점까지 확대/축소한다.
문자	선택한 문자의 기입 위치나 높이, 회전 각도 등을 변경한다. 단, TEXT 명령으로 입력한 문자에만 적용된다.
블록	선택한 블록의 삽입점 위치나 내용, 크기를 변경한다.

02 도면 요소 특성 변경

CHANGE 명령의 Properties 옵션은 도면 요소의 색이나 도면층, 선 유형 등의 특성을 변경할 때 사용한다. 이 옵션은 도면 요소의 고도(Elevation)도 지정할 수 있다는 점을 제외하고는 CHPROP 명령의 기능과 동일하다.

Command : CHANGE

Select objects : ⇨ 도면 요소 선택

Specify change point or [Properties] : P ↵ ⇨ Properties 옵션 선택

Enter property to change [Color/Elev/LAyer/LType/ltScale/LWeight/Thickness/TRansparency/Material/Annotative] :

4.5 PURGE 명령(사용하지 않는 도면 요소 특성의 제거)

PURGE 명령은 작업 도면에 정의된 블록이나 치수 유형, 도면층, 선 유형 등이 사용되지 않을 때 이를 제거해주는 명령이다.

Command : -PURGE 〈또는 -PU〉 (PURGE, PU : 대화상자)

Enter type of unused objects to purge

[Blocks/Dimstyles/LAyers/LTypes/MAterials/MUltileaderstyles/Plotstyles/SHapes/textSTyles/Mlinestyles/Tablestyles/Visualstyles/Regapps/Zero-length geometry/Empty text objects/All] :

⇨ 옵션 선택

Enter name(s) to purge 〈*〉: ⇨ 제거할 이름 지정
Verify each name to be purged? [Yes/No] 〈Y〉: ⇨ 제거 확인 여부 지정

위 형식에서 제거할 이름을 지정할 때에는 와일드카드 문자(*)를 사용할 수 있다. 그리고 제거 확인 여부 지정 시 Y를 선택하면 명령 행에서 직접 확인하면서 필요 없는 도면 요소 특성을 제거할 수 있다.

옵 션	설 명
Block	정의된 블록 중 사용하지 않는 것을 제거한다.
Dimstyles	정의된 치수 유형 중 사용하지 않는 것을 제거한다.
LAyers	정의된 도면층 중 사용하지 않는 도면층을 제거한다.
LTypes	작업 도면에서 사용하지 않는 선 유형을 제거한다.
MAterials	작업 도면에서 사용하지 않는 재질 유형을 제거한다.
Plotstyles	작업 도면에서 사용하지 않는 인쇄 유형을 제거한다.
SHapes	작업 도면에 읽혀진 사용자 정의 도형 파일(*.shp) 중 사용하지 않는 도형을 제거한다.
textSTyles	정의된 문자 유형 중 사용하지 않는 것을 제거한다.
Mlinestyles	정의된 다중 평행선 유형 중 사용하지 않는 것을 제거한다.
Tablestyles	작업 도면에서 사용하지 않는 테이블 유형을 제거한다.
Visualstyles	작업 도면에서 사용되고 있는 유형을 제거한다.
All	작업 도면에 정의된 각종 유형 중 사용하지 않는 것은 모두 제거한다.

연습문제 01 DRAWING 제도

(다음과 같은 DRAWING을 1 : 1 현척으로 제도하여 보아라.)

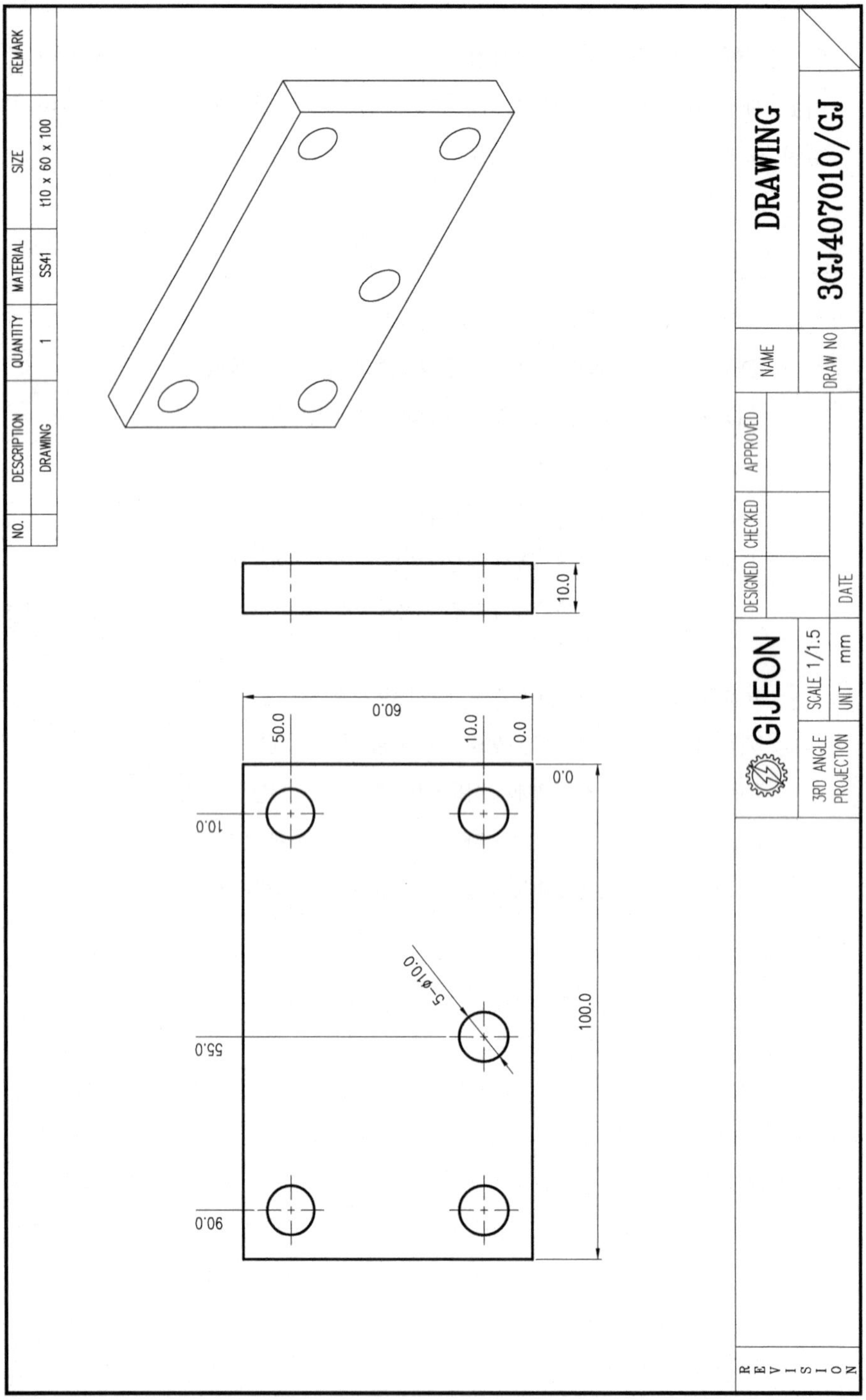

NO.	DESCRIPTION	QUANTITY	MATERIAL	SIZE	REMARK
	DRAWING	1	SS41	t10 x 60 x 100	

10.0

60.0

50.0

10.0

0.0

0.0

10.0

5-ø10.0

55.0

100.0

90.0

GIJEON

3RD ANGLE PROJECTION

SCALE 1/1.5

UNIT mm

DESIGNED

CHECKED

APPROVED

DATE

NAME DRAWING

DRAW NO 3GJ407010/GJ

REVISION

연습문제 02 DRAWING 제도

(다음과 같은 DRAWING을 1 : 1 현척으로 제도하여 보아라.)

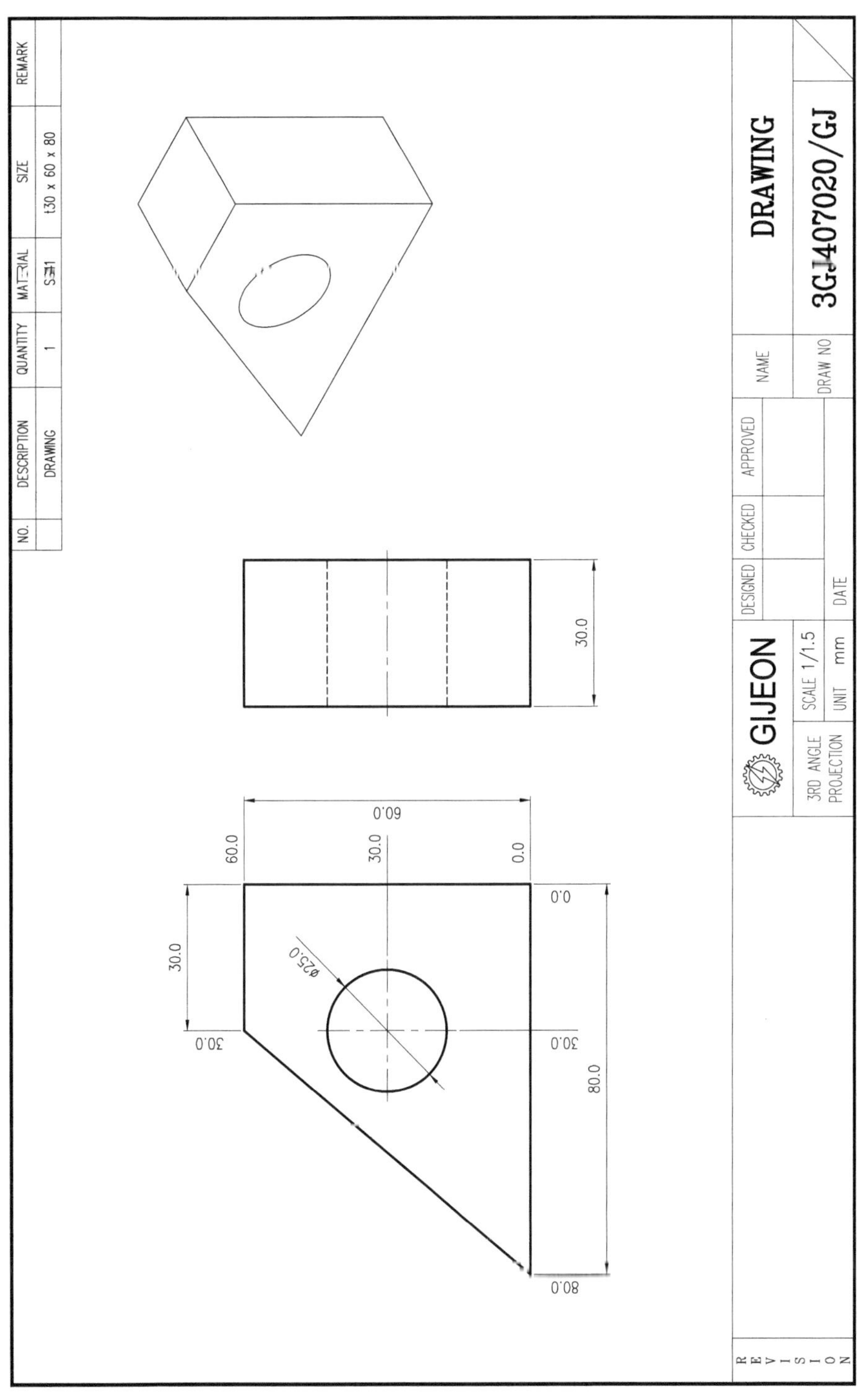

연습문제 03 SHAFT 제도

(다음과 같은 SHAFT를 1 : 1 현척으로 제도하여 보아라.)

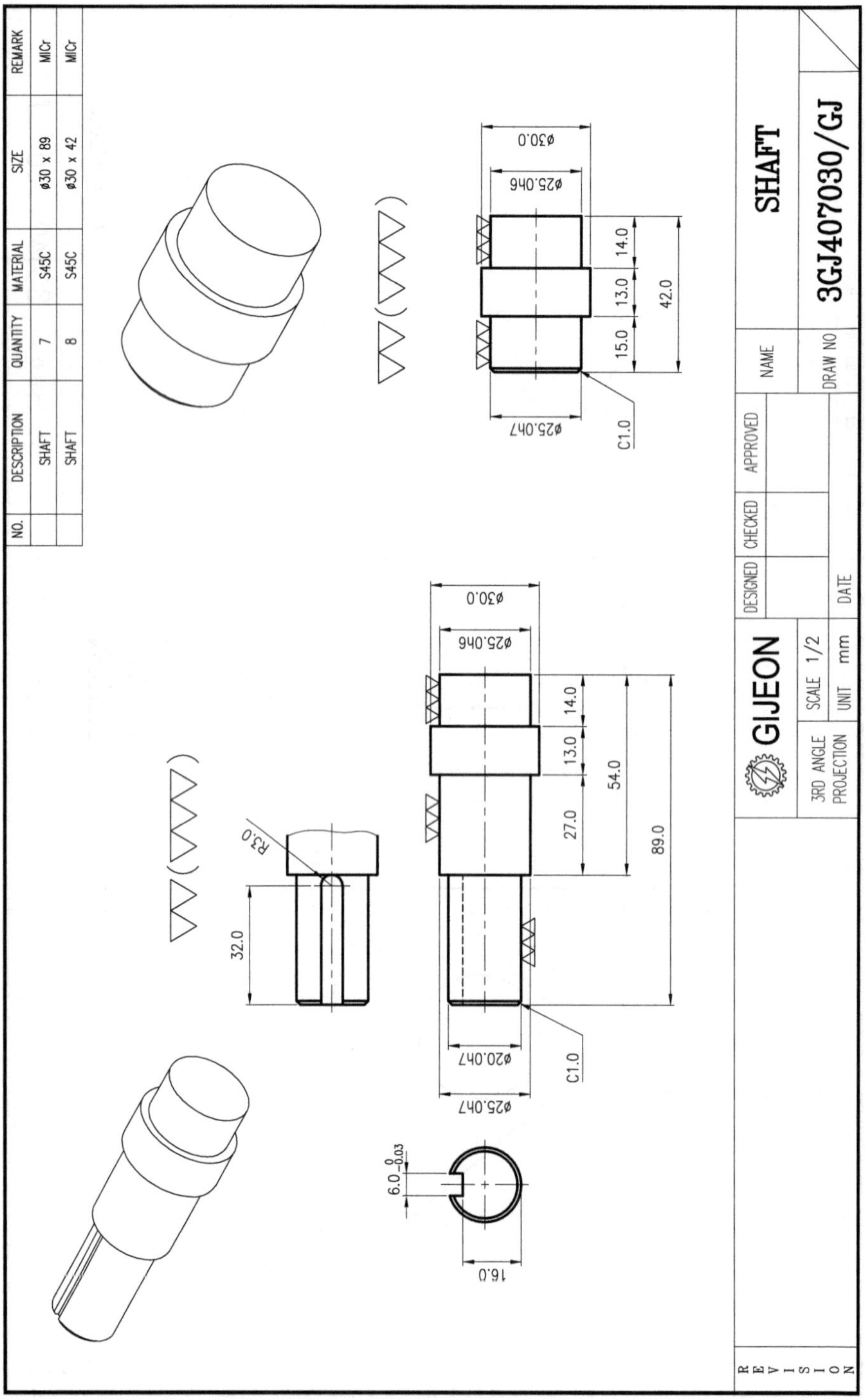
NO.
DESCRIPTION
QUANTITY
MATERIAL
SIZE
REMARK
SHAFT
7
S45C
ø30 x 89
MICr
SHAFT
8
S45C
ø30 x 42
MICr
ø30.0
ø25.0h6
14.0
13.0
15.0
42.0
ø25.0h7
C1.0
27.0
54.0
89.0
R3.0
32.0
ø20.0h7
6.0
16.0
GIJEON
DESIGNED
CHECKED
APPROVED
NAME
SHAFT
DRAW NO
3GJ407030/GJ
3RD ANGLE PROJECTION
SCALE 1/2
UNIT mm
DATE
REVISION

연습문제 04 SPROCKET 제도

(다음과 같은 SPROCKET을 1 : 1 현척으로 제도하여 보아라.)

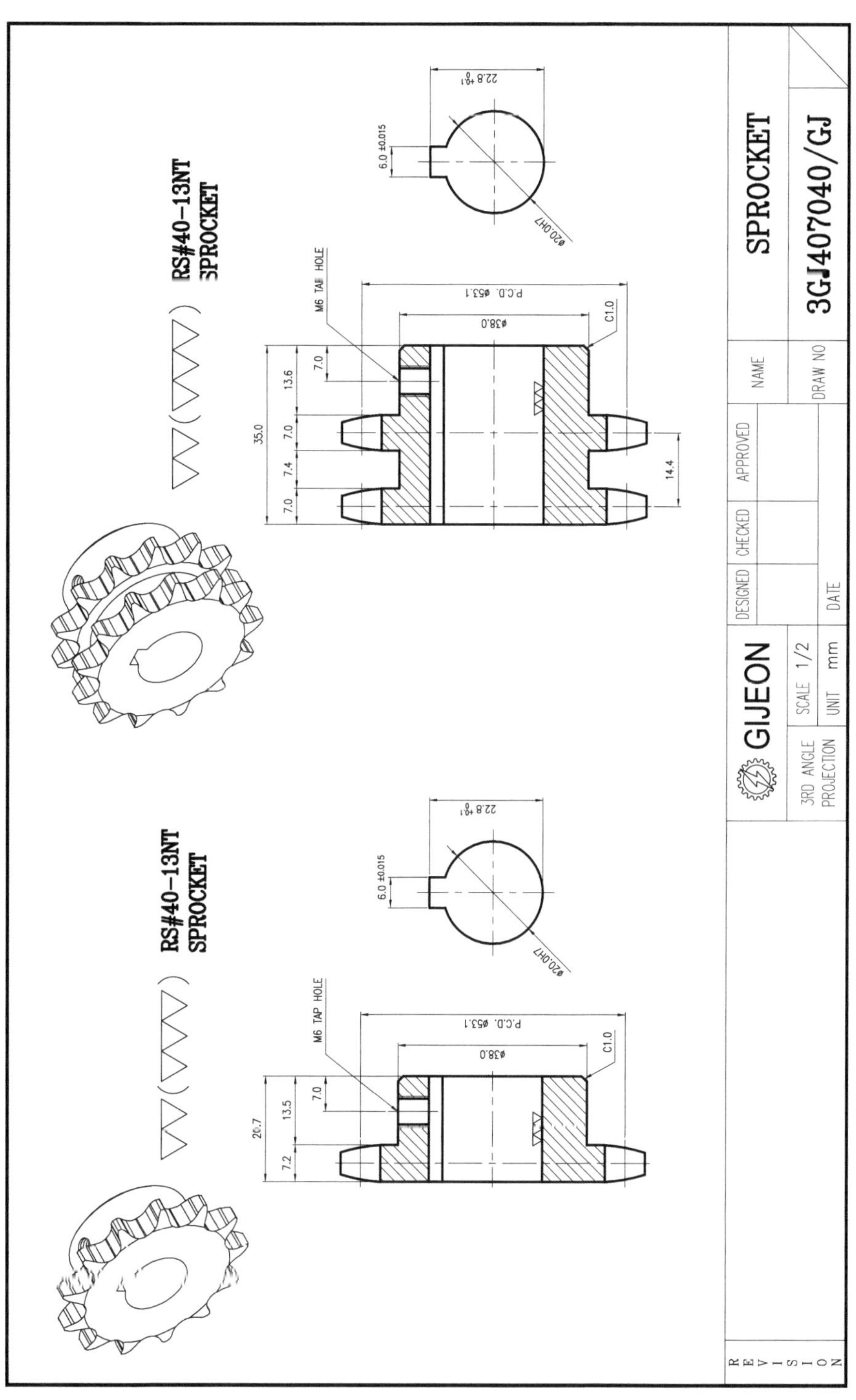

연습문제 05 **BRACKET 제도**

(다음과 같은 BRACKET을 1 : 1 현척으로 제도하여 보아라.)

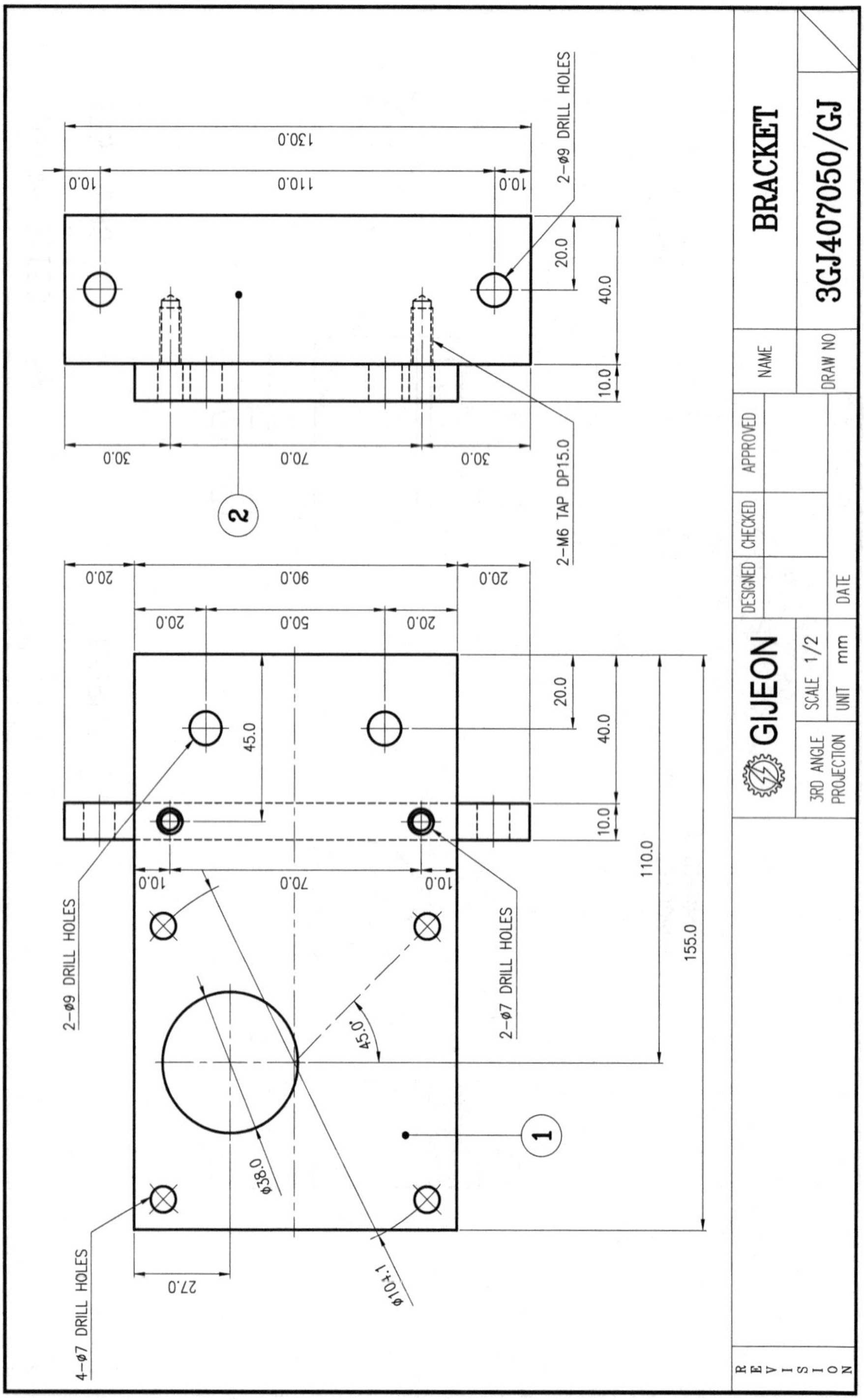

AutoCAD 2024

PART 08

도면 출력과 조회

플로터 설정과 도면 출력

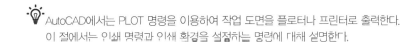

AutoCAD에서는 PLOT 명령을 이용하여 작업 도면을 플로터나 프린터로 출력한다.
이 절에서는 인쇄 명령과 인쇄 환경을 설정하는 명령에 대해 설명한다.

1.1 PAGESETUP 명령(도면 인쇄 설정)

PAGESETUP 명령은 도면 인쇄에 사용할 플로터를 선택하거나 인쇄 유형, 인쇄 용지, 인쇄 방향, 인쇄 축척 등을 설정할 때 사용한다.

 Command : PAGESETUP

01 도면 인쇄 설정

AutoCAD는 도면 작성을 위해 모델(Model) 시트와 레이아웃(Layout) 시트라는 두 가지 도면 영역을 지원하는데, 각 시트마다 서로 다른 인쇄 환경을 설정할 수 있다.

1 인쇄 환경을 설정할 모델 또는 레이아웃 시트 탭을 클릭하여 선택한다.

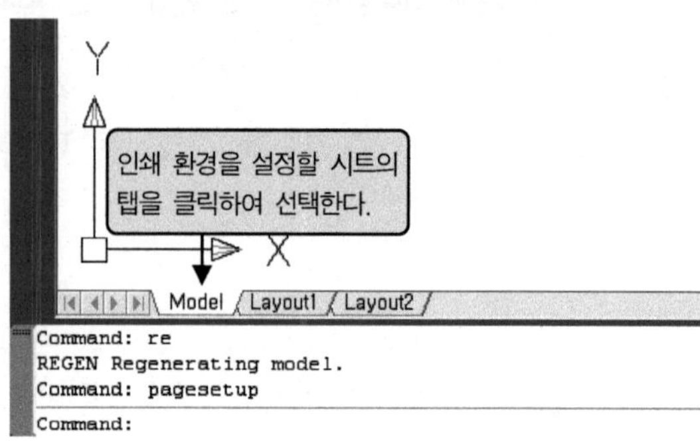

2 PAGESETUP 명령을 실행한다. 그러면 다음과 같은 대화상자가 표시된다. 단, 이 대화상자는 레이아웃 시트를 처음 선택하면 자동으로 표시된다.

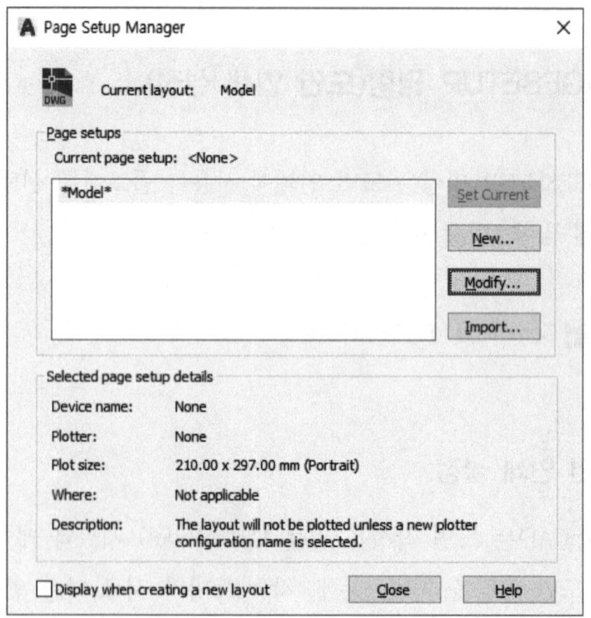

3 Modify를 선택하면, 도면 출력에 사용할 출력 장치나 인쇄 유형 등의 인쇄 환경을 설정한다.

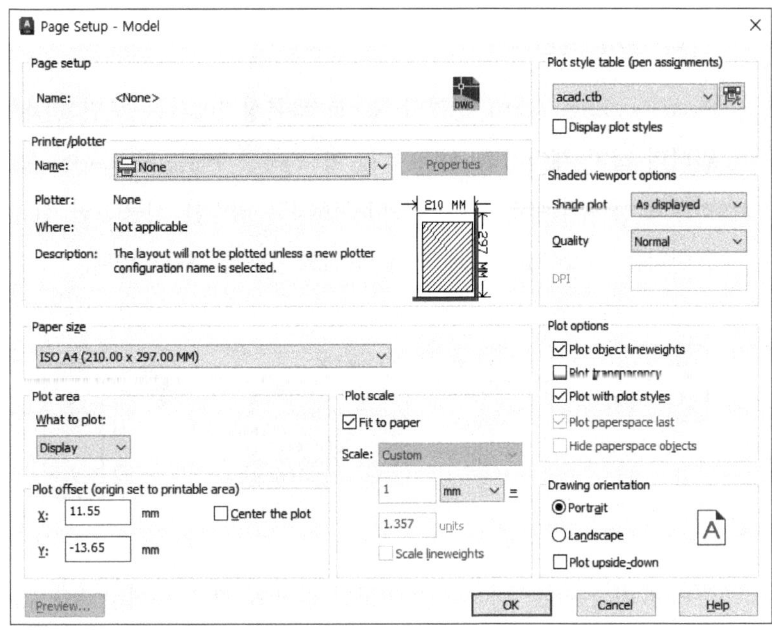

4 OK 단추를 클릭한다. 설정한 상태로 도면을 인쇄하려면 Plot 단추를 클릭한다.

위 대화상자에서는 다음과 같은 인쇄 항목을 설정할 수 있다. 그리고 인쇄 용지나 방향, 인쇄 영역 등을 설정할 수 있다.

항 목	설 명
Page setup name	인쇄에 사용할 인쇄 설정을 선택하거나 추가한다.
Printer/Plotter	인쇄에 사용할 플로터나 프린터를 지정하거나 선택된 인쇄장치의 환경을 설정한다.
Plot style table (pen assignments)	인쇄에 사용할 인쇄 유형을 선택하거나 편집한다. 인쇄 유형에 대해서는 "chapter 02 인쇄 유형의 사용"을 참조하기 바란다.
Display when creating a new layout	레이아웃 시트를 처음 선택하거나 새로운 레이아웃 시트를 생성할 때 Page Setup 대화상자를 표시한다.

 인쇄 장치 설정

Plotter configuration 영역의 Name 목록상자에서는 도면 인쇄에 사용할 플로터나 프린터의 장치 제어기를 선택한다. 이 목록상자에는 윈도우에 설치된 인쇄 장치는 기본적으로 등록되는데, PLOTTERMANAGER 명령을 사용하면 컴퓨터에 연결된 플로터나 프린터를 AutoCAD 전용 인쇄 장치로 추가할 수도 있다.

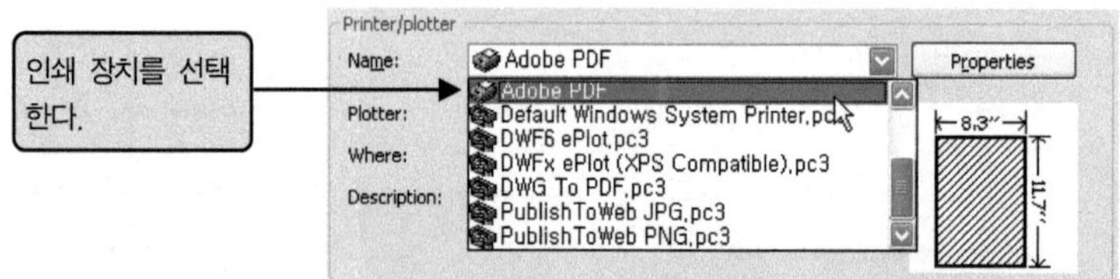

그리고 Properties 단추를 클릭하면 다음과 같은 대화상자가 표시된다. 이 대화상자는 선택한 인쇄 장치에 따라 달라지는데, 기본 인쇄용지나 펜 환경, 그래픽 인쇄 여부, 사용자 용지 및 여백 등의 인쇄 속성을 설정할 수 있다. 이에 대한 자세한 내용은 도움말을 참조하기 바란다.

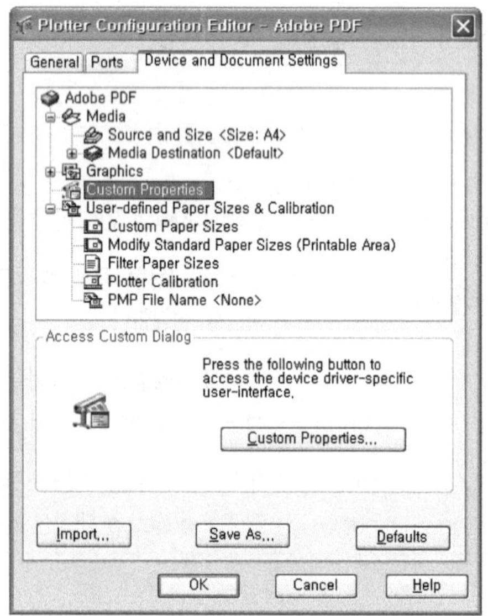

03 인쇄 설정 선택

Page setup manager 목록 상자에서는 도면에 추가된 인쇄 설정이나 다른 시트의 인쇄 설정 등을 선택하여 그대로 사용할 수 있다. 예를 들어, Layout1 시트에서 인쇄 환경을 설정했을 경우, Layout2 시트에서 Layout1 시트의 인쇄 설정 내용을 그대로 받아들여 사용할 수 있다.

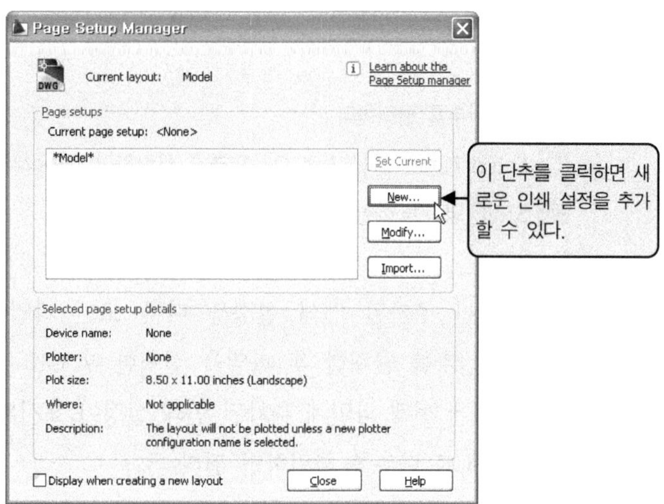

또한 다음과 같은 방법으로 작업 도면에 인쇄 설정을 추가하면, 다른 도면 파일에서 작업 도면에 추가된 인쇄 설정을 불러 사용할 수도 있다.

1. Page Setup 대화상자에서 출력 장치나 인쇄 유형 등의 인쇄 환경을 설정한다.
2. Page setup 영역의 New 단추를 클릭한다.
3. New page setup name 입력란에 작업 도면에 추가할 인쇄 설정 이름을 입력한다.

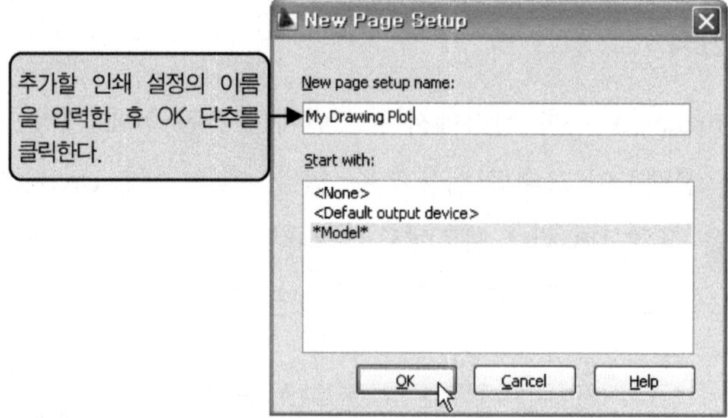

4 OK 단추를 클릭한다.

5 Setup Page 대화상자의 OK 단추를 클릭하여 대화상자를 닫는다.

6 SAVE 명령을 실행하여 작업 도면을 저장한다.

이와 같이 추가된 인쇄 설정을 다른 도면 파일에서 사용하려면 위 대화상자에서 Import 단추를 클릭한 후 파일을 선택한 후 OK 버튼을 누른다. 그러면 다음과 같은 대화상자에 선택 파일에 추가된 인쇄 설정이 표시된다. 여기서 사용할 인쇄 설정을 선택한 후 OK 단추를 클릭하면 된다.

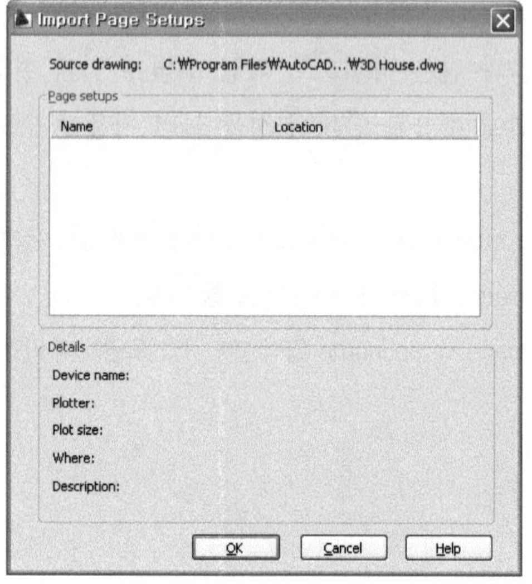

 레이아웃 설정

Page Setup 대화상자에서 Modify 탭을 클릭하면 다음과 같이 인쇄용지나 방향, 인쇄 영역 등을 설정할 수 있다. 이들 항목은 인쇄할 때 설정해도 되는데, 이에 대해서는 PLOT 명령에서 자세히 설명한다.

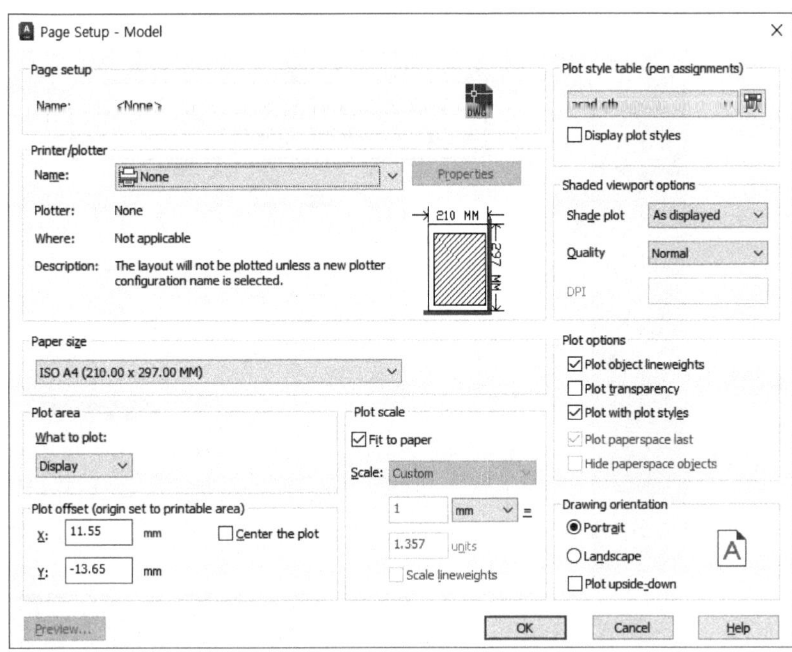

항 목	설 명
Paper size and paper units	도면 인쇄에 사용할 용지의 크기 및 단위를 설정한다. 용지의 목록은 사용 출력 장치가 지원하는 크기만 표시된다.
Drawing orientations	도면의 인쇄 방향을 설정한다.
Plot area	도면의 인쇄 영역을 설정한다.
Plot scale	도면의 인쇄 축척을 설정한다.
Plot offset	도면의 인쇄 시작점을 설정한다.
Plot option	선 굵기, 인쇄 유형, 은선의 인쇄 여부를 설정한다.

1.2 PREVIEW 명령(작업 도면의 화면 인쇄)

PREVIEW 명령은 다음 그림과 같이 현재 작업 중인 시트의 도면 내용을 화면으로 인쇄하여 그 결과를 미리 확인해 볼 때 사용한다. 단, 화면 인쇄 내용은 작업 시트에 설정된 인쇄 환경에 따른다.

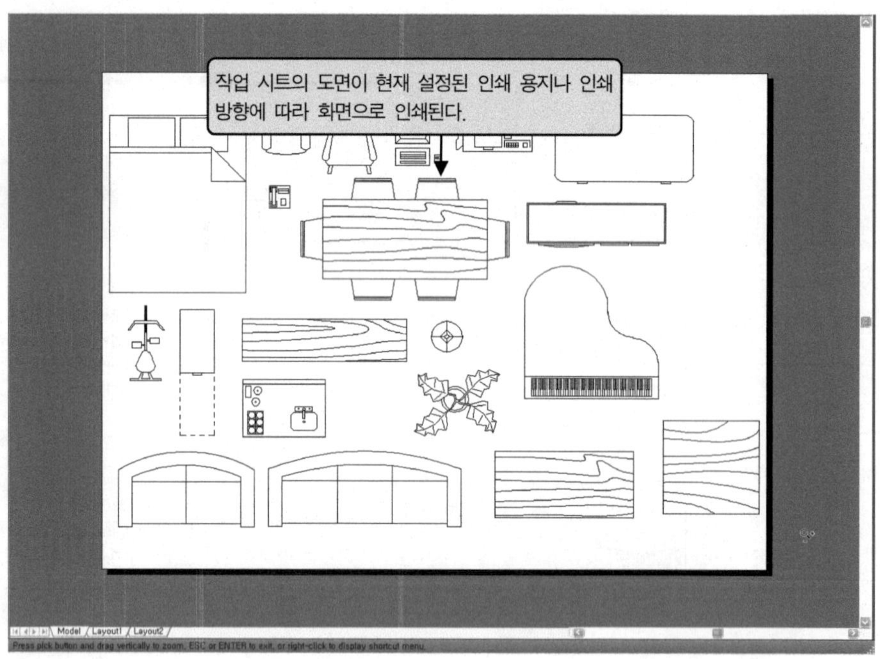

작업 시트의 도면이 현재 설정된 인쇄 용지나 인쇄
방향에 따라 화면으로 인쇄된다.
Model / Layout1 / Layout2

Command : PREVIEW 〈또는 PRE〉

01 인쇄 결과 미리 보기

위 그림과 같이 AutoCAD의 Sample/ActiveX/ExtAttr 폴더에 저장된 "Assemble Sample.dwg" 예제 도면 파일의 Model 시트에 설계된 도면을 화면으로 인쇄하여 보자. 이를 위해 먼저 "Assemble Sample.dwg" 파일을 화면으로 열기 바란다.

1 미리 볼 도면이 배치된 Model 시트 탭을 클릭하여 선택한다.

2 PAGESETUP 명령을 실행하여 인쇄에 사용할 장치 제어기를 지정한다. 이미 인쇄 환경이 설정된 경우에는 이 과정을 생략한다.

3 Standard 도구모음의 [아이콘] 단추를 클릭한다. 그러면 위 그림과 같이 Model 시트의 도면이 설정된 인쇄 환경에 맞춰 화면 인쇄된다.

4 화면 인쇄를 종료하려면 <Esc>키나 엔디기를 누른다.

이와 같은 방법으로 작업 도면의 내용을 화면으로 인쇄하면 된다. 단, 위 예의 2단계와 같이 선택한 시트를 인쇄할 장치 제어기를 지정하지 않으면, 화면 인쇄는 실행되지 않고 명령 행에 다음과 같은 메시지가 표시된다.

No plotter is assigned. Use Page Setup to assign a plotter to the current Layout.

미리 보기 영역 줌

미리 보기 영역은 확대/축소 표시할 수 있다. 미리 보기 영역을 확대 표시하려면 다음 그림과 같이 [아이콘] 모양의 마우스 포인터를 위쪽 방향으로 드래그하고, 축소 표시하려면 마우스 포인터를 아래 방향으로 드래그하면 된다.

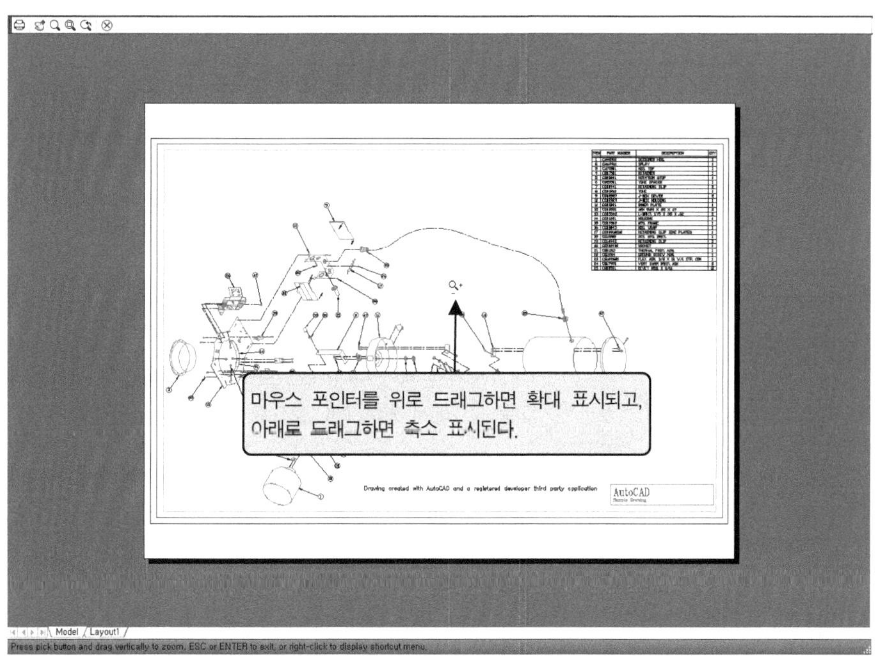

03 미리 보기 단축 메뉴

화면 인쇄 상태에서 미리 보기 영역을 마우스 오른쪽 단추로 클릭하면 다음 그림과 같이 미리 보기 단축 메뉴가 표시된다. 이들 메뉴의 기능은 다음과 같다.

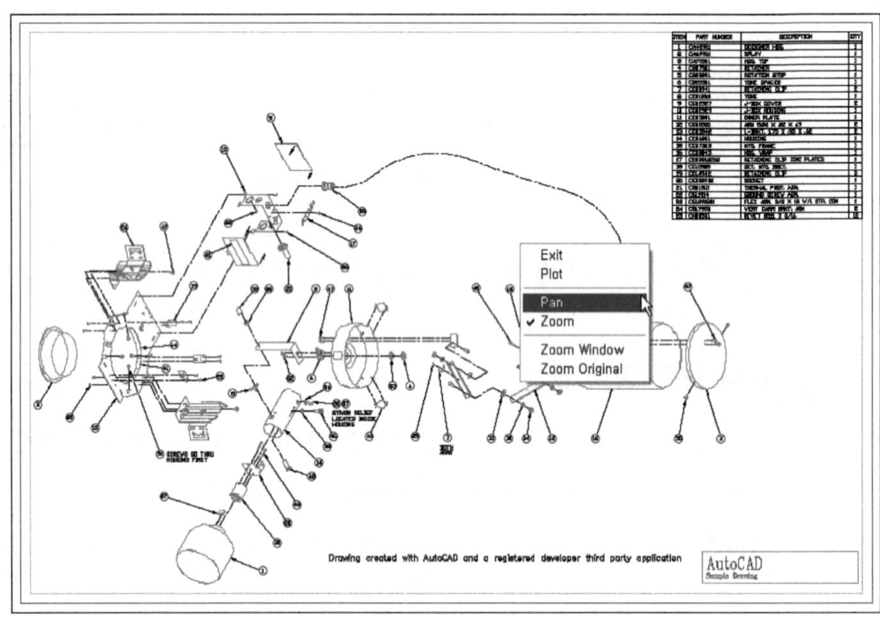

메 뉴	설 명
Exit	화면 인쇄를 종료한다.
Plot	화면 인쇄 결과를 플로터나 프린터로 바로 인쇄한다.
Pan	미리 보기 영역의 이동 모드로 전환한다. 이 메뉴를 선택하면 모양의 마우스 포인터로 미리 보기 영역을 이동시킬 수 있다.
Zoom	미리 보기 영역의 확대/축소 모드로 전환한다. 이 메뉴는 미리 보기 영역의 이동 모드에서 확대/축소 모드로 전환할 때 사용한다.
Zoom Window	모양의 마우스 포인터로 미리 보기 영역의 특정 영역만 선택하여 확대/축소 표시한다.
Zoom Original	확대/축소 표시된 미리 보기 영역을 기본 크기로 표시한다.

1.3 PLOT 명령(작업 도면의 인쇄)

PLOT 명령은 작업 파일의 도면을 플로터나 프린터로 인쇄한다. 작업 파일의 도면은 전부 또는 특정 시트의 도면만 선택하여 인쇄할 수 있다.

도구모음 : 퀵 액세스 툴바의 단추

메뉴 : A → Plot 메뉴

Command : PLOT 〈또는 PRINT〉

01 도면의 인쇄

도면의 인쇄는 해당 도면이 배치된 시트의 인쇄 설정에 따라 달라진다.
이미 PAGESETUP 명령으로 인쇄 환경을 설정한 시트의 도면인 경우에는 다음과 같이 인쇄하면 된다.

1 인쇄할 도면이 배치된 시트 탭을 클릭하여 선택한다.

2 PLOT 명령을 실행한다.

Command : PLOT ↵

3 Plot 대화상자가 표시되면 OK 단추를 클릭한다. 그러면 작업 도면이 플로터나 프린터로 인쇄된다.

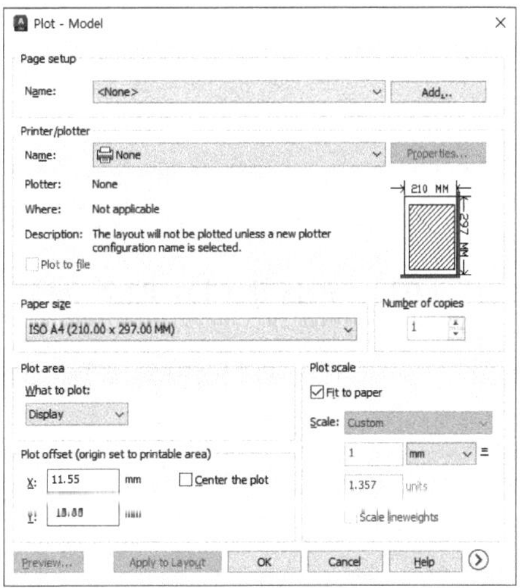

위와 달리 선택 시트에 인쇄 환경이 설정되어 있지 않으면, 위 대화상자에서 인쇄 장치나 인쇄 유형 등 인쇄 환경을 설정해주어야 한다. 그리고 설정한 인쇄 환경은 Save changes to layout 확인란을 선택하여 저장할 수 있다. 이 확인란을 취소하면 현재 인쇄에만 사용되고, 선택 시트에는 저장되지 않는다.

02 인쇄 결과 미리 보기

위 대화상자에서 인쇄에 앞서 인쇄 결과를 화면으로 확인해 볼 수도 있다. 인쇄 결과를 미리 보려면 Preview 단추를 클릭하면 된다.

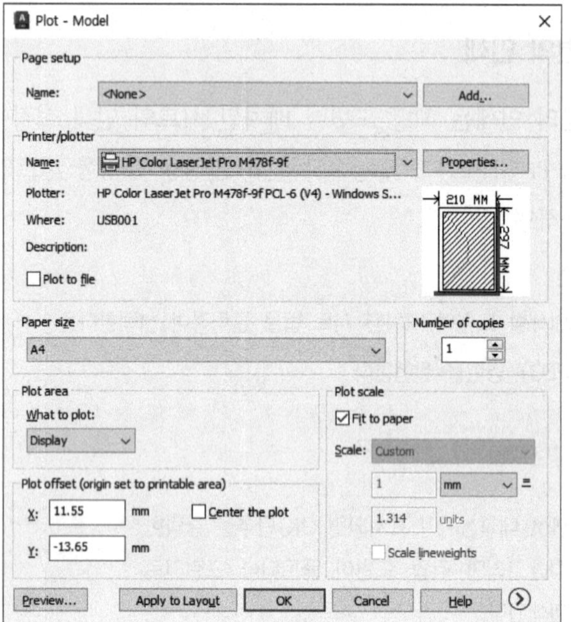

03 인쇄할 대상 매수 지정

Plot 대화상자의 What to plot 영역에서는 인쇄 매수를 지정한다.

04 파일로 인쇄

PLOT 명령에서는 작업 도면을 확장명이 PLT인 이진 파일(binary file)로 인쇄할 수 있다.

1 퀵 액세스 툴바의 [인쇄] 단추를 클릭하여 PLOT 명령을 실행한다.

2 Plot 대화상자가 표시되면 Plot to file 확인란을 선택한다.

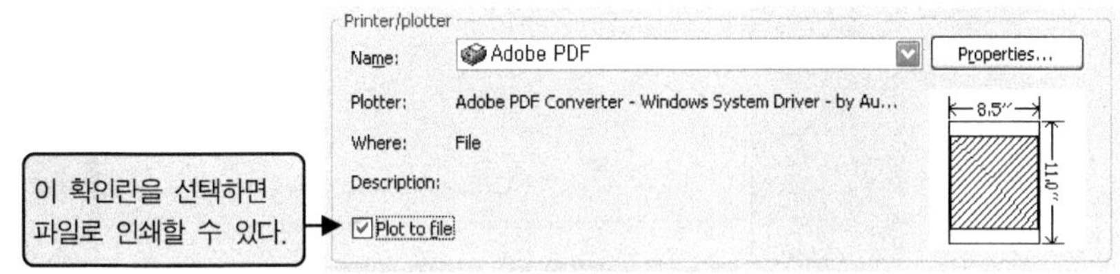

3 File Name 입력란에 파일 이름으로 Plan.plt를 입력한다.

4 폴더 찾아보기 대화상자가 표시되면 저장할 위치를 선택한 후 확인 단추를 클릭한다.

5 Plot 대화상자의 OK 단추를 클릭한다.

이와 같이 생성한 이진 파일은 AutoCAD가 설치되지 않는 컴퓨터에서도 DOS의 TYPE 명령으로 인쇄할 수 있다. 예를 들어, 앞서 파일로 인쇄한 Plan.plt를 DOS에서 인쇄하려면 다음과 같이 한다.

```
C:₩>TYPE  A:PLAN.PLT > PRN ↵
```

단, 이때 사용 출력 장치(PRN)는 이진 파일을 생성 시 설정된 출력 장치와 동일한 기종이어야 원하는 출력 결과를 얻을 수 있다.

> **Tip**
>
> **인터넷 웹 형식의 파일(DWF)로 인쇄하기**
>
> AutoCAD에서 작업한 도면은 다음 그림과 같이 인터넷 웹 페이지 형식의 파일로 인쇄할 수도 있다.

인터넷 웹 페이지 형식의 파일로 인쇄하려면 Plot 대화상자에서 인쇄 장치로 DWF ePlot.pc3이나 DWF Classic.pc3 제어기를 선택해주면 된다.

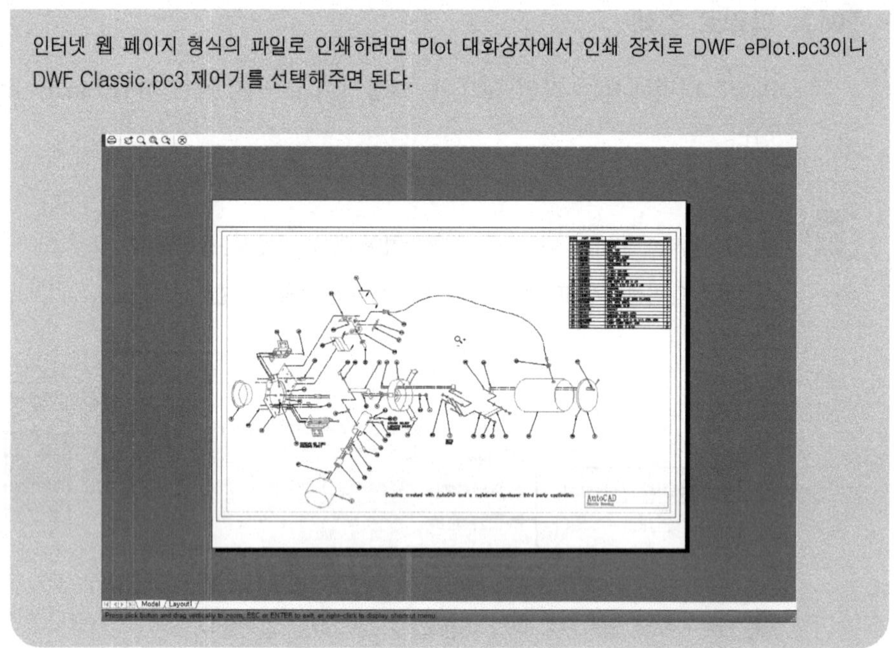

05 인쇄 영역 지정

시트의 도면은 특정 영역의 내용만 인쇄할 수도 있다. 예를 들어, 다음 그림과 같이 "Assemble Sample.dwg" 파일의 Model 시트 도면 중 일부 영역만 화면 인쇄하여 보자.

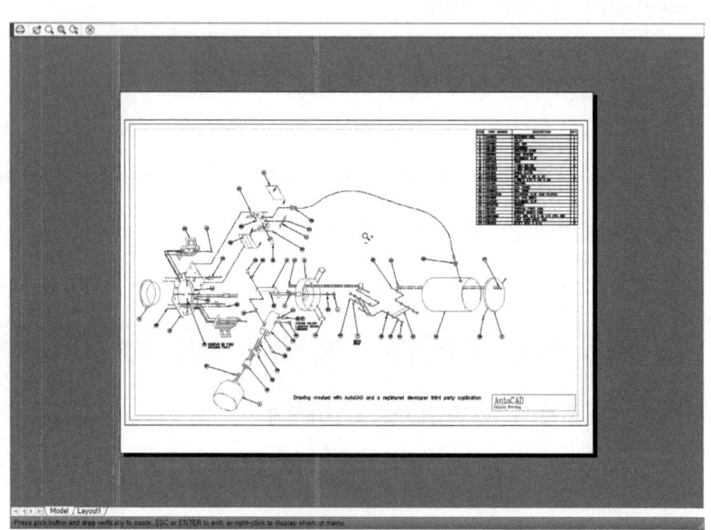

1 퀵 액세스 툴바의 [인쇄] 단추를 클릭하여 PLOT 명령을 실행한다.

2 Plot 대화상자가 표시되면 Plot Settings 탭을 클릭한다.

3 Plot Area의 Window 단추를 클릭한다.

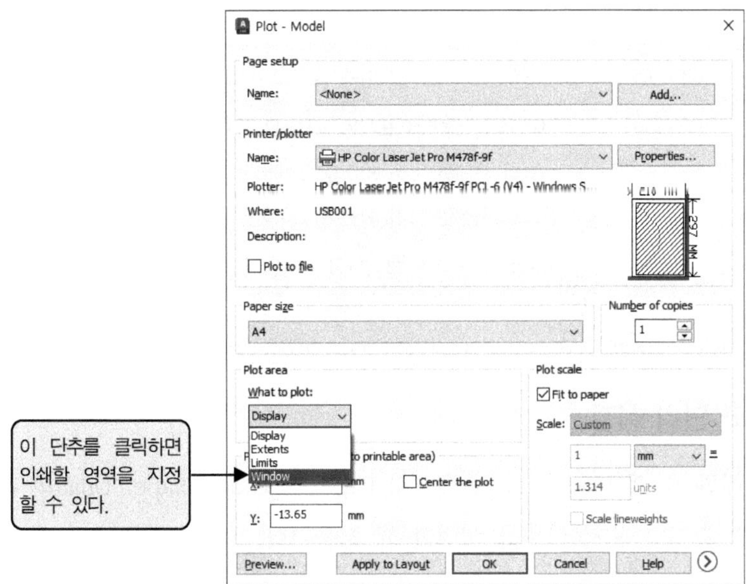

4 작업 화면이 표시되면 그래픽 커서로 인쇄할 영역을 선택한다.

Specify first corner : ⇨ 인쇄 영역의 한 모서리 선택
Specify opposite corner : ⇨ 마주보는 모서리 선택

5 Plot 대화상자로 돌아오면 Full Preview 단추를 클릭한다. 실제 인쇄하려면 OK 단추를 클릭한다.

이외에도 다음과 같은 인쇄 영역 항목을 사용하여 도면 전체나 현재 표시된 상태 그대로 인쇄할 수도 있다.

항 목	설 명
Limits	설정된 도면의 크기 안에 그려진 도면 요소만 인쇄한다. 모델 시트를 선택한 경우에만 표시된다.
Layout	레이아웃 시트의 도면 용지 안에 배치된 도면 요소만 인쇄한다. 레이아웃 시트를 선택한 경우에만 표시된다.
Extents	설정된 도면의 크기 밖에 그려진 도면 요소도 인쇄한다.
Display	현재 작업 화면에 표시된 도면 요소만 인쇄한다.
View	인쇄에 선택할 보기 화면을 선택한다. 단, 이 항목은 작업 도면에 VIEW 명령으로 저장한 보기 화면이 있어야만 활성화된다.
Window	Window 단추를 클릭하여 지정한 영역 내의 도면 요소만 인쇄한다.

06 용지와 단위 설정

Plot 대화상자의 Plot Settings 탭에서 Paper Size and Paper Units의 각 항목은 인쇄 용지의 크기와 용지 단위를 설정할 때 사용한다.

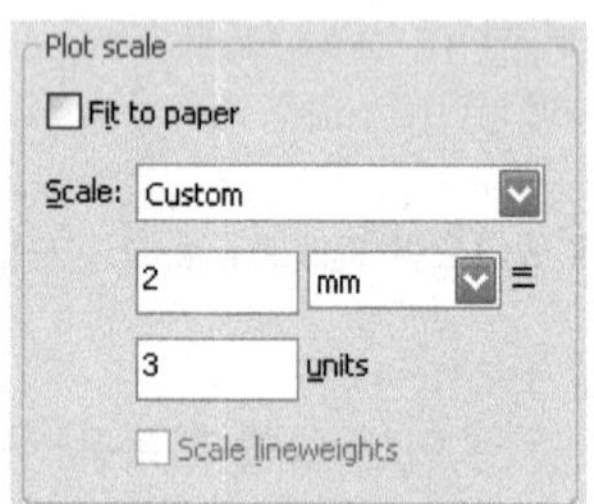

항 목	설 명
Paper size	인쇄에 사용할 용지 크기를 선택한다. 단, 선택 가능한 인쇄용지는 설정된 인쇄 장치 제어기에 따라 달라진다.
Inches	인쇄용지의 단위로 인치를 설정한다.
mm	인쇄용지의 단위로 밀리미터를 설정한다.

07 인쇄 방향 설정

선택한 시트의 도면은 Plot Settings 탭의 Drawing orientation에서 세로 방향, 가로 방향의 인쇄 방향을 설정할 수 있다.

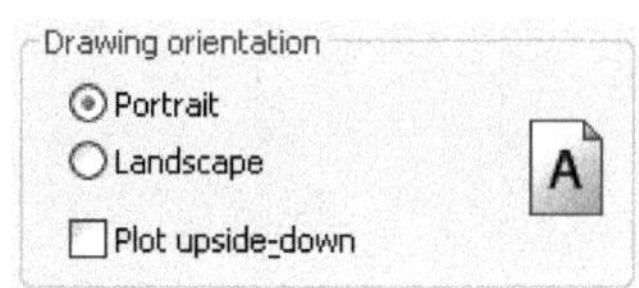

항 목	설 명
Portrait	작업 도면을 세로 방향으로 인쇄한다.
Landscape	작업 도면을 가로 방향으로 인쇄한다.
Plot upside-down	작업 도면을 뒤에서부터 인쇄한다.

08 인쇄 축척 설정

인쇄 축척은 도면의 단위(Drawing Units)와 인쇄될 단위(Plotted)를 지정하여 설정한다. 예를 들어, mm단위로 작성된 도면을 0.5배로 축소하여 인쇄하려면 다음과 같이 한다.

따라하기

1. 퀵 액세스 툴바의 [아이콘] 단추를 클릭하여 PLOT 명령을 실행한다.
2. Plot 대화상자가 표시되면 Plot Settings 탭을 클릭한다.
3. Paper Size and Paper Units에서 도면 용지의 단위로 mm(인치 단위인 경우에는 Inches)를 선택한다.
4. 다음과 같이 Scale 목록 상자에서 인쇄 축척으로 2:1을 선택한다. Scaled to fit를 선택하면 축척에 관계없이 설정된 인쇄용지 크기에 맞춰 인쇄할 수 있다.

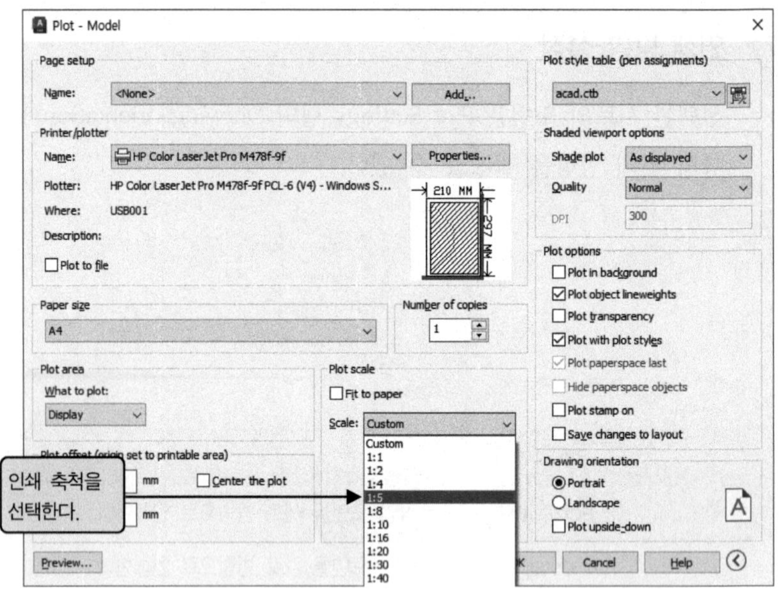

5 OK 단추를 클릭한다.

위 예와 달리 목록상자에 없는 배율로 확대/축소하여 인쇄하려면 Custom 입력란에 그 값을 직접 입력하면 된다. 예를 들어, 0.2(1/5)배로 축소 인쇄하려면 다음과 같이 mm (또는 Inches) 입력란에 1을, drawing Units 입력란에 5를 입력하면 된다.

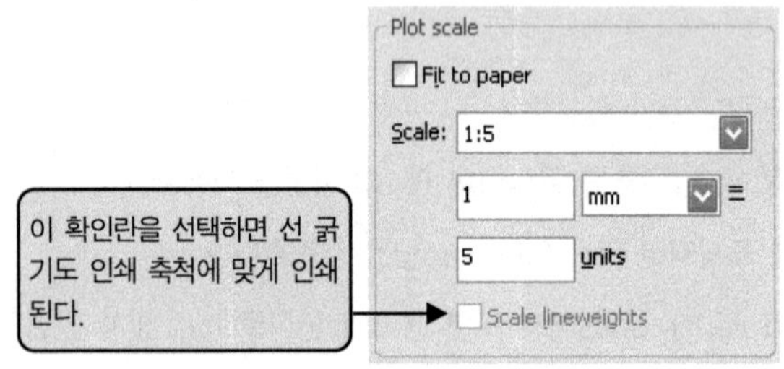

그리고 도면을 확대 또는 축소 인쇄할 때 선 굵기도 확대/축소 배율에 맞춰 인쇄하려면 Scale lineweights 확인란을 선택하면 된다.

09 인쇄 시작점 설정

Plot offset은 인쇄 시작점의 X, Y축 위치를 설정한다. 인쇄 시작점의 기준 위치는 도면의 좌측 하단으로, 이를 기준으로 설정하면 된다.

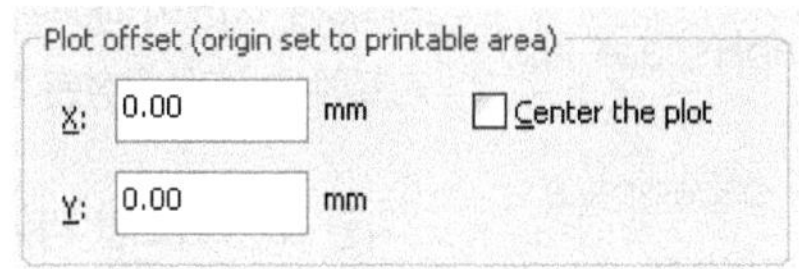

항 목	설 명
Center the plot	도면을 인쇄용지의 중앙에 맞춰 인쇄한다. 단, 인쇄 영역으로 Layout을 지정했을 경우에는 사용할 수 없다.
X	X축 방향의 인쇄 시작점을 지정한다.
Y	Y축 방향의 인쇄 시작점을 지정한다.

10 인쇄 옵션

Plot options에서는 도면 요소에 지정된 선 굵기로 인쇄할 것인지 여부와 은선의 인쇄 여부 등을 설정할 수 있다.

항 목	설 명
Plot in background	배경에 인쇄한다.
Plot object lineweights	도면 요소에 지정된 선 굵기를 사용하여 인쇄한다. 이 확인란을 취소하려면 인쇄 유형을 사용하지 않아야 한다.

항 목	설 명
Plot transparency	설정된 투명도로 인쇄 유형을 사용하여 인쇄한다.
Plot with plot styles	Plot Device 탭의 Plot style table 목록 상자에서 설정한 인쇄 유형을 사용하여 인쇄한다.
Plot paperspace last	레이아웃 시트에 배치된 모델 영역의 도면부터 인쇄한 후 레이아웃 시트에서 실제 작성된 도면 요소를 인쇄한다.
Hide paperspace objects	3차원 도면 요소인 경우 은선을 인쇄하지 않는다.
Plot stamp on	각 도면의 지정된 플롯 스탬프를 배치하고 파일에 로그를 기록한다.
Save change to layout	플롯대화상자에서 변경한 사항을 배치에 저장한다.

1.4 PLOTTERMANAGER 명령(플로터 및 프린터 설치)

AutoCAD에서는 컴퓨터에 연결된 인쇄 장치를 AutoCAD 전용으로 사용하거나 윈도우와 함께 사용할 수 있다.
AutoCAD에서 인쇄 장치 제어기를 설치하려면 PLOTTERMANAGER 명령을 사용하면 된다.

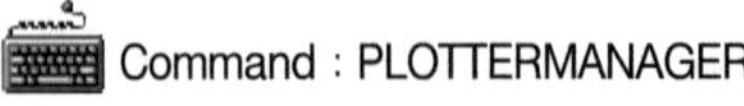

01 윈도우 프린터 추가

AutoCAD에서는 윈도우에 등록된 인쇄 장치를 그대로 사용할 수 있다. 그러나 윈도우에 등록된 인쇄 장치의 인쇄 환경은 다른 프로그램에서도 제어되기 때문에 AutoCAD에서 도면을 인쇄할 때 문제가 발생할 수 있다.
따라서 다른 프로그램과는 별도로 AutoCAD에서 인쇄 환경을 제어할 수 있도록 하려면 AutoCAD용 인쇄 장치 파일(*.pc3)을 설치해야 한다.

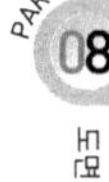

따라하기

1 PLOTTERMANAGER 명령을 실행한다.

Command : PLOTTERMANAGER ↵

2 Plotters 폴더가 열리면 Add-A-Plotter Wizard 아이콘을 더블 클릭한다.

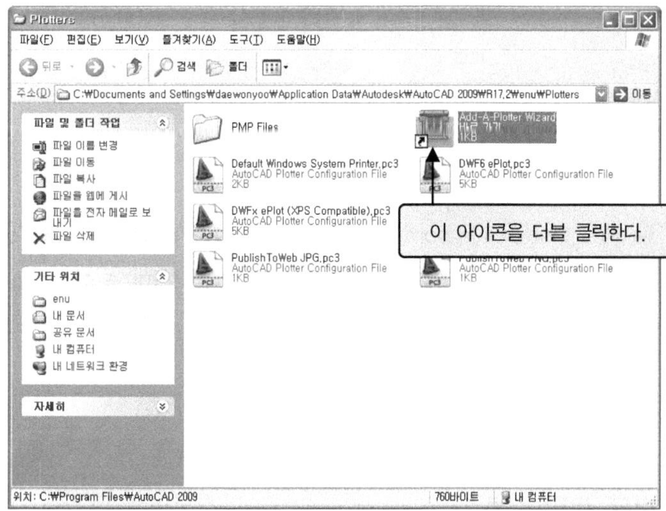

3 Add Plotter 대화상자가 표시되면 다음 단추를 클릭한다.

4 System Printer 항목을 선택한 후 다음 단추를 클릭한다.

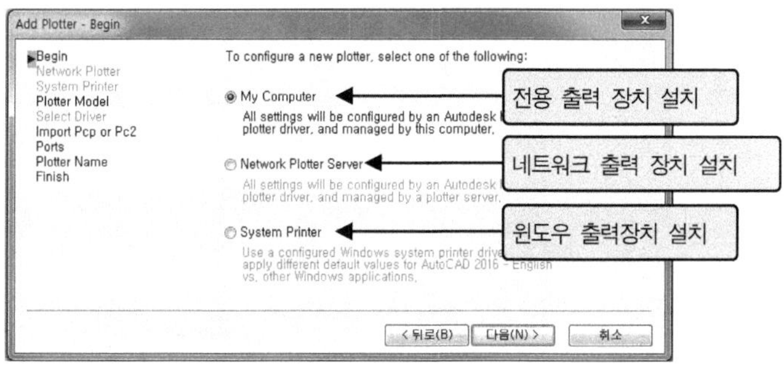

5 인쇄에 사용할 프린터를 선택한 후 다음 단추를 클릭한다.

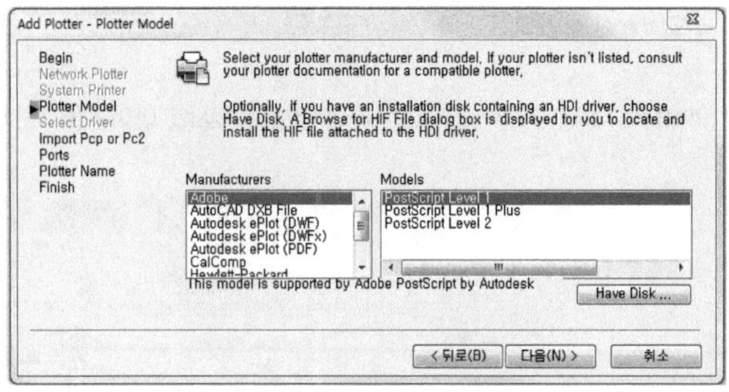

6 Add Plotter - Import Pcp or Pc2 대화상자가 표시되면 다음 단추를 클릭한다.

7 Add Plotter - Plotter Name 대화상자가 표시되면 플로터 이름을 입력한 후 다음 단추를 클릭한다.

8 마침 단추를 클릭한다.

02 전용 플로터 추가

위 예의 4단계에서 My Computer 항목을 선택하면 다음과 같은 대화상자가 표시된다. 이 대화상자에서 지정한 인쇄 장치는 AutoCAD 전용으로만 사용할 수 있다. 이는 보통 컴퓨터에 연결된 인쇄 장치가 다른 프로그램에서는 사용하지 않는 플로터일 경우 사용한다.

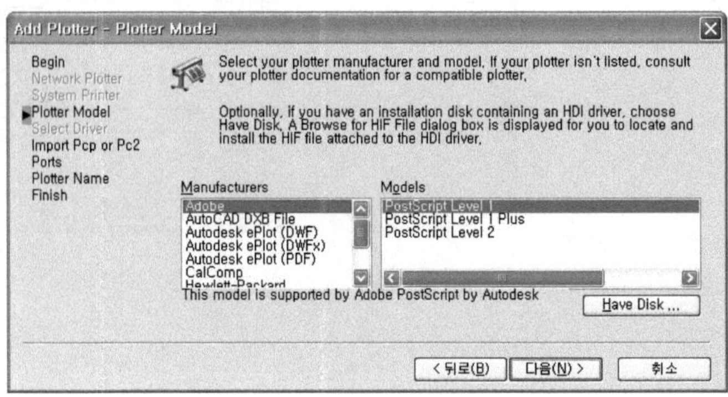

 네트워크 플로터 추가

네트워크에 연결된 프린터나 플로터를 공유할 때에는 위 예의 4단계에서 Network Plotter Server 항목을 선택하면 된다. 그러면 다음과 같은 대화상자가 표시되는데, 입력란에 공유할 인쇄 장치의 네트워크 경로를 지정해 주면 된다.

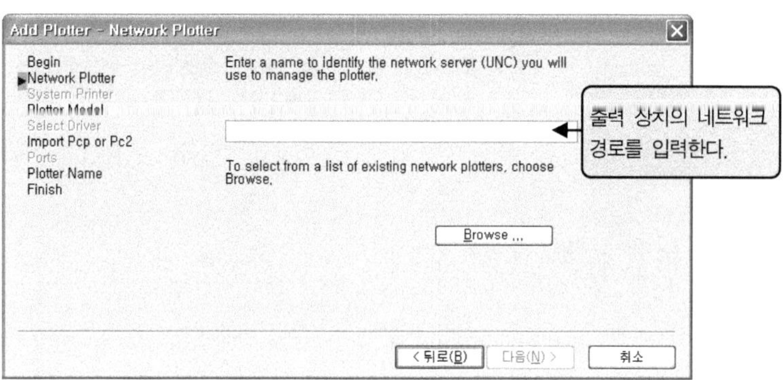

인쇄 유형의 사용

AutoCAD에서는 PLOT 명령을 이용하여 작업 도면을 플로터나 프린터로 출력한다.
이 절에서는 인쇄 명령과 인쇄 환경을 설정하는 명령에 대해 설명한다.

2.1 STYLESMANAGER 명령(인쇄 유형의 관리)

STYLESMANAGER 명령은 도면 인쇄에 사용할 인쇄 유형(Plot style)을 작성하거나 편집할 때 사용한다.

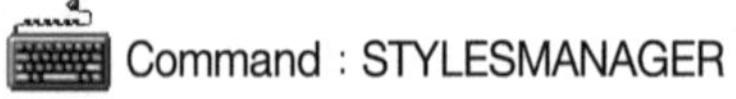

Command : STYLESMANAGER

01 인쇄 유형이란?

AutoCAD의 이전 버전까지는 동일한 선 유형과 선 굵기의 도면 요소를 지정한 대로 인쇄하려면 도면 요소에 색을 지정한 후 플로터의 펜에 실제 인쇄할 선의 굵기와 선 유형, 색을 할당하여야 했다.
그러나 AutoCAD 2000에서부터는 기존의 펜 할당대신 도면 요소에 인쇄 유형을 지정하는 방법으로 개선되었다. 이에 따라 기존 버전에서보다 쉽게 인쇄 유형의 설정 값 변경이나 도면 요소의 인쇄 유형 변경으로 작업 도면을 원하는 형태로 인쇄할 수 있게 되었다.

인쇄 유형의 종류

인쇄 유형으로는 색상 종속 인쇄 유형(Color dependent plot style)과 명명된 인쇄 유형(Named plot style) 두 가지가 있다.

색상 종속 인쇄 유형은 이전 비전의 펜 할당 방식과 마찬가지로 도면 요소의 색을 기초로 한다. 색상 종속 인쇄 유형은 255색에 따라 Color 1, Color 2 등의 이름으로 정의되어 있으며, 이들 인쇄 유형은 추가, 삭제하거나 이름을 변경할 수 없다. 그리고 색상 종속 인쇄 유형은 확장자가 *.ctb인 인쇄 유형 테이블 파일로 저장된다

이에 비해 명명된 인쇄 유형은 도면 요소의 색과는 독립적이며, 도면 요소에 지정된 인쇄 유형을 기초로 한다. 명명된 인쇄 유형은 확장자가 *.stb인 인쇄 유형 테이블 파일로 저장되며, 이들 인쇄 유형은 테이블 파일에 새로 추가, 삭제하거나 이름을 변경할 수 있다.

인쇄 유형 테이블 파일의 작성

인쇄 유형 테이블 파일은 처음부터 새로 작성하거나 디스크에 저장된 다른 테이블 파일, AutoCAD R14의 *.cfg 파일, *.pcp 파일, *.pc2 파일의 펜 할당 정보를 가져와 작성할 수 있다. 예를 들어, My_Plot.ctb라는 이름의 색상 종속 인쇄 유형 테이블 파일을 새로 작성하여 보자.

1 STYLESMANAGER 명령을 실행한다.

Command : STYLESMANAGER ↵

2 Plot Styles 폴더 창이 열리면 Add-A-Plot Style Table Wizard( ) 아이콘을 더블 클릭한다.

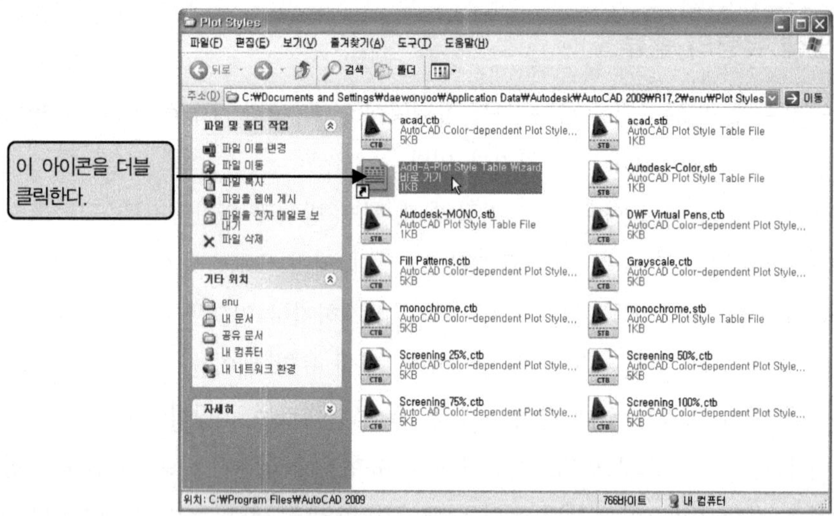

3 인쇄 유형 테이블 추가 마법사가 실행되면 다음 단추를 클릭한다.

4 Start from scratch 항목을 선택한 후 다음 단추를 클릭한다.

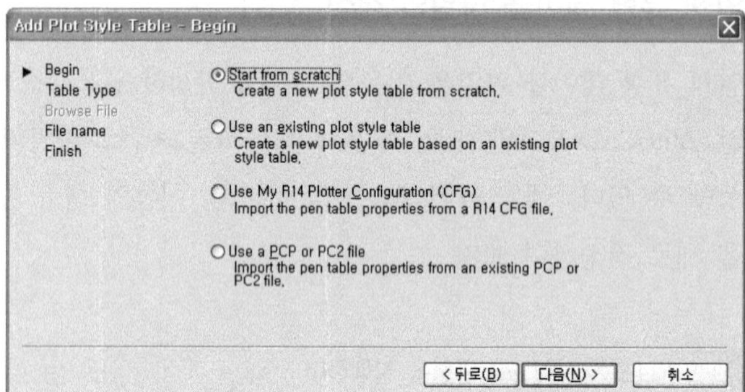

5 Color-Dependent Plot Style Table 항목을 선택한 후 다음 단추를 클릭한다. 명명된 인쇄 유형 테이블 파일을 작성하려면 Named Plot Style Table 항목을 선택한다.

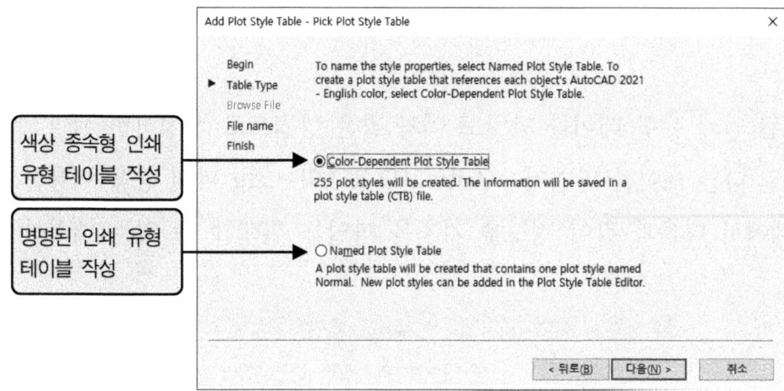

6 File name 입력란에 작성할 인쇄 유형 파일의 이름으로 My_Plot를 입력한 후 다음 단추를 클릭한다.

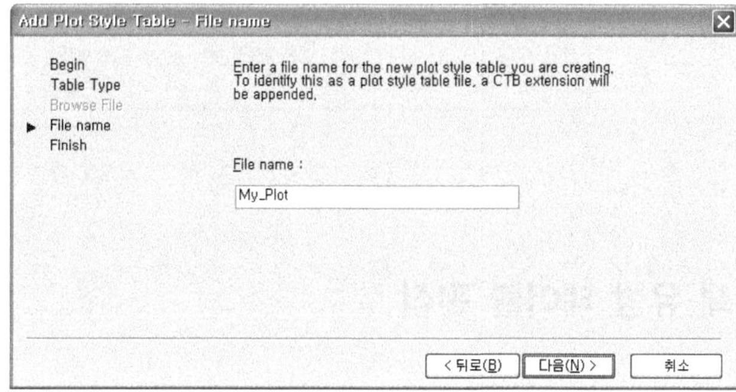

7 앞으로 작성될 새 도면이나 이전 버전의 도면 파일에서 해당 인쇄 유형 테이블 파일을 사용하려면 마침 단추를 선택하면 된다.

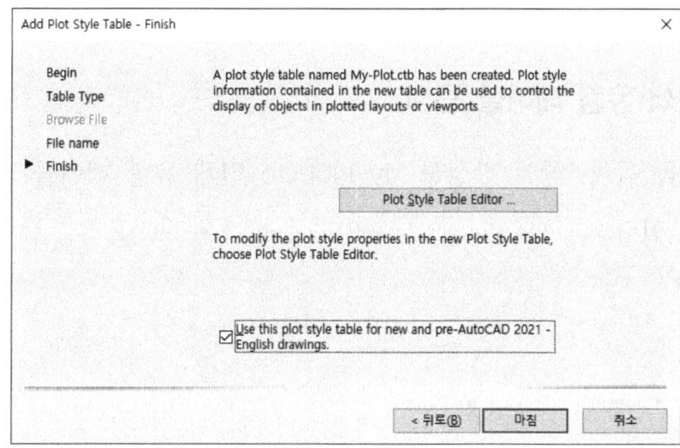

8 Plot Style Table Editor 단추를 클릭하면 작성할 인쇄 유형 테이블 파일을 편집할 수 있다.

명명된 인쇄 유형 테이블 파일도 이와 같은 방법으로 작성하면 된다. 그리고 디스크에 저장된 다른 테이블 파일이나 AutoCAD R14의 *.cfg 파일 등을 이용할 때에는 위 예의 6단계에서 다음과 같이 정보를 가져올 파일을 선택할 수 있는 대화상자가 표시된다.

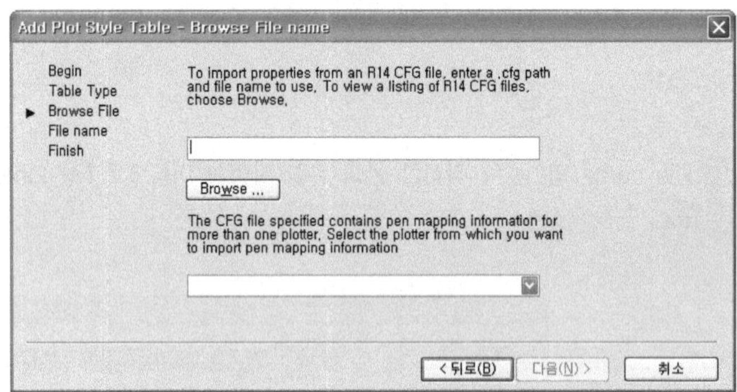

2.2 인쇄 유형 테이블 편집

인쇄 유형 테이블 파일을 작성하면 Plot Styles 폴더 창에 저장된다. 저장된 인쇄 유형 테이블 파일의 인쇄 유형에는 플로터의 펜이나 실제 인쇄 색, 선 굵기, 선 유형 등의 특성을 설정할 수 있다.

 인쇄 유형 테이블 편집

예를 들어, 앞서 작성한 My_Plot.ctb 인쇄 유형 테이블 파일을 편집하려면 다음과 같이 한다.

1 STYLESMANAGER 명령을 실행한다.

Command : STYLESMANAGER ↵

2 Plot Styles 폴더 창이 열리면 My_Plot.cbt( ) 아이콘을 더블 클릭한다.

3 Plot Styles Table Editor 대화상자의 Form View 탭을 클릭한다.

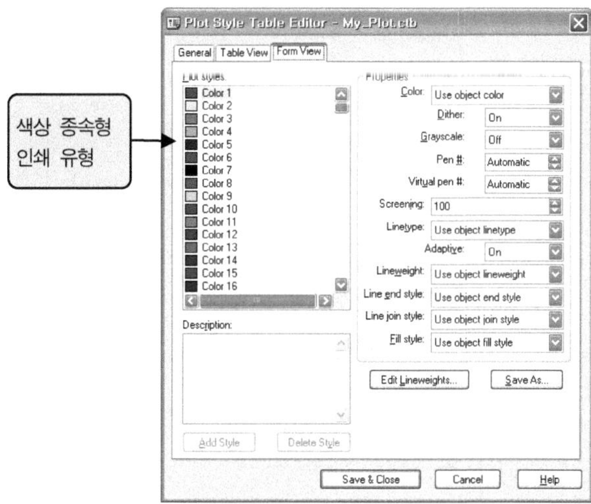

4 Plot 목록상자에서 편집할 인쇄 유형을 선택한다. <Ctrl>키를 누른 상태에서 다른 인쇄 유형을 추가 선택하여 특성을 동시에 설정할 수도 있다.

5 Properties 영역에서 선택한 인쇄 유형의 실제 인쇄 색이나 플로터 펜 번호, 선 굵기 등의 특성 값을 설정한다.

6 인쇄 유형의 특성 값 변경이 모두 끝나면 Save & Close 단추를 클릭한다. 다른 이름으로 저장하려면 Save As 단추를 클릭한다.

02 인쇄 유형 추가

명명된 인쇄 유형 테이블 파일에는 기본 인쇄 유형인 Normal만 정의되어 있는데, 색상 종속 인쇄 유형과 달리 새로운 인쇄 유형을 추가할 수 있다.

1 STYLESMANAGER 명령을 실행한 후 Plot Styles 폴더 창에서 편집할 명명된 인쇄 유형 테이블 파일을 더블 클릭한다.(acad.stb)

Command : STYLESMANAGER ↵

2 Plot Styles Table Editor 대화상자의 Form View 탭을 클릭한다.

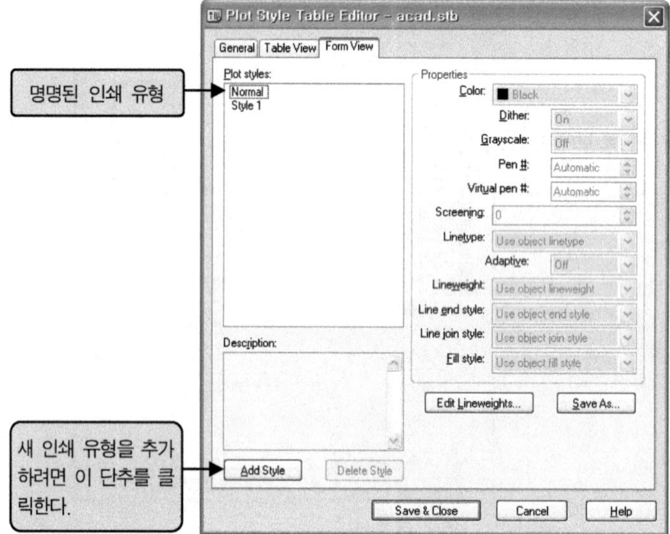

3 Add Style 단추를 클릭한다.

4 다음과 같은 대화상자가 표시되면 Plot style 입력란에 추가할 인쇄 유형의 이름을 입력한 후 OK 단추를 클릭한다.

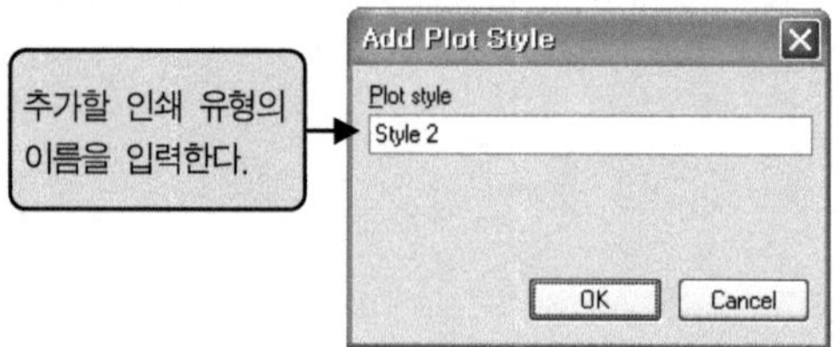

5 Properties 영역에서 추가된 인쇄 유형의 특성 값을 설정한다.

6 인쇄 유형의 특성 값을 설정했으면 Save & Close 단추를 클릭한다.

위 예의 3단계에서 Delete Style 단추를 클릭하면 선택한 인쇄 유형을 삭제할 수 있다. 단, 기본 인쇄 유형인 Normal은 삭제할 수 없다.

03 선 굵기 편집

그리고 Plot Styles Table Editor 대화상자에서 Edit Lineweights 단추를 클릭하면 다음과 같은 대화상자가 표시된다. 이 대화상자에서는 인쇄 유형에 설정할 선 굵기를 편집할 수 있다. 단, 선 굵기는 추가하거나 삭제할 수는 없다.

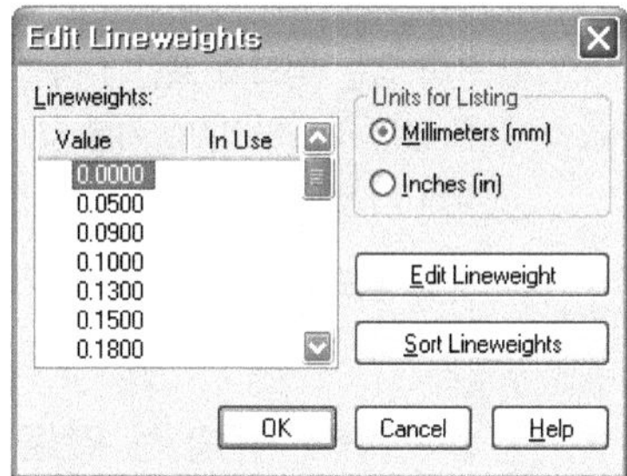

항 목	설 명
Lineweights	설정 가능한 선 굵기 목록을 표시한다.
Units for Listing	선 굵기 목록의 표시 단위를 지정한다.
Edit Lineweight	목록에서 선택한 선 굵기를 편집한다.
Sort Lineweights	선 굵기 목록의 정렬하여 표시한다.

04 인쇄 유형 특성

인쇄 유형은 다음과 같은 특성을 지정할 수 있으며, 색상이나 선 유형 등의 특성인 경우 기본 값이 아닌 다른 값을 설정하면 인쇄시 각 도면 요소에 지정된 특성보다 우선하여 적용된다.

항 목	설 명
Color	실제 인쇄할 색을 설정한다. 도면 요소에 지정된 색 그대로 인쇄하려면 Use object color를 선택하면 된다.
Dither	디더링 여부를 설정한다. 디더링을 활성화하면 AutoCAD의 색상표에서 지원하는 색보다 더 많은 색을 사용한 효과를 얻을 수 있다. 단, 사용 플로터가 디더링을 지원하지 않으면 무시된다.
Grayscale	사용 플로터가 회색조 변환을 지원할 경우, 도면 요소의 색을 회색조로 변환한다.
Pen number	인쇄에 사용할 플로터의 펜을 설정한다. 설정 가능한 값은 1~32까지이며, 기본 값은 Automatic이다.
Virtual pen	펜이 없는 잉크젯 프린터 등을 사용할 경우 가상 펜을 지정한다. 설정 가능한 값은 1~255이며, 기본 값인 Automatic을 선택하면 AutoCAD 색상표로부터 가상 펜을 자동으로 할당한다.
Screening	인쇄 농도를 설정한다. 설정 가능한 값은 0~100 사이이며, 설정 값이 클수록 진하게 인쇄된다.
Linetype	실제 인쇄에 사용할 선 유형을 설정한다. 도면 요소에 지정된 선 유형 그대로 인쇄하려면 Use object linetype을 선택하면 된다.
Adaptive	선 유형 축척의 조정 여부를 지정한다. 정확한 선 유형 축척으로 인쇄하려면 이를 활성화하고, 정확한 축척보다는 보기 좋은 형태로 인쇄하려면 이를 취소한다.
Lineweight	실제 인쇄에 사용할 선 굵기를 설정한다. 도면 요소에 지정된 선 굵기 그대로 인쇄하려면 Use object lineweight를 선택하면 된다.
Line end	선의 끝 유형을 설정한다. 기본 값은 Use object end style이다.
Line join	선의 연결 유형을 설정한다. 기본 값은 Use object join style이다.
Fill style	채우기 유형을 설정한다. 기본 값은 Use object fill style이다.

05 테이블 보기

Plot Styles Table Editor 대화상자의 Table View 탭을 클릭하면 다음과 같이 인쇄 유형의 특성이 테이블 형식으로 표시된다. 인쇄 유형의 특성은 양식 보기나 테이블 보기 중 어느 곳에서 설정해도 관계없다.

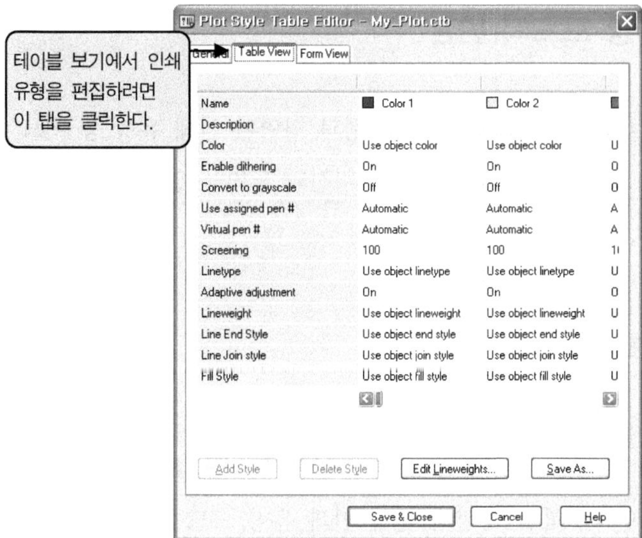

06 일반 설정

Plot Styles Table Editor 대화상자에서 General 탭을 클릭하면 다음과 같은 시트가 표시된다. 이 시트에서는 테이블 파일의 설명이나 ISO 표준이 아닌 선 유형에 대한 선 축척을 설정할 수 있다.

2.3 인쇄 유형 모드의 변환

도면 파일에는 색상 종속 인쇄 유형과 명명된 인쇄 유형 중 어느 하나만 사용할 수 있는데, 새 도면을 작성하거나 이전 버전의 도면을 열 때 적용 가능한 인쇄 유형은 현재 설정된 인쇄 유형 모드에 따른다.

01 인쇄 유형 모드 변환

예를 들어, 현재 인쇄 유형 모드가 색상 종속 인쇄 유형으로 설정되어 있으면, 새로 작성하는 파일은 색상 종속 인쇄 유형만 적용할 수 있다. 따라서 명명된 인쇄 유형을 적용하려면 새 파일 작성에 앞서 인쇄 유형 모드를 변환해주어야 한다.

1 OPTIONS 명령을 실행한다.

Command : OPTIONS ↵

2 Options 대화상자가 표시되면 Plot and publish 탭을 클릭한다.

3 Plot Style Table Settings 탭을 클릭한 다음 새 도면 작성 시 기본 인쇄 유형 모드로 Use named plot styles 항목을 선택한다.

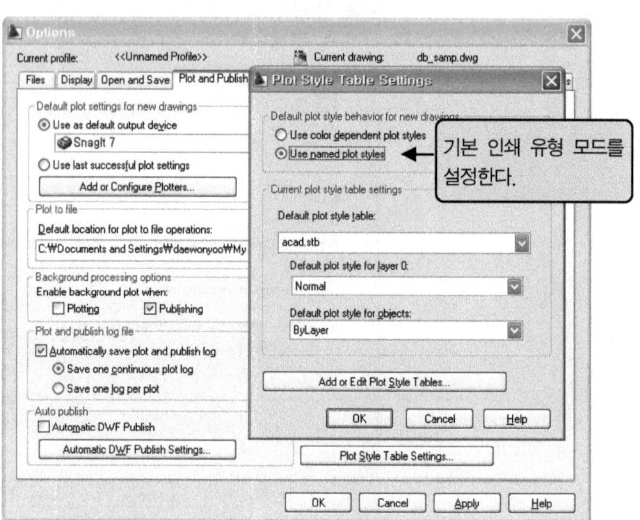

4 새 도면 작성 시 기본으로 적용할 인쇄 유형 테이블 파일을 설정하려면 Default plot style table 목록 상자에서 원하는 테이블 파일을 선택한다.

5 OK 단추를 클릭한다.

이후 새로 작성될 도면 파일이나 이전 버전의 도면 파일에 현재 설정된 명명된 인쇄 유형의 테이블 파일을 적용할 수 있다.

테이블 파일 적용

새로 작성한 도면 파일의 모델 시트나 레이아웃 시트에는 기본 설정된 인쇄 유형 테이블 파일이 적용된다. 그러나 각 시트마다 다른 인쇄 유형 테이블 파일을 적용시킬 수도 있다.

예를 들어, 새 도면의 모델 시트에 Acad.stb 인쇄 유형 테이블 파일을 적용시키려면 다음과 같이 한다.

1 인쇄 유형 테이블 파일을 적용할 모델 탭을 클릭하여 선택한다.

2 PAGESETUP 명령을 실행한다.

```
Command : PAGESETUP
```

3 Page Setup 대화상자가 표시되면 Modify 탭을 클릭한다.

4 Plot style table 목록 상자에서 적용할 인쇄 유형 테이블 파일로 Acad.stb를 선택한다.

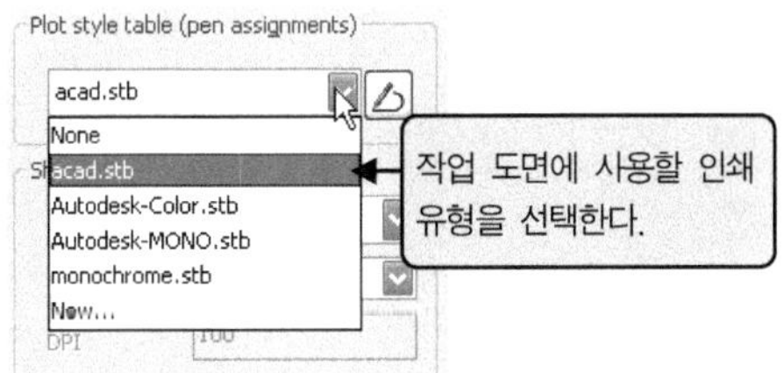

5 선택한 인쇄 유형 테이블 파일을 모든 레이아웃 시트에도 적용하려면 예 단추를 클릭하고, 모델 시트에만 적용하려면 아니오 단추를 클릭한다. 단, 이 대화상자는 레이아웃 시트에서 실행한 경우에는 표시되지 않는다.

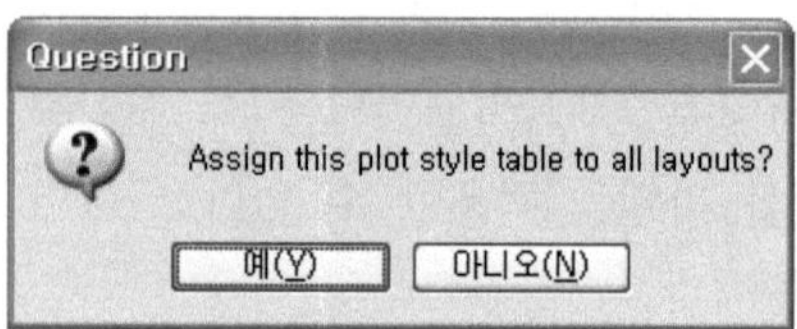

6 OK 단추를 클릭하여 Page Setup 대화상자를 닫는다.

이후 작업 도면 파일의 모델 시트에서 작성할 도면 요소에는 Acad.stb 파일에 정의된 인쇄 유형을 지정할 수 있다.

도면 정보의 조회

여기에서는 작업 도면 전체나 특정 도면 요소에 대한 여러 정보를 조회하여 표시해 볼 수 있는 LIST, AREA 명령 등에 대해 설명한다.

3.1 LIST 명령(선택도면 요소의 정보 표시)

LIST 명령도 DBLIST 명령과 마찬가지로 도면 요소의 종류, 도면층, 위치, 거리, 선 유형 및 색 등의 정보를 표시한다. 단, LIST 명령은 DBLIST 명령과 달리 특정 도면 요소에 대한 정보만 표시해 볼 수 있다.

Command : LIST 〈또는 LI〉
Select objects : ⇨ 도면 요소 선택

01 도면 요소 정보 표시

다음과 같이 한 변의 길이가 4인 정사각형 R1과 외접하는 원 C1을 그려보자. 그런 다음 원 C1과 정사각형 R1의 정보를 표시하여 보자.

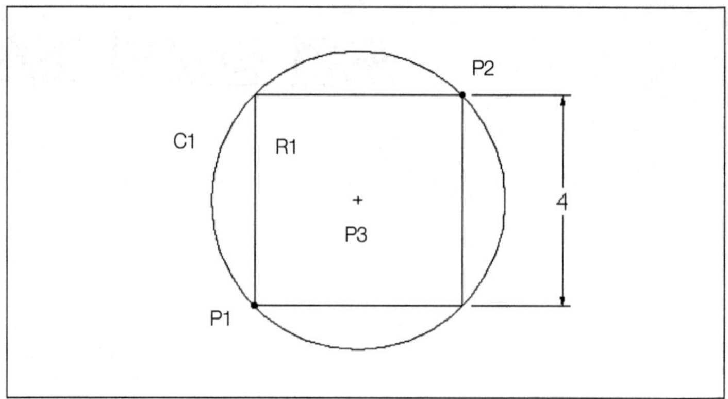

1 RECTANG 명령으로 점 P1, P2를 마주보는 꼭지점으로 하는 정사각형 R1을 그린다.

Command : RECTANG ↵
Specify first corner point or [Chamfer/Elevation/Fillet/Thickness/Width] : ⇨ 점 P1 지정
Specify other corner point : @4,4 ↵ ⇨ 점 P2 지정

2 CIRCLE 명령으로 정사각형에 외접한 원 C1을 그린다.

Command : CIRCLE ↵
Specify center point for circle of [3P/2P/Ttr(tan tan radius)] : 2P ↵ ⇨ 2Point 옵션 선택
Specify first end point of circle's diameter : END ↵ ⇨ 끝점 스냅 설정
of ⇨ 점 P1 지정
Specify second end point of circle's diameter : END ↵ ⇨ 끝점 스냅 설정
of ⇨ 점 P2 지정

3 LIST 명령을 실행한 후 원 C1과 정사각형 R1을 선택한다.

Command : LIST ↵
Select objects : ⇨ 원 C1, 사각형 R1 선택
Select objects : ⇨ 도면 요소 선택 종료

그러면 다음 그림과 같이 선택한 원 C1과 정사각형 R1에 대한 정보가 표시된다.

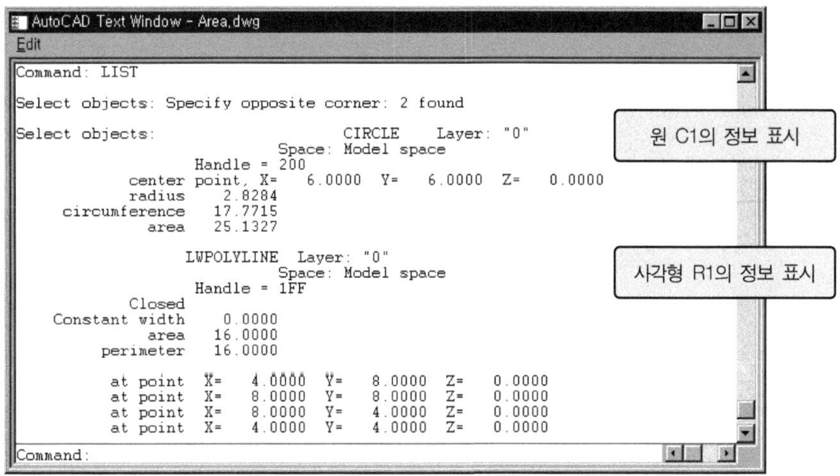

3.2 DIST 명령(두 점의 거리 및 각도 계산)

DIST 명령은 지정한 두 점 사이의 거리와 각도를 계산하여 표시해 준다.

Command : DIST 〈또는 DI〉

Specify first point : ⇨ 첫 번째 점 지정

Specify second point or [Multiple points] : ⇨ 두 번째 점 지정

01 거리, 각도 계산

앞서 예로 든 그림에서 정사각형의 꼭지점 P1부터 마주보는 꼭지점 P2까지의 거리와 각도를 계산하여 보자.

1 DIST 명령을 실행한 후 시작점 P1을 지정한다.

Command : DIST ↵

Specify first point : END ↵ ⇨ 끝점 스냅 설정

of ⇨ 점 P1 지정

2 다음으로 마주보는 꼭지점 P2를 지정한다. 그러면 명령 행에 점 P1과 P2의 거리와 각도, XYZ 축 방향으로의 이동 거리가 표시된다.

```
Specify first point : END ↵                                   ⇨ 끝점 스냅 설정
of                                                            ⇨ 점 P2 지정
Distance = 4.0000,  Angle in XY Plane = 270,  Angle from XY Plane = 0
Delta X = 0.0000,  Delta Y = -4.0000,  Delta Z = 0.0000
```

3.3 ID 명령(점의 좌표 계산)

ID 명령은 그래픽 커서로 클릭한 점의 좌표 값을 알려준다. 이 명령은 특정 도면 요소의 끝점이나 중점, 중심점 등의 좌표 값을 알아볼 때 유용하게 사용된다.

 Command : ID

```
Specify point :                                               ⇨ 위치 선택
```

01 좌표 계산

앞서 예로 든 그림에서 ID 명령을 사용하여 원 C1의 중심점 P3의 좌표 값을 알아보자.

1 ID 명령을 실행한 후 Center 스냅을 설정한다.

```
Command : ID ↵
Specify point : CEN ↵                                         ⇨ 중심점 스냅 설정
```

2 원 C1을 선택한다. 그러면 원 C1의 중심점 좌표가 명령 행에 표시된다.

```
of                                                            ⇨ 원 C1 선택
X = 6.0000      Y = 6.0000      Z = 0.0000                    ⇨ 좌표 값 표시
```

3.4 AREA 명령(도면 요소의 넓이 및 길이 계산)

AREA 명령은 사각형이나 원과 같이 닫혀있는 도형의 넓이나 길이를 계산할 때 사용한다. 또한 닫혀있는 여러 도형의 넓이를 더하거나 뺄 수도 있다.

Command : AREA 〈또는 AA〉

Specify first corner point or [Object/Add Area/Subtract Area] : ⇨ 점 또는 옵션 선택

옵 션	설 명
Object	선택한 도면 요소의 넓이와 길이를 구한다.
Add Area	선택한 도면 요소의 넓이의 합계를 구한다.
Subtract Area	선택한 도면 요소에서 다른 도면 요소의 넓이를 뺀 값을 구한다.

01 넓이 및 길이 계산

다음 그림에서 정사각형과 외접하는 원 C1의 넓이와 길이를 AREA 명령을 사용하여 구해 보자.

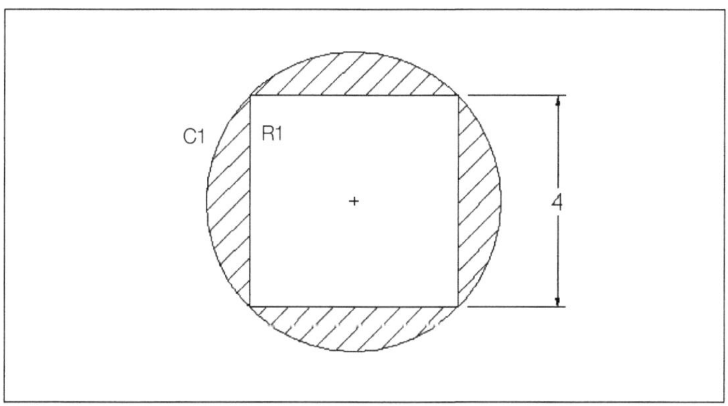

1 AREA 명령을 실행한 후 Object 옵션을 선택한다.

Command : AREA ↵
Specify first corner point or [Object/Add Area/Subtract Area] : O ↵ ⇨ Object 옵션 선택

2 넓이와 길이를 구할 원 C1을 선택한다. 그러면 명령 행에 선택한 원의 넓이와 원 둘레의 길이가 표시된다.

Select objects : ⇨ 원 C1 선택
Area = 25.1327, Circumference = 17.7715 ⇨ 계산 값 표시

이와 같이 닫혀진 도면 요소의 넓이와 길이를 구하면 된다. 단, Object 옵션은 원이나 타원, 닫혀진 폴리라인인 경우에만 선택 가능하다. LINE 명령으로 그린 도면 요소인 경우에는 각 꼭지점의 위치를 지정하면 된다.

02 여러 넓이의 계산

위 그림의 원 C1에서 정사각형 R1을 제외한 영역(해치한 영역)의 넓이를 구해보자.

1 AREA 명령을 실행한 후 Add 옵션을 선택한다.

Command : AREA ↵
Specify first corner point or [Object/Add Area/Subtract Area] : A ↵ ⇨ Add 옵션 선택

2 Object 옵션을 선택한 후 원 C1을 선택한다. 그러면 명령 행에 선택한 원의 넓이와 원 둘레의 길이가 표시된다.

Specify first corner point or [Object/Add Area/Subtract Area] : O ↵ ⇨ Object 옵션 선택
(ADD mode) Select objects : ⇨ 원 C1 선택
Area = 25.1327, Circumference = 17.7715 ⇨ 원 C1 넓이, 길이 표시
Total area = 25.1327 ⇨ 총넓이 표시

3 엔터키를 눌러 추가 선택을 종료하고 Subtract 옵션을 선택한다. 만약 넓이의 합계를 구할 때는 계속해서 도면 요소를 선택하면 된다.

(ADD mode) Select objects : ↵	⇨ 추가 모드 종료
Specify first corner point or [Object/Add Area/Subtract Area] S ↵	⇨ Subtract 옵션 선택

4 Object 옵션을 선택한 후 정사각형 R1을 선택한다. 그러면 명령 행에 원 C1에서 정사각형 R1을 제외한 넓이와 길이가 표시된다.

Specify first corner point or [Object/Add Area] : O ↵	⇨ Object 옵션 선택
(SUBTRACT mode) Select objects :	⇨ 사각형 R1 선택
Area = 16.0000, Perimeter = 16.0000	⇨ R1 넓이, 길이 표시
Total area = 9.1327	⇨ 총넓이 표시

5 AREA 명령 실행을 종료한다.

(SUBTRACT mode) Select objects : ↵	⇨ 도면 요소 선택 종료
Specify first corner point or [Object/Add area] : ↵	⇨ 명령 실행 종료

AutoCAD 2024

PART 09

자료 공유와 사용 환경 설정

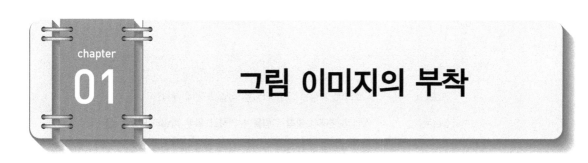

그림 이미지의 부착

여기에서는 작업 도면에 그림 파일을 부착하거나 부착된 그림 이미지를 제어하는 명령에 대해 간략히 설명한다

1.1 IMAGE 명령(그림 파일의 부착과 관리)

AutoCAD에서는 디스크에 저장된 그림 형식의 파일(*.bmp, *.gif, *.tif, *.tag, *.jpg, *.pcx 등)을 도면처럼 부착시킬 수 있다. 작업 도면에서 그림 파일의 이미지를 부착하려면 IMAGE 명령을 사용하면 된다.

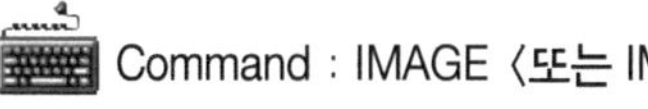

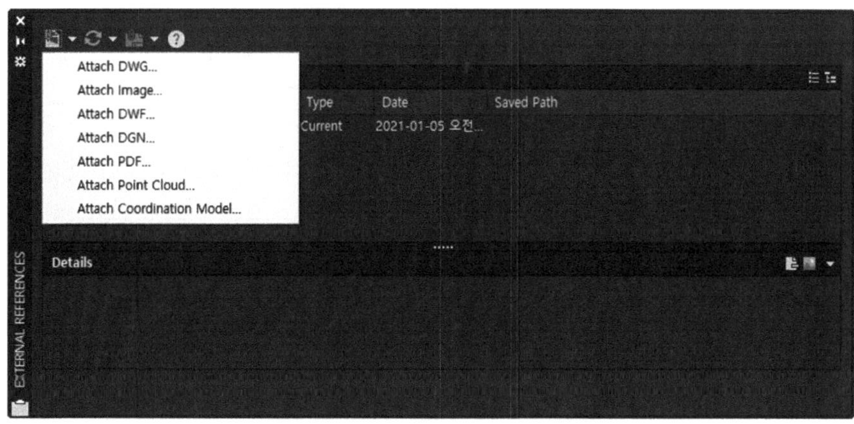

항 목	설 명
Attach	디스크에 저장된 그림 파일을 작업 도면에 부착한다.
Detach	작업 도면에서 부착 그림을 분리하고 원본 파일과 연결을 끊는다.
Reload	작업 화면에서 내려진 부착 그림이나 수정된 그림을 다시 작업 도면으로 읽어들인다.
Unload	작업 도면에 부착된 그림을 화면에서 내린다. 내려진 그림은 화면에 표시되지 않으나, 원본 파일과 연결 관계는 그대로 유지된다.
Details	부착된 그림 파일의 상세한 정보를 표시해준다.
Overlay	외부 도면 파일을 중첩하여 참조한다.
Image Found At	작업 도면에 부착된 그림 파일이나 저장 경로를 변경한다.

01 그림 파일 부착

예를 들어, 다음 그림과 같이 AutoCAD 2024의 Sample 폴더의 VBA 폴더 안의 2d Projected Polylines.jpg 그림 파일을 작업 도면에 200배 확대하여 부착해 보자.

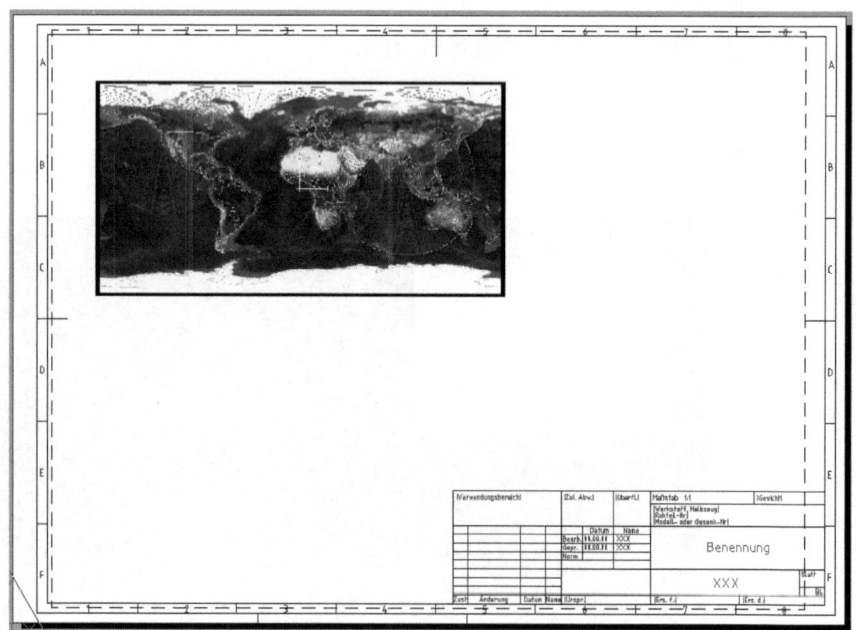

1 IMAGE 명령을 실행한다.

```
Command : IMAGE ↵
```

2 Image Manager 대화상자가 표시되면 Attach image 단추를 클릭한다.

3 Select Image File 대화상자가 표시되면 Sample 폴더의 VBA 폴더 안에 저장된 2d Projected Polylines.jpg 파일을 연다.

4 다음과 같은 대화상자가 표시되면 Scale 입력란에 200을 입력한 후 OK 단추를 클릭한다.

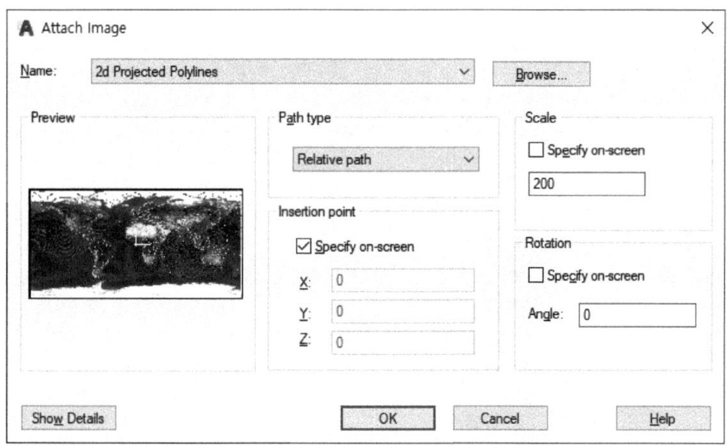

5 그림 파일의 삽입 기준점 입력을 요구하면, 마우스로 그림을 원하는 위치에 배치한다.

```
Specify insertion point <0,0> :                    ⇨ 삽입 기준점 지정
```

이와 같은 방법으로 디스크에 저장된 그림 파일을 부착하면 된다. 부착된 그림은 외부 참조 도면과 마찬가지로 작업 도면에서 분리하거나 화면 제거 등의 처리가 가능하다 (“PART 07 chapter 02의 2.1 XREF 명령” 참조).

 02 상세 정보 보기

작업 도면에 부착된 그림 파일은 파일 이름이나 저장 경로, 크기(화소 단위와 AutoCAD 단위) 등의 상세 정보를 표시해 볼 수 있다. 작업 도면에 부착된 그림 파일의 상세 정보는 Image 대화상자에서 부착 그림을 선택한 후 Details 단추를 클릭하면 표시된다.

1.2 IMAGEATTACH 명령(그림 파일의 부착)

IMAGEATTACH 명령은 그림 파일을 부착하는 명령이다. 이 명령을 실행하면 IMAGE 명령의 Image Manager 대화상자의 Attach 단추를 클릭한 것과 마찬가지로 그림 파일을 선택하여 작업 도면에 부착시킬 수 있다.

Command : IMAGEATTACH 〈또는 IAT〉

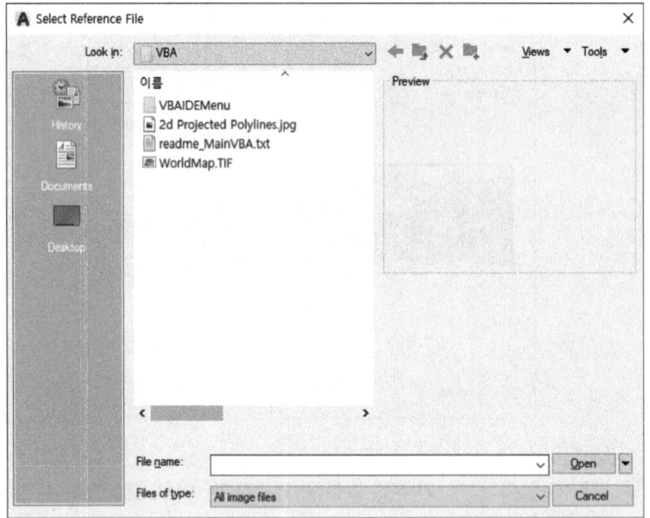

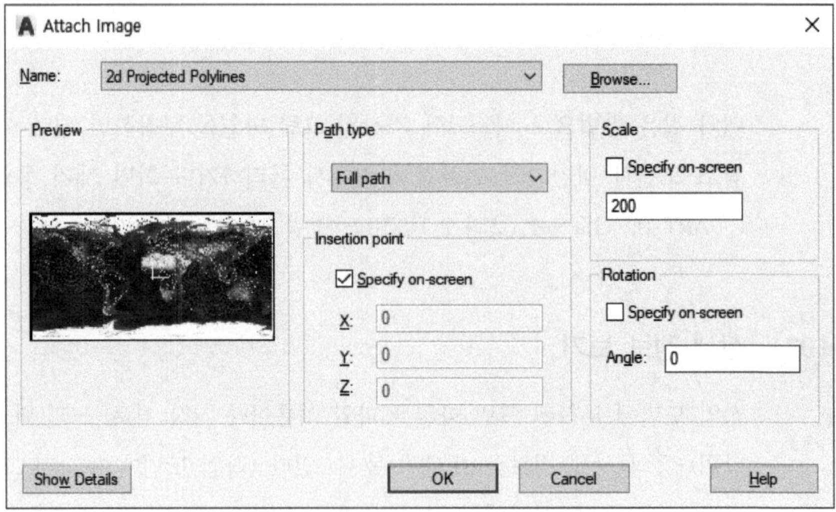

항 목	설 명
Name	작업 도면에 부착할 그림을 지정한다.
Retain Path	부착할 그림 파일의 경로를 포함시킬 것인지 여부를 지정한다.
Rath Type	외부 참조 유형(Attachment : 부착 참조, Overlay : 중첩 참조)을 선택한다.
Insertion Point	그림 삽입 기준 점의 X, Y, Z 좌표 값을 지정한다. Specify On-screen 확인란을 선택하면 삽입 기준 점을 명령 행에서 지정한다.
Scale	부착할 그림의 X, Y, Z축 삽입 축척을 지정한다. 부착 그림의 크기는 원래 그림의 가로 길이(pixcl 단위)를 1로 하여 변환된다.
Rotation	부착할 그림의 회전 각도를 지정한다.

1.3 IMAGECLIP 명령(부착 그림 자르기)

IMAGECLIP 명령은 작업 도면에 부착된 그림을 잘라 일부 영역만 화면에 표시한다.

Command : IMAGECLIP 〈또는 ICL〉

Select image to clip : ⇨ 잘라낼 그림 선택

Enter image clipping option [ON/OFF/Delete/New boundary] 〈New〉: ⇨ 옵션 선택

옵 션	설 명
New boundary	부착 그림의 화면 표시 영역의 경계를 지정한다.
ON	지정한 화면 표시 영역 안의 그림만 표시한다.
OFF	지정한 화면 표시 영역 밖의 잘려진 그림도 표시한다.
Delete	지정한 화면 표시 영역의 경계를 삭제한다.

1.4 IMAGEADJUST 명령(그림 이미지 조정)

IMAGEADJUST 명령은 작업 도면에 부착된 그림 이미지의 밝기나 명암, 흐리기를 조절할 때 사용한다.

Command : IMAGEADJUST 〈또는 IAD〉
Select image(s) : ⇨ 부착 그림 선택

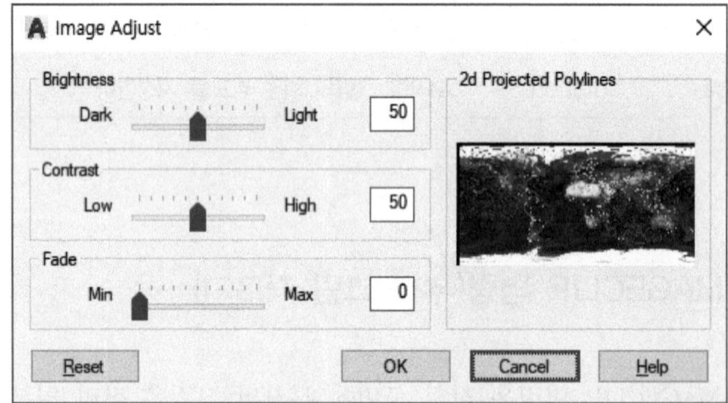

항 목	설 명
Brightness	선택한 그림 이미지의 밝기를 조정한다.
Contrast	선택한 그림 이미지의 명암을 조정한다.
Fade	선택한 그림 이미지의 흐리기 정도를 조정한다.
Reset	변경된 그림 이미지의 밝기와 명암 등을 기본 상태로 복구시킨다.

1.5 IMAGEQUALITY 명령(이미지 표시 품질 조정)

IMAGEQUALITY 명령은 부착 그림의 화면 표시 품질을 조절할 때 사용한다. 작업 도면에 고해상도 그림이 부착되면, 도면 편집시 그만큼 처리 속도가 느려진다. 단, 실제 인쇄시에는 화면 표시 품질과는 관계없이 항상 고품질로 출력된다.

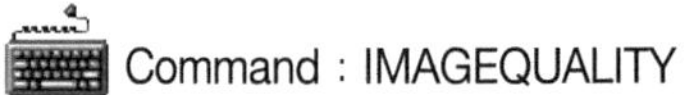

Command : IMAGEQUALITY

Enter image quality setting [High/Draft] 〈High〉: ⇨ 화면 표시 품질 선택

옵 션	설 명
High	작업 도면에 부착된 그림을 고품질로 화면에 표시한다.
Draft	작업 도면에 부착된 그림을 저품질로 화면에 표시한다.

1.6 TRANSPARENCY 명령(투명 이미지 지정)

TRANSPARENCY 명령은 다음 그림과 같이 도면에 부착된 그림 이미지를 투명(On)하게 할 것인지 불투명(Off)하게 할 것인지 여부를 지정한다. 단, 부착된 그림은 1비트 흑백 형식이나 RGB 알파 형식의 파일이어야 한다.

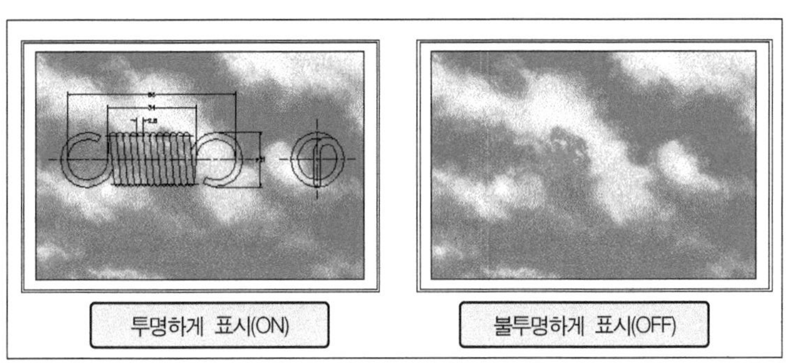

Command : TRANSPARENCY

Select image(s) : ⇨ 부착 그림 선택

Enter transparency mode [ON/OFF] 〈OFF〉: ⇨ On/Off 선택

1.7 IMAGEFRAME 명령(이미지 테두리 선 지정)

IMAGEFRAME 명령은 도면에 부착된 그림 이미지의 테두리 선 두께 여부를 지정한다.

Command : IMAGEFRAME

Enter new value for IMAGEFRAME 〈1〉: ⇨ 선택

1.8 DRAWORDER 명령(그림의 표시 순서 지정)

DRAWORDER 명령은 다음 그림과 같이 도면에 부착 또는 삽입된 그림 이미지와 도면에 그려진 원 등의 도면 요소가 겹쳐 있을 경우 화면 표시 순서를 지정한다.

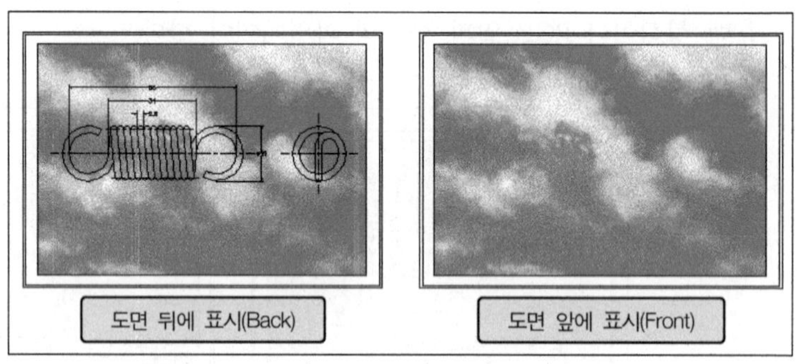

Command : DRAWORDER

Select objects : ⇨ 도면 요소 선택

Enter object ordering option [Above object/Under object/Front/Back] 〈Back〉:

옵 션	설 명
Above object	선택한 도면 요소를 한 단계 앞의 도면 요소 위치로 보낸다.
Under object	선택한 도면 요소를 한 단계 뒤의 도면 요소 위치로 보낸다.
Front	선택한 도면 요소를 맨 앞으로 보낸다.
Back	선택한 도면 요소를 맨 뒤로 보낸다.

chapter 02 OLE를 이용한 자료 공유

AutoCAD는 윈도우 클립보드를 이용하여 다른 응용 프로그램의 자료를 도면에 삽입하거나 AutoCAD 도면을 다른 응용 프로그램의 자료에 삽입할 수 있다.

2.1 클립보드 사용 명령

AutoCAD에서 다음과 같은 명령을 사용하면 OLE(자료 연결 및 포함) 기능을 이용하여 다른 응용 프로그램과 자료를 공유할 수 있다.

명 령	설 명
CUTCLIP	선택한 도면 요소를 잘라내어 클립보드로 저장한다.
COPYCLIP	선택한 도면 요소를 복사하여 클립보드로 저장한다.
COPYBASE	COPYCLIP 명령과 마찬가지로 선택한 도면 요소를 복사하여 클립보드로 저장하나, 복사할 때 기준점을 지정할 수 있다.
COPYLINK	현재 시트의 도면을 복사하여 클립보드로 저장한다. 단, 레이아웃 시트의 모델 영역에서는 해당 뷰포트의 도면만 복사한다.
PASTECLIP	클립보드의 도면 요소나 다른 응용 프로그램의 자료를 작업 도면 내에 붙여넣는다.

명 령	설 명
PASTEBLOCK	클립보드의 도면 요소를 블록으로 붙여넣는다.
PASTEASHYPERLINK	클립보드의 도면 요소를 하이퍼링크로 붙여넣는다.
PASTEORIG	클립보드의 자료를 도면에 설정된 원점을 기준으로 붙여넣는다.
PASTESPEC	자료 유형 등을 선택하여 붙여넣을 수 있다.

2.2 다른 도면의 도면 요소 복사, 이동

클립보드를 이용하면 현재 도면에 그려진 도면 요소를 다른 도면에 복사하거나 이동할 수 있다.

01 도면 요소 복사, 이동

현재 도면에 그려진 도면 요소를 클립보드를 이용하여 다른 도면에 복사하려면 다음과 같이 한다.

1 COPYCLIP 명령을 실행한 후 클립보드로 복사할 도면 요소를 선택한다.

```
Command : COPYCLIP ↵
Select objects :                              ⇨ 도면 요소 선택
Select objects : ↵
```

2 클립보드로 복사한 도면 요소를 붙여넣을 도면을 활성화한다.

3 PASTECLIP 명령을 실행한 후 클립보드의 도면 요소를 붙여넣을 위치를 지정한다.

```
Command : PASTECLIP ↵
Specify insertion point :                     ⇨ 붙여넣을 위치 지정
```

위 예의 1단계에서 CUTCLIP 명령을 실행하면 선택한 도면 요소를 현재 도면에서 잘라내어 다른 도면으로 이동시킬 수 있다. 그리고 3단계에서 PASTEBLOCK 명령을 사용하면 클립보드로 복사된 도면 요소를 블록으로 삽입할 수 있다.

02 삽입점 지정 복사

COPYCLIP 명령을 사용하면 기본으로 선택한 도면 요소의 왼쪽 아래 좌표가 지정된다. 그러나 다음과 같이 COPYBASE 명령을 사용하면 삽입 기준점을 지정할 수 있다.

```
Command : COPYBASE ↵
Specify base point :                    ⇨ 삽입 기준점 지정
Select objects :                        ⇨ 도면 요소 선택
```

03 선택하여 붙여넣기

그리고 클립보드에 저장된 도면 요소는 PASTESPEC 명령을 사용하여 붙여넣을 수도 있다. 이 명령을 사용하면 다음과 같은 대화상자에서 클립보드로 저장된 도면 요소를 그림 형식으로 붙여넣을 수 있다.

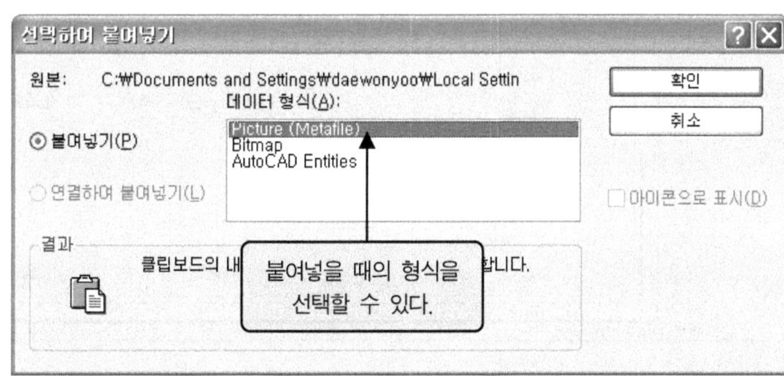

2.3 다른 프로그램에서 도면 자료 공유

클립보드로 저장한 도면 요소는 훈글이나 워드 등 다른 응용 프로그램의 문서에 붙여넣을 수도 있다.

01 도면 전체 붙여넣기

예를 들어, 다음 그림과 같이 AutoCAD의 Sample/Sheet Sets/Architectural 폴더에 저장된 "S-03.dwg" 파일을 연 후, Model영역의 모든 도면을 클립보드로 복사하여 훈글 문서에 붙여넣어 보자.

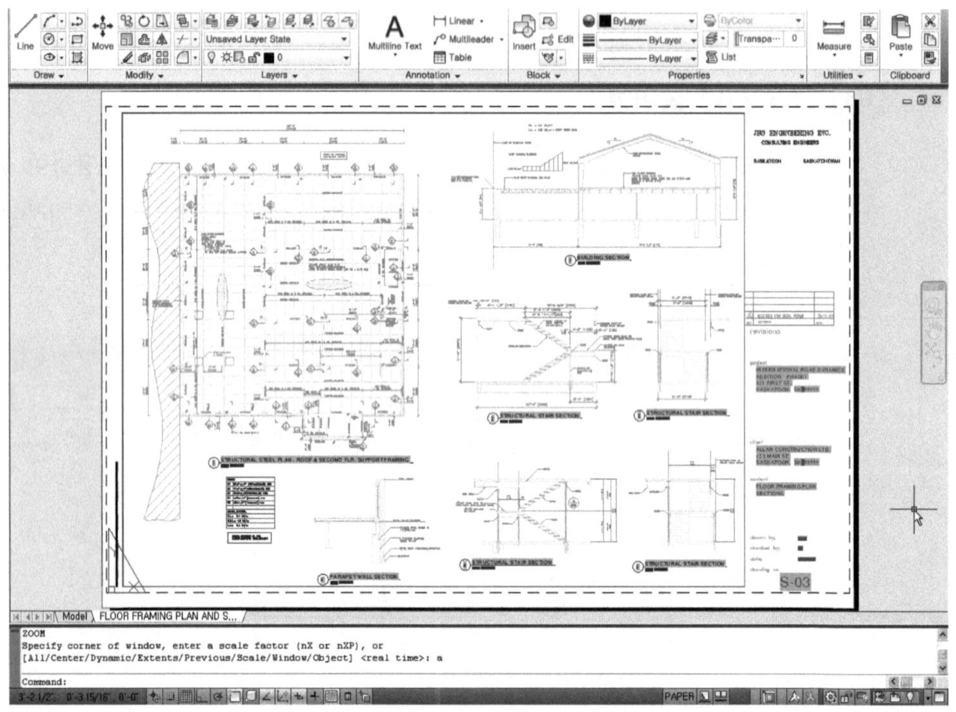

1 OPEN 명령을 실행하여 AutoCAD 2024의 Sample/Sheet Sets/Architectural 폴더에 저장된 "S-03.dwg" 파일을 연다.

2 COPYLINK 명령을 실행한다. 그러면 현재 레이아웃 시트의 모든 도면 요소가 클립보드로 저장된다.

Command : COPYLINK ⏎

3 한글 프로그램을 실행한다.

4 한글에서 편집/붙이기 메뉴를 선택하거나 <Ctrl+V>키를 누른다.

그러면 위 그림과 같이 클립보드로 복사한 AutoCAD 도면이 한글 문서에 삽입된다. 이와 같이 다른 프로그램의 문서에 삽입된 도면을 마우스 포인터로 더블 클릭하면, AutoCAD에서 삽입된 도면을 수정할 수 있다.

02 뷰포트 도면 붙여넣기

레이아웃 시트인 경우에는 뷰포트 내의 도면만 복사하여 붙여넣을 수도 있다. 예를 들어, FLOOR FRAMING PLAN AND SECTIONS 레이아웃 시트에서 다음 그림과 같은 도면만 한글 문서로 붙여넣어보자.

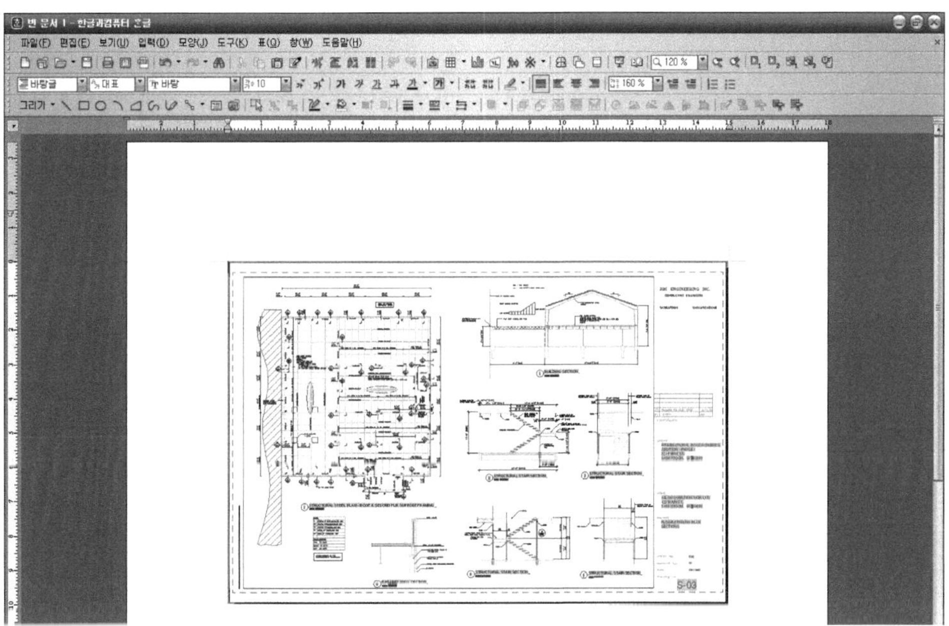

1 "s-03.dwg" 파일의 FLOOR FRAMING PLAN AND SECTIONS 레이아웃 시트에서 우측 상단에 배치된 뷰포트 안을 더블 클릭하여 모델 영역으로 전환한다.

2 COPYLINK 명령을 실행한다. 그러면 현재 뷰포트의 모든 도면 요소가 클립보드로 저장된다.

Command : COPYLINK ↵

3 한글 프로그램으로 작업 전환한다.

4 한글에서 편집/붙이기 메뉴를 선택하거나 <Ctrl+V>키를 누른다.

사용 환경 설정(OPTIONS 명령)

여기서는 AutoCAD의 파일 경로나 화면 표시 환경, 출력 환경, 선호하는 환경, 도면 요소 선택 방법 등의 설정에 대해 간략하게 설명한다.

3.1 파일 경로 설정(Files 탭)

OPTIONS 명령을 실행하면 다음과 같은 대화상자가 표시된다. 이 대화상자의 Files 탭에서는 AutoCAD 지원 파일이나 장치 제어기 파일, 글꼴 파일 등의 검색 경로와 파일 이름, 파일 위치 등을 설정할 수 있다.

01 파일 검색 목록

Options 대화상자의 Files 탭에서 설정할 수 있는 파일 검색 경로의 목록은 다음과 같다.

항 목	설 명
Support File Search Path	AutoCAD 지원 파일의 검색 경로를 설정한다.
Working Support File Search Path	실행한 AutoCAD에서 사용 중인 지원 파일의 검색 경로를 표시한다.
Device Driver File Search Path	플로터나 태블릿 등 장치제어기 파일의 검색 경로를 설정한다.
Project Files Search Path	프로젝트 파일의 검색 경로를 설정한다.
Menu, Help, and Miscellaneous File Names	메뉴 파일과 도움말 파일, 기본 인터넷 위치 등을 설정한다.
Text Editor, Dictionary, and Font File Names	문서 편집기, 맞춤법 검사 사전, 글꼴 매핑 파일을 설정한다.
Print File, Spooler, and Prolog Section Names	인쇄 파일이나 스풀러, 프롤로그 섹션 파일을 설정한다.
Printer Support File Path	인쇄 파일이나 인쇄 유형 파일 등의 저장 경로를 설정한다.
Search Path for ObjectARX Applications	AutoCAD용 써드파티 프로그램의 저장 경로를 설정한다.
Automatic Save File Location	자동 저장 파일이 저장될 위치를 설정한다.
Data Sources Location	데이터베이스 원본 파일의 위치를 설정한다.
Drawing Template File Location	템플릿 파일의 저장 위치를 설정한다.
Log File Location	로그 파일의 위치를 설정한다.
Temporary Drawing File Location	임시 도면 파일의 저장 위치를 설정한다.

항 목	설 명
Temporary External Reference File Location	임시 외부 참조 파일의 저장 위치를 설정한다.
Texture Maps Search Path	맵 파일의 검색 경로를 설정한다.

02 명령 단추

Options 대화상자의 Files 탭에서는 다음과 같은 명령 단추를 사용하여 검색 경로를 설정하거나 삭제할 수 있다.

단 추	설 명
Browse	검색 경로나 파일 위치를 설정할 수 있는 폴더 찾아보기 대화상자를 표시한다.
Add	새 검색 경로를 지정한다.
Remove	선택한 검색 경로나 파일 위치를 삭제한다.
Move Up	목록에서 선택한 검색 경로를 위로 이동시킨다.
Move Down	목록에서 선택한 검색 경로를 아래로 이동시킨다.
Set Current	선택한 검색 경로를 사용 경로로 설정한다.

3.2 화면 표시 설정(Display 탭)

Options 대화상자에서 Display 탭을 누르면 다음과 같은 시트가 표시된다. 이 대화상자에서는 AutoCAD 작업 창이나 도면 창, 문자열 창의 표시 환경을 설정할 수 있다.

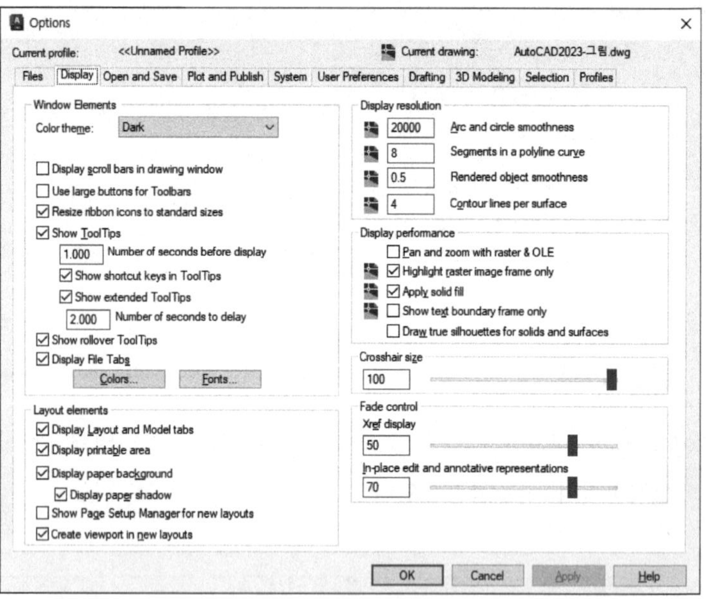

01 창 표시 설정

Window Elements에서는 스크린 메뉴나 수평/수직 이동 줄의 표시 여부나 창의 표시 색과 글꼴을 설정한다.

항 목	설 명
Display scroll bars in drawing window	도면 창에 수평/수직 이동 줄을 표시한다.
Display Drawing status bar	주석에 대해 몇 개의 툴을 표시한다.
Display Screen Menu	작업 창에 AutoCAD 스크린 메뉴를 표시한다.
Use large buttons for Toolbars	32픽셀보다 큰 버튼을 표시한다.
Show ToolTips	리본, 툴바와 다른 사용자 인터페이스 요소 위에 ToolTips의 표시를 제어한다.
Show shortcut keys in ToolTips	ToolTips의 숏컷 키를 표시한다. (Alt+Key) (Ctrl+Key)

항 목	설 명
Show extended ToolTips	확장된 ToolTips의 표시를 제어한다.
Number of seconds to delay	기초적인 ToolTips과 확장된 ToolTips의 표시 사이에 지연 시간을 설정한다.
Show rollover ToolTips	롤오버 ToolTips의 표시를 제어한다.

02 레이아웃 표시 설정

Layout elements에서는 레이아웃 시트의 표시 형태나 새 레이아웃 시트를 작성할 때 환경을 설정한다.

옵 션	설 명
Display Layout and Model Tabs	도면 창에 레이아웃 시트 탭과 모델 시트 탭을 표시한다.
Display printable area	레이아웃 시트의 종이 영역에 여백 경계선을 표시한다.
Display paper background	레이아웃 시트의 종이 영역 밖에 배경을 표시한다.
Display paper shadow	레이아웃 시트의 종이 영역 경계선에 그림자를 표시한다.
Show Page Setup Manager for new layouts	새 레이아웃 시트를 작성하거나 처음 레이아웃 시트를 선택할 때 인쇄 설정 대화상자를 표시한다.
Create viewport in new layouts	새 레이아웃 시트를 작성할 때 종이 영역에 뷰포트를 생성한다.

03 표시 해상도 설정

Display resolution에서는 도면에 그려진 원이나 호, 폴리라인 곡선, 3차원 곡면 등의 표시 해상도를 설정한다.

항 목	설 명
Arc and circle smoothness	원과 호를 부드럽게 표시할 정도(1~20,000)를 설정한다. 값이 클수록 부드럽게 표시된다.
Segments in a polyline curve	폴리라인 곡선을 구성하는 선의 개수(-32,767~32,767)를 설정한다.
Rendered object smoothness	3차원 물체를 랜더링할 때 부드럽게 표시할 정도(0.01~10)를 설정한다.
Contour lines per surface	곡면을 표시할 선의 개수(0~2,047)를 설정한다.

04 표시 성능 설정

Display performance에서는 도면에 삽입된 그림 이미지나 문자열 등의 표시 성능을 설정한다.

옵 션	설 명
Pan and zoom with raster & OLE	실시간 화면 확대/축소나 화면 이동시 도면에 삽입된 그림 이미지를 그대로 표시한다.
Highlight raster image frame only	도면에 삽입된 그림 이미지를 선택하면 경계선만 강조한다. 이 확인란을 취소하면 이미지 선택시 그물망이 표시된다.
Apply solid fill	TRACE나 SOLID 명령 등으로 그린 도면 요소의 내부를 채운다. 단, 설정을 변경한 후 REGEN 명령을 실행해야 한다.
Show text boundary frame only	도면에 입력된 문자열을 표시하지 않고 테두리 선만 표시한다. 단 설정을 변경한 후 REGEN 명령을 실행해야 한다.
Draw true silhouettes for solids and surfaces	고체의 3차원 실루엣 가장자리 표시는 2차원 또는 3차원 와이어 프레임의 시각적 스타일에 제어된다.

05 기타 표시 설정

항 목	설 명
Crosshair size	그래픽 커서의 십자선 크기를 설정한다.
Xref display	모든 DWG xref에 대해 명암을 제어한다.
In-place edit and annotative representations	참조 편집을 하는 동안 희미한 명암 수치를 설정한다.

3.3 파일 열기와 저장 설정(Open and Save 탭)

Options 대화상자의 Open and Save 탭은 파일을 열거나 저장할 때의 환경을 설정한다.

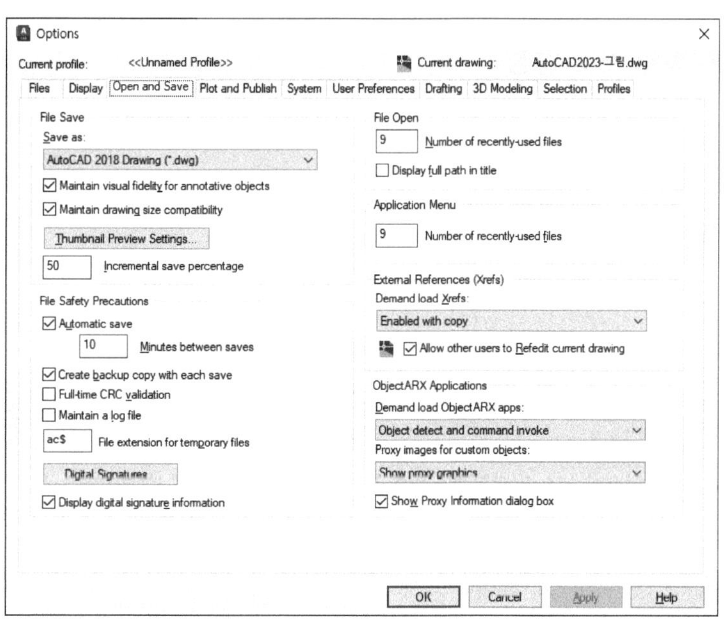

 01 파일 저장 설정

File Save 영역에서는 다음과 같은 도면 파일의 저장 환경을 설정한다.

항 목	설 명
Save as	파일을 저장하거나 열 때의 기본 파일 형식을 설정한다.
Maintain visual fidelity for annotative objects	도면이 시작적인 정확성과 함께 저장되는지 설정한다.
Maintain drawing size compatibility	저장과 열기를 할 때 객체 크기를 설정한다.
Thumbnail Preview Settings	파일을 열 때 미리 보기란에서 도면 파일을 확인할 수 있도록 미리 보기 이미지를 도면에 함께 저장한다.
Incremental save percentage	도면 파일에 허용 여유 공간의 크기를 백분율로 설정한다. 예를 들어, 이 값을 50%로 설정했을 때, 도면에 새 도면 요소(파일 크기의 50% 이내)가 추가되면 여유 공간에 추가분만 저장한다.

 02 파일 보호 설정

File Safety Precaution 영역에서는 도면 파일의 자동 저장 여부와 백업 파일의 생성 등 파일 보호 기능을 설정한다.

항 목	설 명
Automatic save	자동 저장 기능 여부를 설정한다.
Minutes between saves	자동 저장 기능을 활성화했을 경우, 자동 저장 시간을 분 단위로 설정한다.
Create backup copy with each save	도면을 저장할 때 백업 파일(*.bak)의 생성 여부를 설정한다.
Full-time CRC validation	CRC 오류 확인 여부를 설정한다.

항 목	설 명
Maintain a log file	로그 파일(*.log)의 기록 여부를 설정한다.
File extension for temporary files	작업 중 저장되는 임시 도면 파일의 확장자를 설정한다. 임시 도면 파일은 "C:\Windows\Temp" 폴더에 저장된다.
Security Options	파일 저장 시 디지털 서명과 암호를 지정한다.
Display digital signature information	파일을 열 때 디지털 서명에 대해 표시한다.

03 기타 파일 설정

이외에도 Open and Save 탭에서는 다음과 같은 외부 참조 파일이나 제3자 프로그램의 올리기 여부나 사용 환경을 설정할 수 있다.

항 목	설 명
Demand Load Xrefs	외부 참조 파일의 올리기 여부를 설정한다.
Retain changes to Xref layers	외부 참조된 도면의 도면 층에서 변경된 속성이나 상태를 유지할 것인지 여부를 설정한다.
Allow other users to Refedit current drawing	다른 사용자가 현재 도면을 편집하는 것을 허용할 것인지 여부를 설정한다.
Demand Load ObjectARX Apps	AutoCAD에서 제3자 프로그램을 사용할 경우, 이 프로그램의 올리기 여부를 설정한다.
Proxy images for custom objects	제3자 프로그램이 지원하는 명령으로 그린 도면 요소의 표시 여부를 설정한다.
Show Proxy information dialog box	제3자 프로그램이 지원하는 명령으로 그린 도면 요소가 포함된 파일을 열 때 경고 대화상자의 표시 여부를 설정한다.

3.4 도면 인쇄 설정(Plot and Publish 탭)

Options 대화상자에서 Plot and Publish 탭은 컴퓨터에 연결된 출력 장치(플로터나 프린터)의 장치 제어기를 설정하거나 인쇄 유형 테이블 파일의 사용 모드 등을 변경할 때 사용한다.

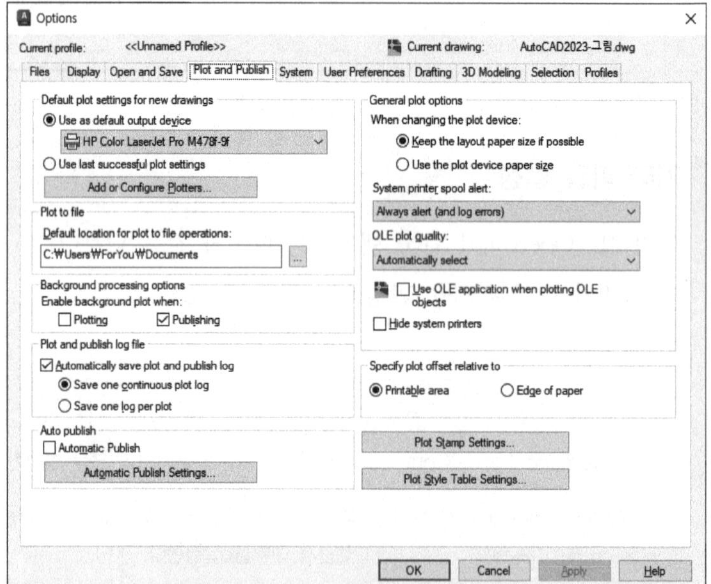

01 기본 출력 설정

Default plot settings for new drawings 영역에서는 새 도면의 기본 인쇄 환경을 설정한다.

항 목	설 명
Use as default output device	도면 인쇄에 사용할 기본 출력 장치 파일(*.pc3)을 설정한다.
Use last successful plot settings	현재 도면을 가장 최근에 성공적으로 출력한 인쇄 설정을 그대로 사용하여 출력한다.

항 목	설 명
Add or configure plotters	새로운 출력 장치 파일을 추가하거나 기존 출력 장치 파일의 속성을 변경한다(“PART 08 chapter 01의 1.4 PLOTTERMANAGER 명령” 참조).

02 일반 출력 옵션 설정

General plot options 영역에서는 도면의 인쇄용지나 OLE(자료 연결 및 포함) 기능을 삽입된 자료의 인쇄 환경을 설정한다.

항 목	설 명
Keep the layout paper size if possible	도면을 인쇄할 때 가능하다면 레이아웃 시트에 설정된 용지 크기를 그대로 유지한다.
Use the plot device paper size	도면을 인쇄할 때 출력 장치 파일에 설정된 용지 크기를 사용한다.
System printer spool alert	도면을 시스템 프린터를 사용하여 스풀 인쇄할 때 오류 발생 시 경고 여부를 설정한다.
OLE plot quality	OLE 기능을 사용하여 도면에 삽입된 다른 자료의 인쇄 품질을 설정한다.
Use OLE application when plotting OLE objects	OLE 기능을 사용하여 도면에 삽입된 다른 자료를 해당 응용 프로그램을 사용하여 출력한다.

03 인쇄 유형 설정

Plot Style table Settings 영역에서는 새 도면에서 사용할 인쇄 유형의 종류와 기본 인쇄 유형 파일 등을 설정한다.

항 목	설 명
Use color dependent plot styles	새 도면 작성에 사용할 인쇄 유형으로 색상 종속형 인쇄 유형을 사용한다.

항 목	설 명
Use named plot styles	새 도면 작성에 사용할 인쇄 유형으로 명명된 인쇄 유형을 사용한다.
Default plot style table	명명된 인쇄 유형을 사용할 경우 기본 인쇄 유형 테이블 파일을 설정한다.
Default plot style for layer 0	새 도면의 기본도면 층인 0 도면 층에 사용할 기본 인쇄 유형을 설정한다.
Default plot style for objects	새 도면에 그려질 도면 요소에 적용될 기본 인쇄 유형을 설정한다.
Add or edit plot style tables	인쇄 유형 테이블 파일을 추가하거나 편집한다.

3.5 시스템 설정(System 탭)

Options 대화상자에서 System 탭은 AutoCAD의 3차원 그래픽 표시나 입력 장치, 일반 시스템 환경 등을 설정한다.

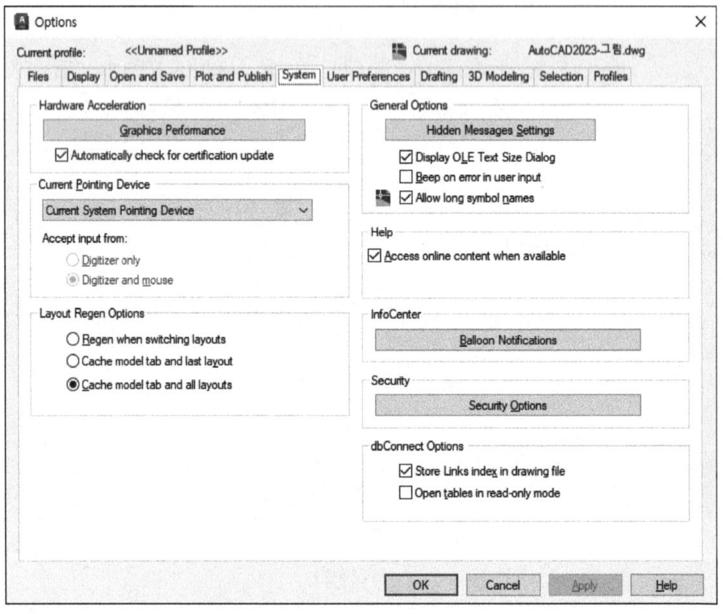

01 인쇄 유형 설정

General Options 영역에서는 AutoCAD 시스템의 일반 환경을 설정한다.

항 목	설 명
Display OLE properties dialog	도면에 OLE 기능을 사용하여 다른 자료를 삽입할 때 OLE 속성을 지정할 수 있는 대화상자를 표시한다.
Beep on error in user Input	명령 행에서 명령이나 좌표를 잘못 입력했을 경우 경고음으로 알려준다.
Load acad.lsp with every drawing	모든 도면으로 Acad.lsp 파일을 읽어 들인다. 이 확인란을 취소하면 도면에서 LISP 명령을 사용할 수 없다.
Allow long symbol names	심볼(블록, 도면층 등)의 이름으로 최대 255자까지 사용할 수 있도록 허용한다.

02 기타 시스템 설정

일반 설정 외에도 다음과 같이 3차원 그래픽 표시 시스템이나 입력 장치 등에 대한 시스템 환경을 설정할 수 있다.

항 목	설 명
3D Performance	현재 3차원 그래픽 표시 시스템을 설정한다.
Current Pointing Device	현재 좌표 입력 장치(마우스나 디지타이저)를 설정한다.
Accept input from	디지타이저를 사용할 경우 마우스 사용 여부를 설정한다.
Store Links index in drawing file	현재 도면에 링크된 자료의 색인을 도면 파일에 저장한다.
Open tables in read-only mode	데이터베이스 정보를 도면 파일에 읽기 전용으로 읽어들인다.

3.6 사용자 선호 설정(User Preferences 탭)

Options 대화상자에서 User Preferences 탭을 누르면 다음과 같은 시트가 표시된다. 이 시트 탭에서는 단축키나 단축 메뉴, 좌표 입력 방법 등 AutoCAD 사용에 대한 선호 항목을 설정할 수 있다.

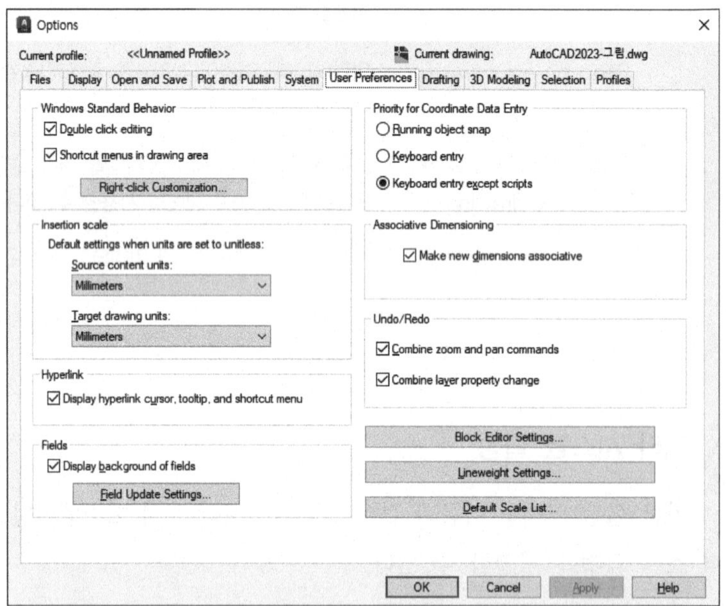

01 단축키와 메뉴 설정

Windows Standard Behavior 영역에서는 단축키와 마우스 오른쪽 단추 클릭에 대한 동작 등을 설정할 수 있다.

항 목	설 명
Double click editing	도면 영역에서 더블 클릭 동작을 설정한다.
Shortcut menus in drawing area	마우스 오른쪽 단추를 클릭했을 때 도면 영역 단축 메뉴를 표시한다. 이를 취소하면 이전 명령 재실행으로 동작한다.
Right-Click Customization	마우스 오른쪽 단추를 클릭할 때의 동작을 설정한다.

02 좌표 지정 순위 설정

Priority for Coordinate Data Entry 영역에서는 좌표 값 지정의 우선순위를 설정한다.

항 목	설 명
Running object snap	명령 행에서 입력된 좌표 값은 무시하고, 현재 그래픽 커서 위치의 도면 요소 스냅을 좌표 값으로 지정한다.
Keyboard entry	도면 요소 스냅은 무시하고, 명령 행에 입력된 값을 좌표 값으로 지정한다.
Keyboard entry except scripts	도면 요소 스냅은 무시하고, 명령 행에 입력된 값을 좌표로 지정한다(스크립트에서는 예외).

03 기타 선호 사항 설정

이외에도 다음과 같이 하이퍼링크의 커서 및 풍선 도움말의 표시나 선 굵기 등을 설정할 수 있다.

항 목	설 명
Display hyperlink cursor, tooltip and shorcut menu	다른 도면과 링크된 도면 요소에 그래픽 커서를 위치시키면 하이퍼링크 커서를 표시하고 링크된 도면의 이름을 풍선 도움말로 표시한다. 그리고 링크된 도면 요소를 선택한 후 마우스 오른쪽 단추로 클릭하면 단축 메뉴를 표시해준다.
Lineweight Settings	LINEWEIGHT 명령으로 사용할 선 굵기를 설정할 수 있는 대화상자를 표시한다.

3.7 제도 설정(Drafting 탭)

Options 대화상자에서 Drafting 탭에서는 도면 요소 스냅과 좌표 추적 모드에서의 제도 환경을 설정할 수 있다.

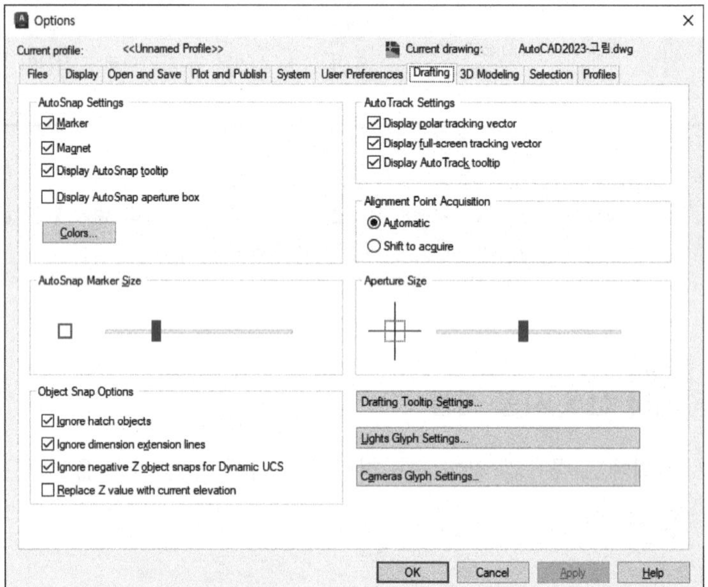

01 자동 스냅 설정

AutoSnap Settings에서는 도면 요소 스냅 사용 시 표식기의 표시 여부나 색, 크기 등을 설정한다.

항 목	설 명
Marker	자동 스냅 표식기를 표시한다.
Magnet	도면 요소 스냅 점에 그래픽 커서가 달라붙도록 설정한다.
Display AutoSnap tooltip	도면 요소 스냅 점에 그래픽 커서가 위치하면 풍선 도움말을 표시한다.

항 목	설 명
Display AutoSnap aperture box	그래픽 커서의 십자 선에 스냅 선택 상자(Aperture)를 표시한다.
Colors	자동 스냅 표식기의 색을 설정한다.
AutoSnap Marker size	자동 스냅 표식기의 크기를 설정한다.
Aperture Size	스냅 선택 상자의 크기를 설정한다.

02 좌표 추적 설정

AutoTrack Settings과 Alignment Point Acquisition 영역에서는 좌표 추적 벡터의 표시 여부와 표시 방법을 설정한다.

항 목	설 명
Display polar tracking vector	극좌표 방향의 추적 벡터를 표시한다.
Display full-screen tracking vector	전체 화면 추적 벡터를 표시한다. 이 확인란을 선택하면 도면 요소의 일부만 표시되고 추적할 스냅 점이 화면에 표시되어 있지 않아도 스냅 점을 추적할 수 있다.
Display Auto Track tooltip	좌표 추적 벡터를 풍선 도움말로 표시해준다.
Automatic	스냅 선택 상자(Aperture)가 도면 요소 스냅 점에서 이동하면 자동으로 좌표 추적 벡터를 표시해준다.
Shift to Acquire	도면 요소 스냅 점에서 이동하면서 〈Shift〉키를 누를 때만 좌표 추적 벡터를 표시해준다.

3.8 도면 요소 선택 설정(Selection 탭)

Options 대화상자의 Selection 탭에서는 도면 요소 선택 모드와 그립 모드에 대한 환경을 설정한다.

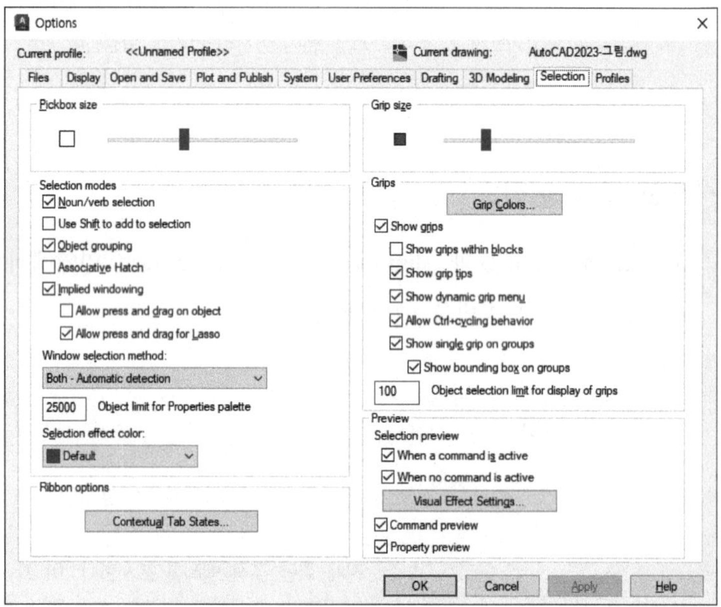

01 도면 요소 선택 설정

Selection modes 영역에서는 다음과 같은 도면 요소 선택에 대한 사용 환경을 설정한다.

항 목	설 명
Noun/verb selection	도면 요소의 삭제나 복사, 이동, 회전, 확대/축소 등의 편집 명령 실행에 앞서 도면 요소를 먼저 선택하는 것을 가능하게 해준다.
Use Shift to add to selection	〈Shift〉키를 누른 상태에서 다른 도면 요소를 추가 선택하는 것을 가능하게 해준다.

항 목	설 명
Press and drag	마우스 단추를 누른 상태에서만 드래그 동작이 수행된다.
Implied windowing	도면의 빈 영역을 클릭하면 자동으로 Window나 Crossing으로 동작한다.
Object grouping	그룹으로 묶인 도면 요소의 그룹 선택을 가능하게 해준다.
Associative Hatch	해치를 선택하면 그와 연관된 다른 해치도 함께 선택할 수 있도록 해준다.
Pickbox Size	도면 요소 선택 상자의 크기를 설정한다.

3.9 프로 파일 설정(Profiles 탭)

Options 대화상자에서 Profiles 탭은 설정된 AutoCAD 사용 환경을 파일(*.arg)로 저장하여 사용할 수 있도록 해준다.

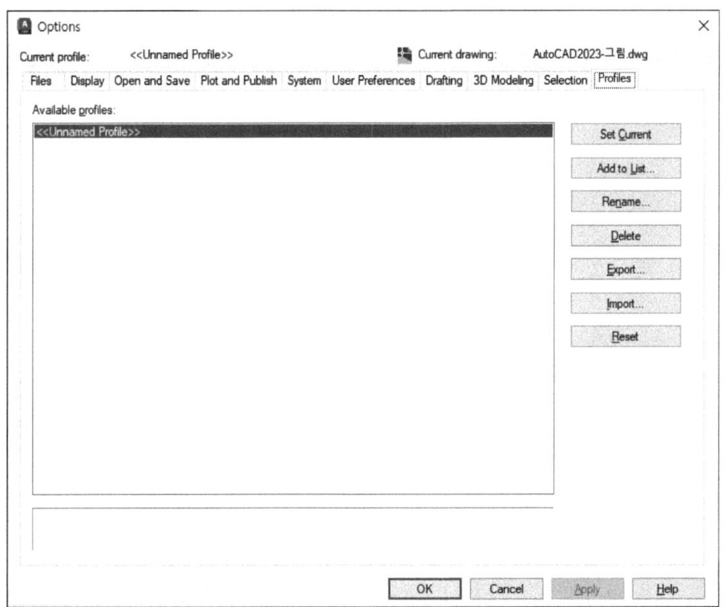

단 추	설 명
Set Current	목록에서 선택한 프로 파일을 사용 파일로 설정한다.
Add to List	목록에서 선택한 프로 파일을 복사하여 새 프로 파일을 만든다.
Rename	목록에서 선택한 프로 파일의 이름을 변경한다.
Delete	목록에서 선택한 프로 파일을 삭제한다.
Export	현재 설정된 환경을 사용 프로 파일에 저장한다.
Import	디스크에 저장된 프로 파일에 설정된 환경을 사용 프로 파일에 추가한다.
Reset	목록에서 선택한 프로 파일을 기본 설정 환경으로 재설정한다.

AutoCAD 2024

부록 실습 예제 도면

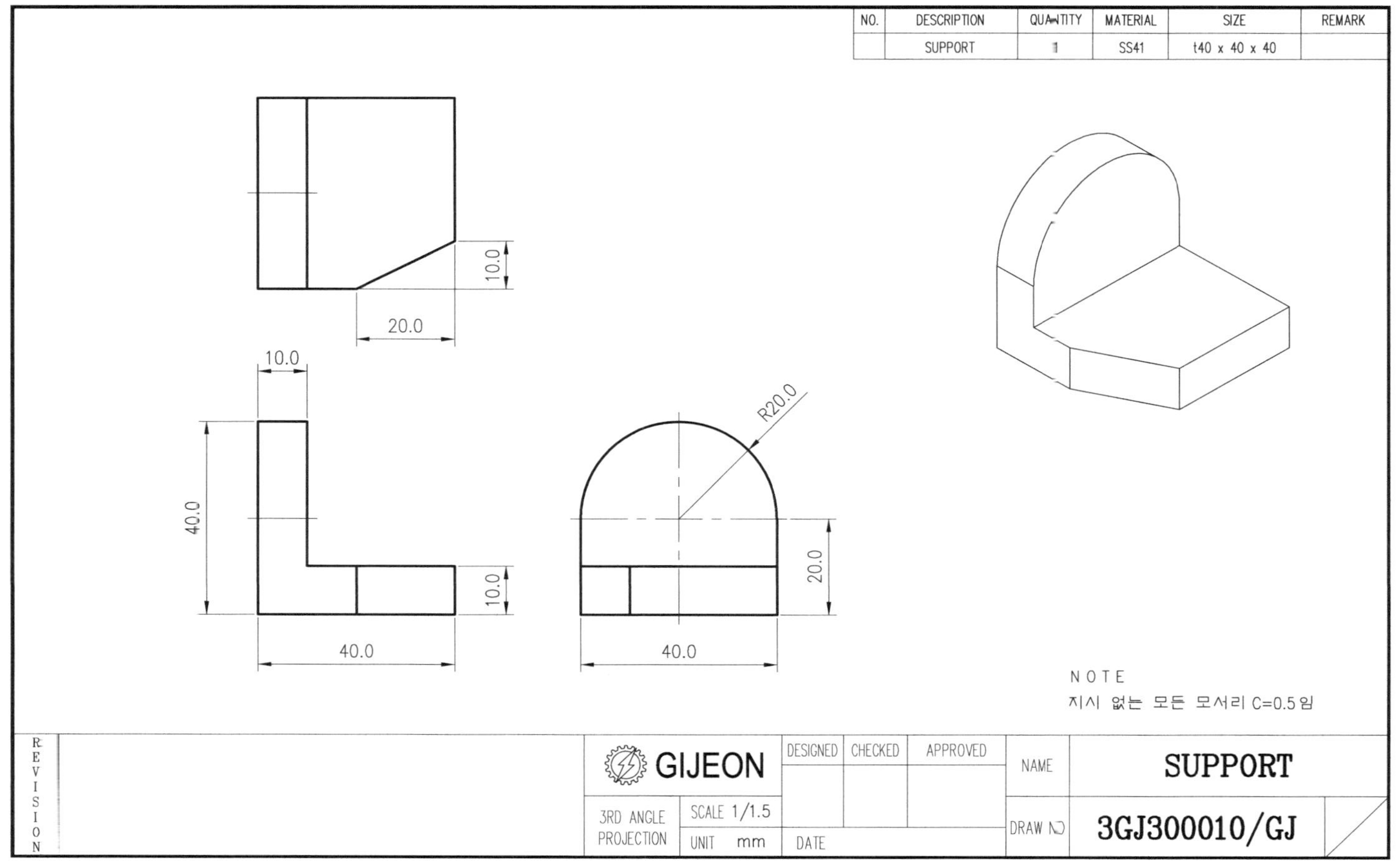
NO.
DESCRIPTION
QUANTITY
MATERIAL
SIZE
REMARK
SUPPORT
1
SS41
t40 x 40 x 40
10.0
20.0
10.0
40.0
10.0
40.0
R20.0
20.0
40.0
NOTE
지시 없는 모든 모서리 C=0.5임
REVISION
GIJEON
DESIGNED
CHECKED
APPROVED
NAME
SUPPORT
3RD ANGLE PROJECTION
SCALE 1/1.5
UNIT mm
DATE
DRAW NO
3GJ300010/GJ

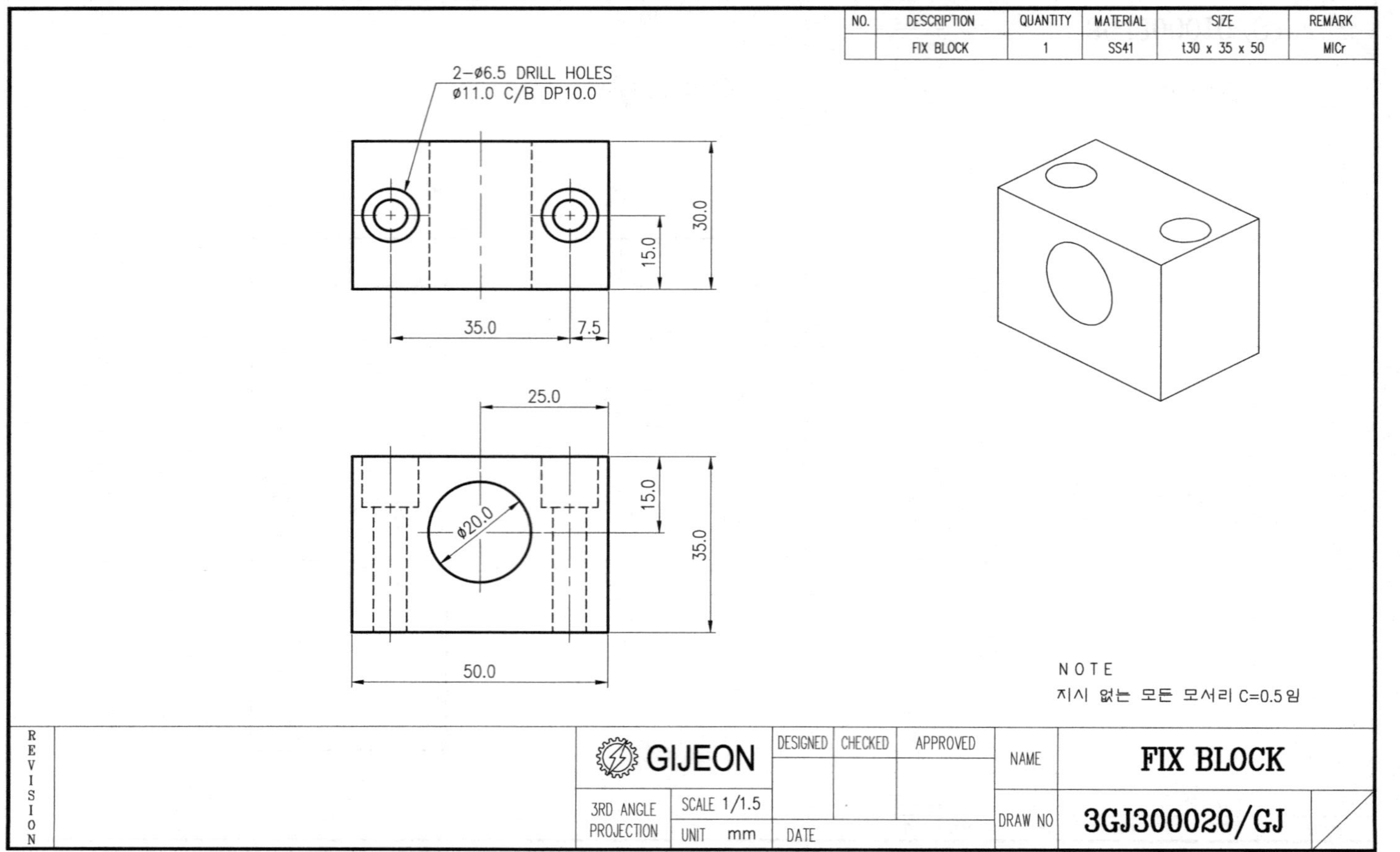
NO.
DESCRIPTION
QUANTITY
MATERIAL
SIZE
REMARK
FIX BLOCK
1
SS41
t30 x 35 x 50
MICr
2-Ø6.5 DRILL HOLES
Ø11.0 C/B DP10.0
30.0
15.0
35.0
7.5
25.0
15.0
Ø20.0
35.0
50.0
N O T E
지시 없는 모든 모서리 C=0.5임
REVISION
GIJEON
DESIGNED
CHECKED
APPROVED
NAME
FIX BLOCK
3RD ANGLE PROJECTION
SCALE 1/1.5
UNIT mm
DATE
DRAW NO
3GJ300020/GJ

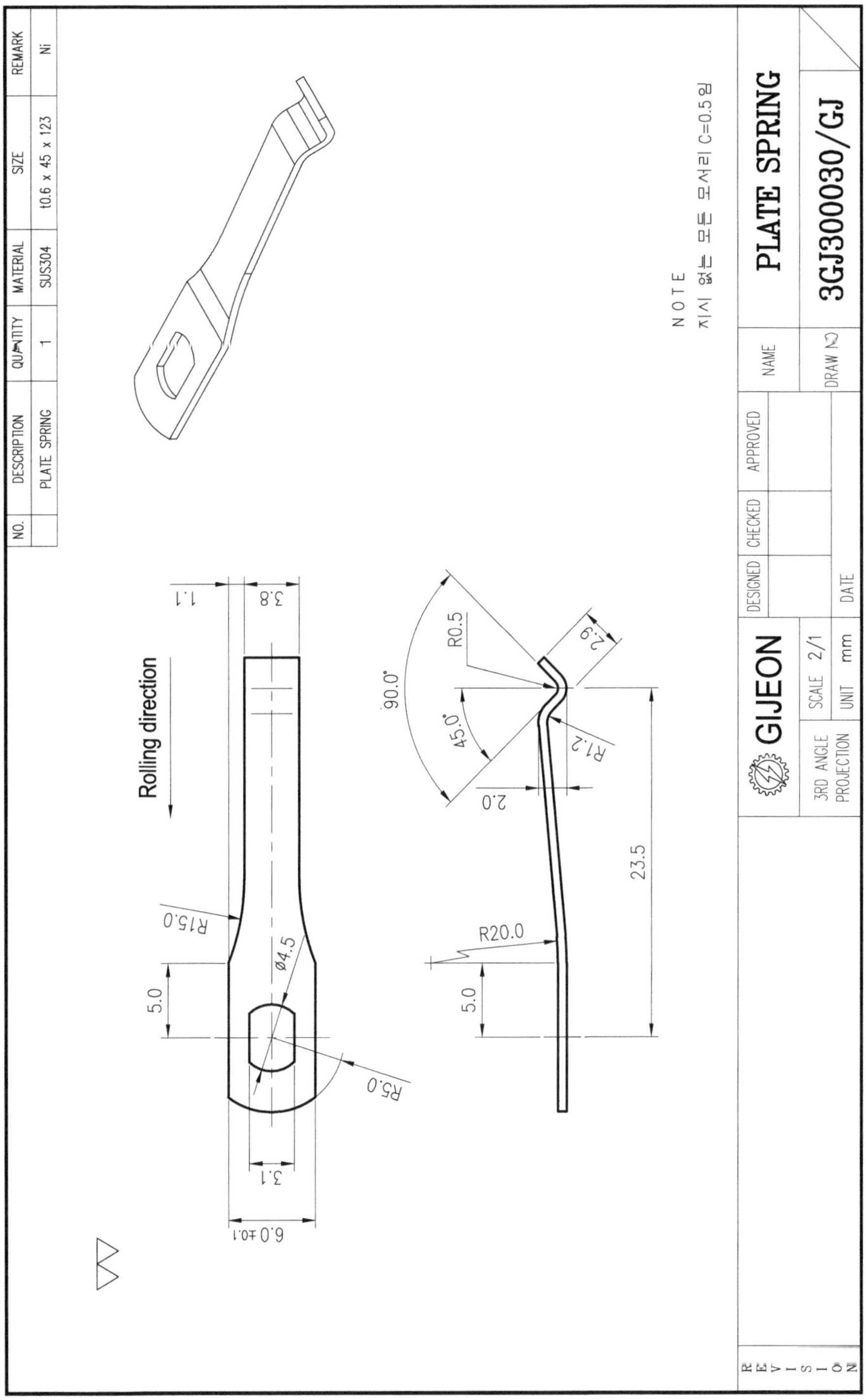
NO.
DESCRIPTION
QUANTITY
MATERIAL
SIZE
REMARK
PLATE SPRING
1
SUS304
t0.6 x 45 x 123
Ni
Rolling direction
1.1
3.8
R15.0
Ø4.5
5.0
R5.0
3.1
6.0±0.1
90.0°
R0.5
2.9
45.0°
R1.2
2.0
23.5
R20.0
5.0
NOTE
지시 없는 모든 모서리 C=0.5임
GIJEON
DESIGNED
CHECKED
APPROVED
NAME
PLATE SPRING
3RD ANGLE PROJECTION
SCALE 2/1
UNIT mm
DATE
DRAW NO
3GJ300030/GJ
REVISION

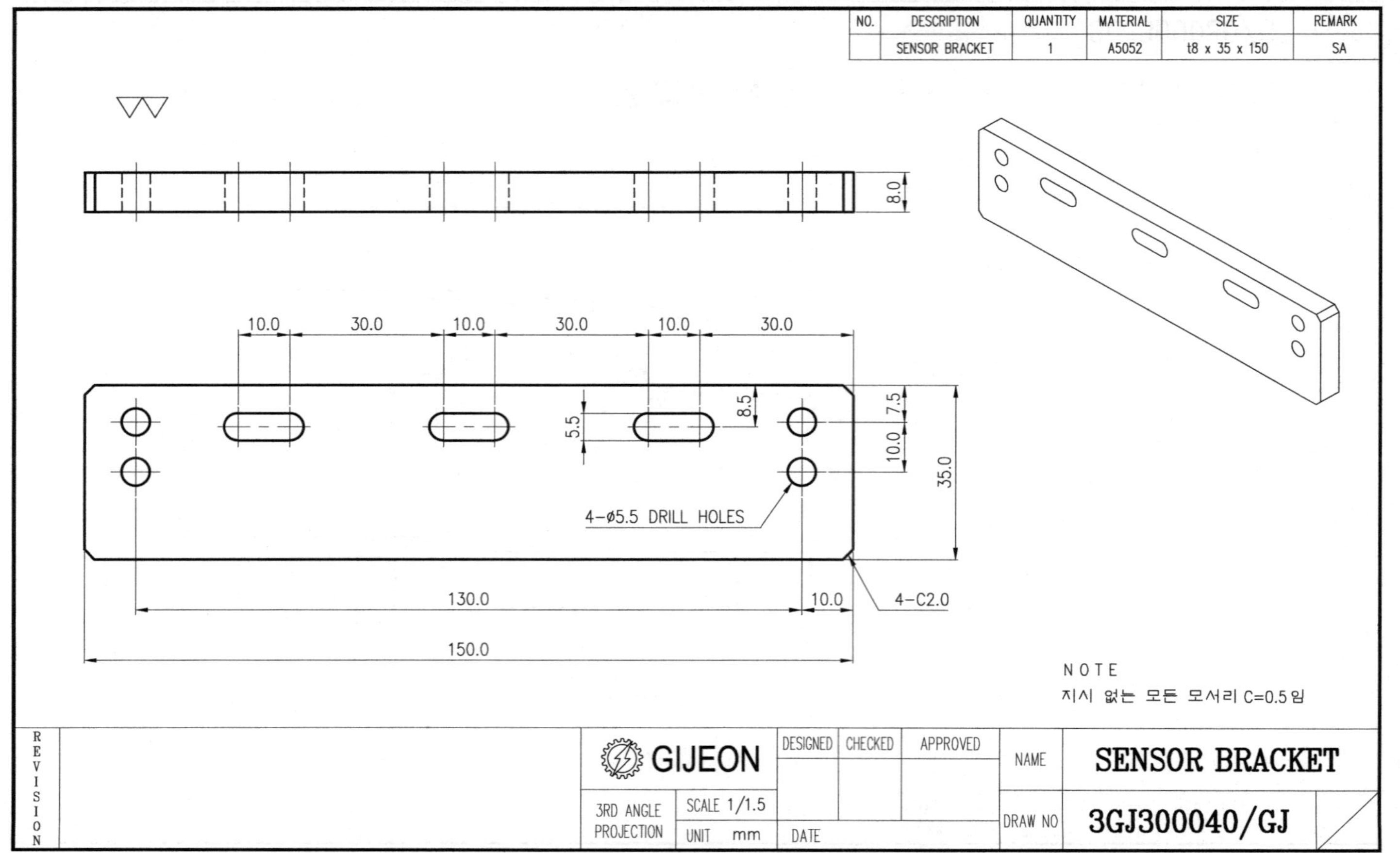
NO.
DESCRIPTION
QUANTITY
MATERIAL
SIZE
REMARK
SENSOR BRACKET
1
A5052
t8 x 35 x 150
SA
8.0
10.0
30.0
10.0
30.0
10.0
30.0
5.5
8.5
7.5
10.0
35.0
4-ø5.5 DRILL HOLES
130.0
10.0
4-C2.0
150.0
NOTE
지시 없는 모든 모서리 C=0.5임
REVISION
GIJEON
DESIGNED
CHECKED
APPROVED
NAME
SENSOR BRACKET
3RD ANGLE PROJECTION
SCALE 1/1.5
UNIT mm
DATE
DRAW NO
3GJ300040/GJ

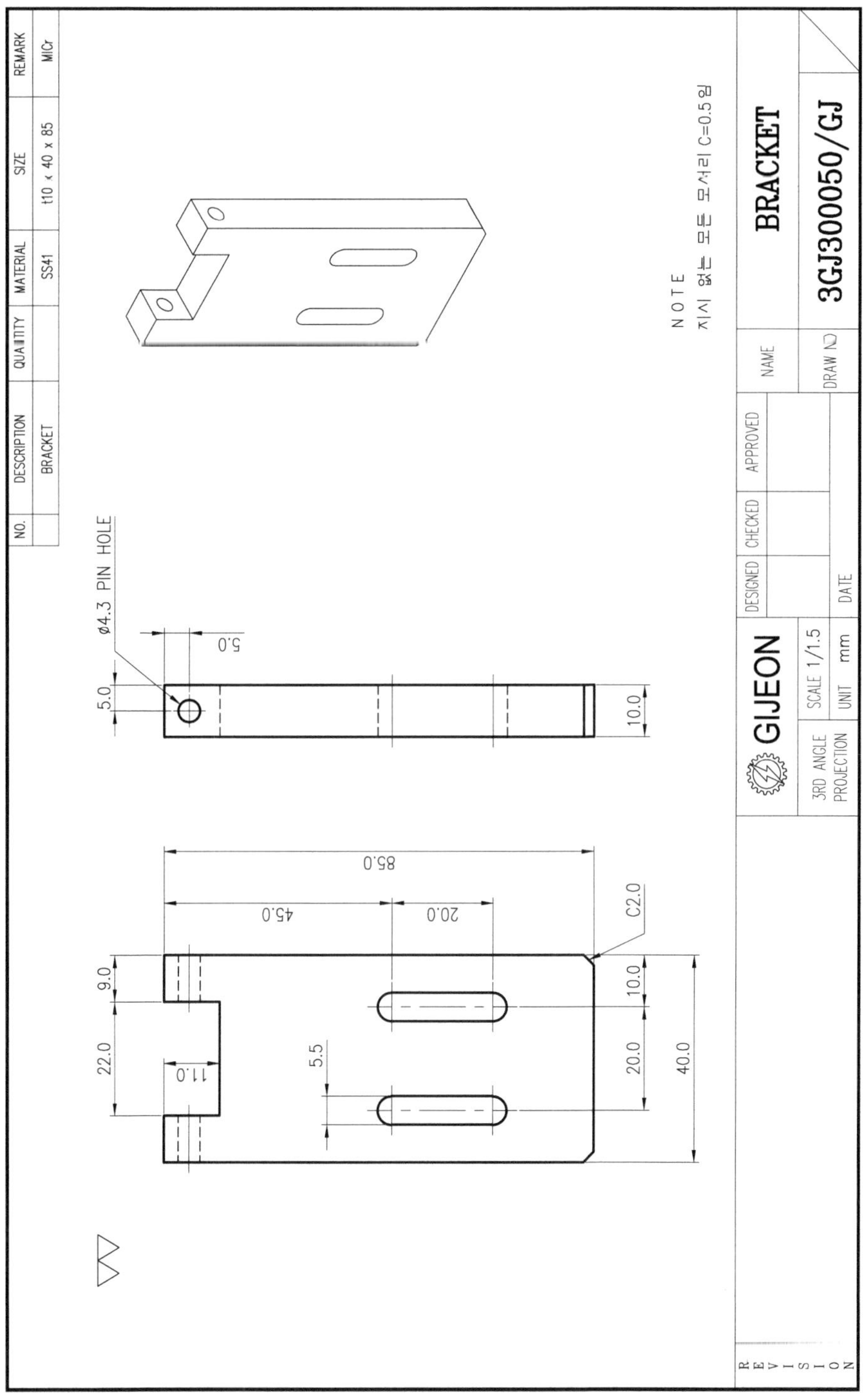
NO.
DESCRIPTION
BRACKET
QUANTITY
MATERIAL
SS41
SIZE
t10 x 40 x 85
REMARK
MICr
ø4.3 PIN HOLE
5.0
5.0
10.0
85.0
45.0
20.0
C2.0
9.0
22.0
11.0
5.5
10.0
20.0
40.0
NOTE
지시 없는 모든 모서리 C=0.5임
GIJEON
3RD ANGLE PROJECTION
SCALE 1/1.5
UNIT mm
DESIGNED
CHECKED
APPROVED
DATE
NAME
BRACKET
DRAW NO
3GJ300050/GJ
REVISION

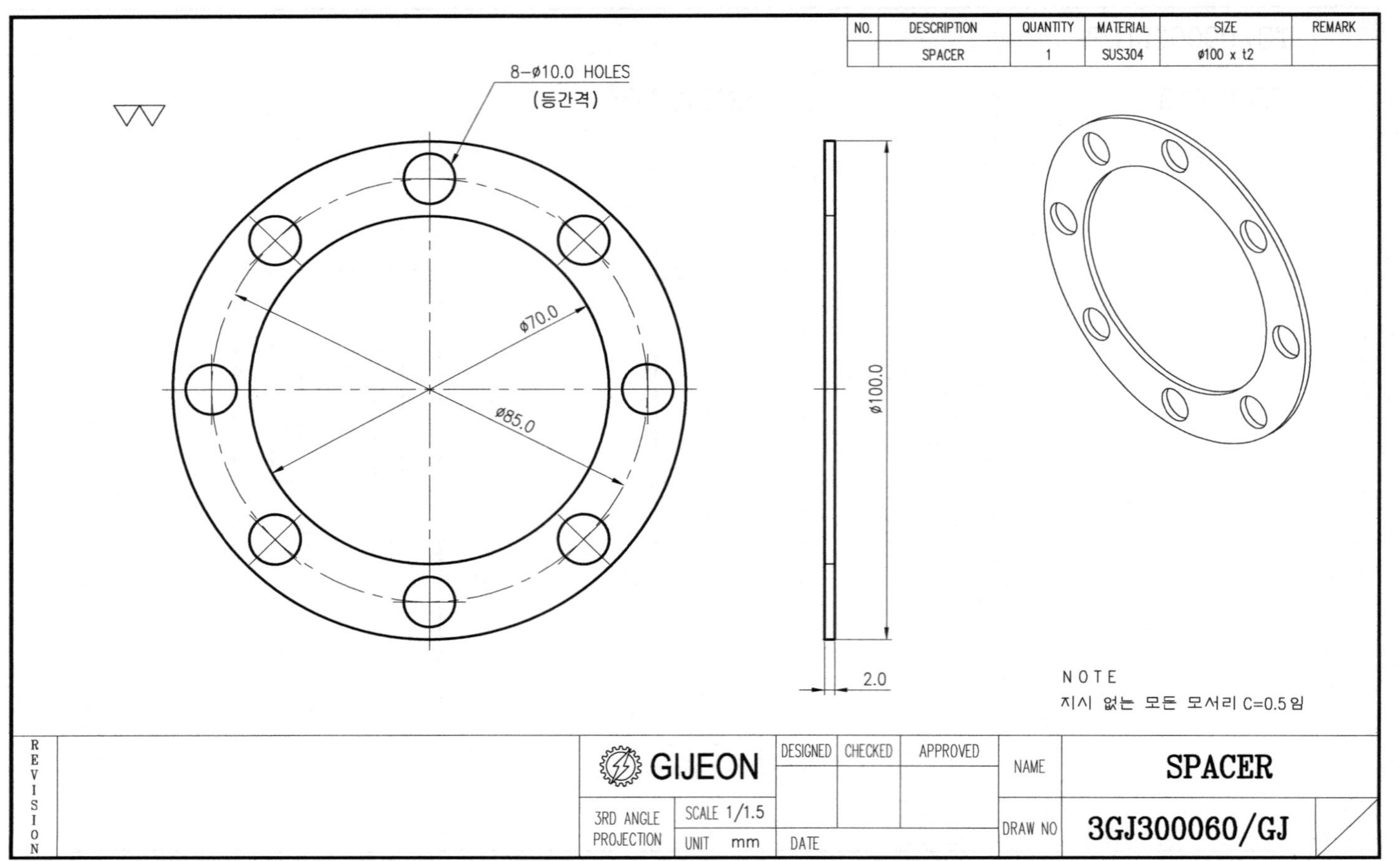
NO.
DESCRIPTION
SPACER
QUANTITY
1
MATERIAL
SUS304
SIZE
ø100 x t2
REMARK
8-ø10.0 HOLES
(등간격)
ø70.0
ø85.0
ø100.0
2.0
N O T E
지시 없는 모든 모서리 C=0.5임
GIJEON
DESIGNED
CHECKED
APPROVED
NAME
SPACER
3RD ANGLE PROJECTION
SCALE 1/1.5
UNIT mm
DATE
DRAW NO
3GJ300060/GJ
REVISION

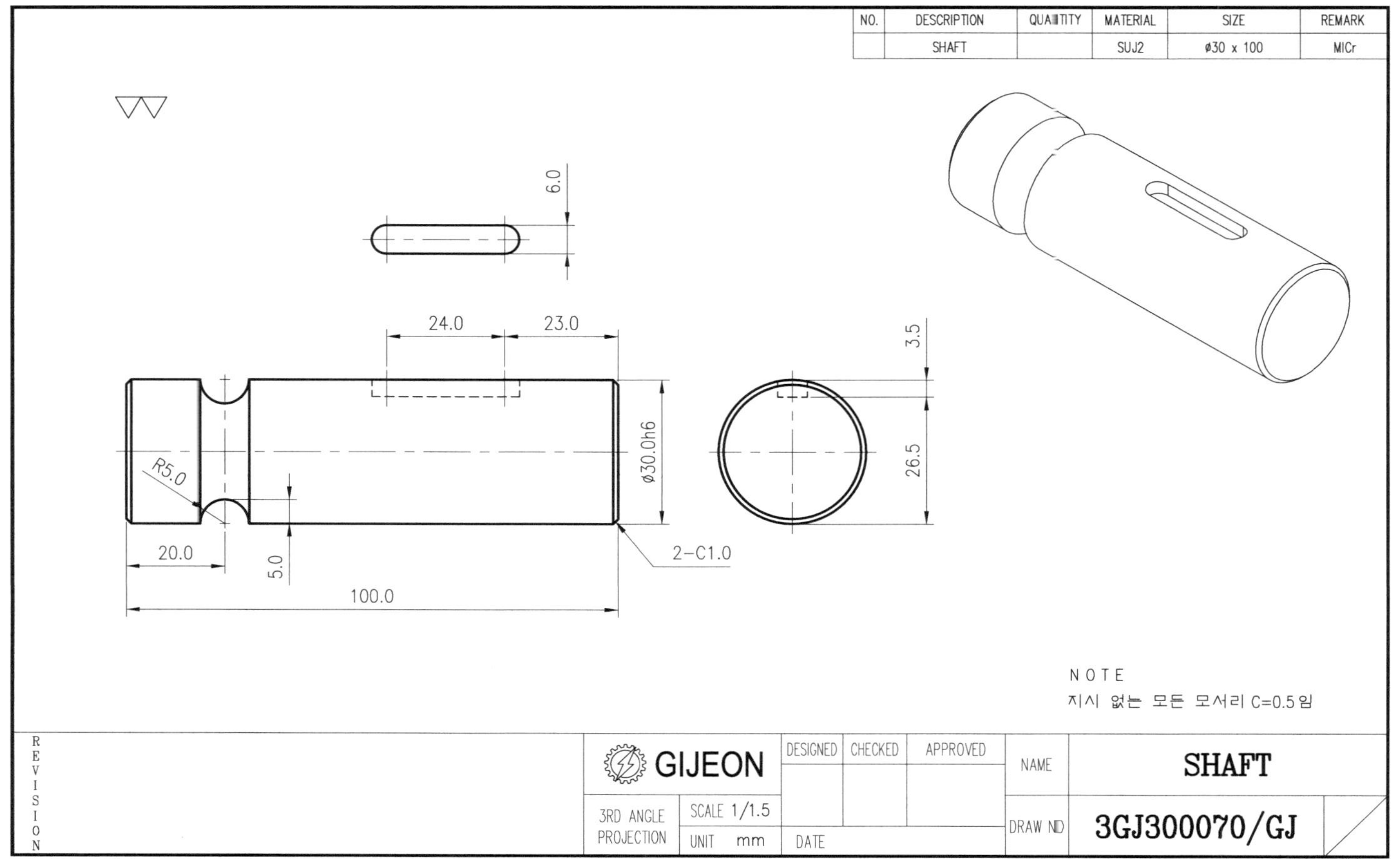
NO.
DESCRIPTION
QUAIITITY
MATERIAL
SIZE
REMARK
SHAFT
SUJ2
ø30 x 100
MICr
6.0
24.0
23.0
3.5
R5.0
ø30.0h6
26.5
20.0
5.0
2-C1.0
100.0
NOTE
지시 없는 모든 모서리 C=0.5임
REVISION
GIJEON
DESIGNED
CHECKED
APPROVED
NAME
SHAFT
3RD ANGLE PROJECTION
SCALE 1/1.5
UNIT mm
DATE
DRAW NO
3GJ300070/GJ

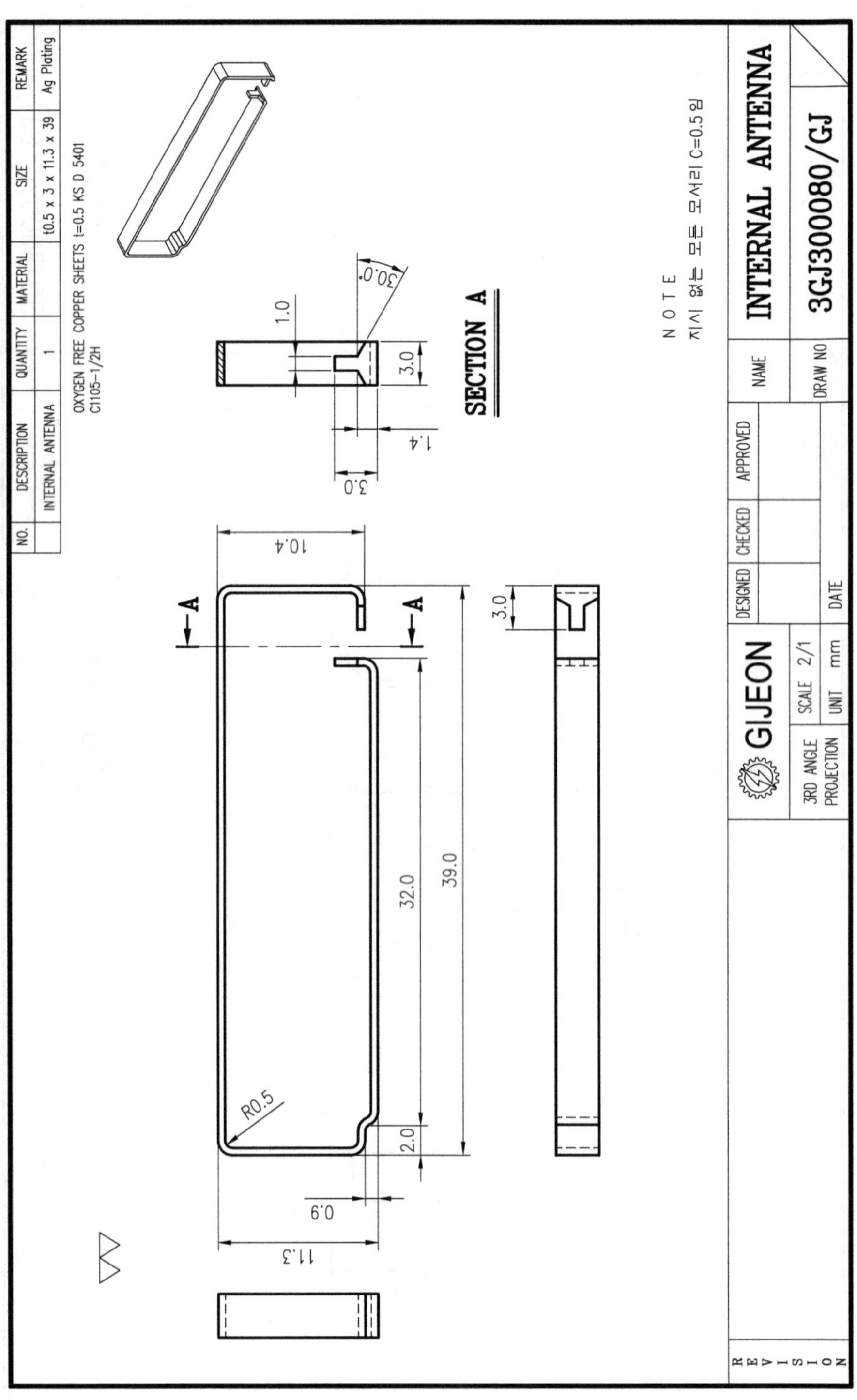
NO.
DESCRIPTION
QUANTITY
MATERIAL
SIZE
REMARK
INTERNAL ANTENNA
1
t0.5 x 3 x 11.3 x 39
Ag Plating
OXYGEN FREE COPPER SHEETS t=0.5 KS D 5401
C1105-1/2H
1.0
30.0°
3.0
1.4
3.0
SECTION A
10.4
A
A
3.0
32.0
39.0
R0.5
2.0
0.9
11.3
N O T E
지시 없는 모든 모서리 C=0.5임
GIJEON
DESIGNED
CHECKED
APPROVED
NAME
INTERNAL ANTENNA
3RD ANGLE PROJECTION
SCALE 2/1
UNIT mm
DATE
DRAW NO
3GJ300080/GJ
REVISION

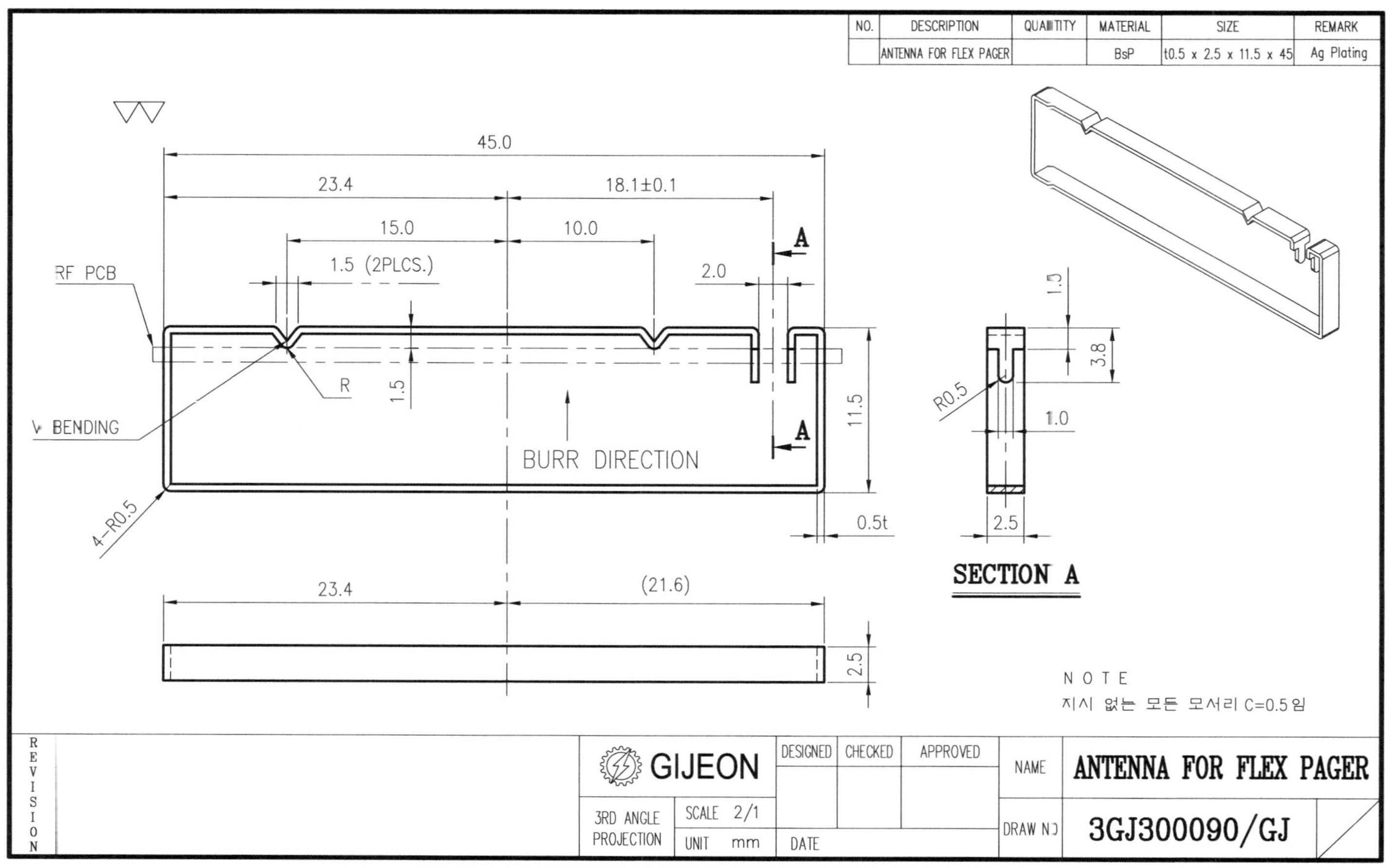

NO.
DESCRIPTION
QUANTITY
MATERIAL
SIZE
REMARK
ANTENNA FOR FLEX PAGER
BsP
t0.5 x 2.5 x 11.5 x 45
Ag Plating
45.0
23.4
18.1±0.1
15.0
10.0
1.5 (2PLCS.)
2.0
A
RF PCB
R
1.5
V BENDING
BURR DIRECTION
11.5
4-R0.5
0.5t
23.4
(21.6)
2.5
1.5
3.8
R0.5
1.0
2.5
SECTION A
N O T E
지시 없는 모든 모서리 C=0.5임
REVISION
GIJEON
DESIGNED
CHECKED
APPROVED
NAME
ANTENNA FOR FLEX PAGER
3RD ANGLE PROJECTION
SCALE 2/1
UNIT mm
DATE
DRAW NO
3GJ300090/GJ

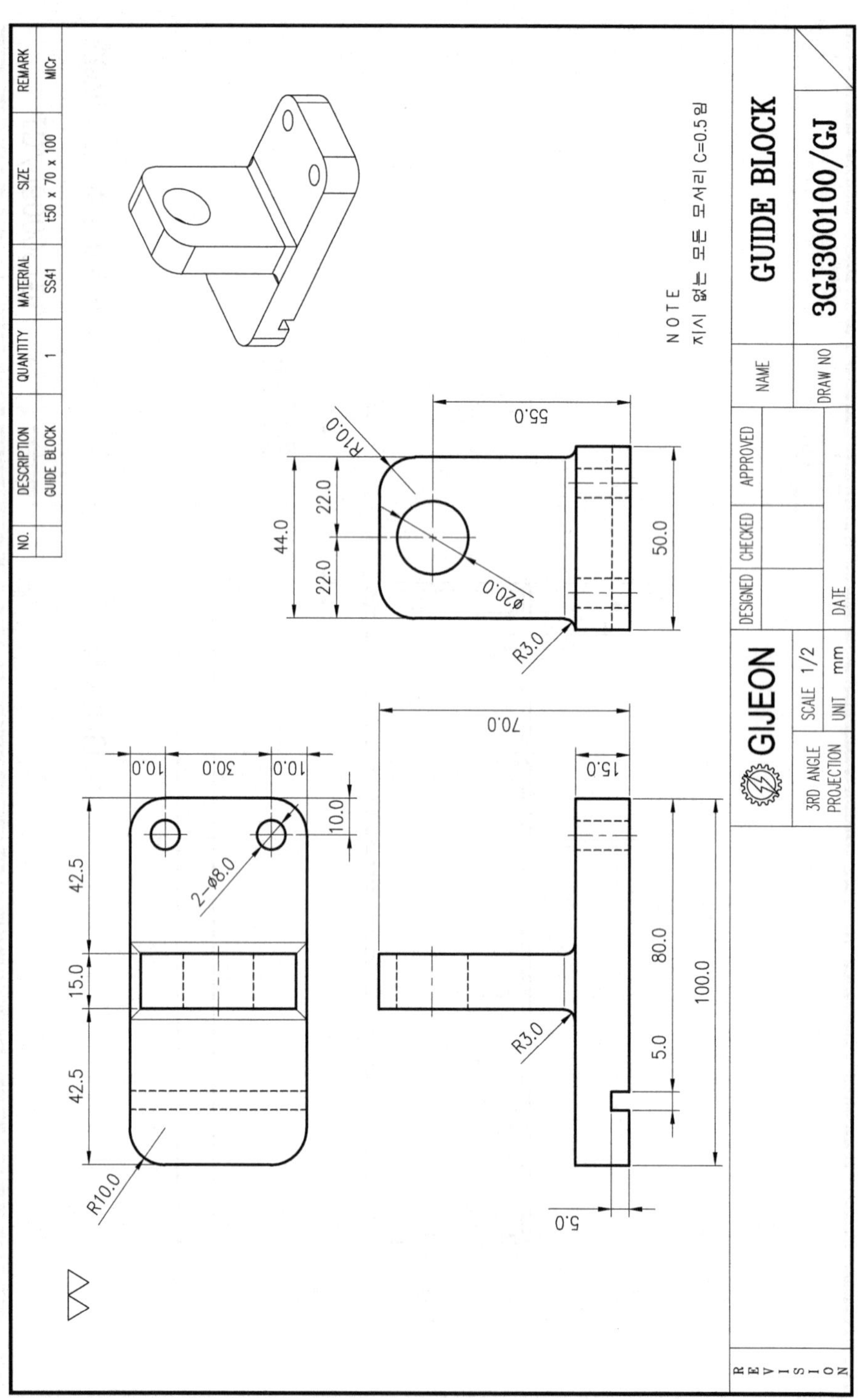
NO.
DESCRIPTION
QUANTITY
MATERIAL
SIZE
REMARK
GUIDE BLOCK
1
SS41
t50 x 70 x 100
MICr
NOTE
지시 없는 모든 모서리 C=0.5임
GUIDE BLOCK
3GJ300100/GJ
NAME
DRAW NO
DESIGNED
CHECKED
APPROVED
DATE
GIJEON
3RD ANGLE PROJECTION
SCALE 1/2
UNIT mm
REVISION
R10.0
ø20.0
55.0
44.0
22.0
22.0
50.0
R3.0
70.0
15.0
10.0
30.0
10.0
10.0
2-ø8.0
42.5
15.0
42.5
R10.0
R3.0
80.0
5.0
100.0
5.0

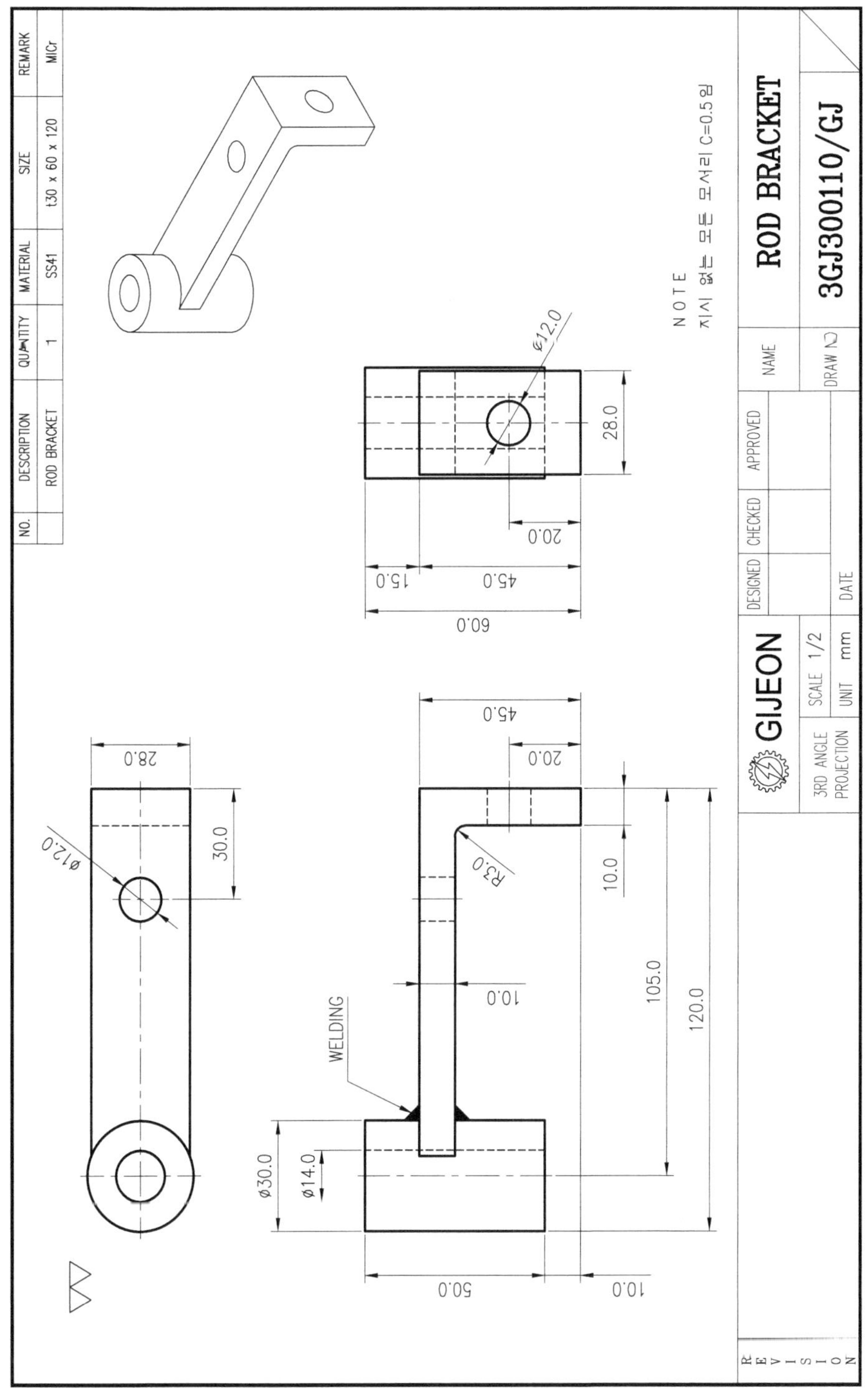
NO.
DESCRIPTION
QUANTITY
MATERIAL
SIZE
REMARK
ROD BRACKET
1
SS41
t30 x 60 x 120
MICr
NOTE
지시 없는 모든 모서리 C=0.5임
WELDING
ø12.0
ø30.0
ø14.0
R3.0
28.0
30.0
45.0
20.0
15.0
60.0
10.0
105.0
120.0
50.0
GIJEON
3RD ANGLE PROJECTION
SCALE 1/2
UNIT mm
DESIGNED
CHECKED
APPROVED
DATE
NAME
ROD BRACKET
DRAW NO
3GJ300110/GJ
REVISION

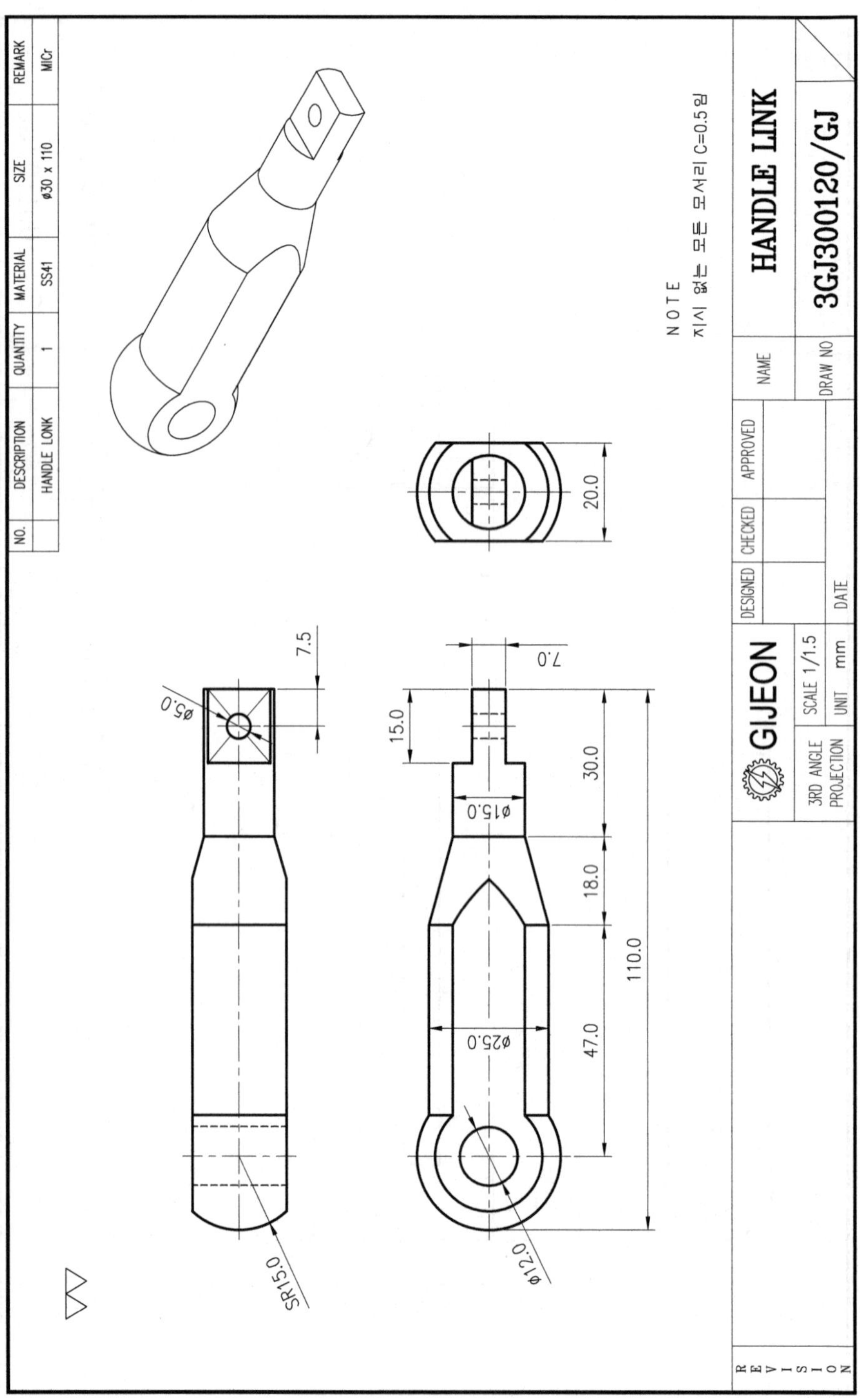

NO.
DESCRIPTION
HANDLE LONK
QUANTITY
1
MATERIAL
SS41
SIZE
ø30 x 110
REMARK
MICr
NOTE
지시 없는 모든 모서리 C=0.5임
HANDLE LINK
3GJ300120/GJ
NAME
DRAW NO
DESIGNED
CHECKED
APPROVED
DATE
GIJEON
3RD ANGLE PROJECTION
SCALE 1/1.5
UNIT mm
REVISION
ø5.0
7.5
15.0
7.0
ø15.0
30.0
18.0
ø25.0
47.0
110.0
20.0
SR15.0
ø12.0

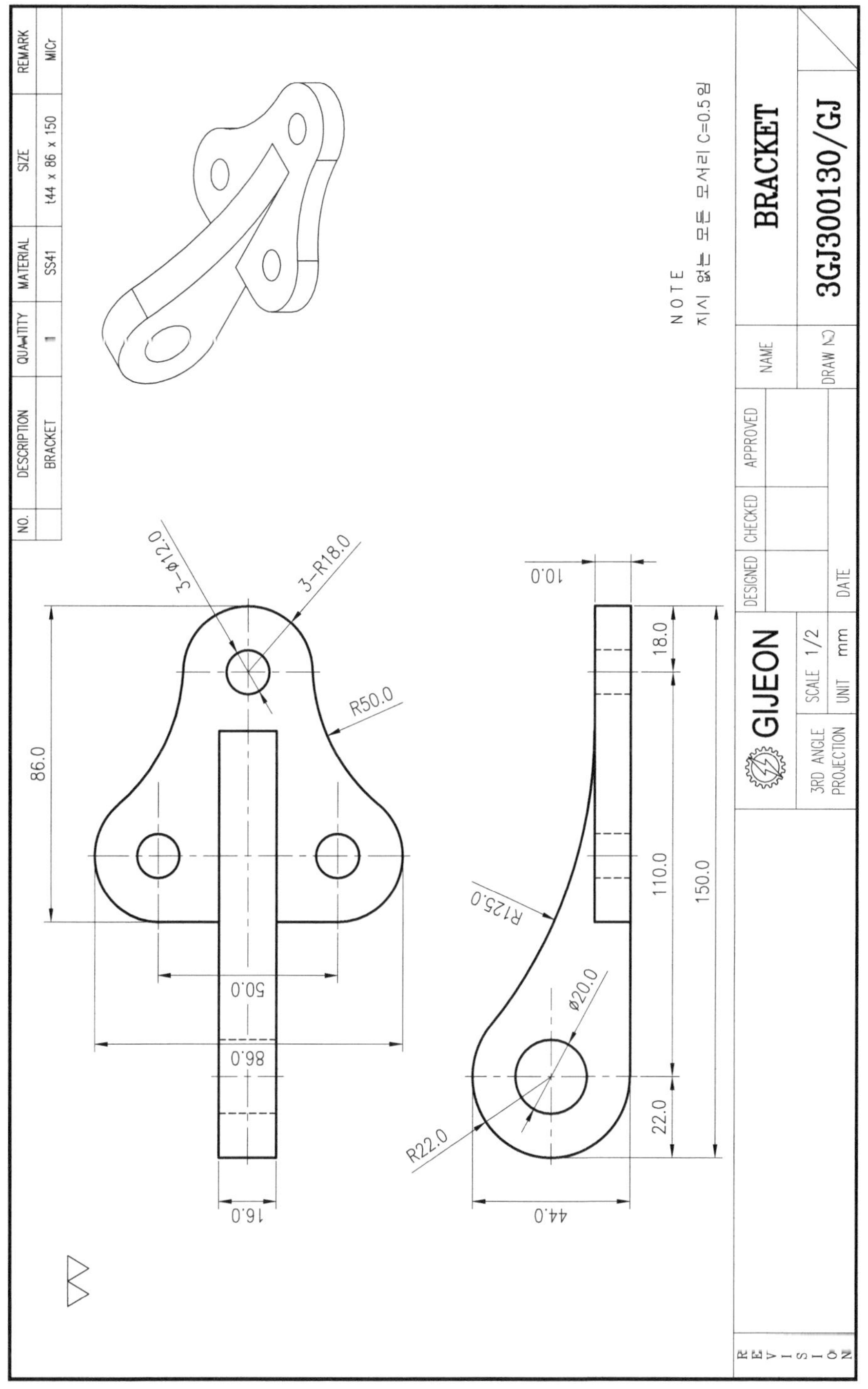
NO.
DESCRIPTION
QUANTITY
MATERIAL
SIZE
REMARK
BRACKET
1
SS41
t44 x 86 x 150
MICr
NOTE
지시 없는 모든 모서리 C=0.5임
3-ø12.0
3-R18.0
R50.0
86.0
50.0
86.0
16.0
10.0
18.0
110.0
150.0
R125.0
ø20.0
R22.0
22.0
44.0
GIJEON
3RD ANGLE PROJECTION
SCALE 1/2
UNIT mm
DESIGNED
CHECKED
APPROVED
DATE
NAME
BRACKET
DRAW NO
3GJ300130/GJ
REVISION

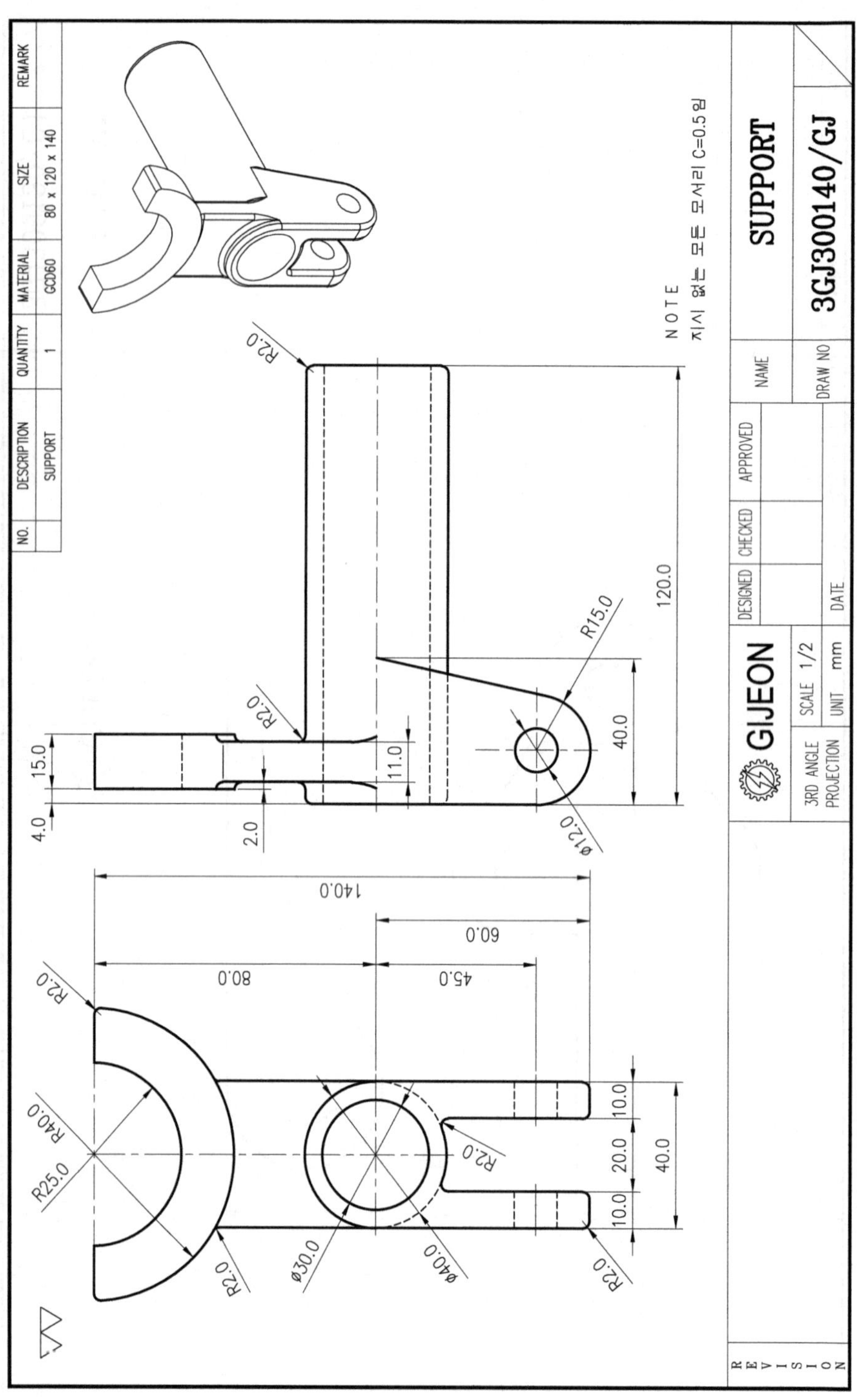
NO.
DESCRIPTION
SUPPORT
QUANTITY
1
MATERIAL
GCD60
SIZE
80 x 120 x 140
REMARK
R2.0
15.0
4.0
2.0
11.0
120.0
R15.0
40.0
ø12.0
140.0
60.0
80.0
45.0
R40.0
R25.0
ø30.0
ø40.0
10.0
20.0
40.0
N O T E
지시 없는 모든 모서리 C=0.5임
GIJEON
DESIGNED
CHECKED
APPROVED
NAME
SUPPORT
3RD ANGLE PROJECTION
SCALE 1/2
UNIT mm
DATE
DRAW NO
3GJ300140/GJ
REVISION

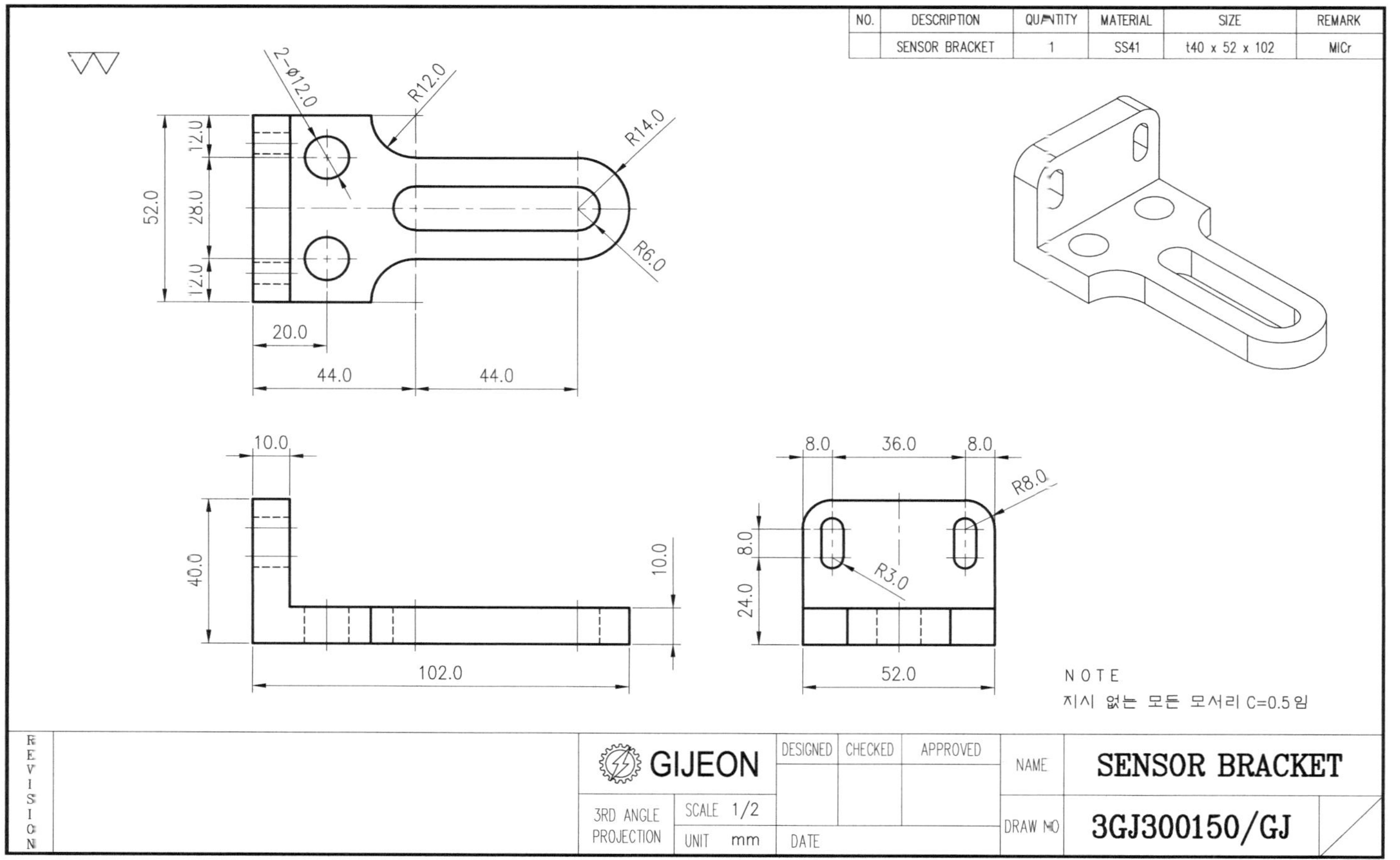
NO.
DESCRIPTION
QUANTITY
MATERIAL
SIZE
REMARK
SENSOR BRACKET
1
SS41
t40 x 52 x 102
MICr
2-Ø12.0
R12.0
R14.0
R6.0
52.0
12.0
28.0
12.0
20.0
44.0
44.0
10.0
40.0
10.0
102.0
8.0
36.0
8.0
R8.0
8.0
24.0
R3.0
52.0
NOTE
지시 없는 모든 모서리 C=0.5임
REVISION
GIJEON
3RD ANGLE PROJECTION
SCALE 1/2
UNIT mm
DESIGNED
CHECKED
APPROVED
DATE
NAME
SENSOR BRACKET
DRAW NO
3GJ300150/GJ

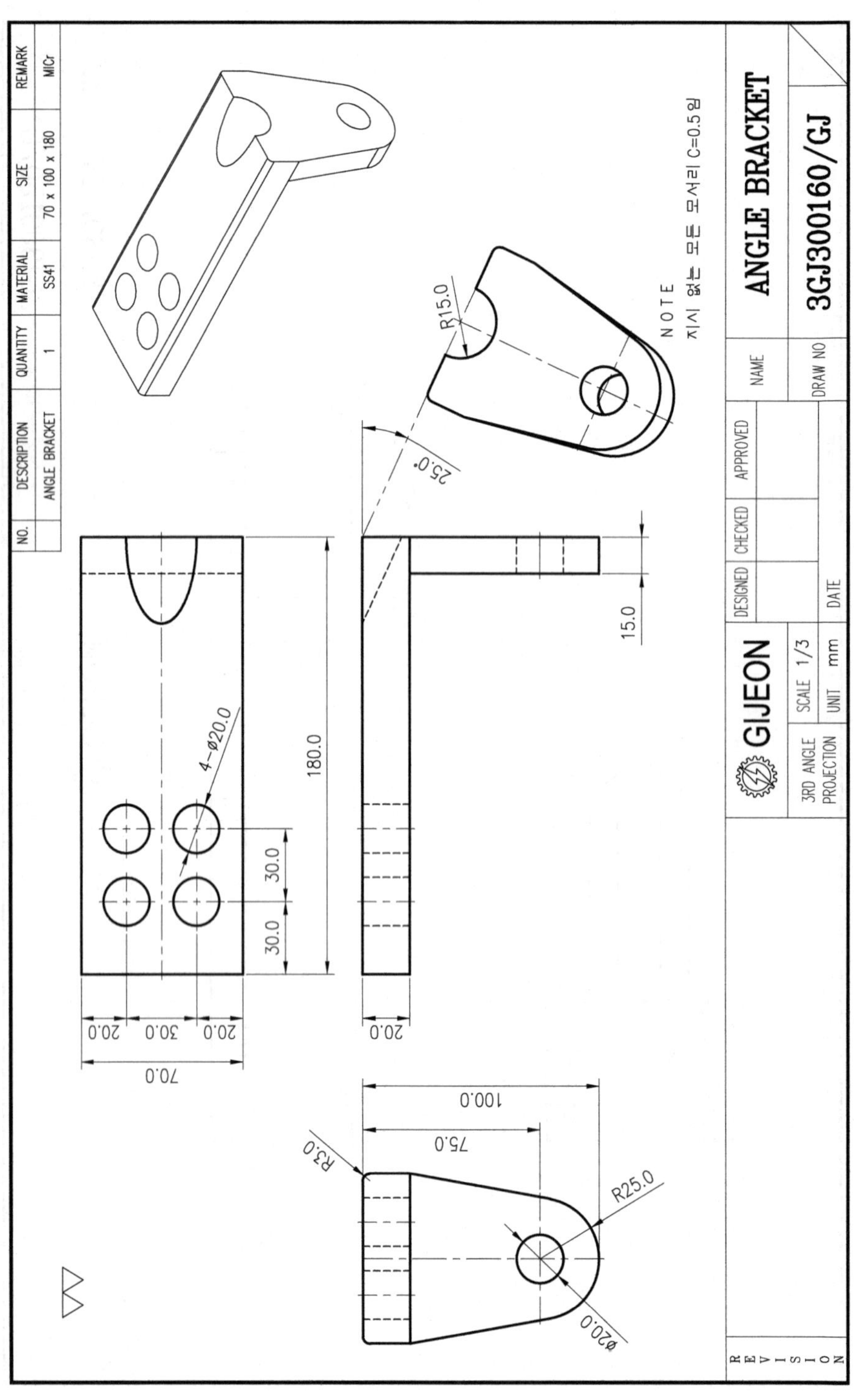
NO.
DESCRIPTION
ANGLE BRACKET
QUANTITY
1
MATERIAL
SS41
SIZE
70 x 100 x 180
REMARK
MICr
R15.0
25.0°
N O T E
지시 없는 모든 모서리 C=0.5임
4-Ø20.0
180.0
30.0
30.0
15.0
20.0
30.0
20.0
70.0
20.0
100.0
75.0
R3.0
R25.0
Ø20.0
GIJEON
3RD ANGLE PROJECTION
SCALE 1/3
UNIT mm
DESIGNED
CHECKED
APPROVED
DATE
NAME
ANGLE BRACKET
DRAW NO
3GJ300160/GJ
REVISION

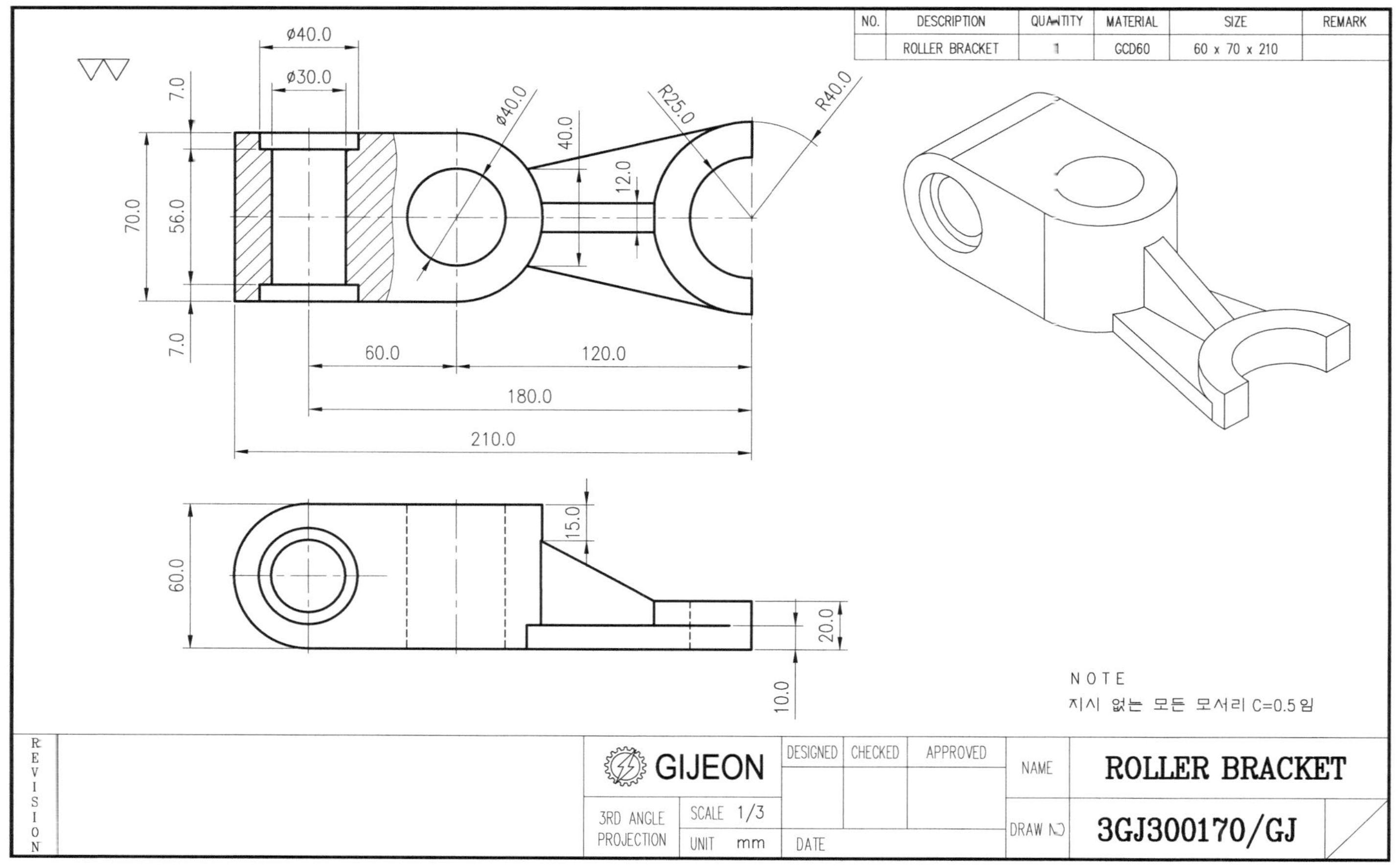
NO.
DESCRIPTION
QUANTITY
MATERIAL
SIZE
REMARK
ROLLER BRACKET
1
GCD60
60 x 70 x 210
ø40.0
ø30.0
7.0
70.0
56.0
7.0
ø40.0
40.0
12.0
R25.0
R40.0
60.0
120.0
180.0
210.0
60.0
15.0
20.0
10.0
NOTE
지시 없는 모든 모서리 C=0.5임
REVISION
GIJEON
3RD ANGLE PROJECTION
SCALE 1/3
UNIT mm
DESIGNED
CHECKED
APPROVED
DATE
NAME
ROLLER BRACKET
DRAW NO
3GJ300170/GJ

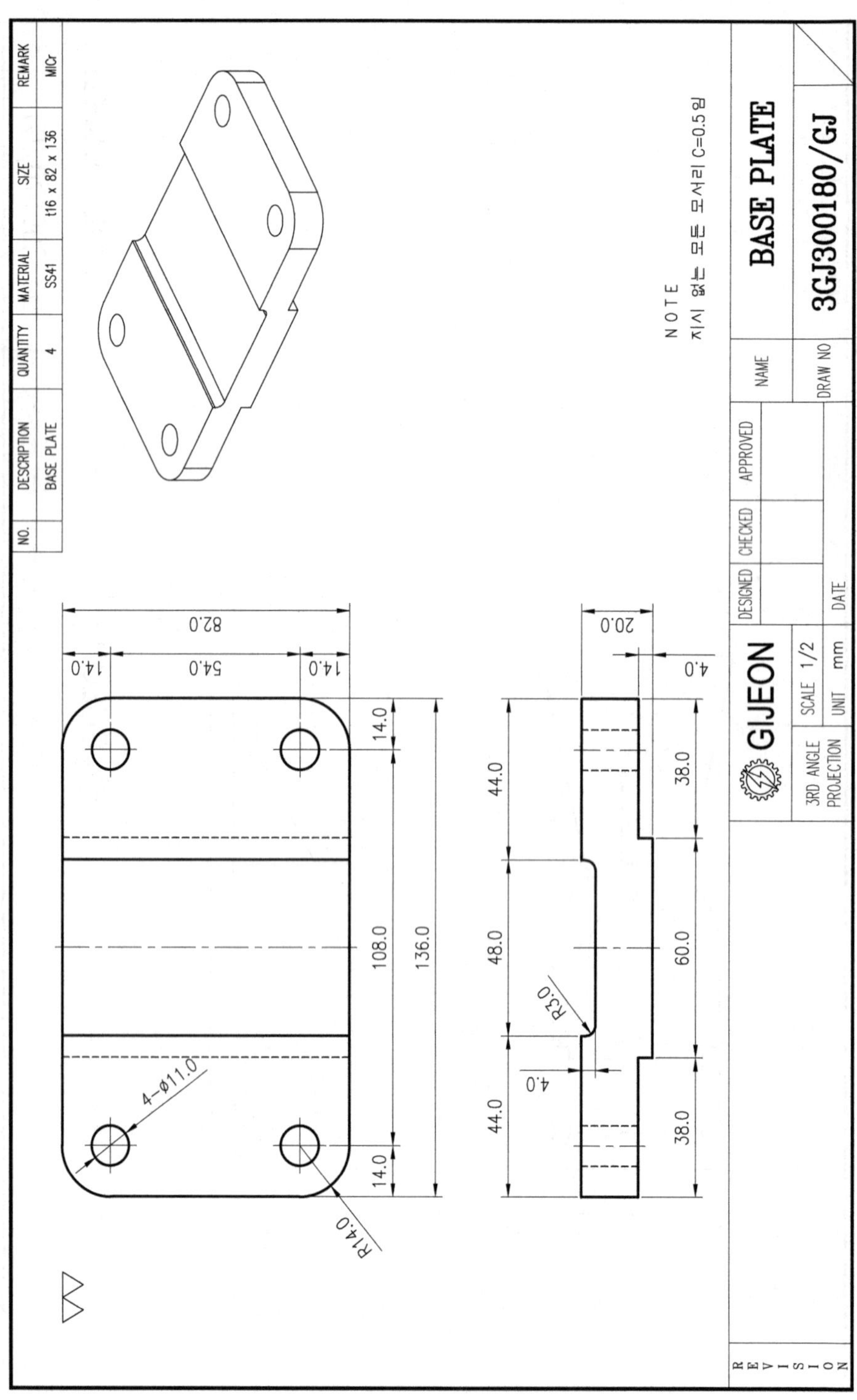
NO.
DESCRIPTION
QUANTITY
MATERIAL
SIZE
REMARK
BASE PLATE
4
SS41
t16 x 82 x 136
MICr
N O T E
지시 없는 모든 모서리 C=0.5임
BASE PLATE
3GJ300180/GJ
NAME
DRAW NO
DESIGNED
CHECKED
APPROVED
GIJEON
3RD ANGLE PROJECTION
SCALE 1/2
UNIT mm
DATE
REVISION
82.0
14.0
54.0
14.0
14.0
108.0
136.0
4-Ø11.0
R14.0
20.0
4.0
44.0
48.0
44.0
38.0
60.0
38.0
R3.0
4.0

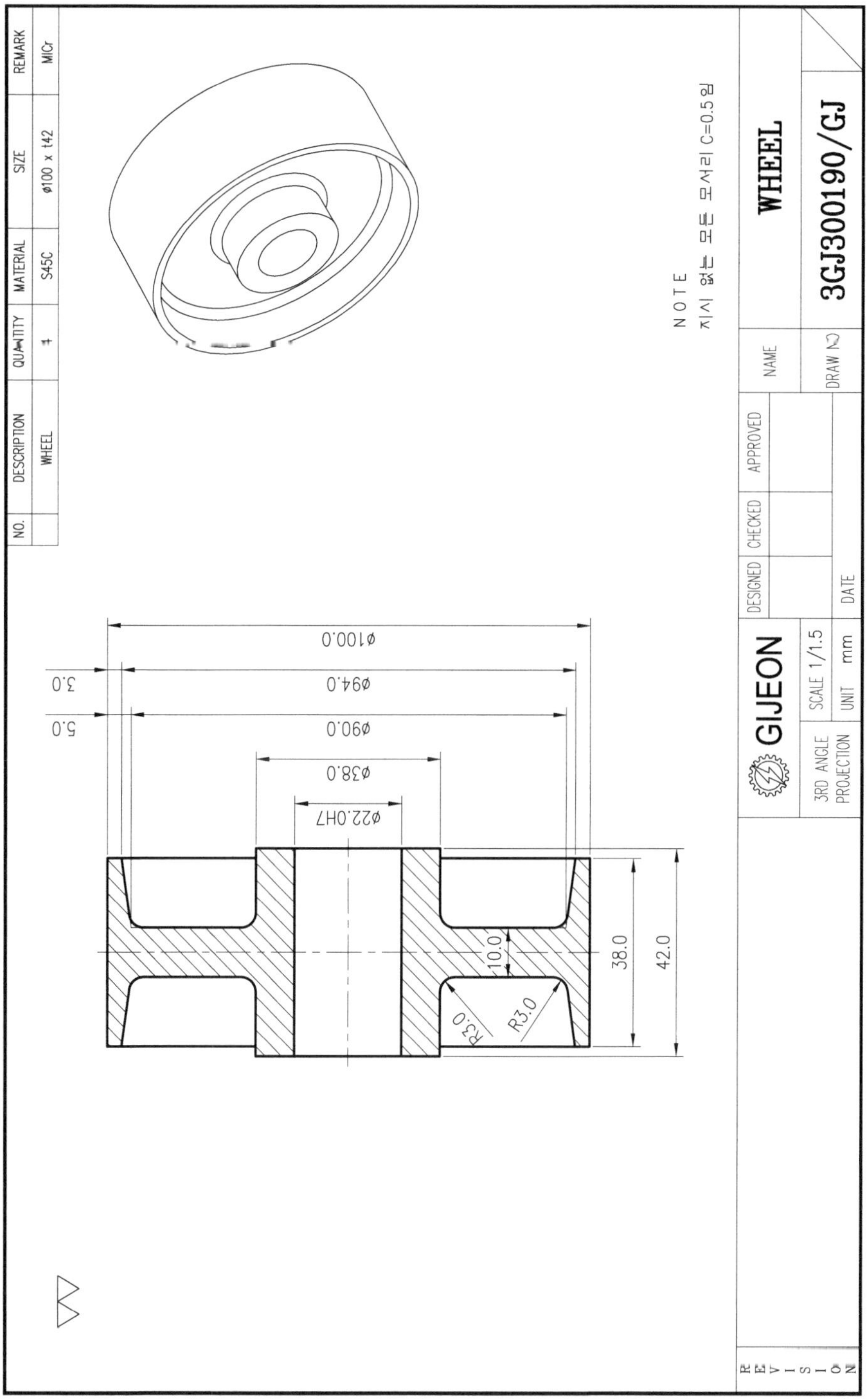
NO.
DESCRIPTION
QUANTITY
MATERIAL
SIZE
REMARK
WHEEL
1
S45C
ø100 x t42
MICr
NOTE
지시 없는 모든 모서리 C=0.5임
ø100.0
ø94.0
ø90.0
ø38.0
ø22.0H7
3.0
5.0
10.0
38.0
42.0
R3.0
R3.0
GIJEON
DESIGNED
CHECKED
APPROVED
NAME
WHEEL
DRAW NO
3GJ300190/GJ
3RD ANGLE PROJECTION
SCALE 1/1.5
UNIT mm
DATE
REVISION

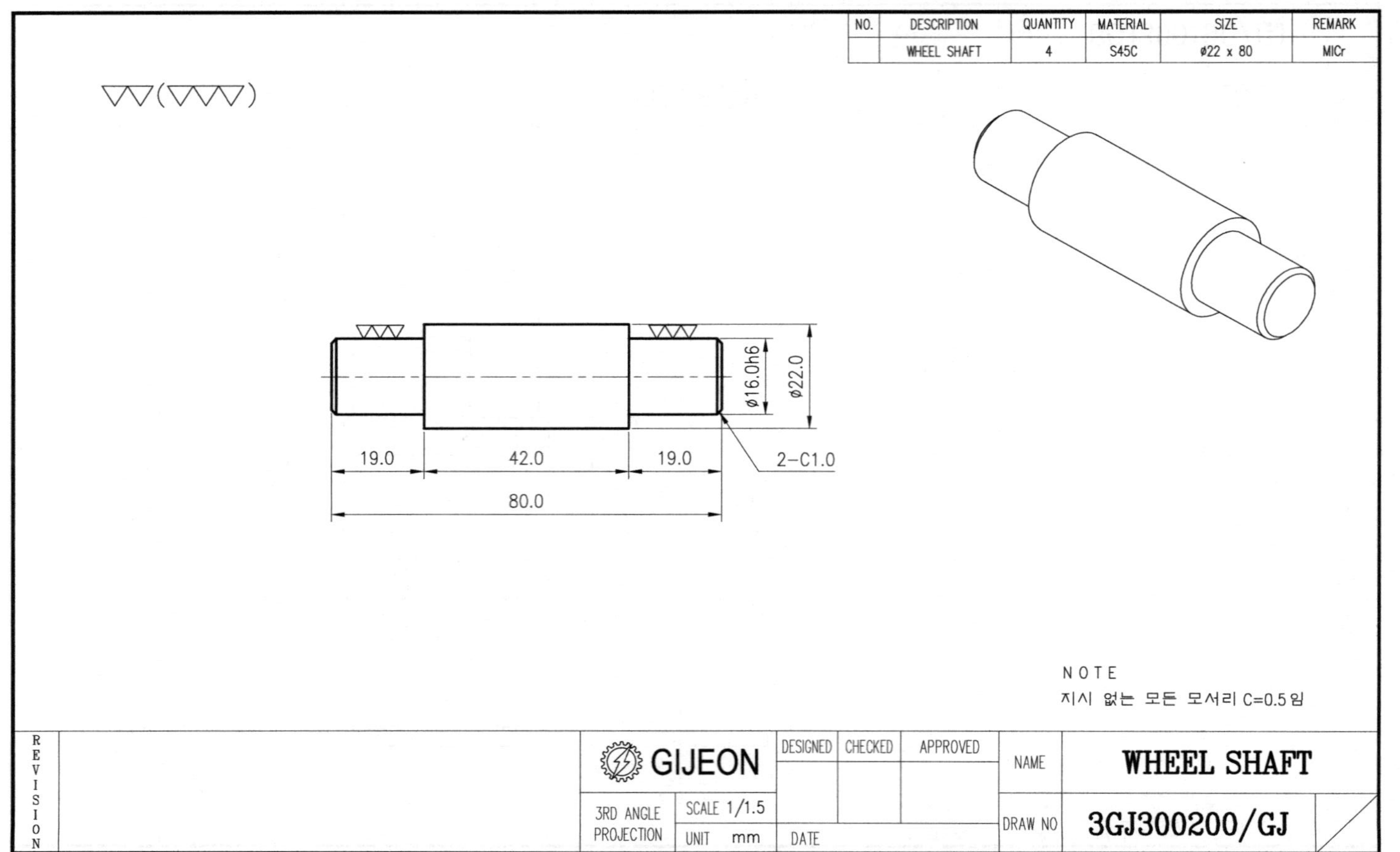
NO.
DESCRIPTION
QUANTITY
MATERIAL
SIZE
REMARK
WHEEL SHAFT
4
S45C
ø22 x 80
MICr
ø16.0h6
ø22.0
19.0
42.0
19.0
2-C1.0
80.0
NOTE
지시 없는 모든 모서리 C=0.5임
REVISION
GIJEON
DESIGNED
CHECKED
APPROVED
NAME
WHEEL SHAFT
3RD ANGLE PROJECTION
SCALE 1/1.5
UNIT mm
DATE
DRAW NO
3GJ300200/GJ

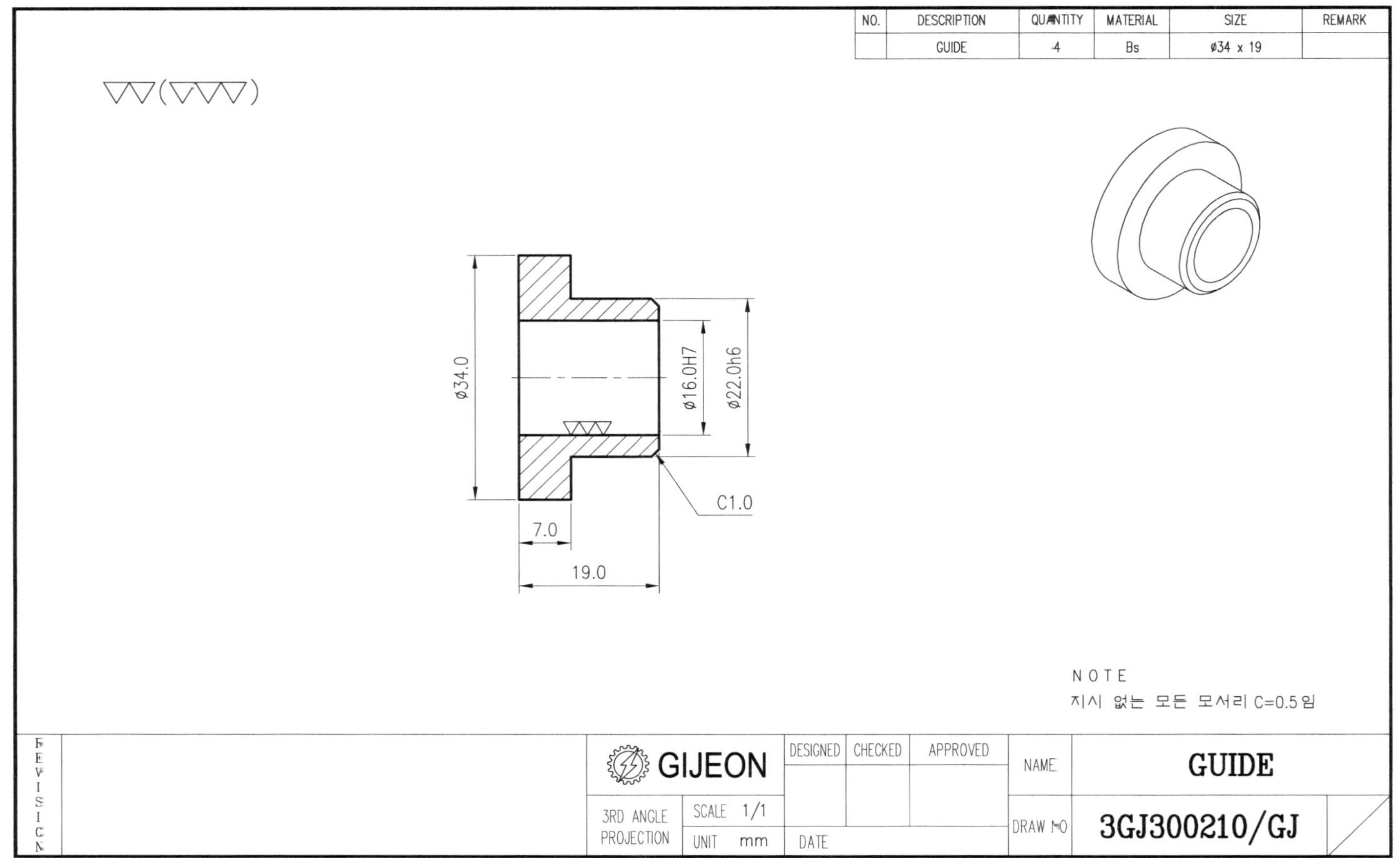
NO.
DESCRIPTION
QUANTITY
MATERIAL
SIZE
REMARK
GUIDE
4
Bs
ø34 x 19
ø34.0
ø16.0H7
ø22.0h6
C1.0
7.0
19.0
NOTE
지시 없는 모든 모서리 C=0.5임
REVISION
GIJEON
DESIGNED
CHECKED
APPROVED
NAME
GUIDE
3RD ANGLE PROJECTION
SCALE 1/1
UNIT mm
DATE
DRAW NO
3GJ300210/GJ

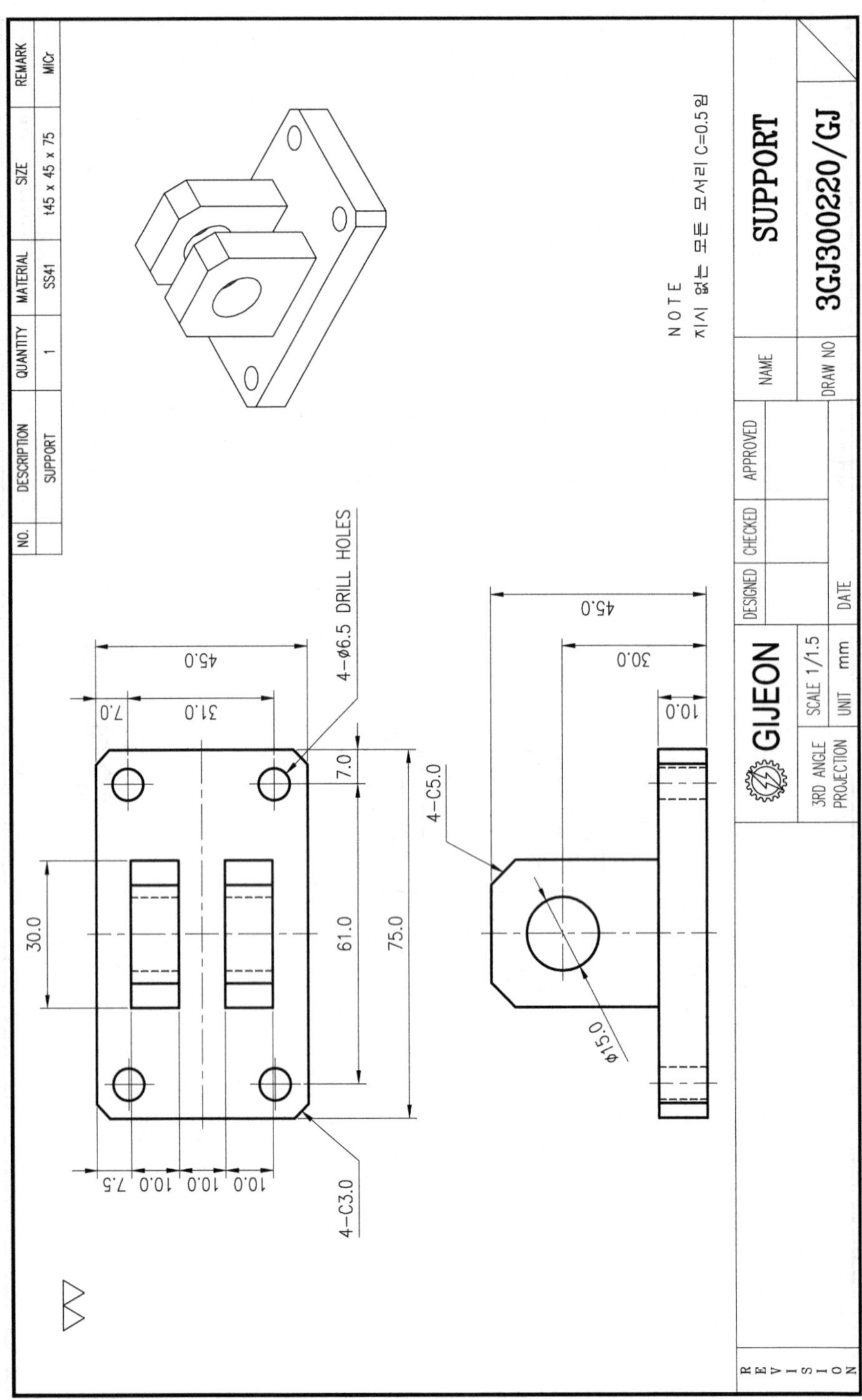
NO.
DESCRIPTION
QUANTITY
MATERIAL
SIZE
REMARK
SUPPORT
1
SS41
t45 x 45 x 75
MICr
4-φ6.5 DRILL HOLES
4-C3.0
4-C5.0
φ15.0
NOTE
지시 없는 모든 모서리 C=0.5임
GIJEON
DESIGNED
CHECKED
APPROVED
NAME
SUPPORT
3RD ANGLE PROJECTION
SCALE 1/1.5
UNIT mm
DATE
DRAW NO
3GJ300220/GJ
REVISION

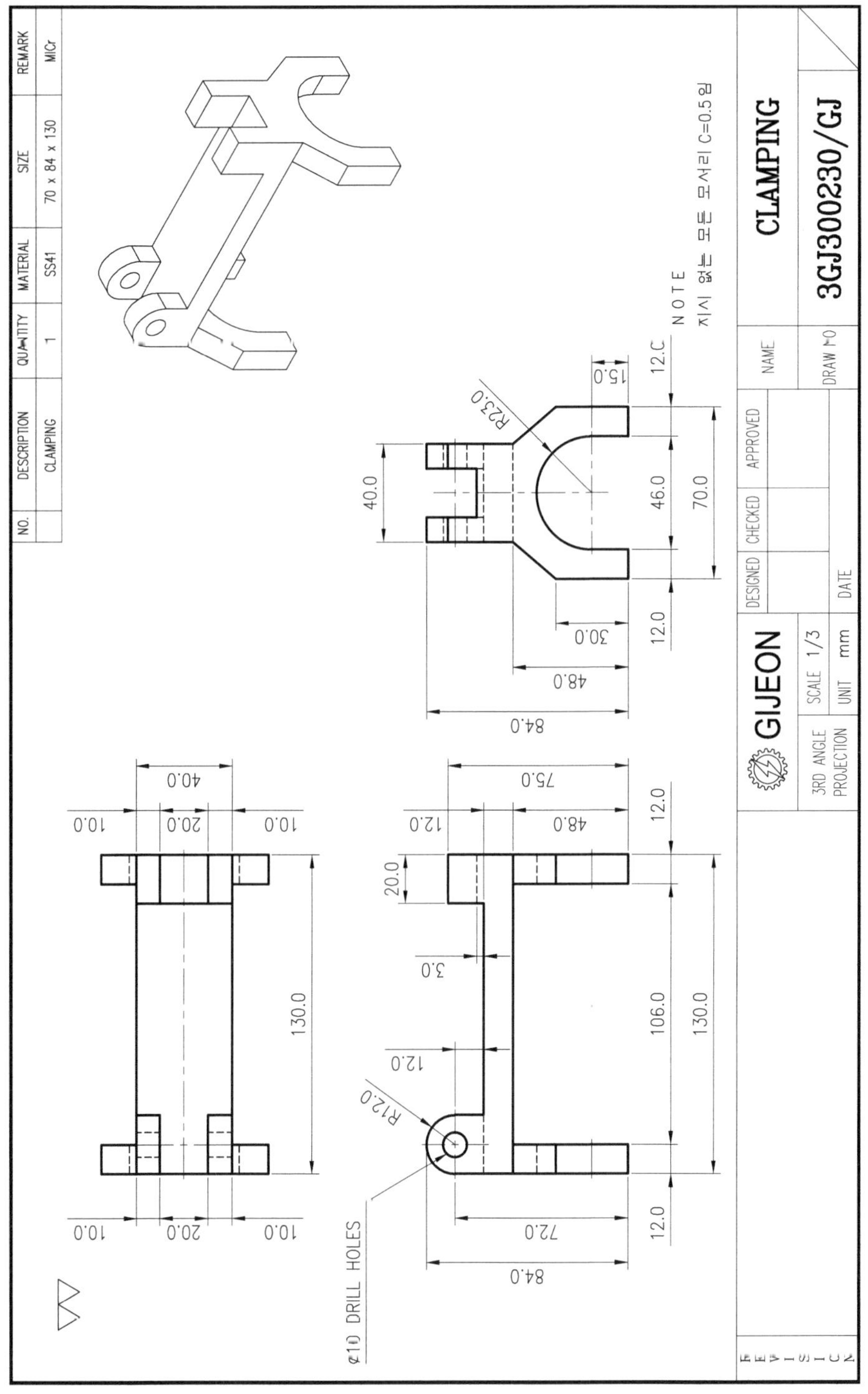
NO.
DESCRIPTION
CLAMPING
QUANTITY
1
MATERIAL
SS41
SIZE
70 x 84 x 130
REMARK
MICr
NOTE
지시 없는 모든 모서리 C=0.5임
φ10 DRILL HOLES
R12.0
R23.0
GIJEON
3RD ANGLE PROJECTION
SCALE 1/3
UNIT mm
DESIGNED
CHECKED
APPROVED
DATE
NAME
CLAMPING
DRAW NO
3GJ300230/GJ
REVISION

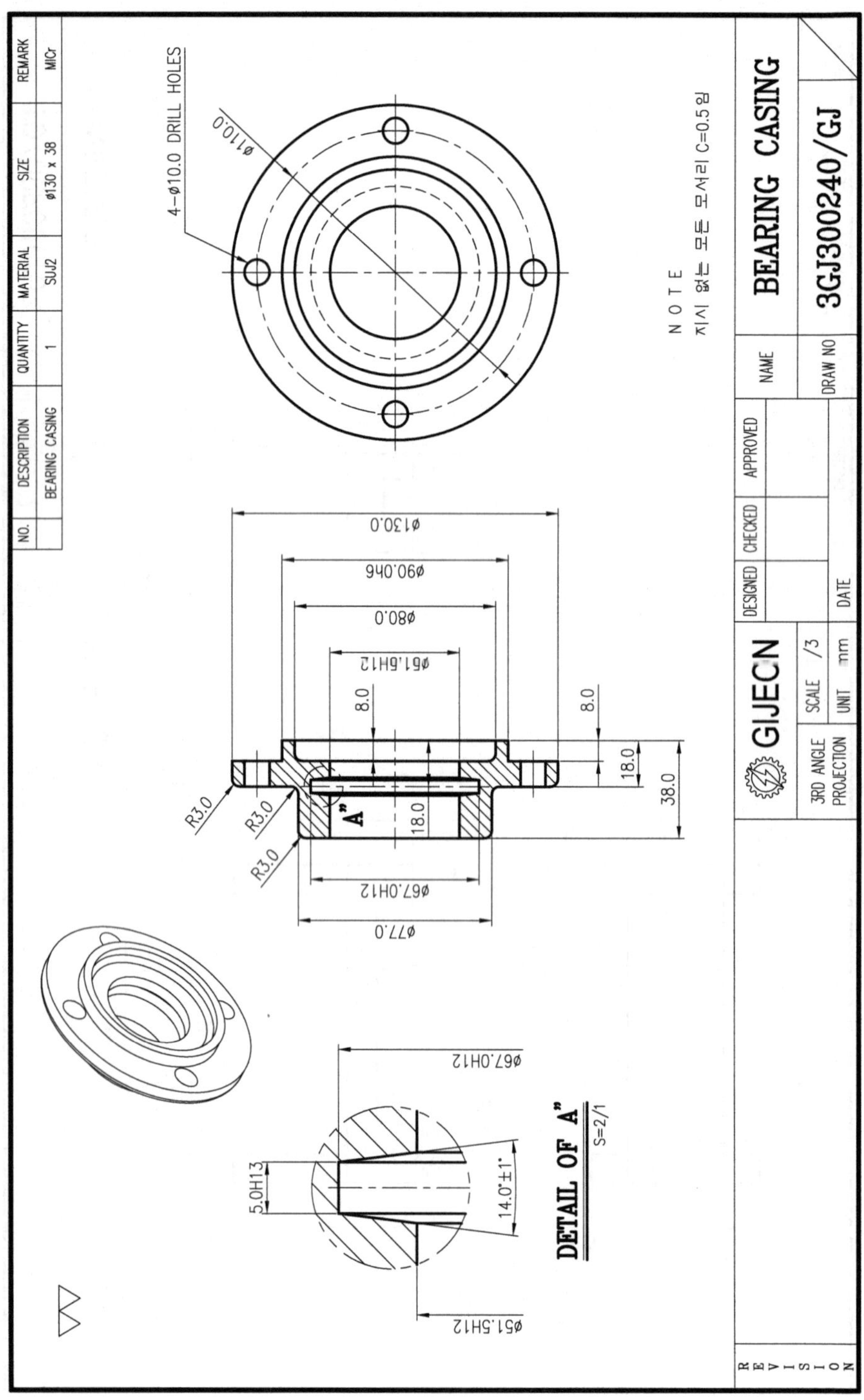

NO.
DESCRIPTION
QUANTITY
MATERIAL
SIZE
REMARK
BEARING CASING
1
SUJ2
ø130 x 38
MICr
4-ø10.0 DRILL HOLES
ø110.0
N O T E
지시 없는 모든 모서리 C=0.5임
ø130.0
ø90.0h6
ø80.0
ø51.5H12
8.0
8.0
18.0
38.0
18.0
R3.0
R3.0
R3.0
A"
ø67.0H12
ø77.0
ø67.0H12
5.0H13
14.0°±1°
ø51.5H12
DETAIL OF A"
S=2/1
GIJECN
DESIGNED
CHECKED
APPROVED
NAME
BEARING CASING
3RD ANGLE PROJECTION
SCALE
/3
UNIT
mm
DATE
DRAW NO
3GJ300240/GJ
REVISION

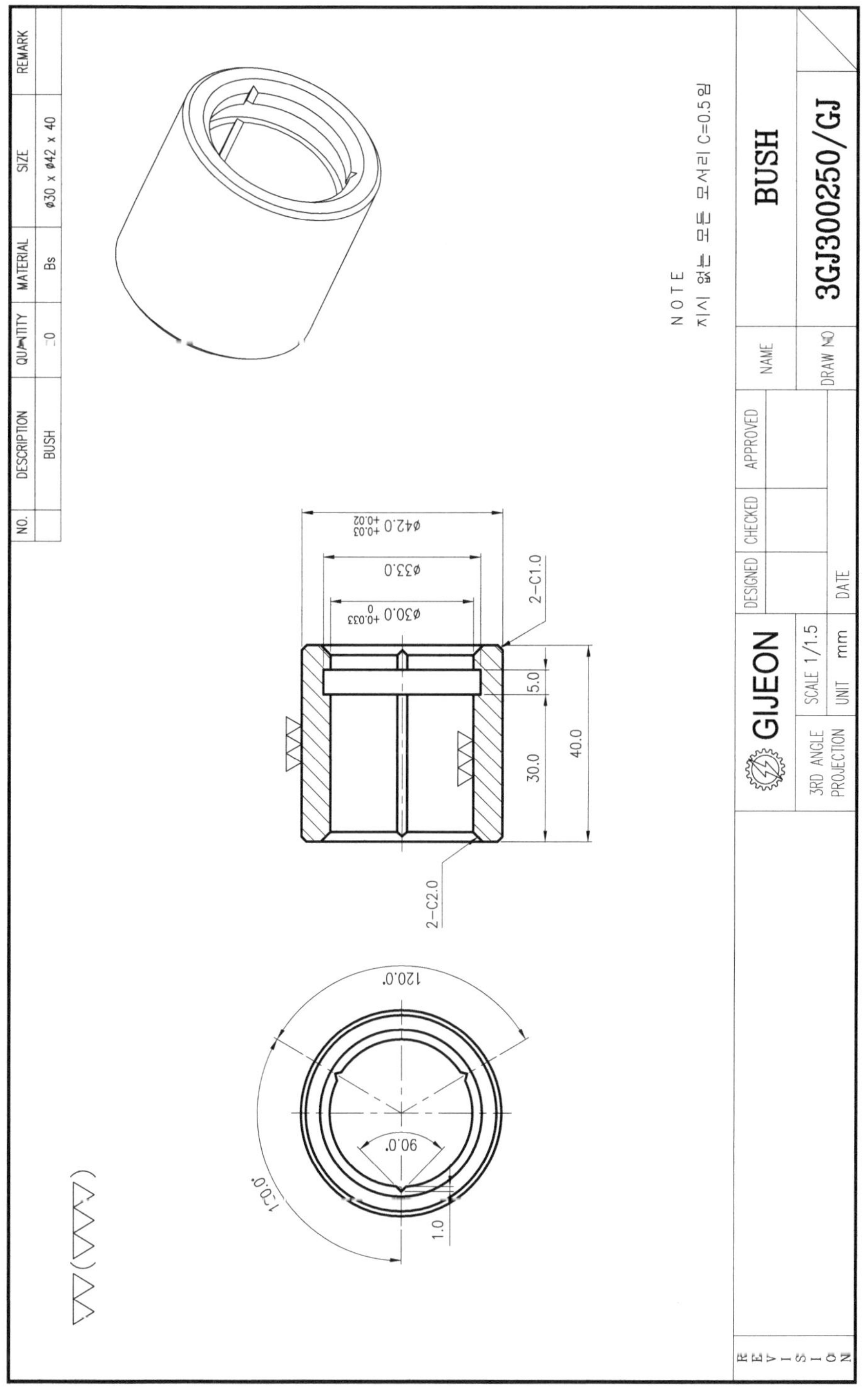
NO.
DESCRIPTION
QUANTITY
MATERIAL
SIZE
REMARK
BUSH
Bs
Ø30 x Ø42 x 40
NOTE
지시 없는 모든 모서리 C=0.5임
Ø42.0 +0.03 +0.02
Ø33.0
Ø30.0 +0.033 0
2–C1.0
5.0
30.0
40.0
2–C2.0
120.0°
90.0°
10.0°
1.0
GIJEON
3RD ANGLE PROJECTION
SCALE 1/1.5
UNIT mm
DESIGNED
CHECKED
APPROVED
DATE
NAME
BUSH
DRAW NO
3GJ300250/GJ
REVISION

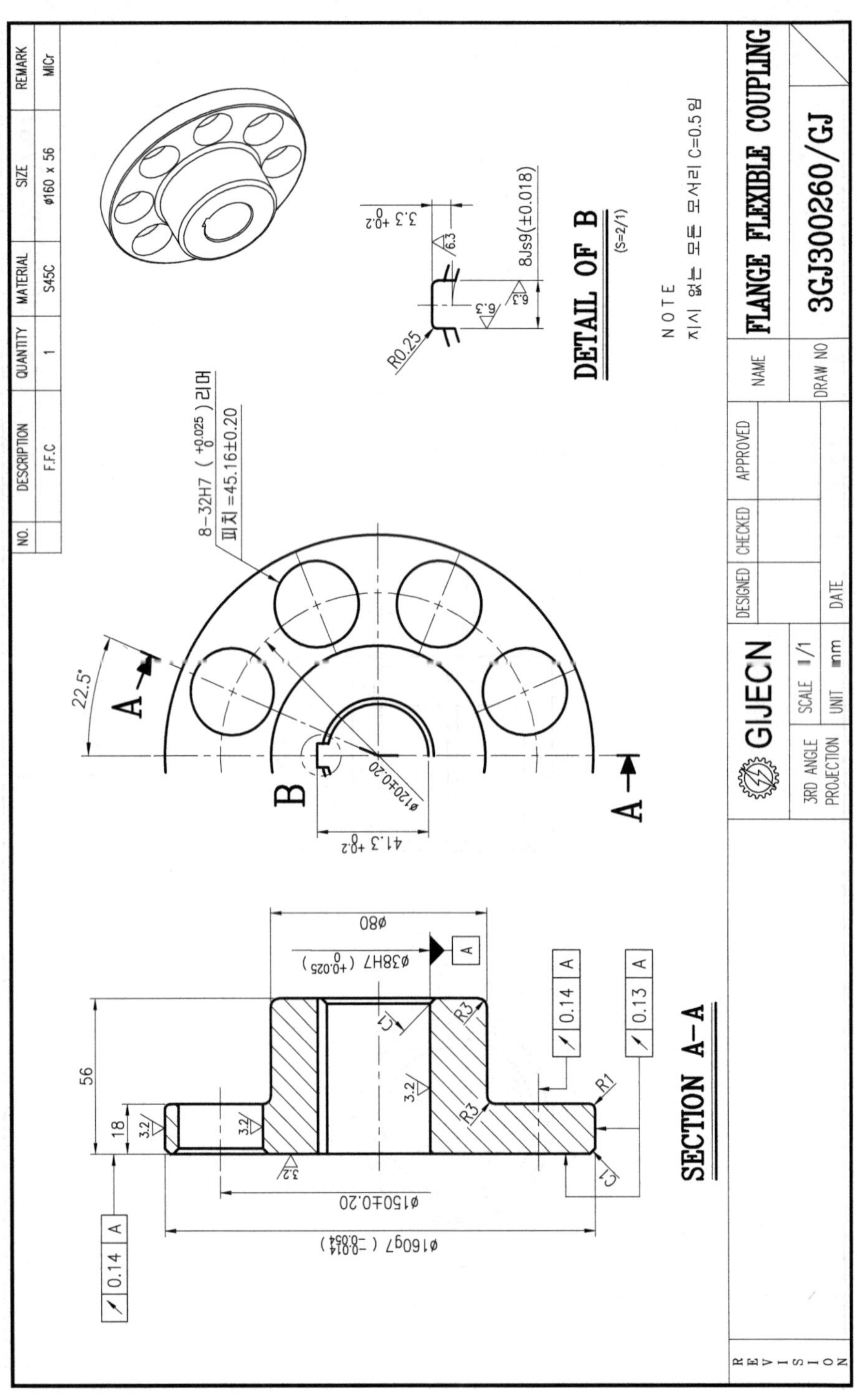
NO.
DESCRIPTION
QUANTITY
MATERIAL
SIZE
REMARK
F.F.C
1
S45C
ø160 x 56
MICr
8-32H7 (+0.025 0) 리머
피치=45.16±0.20
22.5°
A
B
ø120±0.20
41.3 +0.2 0
3.3 +0.2 0
R0.25
6.3
8Js9(±0.018)
DETAIL OF B
(S=2/1)
N O T E
지시 없는 모든 모서리 C=0.5임
ø80
ø38H7 (+0.025 0)
56
18
3.2
0.14
0.13
R3
R1
C1
ø150±0.20
ø160g7 (-0.014 -0.054)
SECTION A-A
GIJECN
DESIGNED
CHECKED
APPROVED
NAME
FLANGE FLEXIBLE COUPLING
3RD ANGLE PROJECTION
SCALE 1/1
UNIT mm
DATE
DRAW NO
3GJ300260/GJ
REVISION

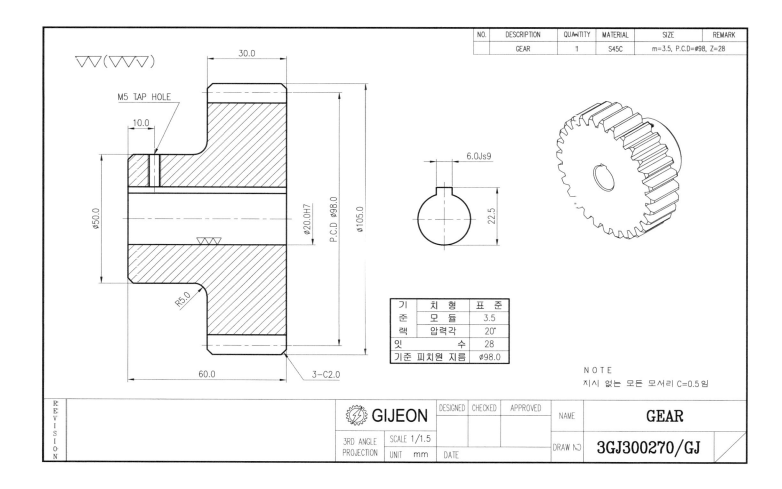

NO.	DESCRIPTION	QUANTITY	MATERIAL	SIZE	REMARK
	GEAR	1	S45C	m=3.5, P.C.D=ø98, Z=28	

▽▽(▽▽▽)

M5 TAP HOLE

10.0

30.0

ø50.0

ø20.0H7

P.C.D ø98.0

ø105.0

R5.0

60.0

3-C2.0

6.0Js9

22.5

기준랙	치 형	표 준
	모 듈	3.5
	압력각	20°
잇 수		28
기준 피치원 지름		ø98.0

NOTE
지시 없는 모든 모서리 C=0.5임

REVISION	GIJEON	DESIGNED	CHECKED	APPROVED	NAME	GEAR
	3RD ANGLE PROJECTION / SCALE 1/1.5 / UNIT mm	DATE			DRAW NO	3GJ300270/GJ

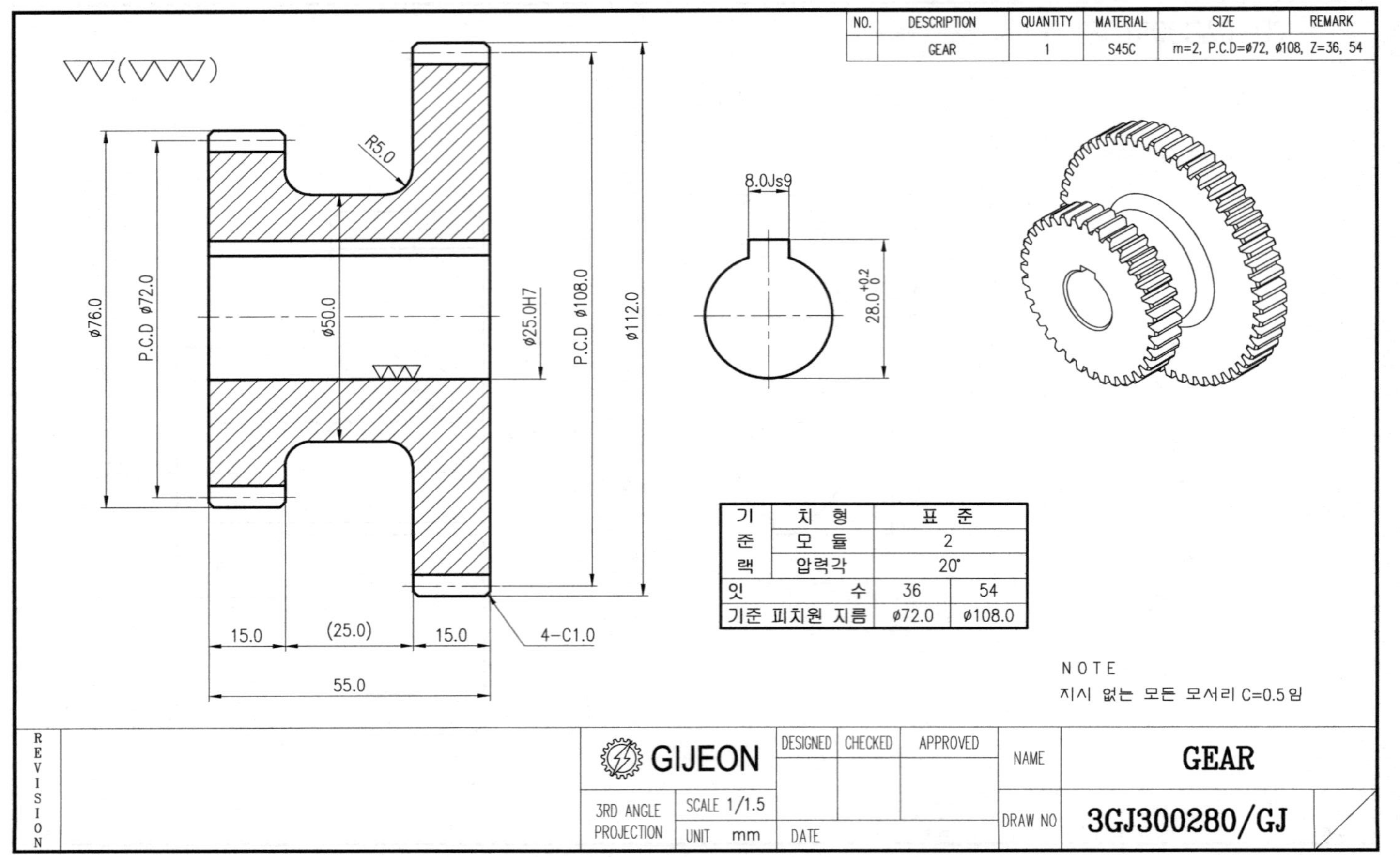

NO. DESCRIPTION QUANTITY MATERIAL SIZE REMARK
GEAR 1 S45C m=2, P.C.D=ø72, ø108, Z=36, 54
ø76.0
P.C.D ø72.0
ø50.0
ø25.0H7
P.C.D ø108.0
ø112.0
R5.0
15.0
(25.0)
15.0
55.0
4-C1.0
8.0Js9
28.0 +0.2 0
기준 랙 치형 표준
기준 랙 모듈 2
기준 랙 압력각 20°
잇수 36 54
기준 피치원 지름 ø72.0 ø108.0
NOTE
지시 없는 모든 모서리 C=0.5임
REVISION
GIJEON
3RD ANGLE PROJECTION
SCALE 1/1.5
UNIT mm
DESIGNED CHECKED APPROVED
DATE
NAME GEAR
DRAW NO 3GJ300280/GJ

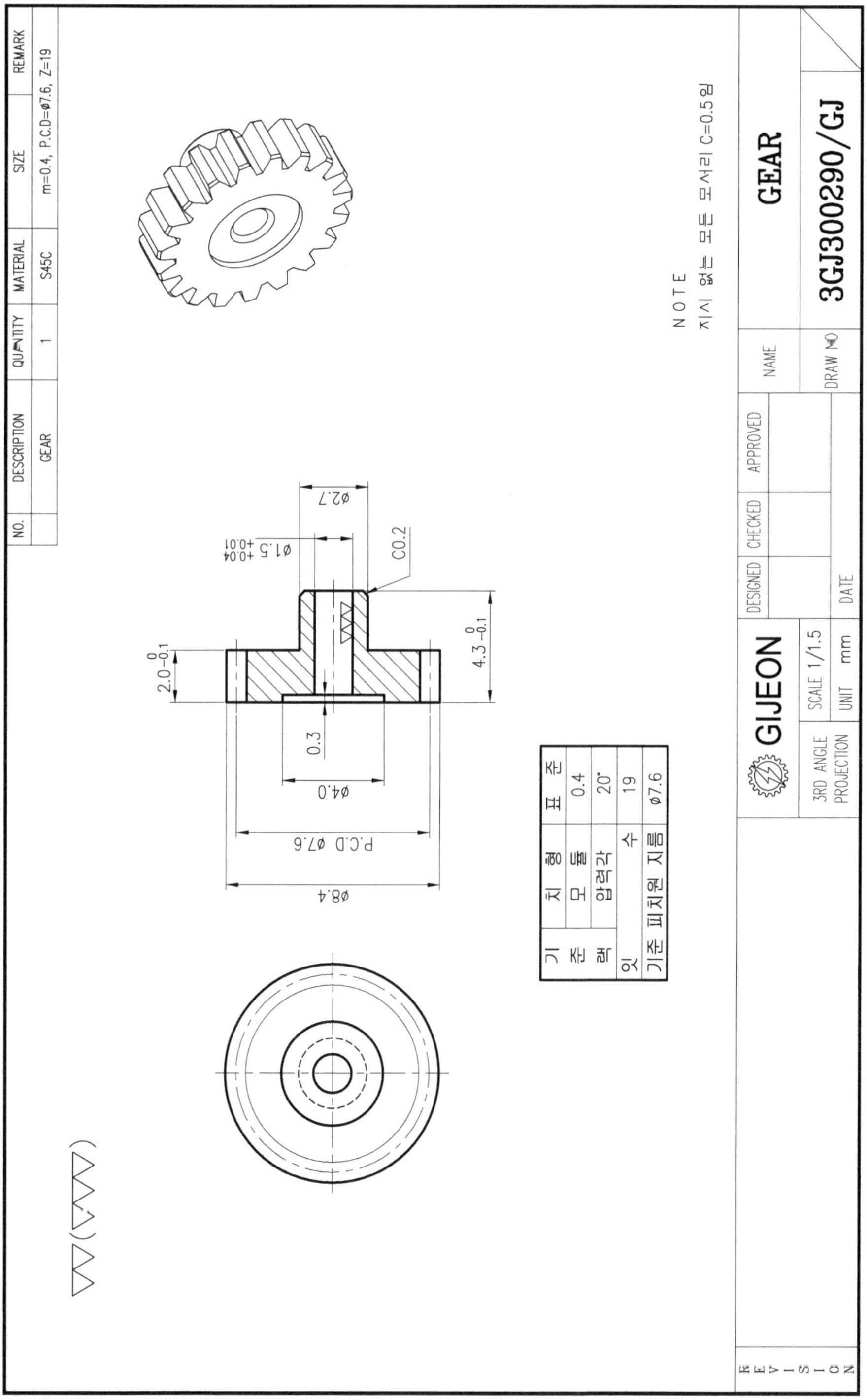

NO.	DESCRIPTION	QUANTITY	MATERIAL	SIZE	REMARK
	GEAR	1	S45C	m=0.4, P.C.D=ø7.6, Z=19	

2.0 $^{0}_{-0.1}$

ø1.5 $^{+0.04}_{+0.01}$

ø8.4

P.C.D ø7.6

ø4.0

0.3

ø2.7

C0.2

4.3 $^{0}_{-0.1}$

기준랙	치 형	표 준
	모 듈	0.4
	압력각	20°
잇 수		19
기준 피치원 지름		ø7.6

NOTE
지시 없는 모든 모서리 C=0.5임

REVISION	GIJEON	DESIGNED	CHECKED	APPROVED	NAME	GEAR
	3RD ANGLE PROJECTION / SCALE 1/1.5 / UNIT mm	DATE			DRAW NO	3GJ300290/GJ

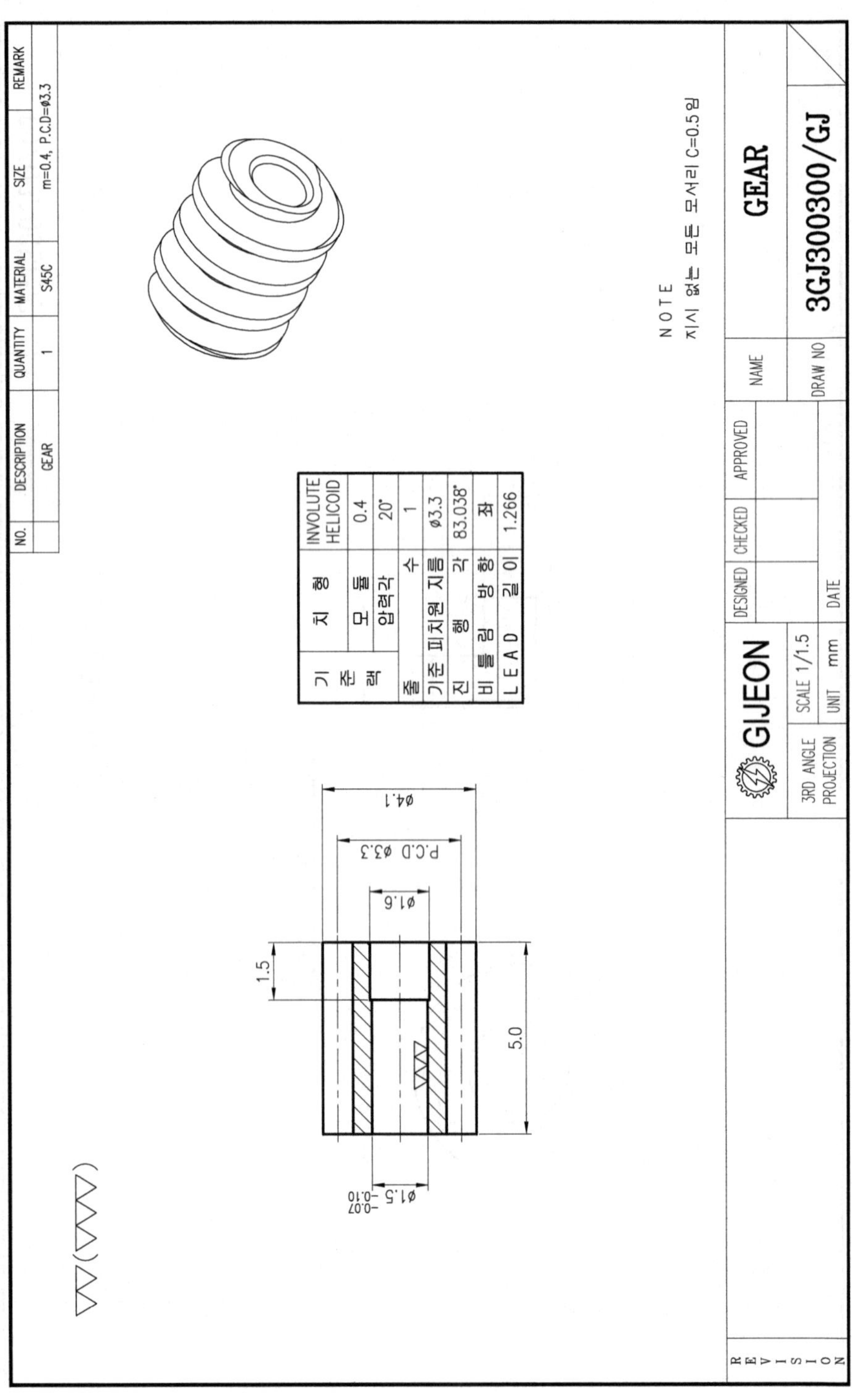

NO.
DESCRIPTION
QUANTITY
MATERIAL
SIZE
REMARK
GEAR
1
S45C
m=0.4, P.C.D=ø3.3
치형
INVOLUTE HELICOID
기준랙
모듈
0.4
압력각
20°
줄수
1
기준 피치원 지름
ø3.3
진행각
83.038°
비틀림 방향
좌
LEAD 길이
1.266
ø4.1
P.C.D ø3.3
ø1.6
1.5
5.0
ø1.5 -0.07 -0.10
NOTE
지시 없는 모든 모서리 C=0.5일
GIJEON
DESIGNED
CHECKED
APPROVED
NAME
GEAR
3RD ANGLE PROJECTION
SCALE 1/1.5
UNIT mm
DATE
DRAW NO
3GJ300300/GJ
REVISION

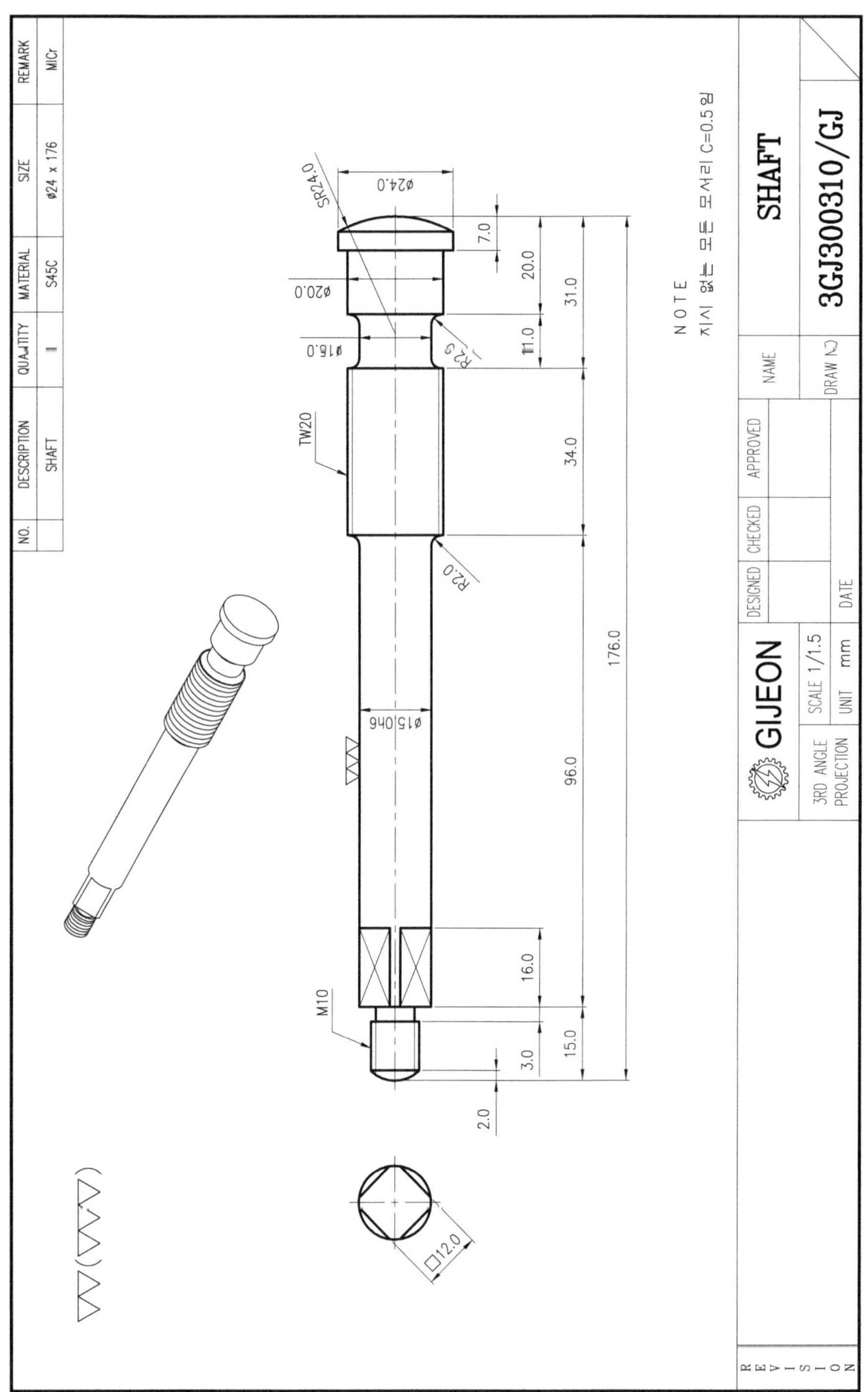
NO.
DESCRIPTION
QUANTITY
MATERIAL
SIZE
REMARK
SHAFT
S45C
Ø24 x 176
MICr
SR24.0
Ø24.0
Ø20.0
Ø16.0
TW20
R2.0
Ø15.0h6
M10
□12.0
7.0
20.0
11.0
31.0
34.0
96.0
176.0
16.0
15.0
3.0
2.0
NOTE
지시 없는 모든 모서리 C=0.5임
SHAFT
3GJ300310/GJ
NAME
DRAW NO
APPROVED
CHECKED
DESIGNED
DATE
GIJEON
SCALE 1/1.5
UNIT mm
3RD ANGLE PROJECTION
REVISION

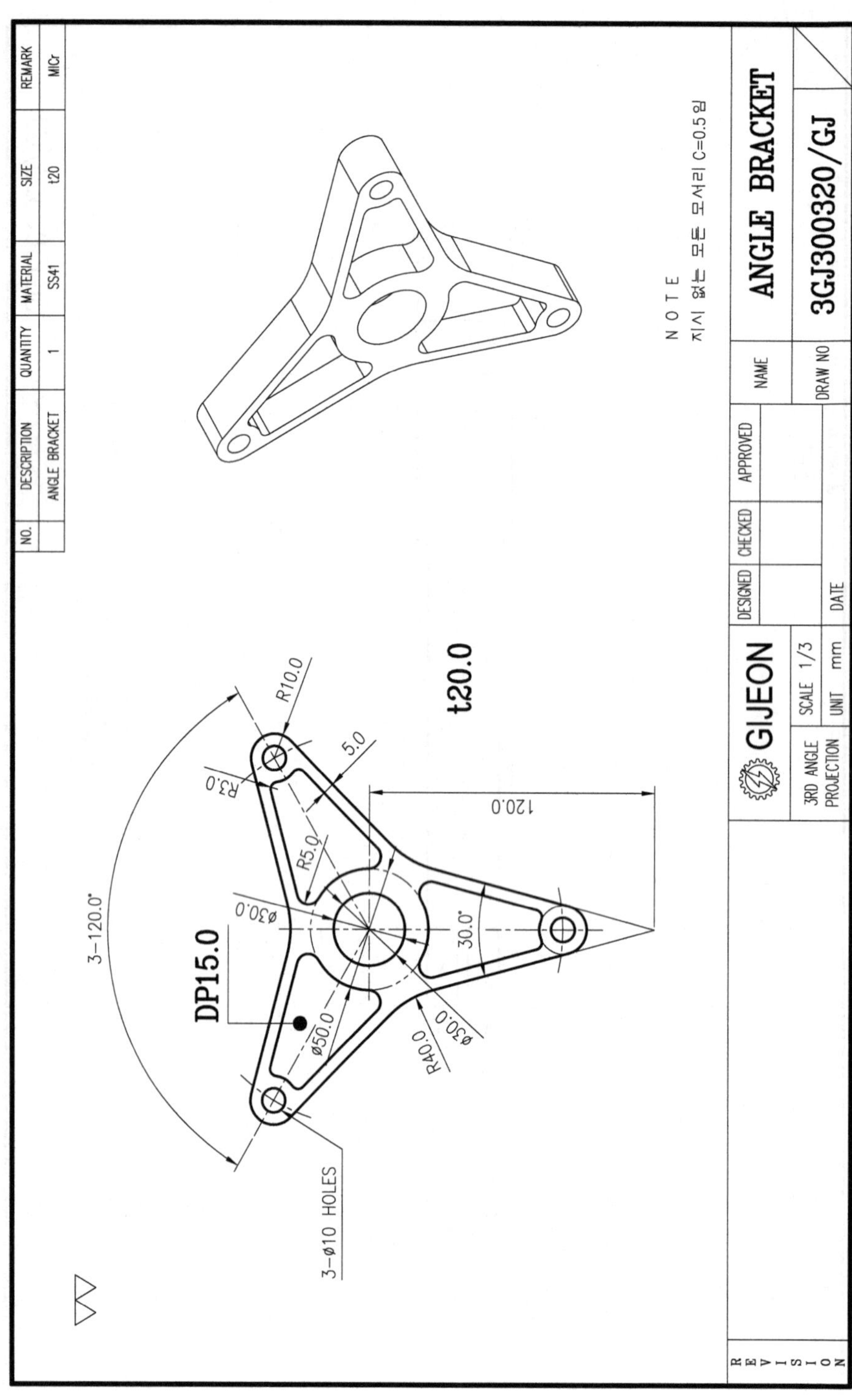
NO.
DESCRIPTION
QUANTITY
MATERIAL
SIZE
REMARK
ANGLE BRACKET
1
SS41
t20
MlCr
N O T E
지시 없는 모든 모서리 C=0.5임
t20.0
R10.0
5.0
R3.0
120.0
R5.0
ø30.0
3-120.0°
DP15.0
30.0°
ø50.0
ø30.0
R40.0
3-ø10 HOLES
DESIGNED
CHECKED
APPROVED
NAME
ANGLE BRACKET
DRAW NO
3GJ300320/GJ
GIJEON
3RD ANGLE PROJECTION
SCALE 1/3
UNIT mm
DATE
REVISION

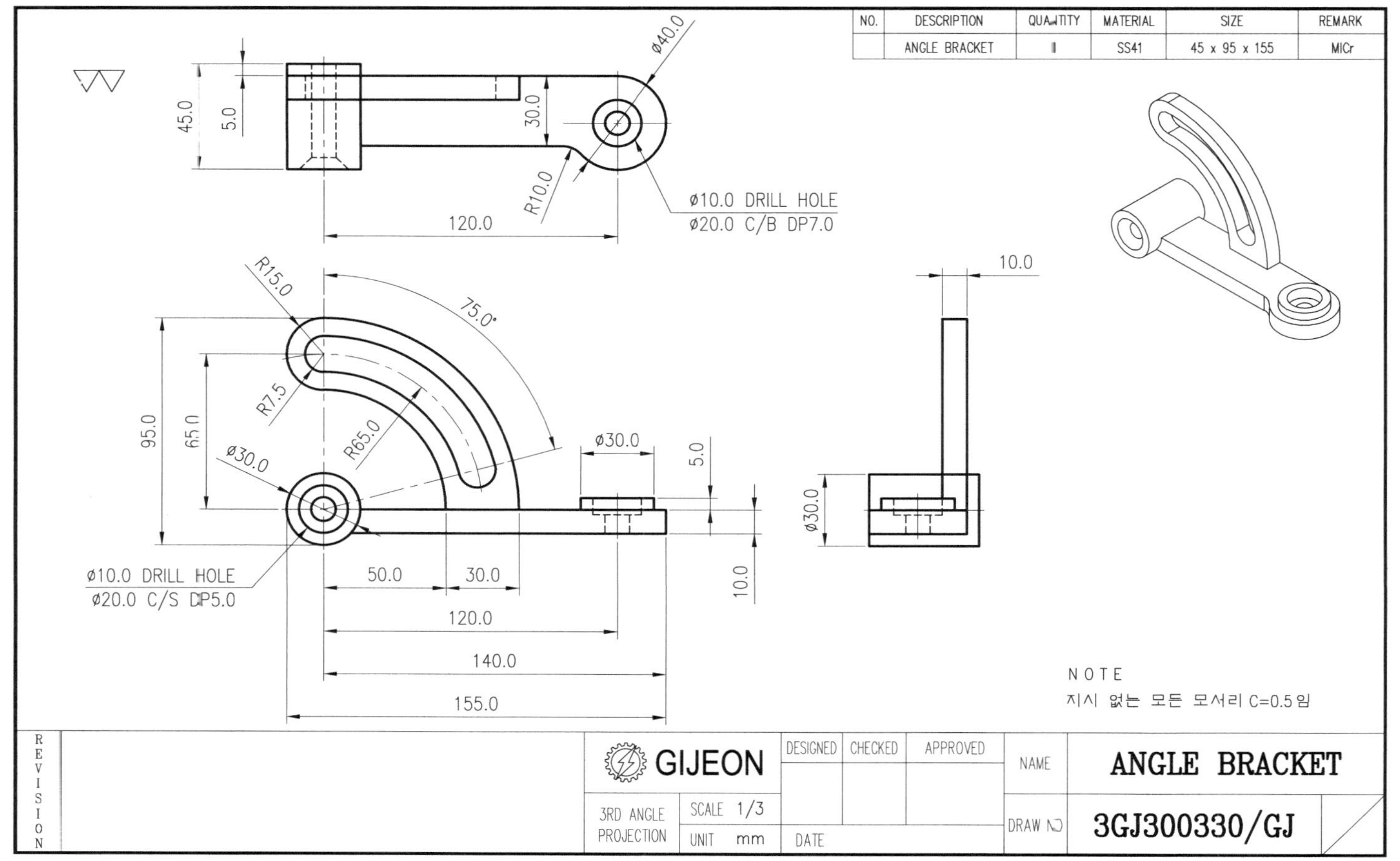
NO.
DESCRIPTION
QUANTITY
MATERIAL
SIZE
REMARK
ANGLE BRACKET
SS41
45 x 95 x 155
MICr
45.0
5.0
30.0
Ø40.0
R10.0
120.0
Ø10.0 DRILL HOLE
Ø20.0 C/B DP7.0
10.0
R15.0
75.0°
R7.5
95.0
65.0
R65.0
Ø30.0
Ø30.0
5.0
Ø30.0
Ø10.0 DRILL HOLE
Ø20.0 C/S DP5.0
50.0
30.0
10.0
120.0
140.0
155.0
NOTE
지시 없는 모든 모서리 C=0.5임
REVISION
GIJEON
3RD ANGLE PROJECTION
SCALE 1/3
UNIT mm
DESIGNED
CHECKED
APPROVED
DATE
NAME
ANGLE BRACKET
DRAW NO
3GJ300330/GJ

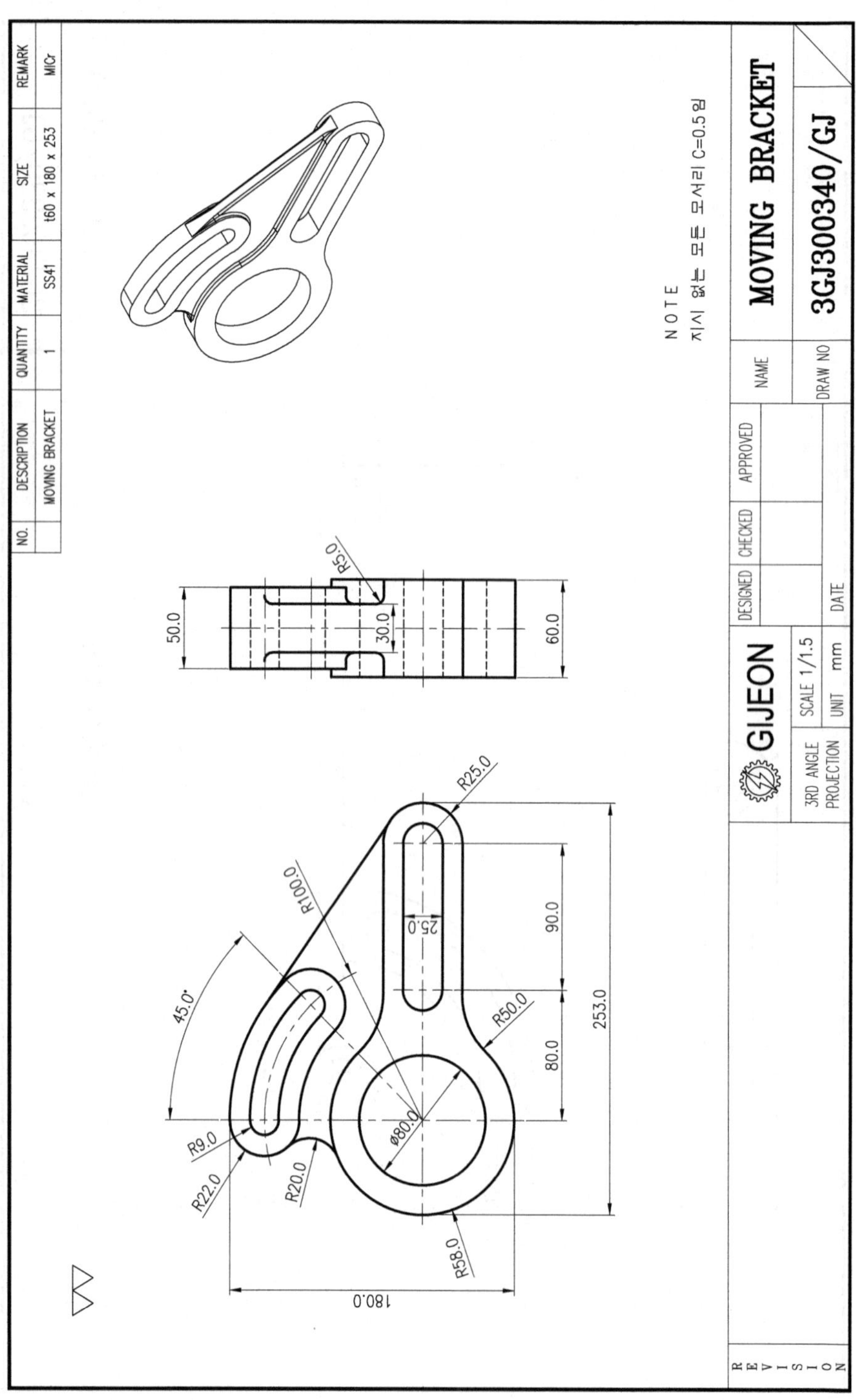
NO.
DESCRIPTION
QUANTITY
MATERIAL
SIZE
REMARK
MOVING BRACKET
1
SS41
t60 x 180 x 253
MICr
N O T E
지시 없는 모든 모서리 C=0.5임
MOVING BRACKET
3GJ300340/GJ
NAME
DRAW NO
DESIGNED
CHECKED
APPROVED
DATE
GIJEON
3RD ANGLE PROJECTION
SCALE 1/1.5
UNIT mm
REVISION
50.0
30.0
60.0
R5.0
R25.0
R100.0
45.0°
25.0
90.0
R50.0
80.0
253.0
Ø80.0
R9.0
R22.0
R20.0
R58.0
180.0

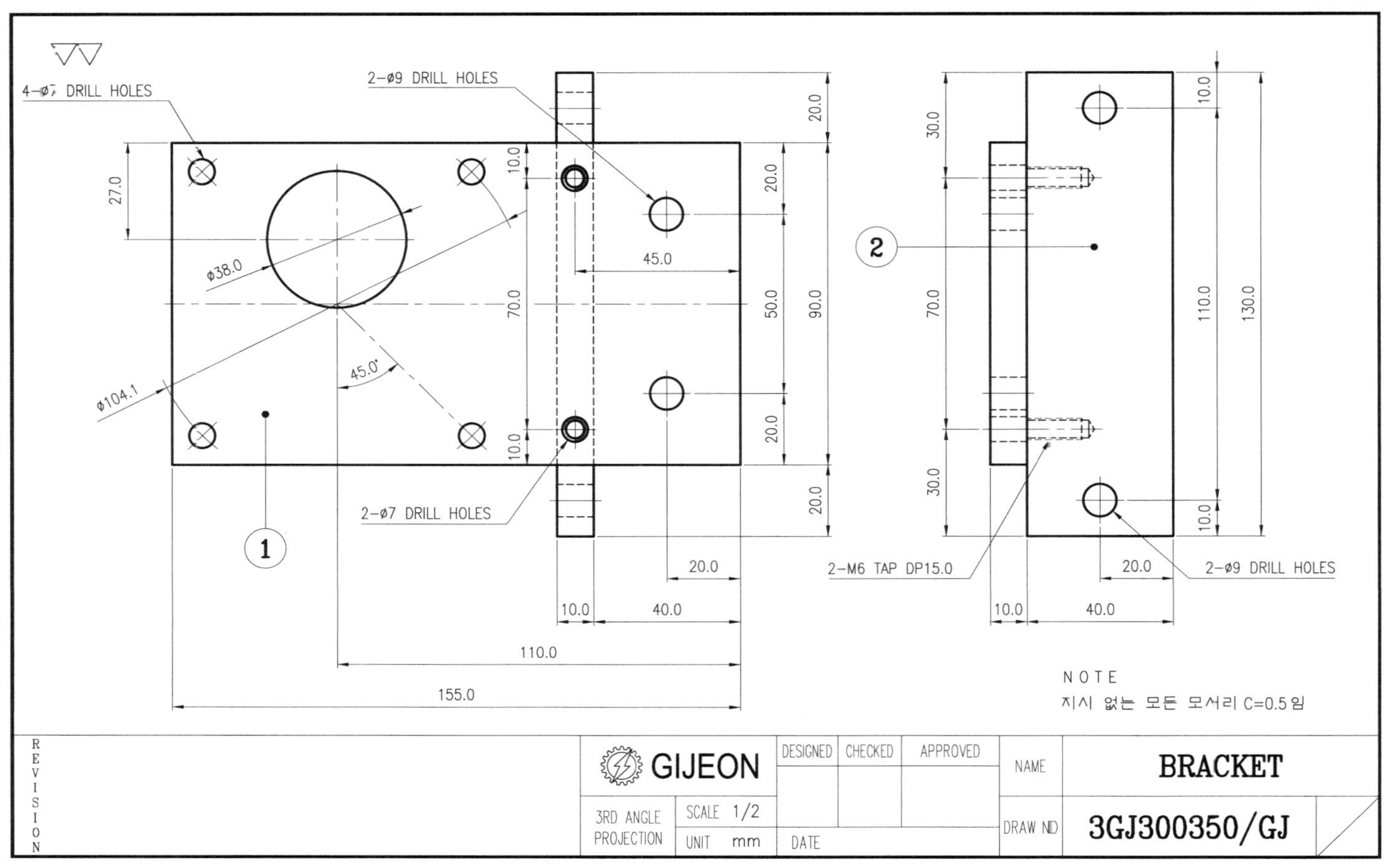
4-Ø7 DRILL HOLES
2-Ø9 DRILL HOLES
2-Ø7 DRILL HOLES
2-M6 TAP DP15.0
2-Ø9 DRILL HOLES
Ø38.0
Ø104.1
45.0°
N O T E
지시 없는 모든 모서리 C=0.5임
GIJEON
DESIGNED
CHECKED
APPROVED
NAME
BRACKET
3RD ANGLE PROJECTION
SCALE 1/2
UNIT mm
DATE
DRAW NO
3GJ300350/GJ
REVISION

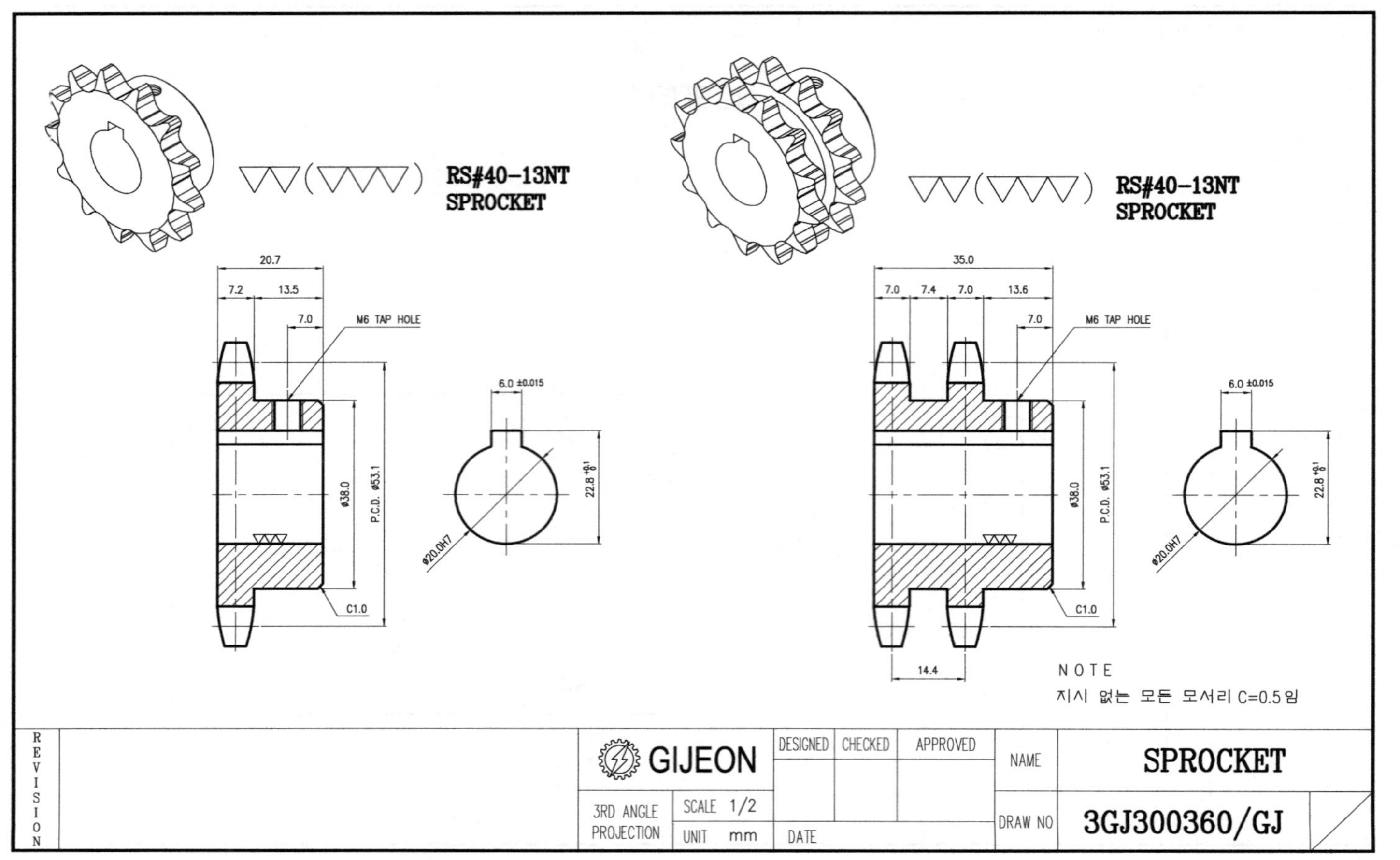

RS#40-13NT
SPROCKET
20.7
7.2
13.5
7.0
M6 TAP HOLE
ø38.0
P.C.D. ø53.1
C1.0
6.0 ±0.015
ø20.0H7
RS#40-13NT
SPROCKET
35.0
7.0
7.4
7.0
13.6
7.0
M6 TAP HOLE
ø38.0
P.C.D. ø53.1
C1.0
14.4
6.0 ±0.015
ø20.0H7
N O T E
지시 없는 모든 모서리 C=0.5임
REVISION
GIJEON
DESIGNED
CHECKED
APPROVED
NAME
SPROCKET
3RD ANGLE PROJECTION
SCALE 1/2
UNIT mm
DATE
DRAW NO
3GJ300360/GJ

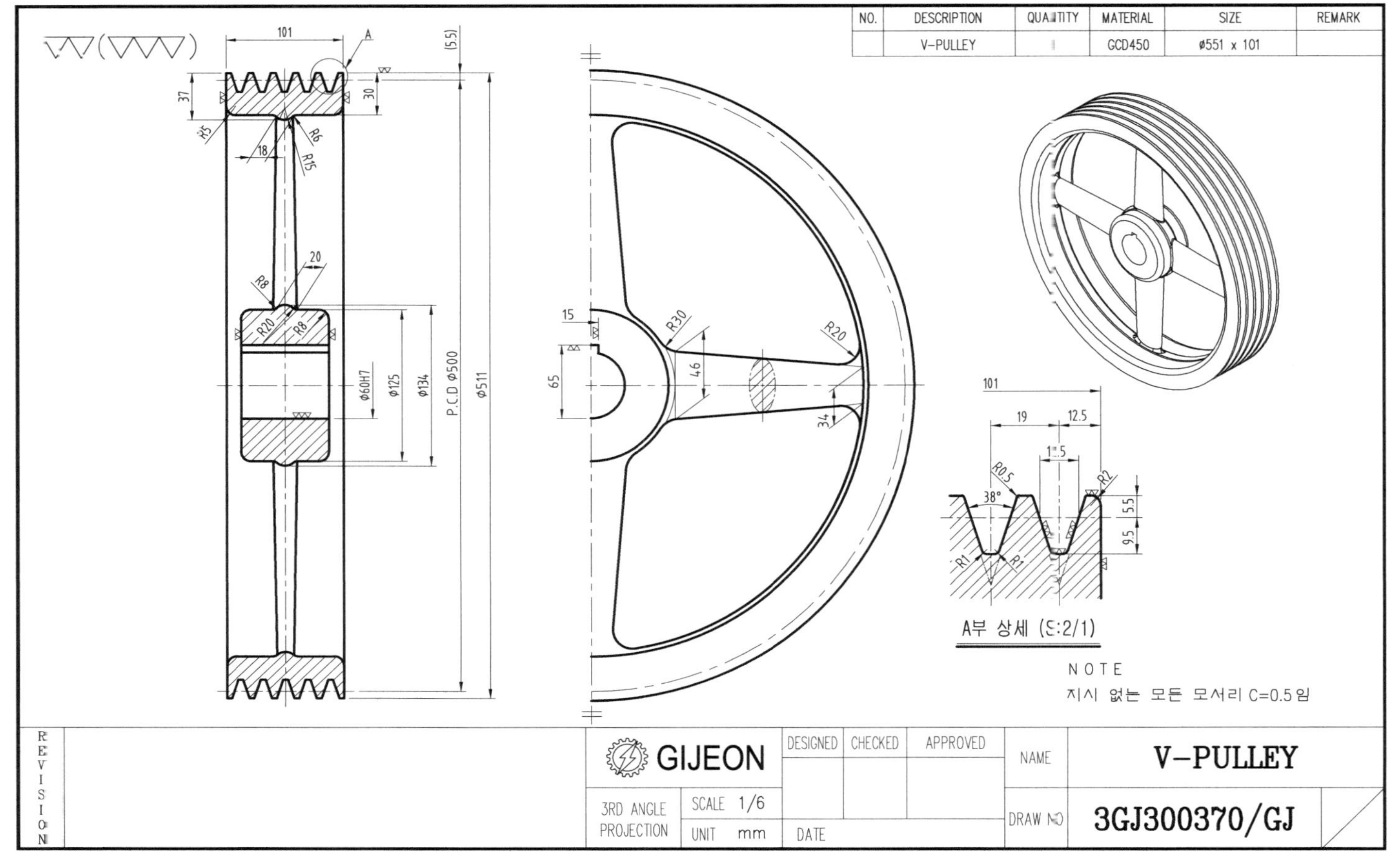
NO.
DESCRIPTION
QUANTITY
MATERIAL
SIZE
REMARK
V-PULLEY
GCD450
ø551 x 101
A부 상세 (S:2/1)
NOTE
지시 없는 모든 모서리 C=0.5임
GIJEON
DESIGNED
CHECKED
APPROVED
NAME
V-PULLEY
3RD ANGLE PROJECTION
SCALE 1/6
UNIT mm
DATE
DRAW NO
3GJ300370/GJ
REVISION
P.C.D ø500
ø511
ø134
ø125
ø60H7

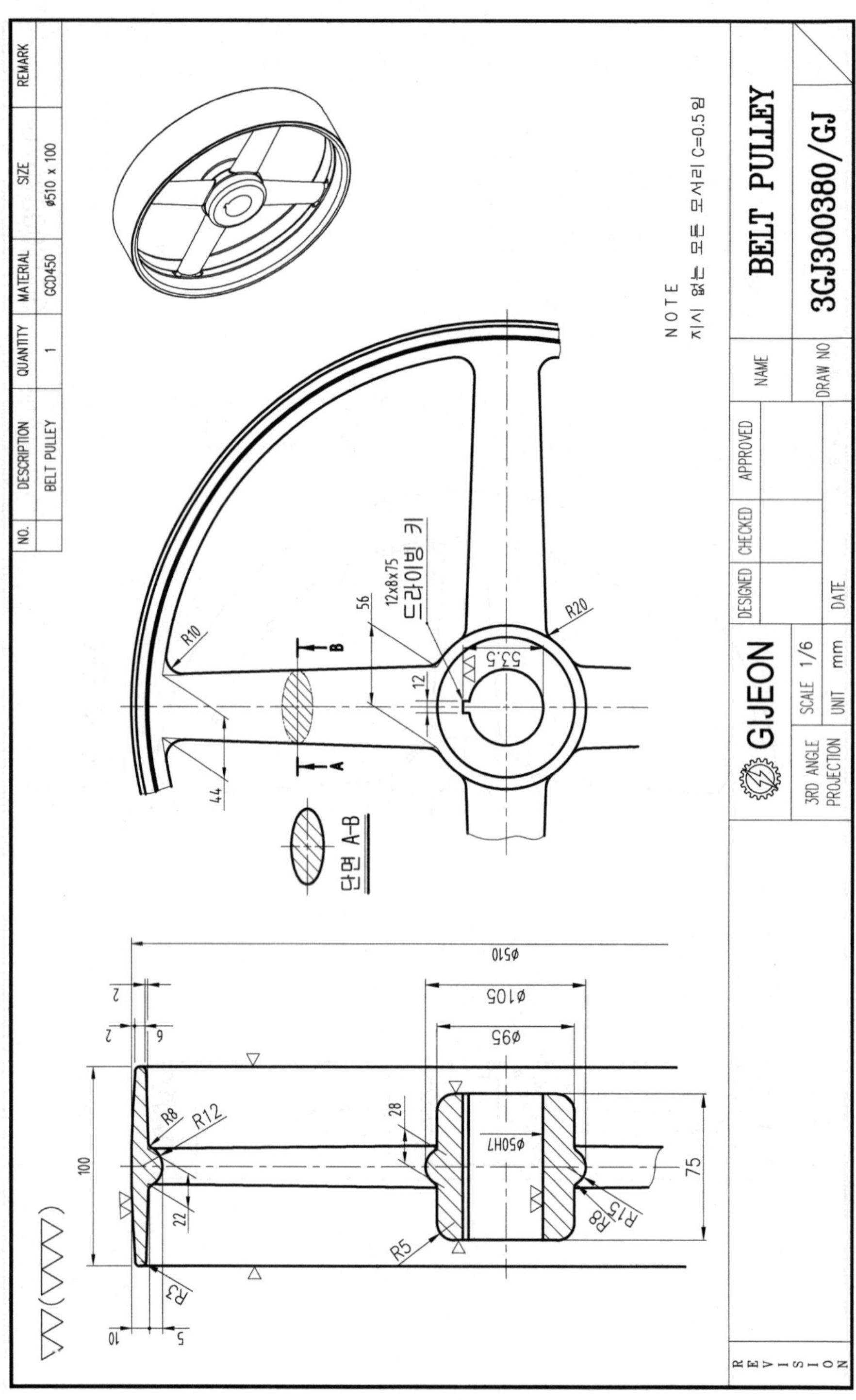
NO.
DESCRIPTION
QUANTITY
MATERIAL
SIZE
REMARK
BELT PULLEY
1
GCD450
ø510 x 100
12x8x75
드라이빙 키
단면 A-B
NOTE
지시 없는 모든 모서리 C=0.5임
GIJEON
DESIGNED
CHECKED
APPROVED
NAME
BELT PULLEY
3RD ANGLE PROJECTION
SCALE 1/6
UNIT mm
DATE
DRAW NO
3GJ300380/GJ
REVISION

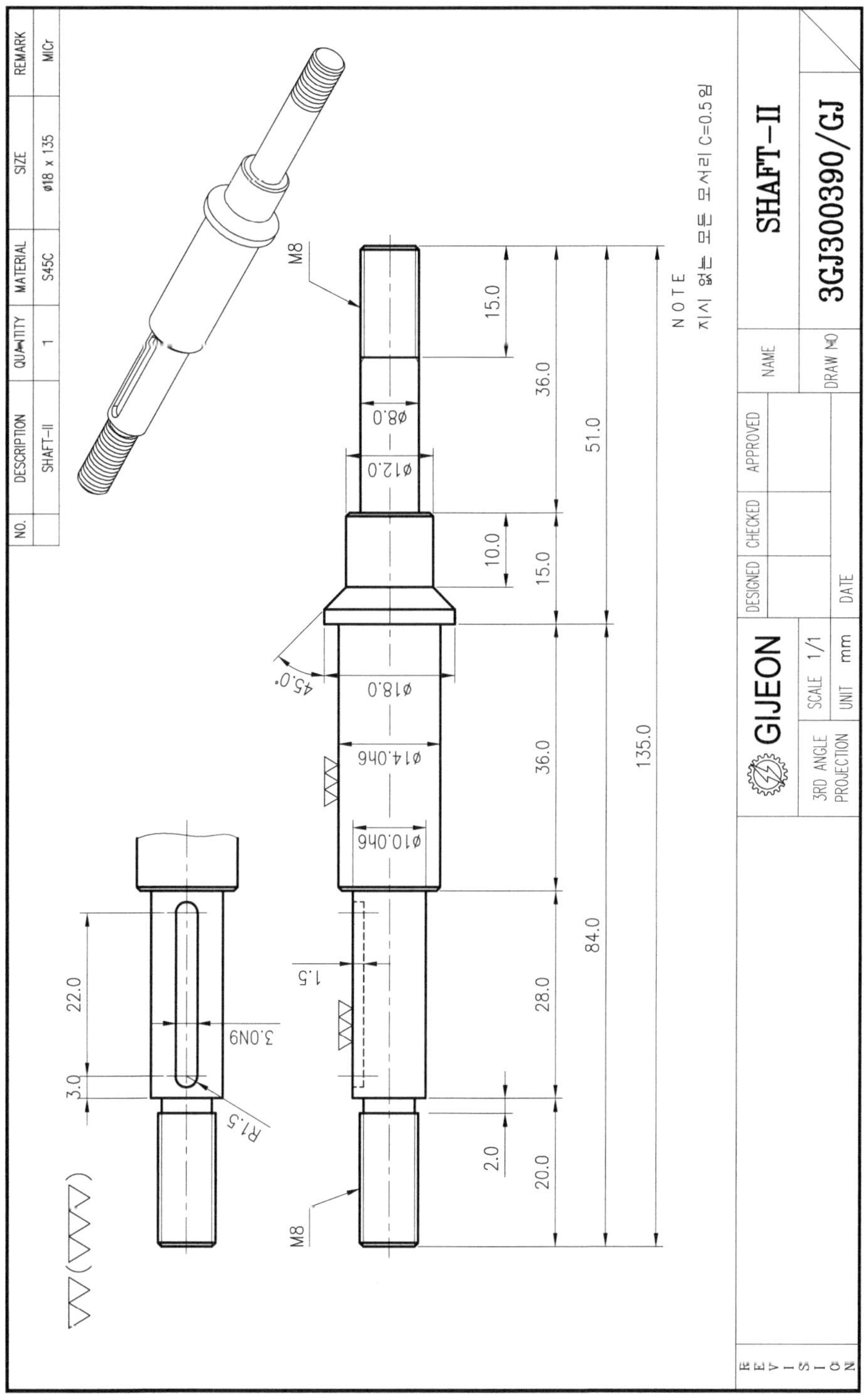
NO.
DESCRIPTION
QUANTITY
MATERIAL
SIZE
REMARK
SHAFT-II
1
S45C
ø18 x 135
MICr
NOTE
지시 없는 모든 모서리 C=0.5임
GIJEON
3RD ANGLE PROJECTION
SCALE 1/1
UNIT mm
DESIGNED
CHECKED
APPROVED
DATE
NAME
SHAFT-II
DRAW NO
3GJ300390/GJ
REVISION
M8
15.0
36.0
51.0
10.0
15.0
135.0
84.0
28.0
2.0
20.0
ø8.0
ø12.0
ø18.0
ø14.0h6
ø10.0h6
45.0°
1.5
22.0
3.0
3.0N9
R1.5

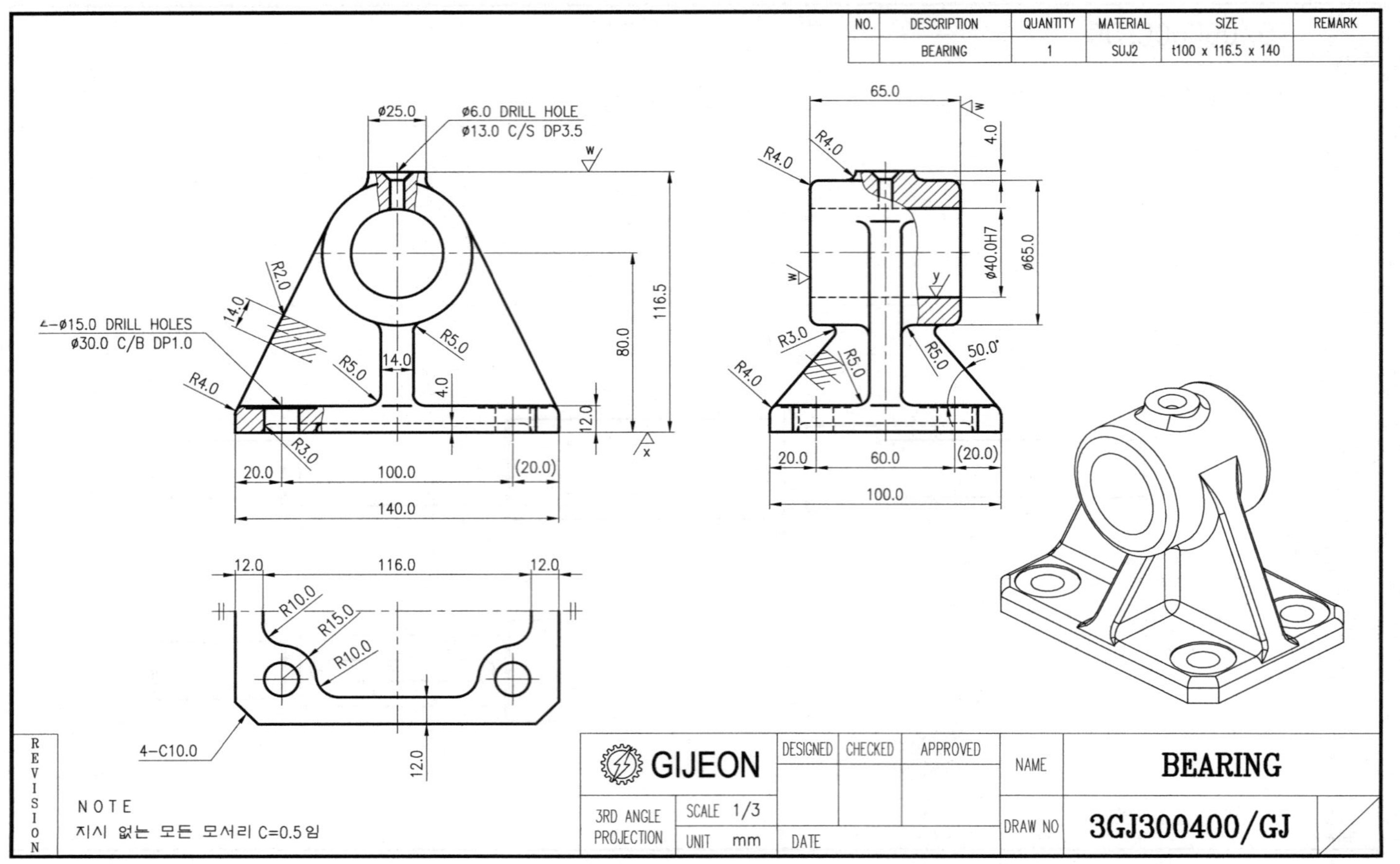

NO.
DESCRIPTION
QUANTITY
MATERIAL
SIZE
REMARK
BEARING
1
SUJ2
t100 x 116.5 x 140
ø25.0
ø6.0 DRILL HOLE
ø13.0 C/S DP3.5
4-ø15.0 DRILL HOLES
ø30.0 C/B DP1.0
R2.0
14.0
R5.0
R4.0
R3.0
4.0
12.0
80.0
116.5
20.0
100.0
(20.0)
140.0
65.0
ø40.0H7
ø65.0
50.0°
60.0
116.0
R10.0
R15.0
4-C10.0
REVISION
NOTE
지시 없는 모든 모서리 C=0.5임
GIJEON
3RD ANGLE PROJECTION
SCALE 1/3
UNIT mm
DESIGNED
CHECKED
APPROVED
DATE
NAME
BEARING
DRAW NO
3GJ300400/GJ

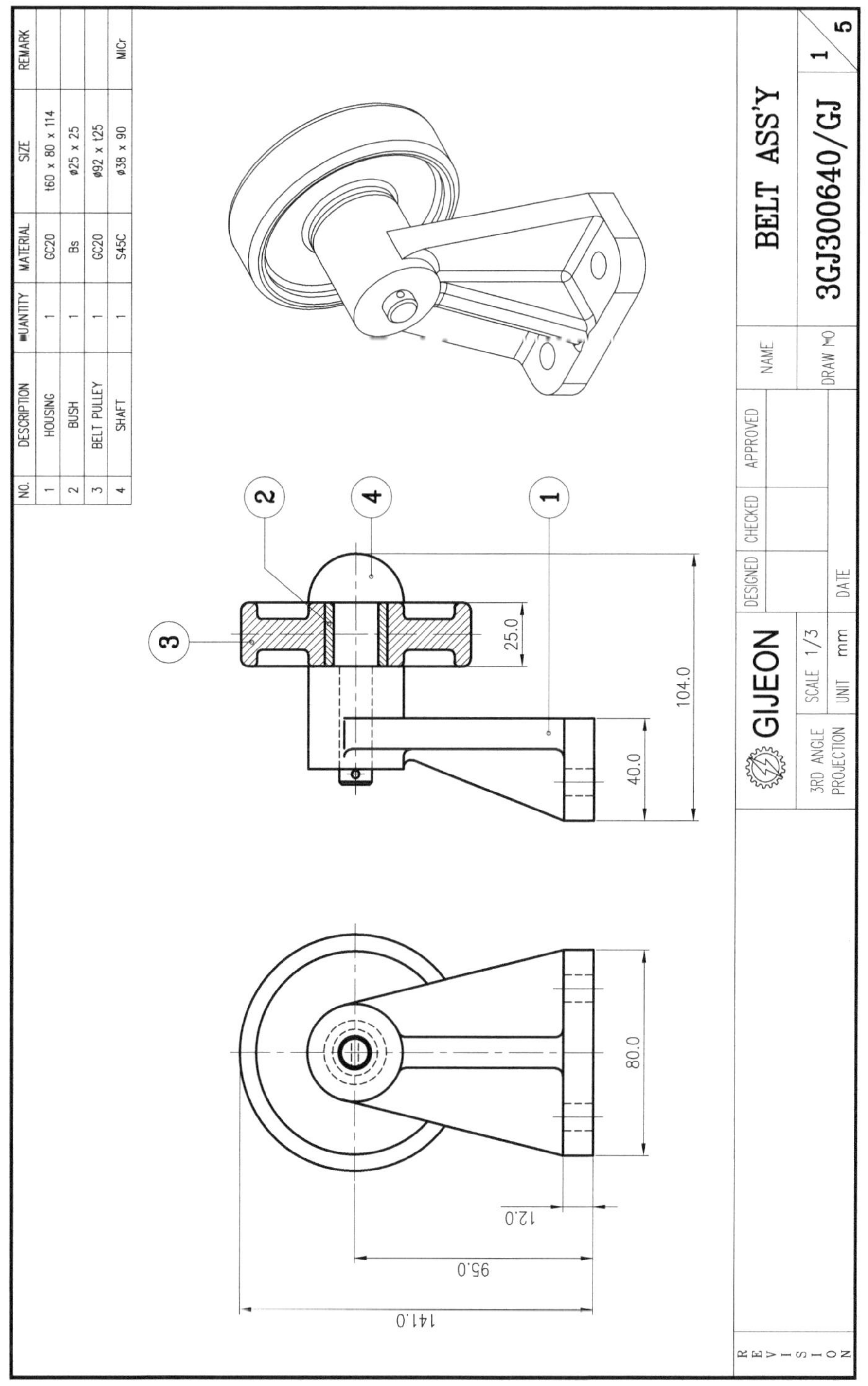

NO.	DESCRIPTION	QUANTITY	MATERIAL	SIZE	REMARK
1	HOUSING	1	GC20	t60 x 80 x 114	
2	BUSH	1	Bs	ø25 x 25	
3	BELT PULLEY	1	GC20	ø92 x t25	
4	SHAFT	1	S45C	ø38 x 90	MICr

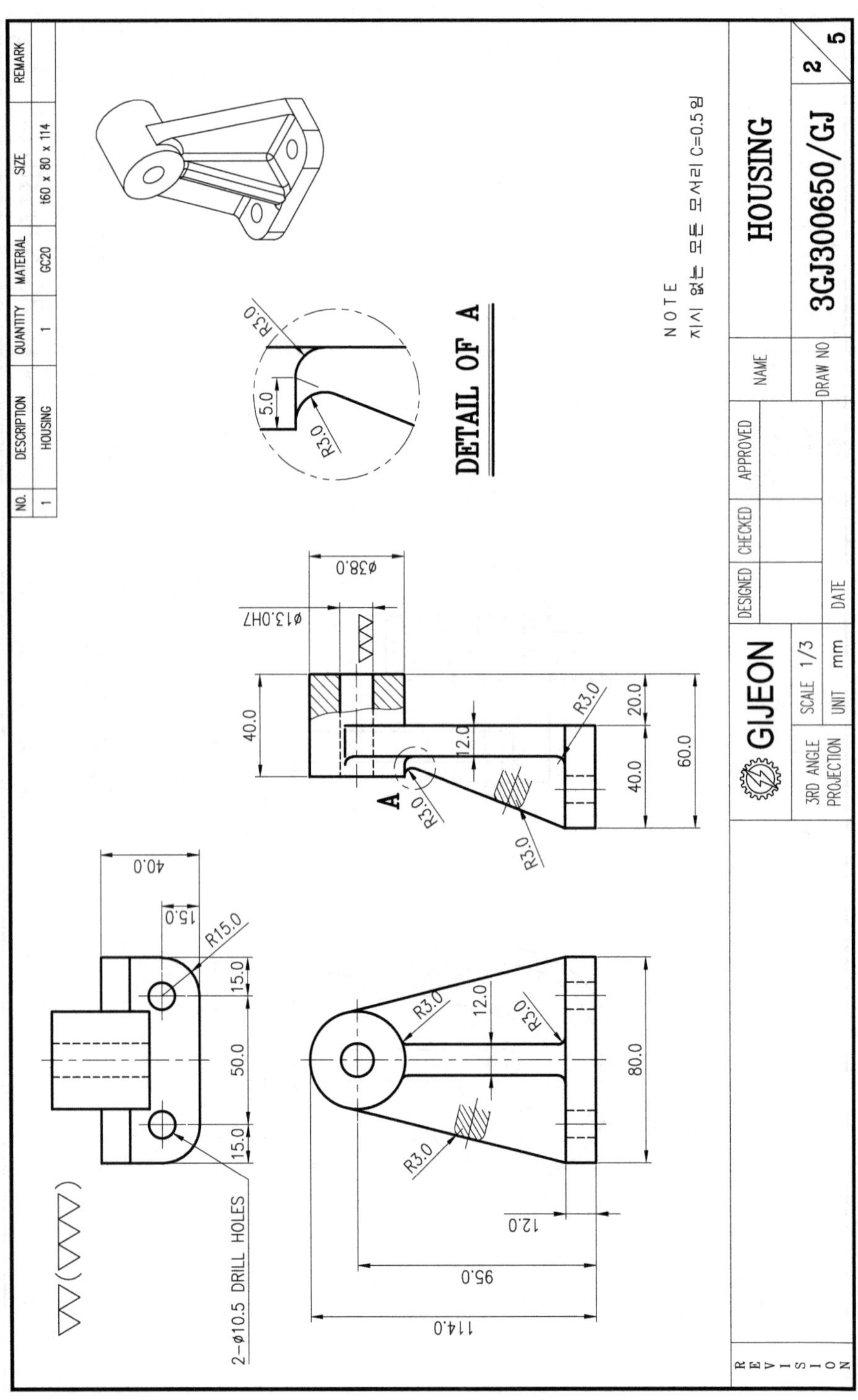

NO. | DESCRIPTION | QUANTITY | MATERIAL | SIZE | REMARK
1 | HOUSING | 1 | GC20 | t60 x 80 x 114
DETAIL OF A
NOTE
지시 없는 모든 모서리 C=0.5임
2-ø10.5 DRILL HOLES
ø13.0H7
ø38.0
GIJEON
3RD ANGLE PROJECTION
SCALE 1/3
UNIT mm
DESIGNED
CHECKED
APPROVED
DATE
NAME
HOUSING
DRAW NO
3GJ300650/GJ
2
5
REVISION

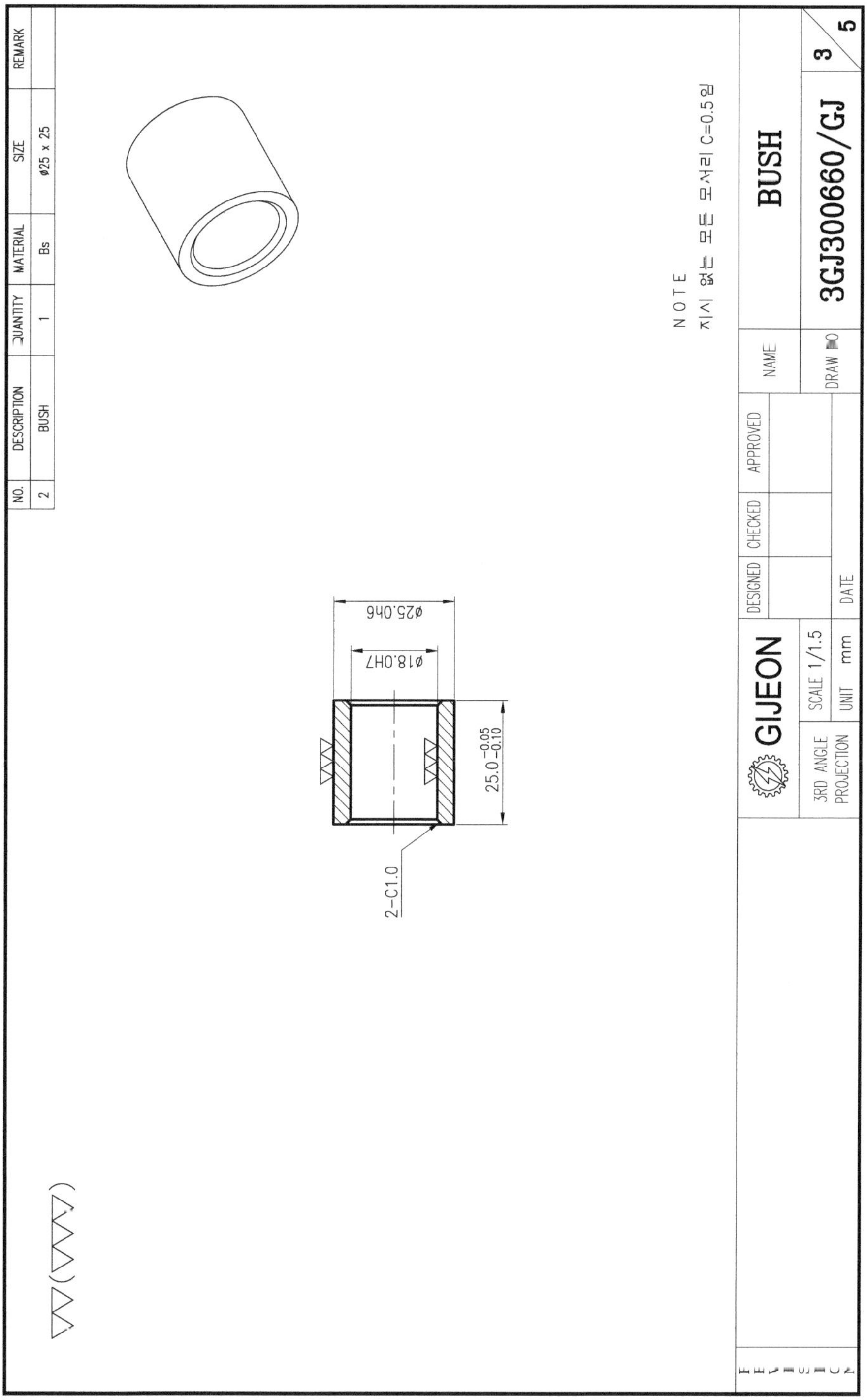

NO.	DESCRIPTION	QUANTITY	MATERIAL	SIZE	REMARK
2	BUSH	1	Bs	ø25 x 25	

2-C1.0

ø18.0H7

ø25.0h6

$25.0^{-0.05}_{-0.10}$

NOTE
지시 없는 모든 모서리 C=0.5임

GIJEON		DESIGNED	CHECKED	APPROVED	NAME	BUSH	
3RD ANGLE PROJECTION	SCALE 1/1.5				DRAW NO	3GJ300660/GJ	3/5
	UNIT mm	DATE					

REVISION

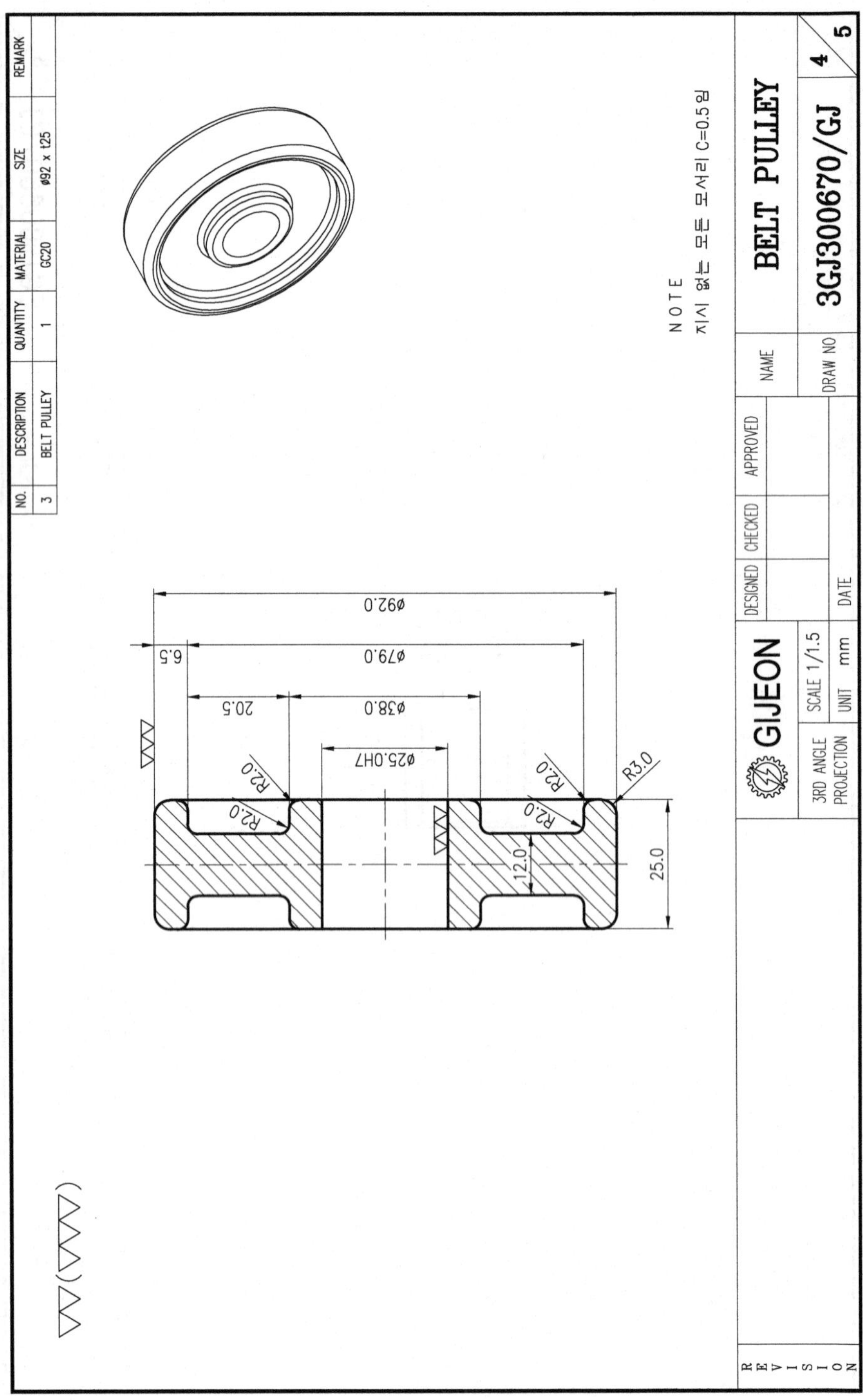
NO. | DESCRIPTION | QUANTITY | MATERIAL | SIZE | REMARK
3 | BELT PULLEY | 1 | GC20 | ø92 x t25 |
NOTE
지시 없는 모든 모서리 C=0.5임
ø92.0
ø79.0
ø38.0
ø25.0H7
6.5
20.5
R2.0
R3.0
12.0
25.0
GIJEON
3RD ANGLE PROJECTION
SCALE 1/1.5
UNIT mm
DESIGNED
CHECKED
APPROVED
DATE
NAME
BELT PULLEY
DRAW NO
3GJ300670/GJ
4
5
REVISION

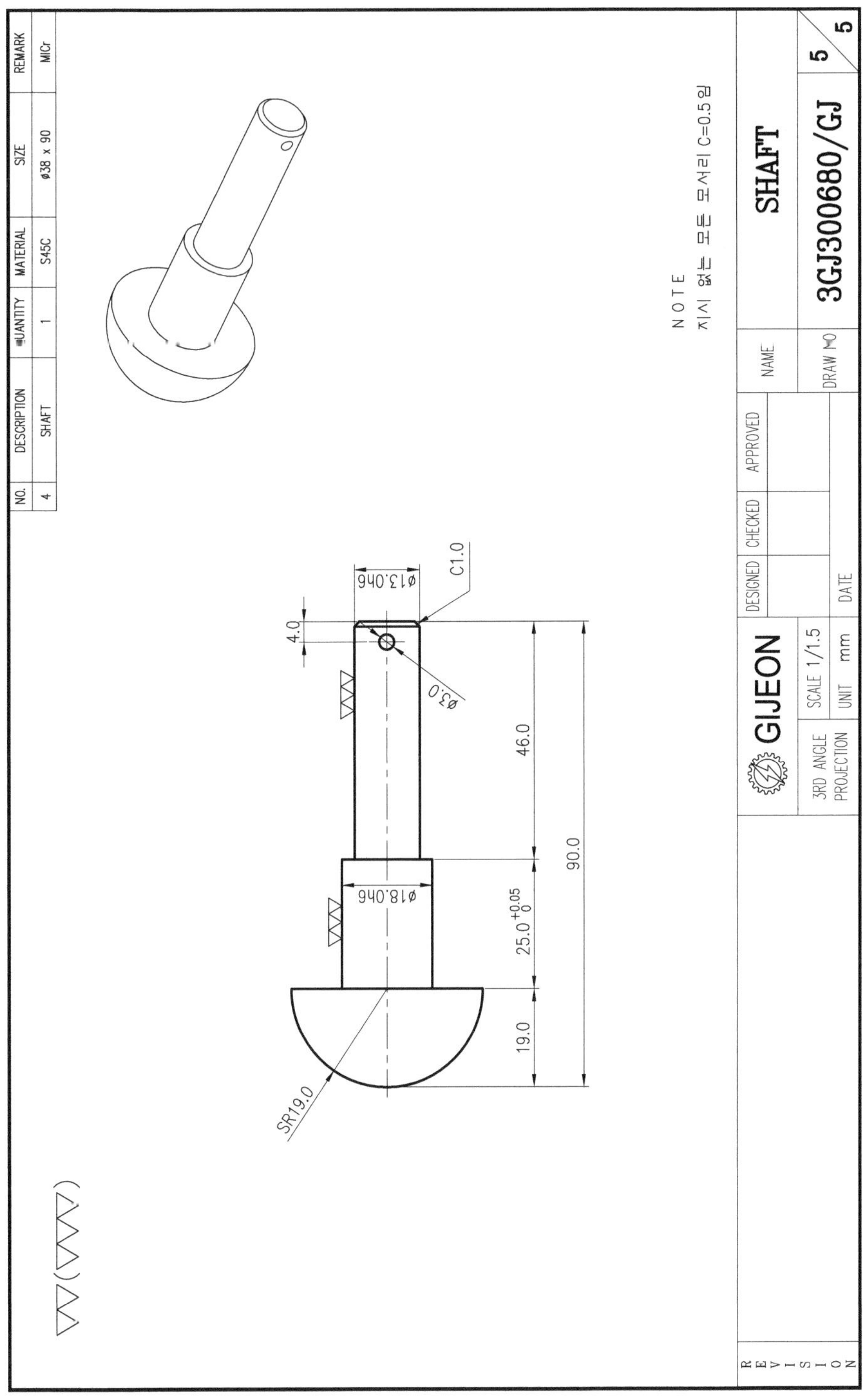
NO. | DESCRIPTION | QUANTITY | MATERIAL | SIZE | REMARK
4 | SHAFT | 1 | S45C | ø38 x 90 | MICr
NOTE
지시 없는 모든 모서리 C=0.5임
SHAFT
3GJ300680/GJ
5/5
GIJEON
3RD ANGLE PROJECTION
SCALE 1/1.5
UNIT mm
DESIGNED
CHECKED
APPROVED
NAME
DRAW NO
DATE
REVISION
ø13.0h6
C1.0
4.0
ø3.0
46.0
90.0
ø18.0h6
25.0 +0.05 0
19.0
SR19.0

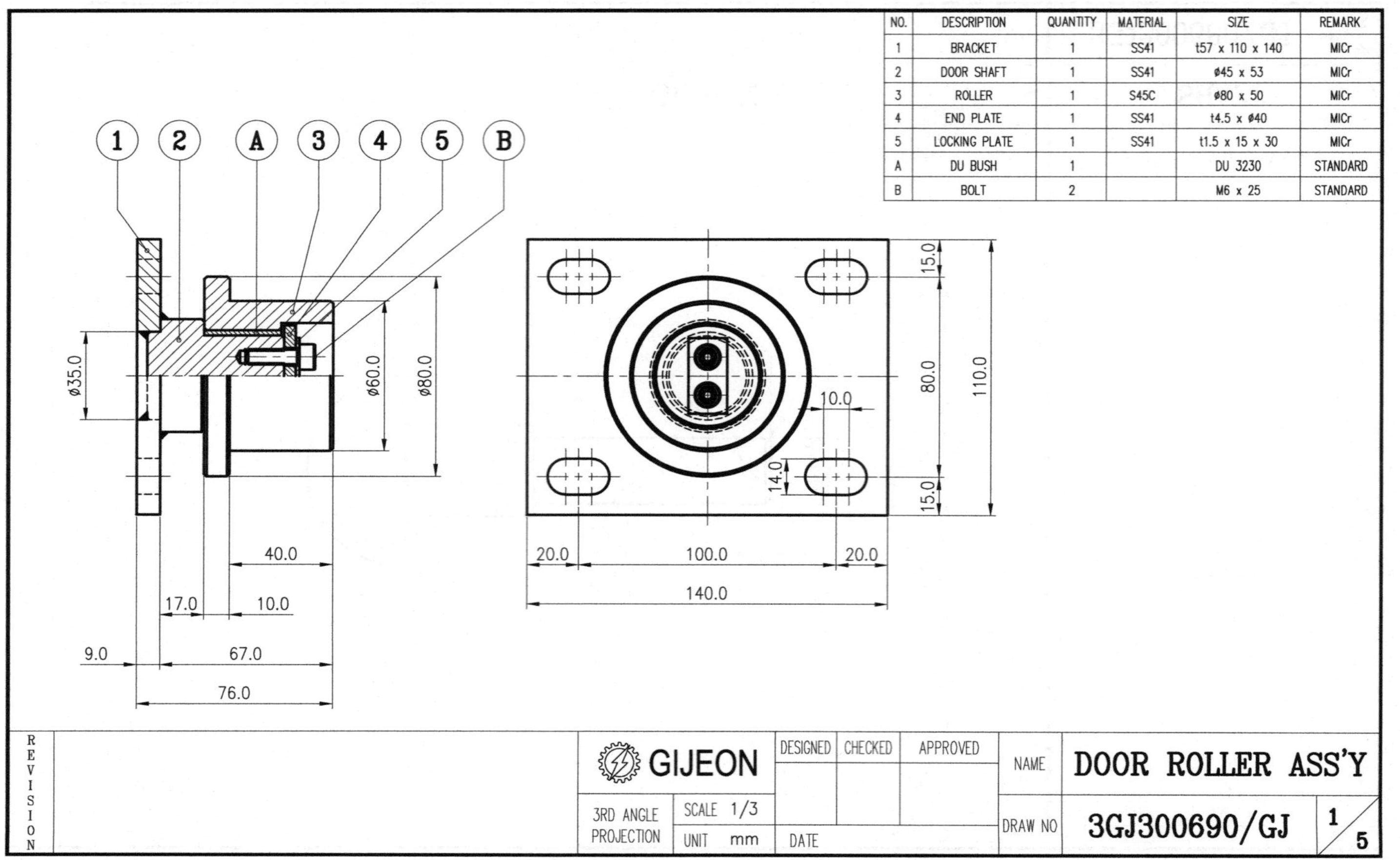
NO. DESCRIPTION QUANTITY MATERIAL SIZE REMARK
1 BRACKET 1 SS41 t57 x 110 x 140 MICr
2 DOOR SHAFT 1 SS41 ø45 x 53 MICr
3 ROLLER 1 S45C ø80 x 50 MICr
4 END PLATE 1 SS41 t4.5 x ø40 MICr
5 LOCKING PLATE 1 SS41 t1.5 x 15 x 30 MICr
A DU BUSH 1 DU 3230 STANDARD
B BOLT 2 M6 x 25 STANDARD
1
2
A
3
4
5
B
ø35.0
ø60.0
ø80.0
40.0
17.0
10.0
9.0
67.0
76.0
15.0
80.0
110.0
10.0
14.0
15.0
20.0
100.0
20.0
140.0
REVISION
GIJEON
3RD ANGLE PROJECTION
SCALE 1/3
UNIT mm
DESIGNED
CHECKED
APPROVED
DATE
NAME
DOOR ROLLER ASS'Y
DRAW NO
3GJ300690/GJ
1/5

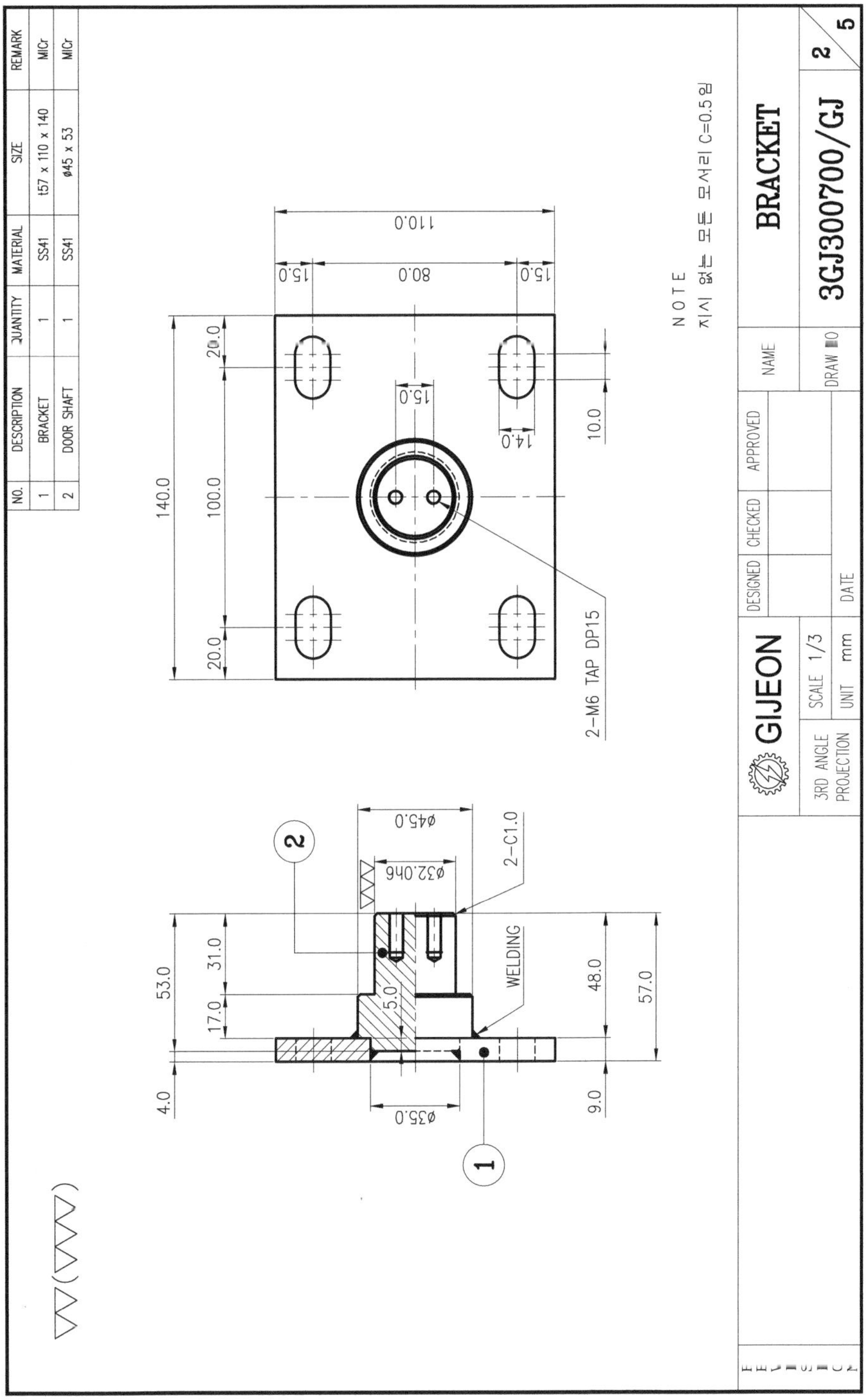

NO.	DESCRIPTION	QUANTITY	MATERIAL	SIZE	REMARK
1	BRACKET	1	SS41	t57 x 110 x 140	MICr
2	DOOR SHAFT	1	SS41	ø45 x 53	MICr

▽▽(▽▽▽)

4.0 53.0 17.0 31.0 ② 5.0 ▽▽▽ ø35.0 ø32.0h6 ø45.0 ① WELDING 2-C1.0 9.0 48.0 57.0

140.0 20.0 100.0 20.0 15.0 15.0 80.0 110.0 14.0 15.0 2-M6 TAP DP15 10.0

NOTE
지시 없는 모든 모서리 C=0.5임

GIJEON	DESIGNED	CHECKED	APPROVED	NAME	BRACKET	
3RD ANGLE PROJECTION	SCALE 1/3			DRAW NO	3GJ300700/GJ	2/5
	UNIT mm	DATE				

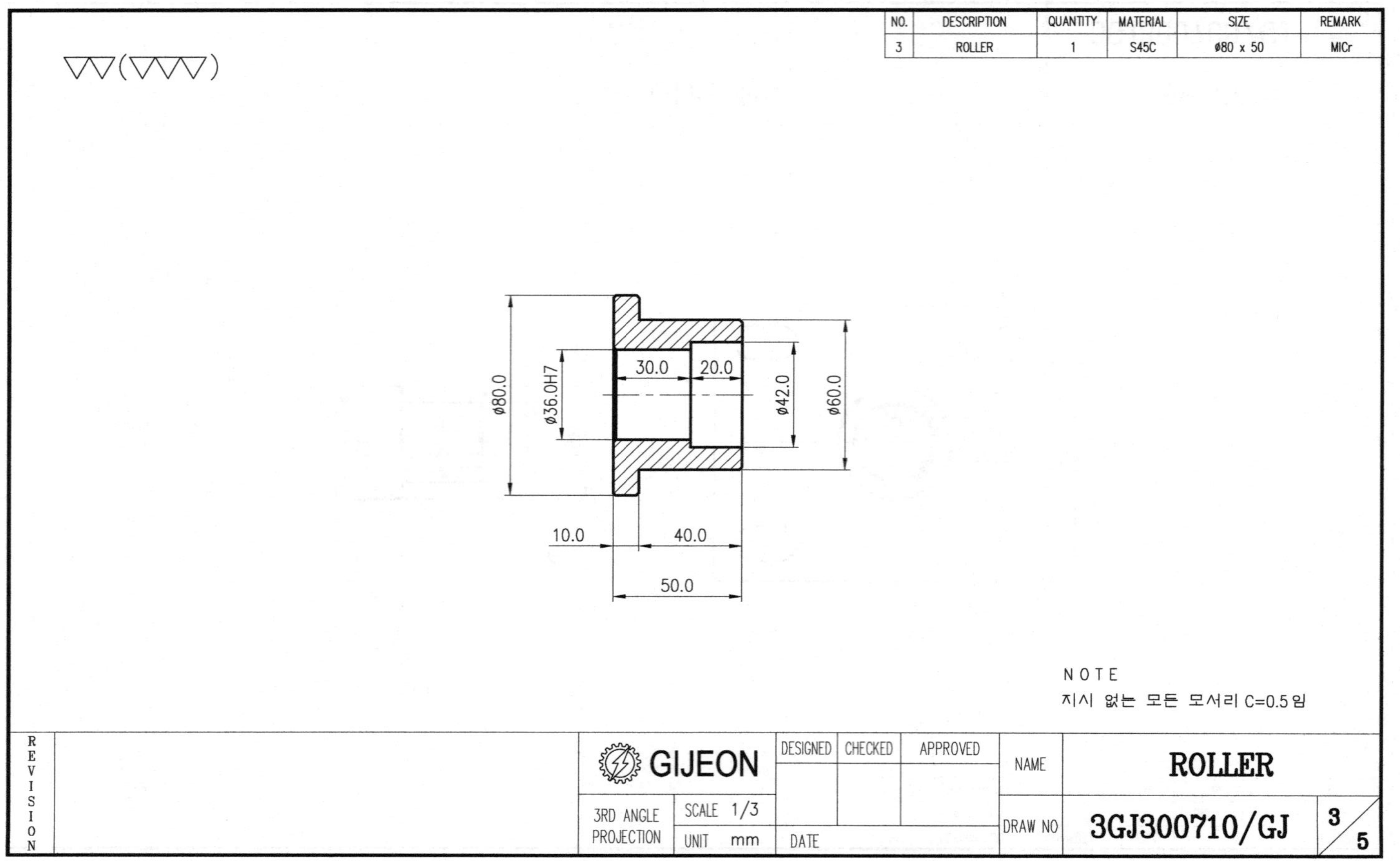
NO.
DESCRIPTION
QUANTITY
MATERIAL
SIZE
REMARK
3
ROLLER
1
S45C
ø80 x 50
MICr
ø80.0
ø36.0H7
30.0
20.0
ø42.0
ø60.0
10.0
40.0
50.0
NOTE
지시 없는 모든 모서리 C=0.5임
REVISION
GIJEON
DESIGNED
CHECKED
APPROVED
NAME
ROLLER
3RD ANGLE PROJECTION
SCALE 1/3
UNIT mm
DATE
DRAW NO
3GJ300710/GJ
3
5

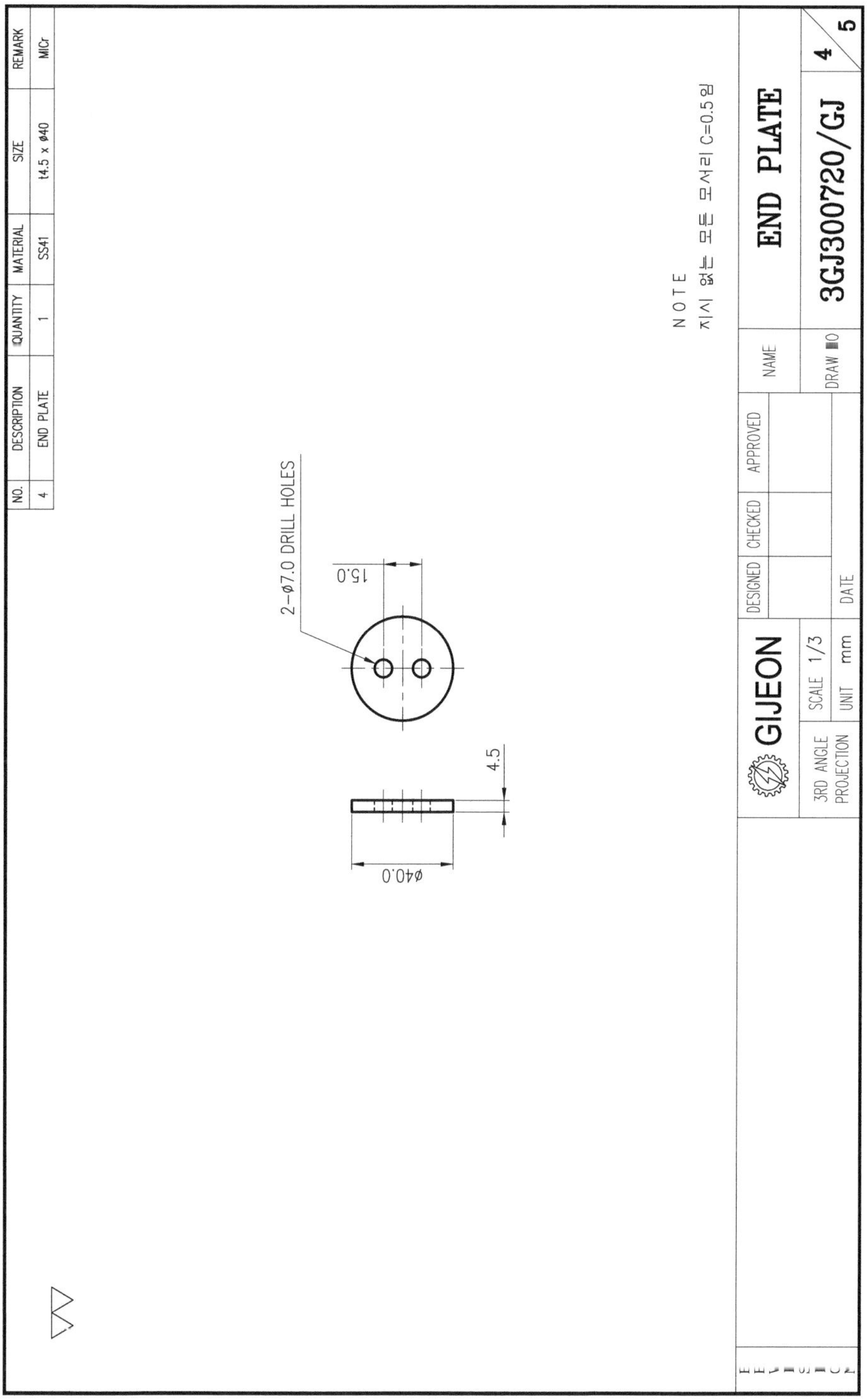

NO.	DESCRIPTION	QUANTITY	MATERIAL	SIZE	REMARK
4	END PLATE	1	SS41	t4.5 x ø40	MICr

2-ø7.0 DRILL HOLES

15.0

ø40.0

4.5

NOTE
지시 없는 모든 모서리 C=0.5임

GIJEON		DESIGNED	CHECKED	APPROVED	NAME	END PLATE	
3RD ANGLE PROJECTION	SCALE 1/3				DRAW NO	3GJ300720/GJ	4/5
	UNIT mm	DATE					

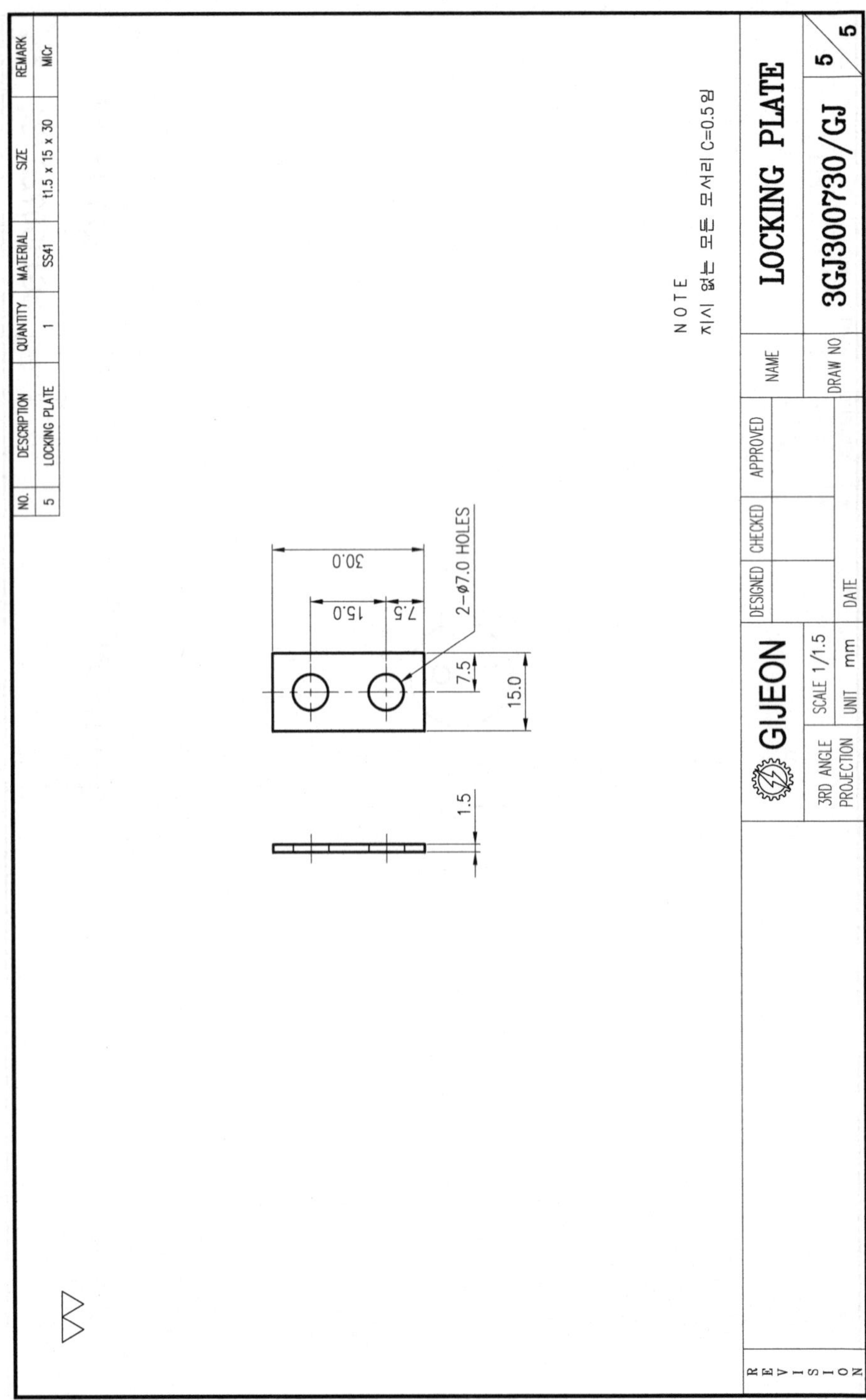
NO.
DESCRIPTION
QUANTITY
MATERIAL
SIZE
REMARK
5
LOCKING PLATE
1
SS41
t1.5 x 15 x 30
MICr
30.0
15.0
7.5
2–ø7.0 HOLES
7.5
15.0
1.5
N O T E
지시 없는 모든 모서리 C=0.5임
GIJEON
3RD ANGLE PROJECTION
SCALE 1/1.5
UNIT mm
DESIGNED
CHECKED
APPROVED
DATE
NAME
LOCKING PLATE
DRAW NO
3GJ300730/GJ
5
5
REVISION

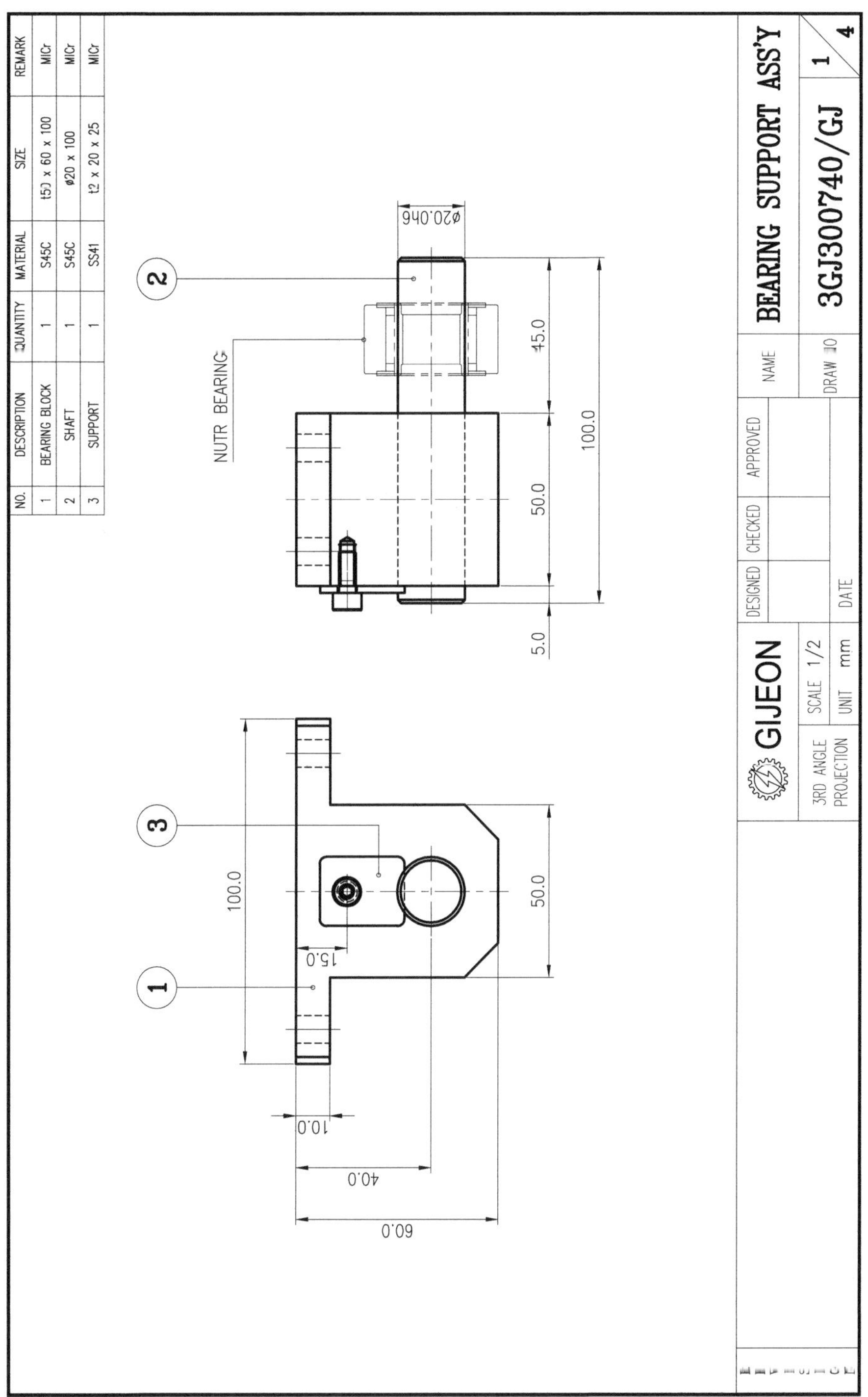

NO.	DESCRIPTION	QUANTITY	MATERIAL	SIZE	REMARK
1	BEARING BLOCK	1	S45C	t50 x 60 x 100	MICr
2	SHAFT	1	S45C	ø20 x 100	MICr
3	SUPPORT	1	SS41	t2 x 20 x 25	MICr

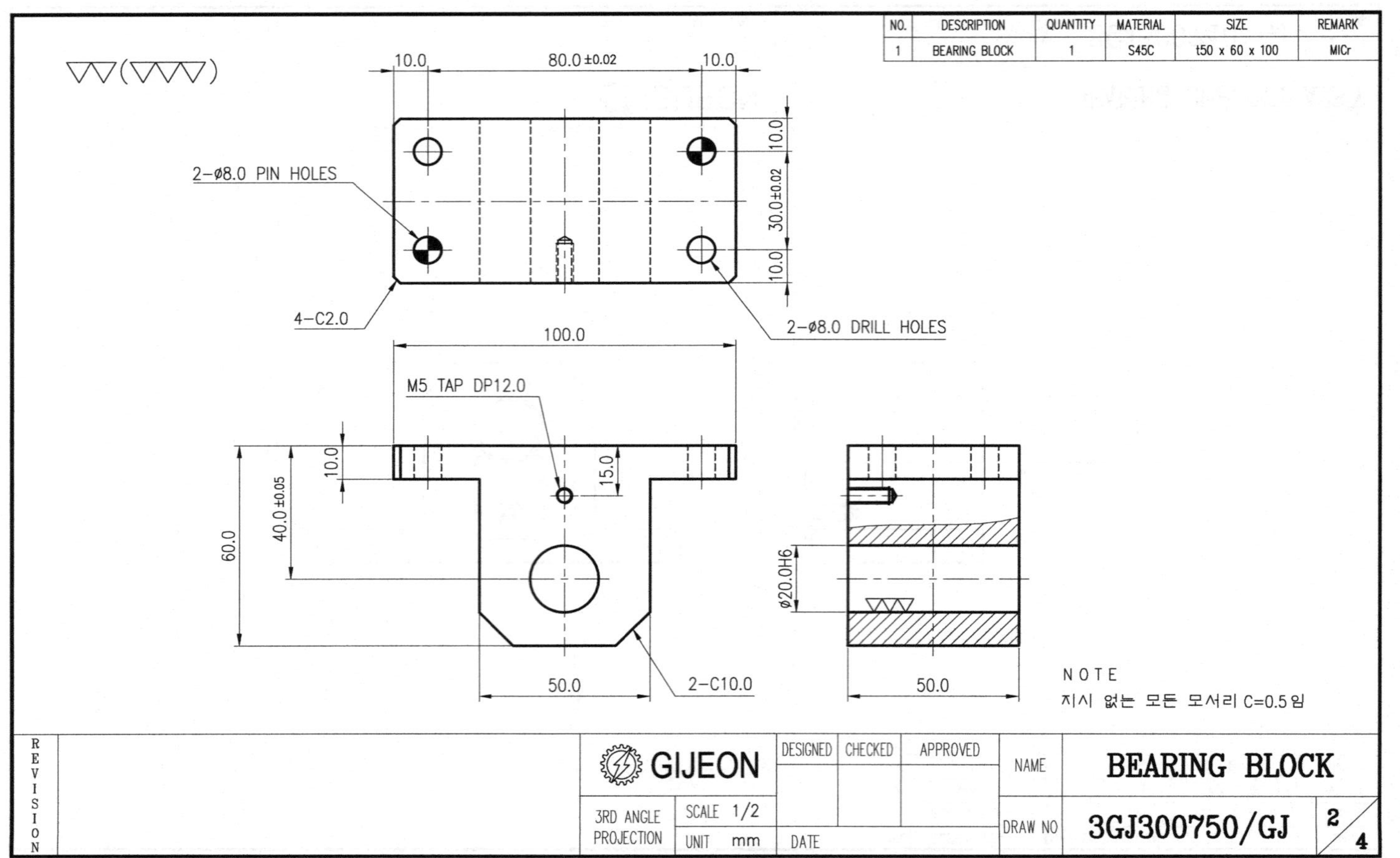
NO. | DESCRIPTION | QUANTITY | MATERIAL | SIZE | REMARK
1 | BEARING BLOCK | 1 | S45C | t50 x 60 x 100 | MICr
10.0
80.0±0.02
10.0
10.0
30.0±0.02
10.0
2-φ8.0 PIN HOLES
4-C2.0
2-φ8.0 DRILL HOLES
100.0
M5 TAP DP12.0
10.0
15.0
60.0
40.0±0.05
φ20.0H6
50.0
2-C10.0
50.0
N O T E
지시 없는 모든 모서리 C=0.5임
REVISION
GIJEON
3RD ANGLE PROJECTION
SCALE 1/2
UNIT mm
DESIGNED
CHECKED
APPROVED
DATE
NAME
BEARING BLOCK
DRAW NO
3GJ300750/GJ
2/4

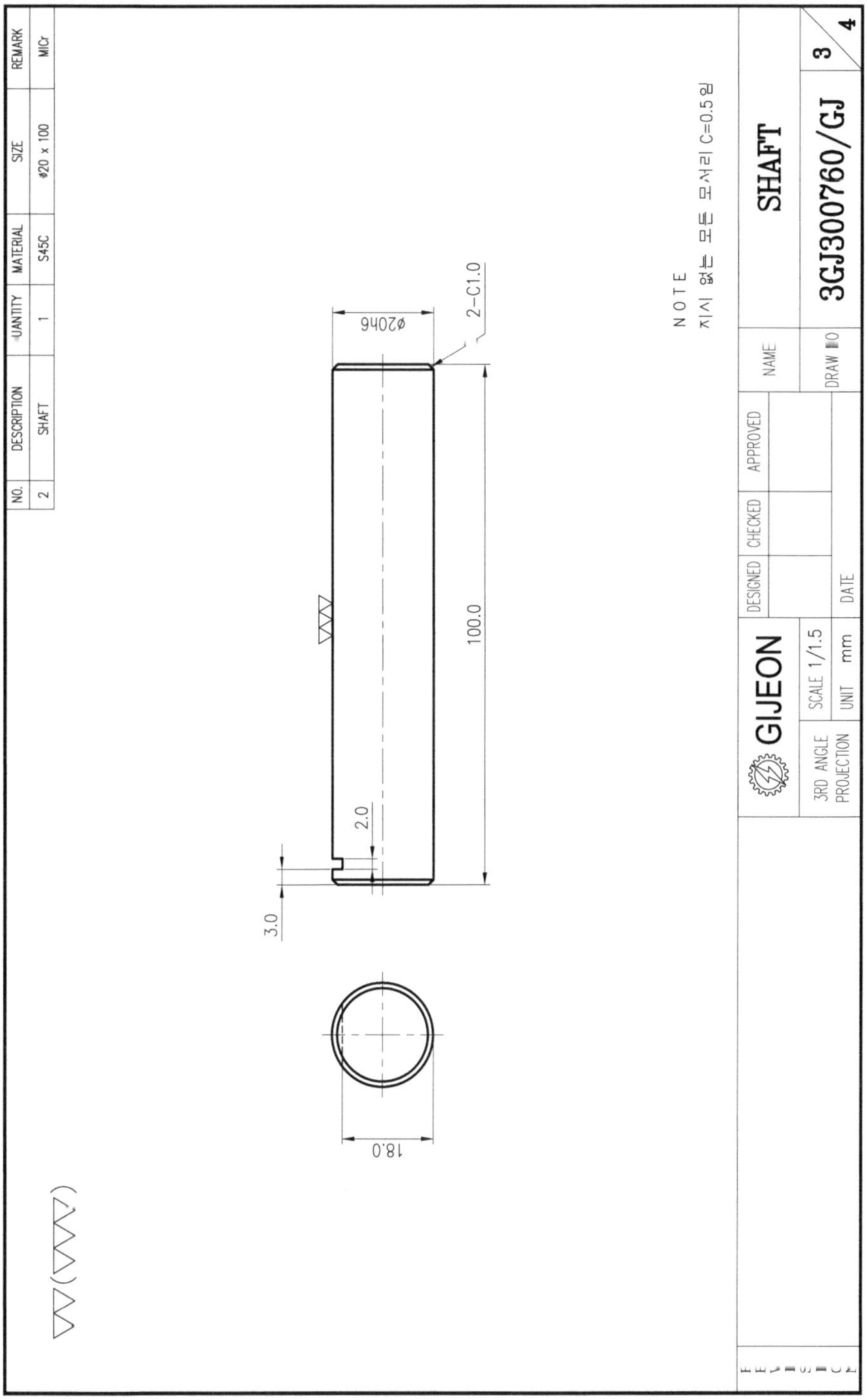

NO.	DESCRIPTION	UANTITY	MATERIAL	SIZE	REMARK
2	SHAFT	1	S45C	ϕ20 x 100	MICr

3.0

2.0

18.0

ϕ20h6

100.0

2-C1.0

NOTE
지시 없는 모든 모서리 C=0.5임

GIJEON		DESIGNED	CHECKED	APPROVED	NAME	SHAFT	
3RD ANGLE PROJECTION	SCALE 1/1.5				DRAW NO	3GJ300760/GJ	3/4
	UNIT mm	DATE					

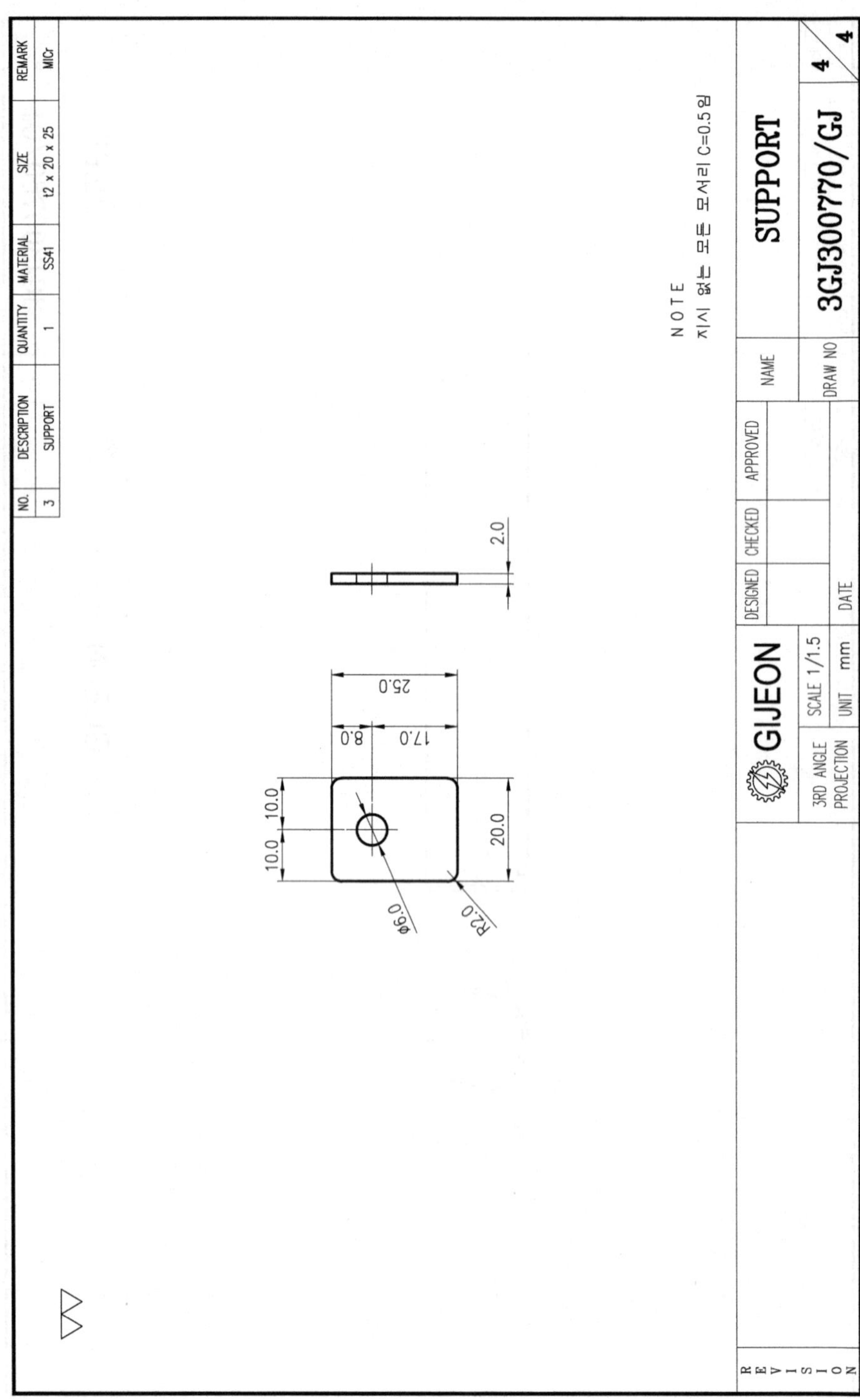
NO.
DESCRIPTION
QUANTITY
MATERIAL
SIZE
REMARK
3
SUPPORT
1
SS41
t2 x 20 x 25
MICr
NOTE
지시 없는 모든 모서리 C=0.5임
2.0
25.0
8.0
17.0
10.0
10.0
20.0
Φ6.0
R2.0
GIJEON
3RD ANGLE PROJECTION
SCALE 1/1.5
UNIT mm
DESIGNED
CHECKED
APPROVED
DATE
NAME
SUPPORT
DRAW NO
3GJ300770/GJ
4
4
REVISION

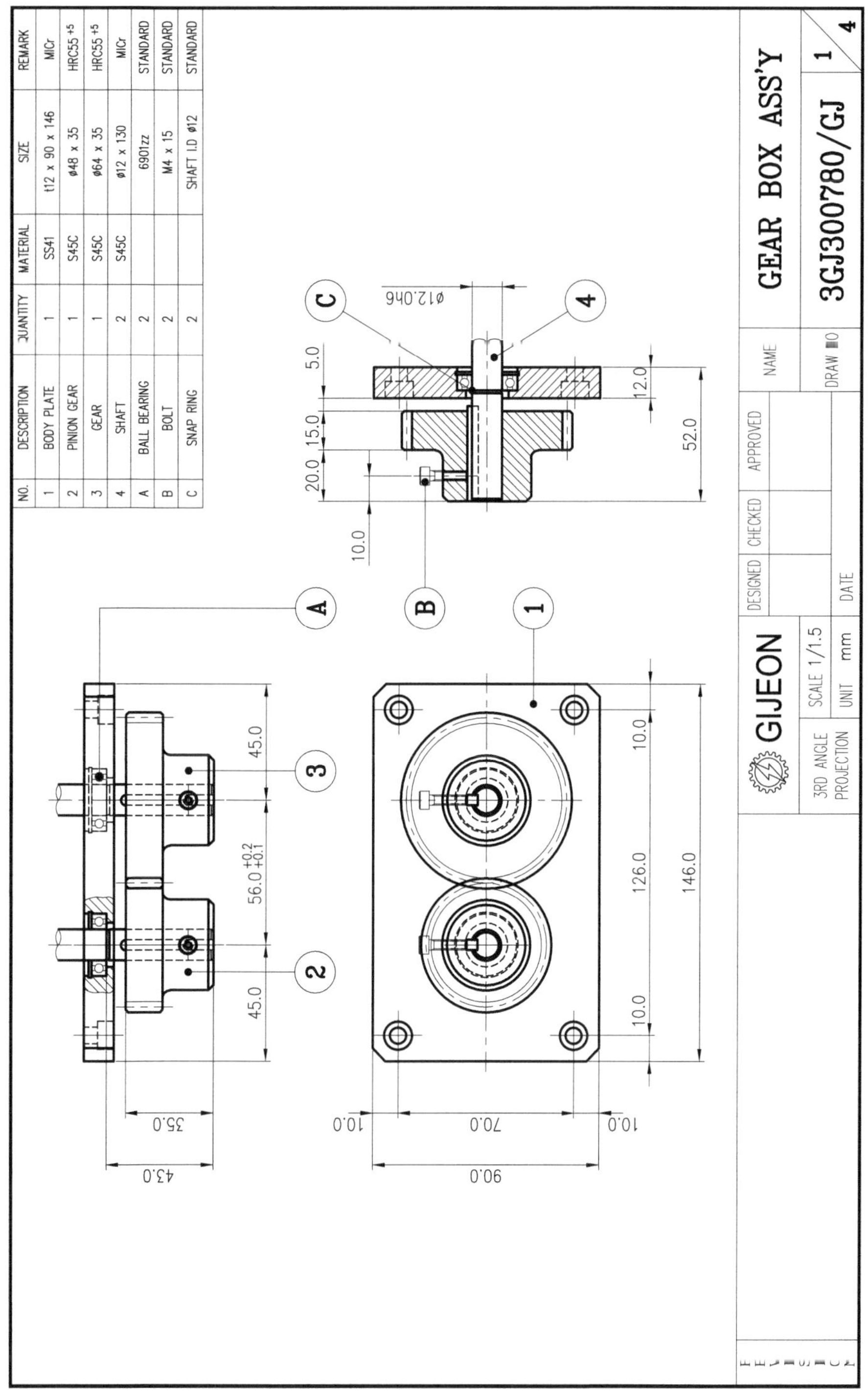

NO.	DESCRIPTION	QUANTITY	MATERIAL	SIZE	REMARK
1	BODY PLATE	1	SS41	t12 x 90 x 146	MICr
2	PINION GEAR	1	S45C	ø48 x 35	HRC55 +5
3	GEAR	1	S45C	ø64 x 35	HRC55 +5
4	SHAFT	2	S45C	ø12 x 130	MICr
A	BALL BEARING	2		6901zz	STANDARD
B	BOLT	2		M4 x 15	STANDARD
C	SNAP RING	2		SHAFT I.D ø12	STANDARD

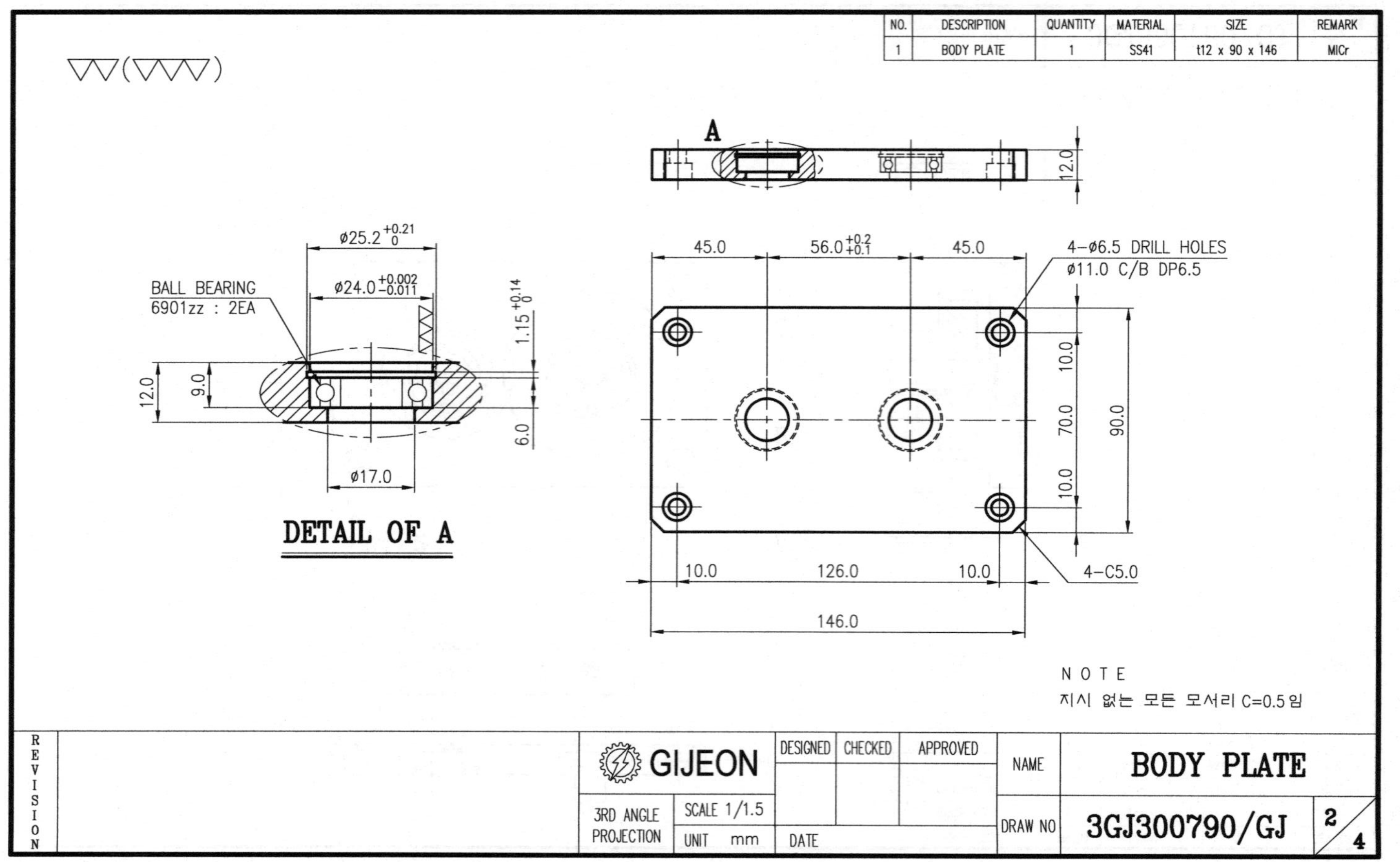
NO. | DESCRIPTION | QUANTITY | MATERIAL | SIZE | REMARK
1 | BODY PLATE | 1 | SS41 | t12 x 90 x 146 | MICr
A
12.0
45.0
56.0 +0.2 +0.1
45.0
4-ø6.5 DRILL HOLES
ø11.0 C/B DP6.5
10.0
70.0
10.0
90.0
10.0
126.0
10.0
4-C5.0
146.0
ø25.2 +0.21 0
BALL BEARING
6901zz : 2EA
ø24.0 +0.002 -0.011
1.15 +0.14 0
12.0
9.0
6.0
ø17.0
DETAIL OF A
N O T E
지시 없는 모든 모서리 C=0.5임
REVISION
GIJEON
DESIGNED
CHECKED
APPROVED
NAME
BODY PLATE
3RD ANGLE PROJECTION
SCALE 1/1.5
UNIT mm
DATE
DRAW NO
3GJ300790/GJ
2
4

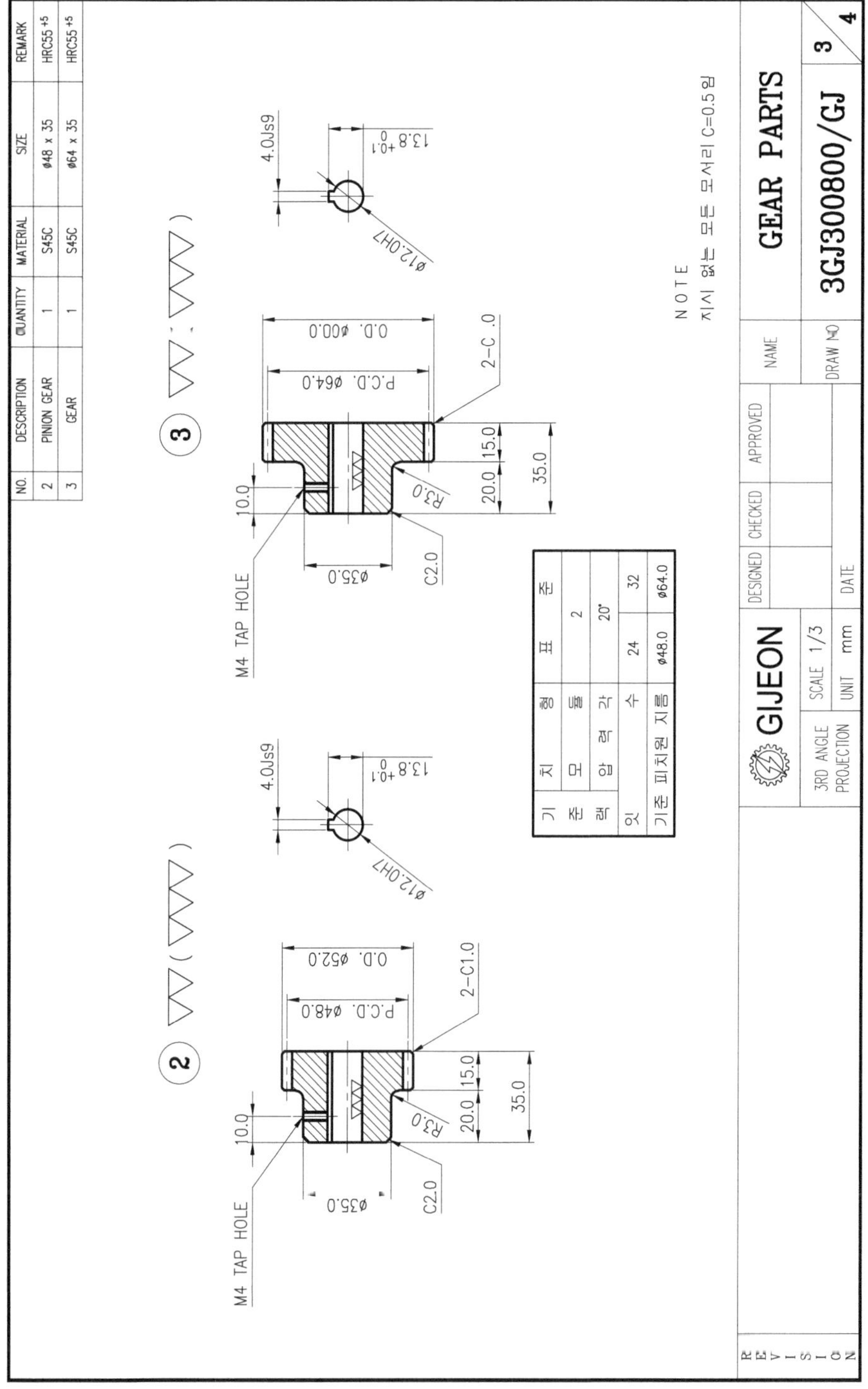
NO. | DESCRIPTION | QUANTITY | MATERIAL | SIZE | REMARK
2 | PINION GEAR | 1 | S45C | ø48 x 35 | HRC55 +5
3 | GEAR | 1 | S45C | ø64 x 35 | HRC55 +5
M4 TAP HOLE
10.0
ø35.0
C2.0
R3.0
20.0
15.0
35.0
P.C.D. ø48.0
O.D. ø52.0
2-C1.0
ø12.0H7
4.0Js9
13.8 +0.1 0
P.C.D. ø64.0
O.D. ø00.0
2-C .0
기준 치형 | 표준
모듈 | 2 | 2
압력각 | 20°
잇수 | 24 | 32
기준 피치원 지름 | ø48.0 | ø64.0
NOTE
지시 없는 모든 모서리 C=0.5임
GIJEON
3RD ANGLE PROJECTION
SCALE 1/3
UNIT mm
DESIGNED
CHECKED
APPROVED
DATE
NAME
GEAR PARTS
DRAW NO
3GJ300800/GJ
3
4
REVISION

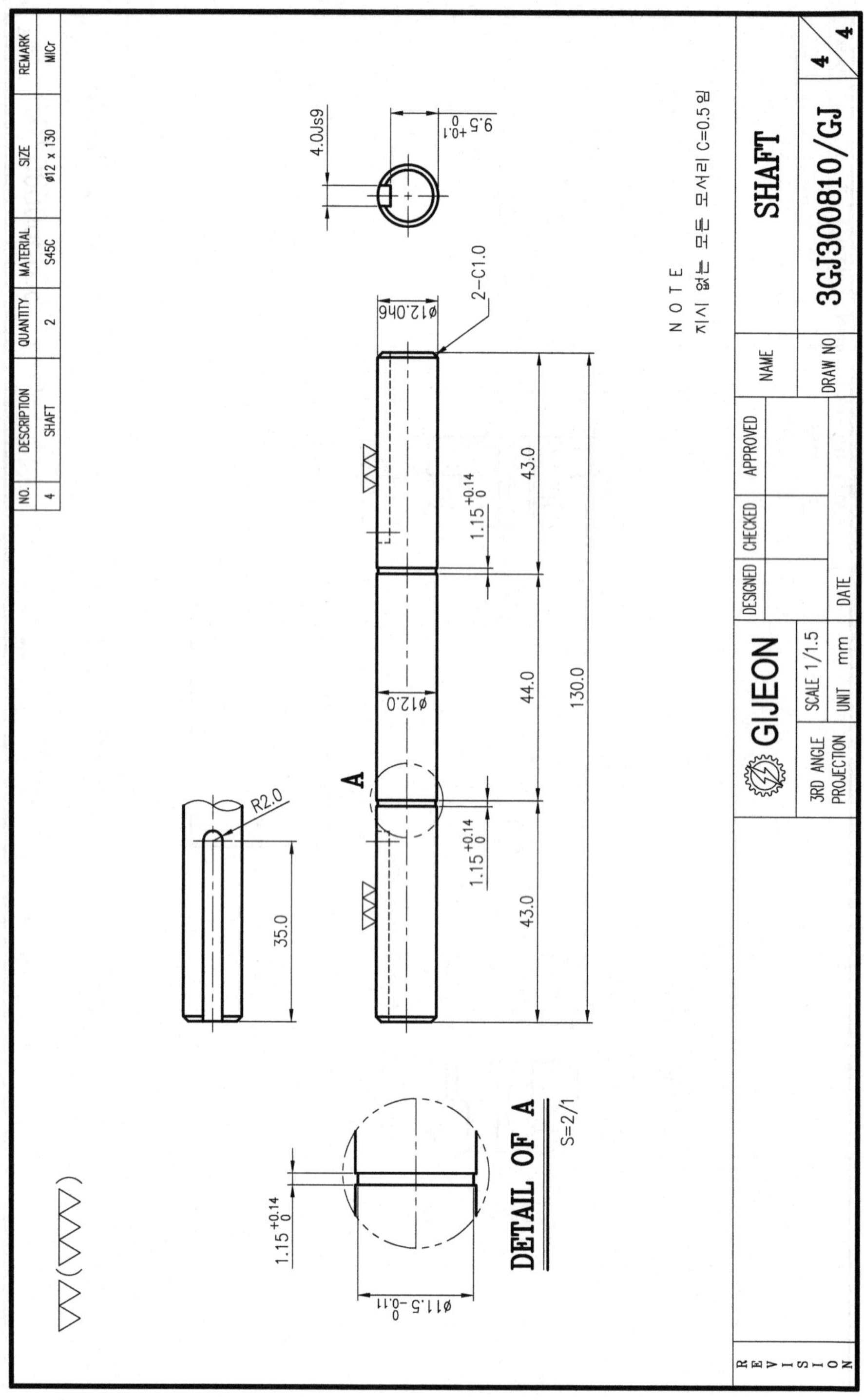

NO.
DESCRIPTION
QUANTITY
MATERIAL
SIZE
REMARK
4
SHAFT
2
S45C
Ø12 x 130
MICr
4.0Js9
9.5 +0.1 0
2-C1.0
Ø12.0h6
Ø12.0
R2.0
35.0
A
43.0
44.0
130.0
1.15 +0.14 0
DETAIL OF A
S=2/1
Ø11.5 0 -0.11
N O T E
지시 없는 모든 모서리 C=0.5임
GIJEON
DESIGNED
CHECKED
APPROVED
NAME
SHAFT
DRAW NO
3GJ300810/GJ
3RD ANGLE PROJECTION
SCALE 1/1.5
UNIT mm
DATE
REVISION

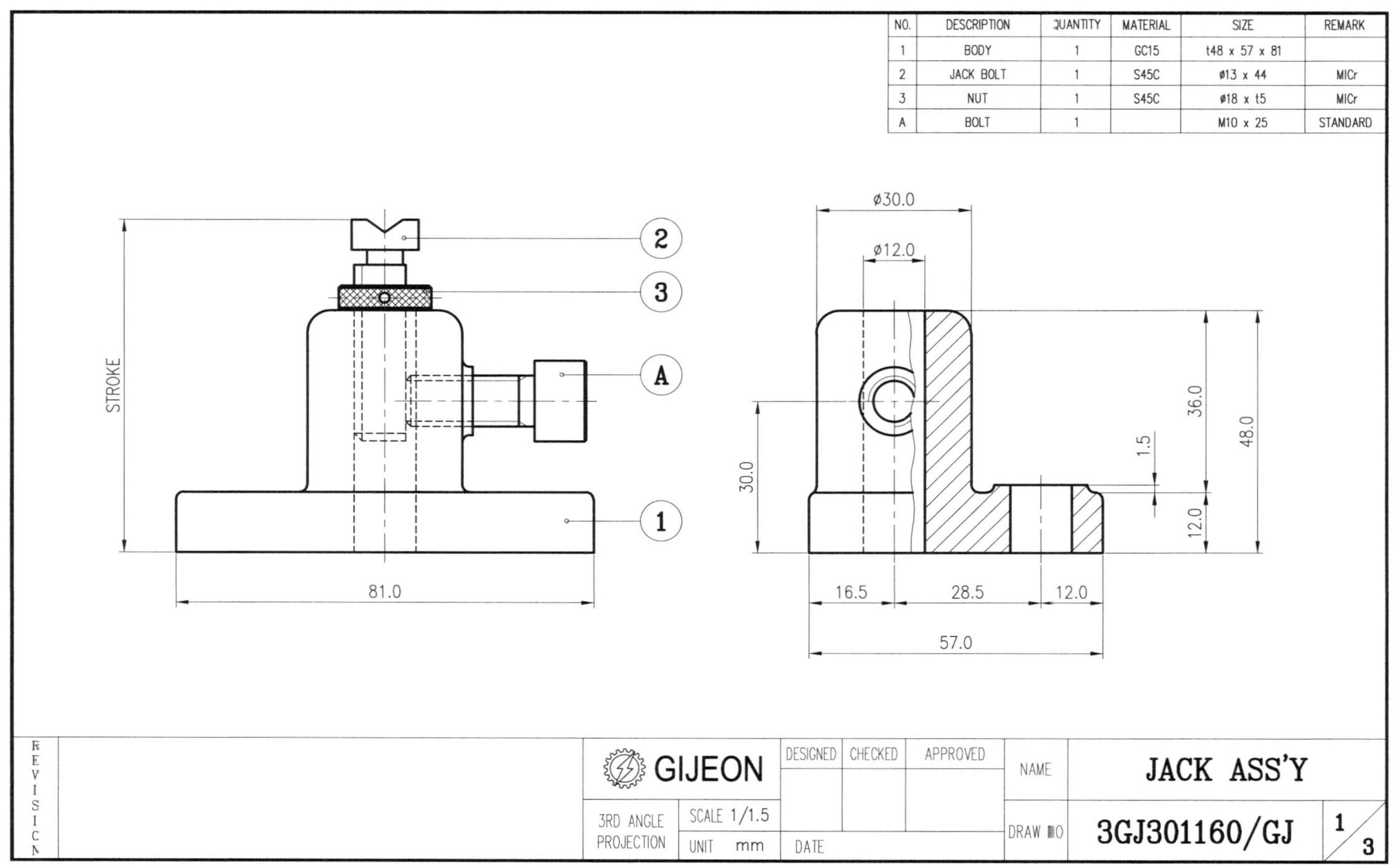
NO. | DESCRIPTION | QUANTITY | MATERIAL | SIZE | REMARK
1 | BODY | 1 | GC15 | t48 x 57 x 81 |
2 | JACK BOLT | 1 | S45C | ø13 x 44 | MICr
3 | NUT | 1 | S45C | ø18 x t5 | MICr
A | BOLT | 1 | | M10 x 25 | STANDARD
STROKE
81.0
2
3
A
1
ø30.0
ø12.0
30.0
1.5
36.0
48.0
12.0
16.5
28.5
12.0
57.0
REVISION
GIJEON
3RD ANGLE PROJECTION
SCALE 1/1.5
UNIT mm
DESIGNED
CHECKED
APPROVED
DATE
NAME
JACK ASS'Y
DRAW NO
3GJ301160/GJ
1
3

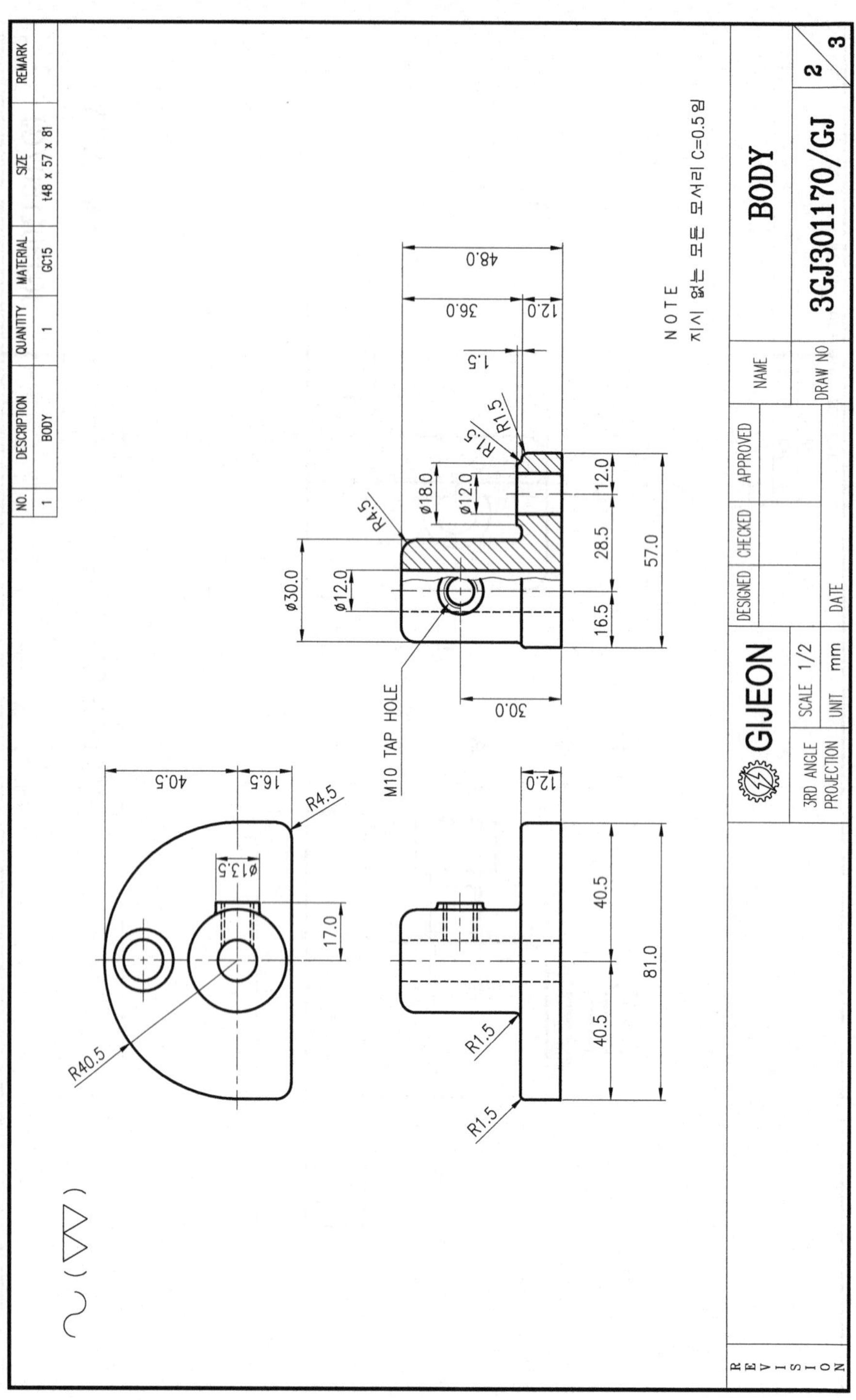
NO.
DESCRIPTION
QUANTITY
MATERIAL
SIZE
REMARK
1
BODY
1
GC15
t48 x 57 x 81
R40.5
40.5
16.5
R4.5
ø13.5
17.0
M10 TAP HOLE
R1.5
R1.5
12.0
40.5
40.5
81.0
ø30.0
ø12.0
R4.5
ø18.0
ø12.0
R1.5
R1.5
1.5
36.0
48.0
12.0
30.0
16.5
28.5
12.0
57.0
N O T E
지시 없는 모든 모서리 C=0.5임
GIJEON
3RD ANGLE PROJECTION
SCALE 1/2
UNIT mm
DESIGNED
CHECKED
APPROVED
DATE
NAME
BODY
DRAW NO
3GJ301170/GJ
2
3
REVISION

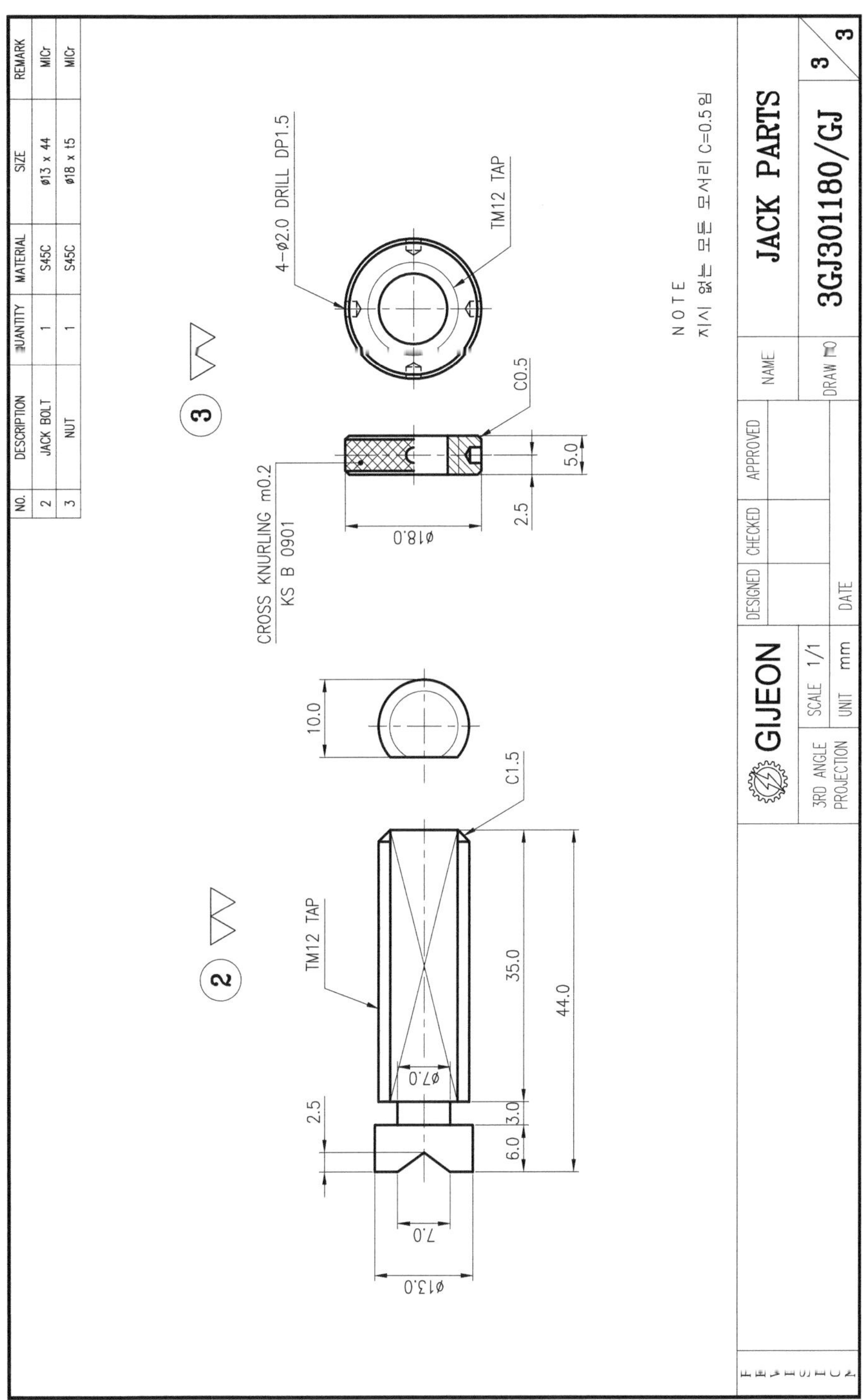
NO. | DESCRIPTION | QUANTITY | MATERIAL | SIZE | REMARK
2 | JACK BOLT | 1 | S45C | ø13 x 44 | MICr
3 | NUT | 1 | S45C | ø18 x t5 | MICr
TM12 TAP
2.5
6.0
3.0
35.0
44.0
ø7.0
7.0
ø13.0
C1.5
10.0
CROSS KNURLING m0.2
KS B 0901
ø18.0
2.5
5.0
C0.5
4-ø2.0 DRILL DP1.5
TM12 TAP
NOTE
지시 없는 모든 모서리 C=0.5임
GIJEON
3RD ANGLE PROJECTION
SCALE 1/1
UNIT mm
DESIGNED
CHECKED
APPROVED
DATE
NAME
JACK PARTS
DRAW NO
3GJ301180/GJ
3
3
REVISION

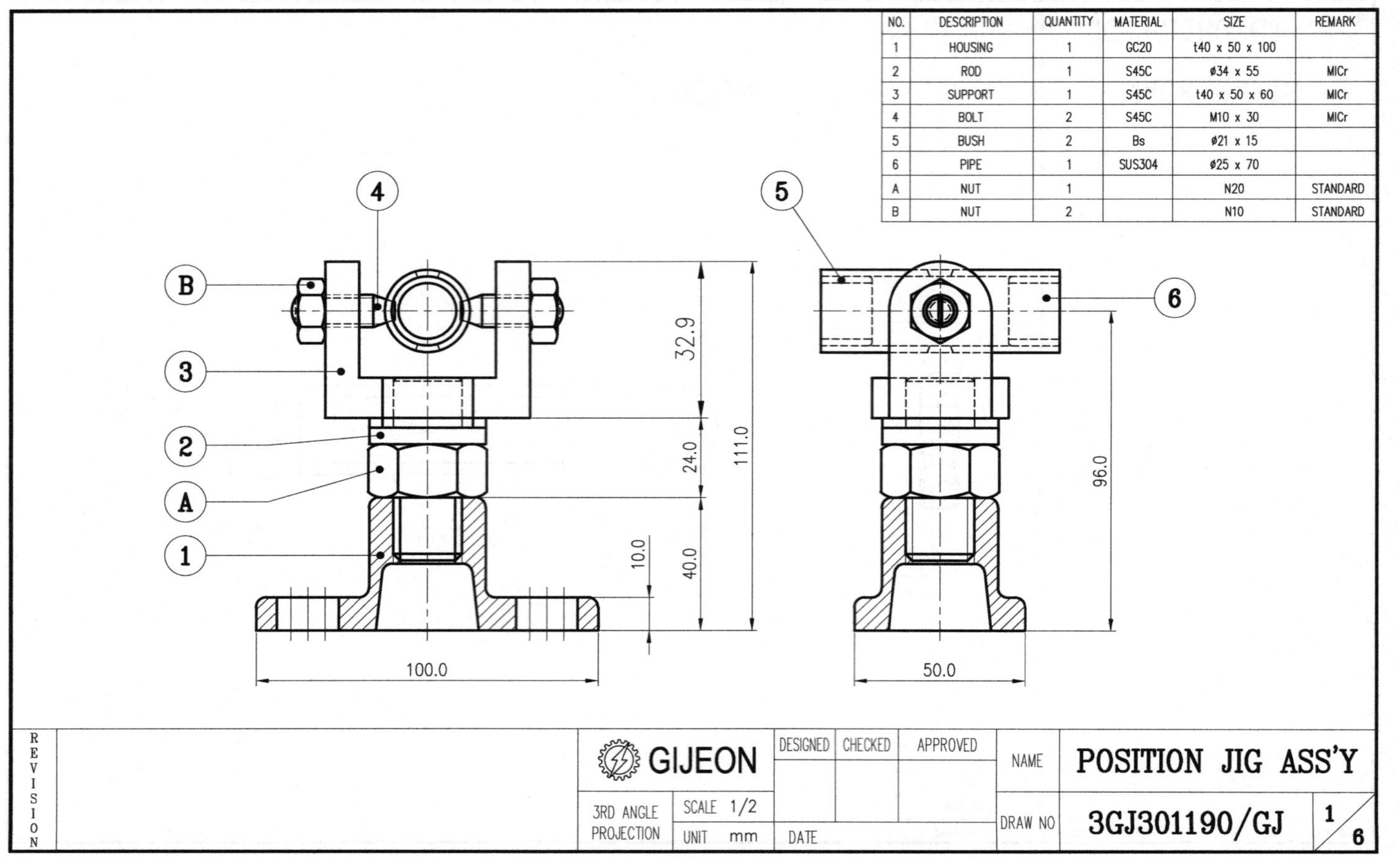

NO.	DESCRIPTION	QUANTITY	MATERIAL	SIZE	REMARK
1	HOUSING	1	GC20	t40 x 50 x 100	
2	ROD	1	S45C	Ø34 x 55	MICr
3	SUPPORT	1	S45C	t40 x 50 x 60	MICr
4	BOLT	2	S45C	M10 x 30	MICr
5	BUSH	2	Bs	Ø21 x 15	
6	PIPE	1	SUS304	Ø25 x 70	
A	NUT	1		N20	STANDARD
B	NUT	2		N10	STANDARD

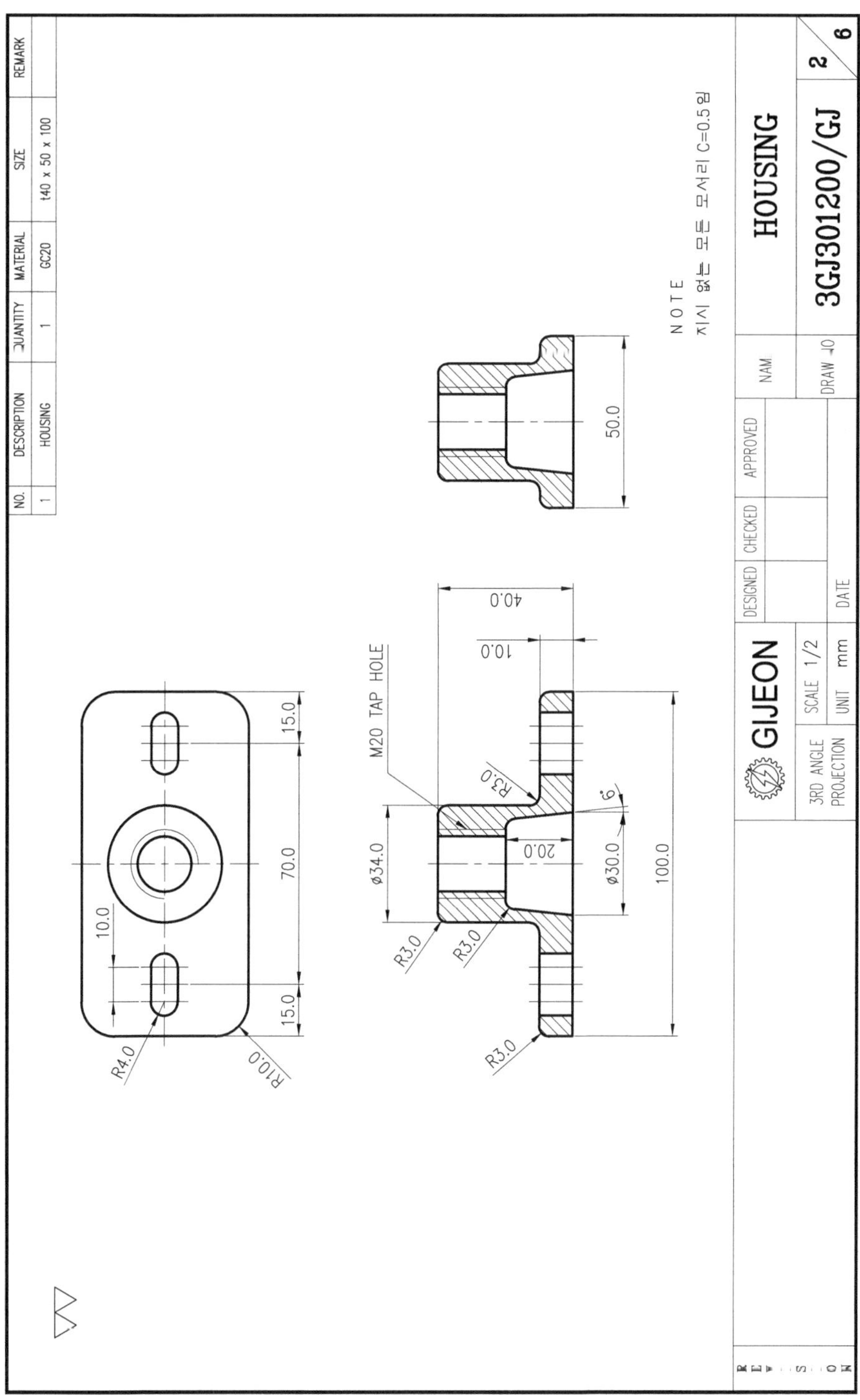
NO.
DESCRIPTION
QUANTITY
MATERIAL
SIZE
REMARK
1
HOUSING
1
GC20
t40 x 50 x 100
R4.0
R10.0
10.0
15.0
70.0
15.0
M20 TAP HOLE
R3.0
ø34.0
R3.0
R3.0
R3.0
20.0
ø30.0
6°
100.0
10.0
40.0
50.0
N O T E
지시 없는 모든 모서리 C=0.5임
GIJEON
3RD ANGLE PROJECTION
SCALE 1/2
UNIT mm
DESIGNED
CHECKED
APPROVED
DATE
NAM
HOUSING
DRAW NO
3GJ301200/GJ
2
6

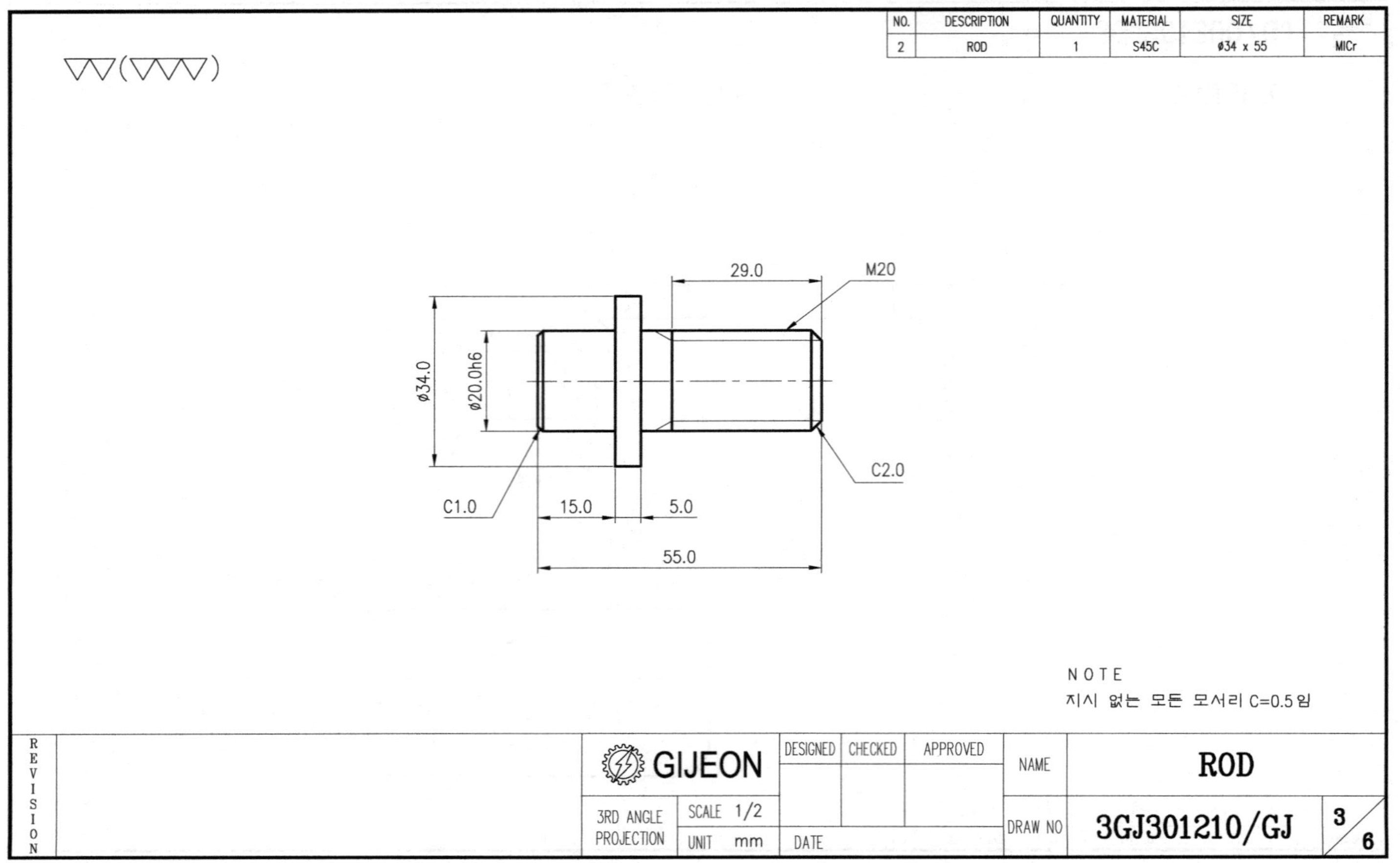
NO. | DESCRIPTION | QUANTITY | MATERIAL | SIZE | REMARK
2 | ROD | 1 | S45C | Ø34 x 55 | MICr
29.0
M20
Ø34.0
Ø20.0h6
C2.0
C1.0
15.0
5.0
55.0
NOTE
지시 없는 모든 모서리 C=0.5임
REVISION
GIJEON
DESIGNED
CHECKED
APPROVED
NAME
ROD
3RD ANGLE PROJECTION
SCALE 1/2
UNIT mm
DATE
DRAW NO
3GJ301210/GJ
3
6

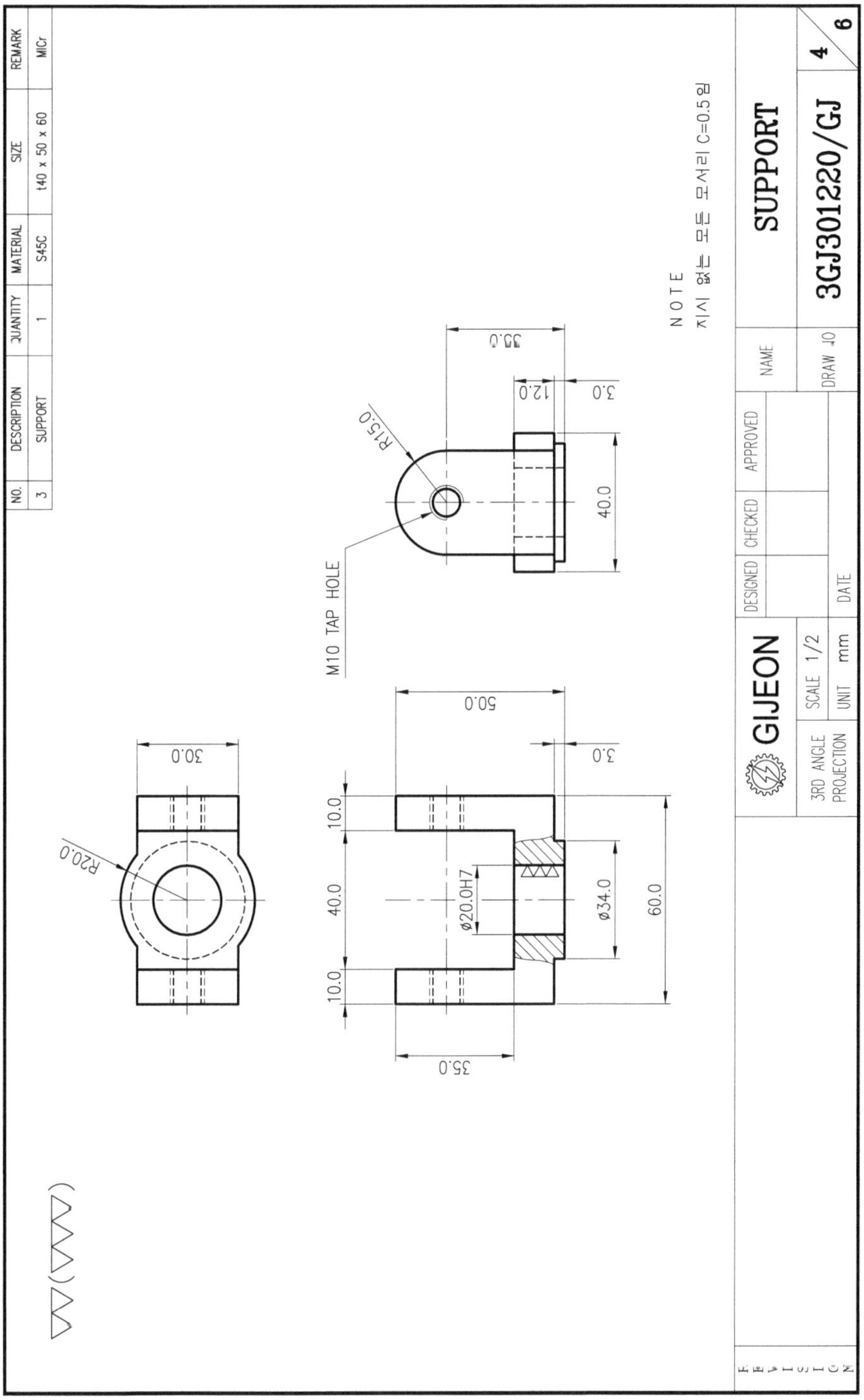

NO.	DESCRIPTION	QUANTITY	MATERIAL	SIZE	REMARK
3	SUPPORT	1	S45C	t40 x 50 x 60	MICr

R20.0 30.0

10.0 40.0 10.0 35.0 Ø20.0H7 50.0 3.0 Ø34.0 60.0

M10 TAP HOLE R15.0 12.0 35.0 40.0 3.0

NOTE
지시 없는 모든 모서리 C=0.5임

REVISION	GIJEON	DESIGNED	CHECKED	APPROVED	NAME	SUPPORT	
	3RD ANGLE PROJECTION / SCALE 1/2 / UNIT mm	DATE			DRAW NO	3GJ301220/GJ	4/6

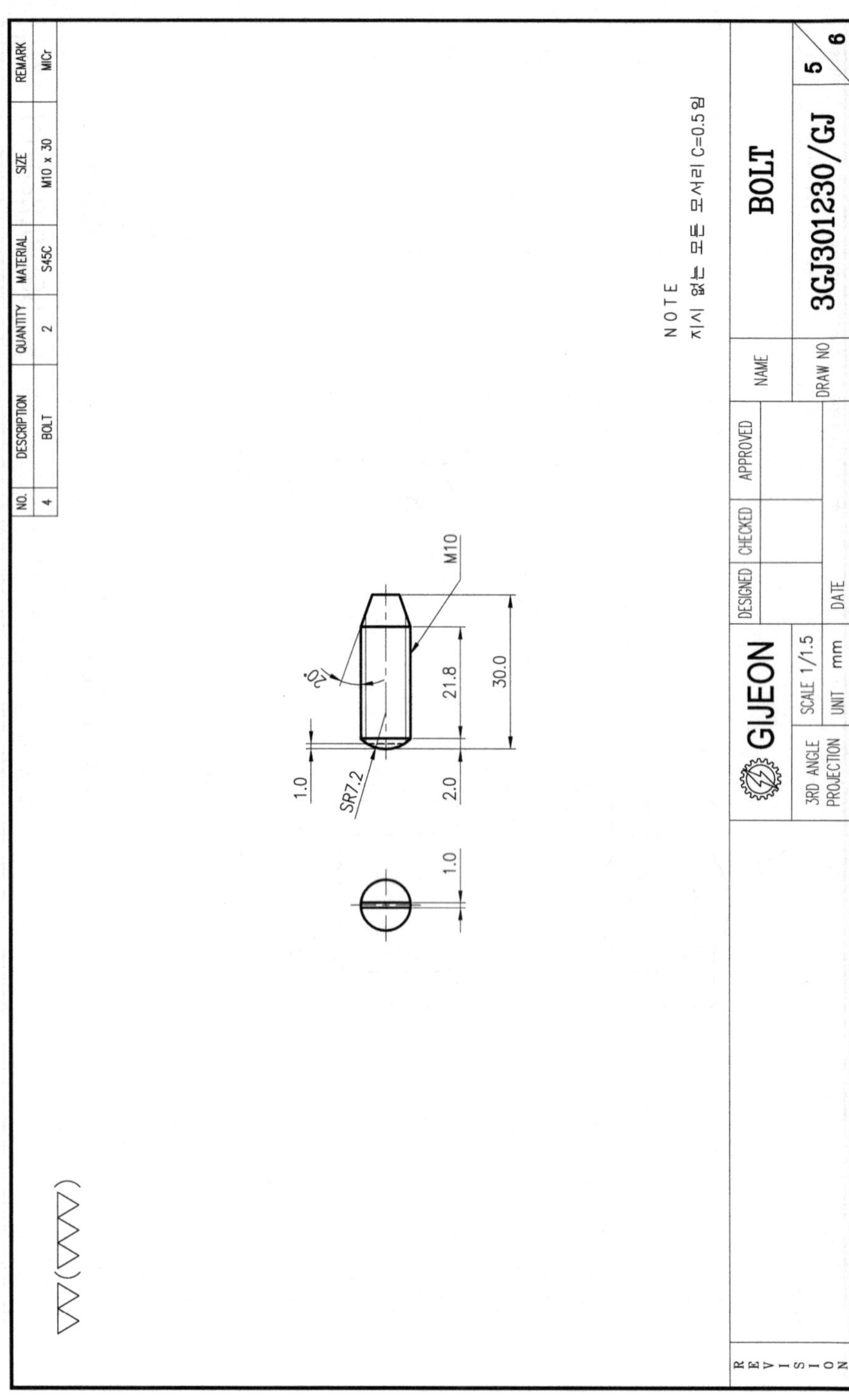
NO.
DESCRIPTION
QUANTITY
MATERIAL
SIZE
REMARK
4
BOLT
2
S45C
M10 x 30
MICr
M10
30.0
21.8
2.0
1.0
SR7.2
1.0
N O T E
지시 없는 모든 모서리 C=0.5임
GIJEON
DESIGNED
CHECKED
APPROVED
NAME
BOLT
3RD ANGLE PROJECTION
SCALE 1/1.5
UNIT mm
DATE
DRAW NO
3GJ301230/GJ
5
6
REVISION

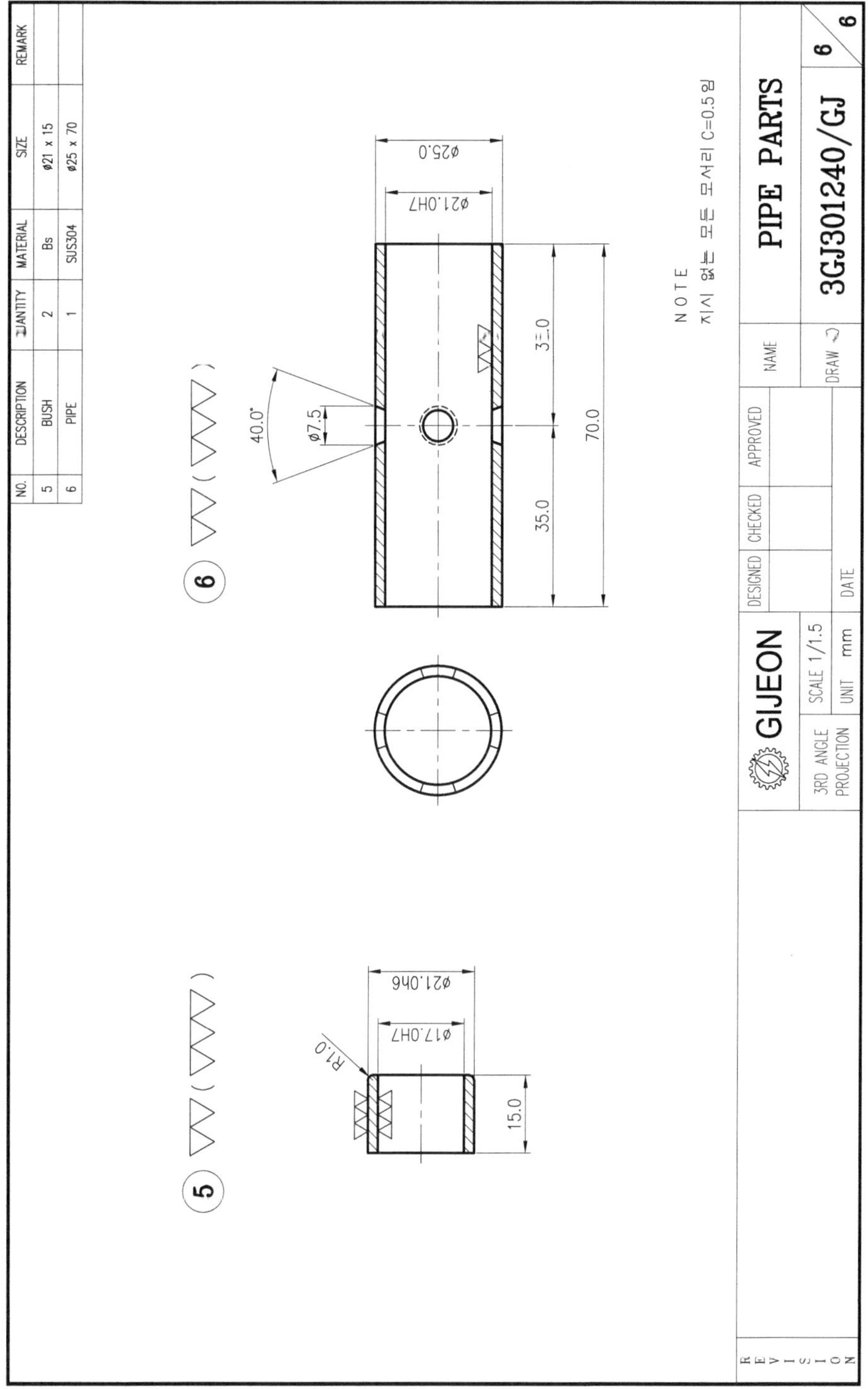
NO.
DESCRIPTION
QUANTITY
MATERIAL
SIZE
REMARK
5
BUSH
2
Bs
Ø21 x 15
6
PIPE
1
SUS304
Ø25 x 70
5
Ø17.0H7
Ø21.0h6
R1.0
15.0
6
Ø25.0
Ø21.0H7
40.0°
Ø7.5
35.0
70.0
N O T E
지시 없는 모든 모서리 C=0.5임
GIJEON
3RD ANGLE PROJECTION
SCALE 1/1.5
UNIT mm
DESIGNED
CHECKED
APPROVED
DATE
NAME
DRAW
PIPE PARTS
3GJ301240/GJ
6
6
R E V I S I O N

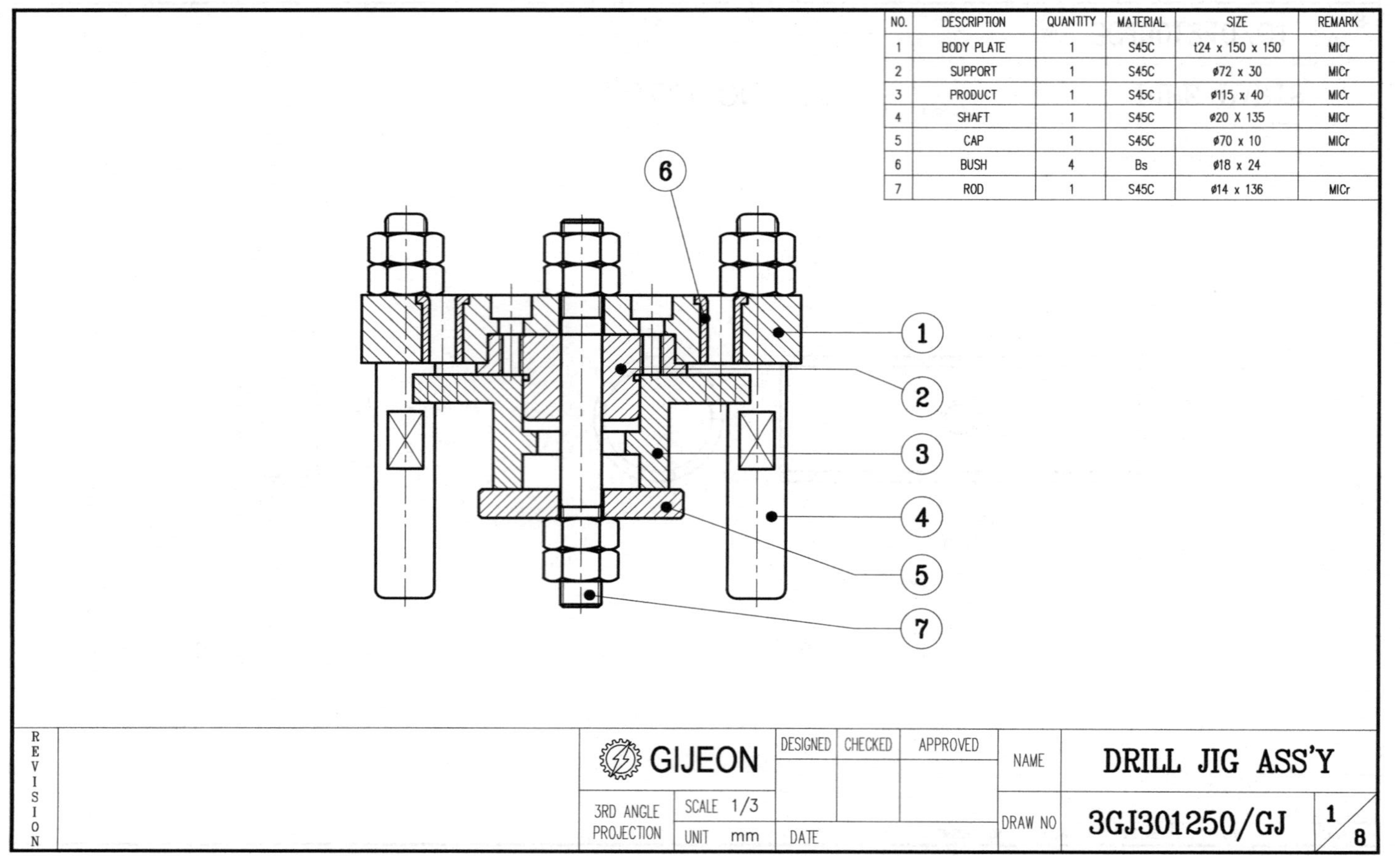

NO.	DESCRIPTION	QUANTITY	MATERIAL	SIZE	REMARK
1	BODY PLATE	1	S45C	t24 x 150 x 150	MICr
2	SUPPORT	1	S45C	ø72 x 30	MICr
3	PRODUCT	1	S45C	ø115 x 40	MICr
4	SHAFT	1	S45C	ø20 X 135	MICr
5	CAP	1	S45C	ø70 x 10	MICr
6	BUSH	4	Bs	ø18 x 24	
7	ROD	1	S45C	ø14 x 136	MICr

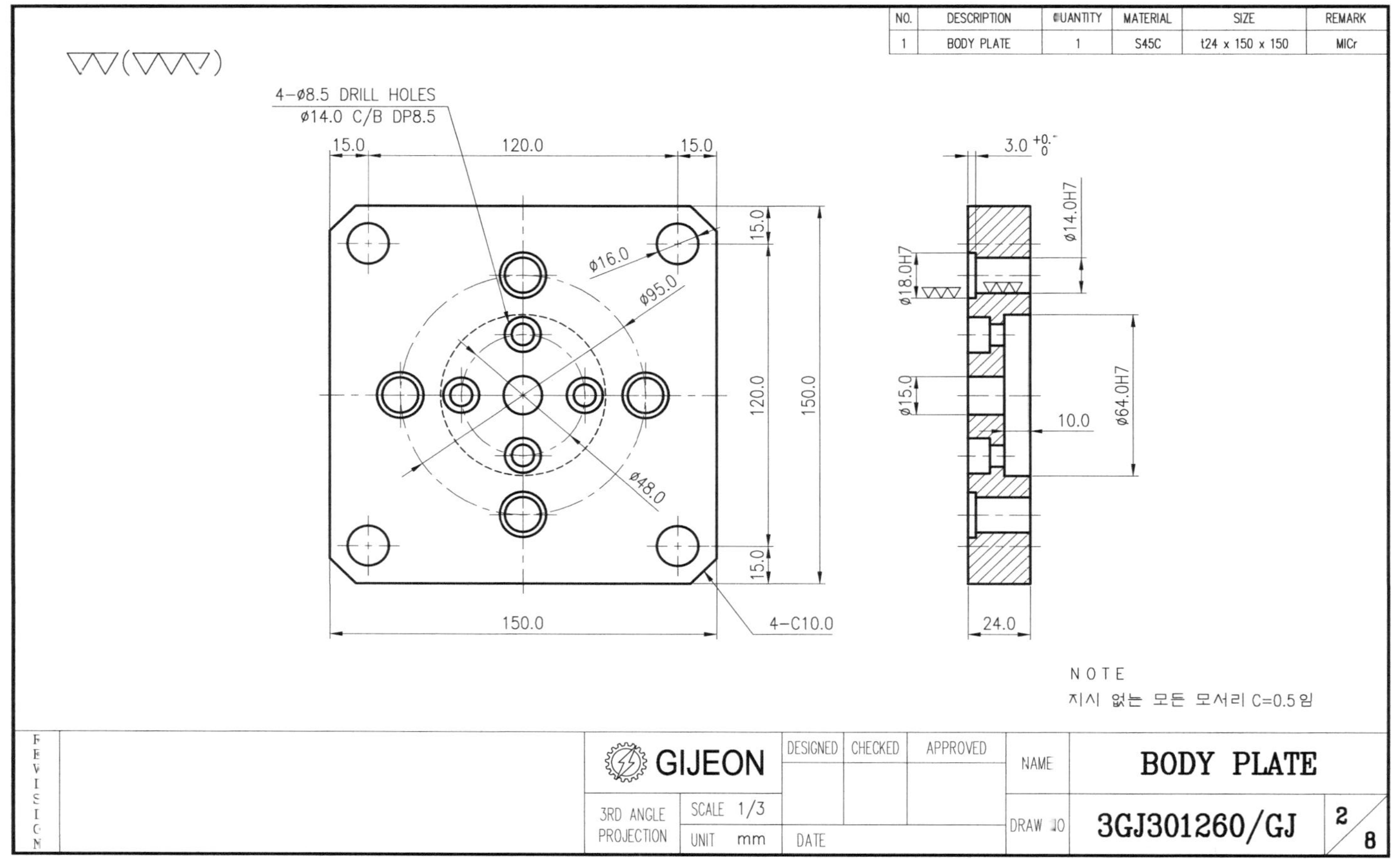
NO.
DESCRIPTION
QUANTITY
MATERIAL
SIZE
REMARK
1
BODY PLATE
1
S45C
t24 x 150 x 150
MICr
4-Ø8.5 DRILL HOLES
Ø14.0 C/B DP8.5
15.0
120.0
15.0
150.0
150.0
4-C10.0
Ø16.0
Ø95.0
Ø48.0
3.0
Ø14.0H7
Ø18.0H7
Ø15.0
10.0
Ø64.0H7
24.0
NOTE
지시 없는 모든 모서리 C=0.5임
GIJEON
3RD ANGLE PROJECTION
SCALE 1/3
UNIT mm
DESIGNED
CHECKED
APPROVED
DATE
NAME
DRAW NO
BODY PLATE
3GJ301260/GJ
2
8
REVISION

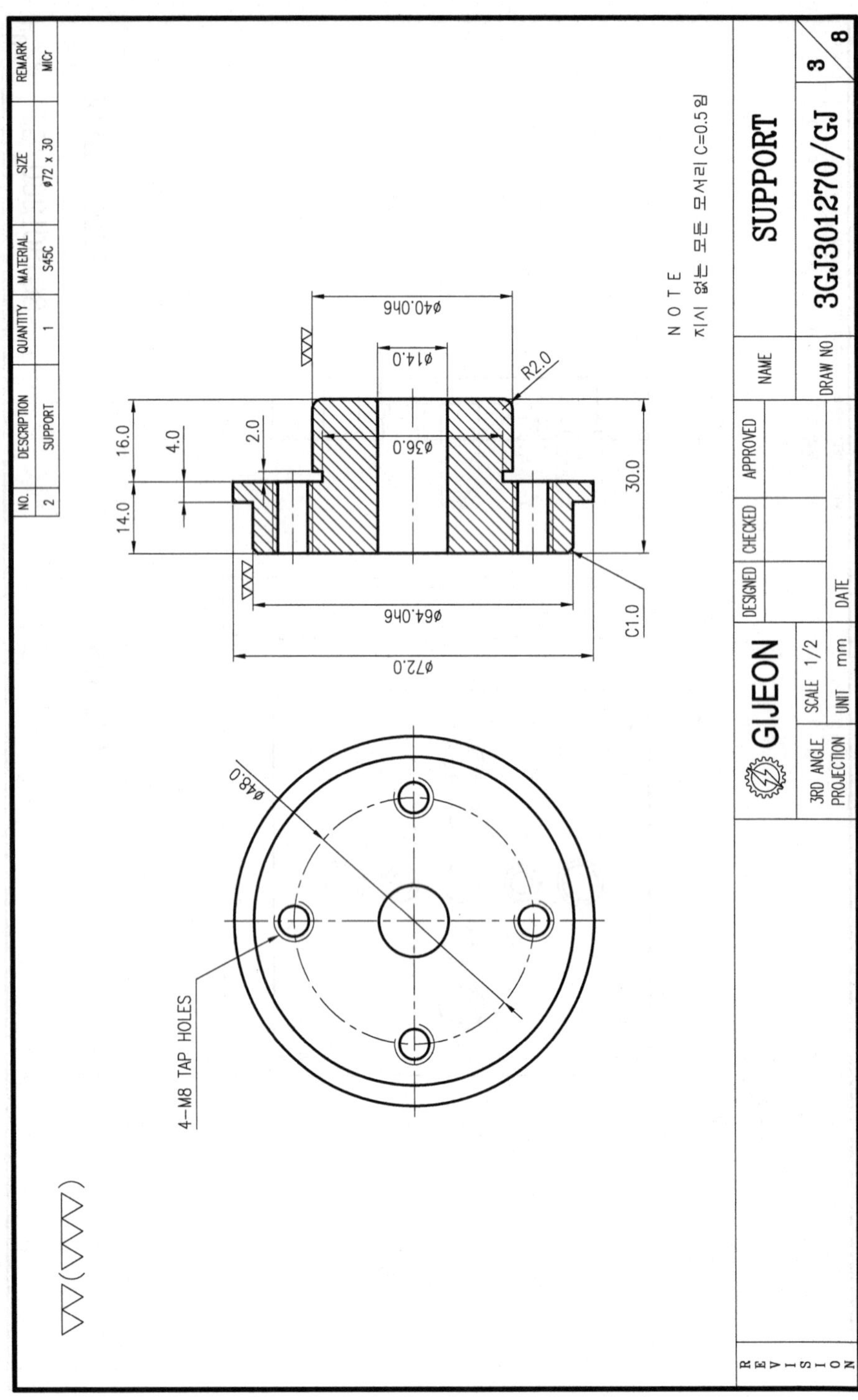
NO.
DESCRIPTION
QUANTITY
MATERIAL
SIZE
REMARK
2
SUPPORT
1
S45C
ø72 x 30
MICr
N O T E
지시 없는 모든 모서리 C=0.5임
4-M8 TAP HOLES
ø48.0
ø40.0h6
ø14.0
ø36.0
R2.0
16.0
4.0
2.0
14.0
30.0
ø64.0h6
ø72.0
C1.0
GIJEON
3RD ANGLE PROJECTION
SCALE 1/2
UNIT mm
DESIGNED
CHECKED
APPROVED
DATE
NAME
SUPPORT
DRAW NO
3GJ301270/GJ
3
8
REVISION

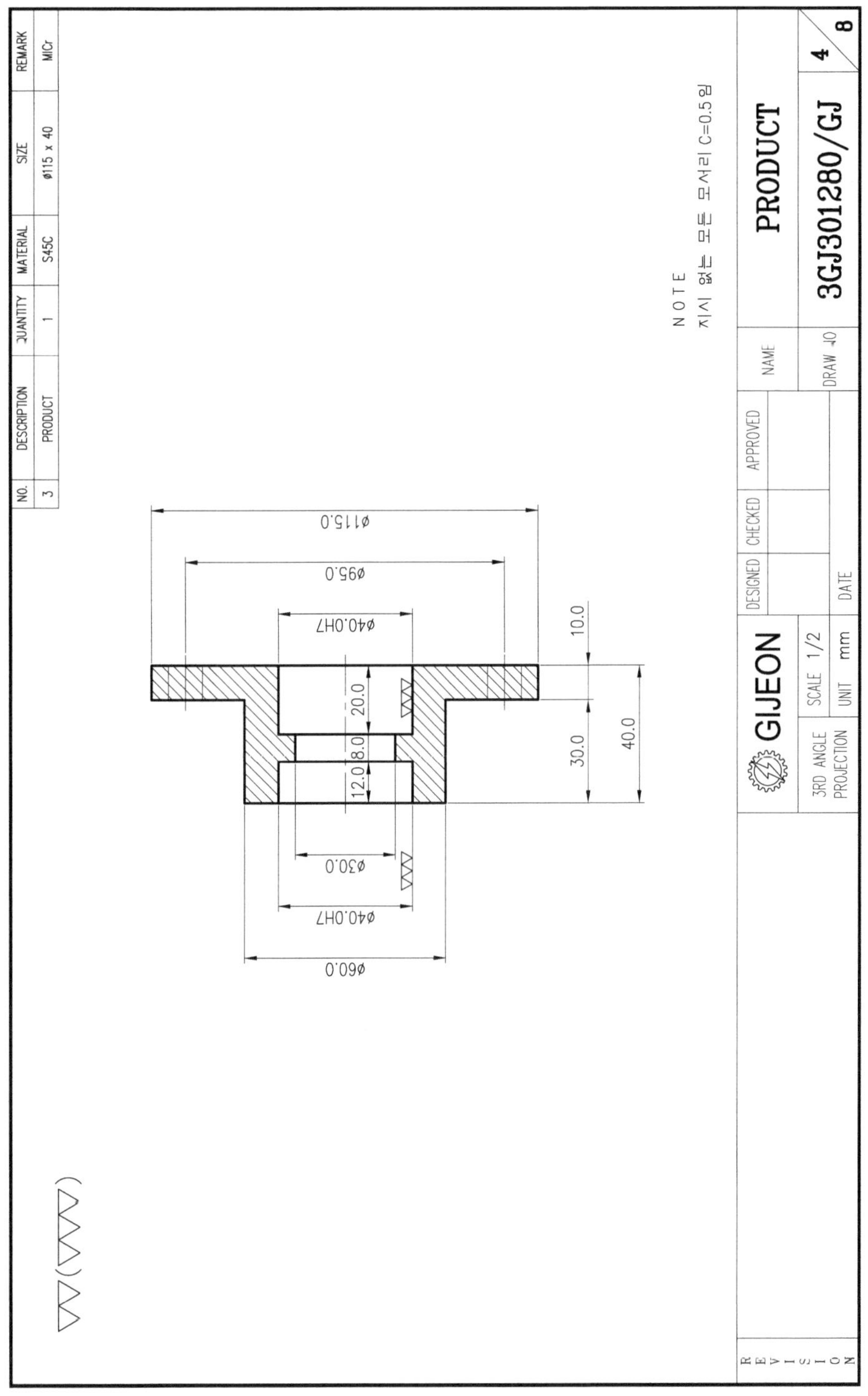
NO.
DESCRIPTION
QUANTITY
MATERIAL
SIZE
REMARK
3
PRODUCT
1
S45C
ø115 x 40
MICr
ø115.0
ø95.0
ø40.0H7
ø30.0
ø40.0H7
ø60.0
10.0
30.0
40.0
20.0
8.0
12.0
NOTE
지시 없는 모든 모서리 C=0.5임
GIJEON
3RD ANGLE PROJECTION
SCALE 1/2
UNIT mm
DESIGNED
CHECKED
APPROVED
DATE
NAME
PRODUCT
DRAW NO
3GJ301280/GJ
4
8
REVISION

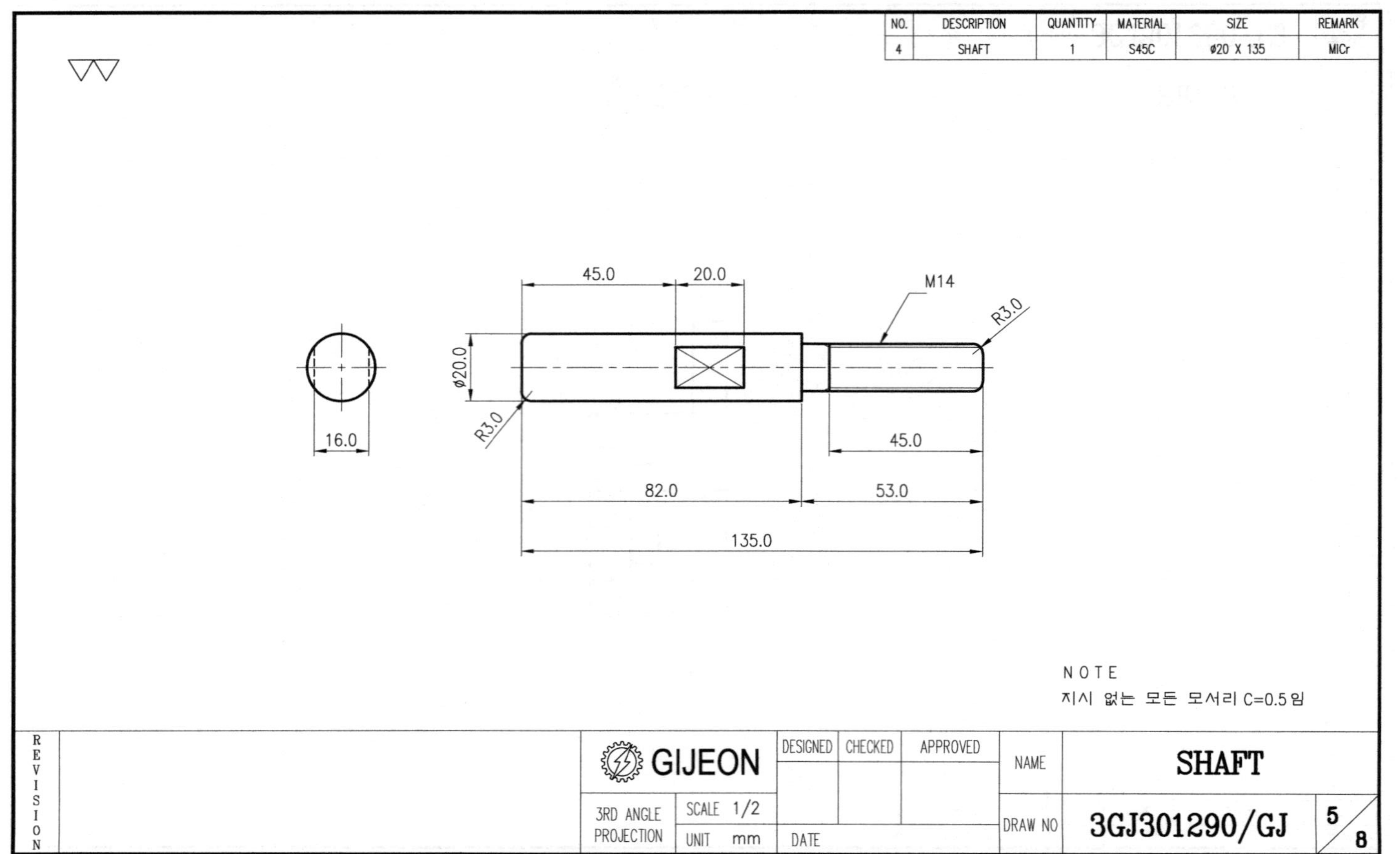
NO.
DESCRIPTION
QUANTITY
MATERIAL
SIZE
REMARK
4
SHAFT
1
S45C
ø20 X 135
MICr
45.0
20.0
M14
R3.0
ø20.0
R3.0
16.0
45.0
82.0
53.0
135.0
N O T E
지시 없는 모든 모서리 C=0.5임
REVISION
GIJEON
DESIGNED
CHECKED
APPROVED
NAME
SHAFT
3RD ANGLE PROJECTION
SCALE 1/2
UNIT mm
DATE
DRAW NO
3GJ301290/GJ
5
8

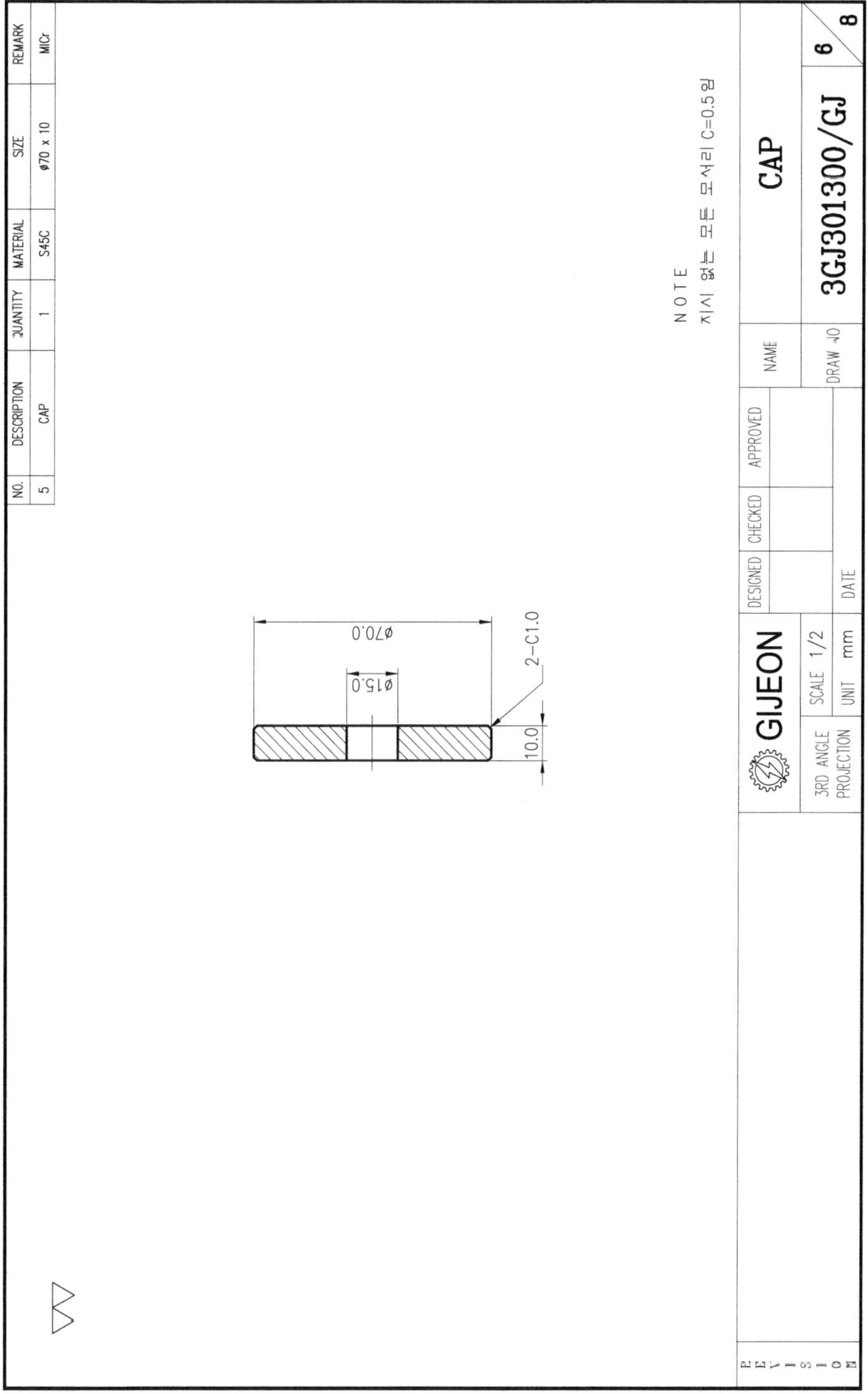
NO.
DESCRIPTION
QUANTITY
MATERIAL
SIZE
REMARK
5
CAP
1
S45C
ø70 x 10
MICr
ø70.0
ø15.0
2-C1.0
10.0
NOTE
지시 없는 모든 모서리 C=0.5임
GIJEON
3RD ANGLE PROJECTION
SCALE 1/2
UNIT mm
DESIGNED
CHECKED
APPROVED
DATE
NAME
CAP
DRAW NO
3GJ301300/GJ
6
8
REVISION

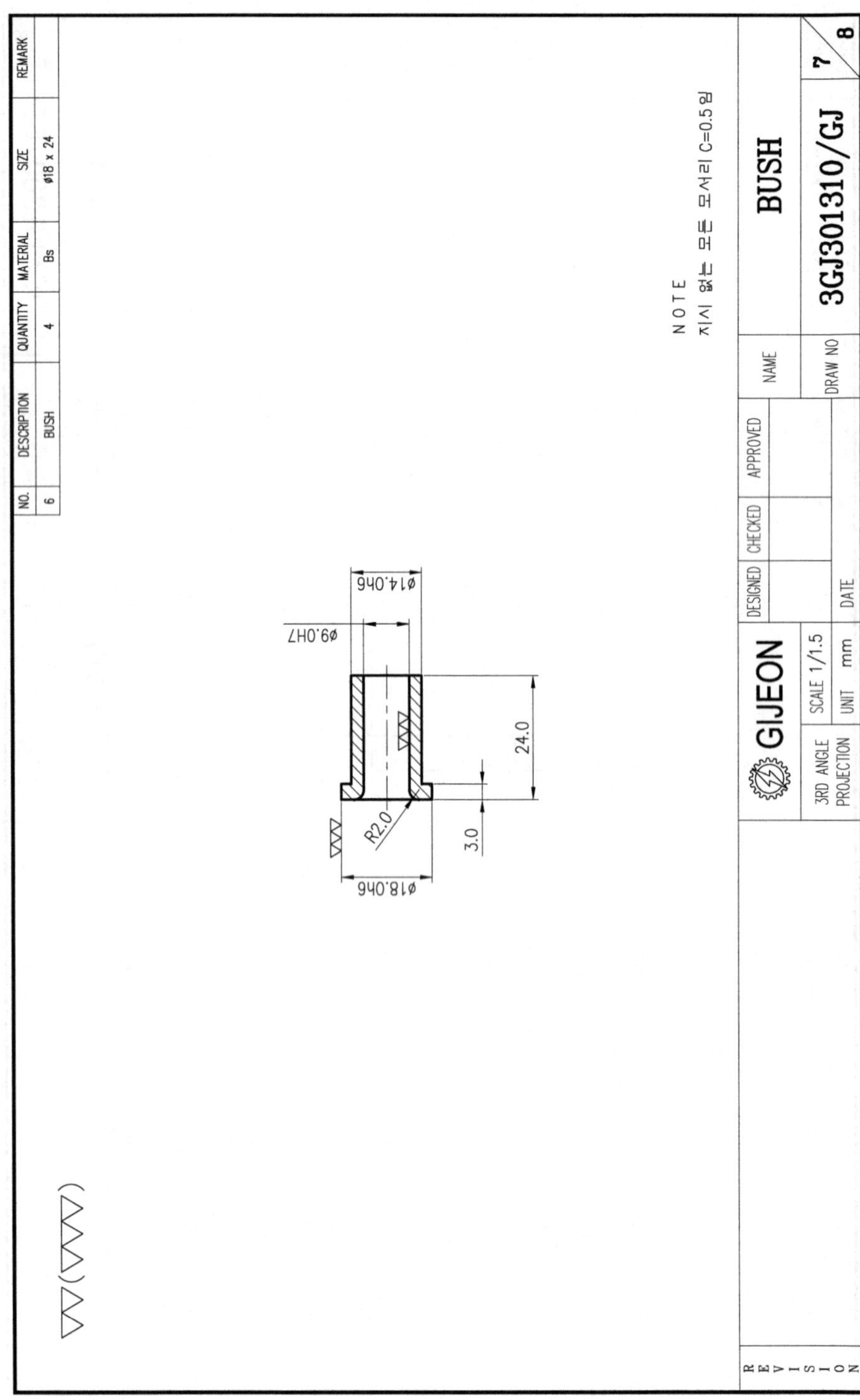
NO.
DESCRIPTION
QUANTITY
MATERIAL
SIZE
REMARK
6
BUSH
4
Bs
Ø18 x 24
NOTE
지시 없는 모든 모서리 C=0.5임
Ø14.0h6
Ø9.0H7
24.0
3.0
R2.0
Ø18.0h6
GIJEON
3RD ANGLE PROJECTION
SCALE 1/1.5
UNIT mm
DESIGNED
CHECKED
APPROVED
DATE
NAME
BUSH
DRAW NO
3GJ301310/GJ
7
8
REVISION

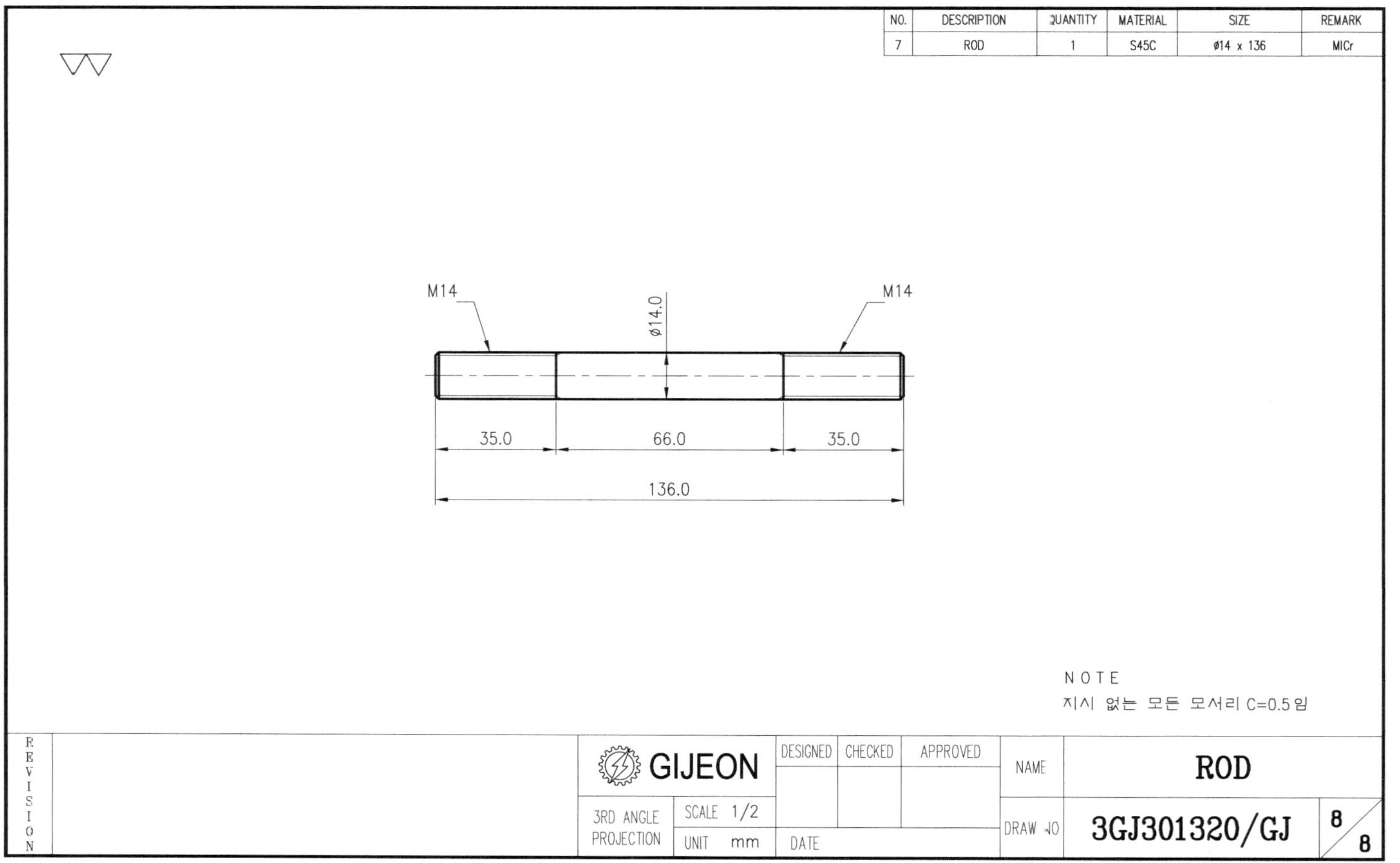
NO.
DESCRIPTION
QUANTITY
MATERIAL
SIZE
REMARK
7
ROD
1
S45C
Ø14 x 136
MICr
M14
M14
Ø14.0
35.0
66.0
35.0
136.0
NOTE
지시 없는 모든 모서리 C=0.5임
REVISION
GIJEON
3RD ANGLE PROJECTION
SCALE 1/2
UNIT mm
DESIGNED
CHECKED
APPROVED
DATE
NAME
ROD
DRAW NO
3GJ301320/GJ
8
8

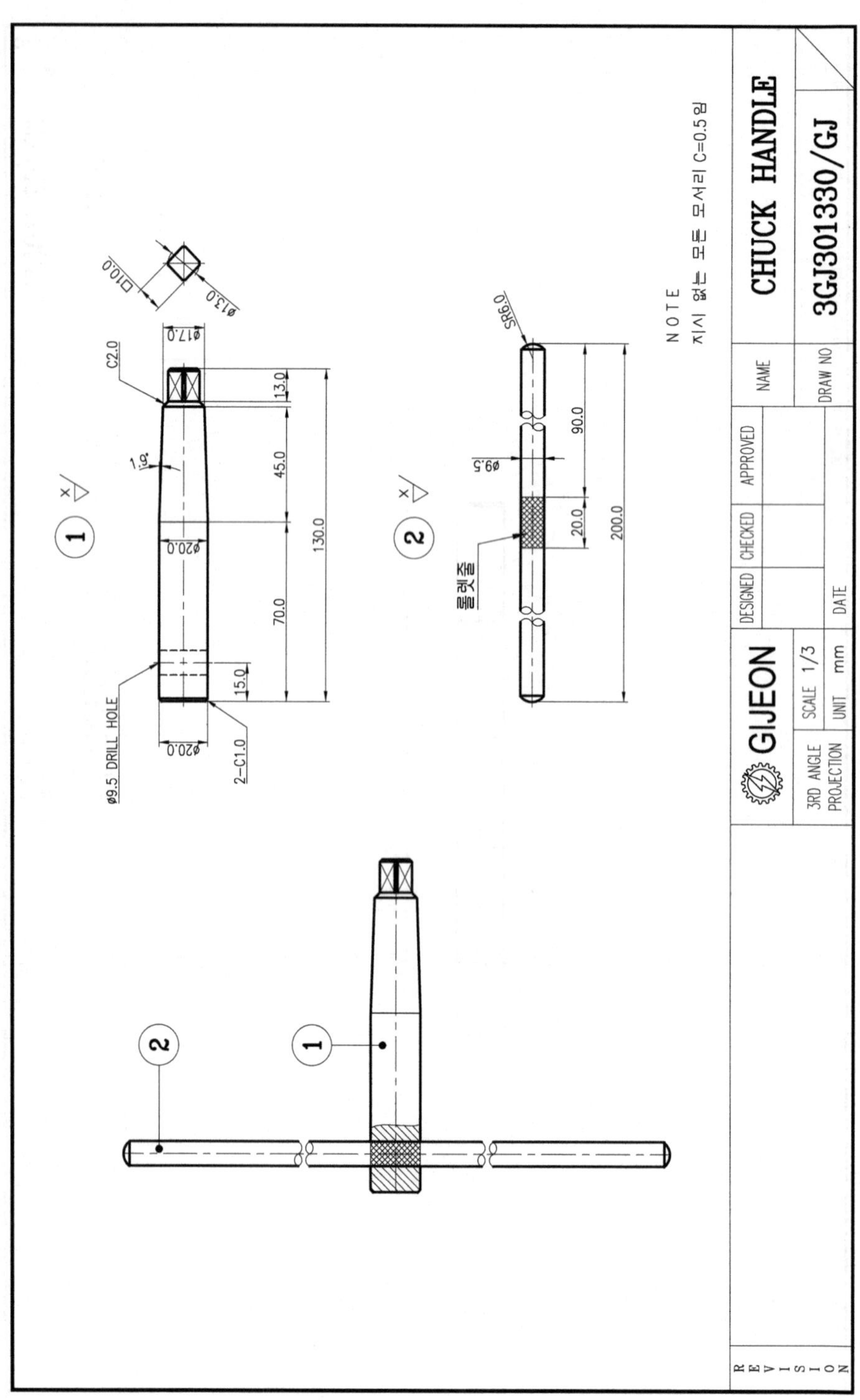
NOTE
지시 없는 모든 모서리 C=0.5일
CHUCK HANDLE
3GJ301330/GJ
NAME
DRAW NO
DESIGNED
CHECKED
APPROVED
DATE
GIJEON
3RD ANGLE PROJECTION
SCALE 1/3
UNIT mm
REVISION
ø9.5 DRILL HOLE
2-C1.0
C2.0
ø20.0
ø17.0
□10.0
ø13.0
13.0
45.0
70.0
15.0
130.0
SR6.0
ø9.5
90.0
20.0
200.0
롤렛줄

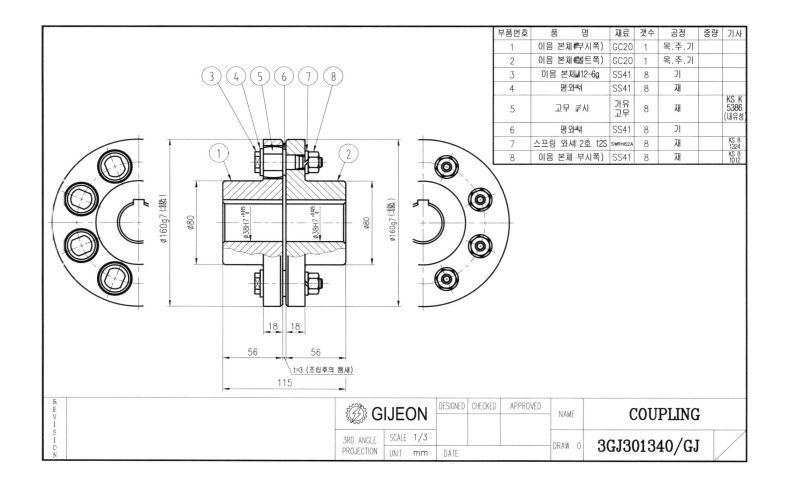

부품번호	품 명	재료	갯수	공정	중량	기사
1	이음 본체(부시쪽)	GC20	1	목.주.기		
2	이음 본체(볼트쪽)	GC20	1	목.주.기		
3	이음 본체 M12-6g	SS41	8	기		
4	평와셔	SS41	8	재		
5	고무 부시	가유 고무	8	재		KS K 5386 (내유성)
6	평와셔	SS41	8	기		
7	스프링 와셔 2호 12S	SWRH62A	8	재		KS B 1324
8	이음 본체 부시쪽)	SS41	8	재		KS B 1012

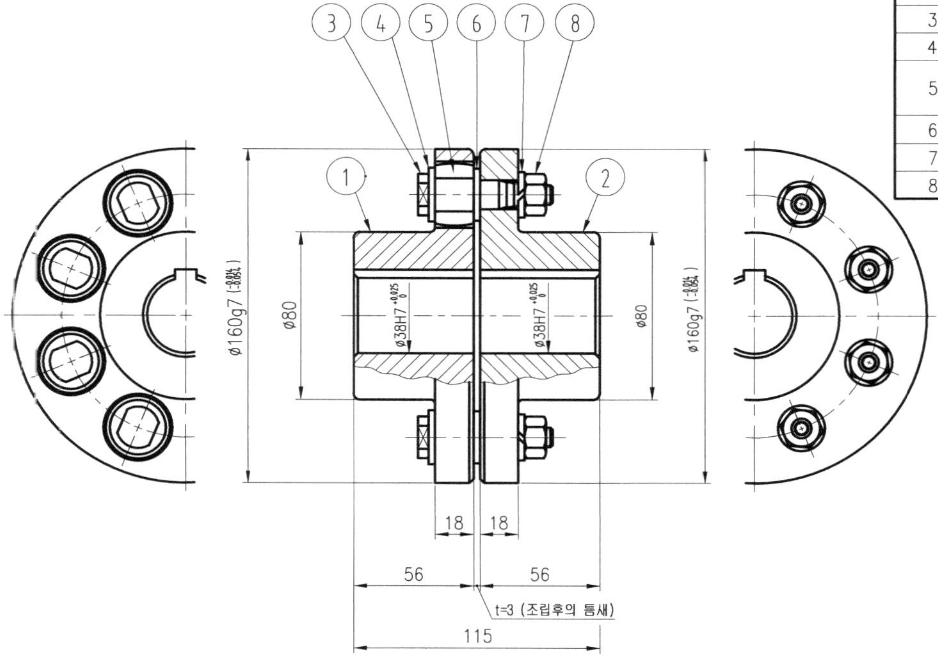

1
2
3
4
5
6
7
8
ø160g7
ø80
ø38H7 +0.025 0
18
56
t=3 (조립후의 틈새)
115

REVISION	GIJEON	DESIGNED	CHECKED	APPROVED	NAME: COUPLING
	3RD ANGLE PROJECTION / SCALE 1/3 / UNIT mm	DATE			DRAW 0: 3GJ301340/GJ

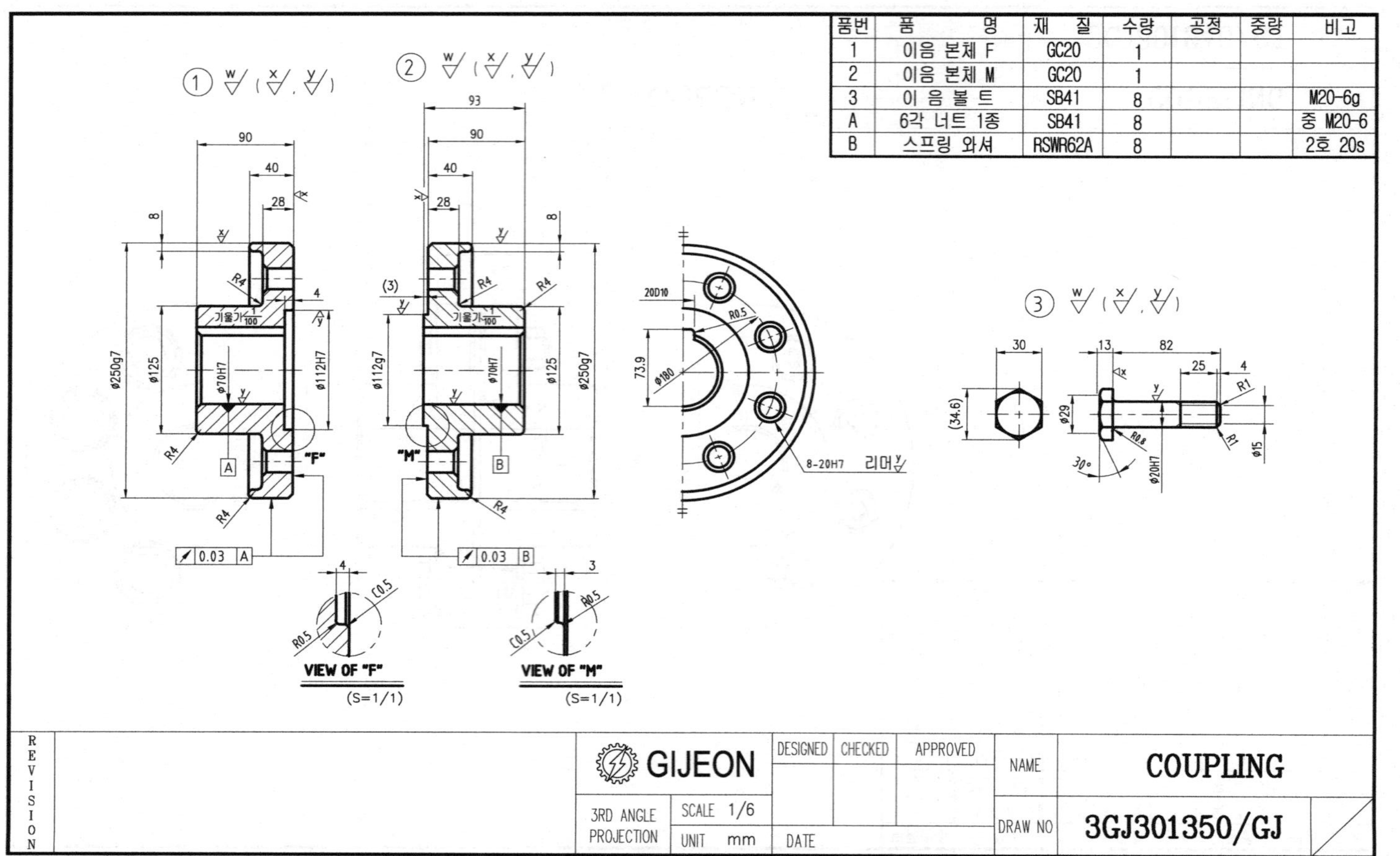

품번	품명	재질	수량	공정	중량	비고
1	이음 본체 F	GC20	1			
2	이음 본체 M	GC20	1			
3	이 음 볼 트	SB41	8			M20-6g
A	6각 너트 1종	SB41	8			중 M20-6
B	스프링 와셔	RSWR62A	8			2호 20s

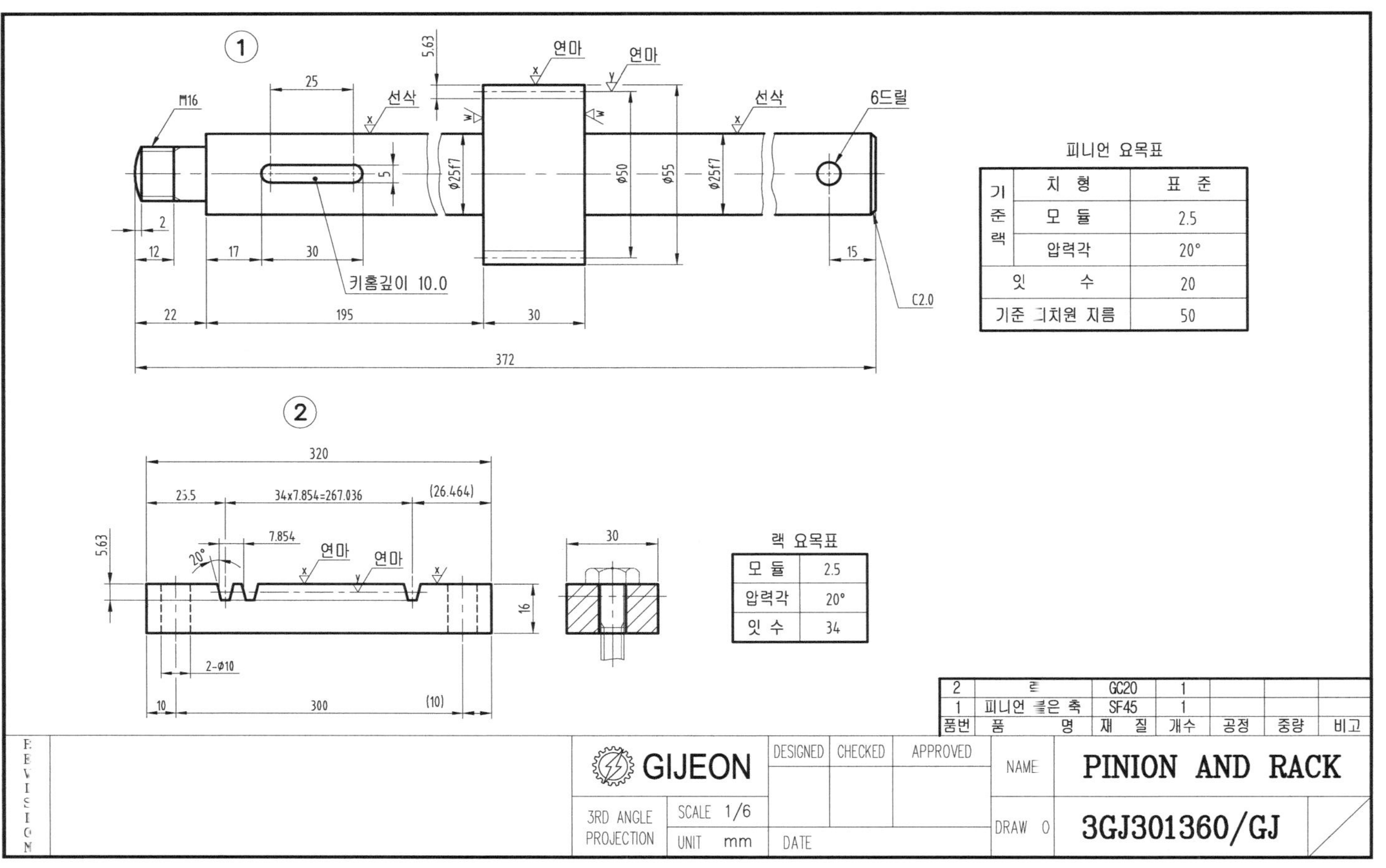
①
M16
25
선삭
5.63
연마
연마
선삭
6드릴
5
φ25f7
φ50
φ55
φ25f7
2
12
17
30
15
키홈깊이 10.0
C2.0
22
195
30
372
피니언 요목표
기준랙 치형 표준
모듈 2.5
압력각 20°
잇수 20
기준 피치원 지름 50
②
320
23.5
34x7.854=267.036
(26.464)
7.854
20°
연마
연마
5.63
16
30
2-φ10
10
300
(10)
랙 요목표
모듈 2.5
압력각 20°
잇수 34
2 랙 GC20 1
1 피니언 붙은 축 SF45 1
품번 품명 재질 개수 공정 중량 비고
REVISION
GIJEON
DESIGNED
CHECKED
APPROVED
NAME
PINION AND RACK
3RD ANGLE PROJECTION
SCALE 1/6
UNIT mm
DATE
DRAW 0
3GJ301360/GJ

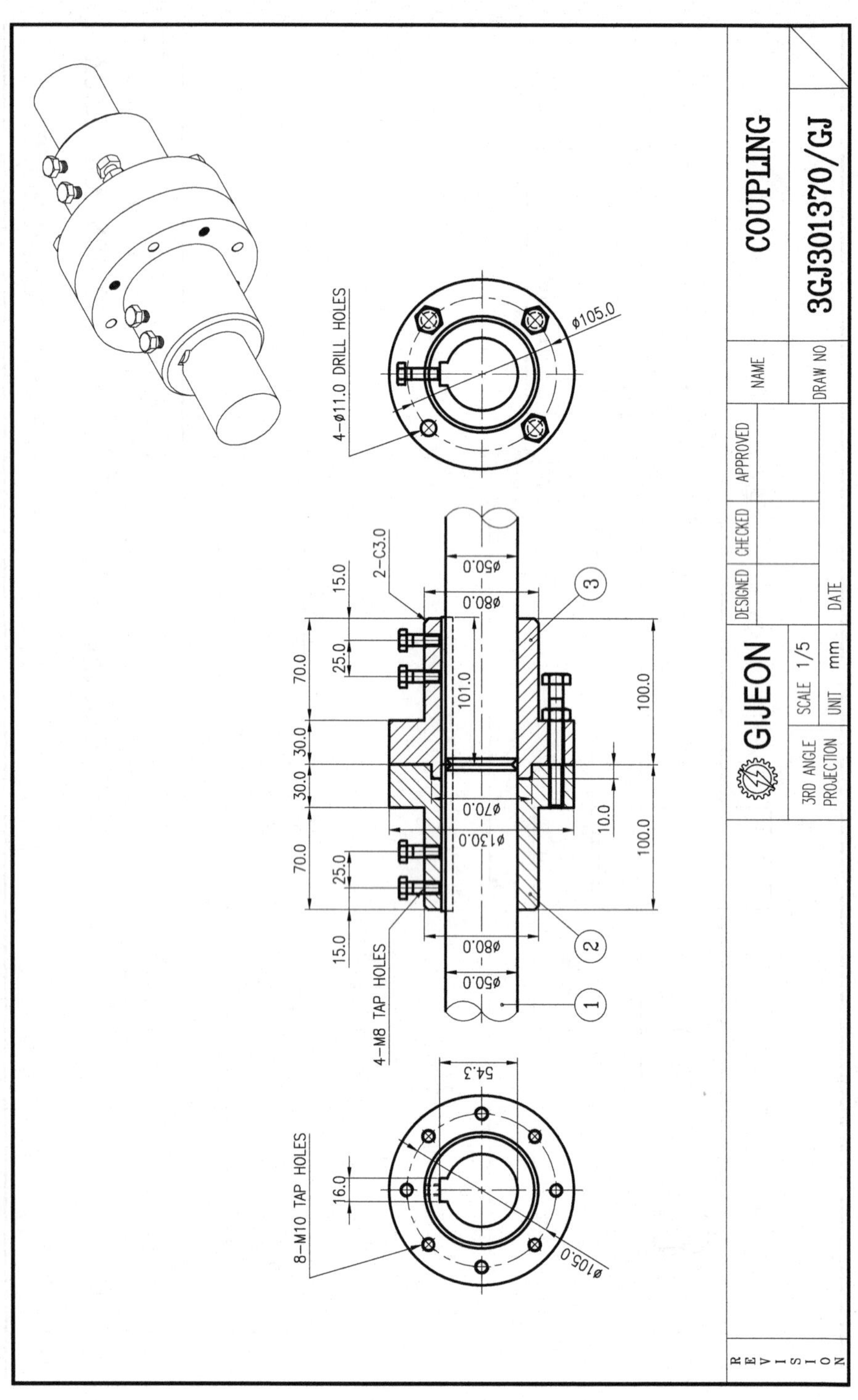
COUPLING
3GJ301370/GJ
NAME
DRAW NO
GIJEON
SCALE 1/5
UNIT mm
3RD ANGLE PROJECTION
DESIGNED
CHECKED
APPROVED
DATE
REVISION
4-Ø11.0 DRILL HOLES
Ø105.0
2-C3.0
4-M8 TAP HOLES
8-M10 TAP HOLES
54.3
16.0
15.0
25.0
70.0
30.0
101.0
100.0
10.0
Ø50.0
Ø80.0
Ø70.0
Ø130.0

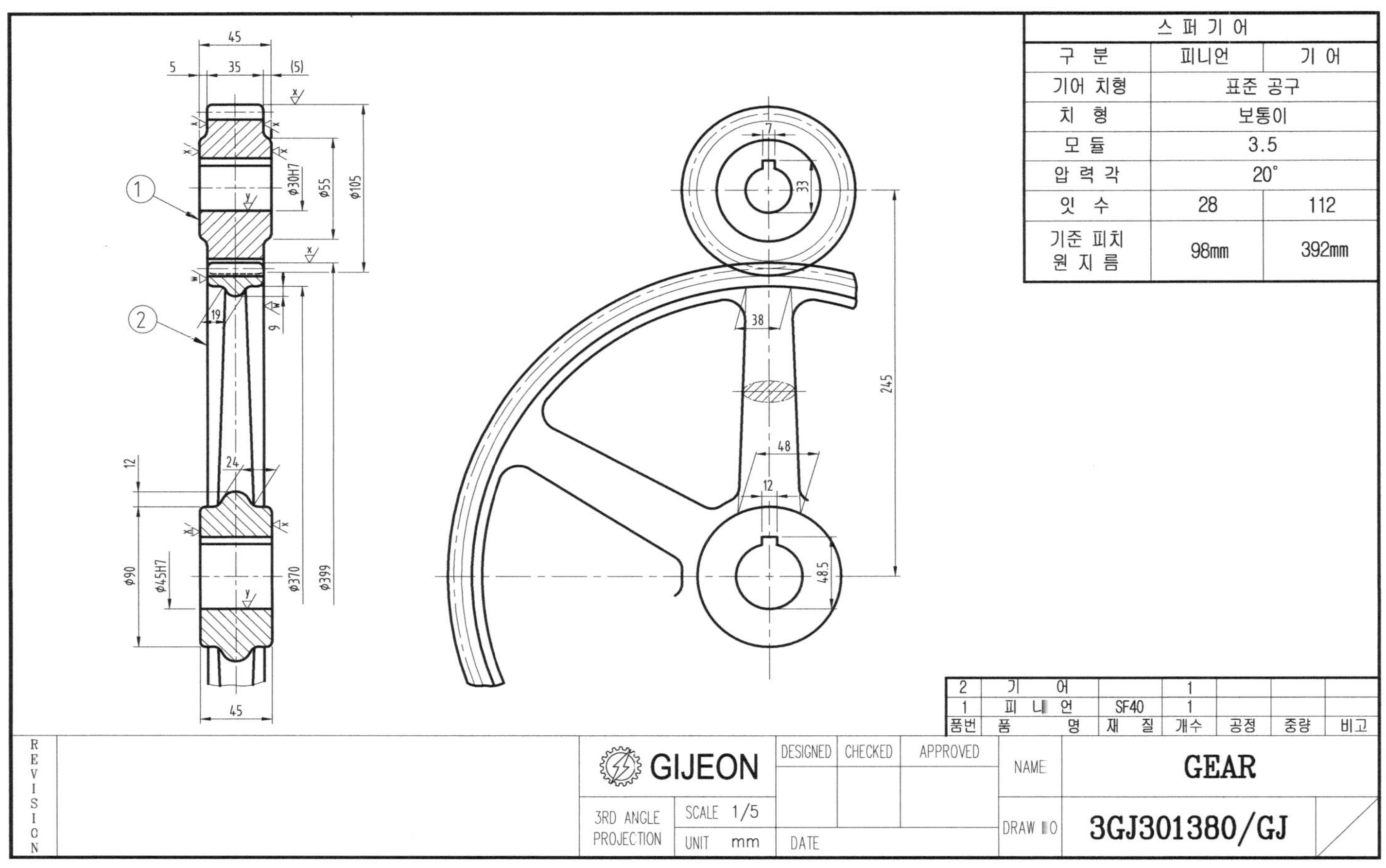
스퍼기어
구분
피니언
기어
기어 치형
표준 공구
치형
보통이
모듈
3.5
압력각
20°
잇수
28
112
기준 피치 원지름
98mm
392mm
45
5
35
(5)
φ30H7
φ55
φ105
19
6
24
12
φ90
φ45H7
φ370
φ399
45
7
33
38
245
48
12
48.5
2 기어 1
1 피니언 SF40 1
품번 품명 재질 개수 공정 중량 비고
REVISION
GIJEON
DESIGNED
CHECKED
APPROVED
NAME
GEAR
3RD ANGLE PROJECTION
SCALE 1/5
UNIT mm
DATE
DRAW NO
3GJ301380/GJ

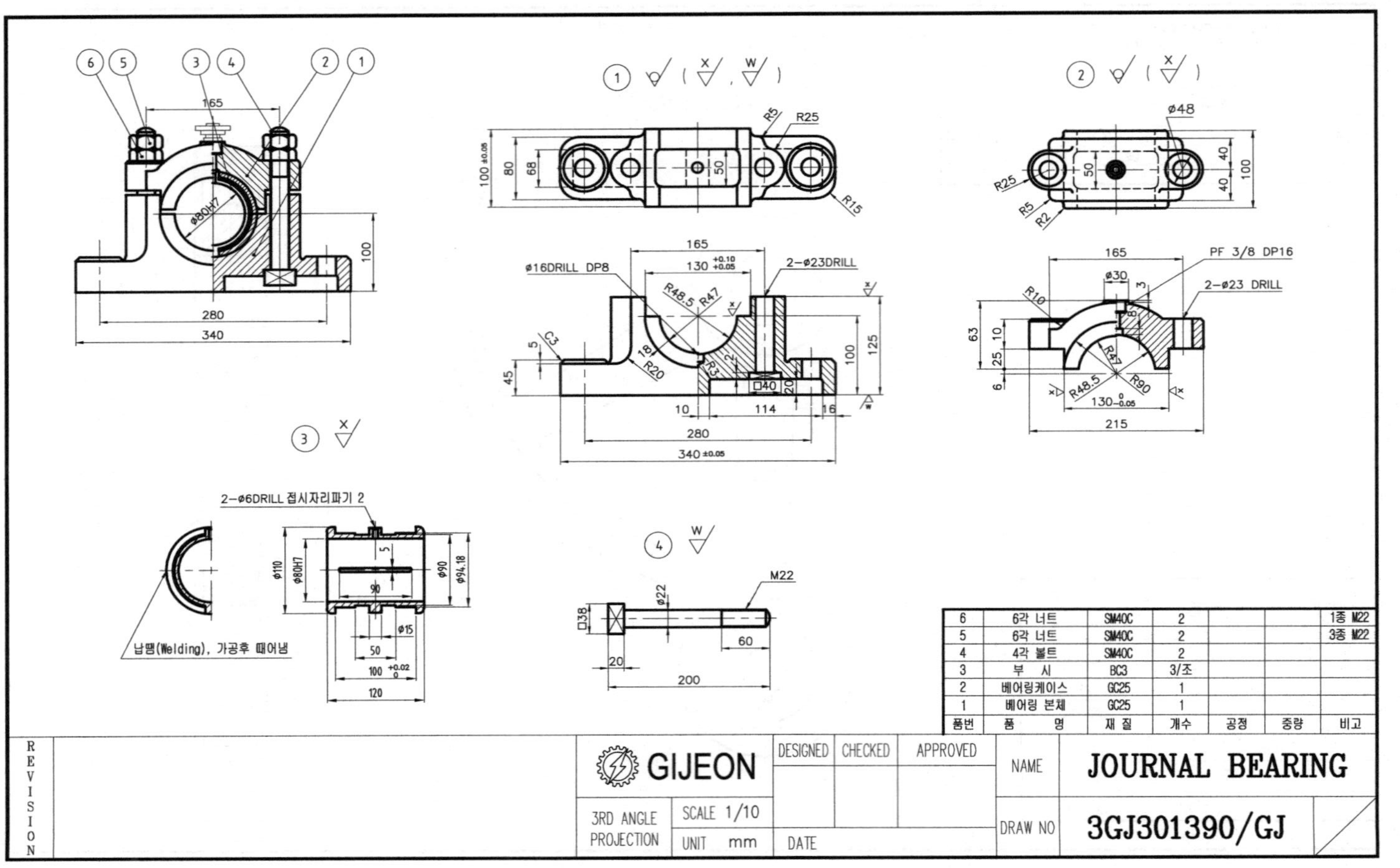
JOURNAL BEARING
3GJ301390/GJ
GIJEON
3RD ANGLE PROJECTION
SCALE 1/10
UNIT mm
DESIGNED
CHECKED
APPROVED
NAME
DRAW NO
DATE
REVISION
6 6각 너트 SM40C 2 1종 M22
5 6각 너트 SM40C 2 3종 M22
4 4각 볼트 SM40C 2
3 부 시 BC3 3/조
2 베어링케이스 GC25 1
1 베어링 본체 GC25 1
품번 품 명 재 질 개수 공정 중량 비고
2-ø6DRILL 접시자리파기 2
납땜(Welding), 가공후 떼어냄
PF 3/8 DP16
2-ø23 DRILL
2-ø23DRILL
ø16DRILL DP8
M22

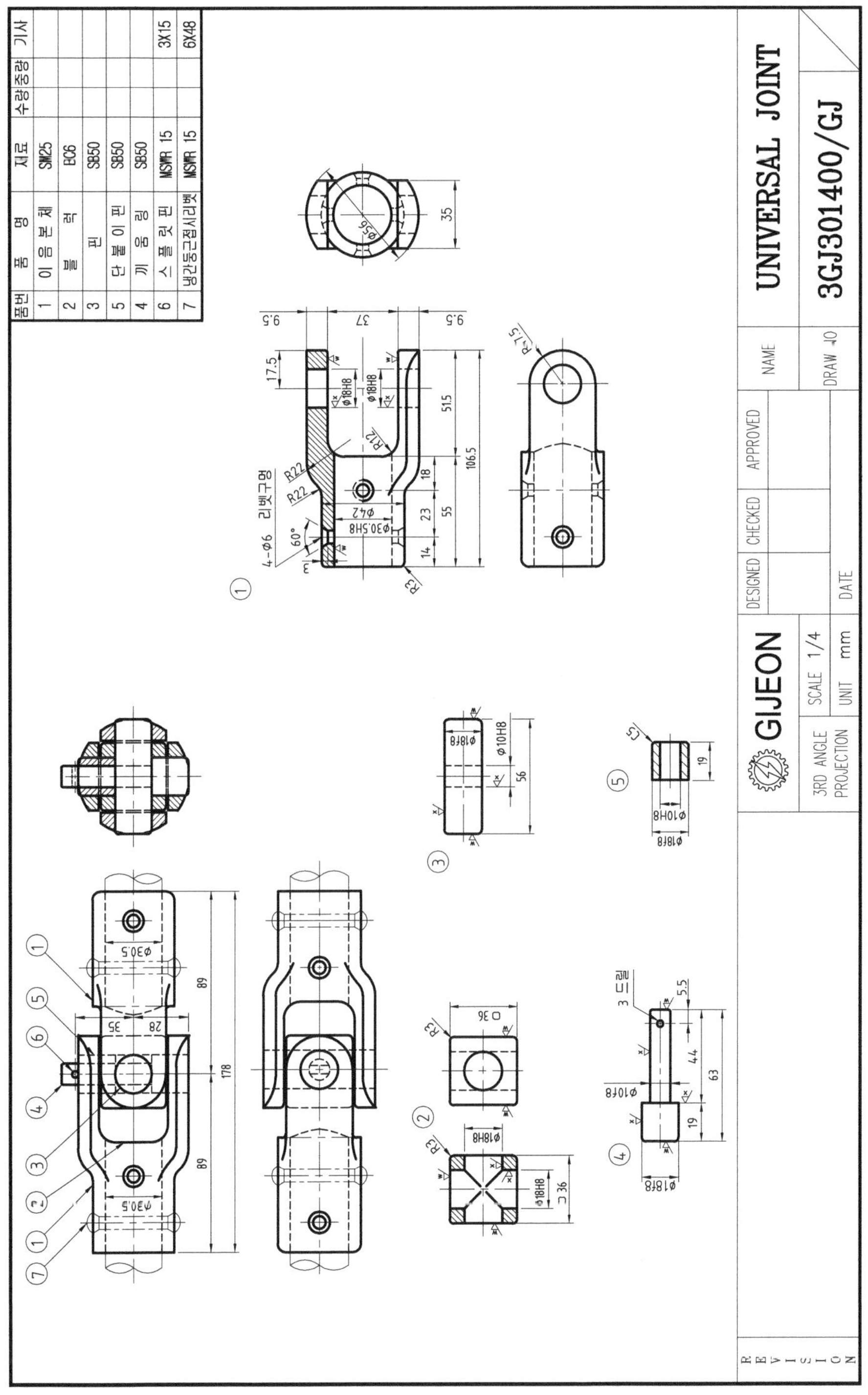
품번 | 품명 | 재료 | 수량 | 중량 | 기사
1 | 이음본체 | SM25
2 | 블럭 | BC6
3 | 핀 | SB50
5 | 단붙이핀 | SB50
4 | 끼움링 | SB50
6 | 스플릿핀 | MSWR 15 | 3X15
7 | 냉간둥근접시리벳 | MSWR 15 | 6X48
UNIVERSAL JOINT
3GJ301400/GJ
GIJEON
3RD ANGLE PROJECTION
SCALE 1/4
UNIT mm
DESIGNED
CHECKED
APPROVED
NAME
DRAW 40
DATE
REVISION

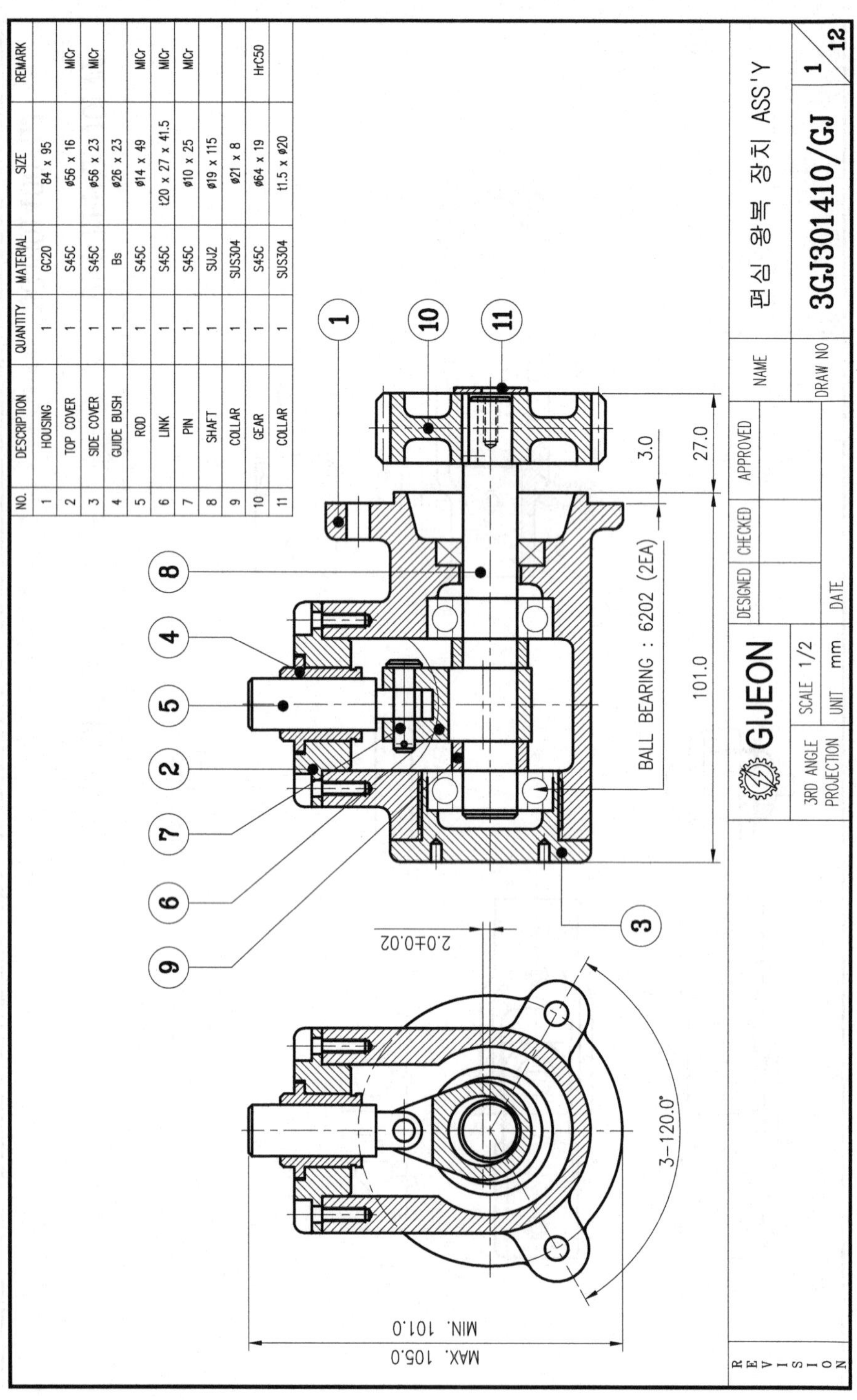
NO. DESCRIPTION QUANTITY MATERIAL SIZE REMARK
1 HOUSING 1 GC20 84 x 95
2 TOP COVER 1 S45C ø56 x 16 MICr
3 SIDE COVER 1 S45C ø56 x 23 MICr
4 GUIDE BUSH 1 Bs ø26 x 23
5 ROD 1 S45C ø14 x 49 MICr
6 LINK 1 S45C t20 x 27 x 41.5 MICr
7 PIN 1 S45C ø10 x 25 MICr
8 SHAFT 1 SUJ2 ø19 x 115
9 COLLAR 1 SUS304 ø21 x 8
10 GEAR 1 S45C ø64 x 19 HrC50
11 COLLAR 1 SUS304 t1.5 x ø20
BALL BEARING : 6202 (2EA)
101.0
3.0
27.0
2.0±0.02
3-120.0°
MIN. 101.0
MAX. 105.0
GIJEON
3RD ANGLE PROJECTION
SCALE 1/2
UNIT mm
DESIGNED
CHECKED
APPROVED
DATE
NAME
편심 왕복 장치 ASS'Y
DRAW NO
3GJ301410/GJ
1/12
REVISION

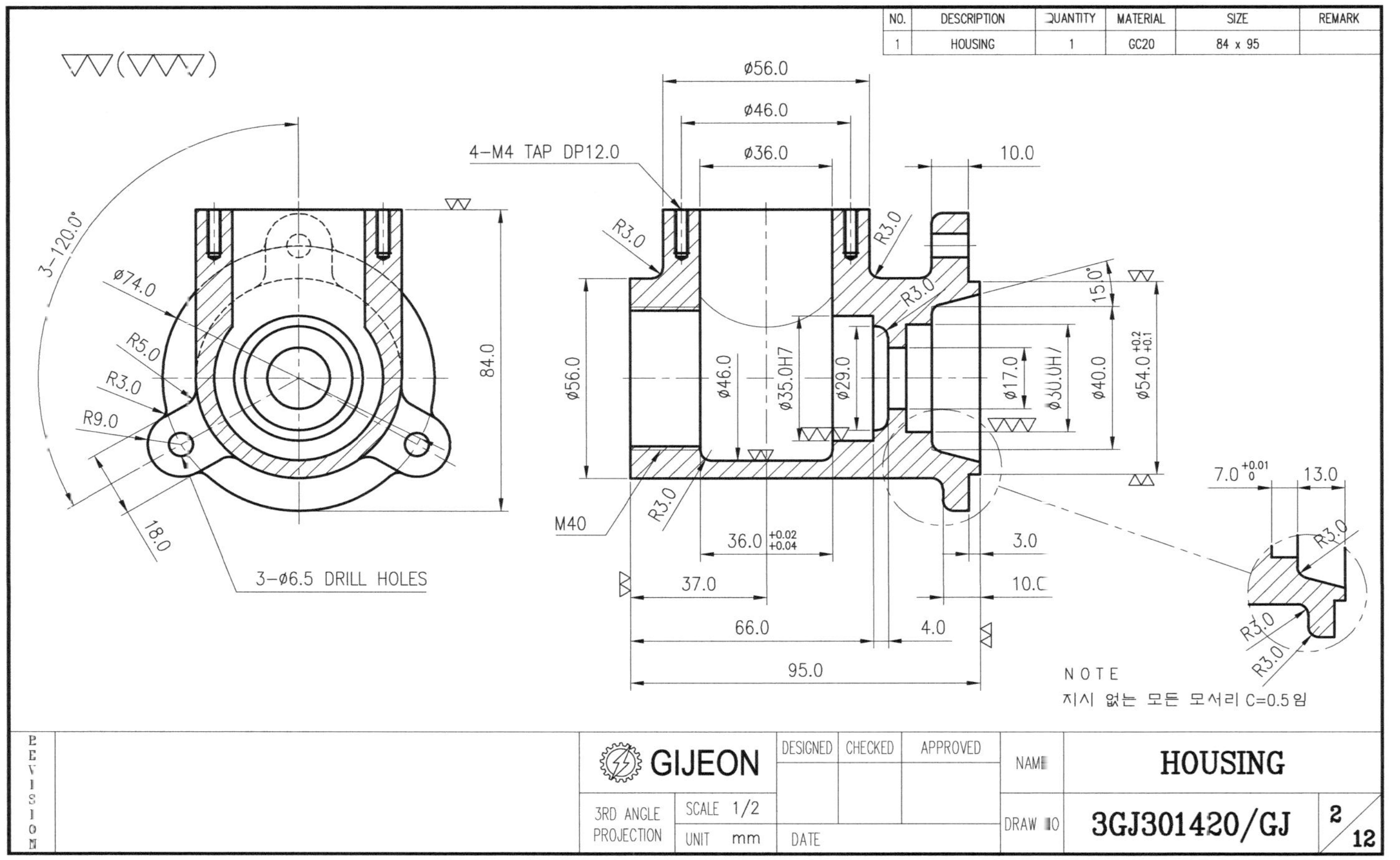
NO.
DESCRIPTION
QUANTITY
MATERIAL
SIZE
REMARK
1
HOUSING
1
GC20
84 x 95
4-M4 TAP DP12.0
3-Ø6.5 DRILL HOLES
M40
NOTE
지시 없는 모든 모서리 C=0.5임
GIJEON
3RD ANGLE PROJECTION
SCALE 1/2
UNIT mm
DESIGNED
CHECKED
APPROVED
DATE
HOUSING
3GJ301420/GJ
2
12

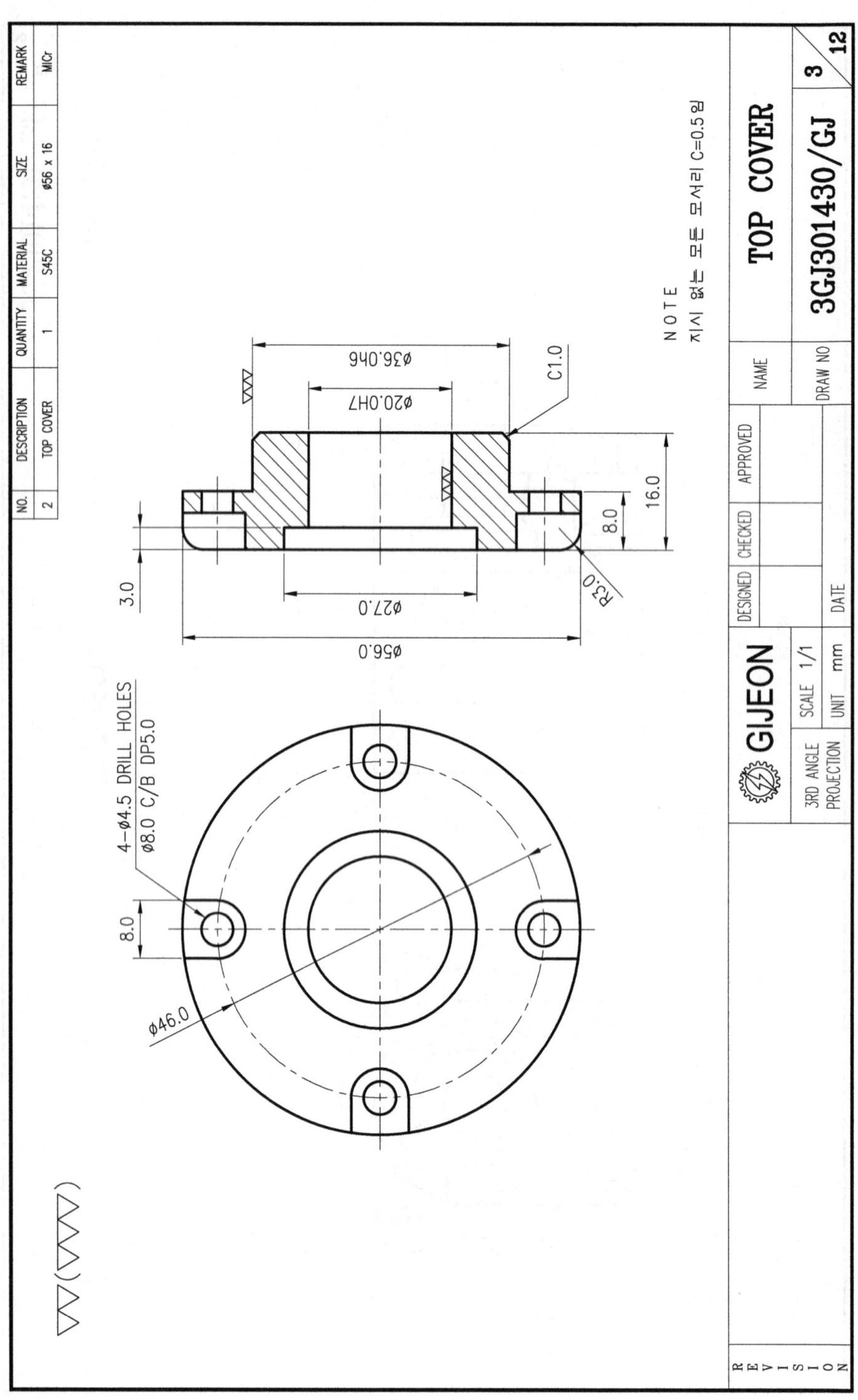

NO.
DESCRIPTION
QUANTITY
MATERIAL
SIZE
REMARK
2
TOP COVER
1
S45C
ø56 x 16
MICr
4-ø4.5 DRILL HOLES
ø8.0 C/B DP5.0
8.0
ø46.0
3.0
ø56.0
ø27.0
ø20.0H7
ø36.0h6
C1.0
R3.0
8.0
16.0
NOTE
지시 없는 모든 모서리 C=0.5임
GIJEON
3RD ANGLE PROJECTION
SCALE 1/1
UNIT mm
DESIGNED
CHECKED
APPROVED
DATE
NAME
TOP COVER
DRAW NO
3GJ301430/GJ
3
12
REVISION

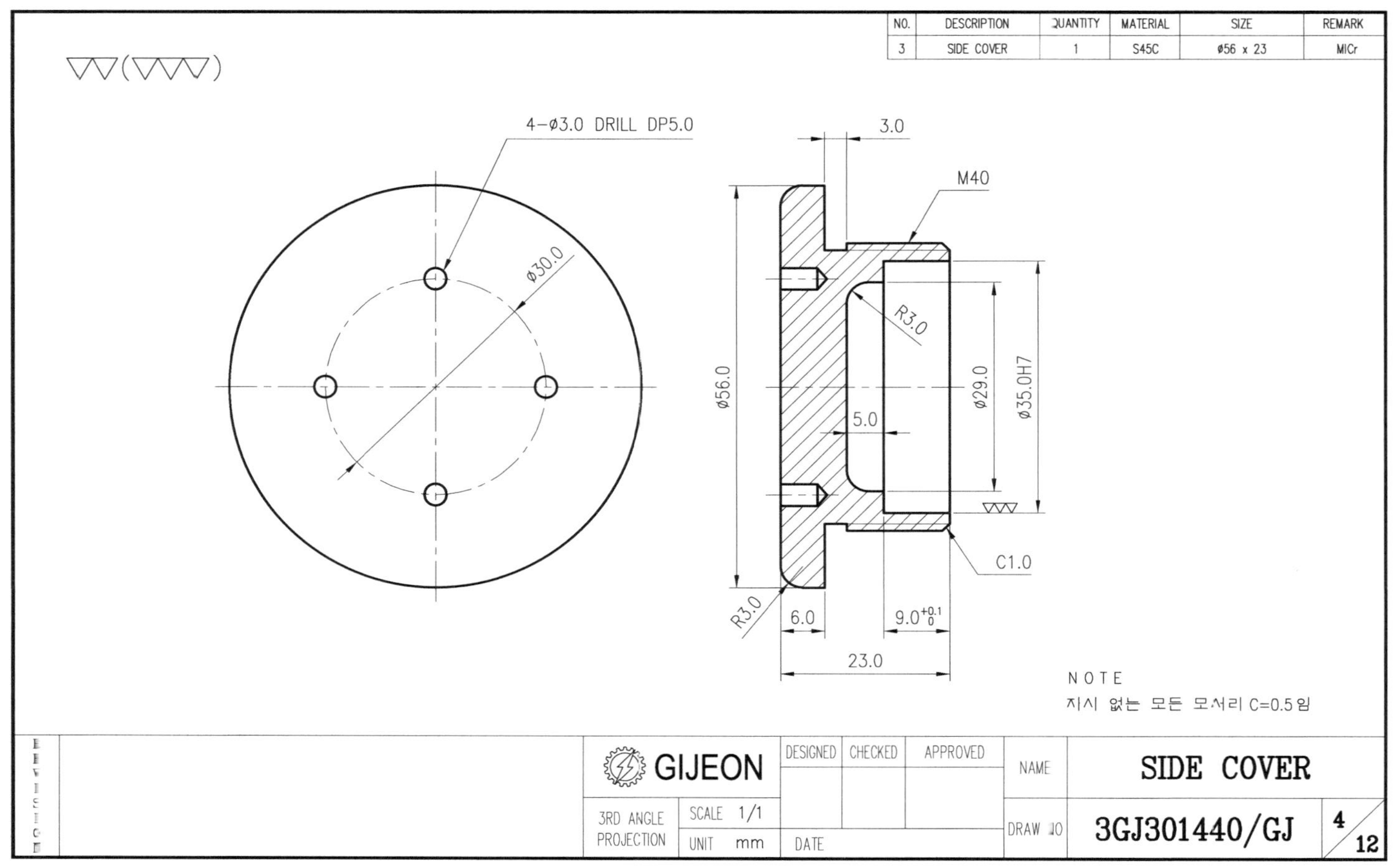
NO. | DESCRIPTION | QUANTITY | MATERIAL | SIZE | REMARK
3 | SIDE COVER | 1 | S45C | ø56 x 23 | MICr
4-ø3.0 DRILL DP5.0
ø30.0
3.0
M40
R3.0
ø56.0
5.0
ø29.0
ø35.0H7
C1.0
R3.0
6.0
9.0 +0.1 0
23.0
NOTE
지시 없는 모든 모서리 C=0.5임
GIJEON
DESIGNED
CHECKED
APPROVED
NAME
SIDE COVER
3RD ANGLE PROJECTION
SCALE 1/1
UNIT mm
DATE
DRAW NO
3GJ301440/GJ
4
12

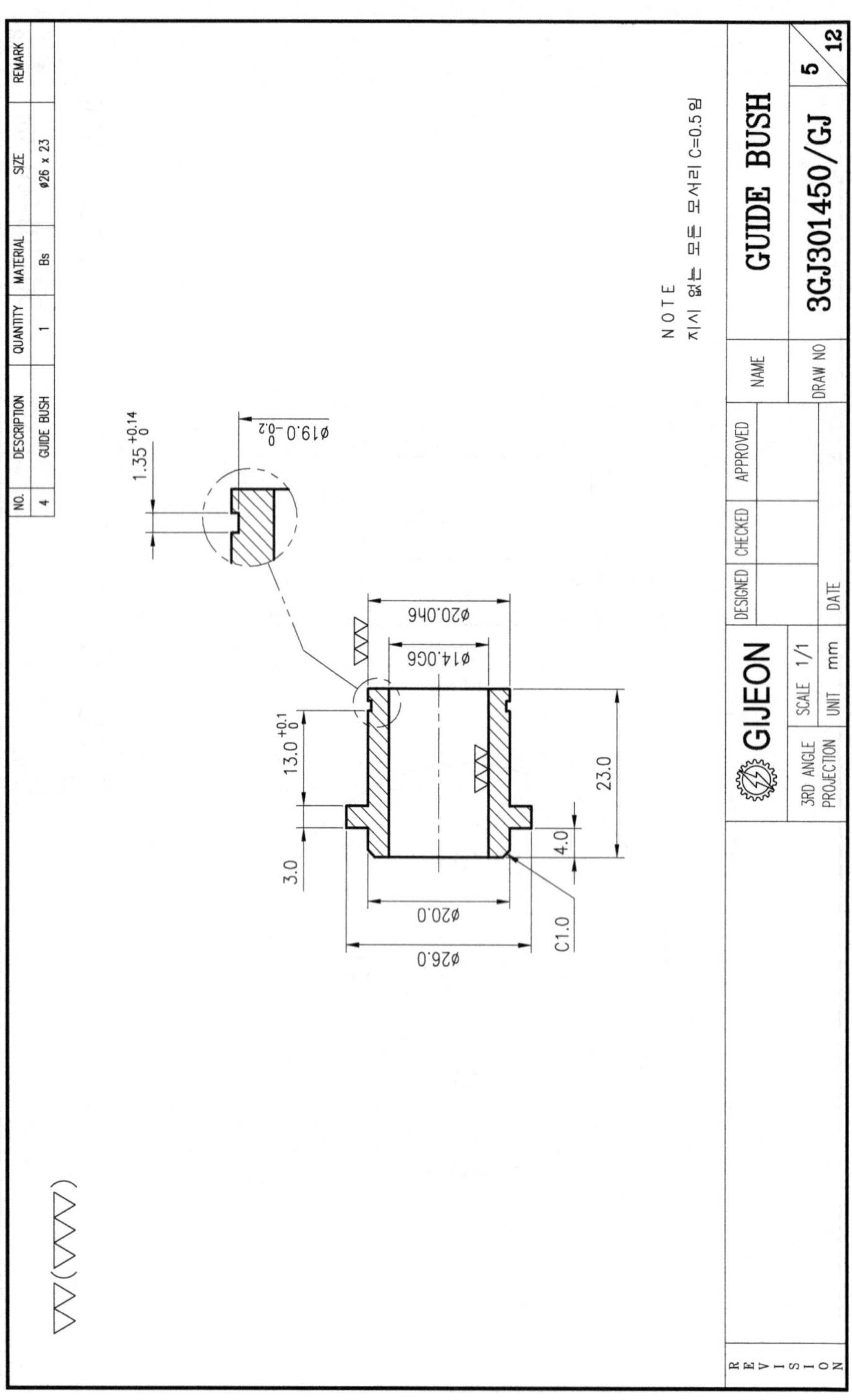
NO.
DESCRIPTION
QUANTITY
MATERIAL
SIZE
REMARK
4
GUIDE BUSH
1
Bs
ø26 x 23
NOTE
지시 없는 모든 모서리 C=0.5임
GIJEON
3RD ANGLE PROJECTION
SCALE 1/1
UNIT mm
DESIGNED
CHECKED
APPROVED
DATE
NAME
GUIDE BUSH
DRAW NO
3GJ301450/GJ
5
12
REVISION
ø26.0
ø20.0
ø14.0G6
ø20.0h6
ø19.0
23.0
4.0
3.0
C1.0

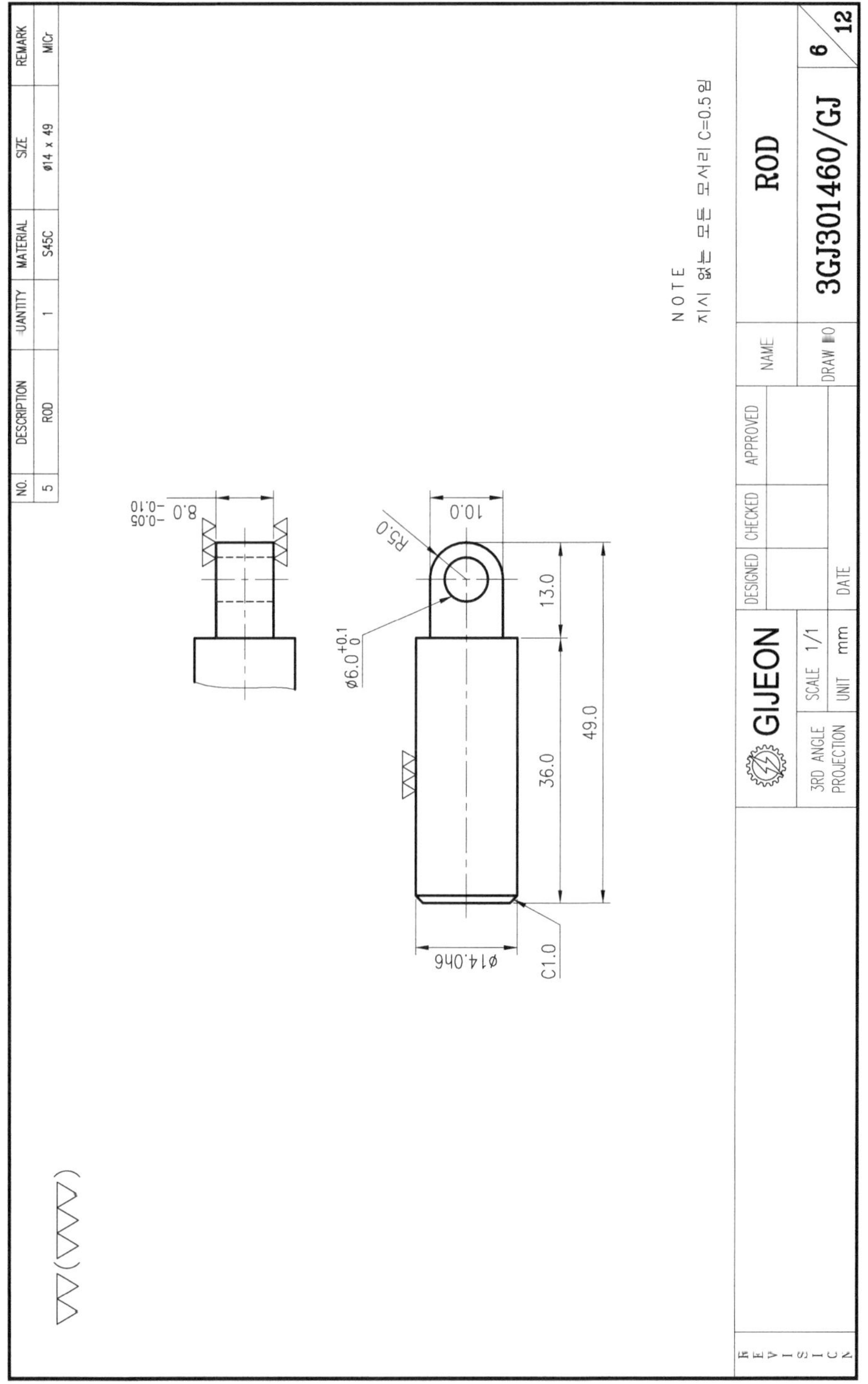
NO.
DESCRIPTION
QUANTITY
MATERIAL
SIZE
REMARK
5
ROD
1
S45C
ø14 x 49
MICr
8.0 -0.05 -0.10
10.0
R5.0
ø6.0 +0.1 0
13.0
49.0
36.0
ø14.0h6
C1.0
N O T E
지시 없는 모든 모서리 C=0.5임
GIJEON
DESIGNED
CHECKED
APPROVED
NAME
ROD
3RD ANGLE PROJECTION
SCALE 1/1
UNIT mm
DATE
DRAW NO
3GJ301460/GJ
6
12
REVISION

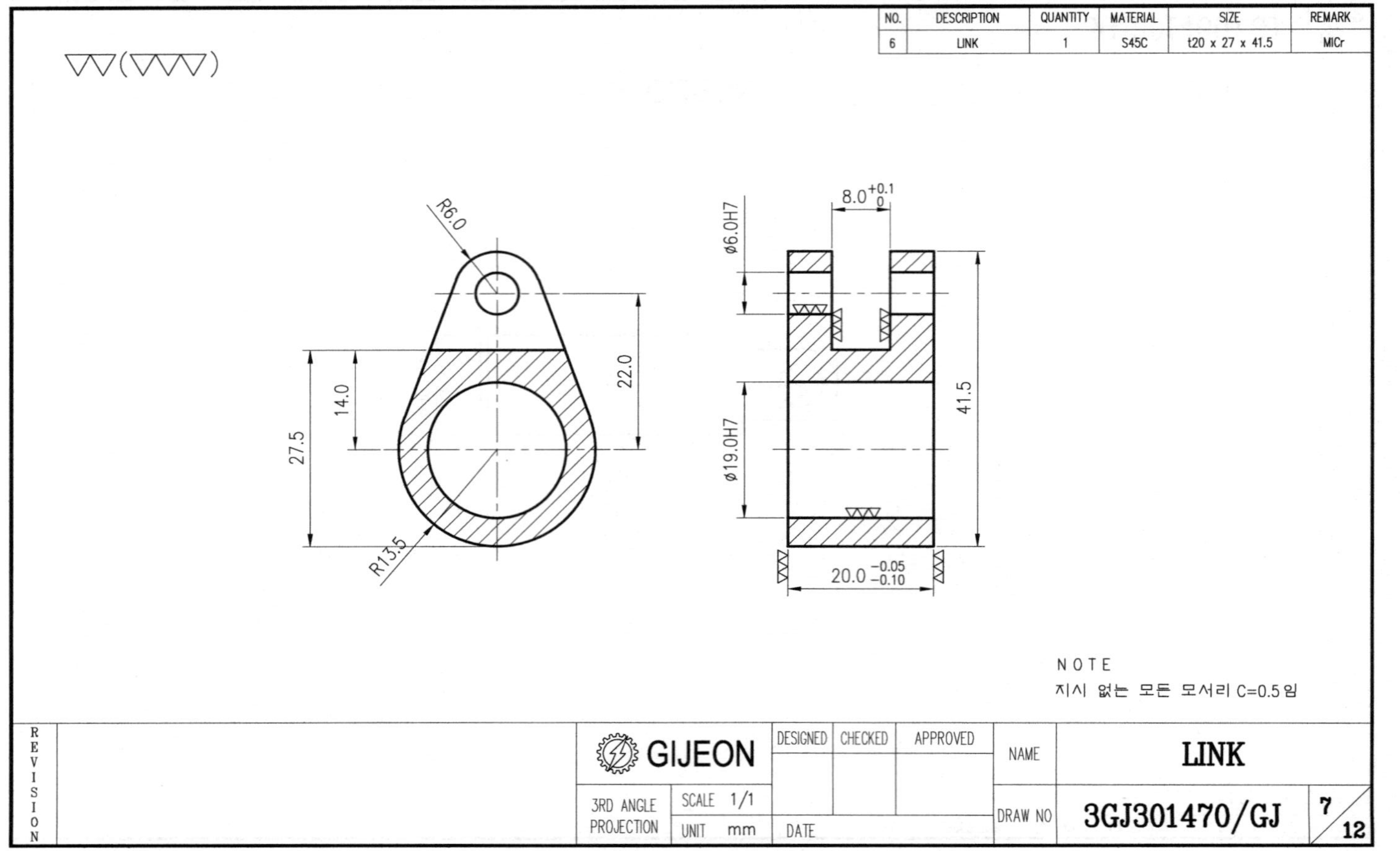
NO. | DESCRIPTION | QUANTITY | MATERIAL | SIZE | REMARK
6 | LINK | 1 | S45C | t20 x 27 x 41.5 | MICr
R6.0
22.0
14.0
27.5
R13.5
ø6.0H7
8.0 +0.1 0
ø19.0H7
41.5
20.0 −0.05 −0.10
N O T E
지시 없는 모든 모서리 C=0.5 임
REVISION
GIJEON
3RD ANGLE PROJECTION
SCALE 1/1
UNIT mm
DESIGNED
CHECKED
APPROVED
DATE
NAME
LINK
DRAW NO
3GJ301470/GJ
7
12

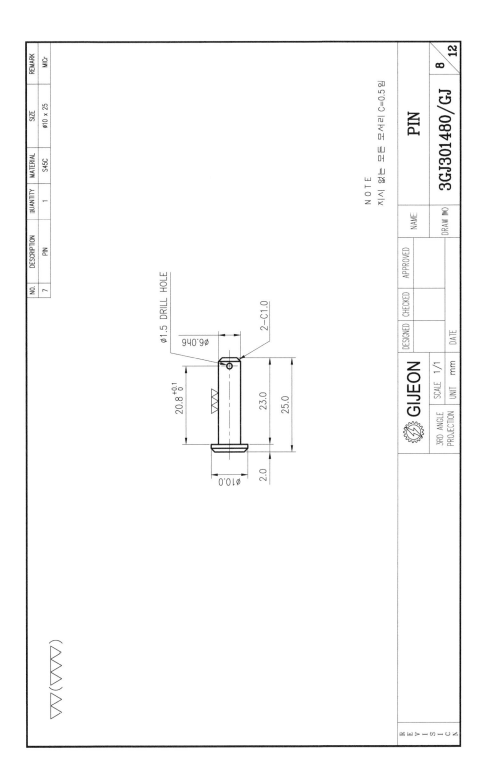

NO.	DESCRIPTION	QUANTITY	MATERIAL	SIZE	REMARK
7	PIN	1	S45C	ø10 x 25	MICr

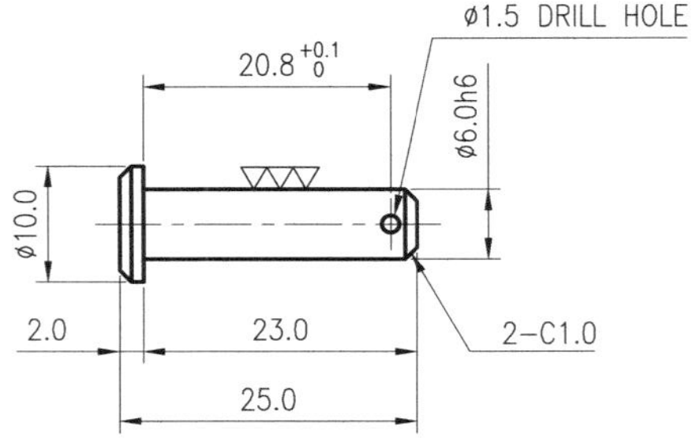

▽▽(▽▽▽)

ø1.5 DRILL HOLE

$20.8^{+0.1}_{0}$

ø6.0h6

ø10.0

2.0

23.0

2-C1.0

25.0

NOTE
지시 없는 모든 모서리 C=0.5임

REVISION	GIJEON	DESIGNED	CHECKED	APPROVED	NAME	PIN	
	3RD ANGLE PROJECTION / SCALE 1/1 / UNIT mm	DATE			DRAW NO	3GJ301480/GJ	8/12

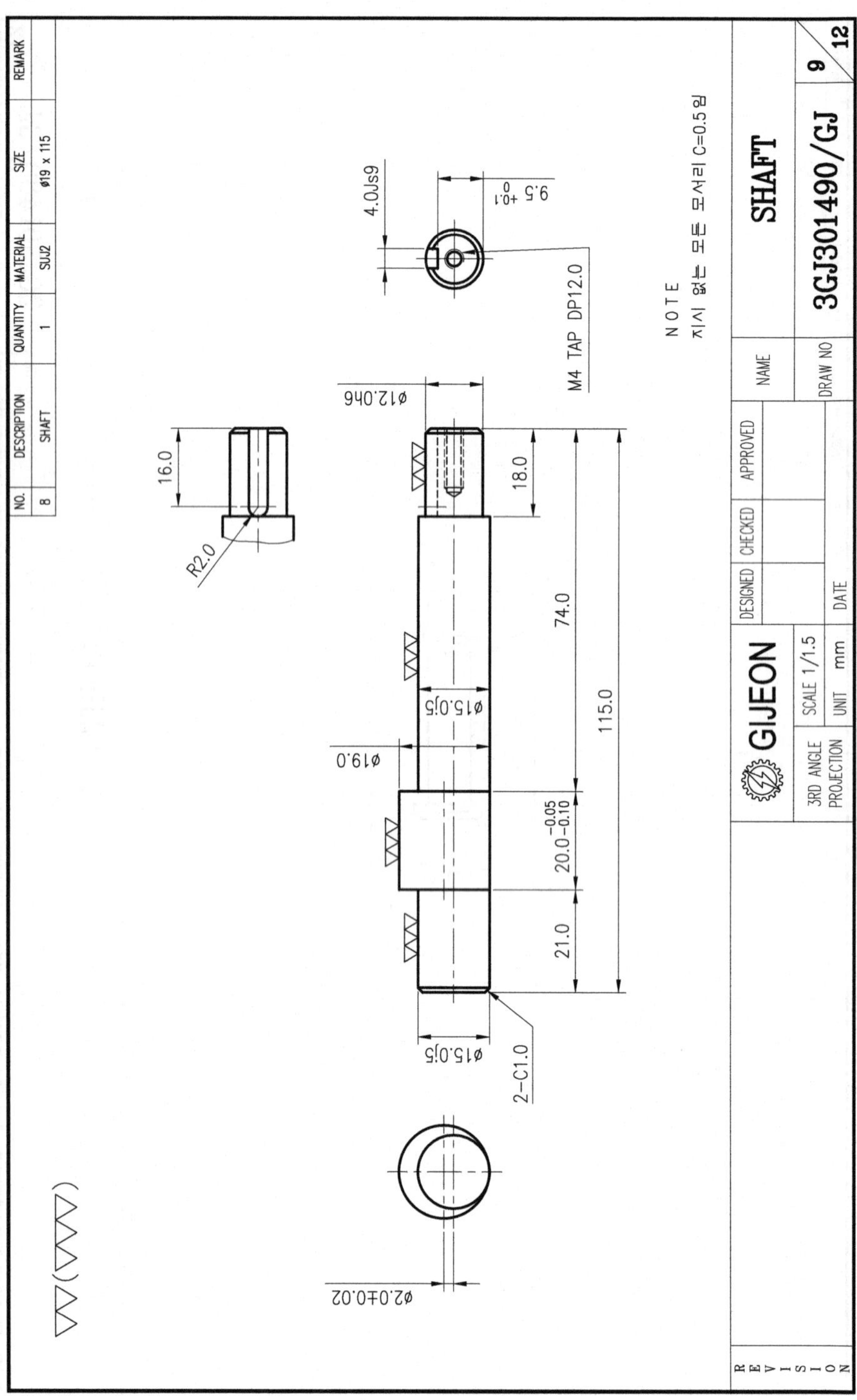

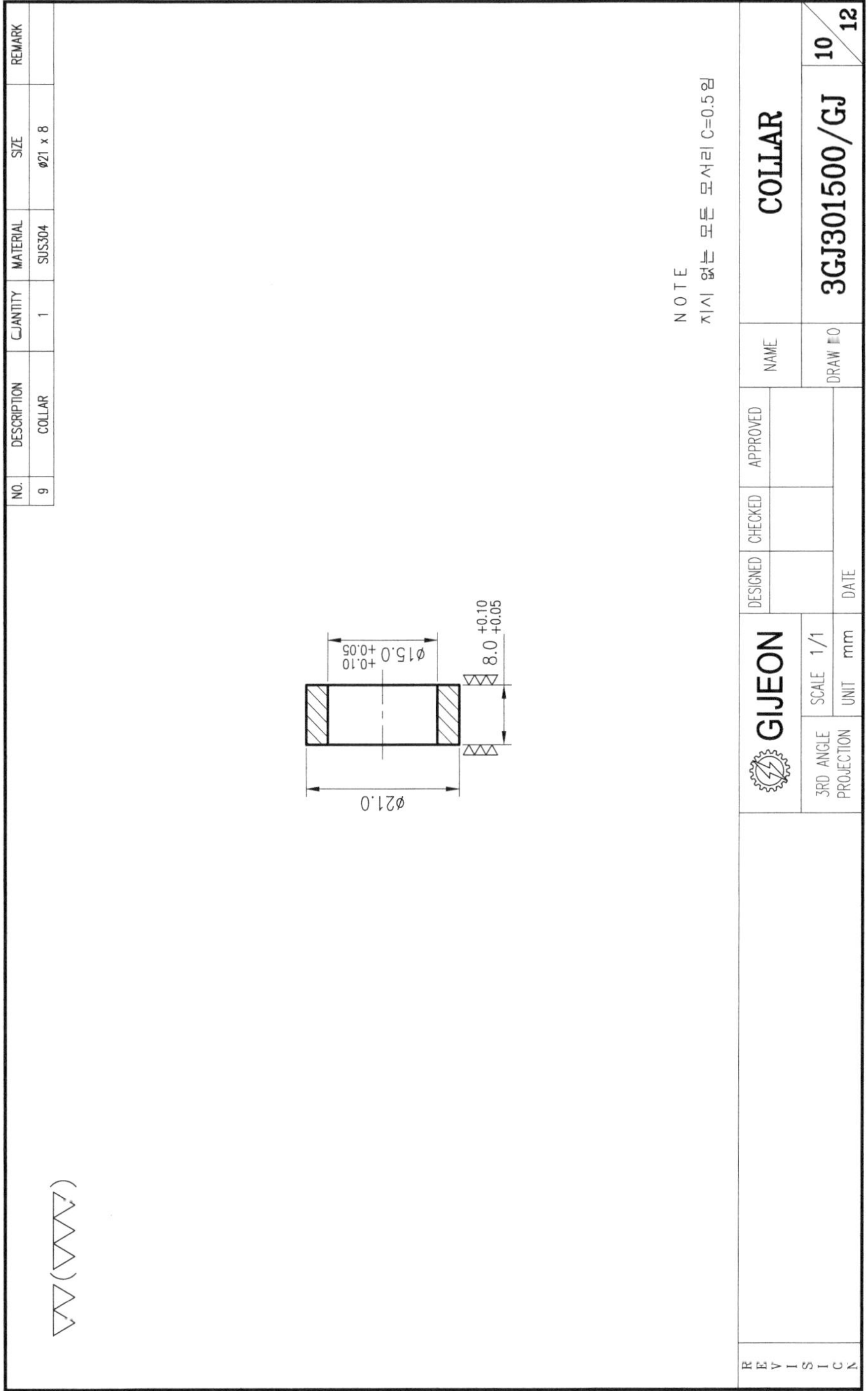
NO.
DESCRIPTION
QUANTITY
MATERIAL
SIZE
REMARK
9
COLLAR
1
SUS304
ø21 x 8
ø21.0
ø15.0 +0.10 +0.05
8.0 +0.10 +0.05
NOTE
지시 없는 모든 모서리 C=0.5임
GIJEON
3RD ANGLE PROJECTION
SCALE 1/1
UNIT mm
DESIGNED
CHECKED
APPROVED
DATE
NAME
COLLAR
DRAW NO
3GJ301500/GJ
10
12
REVISION

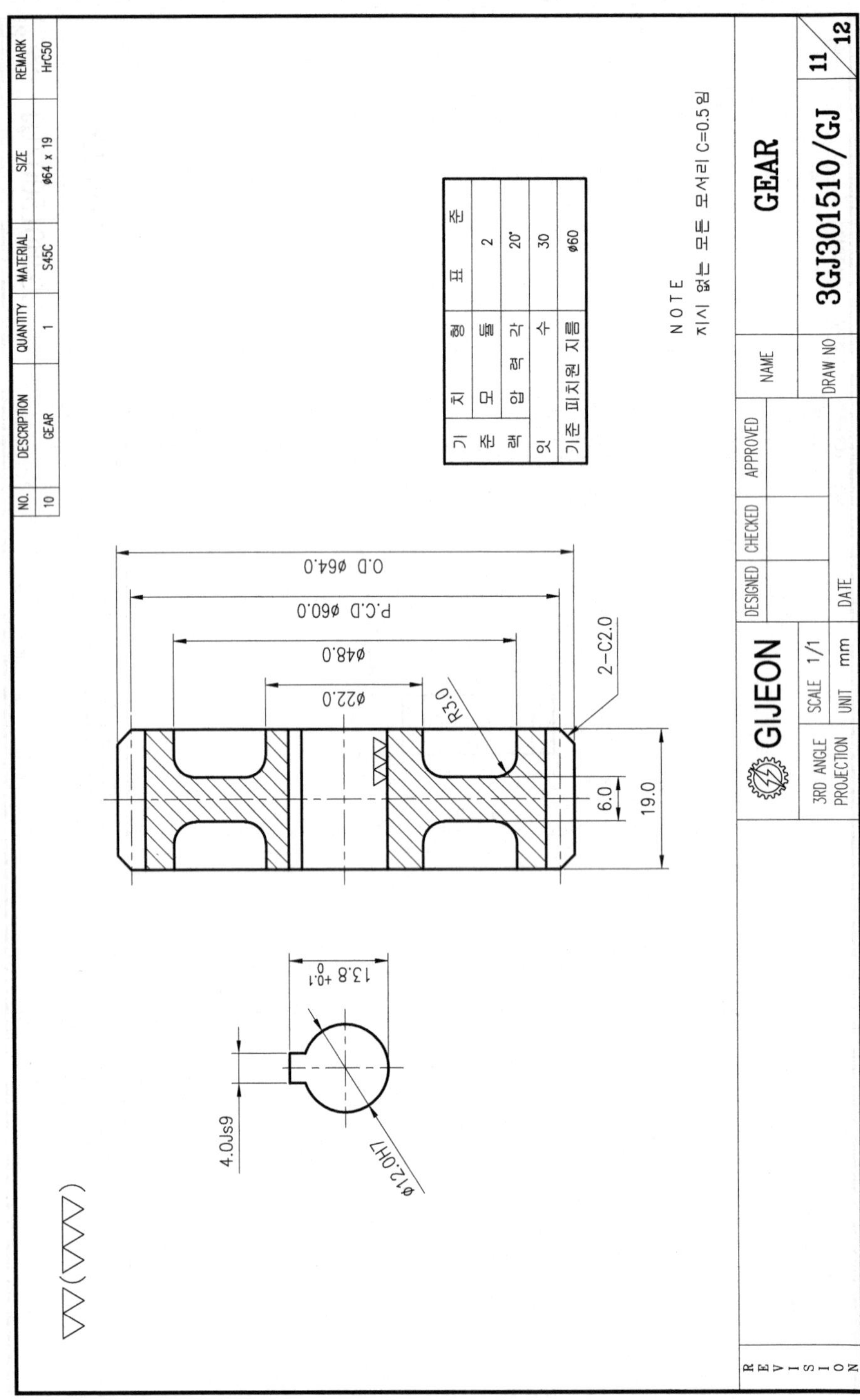
NO. | DESCRIPTION | QUANTITY | MATERIAL | SIZE | REMARK
10 | GEAR | 1 | S45C | ø64 x 19 | HrC50
기준 치형 | 표준
모듈 | 2
압력각 | 20°
잇수 | 30
기준 피치원 지름 | ø60
NOTE
지시 없는 모든 모서리 C=0.5임
O.D ø64.0
P.C.D ø60.0
ø48.0
ø22.0
R3.0
2-C2.0
6.0
19.0
13.8 +0.1 0
4.0Js9
ø12.0H7
GIJEON
3RD ANGLE PROJECTION
SCALE 1/1
UNIT mm
DESIGNED
CHECKED
APPROVED
DATE
NAME
GEAR
DRAW NO
3GJ301510/GJ
11/12
REVISION

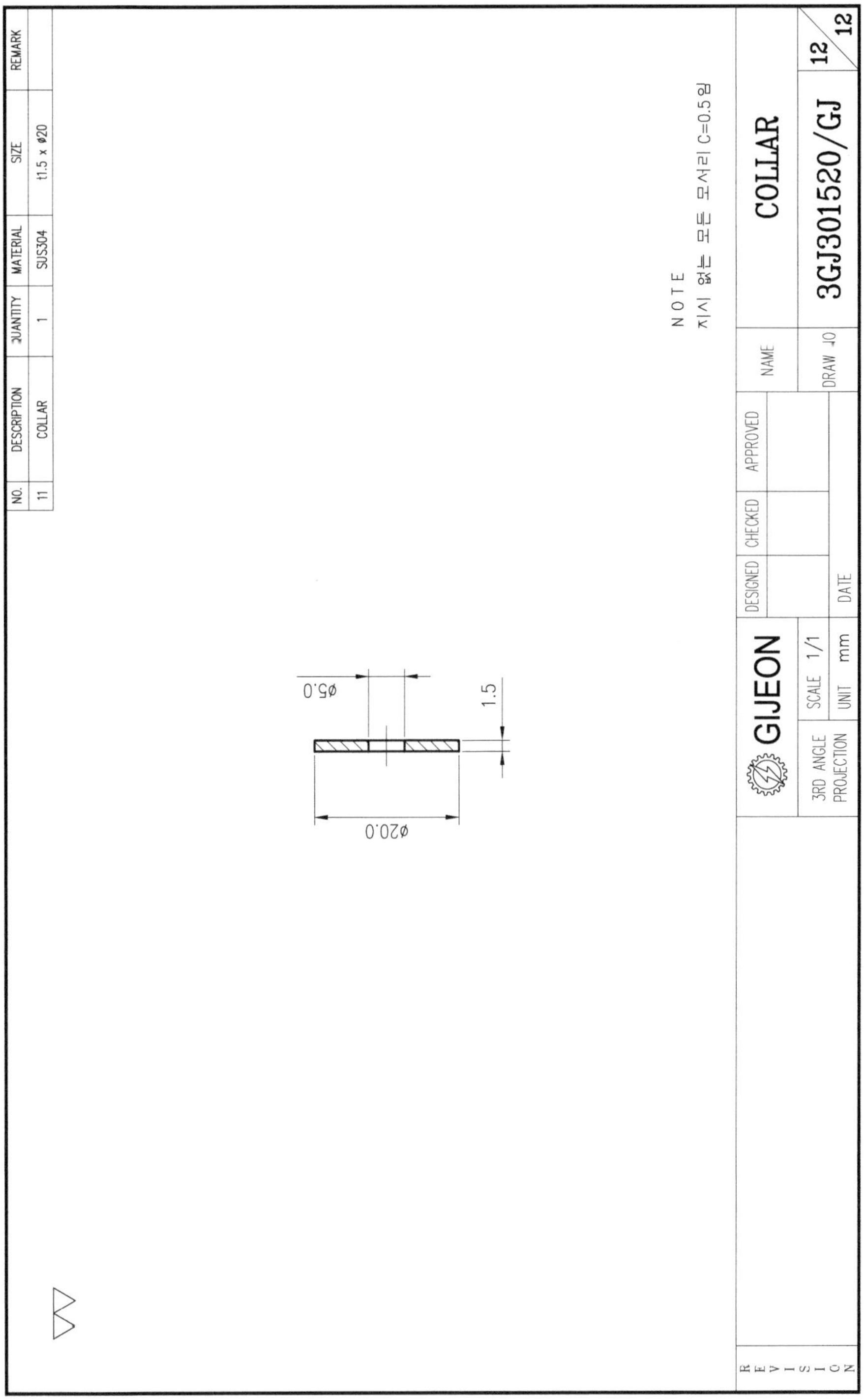

NO.	DESCRIPTION	QUANTITY	MATERIAL	SIZE	REMARK
11	COLLAR	1	SUS304	t1.5 x ø20	

ø20.0
ø5.0
1.5

NOTE
지시 없는 모든 모서리 C=0.5임

REVISION	GIJEON	DESIGNED	CHECKED	APPROVED	NAME	COLLAR	
	3RD ANGLE PROJECTION	SCALE 1/1			DRAW NO	3GJ301520/GJ	12/12
		UNIT mm	DATE				

저자 소개

이 국 환

現 한국공학대학교
기계설계공학과 교수
前 대우자동차 연구소
前 LG전자 중앙연구소

- 한국공학대학교
  융합기술에너지대학원
  기계시스템설계공학과 공학박사
- 한양대학교 대학원
  정밀기계공학과 공학석사
- 한양대학교
  정밀기계공학과 공학사

양 해 정

現 한국공학대학교
기계설계공학과 교수
前 대우정밀 연구소
前 한국생산기술연구원

- 한양대학교 대학원
  정밀기계공학과 공학박사
- 한양대학교 대학원
  정밀기계공학과 공학석사
- 한양대학교
  정밀기계공학과 공학사

유 대 원

現 한국폴리텍VII대학 창원캠퍼스
스마트제조기계설계과 교수
現 한국산업기술평가관리원 평가위원
現 중소벤처기업부 기술개발사업
평가위원
前 ㈜ 퓨어시스템 연구소장
前 건설기계부품연구원
융복합기술본부 선임연구원

- 한국공학대학교
  융합기술에너지대학원
  기계시스템설계공학과 공학박사
- 한국공학대학교
  융합기술에너지대학원
  기계시스템설계공학과 공학석사
- 한국공학대학교
  기계설계공학과 공학사

이 인

現 한국폴리텍IV대학 아산캠퍼스
자동차융합기계과 교수
現 국가직무능력표준(NCS) 주강사
現 사단법인 한국자동차튜닝산업협회
자문위원
現 조달청 기계설비분과 평가위원

- 경상국립대학교 공학대학원
  에너지기계공학과 박사과정
- 서남대학교 교육대학원
  기계 · 금속교육전공 교육학석사
- 국립교통대학교
  기계공학과 공학사
- 기계가공기능장
- 직업능력개발훈련교사
  기계가공 1급, 2급
- 중등정교사 2급 - 기계 · 금속

장 원 영

現 한국폴리텍특성화대학 로봇캠퍼스
로봇기계과 교수
前 대한상공회의소 인력개발사업단
前 ㈜ TKT CNC생산기술부

- 경상국립대학교
  기계융합공학과 박사과정
- 국립부경대학교
  기계설계공학과 공학석사
- 국가평생교육진흥원
  기계공학과 공학사
- 기계가공기능장
- 직업능력개발훈련교사
  기계가공 1급, 기계설계 1급

송 기 영

現 한국폴리텍IV대학 대전캠퍼스
기계시스템과 교수
現 국가직무능력표준(NCS) 주강사

- 국립강릉원주대학교 공학대학원
  재료공학과 공학석사
- 국가평생교육진흥원
  기계공학과 공학사
- 기계가공기능장
- 직업능력개발훈련교사
  기계가공 1급, 2급

박 경 도

現 한국폴리텍VI대학 영주캠퍼스
AI융합기계과 교수
前 대한상공회의소 인력개발사업단
前 퍼스텍(주) 기술센터 연구원

- 국립부경대학교 일반대학원
  기계공학 박사수료
- 국립부경대학교 일반대학원
  생산자동화공학과 공학석사
- 국립부경대학교 기계공학과
  공학사
- 기계가공기능장
- 직업능력개발훈련교사
  기계설계 2급, 기계가공 2급

AutoCAD 2024

2023년 12월 4일 제1판제1인쇄
2023년 12월 8일 제1판제1발행

공저자 이국환 · 양해정 · 유대원 · 이 인
장원영 · 송기영 · 박경도
발행인 나 영 찬

발행처 **기전연구사**

서울특별시 동대문구 천호대로4길 16(신설동)
전 화 : 2235-0791/2238-7744/2234-9703
FAX : 2252-4559
등 록 : 1974. 5. 13. 제5-12호

정가 30,000원

◈ 이 책은 기전연구사와 저작권자의 계약에 따라 발행한 것이므로, 본 사의 서면 허락 없이 무단으로 복제, 복사, 전재를 하는 것은 저작권법에 위배됩니다.

ISBN 978-89-336-1052-7
www.kijeonpb.co.kr

불법복사는 지적재산을 훔치는 범죄행위입니다.

저작권법 제97조의 5(권리의 침해죄)에 따라 위반자는 5년 이하의 징역 또는 5천만원 이하의 벌금에 처하거나 이를 병과할 수 있습니다.